Paul Michael Lützeler

BÜRGERKRIEG GLOBAL

Paul Michael Lützeler

BÜRGERKRIEG GLOBAL

Menschenrechtsethos und
deutschsprachiger Gegenwartsroman

Wilhelm Fink

Umschlagabbildung:
Saaba MBB Lutzeler, *Youth*

Bibliografische Information der Deutschen Nationalbibliothek

Die Deutsche Nationalbibliothek verzeichnet diese Publikation in der Deutschen Nationalbibliografie; detaillierte bibliografische Daten sind im Internet über http://dnb.d-nb.de abrufbar.

Alle Rechte, auch die des auszugsweisen Nachdrucks, der fotomechanischen Wiedergabe und der Übersetzung, vorbehalten. Dies betrifft auch die Vervielfältigung und Übertragung einzelner Textabschnitte, Zeichnungen oder Bilder durch alle Verfahren wie Speicherung und Übertragung auf Papier, Transparente, Filme, Bänder, Platten und andere Medien, soweit es nicht §§ 53 und 54 URG ausdrücklich gestatten.

© 2009 Wilhelm Fink Verlag, München
(Wilhelm Fink GmbH & Co. Verlags-KG, Jühenplatz 1, D-33098 Paderborn)

Internet: www.fink.de

Einbandgestaltung: Evelyn Ziegler, München
Printed in Germany.
Herstellung: Ferdinand Schöningh GmbH & Co. KG, Paderborn

ISBN 978-3-7705-4894-1

Dedicated to my students

INHALT

I. Einleitung

1. Literatur und Globalisierung 15

Deutschland im Kontext von Kontinentalisierung und Globalisierung. Postkoloniale deutschsprachige Literatur. Postkolonialer Blick und Menschenrechte: Bürgerkriege als Thema des Gegenwartsromans. Kulturalistische Wende, germanistische Interpretation und historische Rekonstruktion. Der Abschied vom „Dialogischen" und „Freischwebenden" im zeitgenössischen Roman. History is what hurts: Der „implizite Leser" und die Evokation von Geschichte. Differenz fiktiven und historischen Erzählens. Poetik der Globalisierung.

2. Gewalt und Bürgerkrieg 29

Theorien über Macht und Gewalt bei Hannah Arendt und Heinrich Popitz: Bürgerkriege als Kämpfe um das Macht- und Gewaltmonopol. Giorgio Agambens *homo sacer* im perpetuierten Ausnahmezustand totalitärer Herrschaft. Aktuelle Theorien des Bürgerkrieges: Hartmut Dießenbacher (Kampf um Ressourcen), Hans Magnus Enzensberger (molekulare Bürgerkriege, neue Weltunordnung), Herfried Münkler (Rolle der *war lords*). Michael Hardt und Antonio Negri über globale Formen der Souveränität und Friedenssicherung.

3. Partisan und Terrorist 43

Herfried Münkler: Der Partisan zwischen dem Terroristen, dem Soldaten und dem Bürger. Ernst Jünger: Der „Waldgänger" als Retter individueller Freiheit zwischen Heroismus und Verbrechen (Wilhelm Tell). Carl Schmitt: Das irreguläre Heimatheer gegen das reguläre Militär der Besatzungsmacht. Schmitt und die angebliche preußische Legitimierung des Partisanentums. Die Signalwirkung des spanischen Aufstands gegen Napoleon. Rolf Schroers: Theorie des Widerstands – der Partisan als Chamäleon. Partisanentum und Bürgerkrieg in den Romanen.

4. Menschenrechtskultur und Weltethos 55

Menschenrecht und Menschenwürde (Samantha Power, Hans Jörg Sandkühler, Hermann Broch). Internationale Strafgerichtshöfe für Menschenrechte in Den Haag und Strasbourg. Hermann Brochs „irdisch-absolute" Menschenrechte und Hans Küngs „Weltethos". Die Denunziation des Unmenschlichen bei Theodor W. Adorno, Giorgio Agamben und Judith Butler. Begründung einer Tradition: Menschenrechtsidee und Briefroman im 18. Jahrhundert (Lynn Hunt). Ein paradigmatisches Kunstwerk: Pablo Picassos *Guernica*.

II. Von den 1980er zu den 2000er Jahren in Europa, Afrika und Asien

1. Jugoslawien: Norbert Gstrein, *Das Handwerk des Tötens* (2003)
   Über ästhetisches und politisches Scheitern 69

Jugoslawien: Ein traditionsloses Staatsgebilde im Zerfall. Der Bürgerkrieg auf dem Balkan als Thema bei Gerhard Roth, Juli Zeh und Saša Stanišić. Narrative Strategie: Matroschka-Technik und impliziter Autor. Die Erzähltrias und Freuds Drei-Instanzen-Modell: Der Über-Ich-Erzähler im poetologischen Bürgerkrieg. Palinodie als Prinzip: Strukturhomologien. „Effekt" und „Kitsch": Gstrein und Broch. Die historische Hypothek: Der Zweite Weltkrieg. Belagerungen und Massaker in den 1990er Jahren: von Vukovar bis Priština.

2. Ruanda I: Lukas Bärfuss, *Hundert Tage* (2008)
   Negativer Entwicklungsroman und fatale Entwicklungshilfe 101

Die Geschichte eines Konflikts seit der Kolonialisierung: Hutus und Tutsis. Soziale, politische und ökonomische Ursachen des Bürgerkriegs. Der Genozid von 1994 und die Rolle der UNO. Filme, Berichte, Romane: *Hotel Rwanda, An Ordinary Man, Un dimanche à la piscine à Kigali, Shooting Dogs*. Das Inkle-und-Yariko-Erzählmuster bei Gil Courtemanche, Michael Caton-Jones und Lukas Bärfuss. David und Agathe. Eidgenössische Entwicklungshilfe: Idealismus, Bürokratie und Widersinn. Die Schweiz als „Ruanda Europas".

3. Ruanda II: Hans Christoph Buch, *Kain und Abel in Afrika* (2001)
   Ein Du-Erzähler im Inferno der Flüchtlingslager 127

Das Lager als Fortsetzung des Bürgerkriegs mit anderen Mitteln. Ein Doppelroman: Der koloniale Ich-Erzähler und der antikoloniale Du-Erzähler. Die Poetik der Du-Erzählung. Unzuverlässiges Erzählen. Der postkoloniale Diskurs über Subalternität (Gramsci, Guha, Spivak). Intertexte: Anspielungen auf die Bibel (Kain und Abel) und auf Dantes *Commedia* (das Flüchtlingslager als tiefster Kreis der Hölle). Das verlorene Touristen-Paradies. Probleme humanitärer Hilfe: Bodo Kirchhoffs *Herrenmenschlichkeit* und neuere politologische Studien.

4. Sri Lanka: Jeannette Lander, *Jahrhundert der Herren* (1993)
   Ehekrieg und Bürgerkrieg 147

Ich-Erzählung und Du-Adressat: Entfaltung einer Ehetragödie. Literarischer Intertext: Die Volksbuch-Genovefa, Nathanael Hawthornes Hester Prynne und Ira Levins Rosemary Woodhouse. Mythische Folie: Juliane und Alexander oder Klytemnestra und Agamemnon. Die Metapher der Spinne: Netzwerktheorie und Maya (Bruno Latour und Fritjof Capra). Sri Lanka und die Hypothek des Kolonialismus: Singhalesen und Tamilen im Clinch. Das Paradox des Kampfs um die Würde: Angst als Lebensform. Die Symbiose von Ehe- und Bürgerkrieg.

III. VON DEN 1970ER ZU DEN 1990ER JAHREN IM NAHEN UND MITTLEREN OSTEN

1. Oman: Dieter Kühn, *Und der Sultan von Oman* (1979)
   Literatur-Mosaik und Ölkrise 173

Die Ölpreiserhöhung von 1973 als Anstoß: Amerikanische Multis und ihre *windfall profits*. Das Sultanat und der Unabhängigkeitskrieg von Dhofar. Im Hintergrund die Großmächte des Kalten Krieges. Multiple Fiktionalisierung: Das „Dhofar-Szenarium" als Bürgerkriegs-Planspiel. Saddam Hussein in der Materialsammlung. Widersprüche: Der human gesonnene Protagonist in der Gewaltfalle. Das Anti-Märchen von der petrifizierten arabischen Stadt. Eine Parallele: Der Film *Three Days of the Condor* mit Robert Redford.

2. Libanon: Nicolas Born, *Die Fälschung* (1979)
   Kritik der Medialisierung und verselbständigter Bürgerkrieg 185

Die Anfänge des libanesischen Bürgerkriegs in der Geschichte und ihre Schilderung in Borns Roman. Der Reporter als Spezialist für Krisengebiete. Das Massaker von Karantina und die Vergeltung in Damur. Die von außen einwirkenden Mächte: die USA, Israel, die arabischen Nachbarstaaten. Realismus und Dokumentation. Die Abscheu vor dem Krieg und die Lust an der Gefahr. Die Unversöhnlichkeit der Parteien. Vom Journalisten zum Schriftsteller. Volker Schlöndorffs Verfilmung des Romans mit Bruno Ganz in der Hauptrolle.

3. Iran: Christian Kracht, *1979* (2001)
   Popkultur und Fundamentalismus 197

Problematische Moderne und Islamische Revolution. Der Bürgerkrieg von 1979. Das Delirium der Besucher und der Machtverfall des Schahs. Westlicher Internationalismus und provokative Popmusik: Googosh und Throbbing Gristle. Die Konfrontation der Ferien-für-immer-Einstellung mit politischer Gewalt. Umsturz und Opiumrausch. Zoroastrismus und die Kulturpolitik des Schahs. Die Revolte gegen die Schutzmacht USA. Der Koran als Heilmittel gegen das westliche „Böse". Das Ende der Spaßgesellschaft in Unterwerfung und Tod.

4. Jemen: Michael Roes, *Leeres Viertel Rub' Al-Khali* (1996)
   Spielästhetik und Kriegerethos 209

Trennung und Vereinigung von Nord- und Südjemen. Erzählerstimmen aus der Goethezeit und der Gegenwart. Staatskrise: Der Bürgerkrieg von 1994 und die Ölfelder von Marib. Der entführte Erzähler als Ethnologe: Alt-Jemenitische Vorstellungen von Spiel und Kampf. Kulturkritische Sicht des Westens: Das Leben als Spiel. Kriegsspiele jemenitischer Kinder. Rituale von Tanz und Krieg. Gemeinschaft als Beherrschung von Gewalt. Kulturelle Verflechtung: Abdallah und Adrian. Der Jemen als Polizeistaat. Spiel und Imperialismus.

5. Exkurs: Nationalsozialisten im Nahost-Exil bei Born und Koeppen
Negativer Kulturtransfer und „Viertes Reich" 221

Der Alt-Nazi Rudnik bei Nicolas Born: Von der Legion Condor in Spanien zum Kriegsgewinnler im Libanon. Emotionslosigkeit als kriegerische Tugend. Die Randständigkeit der „alten Kameraden". Wolfgang Koeppens *Der Tod in Rom:* Phänomenologie des Nationalsozialismus. Gottlieb Judejahn: Militärberater und Waffenkäufer in einem arabischen Land. Seine Ähnlichkeit mit dem SS-General Karl Wolff. Judejahn als den Tod feiernder Gefolgsmann Hitlers. Edgar Hilsenraths opportunistischer SS-Mann Max Schulz.

IV. Von den 1960er zu den 1980er Jahren in Lateinamerika

1. Bolivien: Gert Hofmann, *Vor der Regenzeit* (1988)
Mimikry feindlicher Brüder: Klaus Barbie und Ernesteo Che Guevara 233

Klaus Barbie, der „Schlächter von Lyon", als Politikberater in Bolivien. Das Überlaufen Monika Ertls zu den Guevara-Anhängern. Bolivianische Landreform: Victor Paz Estenssoro. Hofmanns NS-Offizier Heinrich von Hartung im Exil. Che Guevaras Fehleinschätzungen und sein Revolutionsversuch von 1967. Rechte und linke Paranoia. Heinrichs Kriegsverbrechen und Johannes' terroristische Aktivität. Der Kampf der Brüder auf der jeweils anderen Seite des politischen Extremismus. Che Guevara als Über-Ich Johannes von Hartungs.

2. Chile: Friedrich Christian Delius, *Adenauerplatz* (1984)
Exilroman und schmutziger Krieg 251

Das Scheitern der Allende-Regierung 1973. Der schmutzige Krieg als verdeckter Bürgerkrieg. Thomas Hausers Bericht *The Execution of Charles Hofmann* und die Verfilmung mit Jack Lemmon. Alejo Carpentier: Roman und öffentliche Tat. Antonio Skármeta: *Mit brennender Geduld.* Delius' Exil-Chilene Felipe Gerlach und Salvador Allendes Landreform. Der Putsch der Generäle. Gerlachs Flucht nach Deutschland. Die Vision vom globalen Aufstand der Armen. Das Drama der Wahrheitsfindung: Ariel Dorfmans *Der Tod und das Mädchen.*

3. Argentinien: Uwe Timm, *Der Schlangenbaum* (1986)
Literarisches Kenotaph für die Verschwundenen 271

Der Putsch der Generäle von 1976: Jorge Videlas Junta. Die „Operación Condor". Von Baustil, Korruption und Paranoia. Der Protest der Mütter und Großmütter seit 1977: Widerstand und Re-Demokratisierung. Das Verschwinden der Menschen in der Diktatur: Der Fall der Luisa Casas in Timms Roman. Der Schlangenbaum als Symbol der Verschwundenen. Wagners Verhaftung als heterologe Erfahrung und seine revolutionäre Vision. Lawrence Thorntons verfilmter Roman *Imagining Argentina* und Marco Bechis' Film *Garage Olimpo.*

4. Uruguay: Erich Hackl, *Sara und Simón* (1995)
   Ein Dokumentar-Roman über die Folter 293

Nachkriegszeit: Uruguay als die Schweiz Südamerikas. Fußballweltmeisterschaft und *Unser Haus in Montevideo*. Verfall der Wirtschaft und Beginn des Bürgerkriegs 1962. Die Rolle der Tupamaros. Miguel Bernets „novela testimonio" und Hackls dokumentarischer Stil. Vom Fürchtenlernen. Elaine Scarry und Jean Améry über die Folter als primäres Machtinstrument der Diktatur. Saras Suche nach Simón und der Kontakt zu den Angehörigen der Verschwundenen. Hackls zweiter Zeugenroman zum Thema und Elsa Osorios *Mein Name ist Luz*.

5. Exkurs: NS-Emigranten in Lateinamerika bei Timm,
   Schneider und Hofmann
   Kriminalgeschichte(n) des Holocaust 317

Ein ehemaliger SS-Standartenführer in Uwe Timms *Schlangenbaum*. Frederick Forsyth über Eduard Roschmann und Ira Levin über Josef Mengele: Raketen für Ägypten und ein geklonter Hitler fürs „Vierte Reich". Mengele in Peter Schneiders *Vati*. Der Bericht Rolf Mengeles in der *Bunten*. Die Verfilmung von *Vati* mit Charlton Heston. Götz George als Mengele in Roland Suso Richters *Nichts als die Wahrheit*. Gert Hofmanns Heinrich von Hartung und der Feldmarschall von Reichenau. Die NS-Geldfälscher: „Operation Bernhard" in Geschichte und Fiktion.

V. AUSBLICK

Ethik und Ästhetik.. 337

Das Positionspapier der 78er Generation von 2005 über den „Relevanten Realismus": Bekenntnis zur Verbindung von Moral und Ästhetik und zur realistischen Romantradition. Die Wiederkehr der Ethik im öffentlichen Diskurs: Nachwirkungen der Aufklärung oder der Versuch einer Abgrenzung. Die Ethik der Literatur: Entdeckung neuer Sehweisen und Realitäten mittels innovativer Formen. Gesellschaftliche Interventionsabsichten des Romans: Die 89er Generation thematisiert die neue Armut.

Namenregister 347

I.

Einleitung

1. LITERATUR UND GLOBALISIERUNG

I

Globalisierungsansätze gibt es seit Menschengedenken, aber seit der Kolonisierung Amerikas durch Europa hat es häufig erneute und immer intensivere Globalisierungsschübe gegeben.¹ Dabei ökonomische, politische und kulturelle Globalisierungsprozesse voneinander zu trennen, ist wegen der engen Verflechtung von Wirtschaft, Politik und Kultur schlecht möglich. Dass die verschiedenen Wissenschaften das Phänomen der Globalisierung aus der jeweiligen Fachperspektive angehen, versteht sich, wobei die Geschichts- und Sozialwissenschaftler dabei führend sind, die Kulturwissenschaftler aufholen und die Literaturwissenschaftler die Nachhut bilden. Die Intensivierung weltweiter Beziehungen, die immer mehr Menschen an den unterschiedlichsten Orten der Welt miteinander verbindet, nimmt permanent zu. Vorgänge in den Bereichen von Kultur, Politik und Wirtschaft, die früher nur lokale oder regionale Auswirkungen hatten, können interkontinentale Konsequenzen zeitigen, wie Anthony Giddens mehrfach hervorgehoben hat.² Die politisch-wirtschaftliche, von Europa ausgehende Kolonialisierung mit ihrem Begleitphänomen der religiösen Missionierung war über die Jahrhunderte hin der Motor der Globalisierung, wobei Rückwirkungen auf politische Revolutionen (wie etwa in den nordamerikanischen Kolonien) und technische Umwälzungen (wie zum Beispiel die Nutzung der Dampfkraft) nicht zu übersehen sind, und diese Neuerungen wiederum den Globalisierungsprozess beschleunigten. So fällt die erste Klimax der Globalisierung mit der Zeit der extensivsten Kolonialisierung im 19. Jahrhundert zusammen. Die beiden letzten großen Internationalisierungs- und Globalisierungswellen erfolgten nach 1945 mit dem Ende des Zweiten Weltkriegs und nach 1990 mit dem Ende des Kalten Krieges und der Aufhebung der Jalta-Teilung der Welt in zwei Machtblöcke. Nichts hat so sehr zur Bildung einer multipolaren internationalen Mächtekonstellation beigetragen wie das Ende der Jalta-Ära. Die vier BRIC-Staaten (Brasili-

---

1 Zu den historischen Großphasen der politisch-wirtschaftlichen Globalisierung vgl. vor allem: Jürgen Osterhammel und Niels P. Peterson, *Geschichte der Globalisierung. Dimensionen, Prozesse, Epochen* (München: Beck, 2003). Zur aktuellen Globalisierung vgl. Fredric Jameson, Masao Miyoshi (Hg.), *The Cultures of Globalization* (Durham: Duke University Press, 1998); Martin Albrow, *The Global Age. State and Society Beyond Modernity* (Cambridge: Polity Press, 1996); Ulrich Beck (Hg.), *Politik der Globalisierung* (Frankfurt am Main: Suhrkamp, 1998); Michael Hardt, Antonio Negri, *Empire. Die neue Weltordnung* (Frankfurt am Main und New York: Campus, 2002). Die englische Originalfassung: *Empire* (Cambridge: Harvard University Press, 2000).
2 Anthony Giddens, *Runaway World: How Globalization is Reshaping Our Lives* (London: Profile, 1999); *On the Edge. Living with Global Capitalism* (London: Vintage, 2000).

en, Russland, Indien und vor allem China) konnten sich neu definieren und global positionieren. Der jüngste Globalisierungsschub bedeutet aber nicht nur eine andere Positionierung von Nationen, sondern auch die Veränderung der Nationalstaaten selbst, deren verminderte Eigenständigkeit nicht mehr entfernt mit der Souveränität in früheren Jahrhunderten verglichen werden kann, wie u.a. Saskia Sassen[3] gezeigt hat. Aber nicht nur der Nationalstaat ist nicht mehr, was er einmal war, auch die Nationalliteratur hat sich verändert, und zuweilen fragt man sich, ob der Begriff noch viel Sinn hat. So gibt es eine Reihe von Nationen, in der bei der Rezeption von Gegenwartsdichtung die Literatur, die nicht im eigenen Land geschrieben wurde, eine stärkere Rolle spielt als die heimische.[4] Es ist eine Veränderung, die teils verursacht wurde durch Kontinentalisierungsprozesse (man denke an die Europäische Union und vergleichbare überstaatliche Gruppierungen auf anderen Kontinenten[5]), teilweise durch transnationale Akteure, die bewirkt haben, was Hardt/Negri[6] mit „Empire" und „Multitude" beschrieben haben, also mit globalen Machtentwicklungen jenseits des Zugriffs der Nationalstaaten. Die Globalisierung hat auch durch die neuen Medien und die intensivierten Kommunikationsmöglichkeiten eine neue Qualität erreicht und zu sichtbaren Veränderungen in allen Bereichen, auch dem der Kultur, geführt. Als ein Staat, dessen Wirtschaft auf den Export ausgerichtet ist, nahm Deutschland die Internationalisierung seiner ökonomischen, politischen und kulturellen Beziehungen stärker wahr als manche seiner Nachbarnationen.[7] Durchlief das Land in den ersten Jahrzehnten nach 1945 zunächst eine Phase der Europäisierung, ist es inzwischen zunehmend Subjekt und Objekt der Globalisierung geworden, ohne dabei die kontinentalen Verflechtungen preiszugeben.

Schriftsteller werden zurecht als „Seismographen" ihrer Epoche bezeichnet.[8] So haben auch die deutschen GegenwartsautorInnen in ihrer Literatur die neuen Globalisierungsentwicklungen registriert, mit der die Gesellschaft, in der sie leben, konfrontiert wurde. In den ersten Jahrzehnten nach 1945 waren Krieg und

---

3 Saskia Sassen, *Losing Control? Souvereignty in an Age of Globalization* (New York: Columbia University Press, 1996). Vgl. dazu auch andere Bücher der Autorin: *Globalization and Its Discontents* (New York: New Press, 1998), eine Studie, in der es u.a. um Immigration, Migration, Frauen der ‚Dritten Welt' sowie die rapide zunehmende Ungleichheit zwischen Reich und Arm geht. Ihr Buch *Sociology of Globalization* (New York: W.W. Norton, 2007) behandelt die Relation zwischen dem Lokalen und dem Globalen und untersucht die Phänomene der globalen Stadt und transnationaler Gemeinschaften.
4 Paul Michael Lützeler, „Europäischer Kosmopolitismus und Weltliteratur: Goethe und Europa – Europa und Goethe". In: P.M.L., *Kontinentalisierung. Das Europa der Schriftsteller* (Bielefeld: Aisthesis, 2005), S. 85-107.
5 Vgl. dazu das „Vorwort" in: Paul Michael Lützeler, *Kontinentalisierung. Das Europa der Schriftsteller*, S. 9-25.
6 Michael Hardt, Antonio Negri, *Empire*.
7 Paul Michael Lützeler (Hg.), *Western Europe in Transition. West Germany's Role in the European Community* (Baden-Baden: Nomos, 1986).
8 Thomas Mann, „Die Entstehung des Doktor Faustus (1949)". In: Th. M., *Reden und Aufsätze 3*, Gesammelte Werke Band XI (Frankfurt am Main: Fischer Taschenbuch, 1990), S. 240.

Holocaust, Exil und Vertreibung thematische Schwerpunkte.⁹ Das ist eine Vergangenheit, die nicht vergeht, und bis heute halten Debatten über Verbrechen gegen die Menschlichkeit, über Schuld und Verdrängung, Opfer und Täter an. Von den beiden negativen Grunderfahrungen, von Krieg und Holocaust, blieb die Nachkriegsliteratur geprägt. Obwohl nur wenige Vertreter der 68er Generation direkte Erinnerungen an die Jahre vor 1945 hatten, war gerade bei ihnen Hitler eine traumatisch besetzte Chiffre¹⁰. Stärker noch als die Mitglieder der Gruppe 47 waren es die jüngeren AutorInnen der beiden nächsten Generationen, die globale Konflikte thematisierten und gerade aus der Erfahrung der jüngeren deutschen Geschichte heraus bei Verletzungen von Menschenrecht und Menschenwürde verstört reagierten. Sie beschäftigten sich auch mit neuen Bürgerkriegen weltweit, deren Zahl durch die Globalisierung eher zu- als abgenommen hat. Zur Globalisierung gehören nicht nur politische und technische Revolutionen, sondern auch Umbrüche in der Wahrnehmung: Ausländische politische Katastrophen, die in früheren Zeiten die Gefühlswelt kaum tangierten, weil die räumliche Distanz wie eine Pufferzone wirkte, werden inzwischen als Störung menschlicher Weltgemeinschaft empfunden.

Die Literatur, um die es hier geht, ist Teil der postkolonialen Kondition, die für die Kultur im Zeitalter der Globalisierung bezeichnend geworden ist. Die Schriftsteller begannen das zu schärfen, was ich den ‚postkolonialen Blick' genannt habe.¹¹ Gemeint ist damit die Sehweise der Empathie, des Verstehenwollens und der transnationalen Anerkennung der Menschenrechte. Der koloniale Blick ist dagegen der von Eroberung, Dominanz und Ausbeutung. Der postkoloniale Blick erkennt und anerkennt hybride Kulturen und Identitäten; die Vertreter des kolonialen Blicks dagegen wollen ihre Sichtweisen anderen Ländern aufdrängen. Der postkoloniale Blick ist verwandt mit dem global Imaginären, das Appadurai als das Ausspielen humaner Möglichkeiten gegen Zwangs- und Terrormaßnahmen in der Politik umschrieben hat.¹² Die westlichen, auch die deutschen, AutorInnen sind vertraut mit Büchern von SchriftstellerInnen, die in Asien, Afrika oder Lateinamerika sozialisiert wurden, stehen oft mit diesen Intellektuellen in einer persönlichen Beziehung. Die Globalisierung findet auch auf der literarischen Ebene statt, und viele AutorInnen aus anderen Kontinenten sind Bestseller-AutorInnen in westlichen Industriestaaten geworden.

---

9 Ralf Schnell, *Geschichte der deutschsprachigen Literatur seit 1945* (Weimar und Stuttgart: Metzler, 1993); Wilfried Barner (Hg.), *Geschichte der deutschen Literatur von 1945 bis zur Gegenwart* (München: Beck, 1994).

10 Axel Schildt, Detlef Siegfried und Karl Christian Lammers (Hg.), *Dynamische Zeiten. Die 60er Jahre in den beiden deutschen Gesellschaften* (Hamburg: Christians, 2000). Vgl. darin das Kapitel „Der Umgang mit der NS-Vergangenheit", S. 77-165; Christina von Hodenberg und Detlef Siegfried (Hg.), *Wo „1968" liegt. Reform und Revolte in der Geschichte der Bundesrepublik* (Göttingen: Vandenhoeck & Ruprecht, 2006); Ingrid Gilcher-Holtey (Hg.), *1968. Vom Ereignis zum Gegenstand der Geschichtswissenschaft* (Göttingen: Vandenhoeck & Ruprecht, 1998).

11 Paul Michael Lützeler (Hg.), *Der postkoloniale Blick. Deutsche Schriftsteller berichten aus der Dritten Welt* (Frankfurt am Main: Suhrkamp, 1997).

12 Arjun Appadurai, *Modernity at Large* (Minneapolis: University of Minnesota Press, 1996), S. 31.

Der postkoloniale Blick ermöglicht aber nicht nur eine bestimmte ethische Position von Schriftstellern, er ist auch bezeichnend für eine inter- und transdisziplinär ausgerichtete Theoriebildung und Interpretation innerhalb der Literaturwissenschaft. Wie in der postkolonialen Literatur waren es auch in der postkolonialen Theoriebildung zunächst Wissenschaftler aus ehemals von Europäern kolonisierten Ländern, die maßstabsetzende Arbeiten vorlegten, man denke an Edward Said[13], Homi K. Bhabha[14], Gayatri Chakravorty Spivak[15] und Arjun Appadurai[16]. Aber inzwischen haben zahllose WissenschaftlerInnen aus den westlichen Ländern zum postkolonialen Diskurs beigetragen. Herausragende Arbeiten sind die von der Amerikanerin Mary Louise Pratt[17] und die der australischen KollegInnen Bill Ashcroft, Gareth Griffiths und Helen Tiffin[18]. Auch in der internationalen Germanistik sind eine Reihe von Studien vorgelegt worden, die sich als Beiträge zum postkolonialen Diskurs verstehen.[19]

II

Die AutorInnen reisten in Bürgerkriegsregionen Südosteuropas, des Nahen und Fernen Ostens, Lateinamerikas und Afrikas und veröffentlichten darüber Essays, Reiseberichte und Romane. Zu den Romanciers unter ihnen gehörten Lukas Bärfuss, Nicolas Born, Hans Christoph Buch, Friedrich Christian Delius, Norbert Gstrein, Erich Hackl, Gert Hofmann, Christian Kracht, Dieter Kühn, Jeannette Lander, Michael Roes und Uwe Timm. In ihren Büchern über die innenpolitischen Konflikte fremder Länder setzten sie sich auch mit der deutschen Geschichte auseinander, besonders mit den Nachwirkungen der Hitlerzeit und des Zweiten Weltkriegs in diesen – von Mitteleuropa aus gesehen – entlegenen Regionen der Welt.

---

13 Edward W. Said, *Kultur und Imperialismus. Einbildungskraft und Politik im Zeitalter der Macht* (Frankfurt am Main: S.Fischer, 1994).
14 Homi K. Bhabha, *Die Verortung der Kultur* (Tübingen: Stauffenburg, 2000).
15 Gayatri Chakravorty Spivak, „Can the Subaltern Speak?" In: *Marxism and the Interpretation of Culture*, hg. v. Cary Nelson und Lawrence Grossberg (Urbana, IL: University of Illinois Press, 1988), S. 271-313.
16 Arjun Appadurai, *Modernity at Large: Cultural Dimensions of Globalization* (Minneapolis: University of Minnesota Press, 1996); A.A. (Ed.), *Globalization* (Durham: Duke University Press, 2001).
17 Mary Louise Pratt, *Imperial Eyes. Travel Writing and Transculturation* (London and New York: Routledge 1992).
18 Bill Ashcroft, Gareth Griffiths, Helen Tiffin (Hg.), *The Post-Colonial Studies Reader* (London and New York: Routledge 1995).
19 Paul Michel Lützeler, *Postmoderne und postkoloniale deutschsprachige Literatur*. (Bielefeld: Aisthesis, 2005).; Doris Bachmann-Medick, „Postcolonial Turn", in: D. B.-M., *Cultural Turns. Neuorientierungen in den Kulturwissenschaften* (Reinbek bei Hamburg: Rowohlt, 2006), S. 184-237; Jochen Dubiel, *Dialektik der postkolonialen Hybridität. Die intrakulturelle Überwindung des kolonialen Blicks in der Literatur* (Bielefeld: Aisthesis, 2007); Axel Dunker, *Kontrapunktische Lektüren. Koloniale Strukturen in der deutschsprachigen Literatur des 19. Jahrhunderts* (Paderborn: Fink, 2008); Monika Albrecht, *„Europa ist nicht die Welt". (Post)Kolonialismus in Literatur und Geschichte der westdeutschen Nachkriegszeit* (Bielefeld: Aisthesis, 2008).

Kühn, Born, Kracht und Roes schreiben Romane, in denen Bürgerkriege im Nahen und Mittleren Osten im Zentrum der Handlung stehen oder zumindest deren Verlauf bestimmen. Die Bücher von Friedrich Christian Delius, Uwe Timm, Gert Hofmann und Erich Hackl befassen sich mit bürgerkriegsähnlichen politischen Verhältnissen in Militärdiktaturen Lateinamerikas; Lukas Bärfuss und Hans Christoph Buch verarbeiten politische Eruptionen im afrikanischen Ruanda; Jeannette Lander beschreibt Schicksale im Netzwerk repressiver und revolutionärer Vorgänge im asiatischen Sri Lanka, und Norbert Gstrein hat sich auf eine Auseindersetzung mit dem Bürgerkrieg im auseinanderbrechenden Jugoslawien eingelassen. Diese Bürgerkriege haben jeweils unterschiedliche Ursachen und Folgen, aber im Vordergrund stehen Aktionen, die für jeden Krieg bezeichnend sind: Missachtungen der Menschenrechte wie Gewaltmaßnahmen, Gefangenschaften, Tötungen, Folter, Entführungen, das Verschwindenmachen von Personen, Emigrationszwang. Die Autoren versuchen, die Krisenentwicklungen in ihrer Genese zu erfassen und sind sich gleichzeitig bewusst, wie schwierig es ist, als Deutscher bzw. Europäer überhaupt Zugang zu Kulturen anderer Kontinente zu finden. Sie profitieren von Berichten der Nachrichtenagenturen, wollen gleichzeitig aber auch hinter die Informationsblenden schauen, die die Medien zwischen Europa bzw. dem Westen und anderen Teilen der Welt aufgestellt haben.

Die SchriftstellerInnen beschäftigen sich nicht aus beliebigen Gründen mit dem Thema des globalen Bürgerkriegs, sondern rücken die Menschenrechtsverletzungen in den Mittelpunkt ihrer Darstellungen. Mit ihrer Komplexität fordern Romane bestehende Theorien über den Bürgerkrieg heraus und zwingen sie zur Modifikation oder Revision. Was die germanistische Analyse dieser Literatur betrifft: „Auflösbar" in Theorie sind literarische Texte ihrer Natur nach nicht, aber Theorie kann Aspekte der Literatur erhellen und auf den Begriff bringen. Germanistische Interpretation gewinnt hier durch das Studium historischer Kontexte und die Analyse von Diskursverflechtungen. Literaturwissenschaftliches Arbeiten ergibt sich gerade in diesem Fall aus dem Zusammenspiel von Textlektüre, theoretischer Bemühung und historischer Rekonstruktion.[20] Die im engeren Sinne philologischen Analysen zur ästhetischen Struktur und zur Erzähltheorie bzw. -praxis fallen in den Beiträgen zu den verschiedenen Romanen unterschiedlich aus. Bei konventionell-realistisch erzählten Büchern spielen sie keine große Rolle, bei komplizierter konstruierten Werken nehmen sie einen entsprechend größeren Raum ein.

---

20 Zum Thema der Gewalt in der Gegenwartsliteratur gibt es nur wenige Untersuchungen, und die hier behandelten Bücher kommen dort nicht vor. Vgl. Georg Guntermann, „Gewalt und zeitgenössische Literatur". In: Norbert Oellers (Hg.), *Germanistik und Deutschunterricht im Zeitalter der Technologie* (Tübingen: Niemeyer, 1988), S. 35-52; Benjamin Biebuyck, „Gewalt und Ethik im postmodernen Erzählen". In: Henk Harbers (Hg.), *Postmoderne Literatur in deutscher Sprache: Eine Ästhetik des Widerstands?* (Amsterdam: Rodopi, 1994), S. 79-84; Ernestine Schlant, *Die Sprache des Schweigens. Die deutsche Literatur und der Holocaust* (München: C.H. Beck, 2001); Richard Langston, *Visions of Violence. German Avant-Gardes After Fascism* (Evanston, IL: Northwestern University Press, 2008).

Was bei der Lektüre dieser Romane auffällt, ist der – postmodern zu nennende – Abschied von der Ästhetik des modernen Romans, wie man ihn in seiner avancierten Form aus dem ersten Drittel des 20. Jahrhunderts – aus den Jahrzehnten vor Exil und Holocaust – kennt, wobei an Autoren wie James Joyce, André Gide, John Dos Passos, Virginia Woolf, Thomas Mann, Robert Musil und Hermann Broch zu denken ist. Der Ehrgeiz dieser Romanciers bestand noch darin, die Totalität einer Epoche zu erfassen, wobei sie mit komplizierten Symbolketten, Leitmotiv- und Simultaneitätstechniken arbeiteten. Was für ihre Romane bezeichnend war, ist das, wofür Mikhail Bakhtin den Begriff der Dialogizität geprägt hat.[21] Hier geht es nicht darum, einer bestimmten Weltanschauung, einer politischen Bewegung, einer Religion oder einem moralischen Postulat zum Durchbruch zu verhelfen. Alle gegeneinander aufgeführten oder nebeneinander plazierten Positionen haben irgendwo ihre Berechtigung, stellen Teile und Aspekte jener angestrebten Totalitätserfassung dar. Bakhtin sah dieses Prinzip des Dialogischen bereits in den Büchern Dostojewskis verwirklicht. Im Roman des 20. Jahrhunderts sind im deutschsprachigen Bereich Titel wie *Der Zauberberg* von Thomas Mann, *Der Mann ohne Eigenschaften* von Robert Musil und *Die Schlafwandler* von Hermann Broch zu nennen. Aber eine solch überlegene Position gibt es im Roman der Gegenwart des späten 20. und frühen 21. Jahrhunderts nur noch selten. Der Autor als „remembrancer" im Sinne von George Steiner[22] hat eine bestimmte Absicht: er will das Vergessen katastrophaler geschichtlicher Ereignisse verhindern, an Geschehnisse erinnern, die verdrängt worden sind, die ins Bewusstsein gehoben werden sollen, an Vorfälle, die sich in Zukunft nicht wiederholen dürfen. Hier wirkt ein Ethos nach, das sich zum einen verbindet mit dem Existenzialismus der 1940er Jahre (Sartre[23] und Camus[24]), zum anderen mit der frühen antiautoritären 68er Generation. So kommt es, dass wir in den hier genannten Romanen keine Beispiele des Dialogischen und keine fein abgestimmten Balance-Akte des Sowohl-als-Auch finden. Das Dialogische in den Romanen der Avantgarde entsprach dem „Freischwebenden", auf das viele Intellektuelle zur Zeit der Weimarer Republik großen Wert legten[25], wie dem Hauptwerk von Karl

---

21 Michael Holquist, *Diologism: Bakhtin and his World* (London und New York: Routledge, 1990).
22 George Steiner, „The Writer as Remembrancer. A Note on ‚Poetics, 9'". In: *Yearbook of Comparative and General Literature* (1973): 51-57.
23 Jean-Paul Sartre, *Das Sein und das Nichts* (Reinbek bei Hamburg: Rowohlt, 2002). Vgl. dazu: Hans-Martin Schönherr-Mann, *Sartre: Philosophie als Lebensform* (München: Beck, 2005).
24 Albert Camus, *Der Mensch in der Revolte. Essays* (Reinbek bei Hamburg: Rowohlt, 2003). Vgl. dazu: Brigitte Sändig, *Albert Camus. Autonomie und Solidarität* (Würzburg: Königshausen & Neumann, 2004).
25 Dirk Hoeges, *Kontroverse am Abgrund. Ernst Robert Curtius und Karl Mannheim. Intellektuelle und ‚freischwebende Intelligenz', in der Weimarer Republik* (Frankfurt am Main: S.Fischer, 1994). Vgl. ferner: Antje Büssgen, „Intellektuelle in der Weimarer Republik", in: *Intellektuelle im 20. Jahrhundert in Deutschland. Ein Forschungsbericht*, hg. v. Jutta Schlich. 11. Sonderheft *Internationales Archiv für Sozialgeschichte der deutschen Literatur* (2000): 161-246. Dieser Aufsatz enthält auch weitere Angaben zur aktuellen Forschungsliteratur.

Mannheim[26] zu entnehmen ist. Gegenüber philosophisch-dogmatischen und pronociert ideologischen Positionen wirkte die Einstellung der Freischwebenden – der Begriff wurde von Alfred Weber geprägt[27] – befreiend, sollte doch die relative Unabhängigkeit der Intellektuellen von sozialen Klassengegebenheiten unterstrichen werden. Ein anderes Verständnis des Intellektuellen arbeitete Julien Benda in seinem 1927 erstmals publizierten Essay *La trahison des clercs*[28] heraus, dem man eine Langzeitwirkung nicht absprechen kann. Benda beklagte, dass sich die Intellektuellen mehr und mehr von ihren eigentlichen Aufgaben, dem Schutz universal verstandener Gerechtigkeit und den demokratischen politischen Formen verabschiedet hatten. Benda wandte sich aber nicht nur gegen die „Freischwebenden", sondern vor allem gegen Intellektuelle, die sich (ob auf der Rechten oder der Linken) für politische Extrempositionen engagierten und denen die Interessendurchsetzung bestimmter radikaler Parteien wichtiger war als Menschenrecht und Demokratie. Bendas Schrift wurde sofort von führenden Intellektuellen seiner Zeit – wie T.S. Eliot[29] und H.E. Read[30] – konstruktiv aufgenommen und weitergedacht. Diese positive Wirkung ist bis heute nachzuweisen, etwa in einem Buch von Michael Walzer. Walzer stellt zu Recht fest: „Julien Bendas *Der Verrat der Intellektuellen* wird gelesen werden, solange es Intellektuelle gibt, die des Verrats fähig sind. [...] Es bleibt das beste Selbstzeugnis eines kritischen Intellektuellen und die lebendigste Darstellung der Versuchungen und Gefahren intellektueller Politik, die wir kennen."[31] Bei Benda wurde eine Position formuliert, die derjenigen ähnelt, welche die hier behandelten Autoren vertreten. Es ist eine Position, die sich diese Schriftsteller – zum Teil auf Umwegen – erarbeitet haben, wie man der Entwicklung des jeweiligen Gesamtwerks entnehmen kann. Es kommt nicht darauf an, ob sich die Schriftsteller bewusst mit Benda auseinandergesetzt haben; er wird hier zitiert, um eine ethische Einstellung zu umreißen, die für die Autoren bezeichnend zu sein scheint. Im Abschnitt über die Menschenrechte in dieser Einleitung soll darauf zurückgekommen werden.

„History is what hurts. It is what refuses desire and sets inexorable limits to individual as well as collective praxis", schreibt Fredric Jameson in *The Political Unconscious*.[32] Dass Geschichte eine verletzende, oft traumatische Wirkung hat, zeigen die historischen Konstellationen, um die es hier geht. Die Stärke der behan-

---

26 Karl Mannheim, *Ideologie und Utopie* (Bonn: F. Cohen, 1929).
27 Gertraude Mikl-Horke, *Soziologie* (München: Oldenbourg, 2001, 5. Auflage), S. 105.
28 Julien Benda, *La trahison des clercs* (Paris: Grasset, 1927).
29 T. S. Eliot, „The Idealism of Julien Benda". In: *New Republic* 57.732 (1928): 105-107.
30 Herbert Edward Read, *Julien Benda and the New Humanism* (Seattle: University of Washington Book Store, 1930).
31 Michael Walzer, „Julien Benda und der Verrat der Intellektuellen", in: *Zweifel und Einmischung. Gesellschaftskritik im 20. Jahrhundert* (Frankfurt am Main: S.Fischer, 1991), S. 47-67, hier S. 47. Die amerikanische Originalausgabe erschien unter dem Titel *The Company of Critics: Social Criticism and Political Commitment in the Twentieth Century* (New York: Basic Books, 1988).
32 Fredric Jameson, *The Political Unconscious. Narrative as a Socially Symbolic Act* (Ithaca: Cornell University Press, 1981), S. 102.

delten Romane besteht in ihren genauen politischen und zeitgeschichtlichen Anspielungen bzw. Schilderungen, wobei es aber gelingt, die ästhetischen Schwächen des Reportageromans[33] mit seinen Objektivitätspostulaten zu vermeiden. An fiktionales Erzählen wird erinnert, das sich auf historische Personen, Namen, Orte und Geschehnisse bezieht und den Leser dazu provoziert, sich selbst mit jener zitierten Geschichte genauer auseinanderzusetzen. Fiktion ist hier gleichzeitig auch Evokation von Historiographie. Es handelt sich hier um eine Literatur, die darauf insistiert, durch die Lektüre historischer Berichte ergänzt zu werden – das ist die Besonderheit der genannten Romane. Man kann sie wegen ihrer Hinweise auf Figuren und Ereignisse aus der politischen Historie vergleichen mit jenen Dichtungen, die ein Ekphrasis-Verfahren[34] nahelegen, indem sie Bilder aus der Kunstgeschichte zitieren. Auch hier ist der Leser aufgefordert, sich die Reproduktionen der Bilder oder Skulpturen zu besorgen (oder, falls möglich, die Originale in Museen oder Galerien zu studieren), um Wort und Bild zueinander in Beziehung zu setzen. Nur durch das Sicheinlassen der LeserInnen auf die zitierten historischen Vorfälle kann der Anspielungshorizont der Romane erkannt werden. Dieses Angelegtsein der Bürgerkriegsromane auf Nachschlagen und Forschung kann man als ihren „impliziten Leser"[35] im Sinne von Wolfgang Iser bestimmen. Iser hat den „impliziten Leser" als Wirkungsstruktur des Textes erkannt, d.h. mit ihm sind die im literarischen Werk selbst angelegten Vororientierungen gemeint, die es möglichen Lesern als Rezeptionsbedingungen anbietet. Das den Texten eingeschriebene Konkretisationsangebot macht ihre „Apellstruktur"[36] aus. So ist der „implizite Leser" ein Textmerkmal, das eine angemessene Lektüre steuert. Zu den konventionellen Vorstellungen vom Romanelesen gehört keineswegs die parallel laufende Recherche. Zu der abgestuften Negation des Überlieferten, die jedes neue Kunstwerk dem Leser nach Iser – und nicht nur nach Iser – abverlangt, gehört im Fall der Bürgerkriegsromane das Aufgreifen der neuen Zielrichtung im Sinne einer Ergänzung durch Historiographie und Zeitgeschichte.

Die hier behandelten Bücher sind postmoderne Zeitromane, für die zum einen die reflektierte meta-historische Verarbeitung geschichtlicher Ereignisse[37] charakteristisch ist, zum anderen die Tatsache, dass sie sich Themen, Formen und

---

33 Johannes Preschl, *Text-Wirklichkeiten: Roman und Reportage* (Marburg: Tectum, 1996).
34 Hans-Peter Wagner, „Ekphrasis". In: *Metzler-Lexikon Literatur- und Kulturtheorie*, hg. v. Ansgar Nünning (Stuttgart und Weimar: Metzler, 1998), S. 112. Vgl. dazu: *Schriftlichkeit und Bildlichkeit. Visuelle Kulturen in Europa und Japan*, hg. v. Ryozo Maeda, Teruaki Takahashi und Wilhelm Voßkamp (München: Fink, 2008).
35 Wolfgang Iser, *Der implizite Leser. Kommunikationsformen des Romans von Bunyan bis Beckett* (München: Fink, 1979, 2. Auflage).
36 Wolfgang Iser, *Die Appellstruktur der Texte: Unbestimmtheit als Wirkungsbedingung literarischer Prosa* (Konstanz: Universitätsverlag, 1970).
37 Linda Hutcheon, *A Poetics of Postmodernism: History, Theory, Fiction* (London und New York: Routledge, 1988). Vgl. ferner: Ansgar Nünning, *Von historischer Fiktion zu historiographischer Metafiktion. Band 1: Theorie, Typologie und Poetik des historischen Romans* (Trier: Wissenschaftlicher Verlag Trier, 1995).

Techniken nicht durch Konvention vorschreiben lassen, sondern auf der Verfügung aller nur denkbaren ästhetischen Mittel bestehen.[38] Diese werden nicht „beliebig" eingesetzt, sondern richten sich nach der Intention des jeweiligen Kunstwerks. Zur Absicht der hier behandelten AutorInnen gehört es, dass sie sowohl an die Fürchterlichkeiten gegenwärtiger Bürgerkriege mit ihren Verbrechen gegen die Menschlichkeit erinnern, als auch – bei Verschränkung der Zeit- und Problemebenen – die deutschen Greuel während der Hitlerzeit nicht in Vergessenheit geraten lassen.

III

Die kulturalistische Wende in den Geisteswissenschaften bedeutet bekanntlich eine verstärkte Aktivität im Grenzverkehr zwischen den Fächern und Disziplinen.[39] Paradigmenwechsel, Veränderungen der Methoden und Ansätze innerhalb der Philologien haben mit der Dialektik von Theorie und Praxis, von Methode und Objekt zu tun. Gerade die deutschsprachigen Romane der Gegenwart setzen sich mit geschichtlichen Themen, besonders der Zeitgeschichte, auseinander.[40] So ist es nicht von ungefähr, daß bei germanistischen Analysen und Interpretationen dieser Romane verstärkt geschichtswissenschaftliche Untersuchungen pragmatischer wie meta-historischer Art zu Rate gezogen werden.[41] Viele der Anspielungen in den Romanen sind ohne Konsultationen historiografischer Studien nicht zu verstehen. Die kulturalistische Wende führte zu einer Favorisierung anthropologischer Fachliteratur[42] in der Literaturwissenschaft – das zeigte schon der New Historicism[43] der 1980er Jahre –, aber nicht minder wichtig ist für die Neu-Germanistik die verstärkte Wahrnehmung von Methoden und Ergebnissen der Geschichtswissenschaft, vor allem der Zeitgeschichtsforschung.[44]

Bei der fiktionalen Evokation von Geschichte geht es weder den Autoren noch ihren Interpreten um eine Verwischung des Unterschieds zwischen Historiographie und Roman. Diese Differenzen, die ausgerechnet von Vertretern der Histo-

---

38 Paul Michel Lützeler, „Postmoderne Romane". In: P.M.L., *Postmoderne und postkoloniale deutschsprachige Literatur*, S. 36-49.
39 Paul Michael Lützeler, „Die kulturalistische Wende in den Geisteswissenschaften". In: *Akademie-Journal* 1 (2000): 16-19. Vgl. ferner die Studie von Doris Bachmann-Medick, *Cultural Turns*.
40 Joachim Garbe, *Deutsche Geschichte in deutschen Geschichten der neunziger Jahre* (Würzburg: Königshausen & Neumann, 2002). Hartmut Steinecke, „Schreiben von der Shoah in der deutsch-jüdischen Literatur der ‚Zweiten Generation'". In: *Zeitschrift für deutsche Philologie* 123 (2004): 246-259.
41 Vgl. die Bände des Jahrbuchs *Gegenwartsliteratur*, hg. v. Paul Michael Lützeler und Stephan Schindler (Tübingen: Stauffenburg, 2002ff.).
42 Hartmut Böhme und Klaus R. Scherpe (Hg.), *Literatur und Kulturwissenschaften* (Reinbek bei Hamburg: Rowohlt, 1996).
43 Paul Michael Lützeler, „‚New Historicism': Methoden-Experimente in den USA". In: P.M.L., *Klio oder Kalliope? Literatur und Geschichte* (Berlin: Erich Schmidt, 1997), S. 170-178.
44 Paul Michael Lützeler, „History and Literature". In: *International Encyclopedia of the Social and Behavioral Sciences*, hg. v. Neil J. Smelser und Paul B. Baltes, Bd. 10 (Oxford: Elsevier, 2001): 6817-6822.

rikerzunft zuweilen in Frage gestellt wurden, seien hervorgehoben durch eine Abgrenzung von neueren metahistorischen Thesen. In seinem Buch *Metahistory*[45] wies Hayden White interessante Parallelen zwischen Historiographie und Literatur auf, wie sie dann wenige Jahre später – unter Whites Einfluss – auch von Peter Munz in der Studie *The Shapes of Time*[46] gezogen wurden. White strebte eine Poetik der Historiographie an und beschrieb die Präsentationsformen der Historiker, um sie mit poetischen Stilen und Gattungen zu vergleichen. Er ging von der Tatsache aus, dass die Historiker die Geschehnisse, die überlieferten Fakten in den Erzählzusammenhang einer *story* überführen müssen. Die Hinweise Whites auf strukturelle Ähnlichkeiten zwischen Tragödien- und Komödienverläufen und historischen Darstellungen sind interessant, aber von einer Fiktionalisierung der Geschichte kann hier nicht die Rede sein. Alexander Demandt[47] hat nachgewiesen, wie sich in den von Historikern verwendeten poetischen Metaphern Denkstrukturen spiegeln, und wie ihre Ideologien wiederum den Gebrauch rhetorischer Figuren steuern. Es gibt narrative Grundeigenheiten, die gleichermaßen für das geschichtliche wie das poetische Erzählen gelten. Ohne Handlung, Bilder, Metaphern ist Erzählen an sich nicht denkbar, und so bedeutet der Metapherngebrauch noch keine Fiktionalisierung der Geschichte.[48] Und umgekehrt machen geschichtliche Anspielungen und Details aus einem Roman kein Stück Historiographie. Hier geht es nicht um eine Verwischung der Grenzen zwischen wissenschaftlichen und poetischen Erzählgattungen, sondern um die Feststellung, dass die behandelten Romane zahlreiche Hinweise auf geschichtliche Vorgänge enthalten, die als solche ernst zu nehmen sind, und zu deren Erfassung die Lektüre historiographischer Studien unerlässlich ist.[49]

Zu erwähnen ist auch, dass viele Autoren der hier behandelten Romane Anregungen durch Filme aufgriffen, die sich mit der gleichen Thematik beschäftigten. Entschieden geringere Impulse gingen von den Romanen auf Filme aus. Die gegenseitige Beeinflussung der Medien Literatur und Film ist ein unerschöpfliches Forschungsgebiet, und es würde sich verlohnen, eine eigene Enzyklopädie dazu anzulegen. Bisher gibt es viele Einzelstudien zu diesem Komplex, die aber meistens punktuelle Verkreuzungen analysieren und zu oft nationalkulturell angelegt sind.[50]

---

45 Hayden White, *Metahistory. The Historical Imagination in Nineteenth-Century Europe* (Baltimore: Johns Hopkins University Press, 1973).
46 Peter Munz, *The Shapes of Time* (Middleton, CT: Wesleyan University Press, 1977).
47 Alexander Demandt, *Metaphern für Geschichte. Sprachbilder und Gleichnisse im historisch-politischen Denken* (München: Beck, 1978).
48 Zu den Einzelheiten dieser Diskussion über Historiographie und Fiktion vergleiche die Einleitung in: Paul Michael Lützeler, *Klio oder Kalliope? Literatur und Geschichte* (Berlin: Erich Schmidt, 1997), S. 11-20.
49 Vgl. dazu: Walter Hinck, *Geschichtsdichtung* (Göttingen: Vandenhoeck & Ruprecht, 1995).
50 John M. Desmond, Peter Hawkes, *Adaptation: Studying Film and Literature* (Boston: McGraw-Hill, 2006); *The Cambridge Companion to Literature on Screen*, hg. v. Deborah Cartmell und Imelda Whelehan (Cambridge: Cambridge University Press, 2007); Joachim Paech, *Literatur und Film* (Stuttgart: Metzler, 1988, zweite Auflage); Sigrid Bauschinger, Susan Cocalis, Henry A. Lea

In den behandelten Romanen sind die Konturen einer „Poetik der Globalisierung"[51] auszumachen. Die Bürgerkriege, an die erinnert wird, sind nicht mehr lediglich innenpolitische Angelegenheiten des Einzelstaates, in dem sie stattfinden, sondern aufs Vielfältigste mit globalen Entwicklungen und Akteuren verknüpft. Zudem thematisieren sie interkontinentale Migrationsschübe, Flüchtlingsströme und kulturelle Verwerfungen der unterschiedlichsten Art. Die Poetik des Globalen, von der hier gesprochen werden kann, hat drei Hauptaspekte: Erstens sind die behandelten Romane Teil eines aktuellen Menschenrechtsdiskurses, der sich mit multikulturellen und postkolonialen Diskursen überschneidet. Zweitens ist für sie eine bestimmte Konstellation zwischen Imaginärem, Identität und Ideologie bezeichnend. Und drittens sind sie charakterisiert durch einen postmodernen und transnationalen Umgang mit etablierten Erzähltechniken, kanonischen Werken und traditionellen Romangattungen.

Dem hier zur Geltung kommenden Menschenrechtsethos ist ein eigener Abschnitt in dieser Einleitung gewidmet. Die Schriftsteller sind auf literarische Weise beteiligt an einem umfassenden Diskurs, zu dem vor allem Juristen, Philosophen und Politologen – jeweils mit den Mitteln ihrer wissenschaftlichen Disziplin – beitragen. Das Besondere am literarischen Menschenrechtsdiskurs ist, dass die SchriftstellerInnen nicht die Allgemeingültigkeit von Prinzipien, Resolutionen, Gesetzen oder Verboten untersuchen oder postulieren, sondern dass einzelne reale, fiktionalisierte oder erfundene Lebensentwürfe in den Blick geraten, die durch Bürgerkriege mit den einhergehenden Menschenrechtsverletzungen verändert oder zerstört werden. Bezeichnend ist, dass in mehreren dieser Romane die journalistischen Medien, die sich ebenfalls mit Verstößen gegen die Menschenrechte beschäftigen, kritisch beurteilt werden, weil hinter dieser Berichterstattung ökonomische Antriebskräfte angenommen werden, Motivationen, denen das Menschenrechtsethos, das auf dem Schutz der Menschenwürde basiert, abgeht. Bei den Bürgerkriegsromanen der Gegenwart hat man es mit einem Netzwerk von Erzählungen zu tun, in denen Aspekte von Identität, Imaginärem und Ideologie auf spezifische Weise miteinander verbunden sind.[52] Innerhalb von Identi-

---

(Hg.), *Film und Literatur: Literarische Texte und der neue deutsche Film* (Bern: Francke, 1984); vgl. ferner den Band „Literatur und Film" des Jahrbuchs *Gegenwartsliteratur* 7 (2008).

51 In Amerika haben in den letzten Jahren einige Symposien zum Thema „Poetics of Globalization" stattgefunden. Hie und da taucht auch ein Aufsatz mit dem Begriff auf: I. Szeman, „Poetics and Politics of Globalization". In: *Studies in Canadian Literature* 32.2 (2007): 148-161. Den deutschen Begriff „Poetik der Globalisierung" fand ich bei Patrick Ramponi, „Orte des Globalen. Zur Poetik der Globalisierung in der Literatur des deutschsprachigen Realismus (Freytag, Raabe, Fontane)". In: *Poetische Ordnungen. Zur Erzählprosa des deutschen Realismus*, hg. v. Ulrich Kittstein und Stefani Kugler (Würzburg: Königshausen & Neumann, 2007), S. 17-59. Je nach der literarischen Epoche und je nach den Gattungen, die man unter dem Blickwinkel einer Poetik der Globalisierung betrachtet, werden sich andere Bestimmungen dieses neuen Terminus ergeben. Ramponi stellt die Kategorie des Raumes ins Zentrum.

52 Zur individuellen und kollektiven Identität vgl. Erik Erikson, Georg Simmel, Benedict Anderson, Edgar Morin, Anthony Giddens; zum Imaginären Sigmund Freud, Maurice Halbwachs, Jacques Lacan, Jean-Paul Sartre, Ernst Bloch, Cornelius Castoriadis, Jan und Aleida Assmann, Arjun Appadurai, Winfried Fluck; zur Ideologie Karl Marx, Karl Mannheim, Paul Ricoeur.

tätsbildungen spielen Erinnerung (das heißt Reflexionen über Vergangenes) und Utopie (das heißt die visionäre Vorwegnahme künftiger Entwicklungen) eine besondere Rolle. Erinnerung gibt den Erfahrungen in der Vergangenheit Profil, während das utopische Element mit seinen kreativen, kritischen und potentiell subversiven Eigenschaften Veränderungen bei petrifizierten Identitäten ermöglicht. Das Imaginäre mit seiner Plastitzität, Prozessualität und Offenheit kann die Ideologisierung von Erinnerung und Utopie verhindern. Das Imaginäre hat zudem und vor allem eine Gegenwarts-Dimension: Es erlaubt den kollektiven Identitäten, sich an neue soziale und historische Realitäten anzupassen. Zudem gewährleistet das Imaginäre, dass einerseits Erinnerung[53] nicht wie ein neutraler Behälter oder Aufbewahrungsraum mit fixen Daten verstanden wird, und dass andererseits utopische Ideen vor Stagnation und Dogmatisierung bewahrt bleiben. Das Imaginäre erhält sowohl seine Vergangenheits- wie Zukunftsdimension dynamisch und bezieht sie auf die Gegenwart, arbeitet damit gegen Tabus und stellt Konventionen in Frage. Die von Machtinteressen bestimmte Ideologie hingegen strebt immer danach, dominante Aspekte einer kollektiven Identität auf ein System von Überzeugungssätzen zu reduzieren, damit sie als politisches Werkzeug funktionieren kann. Das Imaginäre und das Ideologische stehen in einer ständigen negativen Spannung zueinander. Während das Imaginäre dahin tendiert, die Grenzen kollektiver Identität zu erweitern, versucht die Idologie hingegen diese Grenzen als geschlossen darzustellen und kollektive Identität als fertig und verwendbar im politischen Konflikt auszugeben. In den Bürgerkriegsromanen definiert sich das literarisch Imaginäre vom Menschenrechtsethos her: dieses Ethos liegt in einem Clinch mit nationalistischen, rassistischen Ideologien, die die Parameter individueller wie kollektiver Identität bestimmen wollen. Die Konfliktlage, wie sie in den Bürgerkriegsromanen literarisch gestaltet ist, kann von der spannungsreichen Beziehung der Trias Imaginäres, Ideologie und Identität her bestimmt werden. Charakteristisch ist dabei die intensive Auseinandersetzung mit faktischer Historie, d.h. die reibungsvollen Relationen zwischen imaginären, ideologischen und identitätsmäßigen Tendenzen werden nicht abstrakt abgehandelt, sondern als Konflikte, die historisch vorgegeben sind und bis in die Gegenwart nachwirken.

Schließlich sind die vielen Arten von Erzähltechniken, literarischen Anspielungen und Gattungsmodifikationen bezeichnend für diese Untergattung des Gegenwartsromans. In immer neuen Ansätzen versuchen die Autoren für ihre unterschiedlich konstruierten Erzählperspektiven narrative Formen zu finden, wobei das Spektrum von herkömmlichen Mitteln realistischer Tradition über unterschiedliche Formen der Du-Erzählung bis zu neuen Experimenten einer mehrfachen Kombination von Ich-Erzählern reicht. Die literarischen Assoziationen um-

---

53 Die aktuelle internationale Literatur zum Thema Erinnerung in den verschiedenen Gebieten der Kulturwissenschaft, der Psychologie und der Medizin ist kaum noch zu überschauen. Verwiesen sei hier auf die „Bibliography of Memory Politics", die oft zitierte Werke enthält: http://falcon.arts.cornell.edu/jhw4/Collective_Memory.htm

greifen Mythen der Antike, Werke der Renaissance, der Klassik, der internationalen europäischen Moderne bis zur (post-)modernen Literatur Lateinamerikas und der USA. Auch die Gattungen, die pastichehaft verändert oder gemischt werden, erinnern uns daran, dass wir es mit postmodernen Zeitromanen zu tun haben, die den Klassikern der Moderne des 20. Jahrhunderts nur selten Vorbildcharakter zubilligen. Ob Märchen, Brief, Selbstgespräch, Novelle, Bildungs-, Abenteuer-, Reise-, Kriegs-, Liebesroman oder historischer Roman, alle nur denkbaren Gattungen fiktiven Erzählens werden einbezogen oder ausprobiert.

2. GEWALT UND BÜRGERKRIEG

I

Krieg bedeutet Zerstörung friedlicher Kommunikation und Annäherung, d.h. Konfrontation auf Leben und Tod. Mit Theorien, die sich auf Fragen der Multi-, Trans-, und Interkultur[1] beschränken, ist narrativen Texten, in denen Krieg und Zerstörung die Hauptthemen bilden, alleine nicht beizukommen. Hier müssen zusätzlich andere theoretische Ansätze als Erklärungshilfen benutzt werden, Theorien von Macht, Gewalt, Bürgerkrieg und Menschenrecht.

Der Vorteil von Theorien ist der, dass sie das Allgemeine im Besonderen auf den Begriff bringen; ihr Nachteil jener, dass sie – wegen ihrer Abstraktion – auf einen Einzelfall nie voll anwendbar sind. So auch hier. Hannah Arendt und Heinrich Popitz haben das Thema der Gewalt im Sinne von *violence* differenziert analysiert.[2] Arendts Schrift *On Violence*[3], die sie 1969 publizierte, wurde veranlasst durch den Vietnamkrieg wie durch Gewaltmaßnahmen im Zuge der Studentenbewegung und des Black Power Movements in den USA. Auf der philosophischen Ebene ist sie eine Abrechnung mit dem marxistischen Gewalt-Postulat zur Durchsetzung gesellschaftlicher Veränderung allgemein und mit damals viel zitierten Propheten der Gewalt von Georges Sorel über Frantz Fanon bis zu Jean-Paul Sartre im Besonderen. Anders als Marx teilt Hannah Arendt die Auffassung nicht, dass in der Staatsregierung Macht und Gewalt zusammenfallen, dass der Staat bisher *eo ipso* ein Unterdrückungsinstrument gewesen sei. Arendt verwendet viel Mühe darauf, zwischen Macht und Gewalt, Kraft und Autorität zu unterscheiden und kann sich dabei auf Differenzierungen einer Jahrhunderte alten

---

1 Avery F. Gordon, Christopher Newfield (Hg.), *Mapping Multiculturalism* (Minneapolis und London: University of Minnesota Press, 1993); Alois Wierlacher (Hg.), *Fremdheit. Leitbegriffe und Problemfelder kulturwissenschaftlicher Fremdheitsforschung* (München: iudicium, 1993); Charles Taylor, *Multiculturalism. Examining the Politics of Recognition* (Princeton: Princeton University Press, 1994), auf Deutsch: *Multikulturalismus und die Politik der Anerkennung* (Frankfurt am Main: S.Fischer, 1993). Homi K. Bhabha, *The Location of Culture* (London und New York: Routledge, 1994), auf Deutsch: *Die Verortung der Kultur* (Tubingen: Stauffenburg, 2000).
2 Vgl. ferner: Aleida und Jan Assmann, „Kultur und Konflikt. Aspekte einer Theorie des unkommunikativen Handelns". In: Jan Assmann, Dietrich Harth, *Kultur und Konflikt* (Frankfurt am Main: Suhrkamp, 1990), S. 11-48. Dort wird zwischen dem kulturvernichtenden „bösen" und dem kulturfördernden „guten" Streit unterschieden. Aspekte von Gewalt (Krieg, Bedrohungsbewusstsein, Feindschaft, Fremdenhaß) und Friede (Utopie einer konfliktlosen Gesellschaft sowie die Kultur des Konflikts) werden hier diskutiert, wobei die Arbeiten von Arendt und Popitz allerdings nicht berücksichtigt werden.
3 Hannah Arendt, *On Violence* (New York: Harcourt, Brace & World, 1969). In der Folge wird die Studie mit der Sigle „OV" in Klammern zitiert.

aufgeklärten westlichen Staatsphilosophie berufen. Auch sie gibt zu, dass die Kombination von Macht und Gewalt oft bei Aktionen von Staatsregierungen zusammenfallen, aber sie besteht darauf, dass Macht – und keineswegs Gewalt – als Essenz des Regierens zu verstehen sei. Macht wird eingeschätzt als die Fähigkeit, für und im Sinne eines Gemeinwesens zu handeln und könne nie als Besitz eines einzelnen reklamiert werden. Regieren ohne Macht ist nach Arendt unvorstellbar, Regieren ohne Gewalt durchaus. Macht ist von vornherein Bestandteil der Legitimität einer Regierung, Gewaltmaßnahmen dagegen sind es nie. Gewalt habe rein instrumentellen Charakter: Sie kann nach Arendt zwar gerechtfertigt werden, nie jedoch Bestandteil der Legitimität sein. Gewalt könne legitime Macht zerstören, sie aber nie schaffen. Zu wenig Macht und zu viel Gewalt unterhöhlen gleichermaßen die Legitimität einer Regierung. Arendt geht so weit zu betonen, dass Macht und Gewalt nicht nur nicht dasselbe sind, sondern dass sie in direkter Opposition zueinander stehen: absolute Gewalt führe zum Ende der Macht, wie absolute (d.h. absolut legitimierte) Macht das Ende der Gewalt involviere. Im Hinblick auf den Vietnamkrieg und auf die Eskalation der Gewalt in den USA beschwor die Philosophin die amerikanische Bevölkerung und ihre Regierung, der Gewalt ein Ende zu setzen, bevor sie die politische Kultur des Landes präge und damit zerstöre. Ihr Argument gilt auch heute noch: „The practice of violence, like all changes, changes the world, but the most probable change is to a more violent world." (OV 80) Die Eskalation der Gewalt, ihre schier endlose Spirale, ist ein Phänomen, das für Bürgerkriege bezeichnend ist.

Als Bürgerkrieg kann man, Hannah Arendt weiterdenkend, jenen Zustand in einem politischen Gemeinwesen bezeichnen, in dem die legitime Regierungsmacht geschwächt oder gar zusammengebrochen ist, wobei dieses Machtvakuum Gewaltmaßnahmen sich bekämpfender, machtmäßig zum einen nicht mehr und zum anderen noch nicht legitimierter Gruppen provoziert.

Eine engere Beziehung zwischen Macht und Gewalt als Hannah Arendt sieht Heinrich Popitz.[4] Für ihn ist Macht der umfassendere Begriff, dessen zentraler Aspekt die Gewalt sei. Auch für Popitz ist die legitimierte Staatsmacht, wie sie in der Aufklärungstradition konzipiert und institutionalisiert worden ist, dazu da, das friedliche Miteinander der – vor dem Gesetz gleichen – Staatsbürger nach innen und außen zu sichern. Aber anders als bei Arendt ist nach Popitz Staatsmacht ohne Gewalt unvorstellbar, weil geschichtlich nicht belegbar. Wer nach Staatsmacht strebt, will auch das Gewaltmonopol in die Hand bekommen. Gewalt, als sog. „Aktionsmacht" (PM 43), ist für ihn sogar eine besonders direkte und signifikante Form von Macht. Aktionsmacht als Gewalt will Schaden zufügen. Dieser Schaden kann sich graduell steigern, von der Minderung sozialer Teilhabe über materielle Schädigung bis zu körperlicher Verletzung und deren Extrem, die Tötung. Von „absoluter Gewalt" spricht Popitz, wenn über „Todesmacht" (PM 56) verfügt wird. Die Nähe von Macht und Gewalt, wie Popitz sie sieht, kommt auch

---

4 Heinrich Popitz, *Phänomene der Macht*, zweite, stark erweiterte Auflage (Tübingen: Mohr, 1992). In der Folge wird die Studie mit der Sigle „PM" in Klammern zitiert.

darin zum Ausdruck, dass er Formen struktureller Gewalt als Ausdruck „instrumenteller Macht" bezeichnet: etwa Drohungen und Versprechungen. Das seien Mittel, womit sich der Machtinhaber Individuen oder Kollektive fügsam halte. Der Gewalt setzt Popitz ihre Eingrenzung gegenüber: politische Ordnung und Gewaltenteilung. Alle soziale Ordnung basiere – so argumentiert er mit Hobbes – auf der Furcht vor Gewalt. Bringe aber eine Staatsmacht die „absolute Gewalt" in ihre Hand und permanent zur Geltung, müsse sie mit dem „radikalen Widerstand" (PM 59) rechnen, der in den Symbolfiguren des Attentäters und des Märtyrers Ausdruck finde.

Gewaltbereitschaft hält Popitz für eine anthropologische Konstante. Die ständige Gefahr ihrer „Entgrenzung" (PM 48) (statt „Eingrenzung") sieht er bedingt durch die nicht gegebene instinktmäßige Kontrolle der Gewalt beim Menschen, in seiner Möglichkeit der Vorstellungskraft, mit der er sich (etwa in Tagträumen) Gewaltszenarien ausmalen könne und schließlich in der rapiden technischen Entwicklung von Gewaltinstrumenten, vor allem Waffen, die dem Inhaber staatlicher Macht immer neue Möglichkeiten der Schadenszufügung an die Hand geben. Aggressivität zählt Popitz nicht zu jenen anthropologischen Konstanten, die vorrangig zur „Entgrenzung" von Gewalt beitragen. Aggression abzureagieren sei nur eine Variante unter den zahlreichen Modalitäten und Voraussetzungen, die man bei Gewaltakten konstatieren könne. Die könnten zweckrational, routinemäßig-nüchtern, verbohrt-beflissen, spielerisch-neugierig und sogar gedankenlos-gelangweilt ausgeführt werden.

Popitz unterscheidet zwischen „absoluter" Gewalt und „totaler" Gewalt. Absolute Gewalt hat der Mensch, der über das Tötungsmonopol verfügt – ein Phänomen, so alt wie die menschliche Kulturgeschichte. „Totale Gewalt" (PM 66) aber ist ein Signum der Moderne. Drei Aspekte fließen hier ineinander: erstens die Glorifizierung von Gewalt, zweitens die Indifferenz gegenüber den Leiden der Opfer und drittens die Bereitschaft zum Einsatz moderner technischer Gewaltmittel (etwa ferngelenkter Raketen).

Popitz weiterdenkend kann man als Bürgerkrieg jenen gesellschaftlichen Zustand beschreiben, bei dem in einem Staatswesen die Eingrenzung von Macht und Gewalt durch politische bzw. soziale Institutionen entfallen ist, in dem das Machtmonopol entweder diskreditiert wurde oder sich aufgelöst hat, in dem staatliche Gewaltmaßnahmen oder Gewaltdrohungen wirkungslos geworden sind. Die Entgrenzung von Macht und Gewalt führt zum Kampf von Gruppen um das Machtmonopol, um absolute und totale Gewalt. Mit ihrer Entgrenzung streift die Gewalt, bisher durch die Macht kontrolliert, Handlungshemmungen ab.

Giorgio Agamben hat vor allem in *Homo Sacer*[5] und in *Ausnahmezustand*[6] die Frage nach der Gewalt, ihren Formen, juristischen Implikationen und sozialen Auswirkungen neu gestellt. Dabei griff er zurück auf Theorien zum Totalitaris-

---

5 Giorgio Agamben, *Homo sacer. Die Souveränität der Macht und das nackte Leben* (Frankfurt am Main: Suhrkamp, 2002).
6 Giorgio Agamben, *Ausnahmezustand* (Frankfurt am Main: Suhrkamp, 2004).

mus von Hannah Arendt[7], zur Kritik der Gewalt von Walter Benjamin[8], über politische Souveränität von Carl Schmitt[9] und zur Sexualität[10] von Michel Foucault.[11] Im Zentrum seiner Reflexionen steht dabei der Ausnahmezustand, dessen permanente Geltung Agamben beim totalitären Staat konstatiert, dessen Auswirkung auf demokratische Staaten er jedoch unter der faktischen oder imaginären terroristischen Bedrohung im Wachsen begriffen sieht. Alternative Begriffe für den Ausnahmezustand sind Kriegsrecht, Notstandsverordnung oder Belagerungszustand. Die Aporie des Ausnahmezustands in einem demokratischen Gemeinwesen besteht darin, dass ausgerechnet durch eine Beschränkung oder gar Aufhebung spezifischer bürgerlicher Freiheitsrechte oder allgemeiner Menschenrechte die demokratische Verfassung, die solche Freiheiten garantiert, gerettet werden soll. Die Gefahr liegt dabei auf der Hand, dass durch die ständige Verlängerung des Ausnahmezustands demokratische sich zu totalitären Systemen verändern. Im perpetuierten Ausnahmezustand verwandeln sich die Staatsbürger nach Agamben in sog. „homines sacri". „Homo sacer" ist ein Terminus aus dem altrömischen Recht und bedeutet, folgt man der Interpretation Agambens, soviel wie ein verurteilter Verbrecher, ein Verbannter und Vogelfreier, der jedoch nicht geopfert werden darf. Agamben definiert den Begriff für die Moderne um. Für ihn ist der Homo sacer ein seiner Rechte entkleideter, aufs „nackte Leben" reduzierter Mensch, dem Kultur als Entfaltungsbereich menschlicher Freiheit genommen worden ist. Die letzte Extremform des Homo sacer ist der sog. „Muselmann", wie er aus den Berichten Überlebender aus den Todeslagern der Nationalsozialisten bekannt ist[12], ein Mensch, der nur noch als körperliche Hülle existiert, gleichsam ein lebendig Toter, ein toter Lebender. Die Nationalsozialisten hätten mit ihrer Biopolitik, d.h. mit ihrem sogenannten Euthanasieprogramm wie mit dem Holocaust vor Augen geführt, wie der Mensch aufs „nackte Leben" reduziert worden sei. Das Konzentrationslager – das den Ausnahmezustand zur Voraussetzung habe – sei durch Hitler zum Paradigma der Moderne geworden. Vom Homo sacer bzw. vom Muselmann her bedenkt Agamben die *conditio humana* in der Moderne, d.h. von jenem ethischen Nullpunkt her, der historisch schon einmal Wirklichkeit wurde, und der wie ein Menetekel den allgemeinen Kulturtod ankündigt.[13] Diese Position, politische Ethik und Rechtsdenken aus der Sicht ihrer Nichtexistenz, aus dem Schrecken über ihre Zerstörung zu denken, teilt Agam-

---

7 Hannah Arendt, *Elemente und Ursprünge totaler Herrschaft* (München: Piper, 1958).
8 Walter Benjamin, *Zur Kritik der Gewalt und andere Aufsätze* (Frankfurt am Main: Suhrkamp, 1965).
9 Carl Schmitt, *Die Diktatur* (Berlin: Duncker & Humblot, 3. Aufl. 1964), erstmals 1921 erschienen.
10 Michel Foucault, *Histoire de la sexualité* (Paris: Gallimard, 1976-1984), 3 Bände.
11 Astrid Deuber-Mankowsky, „Homo sacer, das bloße Leben und das Lager. Anmerkungen zu einem erneuten Versuch einer Kritik der Gewalt". In: *Die Philosophin* 25 (2002): 95-115.
12 Ruth Klüger, *weiter leben. Eine Jugend* (Göttingen: Wallstein, 1992). Vgl. ferner die Erinnerungsbücher von H.G. Adler und Primo Levi.
13 Giorgio Agamben, *Was von Auschwitz bleibt. Das Archiv und der Zeuge* (Frankfurt am Main: Suhrkamp, 2003).

ben mit Hermann Broch, worauf im Abschnitt „Menschenrecht und Weltethos" zurückgekommen wird. Agamben bezieht sich zur Warnung auf den Homo sacer, den Ausnahmezustand in Permanenz und die souveräne Diktatur. Agamben sieht den Ausnahmezustand nicht als Falle, aus der kein Entkommen mehr möglich ist. Er betont, dass Notstandsgesetze an sich nicht außerhalb der Rechtsordnung angesiedelt sind, sieht mit ihnen nicht notwendigerweise die Abschaffung des Rechts gegeben, sondern versteht sie als Schwelle. Das bedeutet, dass der Weg zurück zum Rechtsstaat nicht verschlossen ist, dass er gefunden werden kann und muss, soll der Ausnahmezustand nicht permanent werden und sich dadurch in eine Richtung jenseits der Rechtsordnung bewegen.

Agamben weiterdenkend bedeutet Bürgerkrieg den Aufstand der Mitglieder einer Zivilgesellschaft gegen den politischen Souverän, der den Ausnahmezustand verkündet hat. Man bekämpft die Regierung, um die Einschränkung bzw. Abschaffung der bürgerlichen Freiheiten rückgängig zu machen. Daraus entwickelt sich ein Bürgerkrieg zwischen Militär bzw. Polizei der Herrschenden und den Partisanen. Dieser Kampf hat entweder den Ausnahmezustand in Permanenz zur Folge oder endet mit dem Sieg der Bürger und der Beseitigung des Polizeistaates.

Die meisten der hier behandelten Romane, die sich mit Konflikten im Nahen Osten, in Afrika und im auseinanderbrechenen Jugoslawien beschäftigen, stellen Gewaltszenarien in den Mittelpunkt, die man mit den Theorien von Arendt und Popitz analysieren kann. Da geht es um den Zusammenbruch von Staatsmacht und -gewalt und um den Kampf antagonistischer, vor allem ethnischer, Gruppen, die eine nicht mehr zu meisternde Staatskrise auslösen, und deren Resultat der Bürgerkrieg ist. Bei den Romanen, die sich mit politischen Konflikten in Lateinamerika beschäftigen, werden diktatorische Regierungen beschrieben, die mit Hilfe des Ausnahmezustandes einen schmutzigen Krieg gegen die Oppositionellen im Lande führen, denen, falls sie nicht ermordet werden, Entrechtung und Folter im Sinne der Agambenschen *homines sacri* drohen. Beim Ausnahmezustand werden die bisher durch Verfassung und Gesetzgebung bestehenden bürgerlichen Rechte eingeschränkt oder aufgehoben, werden die Interessen der Regierung mit bisher als illegitim geltenden Mitteln der Gewalt durchgesetzt. Die neue Regierung (oft durch Putsche oder Staatsstreiche an die Macht gekommen) zwingt die Opposition in den Untergrund und in die Illegalität und ist damit beschäftigt, ihre Gegner zu vernichten, wobei sie auf die unterschiedlichsten Formen des Widerstands stößt: von Revolten, Attentaten und Entführungen bis zur Flugblattopposition und den friedlichen Protesten der Mütter und Großmütter der Regimeopfer.

II

Zu den geschichtlichen Ereignissen, die genannt werden, wenn es innerhalb historiographischer Periodisierung um die Kennzeichnung des Wechsels vom Mittelalter zur Moderne geht, gehören – neben der Erfindung des Buchdrucks, der Entdeckung der sogenannten Neuen Welt, der Reformation in der Theologie und der Kopernikanischen Wende in der Astronomie – auch die Bauernkriege. Diese Aufstände konnten von den Adligen in den verschiedenen europäischen Regionen, in denen sie auflodterten, noch bekämpft und niedergehalten werden. Sie waren aber, wie die bald darauf folgenden Religionskriege, die durchweg mit dynastischen Interessen verbunden waren, zeigten, der Auftakt zu einem wiederkehrenden Wechsel von intra- und interstaatlichen Kriegen in Europa, d.h. zu einem Hin-und-Her zwischen Verstaatlichung und Entstaatlichung militärischer Konflikte. Dem absolutistischen Souverän gelang es, die Macht im Staat derart zu konzentrieren, dass es für die abhängigen sozialen Schichten vom Bauern über den Bürger bis zum Adel aussichtslos erschien, sich gegenseitig zu bekriegen oder den Aufstand gegen die Regierung zu proben. Thomas Hobbes lieferte in *De cive* und im *Leviathan* dazu die rechtsphilosophische Theorie. Das Machtmonopol in der Hand des Monarchen verhinderte den *civil war* und ermöglichte gleichzeitig den Krieg des herrschenden Dynasten gegen andere Länder. Der Bürger schränkte seine Freiheiten gegenüber dem Staat ein, und im Austausch dafür erhielt er – so jedenfalls in der Theorie – die Rechtssicherheit, ohne die seine Geschäfte nicht gedeihen konnten. Der bürgerliche Zustand wurde zum Zustand des Friedens, während der Aktionsradius des absoluten Monarchen durch Kriege mit anderen Mächten bestimmt war. Zur Zeit des Absolutismus florierten die „gehegten", d.h. nach bestimmten Spielregeln und Konventionen ablaufenden zwischenstaatlichen Kriege. Die Bürgerkriege verschwanden nach Beendigung des Dreißigjährigen Krieges für lange Zeit von der Bühne des historischen Geschehens. Das änderte sich in der zweiten Hälfte des 18. Jahrhunderts, als die Großmachtambitionen der bellizistischen Monarchen auf den Widerstand der Bürger trafen: zuerst in der peripheren nordamerikanischen Kolonie Englands, dann in der Metropole Paris. In beiden Fällen waren drohende Steuererhöhungen der auslösende Faktor der Rebellion. Sowohl England wie Frankreich kostete der Kampf um die Dominanz in Europa, auf anderen Kontinenten und den Weltmeeren Unsummen, und die Bürger waren nicht mehr gewillt, die auf sie abgewälzten Finanzlasten in Kauf zu nehmen. Der absolutistische Staat erschien nicht mehr als Protektor, sondern als Ausbeuter des Bürgertums, das sich nun in Revolten zu wehren wusste. In den amerikanischen Kolonien formulierte Thomas Jefferson die Vorwürfe gegen den pflichtvergessenen Herrscher, und in Paris erschienen die anti-monarchistischen Analysen des Abbé de Mably im Frühjahr 1789 gerade rechtzeitig, um dem Dritten Stand das revolutionäre Vokabular zu liefern, als Ludwig XVI. die drei Stände zur Erläuterung des Staatsbankrotts zusammengerufen hatte. Mit der Französischen Revolution war das Denken in den alten Vertragsbahnen aus der Zeit des Ancien Régime beendet, und noch die europäischen Revolutionen von 1830 und 1848 sind ohne die große Revolution von 1789 nicht denkbar. Napoleon stand mit seiner Karriere als General, Erster Konsul und Kaiser für den Übergang vom exportierten revolutionären *guerre civile* zum traditionellen Krieg als Mittel von Großmachtpolitik. Die Restauration der Metternich-Ära schaffte mit der „Heiligen Allianz" ein Instrument, die Bürgerkriege zu minimieren, und bis zum Ersten Weltkrieg gelang es den neoabsolutistischen Monarchen Europas, das staatliche Kriegsmonopol zu behaupten. Das änderte sich 1917 in Russland, denn die Revolution hatte globale Folgen, besonders auch im Hinblick auf die seit der Mitte des 20. Jahrhunderts einsetzenden Umwälzungen in den europäischen Kolonien. Der Zweite Weltkrieg blieb weitgehend ein zwischenstaatlicher Krieg, der sich allerdings vom gehegten Krieg früherer Jahrhunderte radikal unterschied und zum absoluten Krieg mutierte, in dessen Mahlstrom – sei es durch Völkermord, Vertreibung und den Einsatz der Atombomben – so viele Menschen wie nie zuvor ums Leben kamen. Mit der Auflösung der Sowjetunion im Jahr 1990 ging der Kalte Krieg zu Ende. Wie andere Kriege hatte auch der *Cold War* Unsummen an Material, Energie und Geld verschlungen. Es war aber nicht zum befürchteten atomaren Schlagabtausch der Großmächte gekommen, wenn es auch einige regional begrenzte Konflikte und zahlreiche Stellvertreterkriege gegeben hatte, die mit „konventionellen" Waffen geführt worden waren. Viele meinten 1990, dass nun ein quasi Augusteisches Friedenszeitalter beginnen würde. Tatsache ist jedoch, dass die Kriegsforschung – man denke an die Arbeiten von Wilhelm Janssen[14] und Herfried Münkler[15] – belegt, dass in den letzten Jahrzehnten des 20. Jahrhunderts die Bürgerkriege fast neunzig Prozent aller militärischen Konflikte auf der Welt ausmachten, dass also das Pendel erneut in die den Staatskriegen entgegengesetzte Richtung ausgeschlagen ist. Selten waren intra- und interstaatliche Kriege allerdings voneinander zu trennen, denn ohne die dritte interessierte Staatsmacht, die eine der beiden Parteien unterstützt, geht es bei Bürgerkriegen selten ab, und umgekehrt ziehen Staatenkriege immer wieder Partisanenkriege nach sich, die wegen ihrer Irregularität und ihres innerstaatlichen Charakters zu den Bürgerkriegen gezählt werden. Letzten Endes stehen fast alle in den hier analysierten Romanen behandelten Bürgerkriege in einem Zusammenhang mit dem übergreifenden internationalen Konflikt, dem Kalten Krieg: Ob es um Einflusszonen der beiden Weltmächte im Nahen Osten, in Lateinamerika oder Afrika ging – immer hatte die globale Politik der USA und der Sowjetunion einen Einfluss auf die Innenpolitik der dortigen Einzelstaaten mit ihren antagonistischen Interessengruppen und ideologischen Gegnern. Im Europa der Zeit nach dem Ende des Kalten Krieges war der Zerfall Jugoslawiens ein Resultat der weltpolitisch neuen Situation, in der die Sonderrolle des blockfreien Staates zwischen den Großmächten, die dem Land einen Gutteil seiner Identität und Legitimität beschert hatte, plötzlich keinen Sinn mehr ergab.

---

14 Wilhelm Janssen, „Krieg". In: *Geschichtliche Grundbegriffe*, hg. v. Otto Brunner, Werner Conze, Reinhart Koselleck (Stuttgart: Klett-Cotta, 1975), S. 567-615.
15 Herfried Münkler, *Über den Krieg. Stationen der Kriegsgeschichte im Spiegel ihrer theoretischen Reflexion* (Göttingen: Velbrück, 2002). Vgl. darin besonders das neunte Kapitel „Die Kriege der Zukunft und die Zukunft der Staaten zwischen ‚molekularem Bürgerkrieg' und ‚Krieg der Kulturen'", S. 199-219, wo sich der Autor kritisch mit Enzensberger und Samuel P. Huntington auseinandersetzt.

III

Hans Magnus Enzensberger war einer der wenigen Intellektuellen in Deutschland, der bald nach dem Ende des Kalten Krieges auf das Phänomen der zunehmenden Bürgerkriege reagiert hat. 1993 hielt er gleich zu Beginn seines Essays *Aussichten auf den Bürgerkrieg*[16] fest: „Eine brauchbare Theorie des Bürgerkriegs existiert bis heute nicht" (AB 10). Das kann man so nicht sagen, denn liest man den Artikel „Bürgerkrieg" von Dietrich Schindler[17] im *Staatslexikon*, erkennt man rasch, dass es früher und vor allem zwischen den 1960er und 1980er Jahren eine international aktive interdisziplinäre Forschung zum Bürgerkrieg gegeben hat, von der man nicht behaupten kann, sie sei weniger „brauchbar" als die von Enzensberger. Eine der wegweisenden Studien zum Thema stammt von Hartmut Dießenbacher, der in seinem Buch *Kriege der Zukunft*[18] von vielen neuen Bürgerkriegen berichtet, die nichts mit veralteten Vorstellungen vom heroischen Barrikadenkampf zu tun haben. Er erzählt von heutigen Formen, in denen die Kämpfe um Ressourcen (Wasser, Agrarprodukte, Bodenschätze) ausgetragen werden und beschreibt die neuen Kriegsunternehmer, die *warlords*, die sich der „Überzähligen" bedienen, die nirgendwo eine Arbeit finden und als Söldner, Kindersoldaten oder Prostituierte versklavt werden. Kindersoldaten sind bei diesen „Unternehmern" besonders beliebt, weil sie ein geringes Bewusstsein von den tödlichen Gefahren besitzen. Dießenbacher erkennt einen engen Zusammenhang zwischen der Überbevölkerung in den armen Ländern (etwa im afrikanischen Ruanda) und den zunehmenden Konflikten, in denen der intendierte Völkermord, d.h. die extremste Art, gegen die Menschenrechte zu verstoßen, keine Ausnahme ist.

Enzensbergers Essay enthält wichtige Beobachtungen. Vom anthropologischen Standpunkt aus betrachtet, hält er den Bürgerkrieg für die „Primärform aller kollektiven Konflikte" (AB 9). Im Vergleich zu den *civil wars* seien Staatenkriege eine späte Entwicklung. Die „Neue Weltunordnung" nach dem Ende des Kalten Krieges steht für ihn „unter dem Signum des Bürgerkriegs" (AB 10,11). Man könne hier gleichsam von einem „neuen Aggregatzustand der Politik" (AB 12) sprechen. Zur Zeit der Jalta-Teilung Europas und der globalen Dominanz zweier Weltmächte hätte es bereits eine große Zahl von Bürgerkriegen – besonders in der Dritten Welt – gegeben, aber das seien durchweg „Stellvertreterkriege" (AB 15) der Supermächte gewesen. Mit dem Ende des Kalten Krieges sei der Grund für diese Form imperialer Förderung von Bürgerkriegen entfallen. Der Aufsicht und dem Interesse der Großmächte entzogen, entzündeten sich die heutigen Bürgerkriege „spontan" und „von innen her" (AB 16). Mit dem Wegfall der aus-

---

16 Hans Magnus Enzensberger, *Aussichten auf den Bürgerkrieg* (Frankfurt am Main: Suhrkamp, 1993). In der Folge wird der Essay zitiert mit der Sigle „AB" in Klammern.
17 Dietrich Schindler, „Bürgerkrieg". In: *Staatslexikon* (Freiburg i. Br.: Herder, 1985), Spalten 1050-1053.
18 Hartmut Dießenbacher, *Kriege der Zukunft* (München: Hanser, 1998).

ländischen Finanzierung seien aber auch die alten Legitimationsformeln für den Bürgerkrieg verschwunden: nationaler Befreiungskampf, Demokratie oder Sozialismus. An die Stelle von Befreier und Revolutionär – nach Enzensberger heute bloß Larven und Masken (AB 16) – sei der „bewaffnete Mob" (AB 17) getreten, den keine „Idee" (AB 18) mehr zusammenhalte und dessen einziges Ziel „Raub, Mord, Plünderung" (18) seien. Diese pauschale Diskreditierung aller und jeder Bürgerkriegsmotivation in der heutigen Welt wird man kaum teilen können. Der Grund für seine Vereinfachung hat mit einem analytischen Fehler in *Aussichten auf den Bürgerkrieg* zu tun.

Enzensberger wirft die Bürgerkriege in einen Topf mit Zerstörungsaktionen, wie sie sporadisch in Städten (vor allem Metropolen) der westlichen Welt auftauchen. Er sieht in diesen Verstößen gegen die bürgerliche Ordnung Symptome des „molekularen Bürgerkriegs" (AB 18). Aber bei diesen Brutalitäten, die auch Mord und Totschlag involvieren, handelt es sich keineswegs um Bürgerkriege. Beim Zertrümmern von Fußballstadien oder Geschäften, bei der Terrorisierung von Ausländern oder bei Gewalttaten ausländischer Minoritäten gegen Sachen und Personen geht es zwar auch um Gewaltakte, nicht jedoch um Bürgerkriegsaktivitäten. Beim *civil war* müssen mindestens zwei Kollektive sich bekämpfen, wobei jede Seite für sich dem Staat das Macht- und Gewaltmonopol streitig macht, um dieses Monopol kämpft und die Exekutive in die eigene Hand bekommen will. Dietrich Schindler weist darauf hin, dass der Bürgerkrieg nicht mit „Tumulten" und „vereinzelt auftretenden Gewalttaten"[19] zu verwechseln ist. Jugendbanden ganz unterschiedlicher Provenienz führen zwar Kämpfe untereinander und gegen Dritte aus, aber sie haben keinen staatsmonopolistischen Ehrgeiz; bei ihnen geht es in der Tat um die Ausführung von Gewaltaktionen um ihrer selbst willen. Bürgerliche Gruppen erheben sich nicht im Kampf gegen sie, sondern überlassen ihre Befriedung und Bestrafung den staatlichen Organen der Exekutive. Dass die sich mit solchen Banden und deren Auflösung schwer tun, beschreibt Enzensberger in vielen Einzelheiten. Allerdings verselbständigen sich Bürgerkriege zuweilen derart, dass sie in der Beliebigkeit und Sinnlosigkeit ihrer Gewaltmaßnahmen äußerlich den Aktionen jener westlichen Großstadt-"thugs" ähneln. Auch Popitz erwähnt solche Extremformen des Bürgerkriegs.

Zu den Einseitigkeiten in Enzensbergers Essay gehört die Reduzierung der heutigen Bürgerkriegsmotivation pauschal auf „Hass" (AB 30), „Aggression" und „gewaltförmige Selbstzerstörung" (AB 31). Man weiß, dass es diesen aggressiven und suizidalen „Amoklauf" (33) in einer Reihe von Bürgerkriegen gibt, aber Popitz warnt zu Recht vor der Annahme, dass Gewaltaktionen nur in der menschlichen Aggression ihren Grund hätten. Enzensberger diskutiert den Aspekt der „Anerkennung", um den es in einer Reihe von Bürgerkriegen geht: um Anerkennung kultureller Besonderheit, politischer Autonomie etc. Charles Taylor[20] und

---

19 Dietrich Schindler, „Bürgerkrieg", Spalte 1050.
20 Charles Taylor, *Multiculturalism. Examining the Politics of Recognition* (Princeton: Princeton University Press, 1994).

Axel Honneth[21] haben gezeigt, wie wichtig dieser Aspekt auch heute bei innerstaatlichen Auseinandersetzungen unterschiedlicher Gruppen in einem Staatswesen ist, wenn Sezession, Staatskrise oder gar Bürgerkriege vermieden werden sollen. Aber Enzensberger tut das Anerkennungs-Argument – eigentlich Bestandteil jedes Toleranzkonzepts – damit ab, dass Anerkennung „unersättlich" sei und sich eigentlich jeder irgendwie zu wenig anerkannt und damit „gedemütigt fühlen" könnte (AB 47). Beim Kampf um Anerkennung wittert Enzensberger wohl ebenfalls „Larve" und Maske, eine Bemäntelung von Aggression. Diese Aggression wiederum sei, so meint er, letztlich im Wunsch begründet, „sich von der Zivilisation und ihren Lasten zu befreien", von der großen Sehnsucht nach „Desindustrialisierung" (AB 55), nach jenen vorindustriellen Zuständen, die angeblich noch einfach und übersichtlich gewesen seien. Das mag zuweilen zutreffen, aber das Gegenteil kommt auch vor. In einer Reihe von Bürgerkriegen geht es gerade darum, einen Modernisierungsschub zu ermöglichen.

Wenn Enzensberger sich als Medienkritiker gibt, bleibt seine Argumentation durch bloßen Missmut bestimmt. Das „Massaker" der Bürgerkriege sei zur „Massenunterhaltung" (AB 68) der Fernsehkonsumenten verkommen: die hätten eigentlich kein Empfinden von Realität mehr beim Anblick der ihnen ständig präsentierten Greuel. Aber nicht nur bei den Zuschauern, auch bei den Akteuren dieser Kriege selbst, sei eine „Unfähigkeit" zu konstatieren, „zwischen Realität und Film zu unterscheiden" (AB 70): „Der Bürgerkrieg wird zur Fernsehserie" (AB 75). Die kritische Unterscheidung zwischen Fakten und Fiktion, die Enzensberger sich selbst zutraut, darf man auch bei anderen Zuschauern voraussetzen. Man kann sich schwer vorstellen, dass die Akteure der Bürgerkriege sich als Statisten von CNN oder ARD sehen.

Ein genauer Beobachter der neuen kriegsmäßigen Auseinandersetzungen in Nationalstaaten seit dem Ende des Kalten Krieges ist Herfried Münkler. Die Grundthese seines Buches *Die neuen Kriege*[22] lautet, dass der klassische Staatenkrieg zwischen Nationen ein historisches Auslaufmodell sei, an dessen Stelle die „neuen Kriege" getreten seien, die von sogenannten *warlords* mit relativ geringem finanziellen Aufwand als Plünderungs- und Bereicherungskriege geführt würden. Seine Analysen sind denen von Hartmut Dießenbacher nicht unähnlich. Die Kriegsökonomie dieser *warlords* bestünde im Ausrauben ganzer Landstriche, im Drogen- und Frauenhandel. Besonders aus den zahllosen Flüchtlingslagern rekrutierten sich die – meist jugendlichen – Söldner dieser Kriege. Der Staat habe sein Monopol auf die Kriegsführung verloren; man denke an die Zerfallskriege im ehemaligen Jugoslawien, an Afghanistan und an afrikanische Bürgerkriege. Nicht mehr die großen Schlachten nationaler Heere seien bezeichnend, sondern die zahllosen kleinen Kämpfe, mit denen vor allem die Zivilbevölkerung terrorisiert

---

21 Axel Honneth, *Kampf um Anerkennung. Zur moralischen Grammatik sozialer Konflikte* (Frankfurt am Main: Suhrkamp, 1994).
22 Herfried Münkler, *Die neuen Kriege* (Reinbek: Rowohlt, 2003).

werde. Wie Huntington[23] ist Münkler der Meinung, dass diese Kriege überwiegend an den Bruchstellen der Zivilisationen oder ehemaligen Imperien entstehen. Verursacht würden sie zudem durch das Scheitern von Staatsbildungsprozessen in der Dritten Welt. Münklers Beschreibung des „neuen Krieges" der *warlords* trifft aber keineswegs auf alle gegenwärtigen Bürgerkriege zu. Die wenig überzeugende These, dass die internen Bürgerkriege die Staatenkriege abgelöst hätten, ist von Münkler selbst schon wieder zurückgenommen worden.[24]

Eine der bedenkenswerten Thesen in Enzensbergers Essay lautet: „Wo der Staat sein Staatsmonopol nicht mehr ausübt", wo sich also der Staat auf dem „Rückzug" befindet, da müsse sich bald jeder „selbst verteidigen" (AB 57,58). Auch Münkler weist in *Die neuen Kriege* wiederholt auf den Zusammenhang zwischen verminderter Staatsmacht und der Zunahme innerstaatlicher Konflikte hin, und er plädiert, um weitere chaotische Kleinkriege zu verhindern, für eine neue Stärkung der staatlichen Regierungen. Die Desintegration der Staatsmacht, ihr Zerfall oder ihre Pulverisierung führe tendenziell zur extremsten Form des Bürgerkriegs, zum Hobbes'schen Kampf aller gegen alle.[25] Der Rückzug des Staates, d.h. die Konstatierung des Zerfalls nationalstaatlicher Souveränität, steht auch in Michael Hardts und Antonio Negris *Empire. Die neue Weltordnung*[26] im Zentrum. „Empire" wird darin definiert als die „neue globale Form der Souveränität" (EW 10), die an die Stelle nationaler Souveränitäten getreten sei. Hardt und Negri begrüßen diesen Prozess; er sei signifikant für den Übergang von modernen staatlichen Imperien der Vergangenheit zum postmodernen, supranationalen Empire mit seinen globalen Netzwerken. Sie feiern das im Entstehen begriffene globale Empire außerhalb und jenseits der Nationalstaaten als Garant des Friedens, das die alten Imperien mit ihren kolonialen Kriegen abgelöst habe. Ob allerdings die supranationalen Rechtsordnungen und Vereinbarungen, die Hardt/Negri diskutieren, sich in postnationalen Zeiten als tragfähig erweisen und den Frieden einer neuen Weltordnung garantieren können, ist wohl eher fraglich. Hardt/Negri zitieren eine Reihe von über den Globus zerstreuten und unzusammenhängenden „Kämpfen" (Streiks, unterdrückte Demonstrationen, Krawalle und Proteste aus den 1980er und 1990er Jahren), von denen sie meinen, dass sie in ihrer organisatorischen Unverbundenheit auf das „virtuelle Zentrum des Empire" (EW 71) verweisen. Auf eine Diskussion der Rolle des Bürgerkriegs in den letzten Jahrzehnten oder des Zusammenhangs der Abnahme von Staatsmacht und der Zunahme möglicher Bürgerkriege, den andere Theoretiker betont haben, lassen Hardt/Negri sich aber nicht ein. Vielleicht liegt das in der Logik ihrer Stu-

---

23 Samuel P. Huntington, *The Clash of Civilizations. Remaking of World Order* (New York: Simon & Schuster, 1996), S. 207ff.
24 Herfried Münkler, *Der neue Golfkrieg* (Reinbek bei Hamburg: Rowohlt, 2003).
25 Thomas Hobbes, *Leviathan* (1651).
26 Michael Hardt, Antonio Negri, *Empire* (Cambridge, MA: Harvard University Press, 2000). Auf Deutsch: *Empire. Die neue Weltordnung* (Frankfurt am Main und New York: Campus, 2002).

die begründet, die vom Zerfall der nationalen Staatssouveränität ausgeht.[27] Denn wenn dieser Zerfall ein Faktum ist, wäre auch die Basis der Souveränität, die Staatsmacht, funktionslos.

Um den Kampf um diese Macht geht es in den meisten Bürgerkriegen nach wie vor. Der Bürgerkrieg mag ein Anachronismus sein. Selbst dann aber ist er ein höchst irritierendes Phänomen, das eben so wenig ignoriert werden darf wie die wachsende Ziel- und Sinnlosigkeit der Bürgerkriege, in denen Gewalt um ihrer selbst willen praktiziert wird, und die Hardt/Negri ebenfalls kaum berühren. Sie erwähnen antikoloniale Kriege der 1960er und 1970er Jahre und die genannten neueren „Kämpfe", interpretieren aber beides letztlich im Rahmen des bekannten Befreiungs-Paradigmas. Wo Enzensberger nur noch revolutionäre „Larven" und Masken konstatiert, sehen Hardt/Negri nach wie vor legitime Emanzipationsbewegungen am Werk. Wo Enzensberger von der „neuen Weltunordnung" spricht, entsteht für sie die „neue Weltordnung".

Aber auch die Grundthese Hardt/Negris vom Verschwinden nationaler Souveränität ist korrekturbedürftig. Bei Großmächten wie den USA, Russland, Japan, China, Indien und Brasilien, die in sich selbst relativ kompakte Imperien darstellen, kann eher von einem Erstarken als von einer Abnahme nationaler Souveränität die Rede sein. Es sind in erster Linie die mittleren und kleineren Staaten, die von einer Souveränitätsschwächung betroffen sind. Was Europa angeht, organisierten sich diese Staaten in einem neuen kontinentalen Verband. Sie haben sich mit der Europäischen Union einen größeren wirtschaftlichen (zum Teil auch politischen) Souveränitätsrahmen gegeben. Sie treten als Einzelstaaten Teilsouveränitäten an eine übergeordnete Zentrale ab. Nationale Souveränität verschwindet und zerfällt hier also nicht einfach, sondern wird partiell delegiert. Das Thema der Kontinentalisierung[28] wird, wie auch in anderen Studien zur Globalisierung, übergangen, sieht man von Huntington ab.[29] Aber ohne diese Zwischenstufen blendet man einen wichtigen Aspekt der Internationalisierung staatlicher Beziehungen aus. Bei Hardt/Negri ist nichts über die Europäische Union (EU), die Union Südamerikanischer Nationen (UNASUR) bzw. ihre Vorläuferorganisationen, die North American Free Trade Association (NAFTA), die Afrikanische Union (AU) oder die Association of Southeast Asian Nations (ASEAN) zu finden.

Mit den Theorien Münklers, Hardt/Negris und – zum geringeren Teil – Enzensbergers kann man bis zu einem gewissen Grad einige der Bürgerkriege analy-

---

27 Vergleichbare Thesen auch bei: Michael Zürn, *Regieren jenseits des Nationalstaates: Globalisierung und Denationalisierung als Chance* (Frankfurt am Main: Suhrkamp, 1998); Jürgen Habermas, *Die postnationale Konstellation* (Frankfurt am Main: Suhrkamp, 1998); Aihwa Ong, *Flexible Citizenship. The Cultural Logics of Transnationality* (Durham und London: Duke University Press, 1999); Pheng Cheah, Bruce Robbins (Ed.), *Thinking and Feeling Beyond the Nation* (Minneapolis: University of Minnesota Press, 1998).
28 Vgl. dazu auch: Paul Michael Lützeler, *Kontinentalisierung. Das Europa der Schriftsteller* (Bielefeld: Aisthesis, 2007).
29 Samuel P. Huntington, *The Clash of Civilizations*, S. 125ff.

sieren, die in den Romanen der Gegenwartsliteratur geschildert werden. Die Ursachen der dort beschriebenen Konflikte sind unterschiedlicher Art und können sowohl mit dem faktischen oder drohenden Zerfall einer staatlichen Föderation, d.h. als Sezessionskriege (in Jugoslawien, im Oman, im Jemen und in Sri Lanka), wie mit dem Ausbruch friedlich nicht mehr auszugleichender interner Gegensätze sozialer, ethnischer, ideologischer und religiöser Art beschrieben werden (wie im Libanon, im Iran, in Ruanda). Wie man beim Kampf der Großmächte USA und UdSSR zwischen 1945 und 1990 von einem kalten Staatenkrieg sprach, so gibt es auch das Phänomen des kalten Bürgerkrieges. Wenn in lateinamerikanischen Staaten legitime Regierungen mit militärischen Mitteln gestürzt werden und fortan eine Militär-Junta tödliche Offensiven gegen Oppositionelle eröffnet, so handelt es sich auch hier um einen Bürgerkrieg. Äußerlich betrachtet – und dessen rühmten sich die Junta-Chefs sogar – sei ein Bürgerkrieg durch den Putsch verhindert worden. Statt des offenen Kampfes aber gibt es den verdeckten, den „schmutzigen" Bürgerkrieg mit Menschenrechtsvergehen wie willkürlichen Verhaftungen, Folterungen, dem Verschwinden von ‚Verdächtigen', der Vertreibung ins Exil. Die Zahl der Opfer eines solchen verdeckten Bürgerkrieges ist oft größer als die bei offenen Auseinandersetzungen. Das ist besonders dann der Fall, wenn sich die Junta jahrelang an der Macht hält. Zum Krieg gehört der Kampf der Gegner. Das ist beim kalten Bürgerkrieg nicht anders. Wie sich beim kalten Krieg die Großmächte auf allen Ebenen (der Wirtschaft, der Außenpolitik, der Wissenschaft) maximalen Schaden zufügen wollten, so geht auch im kalten Bürgerkrieg der Kampf der Gegner weiter, formiert sich die Opposition im Inland insgeheim und im Ausland medienwirksam. Begleitet wird der kalte Bürgerkrieg – wie der kalte Krieg – durch punktuelle Gewaltakte wie Attentate und Entführungen.

Theorien sind abhängig von Ort und Zeit ihrer Entstehung, vor allem von den historischen Objekten, an denen sie sich entwickeln. So wichtig theoretische Konzepte für das Grundverständnis von Bürgerkriegen sind, ist doch keine der Theorien in der Lage, eine Erklärung für alle genannten Auseinandersetzungen abzugeben. Zuweilen gehen die Theoretiker zu wenig auf die kolonialgeschichtlichen Hintergründe der aktuellen Bürgerkriege ein, weswegen darauf – etwa im Fall Ruanda und von Sri Lanka – bei der Interpretation eigens hinzuweisen ist. Eigentlich müsste in jedem einzelnen Fall bürgerkriegsmäßiger Konflikte eine neue Theorie entwickelt werden. Wenn im literaturwissenschaftlichen Teil also nicht ständig auf die hier referierten Theorien eingegangen wird, hat das nicht nur mit der Vermeidung von Wiederholungen zu tun, sondern auch damit, dass der Eindruck vermieden werden soll, die Komplexität aller referierten Romane könne mit Hilfe vorgegebener Bürgerkriegstheorien erklärt werden. Zudem hat jede Dichtung – im Gegensatz zu pragmatischen Texten – einen ästhetischen Mehrwert, der theoretisch nicht auflösbar ist.

3. PARTISAN UND TERRORIST

I

Eine Theorie des Bürgerkrieges kommt nicht ohne Theorie des Partisanen aus, denn der Parteigänger, Freischärler, Partisan, Franctireur bzw. Guerillakämpfer ist die zentrale Figur in jedem Bürgerkrieg. Herfried Münkler hat Studien zur Theorie, Strategie und Gestalt des Partisanen vorgelegt.[1] Als erstes klärt Münkler die Stellung des Partisanen zwischen dem Terroristen und dem Soldaten. Im Unterschied zum Terroristen, dessen Gewalt sich prinzipiell gegen jedermann, d.h. auch gegen die Zivilbevölkerung richte, kämpfe der Partisan gegen die Soldaten, d.h. die regulären Kombattanten jenes Staates, dessen Regierung er stürzen wolle. Sowohl der Soldat wie sein Gegner, der Partisan, lasse sich auf ein gewisses Maß von Regulierung der Gewalt ein, wobei dieses Maß beim Soldaten höher anzusetzen sei. Allerdings trete der Partisan wie der Terrorist nicht offen als Kombattant auf, sondern suche zum Zweck von Täuschung und Tarnung den Schutz der Nonkombattanten. Wenn der Partisan – wieder im Gegensatz zum Terroristen – auch keine Geiseln aus der Bevölkerung nehme, so mache er Bürger insofern zu seinen Geiseln, als er beim Kampf gegen das Militär dieses zwinge, Zivilisten, von denen er sich äußerlich nicht unterscheide, mitanzugreifen. Ein weiteres Kriterium der Differenz liege in den Organisationsformen: Reguläres Militär sei hierarchisch-monokephal, eine terroristische Vereinigung akephal und eine Partisanengruppe polykephal strukturiert. Übergänge und Wechsel von Funktionen seien nicht zu übersehen. Im Blick auf Bürgerkriege im 20. Jahrhundert – etwa in China während des „Langen Marsches" von Mao Tse-tung bzw. unter Fidel Castro während der Revolution in Cuba – stellt Münkler den transitorischen, ja chamäleonhaften Charakter des Partisanen heraus. In den Beschreibungen des Partisanen bei Mao Tse-tung[2] und Ernesto Che Guevara[3] werde deutlich, dass der Partisan nur in der ersten, d.h. der defensiven Phase der politischen Umwälzungsbewegung eine Rolle spiele. In dieser Zeitphase relativer militärischer Unterlegenheit sei der irreguläre Partisanenkampf sinnvoll. In ihm er-

---

1 Herfried Münkler, *Der Partisan. Theorie, Strategie, Gestalt* (Opladen: Westdeutscher Verlag, 1990). Hier handelt es sich um eine eher geschichtlich ausgerichtete Studie. In seinem Buch *Gewalt und Ordnung. Das Bild des Krieges im politischen Denken* (Frankfurt am Main: Fischer Taschenbuch, 1992) geht er hingegen im Kapitel „Der Partisan. Politische Theorie und historische Gestalt", S. 111-126, stärker auf die theoretischen Aspekte des Themas ein. Nach diesem Buchkapitel wird hier zitiert.
2 Mao Tse-tung, *Theorie des Guerillakrieges oder Strategie der Dritten Welt* (Reinbek bei Hamburg: Rowohlt, 1966), mit einer Einleitung von Sebastian Haffner.
3 Ernesto Che Guevara, *On Guerilla Warfare* (New York: Praeger, 1961).

probe die Bewegung ihre Stärke, suche sie die Unterstützung der Bevölkerung und strebe danach, den Feind maximal zu schwächen, um eine quantitative und qualitative Überlegenheit ihm gegenüber zu erreichen. Sobald sie eingetreten sei, erfolge die Umwandlung der Partisanenschar in ein reguläres Heer, das nun die Entscheidungsschlachten mit dem gegnerischen Militär suche, um den Sieg herbeizuführen. An dieser Stelle weist Münkler darauf hin, dass der Partisan in seinen Anfängen, d.h. 1808 bzw. 1809 bei den antinapoleonischen Volkskriegen in Spanien und in Tirol, ein Partisan der Tradition, d.h. ein katechontischer, Entwicklungen der Moderne bremsender Kämpfer gewesen sei, wohingegen er sich während der Befreiungskriege des 20. Jahrhunderts zu einem historische Entwicklungen akzelerierenden Partisanen der Revolution gewandelt habe. Mit anderen Worten: Mao Tse-tung und Che Guevara hätten dem Partisanen jene eigenständige und in sich sinnvolle Identität verweigert, die sie im 19. Jahrhundert noch gehabt hätten. Schließlich betont Münkler den Unterschied zwischen dem Partisanen und dem Bürger. Historisch gesehen rekrutiere sich der Partisan aus sozial schwachen Gruppen, vor allem aus Bauern und Intellektuellen, während der Bürger mit seinem Sekuritätsverlangen den Aufruhr scheue. Diese These gilt wohl eher für moderne Aufstände und Befreiungskriege als für die Zeit des 19. Jahrhunderts, als man tatsächlich noch den Bürger bei Kampfhandlungen in den Straßen und hinter den Barrikaden sehen konnte.

Münkler kommt auch auf die beiden Studien zum Partisanen von Ernst Jünger und Carl Schmitt zu sprechen. Jüngers Buch *Der Waldgang*[4] erschien zu Anfang der 1950er Jahre, Schmitts *Der Partisan* ein Jahrzehnt später. In Jüngers Widerstandsbuch sind drei Argumentationsebenen zu erkennen: eine soziologische, eine metaphysisch/mythische und eine politische. Als Soziologe spricht Jünger vom „bedrohenden Termitenzustand" (DW 22) innerhalb der europäischen Zivilisation, von der Gefahr des Einzelnen, in „ranglosen Massen" (DW 29) unterzugehen. Gegen diese Tendenz müsse der Einzelne „wirklichen Widerstand" (DW 22) leisten. Es gebe drei „große Gestalten unserer Zeit": den „Arbeiter", den „Unbekannten Soldaten" und den „Waldgänger". Diese letzte Gestalt ist es, die der Autor in seinem Essay als den Retter „individueller Freiheit" (DW 44) in der Zeit der Vermassung feiert. Jünger schätzt, dass es eine „kleine Elite" von „Waldgängern" gebe (sie mache etwa ein Prozent der Bevölkerung aus). Ihre Angehörigen seien „Kämpfer" und „Märtyrer", die zu einer neuen Art von „Bürgerkrieg" (DW 30) prädisponiert wären. Sie streiten nach Jünger im Zeichen des „W", das für „Wir, Wachsam, Waffen, Wölfe, Widerstand" und eben für „Waldgänger" (DW 25) stehe. Den Begriff des „Waldgängers" gebe es schon, erwähnt der Autor, im Altisländischen bzw. Altnordischen. Das bestätigt ein Blick ins *Deutsche Wörterbuch* von Jacob und Wilhelm Grimm, wo man unter der Eintragung „Waldgang" liest: „das alterthum nannte darum den härtesten grad der verbannung waldgang ags. vealdgenge altn. skôgângr und den exul, extorris waldmann."

---

4 Ernst Jünger, *Der Waldgang* (Frankfurt am Main: Klostermann, 1953). In der Folge wird das Buch mit der Sigle „DW" in Klammern zitiert.

„Der Waldgang", kommentiert Jünger, folgte der Ächtung; durch ihn bekundete der Mann den Willen zur Behauptung aus eigener Kraft. Das galt als ehrenhaft und ist es heute noch" (DW 59). „Wald" ist für Jünger ein Bild, das den „Ort der Freiheit" (DW 51) bedeutet. Im Positiven geht es um die Behauptung von „Freiheit" (DW 41) und „Unabhängigkeit" (DW 42) des Einzelnen, im Negativen um die Überwindung von „Furcht". Die „Furcht" gehöre „zu den Symptomen unserer Zeit" (DW 44), und „den Menschen von der Furcht [zu] befreien", dem „Schrecken ein Ende" zu setzen, wäre die Aufgabe derer, die „zur Herrschaft berufen" (DW 49) seien. „In dem gleichen Maße, in dem sich in den Einzelnen die Furcht vermindert", schreibt Jünger, „nimmt die Wahrscheinlichkeit der Katastrophe ab" (DW 58). Das „Ärgerliche" in der Politik der Gegenwart sei, dass die „Darsteller" der Macht ganz „unbedeutend" seien, dass vor den „Entschlüssen" dieser mediokren Figuren „Millionen zittern" (DW 33). In der auf Feindbilder fixierten Zeit, müsse man immer mit der „Ächtung" rechnen; sie könne „wie aus heiterem Himmel" kommen: „Du bist ein Roter, Weißer, Schwarzer, ein Russe, Jude, Deutscher, Koreaner, ein Jesuit, Freimaurer und in jedem Falle viel schlimmer als ein Hund" (DW 60). Furcht, Angst und Schrecken haben vor allem mit dem „Automatismus" (DW 42) im Überwachungsstaat, mit dem „unerhörten Leiden von Millionen Versklavter" (DW 53) und mit der geteilten Welt zu tun, in der sich zwei Mächte als „bis an die Zähne Gerüstete" (DW 49) gegenüberstünden. In der geteilten Welt könne „die Furcht" aber nicht „durch Rüstungen [...] vermindert werden, sondern nur dadurch, daß ein neuer Zugang zur Freiheit gefunden" werde (DW 63).

Bevor der Autor auf die konkrete Seite von Widerstand und „Umsturz" (DW 53) zu sprechen kommt, erörtert er die geistigen Dimensionen, in denen sich der Waldgänger bewege. Er benutzt zwei Metaphern, „Schiff" und „Wald", um die metaphysische Position des Waldgängers anzudeuten. Das Bild des Schiffes steht für „die Mächte der Gegenwart" (DW 55), für den „Menschen der Zivilisation", der „Bewegung und der historischen Erscheinung" (DW 99). Die Kräfte des Schiffes reichten zum physischen Überleben, nicht jedoch zum Widerstand gegen die Epoche aus. Der Wald hingegen bedeute „Heimat", „Friede" und „Sicherheit"; er stehe für die „zeitlose Wirklichkeit" des „Mythos" (DW 54), für „das überzeitliche Wesen, das sich in der Geschichte darstellt und abwandelt" (DW 99). „Das Schiff", so pointiert Jünger den Gegensatz, „bedeutet das zeitliche, der Wald das überzeitliche Sein" (DW 58). „Das Schiff" stehe als „Spiegelbild" dem Wald als dem „Urbild" (DW 99) gegenüber. „Mythisches", so ist Jünger überzeugt, „wird ohne Zweifel kommen", denn es sei „immer vorhanden" und steige „zur guten Stunde wie ein Schatz zur Oberfläche empor" (DW 60). Der „Mythos" ruhe „als Goldhort dicht unter der Geschichte", unter „dem vermessen Grund der Zeit" (DW 135). Dem Waldgänger ist es aufgetragen, den mythischen Schatz freizulegen und zu heben. Bevor er zum Überwinder der Furcht in seiner Zeit fähig sei, müsse er selbst in sich die „Todesfurcht" überwinden. Die Metapher des „Waldes" stehe auch für „das große Todeshaus", für den „Sitz vernichtender Gefahr". Erst nach dem „symbolischen Sterben" folge das „Auferstehen", und „hart an der Vernichtung" liege „der Triumph" (DW 73). Wie Christus nach biblischer Überlieferung als „Bezwinger der Furcht das Todesreich" (DW 79) betreten habe, so bleibe auch dem Waldgänger der „Todesgang" (DW 78) nicht erspart. Auch in unserer Ära sei nur der „Todesbezwinger" in der Lage, den „metaphysischen Zustrom", der von allen aktuell herrschenden „Systemen" (DW 82) unterbunden werde, wieder freizulegen. Auf dem Weg zur Todesüberwindung seien „Zweifel" und „Schmerz" zwei Prüfungen vergleichbar, die man bestehen müsse. Geschehe das nicht, so werde das „Nichts" den Menschen verschlingen. Die Überwindung des Nihilismus war das zentrale Thema in Jüngers Aufsatz „Über die Linie" von 1950, bestimmte aber auch schon den Tenor der Studie „Der Friede", die gegen Ende des Zweiten Weltkriegs entstanden war. „Das Nichts" so hält er im „Waldgang" fest, „will wissen, ob ihm der Mensch gewachsen ist, ob Elemente in ihm leben, die keine Zeit zerstört" (DW 87), d.h. ob er eine mythische Basis habe, von der aus die „Quellen der Sittlichkeit" und des „Unverfälschten" (DW 121) ihm zufließen. So ziehe der Waldgänger „die priesterlichen und richterlichen Kräfte wieder an sich wie in ältester Zeit" und setze sich „zum Absoluten in Beziehung" (DW 101). „Der Dichter *ist* Waldgänger" (DW 61), hebt Jünger emphatisch hervor, und mit seinem Essay will er sich an der Spurensuche zurück zur mythisch fundierten Sittlichkeit beteiligen.

Jünger war immer ein Autor, den das konkret Gesellschaftliche beschäftigte. Das zeigt auch seine Abhandlung „Der Waldgang". Er lebt – wir schreiben das Jahr 1951 – in einem geteilten und besetzten Land und Kontinent, und diese politische Situation ist der Anlass des Aufrufs zum Widerstand: „Der Wahrspruch des Waldgängers heißt: ‚Jetzt und Hier' – er ist der Mann der freien und unabhängigen Aktion". In einer Zeit, in der „die Tyrannis von Parteien oder fremden Eroberern das Land bedrückt", seien es die Waldgänger als „Elite" der Nation, an der die „Gewaltanwendung scheitern" werde. Der Waldgänger werde der *„alten* Freiheit", der „substantiellen" und „elementaren Freiheit wegen" den „Kampf aufnehmen" (DW 98). Dieser Kampf war konkret gemeint, denn Jünger betont: „Der Freie gibt den Waffen ihren Sinn." (DW 116) Es ist eine mythische Figur, die Jünger als Vorbild im Freiheitskampf in quasi „aussichtsloser Lage" (DW 111) beschwört: Wilhelm Tell. Tell sei ein „Waldgänger" gewesen, ein „Einzelner, in dem das Volk sich seiner Urkraft den Zwingherrn gegenüber bewußt wurde" (DW 108). Wie bei Tell gelte heute für den Waldgänger in „Deutschland" (106): „Beim Überfall durch fremde Heere stellt sich der Waldgang als kriegerisches Mittel dar." (DW 110) Und wie bei Tell werde beim deutschen Waldgänger „im idealen Fall" seine „persönliche Freiheit mit der" des „Landes übereinstimmen". Jünger führt die Parallele noch weiter: Wie in der mythisch-literarischen Schweiz des Wilhelm Tell gelte heute in Deutschland: „Dem Einmarsch [der Besatzer] folgen Maßnahmen, die große Teile der Bevölkerung bedrohen: Verhaftungen, Durchkämmungen, Eintragung in Listen, Pressung zu Zwangsarbeit und fremden Heeresdienst". Das treibe „in den geheimen und offenen Widerstand" (DW 111). Und Jünger beschreibt diesen Widerstand so minutiös, als habe er vor, im Stil von Mao Tse-tung ein Handbuch für Guerillakämpfer zu verfasssen. Er benutzt die Wendung „kleiner Krieg" in Anspielung auf das Wort „guerilla", das an den Beginn des europäischen Partisanenkampfes im Spanien des Jahres 1808 erinnert. Man lese und staune, was Jünger dem Deutschen als Widerständler im Jahr 1951 zutraut bzw. zumutet:

> Er [der Waldgänger] kennt seine [des Besatzers] Zwangslager, die Schlupfwinkel der Unterdrückten, die Minderheiten, die ihrer Stunde entgegenharren. Er führt den kleinen Krieg entlang der Schienenstränge und Nachschubstraßen, bedroht die Brücken, Kabel und Depots. Seinetwegen muß man die Truppen zur Sicherung verzetteln, die Posten vervielfachen. Der Waldgänger besorgt die Ausspähung, die Sabotage, die Verbreitung von Nachrichten in der Bevölkerung. Er zieht sich ins Unwegsame, ins Anonyme, um wieder zu erscheinen, wenn der Feind Zeichen von Schwäche zeigt. Er verbreitet eine nächtliche Unruhe, erregt nächtliche Paniken. Er kann selbst Heere lähmen, wie man es an der napoleonischen Armee in Spanien gesehen hat. (DW 112)

Solche Widerstandsaktivitäten kannte Jünger wohl aus den Berichten, die er während seiner Zeit als Besatzungsoffizier in Frankreich über die Résistance vorgelegt bekommen hatte. Wie sehr Jünger aber darauf versessen war, die Deutschen zum aktiven Widerstand gegen die Besatzungsmächte und deren Einfluss auf die Geschehnisse in Deutschland zu motivieren, geht daraus hervor, dass er als „trübste" aller „Aussichten" annimmt, dass im geteilten Land „deutsche Heere gegeneinander antreten werden". Jeder „Fortschritt der Aufrüstung hüben und drüben steigert die Gefahr", hält er fest. „Der Waldgang", behauptet Jünger, sei das „einzige Mittel, das ohne Rücksicht auf künstliche Grenzen und über sie hinweg gemeindeutschen Zielen gewidmet werden" (DW 115) könne. Offenbar soll sich die Partisanentätigkeit sowohl gegen die östliche wie die westliche Besatzungsmacht richten. Der Waldgänger als Partisan gleicht nach Jünger in seiner konkreten Widerstandsarbeit sowohl dem Adligen wie dem Verbrecher. Mit dem Angehörigen des „Adels" (in seiner ursprünglichen Funktion) verbinde ihn, „daß er Schutz gewährt" (DW 122); mit dem „Verbrecher" hingegen teile er „das Gefühl, unter Fremdherrschaft zu stehen" (DW 124), eine Dominanz, die er gegen geltendes Gesetz umstürzen müsse. Adligen Schutz wolle der Waldgänger den „neuen Leidensfiguren" in Deutschland zukommen lasssen. Das seien „die Vertriebenen, die Geächteten, die Geschändeten, die ihrer Heimat und Scholle Beraubten, die ungezählten Millionen, die brutal in den untersten Abgrund gestoßen sind." (DW 128). „Deutschland" meint Jünger, „ist heute reich an Enterbten und Entrechteten; es ist an ihnen das reichste Land der Welt." (DW 129). Von der ethischen wie der konkreten Widerstandstätigkeit der Waldgänger, der neuen Elite Deutschlands, erhofft Jünger sich auch die Erinnerung an die großen Fürsten in deutscher und europäscher Geschichte. Die Deutschen sollten nicht „die Hoffnung" verlieren „auf einen neuen Dietrich, einen neuen Augustus – auf einen Fürsten, dessen Auftrag sich durch eine Konstellation am Himmel ankündigt." (DW 135).

Jüngers „Waldgang" ist ein interessanter, aber 1951 aus seiner Zeit herausfallender Aufsatz. Die soziologisch-kulturkritischen Anmerkungen zur Vermassung der modernen Gesellschaft waren nach Gustave LeBons, José Ortega y Gassets und David Riesmans Büchern zum Thema nicht sonderlich originell. In den Bemühungen des Autors um ein Beleben von Individualismus, Freiheitsbewusstsein und mythisch fundierter Sittlichkeit finden sich Anklänge an Heidegger und Nietzsche.[5] Nicht nur, dass in den historisch-politischen Teilen kein Gedanke daran verschwendet wird, warum Deutschland geteilt worden ist und aus welchen Gründen es Besatzungsmächte im Land gibt; es ist auch keine Rede vom Holocaust, dem Genozid an den Juden, den Roma und Sinti und der Ermordung der geistig und physisch Behinderten während des Zweiten Weltkriegs; die Völker-Versklavung zur Zeit des Nationalsozialismus wird nicht erwähnt; es gibt keinen Hinweis auf den deutschen Widerstand gegen Hitler, an den man bei diesem Thema hätte erinnern müssen. Den Waldgänger der Nachkriegsjahre mit Wilhelm Tell zu vergleichen, ist widersinnig. Schweizer Mythos und Schillers Drama berichten von Kantonen, die sich der unprovozierten Aggression eines bellizistischen Nachbarlandes erwehren, das dabei ist, die Heimat gegen verbrieftes Recht zu besetzen und auszubeuten.[6] Die Gegebenheiten im Nachkriegs-Deutschland hatten mit einer solchen Sachlage nichts zu tun. Und was soll 1951 der Ruf nach einem neuen Dietrich von Bern oder Augustus? In der jungen Bundesrepublik wurde, ohne Hilfe der Astrologie, ein sinnvoller Weg eingeschlagen, als ihn Jüngers Partisanen hätten vorbereiten können. Zwei Jahre nach dem Erscheinen von Jüngers Schrift kam es mit dem Aufstand vom 17. Juni 1953 zu einem kurzen Bürgerkrieg im östlichen Teil Deutschlands, der von der sowjetischen Besatzungsmacht niedergeschlagen wurde. Die friedliche Revolution von 1989 war nicht das Ergebnis endloser Sabotageakte der Deutschen gegen ihre Besatzungsmächte, sondern folgte zum ersten aus einer günstigen internationalen politischen Konstellation, zum anderen war sie das Resultat millionenfacher Kontakte, die zwischen den Bevölkerungen der beiden Teile des Landes über Jahrzehnte hin gepflegt worden waren. Jüngers mehrfrontenhafter Bürgerkrieg jedenfalls hätte fatale Konsequenzen für Deutschland gehabt. Warum nicht eine konjekturale Geschichtsprojektion im Sinne von Jüngers Essay wagen? Was wäre geschehen, wenn sich etwa sechzigtausend gesamtdeutsche Waldgänger zum Bürgerkrieg gegen die Besatzer im Sinne eines „Unternehmens Wilhelm Tell" entschlossen hätten und tatsächlich – sagen wir bis 1953 – erfolgreich gewesen wären? Nehmen wir das ganz Unwahrscheinliche an, dass die Okkupationsmächte entnervt abgezogen wären. Was spricht dafür, dass jenes neu-souveräne Deutschland sich zu einem „einig Vaterland" zusammengeschlossen hätte? Der Bürgerkrieg, der zwischen rechts- und linksradikalen Parteien und Gruppen während der Weimarer Republik immer wieder aufflammte, war während der Hitlerzeit erst eigentlich zum Ausbruch gekommen, zwar nicht als offener aber als verdeckter Bürgerkrieg. Die Nationalsozialisten führten einen Krieg gegen alle von ihnen als Feinde betrachteten Einwohner des eigenen Land, einen rassistischen, politischen, konfessionellen und

---

5 Martin Meyer, *Ernst Jünger* (München: dtv, 1993), S. 427.
6 Paul Michael Lützeler, „Identität und Gleichgewicht: Schiller und Europa". In: P.M.L, *Kontinentalisierung. Das Europa der Schriftsteller* (Bielefeld: Aisthesis, 2007), S. 49-84.

medizinischen. Deswegen ist es auch wenig sinnvoll, von einer sog. „Friedenszeit" während der Herrschaft des Nationalsozialismus zu sprechen. Dieser verdeckte Bürgerkrieg war der schmutzigste Krieg, den man sich vorstellen kann, weil er gegen Wehrlose gerichtet war. Ihm fielen mehr Menschen zum Opfer als in irgendeinem anderen *civil war* in der Geschichte Westeuropas. Die Rechnungen dieses verdeckten Bürgerkrieges waren in den Nachkriegsjahren offen, und ohne Besatzung wäre der Ausbruch eines Bürgerkrieges kaum zu vermeiden gewesen. Schroers[7] weist darauf hin, dass 1945 in Italien eine solche Konfrontation kaum zu verhindern gewesen wäre, wenn die Besatzungsmacht dem nicht einen Riegel vorgeschoben hätte. Auf das naheliegende Beispiel Deutschland kommt er nicht zu sprechen. Die Schaffung zweier deutscher Staaten mit antagonistischen politischen Systemen als Ergebnis der Okkupation entschärfte die jeweils interne Konfliktsituation, verlagerte den potentiellen Streit vom Innen- ins Außenpolitische. Mit anderen Worten: Jüngers Waldgänger hätten mit ihrem Guerillakrieg gegen die Okkupationsmächte wahrscheinlich die Voraussetzung für den großen Bürgerkrieg der Deutschen untereinander erst geschaffen.

II

Münkler erwähnt Ernst Jüngers Essay nur kurz und beiläufig; genauer geht er auf Carl Schmitts *Theorie des Partisanen*[8] ein, ja seine Darstellung ist ohne das Schmittsche Buch nicht denkbar. Die Schwäche der *Theorie des Partisanen* von Carl Schmitt hat damit zu tun, daß der preußische Befreiungskrieg gegen Napoleon zu sehr ins Zentrum der Darstellung gerückt wird. Die Ausführlichkeit, in der das nie wirksam gewordene preußische Edikt über den Landsturm vom 21. April 1813 geschildert und zur „*Magna Carta* des Partisanentums" schlechthin erklärt wird, ist unangemessen. Schmitt gibt zu, dass es „zu einem deutschen Partisanenkrieg gegen Napoleon" nie gekommen sei, aber nichts desto weniger feiert er das Dokument als „Legitimierung des Partisanen der nationalen Verteidigung" (TP 48). Zweifellos bezogen die preußischen Reformer nach der Niederlage von Jena und beeindruckt durch die Erfolge der Guerillakämpfer in Spanien den „Volkskrieg" in ihre strategischen Überlegungen ein, die aber ohne Einfluss auf die militärische Praxis blieben. Dem preußischen König war ein bewaffnetes und in Waffen geübtes Volk ein potentiell revolutionärer Faktor, den ins gesellschaftliche Spiel der Kräfte einzuführen ihm viel zu riskant erschien. Kleist war, wie Kittler gezeigt hat,[9] mit den Überlegungen zum Partisanenkrieg bei den Heeresreformern

---

7 Rolf Schroers, *Der Partisan. Ein Beitrag zur politischen Anthropologie* (Köln: Kiepenheuer & Witsch, 1961), S. 243.
8 Carl Schmitt, *Theorie des Partisanen. Zwischenbemerkung zum Begriff des Politischen* (Berlin: Duncker & Humblot, 1963). In der Folge wird die Schrift mit der Abkürzung „TP" in Klammern zitiert.
9 Vgl. dazu Wolf Kittler, *Die Geburt des Partisanen aus dem Geist der Poesie. Heinrich von Kleist und die Strategie der Befreiungskriege* (Freiburg i. Br.: Rombach, 1987), besonders das Kapitel „Partisanenkrieg", S. 218-255.

Neidhardt von Gneisenau, Gerhard von Scharnhorst und Carl von Clausewitz vertraut, und die damals in Königsberg und Berlin zirkulierenden Ideen zum Krieg der „Parteigänger" haben ihren Niederschlag in Kleists publizistischen und dichterischen Arbeiten gefunden. Kleists Drama *Die Hermannsschlacht* schätzt Schmitt jedoch falsch ein, wenn er sie „die größte Partisanendichtung aller Zeiten" (TP 15) nennt, eine Formulierung übrigens, die ihre Verhaftung an die Sprache des „Großdeutschen Reiches" nicht verleugnen kann. Schmitts Kriterium für den Partisanenkampf ist, dass bei ihm irregulär Bewaffnete und nicht-uniformierte Bürger gegen reguläres, uniformiertes Militär kämpft (TP 11). Wieviel auch immer vom Geist des Partisanen in die *Hermannsschlacht* eingegangen sein mag, Tatsache ist, dass in Kleists Stück (man schaue sich die entsprechenden Szenen im Fünften Akt an) die entscheidende Schlacht zwischen Varus und Arminius mit regulären Truppen geführt wird. Der Sieg der Germanen beruht auch bei Kleist nicht auf dem Guerillakrieg, sondern auf einem Schlachtplan, der dem vereinigten germanischen Heer vorschreibt, wie es gegen die Legionen der Römer zu kämpfen hat.

Zurecht aber kommt Schmitt zu Anfang seiner Studie auf die Bedeutung der spanischen Partisanen im Jahre 1808 zu sprechen. Napoleon hatte persönlich die Leitung des Krieges gegen das spanische Militär übernommen und es Ende 1808 mit der Eroberung Madrids besiegt. Danach aber bildete sich ein bewaffneter Widerstand in der Bevölkerung, die einen Kleinkrieg gegen das französische Besatzungsmilitär führte. Schmitt versteht den Volksaufstand der Spanier als Beginn des europäischen Partisanenkriegs überhaupt. Das ist nicht falsch, unterschlägt aber die Tatsache, dass die Spanier den Krieg der ehemaligen schwarzen Sklaven gegen das Napoleonische Heer auf St. Domingue (dem heutigen Haiti) in den Jahren 1802 und 1803 genau verfolgt hatten. Der östliche Teil der Karibikinsel gehörte damals zu den Kolonien Spaniens, und schon deswegen studierte man den Kampf der Schwarzen gegen die Franzosen im westlichen Teil des Landes mit größter Aufmerksamkeit. Dieser Krieg war eine Mischung aus Kleinkrieg, an dem sich die schwarze Bevölkerung beteiligte, und regulärem Krieg, der auf Seiten der ehemaligen Sklaven von Toussaint Louverture bzw. von seinem Nachfolger Jean-Jacques Dessaline gegen Napoleons Schwager Charles Leclerc bzw. dessen Nachfolger Donatien de Rochambeau geführt wurde. Die Schwarzen gewannen diesen Krieg Ende 1803 nicht zuletzt durch den Kleinkrieg, den die Bevölkerung – besonders nach der Entführung ihres Staatsoberhauptes Toussaint Louverture – als Befreiungskrieg vom Frankreich Bonapartes verstand. Die Wirkung dieses Sieges auf die Gegner Napoleons in Spanien speziell und in Europa allgemein kann gar nicht überschätzt werden. Kleist schildert ein fiktives Ereignis aus diesem Partisanenkrieg in seiner Novelle „Die Verlobung in St. Domingo".[10]

In Spanien handelte es sich bei den Kämpfern im Guerillakrieg, der 1808 begann, um ein Konglomerat von patriotischen Bauern, Abenteurern aus den

---

10 Paul Michael Lützeler, „Europa oder Amerika? Napoleons Kolonialkrieg in Santo Domingo und Kleists literarischer Widerstand". In: P.M.L., *Kontinentalisierung*, S. 121-141.

Städten und zum Teil auch Kriminellen. Der Kleinkrieg wurde finanziell und waffenmäßig durch England unterstützt (TP 77), also durch jene Macht, die Napoleons Vorherrschaft in Europa und in Übersee verhindern wollte. Großbritannien fungierte hier als der „interessierte Dritte". Schmitt beruft sich auf Rolf Schroers[11], wenn er die Bedeutung des „interessierten Dritten" bei Partisanenkämpfen unterstreicht. Er hält dazu fest: „Der mächtige Dritte liefert nicht nur Waffen und Munition, Geld, materielle Hilfsmittel und Medikamente aller Art, er verschafft auch die Art politischer Anerkennung, deren der irregulär kämpfende Partisan bedarf" (TP 78).

Schmitt betont den „tellurischen" und den „defensiven" Charakter der spanischen Kämpfer. Mit dem Hinweis aufs „Tellurische" übernimmt er einen Begriff, den der spanische Historiker José Maria Jover Zamora in seiner *Geschichte Spaniens*[12] prägte (TP 26). Die Guerillakämpfer werden hier gesehen als Verteidiger von Heimat, Sitte, Tradition, Boden, kurzum als Beschützer all dessen, was man seit Cicero mit dem Motto *pro aris et focis*[13] (TP 77) umschrieben hat. Schmitt unterscheidet den in der Verteidigung der Heimat engagierten und gegen eine fremde Besatzungsmacht kämpfenden Guerillero des 19. Jahrhunderts von dem modernen Partisanen des 20. Jahrhunderts, wie er durch die kommunistischen Theoretiker Lenin, Mao Tse-tung und Che Guevara beschrieben worden sei. Ihnen gehe es nur in einer ersten Phase um patriotische Defensive, dann aber um die Durchsetzung einer abstrakten revolutionären Idee, für deren Sieg sie reguläres Militär für unerlässlich erachten (TP 54ff.). Das sind Unterscheidungen, die auch Münkler aufgegriffen hat.

Komplexer als bei Jünger wird bei Schmitt die Problematik der Legalität und der Legitimität partisanenhafter Aktion diskutiert. Schmitt erhebt den europäischen Guerillakrieg in Spanien, Tirol und Russland gegen Napoleon zur Definitionsgrundlage und zum Maßstab der Legitimität des Partisanen. Gegen den fremden, nicht zu Hilfe gerufenen und nicht durch eigene Aggressionen provozierten, sondern Kriegsziele im Sinne von Expansion und Okkupation beabsichtigenden Besatzer seien die Verteidiger der Freiheit und Souveränität des Heimatlandes immer im Recht. Formal betrachtet bewege sich der Partisan, weil nach der Okkupation das Recht des fremden Herrschers gelte, im Bereich der Illegalität, doch gebe ihm die Legitimität, die aus der Notwehr gegen den Feind resultiere, ein eigenes Recht, eine höhere Form der Legalität. Er kämpfe für die Verteidigung jener Legitimität und Legalität, die er aus der Tradition heraus akzeptiert und schätzen gelernt hat. Schmitt begeistert sich für das (allerdings folgenlose) Edikt des preußischen Königs von 1813, weil in ihm der legitime Herrscher den Partisanen die Legalität ihres Aufstands ausdrücklich bescheinigt habe. Ein solches Edikt aber ist die seltene Ausnahme. Im Normalfall kämpft der Parti-

---

11 Rolf Schroers, *Der Partisan*, S. 247-269.
12 José Maria Jover Zamora, *Historia de España* (Madrid: Espasa-Calpe, 1935 ff.) und *El Siglo XIX en España* (Barcelona: Planeta, 1974).
13 Cicero, *De Natura Deorum* 3.40.

san gegen eine staatliche Armee, die sich als Verteidiger einer Regierung sieht, die für sich beansprucht, zu bestimmen, was legal und was illegal ist. Diese, formal gesehen, legale Regierung wird vom Partisanen als illegal verstanden und zum Feind erklärt. Und umgekehrt ist es die bestehende Regierung, die die Aufständischen kriminalisiert und mit allen zur Verfügung stehenden militärischen und polizeilichen Mitteln bekämpft. Weder Schmitt noch Jünger haben ein Problem mit dem Widerstand leistenden Partisanen bzw. Waldgänger, solange es im Guerillakrieg darum geht, sich gegen eine fremde Besatzungsmacht zu behaupten. Jünger sieht in der höheren „Sittlichkeit" des Waldgängers die Quelle der Legitimität für ein Handeln, das ihn, rein formal betrachtet, zum „Verbrecher" macht. Das ist nicht viel anders bei Schmitt, der beim Partisanen keine jener „Motive [...] privater Bereicherung" erblickt, die das Handeln von „Räubern und Gewaltverbrechern" (DP 21) bestimmen.

Allerdings lagen auch zur Napoleonischen Zeit die Dinge nicht ganz so einfach, wie sie auf den ersten Blick erscheinen, was auch Schmitt konzediert. Napoleon nämlich nahm für sich selbst eine höhere Legitimität in Anspruch: Im Zeichen der Zukunft sollte der Erb- durch den Verdienstadel abgelöst, Europa modernisiert, eine neue, den Aufstieg des Bürgertums reflektierende Gesetzgebung verbreitet, den Minoritäten die gesellschaftliche Gleichberechtigung gebracht und Kleinstaaterei durch Großraumpolitik ersetzt werden. Für Jünger und Schmitt aber sind nationale Souveränität, durch Überlieferung sanktionierte Legitimität und Tradition die entscheidenden Werte. Sie zu verteidigen ist der Partisan gegenüber dem Eroberer, wofür immer dessen Politik auch stehen mag, im Recht. Der nationale Rebell in der Defensive gegenüber der ausgreifenden Großmacht ist ihr Idealbild vom Partisanen. Bei Schmitt wird der Partisan der Revolution deswegen gegenüber dem Partisanen der Traditionen radikal abgewertet. Dem „autochthonen Verteidiger des heimatlichen Bodens" werden Legitimität wie Legalität bescheinigt, während der Partisan der Revolution sie verloren habe. Dieser sei nämlich „unter eine internationale und übernationale Zentralsteuerung" mit „weltaggressiven Zielen" geraten. Seine Handlungen seien nicht mehr „defensiv" und verlören daher ihren „tellurischen Charakter". So werde der Partisan der Revolution „zu einem manipulierten Werkzeug revolutionärer Aggressivität", werde „einfach verheizt und um alles betrogen, wofür er den Kampf" (DP 77) aufgenommen habe. Mit den Beispielen Lenin, Mao Tse-tung und Fidel Castro belegt Schmitt diese These. Ihre defensive Anfangsphase hätten diese Revolutionsführer bald hinter sich gelassen, um totalitäre Systeme zu errichten, die, was Legitimität und Legalität betreffe, keine Alternative zu früheren autoritären Regimen in ihren Ländern geboten hätten.

III

In den hier behandelten Romanen werden alle nur denkbaren Zwischenformen von defensiven und revolutionären Partisanen beschrieben. So ist man gut beraten, wenn man die detaillierte Studie von Rolf Schroers liest, die bereits 1961 erschien, und auf die sich sowohl Schmitt wie Münkler beziehen. Es ist immer noch das ausführlichste Buch zum Begriff des Partisanen, und es basiert auf einer außerordentlich breiten historiographischen Grundlage. Anders als bei Jünger und Schmitt geht es hier nicht um eine enge und abgezirkelte Definition des Partisanen, sondern um alle nur denkbaren Formen des politischen Widerstands und der auf Umsturz bedachten Untergrundarbeit. Schroers ist es, der den Partisanen wegen der Vielfalt seiner Erscheinungsformen und wegen seiner Wandlungsmöglichkeiten ein „Chamäleon"[14] genannt hat. Bezeichnenderweise hat Schroers das zentrale Kapitel seines Buches „Theorie des Widerstandes"[15] genannt. Dort wird ausführlich die Phänomenologie des Gegners, des Trägers, des Augenblicks, der Sozialstruktur, der Erkennbarkeit und der Hilfsmittel des Widerstandes abgehandelt. Das Buch reflektiert auch die Erfahrungen aus der Zeit des Nationalsozialismus und – das vor allem – die Mächtekonstellation während des Kalten Krieges, als Befreiungsbewegungen unterschiedlichster Couleur von der einen oder der anderen der beiden Supermächte gefördert wurden.

In den hier analysierten Romanen wird Widerstand weniger gegen fremde Okkupanten als gegen Diktaturen im eigenen Land geleistet, und ein Auseinanderdividieren von traditionell und revolutionär, von tellurisch und international ausgerichteten Bewegungen ist selten möglich. Besonders in einigen jener Romane, die vom lateinamerikanischen Widerstand handeln, wird deutlich, dass den dortigen Partisanen der Kampf für Reformen und Modernisierung, für die Verteidigung der Menschenrechte und damit der Menschenwürde wichtiger war als die Verfolgung weltrevolutionärer Ziele. Immer jedoch ist – oft mehr indirekt als direkt – der Kampf um die Behauptung von Legalität und Legitimität auf beiden Seiten der Fronten zu beobachten, und auch hier vermeiden die Autoren Schwarz-Weiß-Malerei. Im Vergleich mit der Napoleonischen Situation ist die Lage komplizierter. Zwar werden zum einen wie bei den spanischen Guerillakämpfern Verfassungen und Institutionen zurückverlangt, die durch die neuen Machthaber abgeschafft worden sind, aber diese Konstitutionen waren – anders als in der Zeit um 1800 in Spanien oder Tirol – demokratisch und ein Zeichen gesellschaftlicher Modernisierung. Der Kampf in der zweiten Hälfte des 20. Jahrhunderts richtete sich nicht gegen einen Herrscher, der diese Modernisierung zu beschleunigen suchte, sondern gegen Militärdiktaturen, die das Rad der Geschichte zurückdrehen wollten. Andererseits aber war auch das System Napoleon auf Bajonette gestützt, ein Polizeistaat übler Sorte, und insofern gibt es auch wieder Verwandtschaftsbeziehungen zwischen den Begründern des Partisanentums in Spanien und dem lateinamerikanischen Widerstand, wie er in den Romanen von F.C. Delius, Uwe Timm und Erich Hackl zur Sprache kommt. Auch die Differenzierungen, die Herfried Münkler in seiner Abhandlung zum Partisanen trifft, sind eine Hilfe, wenn es um die Beschreibung der Konflikte in einigen der

---

14 Rolf Schroers, *Der Partisan*, S. 7.
15 Rolf Schroers, *Der Partisan*, S. 133-246.

hier diskutierten Romane geht. In Nicolas Borns *Die Fälschung* werden die Übergänge vom Partisanenführer zum *warlord* geschildert, und in Gert Hofmanns *Vor der Regenzeit* kann man den Partisanen kaum noch vom Terroristen unterscheiden.

Nur in einem der hier behandelten Romane, in Erich Hackls *Sara und Simón*, steht das Schicksal einer Partisanin und ihrer Gruppe direkt im Zentrum der Erzählhandlung. In den anderen Büchern sind es meistens Deutsche, die aus größerer oder geringerer Distanz Bürgerkriege in Ländern des Nahen Ostens, Südamerikas, Afrikas, Asiens oder Europas erleben oder schildern, und die mit Partisanen bzw. deren Aktionen in Berührung kommen. In den meisten Fällen gehen Defensiv- und Offensivhaltungen dieser Opponenten, von denen die Rede ist, ineinander über, doch handelt es sich öfter um Partisanen der Revolution als der Tradition, und im Fall der lateinamerikanische Verhältnisse behandelnden Romane spielt der Mythos um Che Guevara als dem prototypischen sozialistischen Partisanen der ‚Dritten Welt' eine Rolle. Die historischen Erläuterungen und theoretischen Differenzierungen über den Partisanen, wie man sie bei den genannten Theoretikern findet, sind – bei allen erwähnten Einschränkungen – dem Verständnis der Romane förderlich. Sogar elitären Waldgängern, wie sie Ernst Jünger beschrieben hat, begegnet man zuweilen, so in Dieter Kühns Roman: Auch dort werden von einem Intellektuellen Guerilla-Planspiele erörtert, die dann ohne Folgen bleiben.

Die Partisanen, von denen wir in den Romanen erfahren, kämpfen für unterschiedliche Ziele: zuweilen wollen sie die Interessen ihrer ethnischen Clans auf Kosten anderer Gruppen mit Gewalt ausdehnen oder sie agieren so irrational und mörderisch bzw. selbstmörderisch wie Enzensberger das beschrieben hat. In einem weiteren Fall setzen sie sich für sozialistische Ziele ein, und wieder anderen liegt vor allem am Tyrannensturz und der Reetablierung der Menschenrechte. In jedem Fall werden Motive zur Rebellion deutlich, Anlässe, die durchweg mit traumatischen Erfahrungen persönlicher Art zu tun hatten und unlöslich mit gesellschaftlichen und politischen Mißständen verbunden waren. Damit hat wohl auch zu tun, dass die Autoren immer wieder Verbindungen herstellen zwischen den Ereignissen, die die RomanheldInnen miterleben und der Geschichte des „Dritten Reiches". Oft nämlich tauchen in diesen Romanen Deutsche auf, die nach 1945 in Staaten des Nahen Ostens oder Lateinamerikas geflohen sind. Das Ineinanderblenden von deren Schicksalen mit jenen der Romanfiguren ist ein Signum dieser Bücher und wird daher in eigenen Exkursionen behandelt. Es zeigt, wie die Analyse der Hitler-Diktatur bei den Schriftstellern den Blick geschärft hat für den Widerstand gegen Unterdrückung, Rassismus und Verfolgung. Die Beschäftigung mit den Bürgerkriegen in anderen Ländern ist verbunden mit dem Versuch, an eine traumatische Hypothek zu erinnern, die zur fatalen Hinterlassenschaft des Nationalsozialismus gehört.

4. MENSCHENRECHTSKULTUR UND WELTETHOS

I

Den Begriff „human rights culture" haben im Jahr 2000 Samantha Power und Graham Allison in der Einleitung ihres Sammelbandes *Realizing Human Rights*[1] geprägt, zu dem Jimmy Carter, Kofi Anan und Mary Robinson Aufsätze beisteuerten. Power und Graham zeichnen dort eine Entwicklungslinie nach. Die Allgemeine Erklärung der Menschenrechte war am 10. Dezember 1948 durch die Vollversammlung der Vereinten Nationen verabschiedet worden. Sie galt unter politischen Pragmatikern als utopisch. In den 1990er Jahren aber wurden durch den Sicherheitsrat der UNO Tribunale zur Fahndung von Vergehen gegen die Menschenrechte einberufen. Power und Graham heben hervor, dass Eleanor Roosevelt, die Vorsitzende des Komitees für die Ausarbeitung der Internationalen Menschenrechte, schon 1948 davon überzeugt war, dass die *Human Rights* als realitätstüchtige Imagination in das Bewusstsein der Weltöffentlichkeit eindringen würden. Inzwischen gibt es international weitgehend Übereinstimmung darüber, dass die Menschenwürde den Kern der Menschenrechte ausmacht: dass nämlich der Einzelmensch ein Recht auf Leben, Freiheit und persönliche Sicherheit hat, was den Schutz vor willkürlicher Verhaftung und Folter impliziert; dass er Rede- und Religionsfreiheit sowie die Gleichheit vor dem Gesetz genießen müsse. Auch der deutsche Jurist und Menschenrechts-Experte Hans Jörg Sandkühler rückt den Begriff der Menschenwürde ins Zentrum seiner Überlegungen zum Menschenrecht.[2] Wenn die Erklärung der Menschenrechte 1948 verabschiedet wurde, besagte das noch nicht, dass sie in den Mitgliedsländern der UNO auch beachtet worden wäre. Die Souveränität der einzelnen Nationen wurde als unantastbar festgeschrieben, und so hatte die UNO selbst keine Mittel an der Hand, um Politiker zur Rechenschaft zu ziehen, die in ihren Ländern Vergehen gegen die Menschenrechte praktizierten oder guthießen.

---

1 Samantha Power und Graham Allison (Hg.), *Realizing Human Rights. Moving from Inspiration to Impact* (New York: St. Martin's Press, 2000), S. XXII. Vgl. ferner: Udo di Fabio, *Die Kultur der Freiheit* (München: Beck, 2005).
2 Hans Jörg Sandkühler, „Menschenwürde und die Transformation moralischer Rechte in positives Recht". In: *Menschenwürde. Philosophische, theologische und juristische Analysen*, hg. v. H. J. Sandkühler (Frankfurt am Main: Peter Lang, 2007), S. 57-80.

Es war ein Exilschriftsteller, Hermann Broch, der mit seiner „Völkerbund-Resolution"[3] von 1937 und seiner *Massenwahntheorie*[4] aus den 1940er Jahren Arbeiten zum Thema Menschenrecht und Menschenwürde vorlegte, deren Aktualität heute noch andauert. Brochs Bestrebungen gingen dahin, den Menschenrechten den reinen Deklarationscharakter zu nehmen und sie international einklagbar zu machen. Darüber korrespondierte er angelegentlich mit Hannah Arendt.[5] Während Arendt sich den Schutz der Menschenrechte nur in nationalen Gemeinwesen vorstellen konnte und die internationale Durchsetzung für eine Phantasmagorie hielt, bestand Broch darauf, dass es ein internationales Gremium, nämlich die Vereinten Nationen, geben müsse, bei dem irgendein Bürger irgendeines Staates die Möglichkeit haben müsse, Klage wegen Menschenrechtsvergehen zu erheben. Dazu solle ein internationaler Strafgerichtshof begründet werden, der sich mit solchen Delikten zu befassen habe. Das war damals eine kühne Forderung, aber sie erwies sich als realitätsgerichtet, denn im Lauf der Jahrzehnte entwickelte sich tatsächlich ein Verfahren, mit dem Menschenrechtsvergehen untersucht und ihre Verursacher belangt werden konnten. Einen Präzedenzfall schufen die Nürnberger Prozesse[6] gegen führende Nationalsozialisten während der zweiten Hälfte der 1940er Jahre, und sie bildeten gleichsam das Modell für die Fahndung anderer Verstöße gegen Menschenrecht und Menschenwürde. Man denke an jene Tribunale, die vom Sicherheitsrat der UNO seit den 1990er Jahren einberufen wurden, um Politiker, Militärs und Journalisten zur Verantwortung zu ziehen, die etwa im zerfallenden Jugoslawien und Ruanda Massenhinrichtungen befohlen, initiiert oder propagiert hatten. Inzwischen ist im Jahr 2002 jene Institution begründet worden, für deren Errichtung Broch mehr als ein halbes Jahrhundert zuvor in seinen Abhandlungen plädiert hatte: nämlich der *International Criminal Court*, den man auch den Weltgerichtshof nennt, und der im holländischen Den Haag seinen Sitz hat.[7] Der Gründung ging 1998, also vier Jahre zuvor, die Konferenz von Rom voraus, bei der die UNO das Rom-Statut

---

3 Hermann Broch, „Völkerbund-Resolution". In: H.B., *Politische Schriften*, hg. v. Paul Michael Lützeler, Kommentierte Werkausgabe Band 11 (Frankfurt am Main: Suhrkamp, 1978), S. 195-231. Vgl. auch den Sammelband: Hermann Broch, *Menschenrecht und Demokratie*, hg. v. Paul Michael Lützeler (Frankfurt am Main: Suhrkamp, 1978).
4 Hermann Broch, *Massenwahntheorie. Beiträge zu einer Psychologie der Politik*, hg. v. Paul Michael Lützeler, Kommentierte Werkausgabe Band 12 (Frankfurt am Main: Suhrkamp, 1979). Vgl. dort das Kapitel „Menschenrecht und Irdisch-Absolutes", S. 456-510. Vgl. ferner: Thomas Eicher, Paul Michael Lützeler und Hartmut Steinecke (Hg.), *Hermann Broch. Politik, Menschenrechte – und Literatur?* (Oberhausen: Athena, 2005).
5 *Hannah Arendt – Hermann Broch. Briefwechsel 1946 bis 1951*, hg. v. Paul Michael Lützeler (Frankfurt am Main: Jüdischer Verlag, 1996).
6 Annette Weinke, *Die Nürnberger Prozesse* (München: C.H. Beck, 2006).
7 Leila Nadya Sadat, *The International Criminal Court and the Transformation of International Law: Justice for the New Millennium* (Ardsley, N.Y.: Transnational Publishers, 2002).

des internationalen Strafgerichtshofes akzeptierte.[8] Dieses Statut ist von den weitaus meisten Mitgliedsstaaten der UNO unterzeichnet worden, doch gibt es Ausnahmen, zu denen die USA gehören. Nach dem Rom-Statut beschäftigt sich der internationale Strafgerichtshof mit der Verfolgung einzelner Personen, die für Völkermord, Vergehen gegen die Menschlichkeit und Kriegsverbrechen verantwortlich sind. Er kann sich nur mit Delikten befassen, die nach seiner Gründung (also nach 2002) geschehen sind. So laufen dort z. B. seit 2004 bzw. 2005 Verfahren gegen Politiker im Kongo und im Sudan. (Dieser Strafgerichtshof darf nicht verwechselt werden mit dem bereits 1945 von der UNO gegründeten *International Court of Justice*, der übrigens auch seinen Sitz in Den Haag hat. Der internationale Gerichtshof versucht lediglich Streitereien zwischen Mitgliedsstaaten der UNO zu schlichten und hat keine strafrechtlichen Kompetenzen.)

Eine besonders starke Wirkung der von der UNO-Generalversammlung 1948 deklarierten Internationalen Menschenrechte kann man in Europa konstatieren. Bereits bevor 1949 der Europarat mit Sitz in Straßburg gegründet wurde, gab es die Initiative, eine Europäische Menschenrechtskonvention (EMRK)[9] zu formulieren. Die eigentliche Ausarbeitung dieser Konvention wurde – auf Vorschlag von Winston Churchill – gleich nach seiner Gründung im Europarat vorgenommen und bereits am 4. November 1950 in Rom unterzeichnet. Seitdem hat sie Gültigkeit für alle Mitgliedsländer des Europarates. Über die Jahrzehnte hin ist diese Konvention mit vielen Zusatzprotokollen versehen worden, aber in der Substanz blieb sie unverändert gültig. Der Erfolg dieser Europäischen Menschenrechtskonvention ist beachtlich, sind die Menschenrechte doch im Vertrag über die Europäische Union vom 1. November 1993 als eine ihrer Grundsätze bezeichnet worden. Die Europäische Menschenrechtskonvention wurde seitdem von allen Mitgliedstaaten der EU angenommen. In der (noch ausstehenden) Verfassung der Europäischen Union sollen in Zukunft die Grundrechte im Sinne der Menschenrechte kodifiziert werden. Die Mitgliedsländer der Europäischen Union sind zur Einhaltung der Menschenrechte verpflichtet. 1954 bereits wurde die Europäische Menschenrechtskommission gegründet, und aus ihr hat sich im Lauf der Jahre der Europäische Gerichtshof für Menschenrechte[10] mit Sitz in Straßburg entwickelt, den es in seiner heutigen Form als ständig tagendes Gericht seit dem 1. November 1998 gibt. Dort werden derzeit tausende von Klagen gegen Menschenrechtsvergehen in Mitgliedsländern des Europarates und der Europäischen Union verhandelt.

---

8 *The International Criminal Court: The Making of the Rome Statute*, hg. v. Roy S. Lee (The Hague: Kluwer Law International, 1999).
9 Jens Meyer-Ladewig, *Europäische Menschenrechtskonvention. Handkommentar*, 2. Auflage (Baden-Baden: Nomos, 2006).
10 Theodora A. Christou, Juan Pablo Raymond, *European Court of Human Rights: Remedies and Execution of Judgements* (London: British Institute of International and Comparative Law, 2005).

Hermann Broch war, was die Menschenrechte betrifft, kompromissloser Universalist. So tolerant er in weltanschaulicher Hinsicht war: die Menschenrechte standen bei ihm nicht zur Disposition interkultureller Relativierung. Niemand hätte ihm klarmachen können, dass es bei seiner Auffassung von Menschenrechten um eine durch eurozentrische Vorurteile gesteuerte Meinung gehe, die von Vertretern anderer Kulturkreise nicht akzeptiert werden könnte. Je entschiedener, schreibt Broch, die Demokratie „die ‚Bill of Rights' verteidigt, desto toleranter, relativistischer und liberaler kann, darf, muss sie sich gegenüber den von ihr gewährleisteten Bürgerfreiheiten verhalten." In der „Kombination", so fährt er fort, „von maximaler Gebundenheit in der Grundhaltung und maximaler Freiheit in allen sonstigen staatsbürgerlichen Belangen" erkennt Broch das Grundprinzip gesellschaftlichen Lebens in der Demokratie[11]. Vertreter der Weltreligionen haben jüngst betont, dass es den internationalen Menschenrechten um den Schutz von etwas substanziell Menschlichem an sich geht: um jenes fundamental Ethische, das Broch als „irdisch-absolut"[12] bezeichnete, nämlich um das Verbot der Versklavung, der Erniedrigung und Vernichtung des Menschen. Man sollte Brochs Beiträge heute von der Warte eines Hans Küng und einer Mary Robinson aus lesen, um zu begreifen, wie weitsichtig seine Thesen zum internationalen Menschenrecht waren und wie gültig sie heute noch sind. Broch bestand darauf, dass es nicht nur Menschenrechte, sondern auch Menschenpflichten, nicht nur eine Bill of Rights gebe, sondern auch eine Bill of Duties geben müsse.[13] Wie Broch zu seiner Zeit insistiert heute Mary Robinson, die ehemalige Präsidentin Irlands und ehemalige Vorsitzende der United Nations High Commission for Human Rights, auf diesem doppelten Engagement für „Menschenrechte" und „Menschenpflichten".[14]

Broch hatte in einem Brief an Albert Einstein vom September 1938 bekannt: „Ich weiß, wie schwach die Kräfte des Menschen und im Besonderen die Meinen sind, ich weiß auch, dass man mit Papier und Tinte weder Tanks, noch eine Sturmflut aufzuhalten vermag", aber nichtsdestoweniger, betont er, werde er alles tun, um seinen intellektuellen Beitrag zum Kampf gegen die Verächter der Menschenrechte zu leisten. Hans Küngs Sammelband *Ja zum Weltethos* steckt voller Beiträge, die – ohne direkten Bezug zu Broch – auf dessen Argumentationslinie liegen. Ein Weltethos ist keine Esperanto-Moral, keine artifizielle Mixtur diverser Ethiken. Es geht um jenen ethischen oder religiösen, Freiheit und Menschenwürde garantierenden Kern, der in allen Kulturkreisen identifizierbar ist und die Basis menschlicher Zivilisation überhaupt ausmacht. Das Parlament der Weltreligionen hat in Küngs Band die „Erklärung zum Weltethos" publiziert.[15] Das ist

---

11 Hermann Broch, *Politische Schriften*, S. 171.
12 Hermann Broch, *Massenwahntheorie*, S. 456, H. Broch, *Briefe 2*, S. 26f.
13 Hermann Broch, *Politische Schriften*, S. 243.
14 Mary Robinson, „Kein menschlicher Fortschritt ohne ein Weltethos", in: Hans Küng (Hg.), *Ja zum Weltethos. Perspektiven für die Suche nach Orientierung* (München u. Zürich: Piper, 1995), S. 64.
15 Mary Robinson, „Kein menschlicher Fortschritt ohne Weltethos", S. 21ff.

alles andere als ein blauäugiges Dokument. Sowohl in der negativen Bestandsaufnahme der Agonie und Schrecknisse der Gegenwart, wie in der Formulierung der positiven Entschlüsse, was den Schutz und die Durchsetzung der Menschenrechte betrifft, erinnert vieles an Broch. Hans Küng fragt in seinem Einleitungsessay:

> Ist es eine Illusion zu meinen, man könnte in Sachen Weltethos eine Bewusstseinsänderung auf Weltebene erreichen? Sieht es in unserer Welt danach aus, dass dies je gelingen könnte? Zumindest zweierlei dürfte sicher sein: Kaum einer bestreitet, dass wir noch immer in einer religiös und politisch zerrissenen, ja kriegerisch-konfliktreichen und zugleich orientierungs-armen Zeit leben, einer Zeit, in der viele moralische Autoritäten an Glaubwürdigkeit verloren haben, Institutionen in den Strudel tiefgreifender Identitätskrisen gezogen sind und viele Maßstäbe und Normen ins Gleiten kamen. Und kaum einer bestreitet die Notwendigkeit eines neuen Gesellschaftskonsenses: einer Rückbesinnung auf ein Minimum an humanen Werten, Grundhaltungen und Maßstäben.[16]

Ähnlich schreibt Mary Robinson: „Ich bin der festen Überzeugung, dass es für uns von grundlegender Wichtigkeit ist, uns mit neuer Kraft für eine Ethik einzusetzen, die von allen Nationen, Kulturen und Religionen getragen und unterstützt werden kann: ein Weltethos als Basis."[17] Das war auch Brochs Ziel. Nur hat Broch erkannt, dass dieses allgemein verbindliche Minimum nicht mehr positiv zu formulieren ist, sondern – vergleichbar dem Dekalog – nur ex negativo bestimmt werden kann.[18] Deswegen seine Verbotsformulierung der Versklavung und Tötung des Menschen als „irdisch-absolut"[19].

Hannah Arendts Reflexionen zu den Menschenrechten entstanden im Umkreis ihres Buches *Elemente und Ursprünge totaler Herrschaft*[20] und Brochs Menschenrechts-Studien sind Teil seiner *Massenwahntheorie*. Beide Werke verstehen sich als Antworten auf das fundamentale Schockerlebnis der Zerstörung des Rechtsstaates durch Nationalsozialismus und Stalinismus, auf das Phänomen des Staatsapparates als krimineller, terroristischer Vereinigung. Hannah Arendt sah wie Broch im Terror und in den Konzentrationslagern das Charakteristische des totalen Staates. Hitler und Stalin und die durch sie geprägten politischen Systeme sind untergegangen, aber auch heute noch mangelt es nicht an Menschenrechtsverletzungen. Brochs letzter politischer Aufsatz, eine Art Vermächtnis, trug den Titel „Die Intellektuellen und der Kampf um die Menschenrechte". Da heißt es:

---

16 Hans Küng, „Wird sich ein Weltethos durchsetzen?", in: Hans Küng (Hg.), *Ja zum Weltethos*, S. 13. Vgl. ferner Hans Küng, *Weltethos für Weltpolitik und Weltwirtschaft* (München: Piper, 1997).
17 Mary Robinson, „Kein menschlicher Fortschritt ohne ein Weltethos", S. 63. Zur kritischen Diskussion einer Weltethik vgl. den Band: Wilhelm Lütterfelds und Thomas Mohrs, *Eine Welt – Eine Moral? Eine kontroverse Debatte* (Darmstadt: Wissenschaftliche Buchgesellschaft, 1997).
18 Hermann Broch, *Politische Schriften*, S. 374.
19 Hermann Broch, *Politische Schriften*, S. 376.
20 Hannah Arendt, *Elemente und Ursprünge totaler Herrschaft* (Frankfurt am Main: Europäische Verlagsanstalt, 1955).

> Der geistige Arbeiter, an sich der unpolitischste Mensch, ist [...] dauernd gezwungen, Politik zu wollen und zu betreiben, und er, der utopischste aller Menschen, erweist sich am Ende doch als Realpolitiker par excellence. Die initialen Immediaterfolge seiner politischen und geistigen Revolutionen sind, ungeachtet fürchterlicher Rückschläge, als Menschlichkeits-Fortschritt, als Verwirklichung von Menschenrecht in der Geschichte geblieben. Fortschritt beruht auf unmittelbarer Verringerung von Menschenleid [...].[21]

Auch heute brauchen wir Intellektuelle vom Schlage einer Hannah Arendt und eines Hermann Broch. In ihren Studien ist analysiert worden, wie es zur Zerstörung des Rechtsstaates als Garant der Menschenrechte gekommen ist, und es wird gezeigt, welche Maßnahmen zum Schutz der Menschenrechte ergriffen werden können. Broch stellte in seiner Studie „Menschenrecht und Irdisch-Absolutes" die „irdisch-absolute" Forderung nach dem Verbot von „Sklaverei", von „Konzentrationslagern" und „der Todesstrafe"[22] auf. Broch schrieb in diesem Zusammenhang:

> Das Konzentrationslager ist die letzte Steigerung [...] jeder Versklavung. Der Mensch wird seines letzten Ich-Bewußtseins entkleidet; statt seines Namens erhält er eine Nummer und soll sich auch nur mehr als Nummer fühlen. Er ist zur Leiche geworden, bevor er noch gestorben ist.[23]

Broch nimmt hier Agamben vorweg, der den Gefangenen im Konzentrationslager als *Homo Sacer*[24] beschreibt, als entsubjektivierten, seiner Freiheit, seiner Identität und seines Selbstbewußtseins beraubten, auf sein „nacktes Leben" reduzierten Menschen. Das Konzentrationslager steht nach Broch für all das, „was dem Menschen, sofern er Mensch bleiben soll, nicht angetan werden darf"[25]. Es liegt in der Grauenslogik des Konzentrationslagers, dass es zum Todeslager wird. Ethik wird nicht mehr positiv bestimmt, sondern als Absetzbewegung weg vom Tiefpunkt der Kultur, d.h. vom Konzentrationslager her. Auch Judith Butler stellt in ihrer *Kritik der ethischen Gewalt*[26] die „Denunziation des Unmenschlichen"[27] in den Mittelpunkt, wobei sie sich auf Adorno beruft. Das von Butler zitierte Adorno-Zitat, das an vergleichbare Stellen bei Broch erinnert, lautet:

> Wir mögen nicht wissen, was das absolut Gute, was die absolute Norm, ja auch nur, was der Mensch oder das Menschliche und die Humanität sei, aber was das Unmenschliche ist, das wissen wir sehr genau. Und ich würde sagen, daß der Ort der

---

21 Hermann Broch, *Politische Schriften*, S. 454.
22 Hermann Broch, *Massenwahntheorie*, S. 503.
23 Hermann Broch, *Massenwahntheorie*, Seiten 503, 474 und 485.
24 Giorgio Agamben, *Homo Sacer. Die Souveränität der Macht und das nackte Leben* (Frankfurt am Main: Suhrkamp, 2002). Ferner: Giorgio Agamben, *Was von Auschwitz bleibt. Das Archiv und der Zeuge* (Frankfurt am Main: Suhrkamp, 2003).
25 Hermann Broch, *Massenwahntheorie*, S. 472.
26 Judith Butler, *Kritik der ethischen Gewalt* (Frankfurt am Main: Suhrkamp, 2007). Es handelt sich um die Übersetzung durch Reiner Ansén und Michael Adrian ihres Buches: *Giving an Account of Oneself* (New York: Fordham University Press, 2005).
27 Judith Butler, *Kritik der ethischen Gewalt*, S. 142ff.

Moralphilosophie heute mehr in der konkreten Denunziation des Unmenschlichen als in der unverbindlichen und abstrakten Situierung des Seins des Menschen zu suchen ist.[28]

II

Die hier zur Sprache kommenden AutorInnen der Gegenwartsliteratur sind durch die Praxis internationaler Menschenrechtskultur und durch die Theorie des Menschenrechtsethos geprägt. Diese Prägung hat nichts mit einer Ideologisierung im Sinne von *political correctness* zu tun, viel aber mit der Schärfung dessen, was wir mit dem postkolonialen Blick umschrieben haben. Wollten Autoren sich der Propagierung der Menschenrechte verschreiben, wäre das Resultat eine Kitsch-Literatur, die den gleichen Makel aufwiese wie intentional religiöse oder im Dienste einer politischen Partei stehende Dichtung. Hermann Broch, der wie kein anderer Autor zum einen Romanschriftsteller, zum anderen Menschenrechts-Theoretiker war, hat in seiner Kitsch-Theorie vor solchen Indienstnahmen der Literatur gewarnt. Er verwies darauf, dass das Ethos der Literatur in ihrer Erkenntnisleistung liege, in dem Vermögen, neue Realitäten aufzudecken.[29] Literatur und Menschenrecht stehen bei den hier behandelten AutorInnen nicht in einem Abhängigkeitsverhältnis zueinander, sondern sind kulturelle Bereiche mit je eigener Ausstrahlungskraft. Die Dichtung als künstlerischer und das Menschenrecht als juristischer Bereich wirken inspirierend aufeinander ein, aber eine kausale Beziehung oder ein Aneinandergekettetsein gibt es nicht.

Die Affinität zwischen Menschenrecht und Roman wird hier nicht zum ersten Mal konstatiert. Lynn Hunt hat in ihrer Studie *Inventing Human Rights*[30] gezeigt, wie der Briefroman im 18. Jahrhundert mit der Betonung von Empfindsamkeit, Empathie und Einfühlungsvermögen kulturell den Boden für die Kodifizierung von Menschenrechten vorbereitete. Sie weist nach, dass die Allgemeine Erklärung der Menschenrechte von 1948 Resultat eines Prozesses war, der ohne universalistische Autonomiephilosophie und ohne den Roman der Empfindsamkeit nicht vorstellbar gewesen wäre. Am Beispiel von Jean-Jacques Rousseaus *Julie, ou la Nouvelle Héloïse* (1761) und den beiden Romanen von Samuel Richardson – *Pamela* (1740) und *Clarissa* (1747/48) – führt sie das Ineinander von revolutionär zu nennenden Autonomie- und Gleichheitsvorstellungen und empfindsamer Gefühlskultur vor Augen. Die Romanciers hätten bewusst die Form des Briefromans gewählt, weil hier kein auktorialer Erzähler zwischengeschaltet wurde, son-

---

28 Theodor W. Adorno, *Probleme der Moralphilosophie* (Frankfurt am Main: Suhrkamp, 1996, 2. Auflage), S. 261.
29 Hermann Broch, „Das Böse im Wertsystem der Kunst", in: Hermann Broch, *Schriften zur Literatur 2: Theorie*, Kommentierte Werkausgabe 9/2, hg. v. Paul Michael Lützeler (Frankfurt am Main: Suhrkamp), S. 119-156.
30 Lynn Hunt, *Inventing Human Rights: A History* (New York: Norton, 2007). Hingewiesen sei hier auch auf das Themenheft „Human Rights and Literary Form" der Zeitschrift *Comparative Literature Studies* 46.1 (2009), hg. v. Sophia A. McClennen und Joseph R. Slaughter.

dern die Emotionen der Briefschreiberin bzw. der Korrespondenzpartner eine unmittelbarere Wirkung beim Lesepublikum hervorrufen konnten. Hunt zeigt auch, dass Denis Diderot, der den Artikel über das Naturrecht für seine *Encyclopédie* verfasst hatte, die Briefromane von Richardson schätzte. Das gilt auch für Thomas Jefferson, den Verfasser der amerikanischen Unabhängigkeitserklärung, der Richardson und Rousseau zu den wichtigsten Romanciers zählte und ihre zivilisatorische Wirkung außerordentlich hoch veranschlagte. Wie sehr die Briefromane Richardsons, Rousseaus und Goethes in dem halben Jahrhundert zwischen 1740 und 1790 verschlungen wurden, d.h. welche Breitenwirkung sie damals hatten, kann man sich heute kaum noch vorstellen. Hunt kommt nicht auf Johann Wolfgang Goethe zu sprechen, aber zu den europäischen Briefromanen, die ebenfalls in diesen Kontext gehören, zählt auch *Die Leiden des jungen Werthers* (1774). Aufklärungsvorstellungen von Autonomie und Individualismus sind damals mit dem Altruismus der Empfindsamkeit, d.h. mit der Bereitschaft, sich mit anderen zu identifizieren, neue Symbiosen eingegangen Auch Hunt wendet sich gegen die Idee einer kausalen und linearen Verknüpfung von neuen rechtsphilosophischen Vorstellungen und poetisch evozierter Empfindsamkeit. Vielmehr zeigt sie, wie sich im 18. Jahrhundert Menschenrechtsdiskurs und Briefromanrezeption gegenseitig stützen und fördern. Dazu heißt es:

> Readers learned to appreciate the emotional intensity of the ordinary and the capacity of people like themselves to create on their own a moral world. Human rights grew out of the seedbed sowed by these feelings. Human rights could only flourish when people learned to think of others as their equals, as like them in some fundamental fashion. They learned this equality, at least in part, by experiencing identification with ordinary characters who seemed dramatically present and familiar, even if ultimately fictional.[31]

Lynn Hunt weist auch darauf hin, dass in der durch Aufklärung und Empfindsamkeit geprägten bürgerlichen Gesellschaft die Praxis der Folter bei juristischen Verfahren mehr und mehr eingeschränkt wurde. Der humanitäre Impuls, der den Menschenrechten zur Durchsetzung und den Bildungsromanen zum Erfolg verholfen habe, sei der gleiche gewesen. Sie findet diesen Impuls auch in Immanuel Kants Essay „Was ist Aufklärung?" (1784) formuliert, in dem es ebenfalls um Autonomie und Gleichheit des Menschen geht.[32]

Zweihundertfünfzig Jahre später sieht die Relation zwischen Menschenrechtsdiskurs und Roman ganz anders aus. Es geht nicht mehr darum, den Boden für

---

31 Lynn Hunt, *Inventing Human Rights*, S. 58.
32 Auch im Drama des 18. Jahrhunderts ist ein vergleichbarer Zusammenhang von Menschenrechtsdenken und literarischer Gestaltung auszumachen. Vgl. dazu: Wilfried Barner, „Unmenschlichkeit: Vorspiele auf dem Theater". In: *Der Mensch und seine Rechte. Grundlagen und Brennpunkte der Menschenrechte zu Beginn des 21. Jahrhunderts* (Göttingen: Wallstein, 2004), S. 28-50. Barner geht ausführlich auf Lessing ein, zitiert aber darüber hinaus Beispiele aus der europäischen Dramenproduktion vom 17. bis zum 19. Jahrhundert, von John Gay bis zu Georg Büchner.

die Aufnahmebereitschaft der Menschenrechte vorzubereiten, sondern die Bedingungen zu ihrer Verteidigung zu verbessern. Weder die philosophischen Schriften zur Autonomie des Menschen noch die Briefromane der Empfindsamkeit waren religiöse Erbauungsschriften. Im Gegenteil wiesen sie den Bürgern einen Weg, sich von kirchlichen Dogmen und Erwartungen zu emanzipieren. Nichtsdestoweniger aber zehrten die Aufklärer von einem Kulturfundus, der geprägt war durch das seit Jahrhunderten etablierte Christentum mit seinen beiden Testamenten. Mit der christlichen Religion hatten sich die Vorstellungen von der Gotteskindschaft jedes Menschen, von moralischer Eigenverantwortung und von einer Ethik des Mitleids und der Solidarität durchgesetzt. In den Aufklärungsschriften scheinen palimpsesthaft die Mosaischen Gesetze und die Tugenden der Bergpredigt durch. Habermas hat Kant eine „Übersetzungs"-Leistung für die Transformation christlicher Werte in die Epoche der Säkularisierung attestiert, wenn er schreibt:

> Kant [...] hat die Willkürfreiheit zur Autonomie erweitert und damit das erste große Beispiel für eine zwar säkularisierende, aber zugleich rettende Dekonstruktion von Glaubenswahrheiten gegeben. Bei Kant findet die Autorität göttlicher Gebote in der unbedingten Geltung moralischer Pflichten ein unüberhörbares Echo. Mit seinem Begriff der Autonomie zerstört er zwar die traditionelle Vorstellung der Gotteskindschaft. Aber den banalen Folgen einer entleerenden Deflationierung kommt er durch eine kritische Anverwandlung des religiösen Gehaltes zuvor.[33]

Habermas, der die „Geschichte der christlichen Theologie im Mittelalter" zur „Genealogie der Menschenrechte"[34] zählt, meint, dass mit dieser Übersetzungsleistung ein entscheidender Schritt hin zur Universalisierung der Menschenrechte gelungen sei. Dazu führt er aus:

> Die Übersetzung der Gottesebenbildlichkeit des Menschen in die gleiche und unbedingt zu achtende Würde aller Menschen ist eine [...] rettende Übersetzung. Sie erschließt über die Grenzen einer Religionsgemeinschaft hinaus den Gehalt biblischer Begriffe einem allgemeinen Publikum von Andersgläubigen und Ungläubigen.[35]

Die heutigen Verfechter der *Human Rights* befinden sich in einer schwierigen Defensivposition. Zum einen fällt in den westlichen Gesellschaften die Bindung an die christliche Ethik viel schwächer aus als noch im 18. Jahrhundert. Ferner ist im Pluralismus der Moderne auch nicht die Akzeptanz jener Moral vorauszusetzen, die Kant mit seinem kategorischen Imperativ auf einen Nenner zu bringen suchte. Und schließlich bestreiten nicht wenige Vertreter anderer Kulturen die

---

[33] Jürgen Habermas, *Glauben und Wissen. Dankesrede zur Verleihung des Friedenspreises des Deutschen Buchhandels* (Frankfurt am Main: Börsenverein des Deutschen Buchhandels, 2001).
[34] Jürgen Habermas, „Zur Begründung des säkularen Verfassungsstaates aus den Quellen praktischer Vernunft". In: Jürgen Habermas, Joseph Ratzinger, *Dialektik der Säkularisierung. Über Vernunft und Religion* (Freiburg: Herder, 2005), 18.
[35] Jürgen Habermas, „Säkularisierung als zweifacher und komplementärer Lernprozess". In: Jürgen Habermas, Joseph Ratzinger, *Dialektik der Säkularisierung*, S. 32.

universalistische Geltung der Menschenrechte, wenn sie sie als spezifische Produkte der atlantischen Kultur einschätzen. All das trägt dazu bei, dass die Schriftsteller unter den Verteidigern der Menschenrechte in ihre Romane keine allgemeinen philosophischen Reflexionen – etwa im Stil der Modernisten der 1920er und 1930er Jahre – einbauen. Sie beschränken sich auf die faktische Darstellung der Missachtung der Menschenrechte. Diese Verstöße in den Bürgerkriegen sind evident kriminell, und solche Verbrechen zur Sprache zu bringen, wirkt in Zeiten schwindender kultureller Gemeinsamkeiten überzeugender als eine Diskussion über die kulturelle Relativität von Menschenrechts-Kodifizierungen. „Positive Helden" des Menschenrechts sind selten, und so steht die „Denunziation des Unmenschlichen" jeweils im Zentrum der Handlung. Diese Negativleistung impliziert aber ein Verständnis von menschlicher Freiheit und Würde, das in der Tradition des Aufklärungsdenkens und in der Kontinutität einer Gefühlskultur steht, für die Autonomie und Empathie charakteristisch sind. So tragen auf dem Umweg der Thematisierung ihrer Nichtbeachtung die romanhaften Darstellungen doch zur Verteidigung der Menschenrechte und zur *Human Rights Culture* bei, deren Stärkung eine zeitige Aufgabe ist. Und während auf den ersten Blick die Briefromane des 18. Jahrhunderts mit den Bügerkriegsromanen der Gegenwart wenig zu tun zu haben scheinen, liegt ihre Verwandtschaft im gemeinsamen Menschenrechtsethos.

Hermann Broch ist in seinen verstreuten Anmerkungen zu Pablo Picasso wiederholt auf dessen Bild *Guernica* zu sprechen gekommen. Während des spanischen Bürgerkriegs entstanden Bilder Picassos, die man in ihrer Eindringlichkeit mit Francisco José de Goyas *Schrecken des Krieges* von 1810/1811 vergleichen kann. Am 26. April 1937 hatte während des Spanischen Bürgerkriegs die Legion Condor der Deutschen Luftwaffe auf Drängen von Francisco Franco hin die baskische Stadt Guernica bombardiert. Picasso erfasste die Hilflosigkeit, das Entsetzen und die Angst der Menschen und der Tiere, die als Opfer dem Luftkrieg ausgeliefert waren, erkannte die weitere Dehumanisierung, die aufgrund der ethischen Defizite der totalitaristischen Politik auf die Europäer zukam. Broch dürfte das Bild, das Picasso im Mai/Juni 1937 gemalt hat, im Original gesehen haben, als es 1939 in New York – wo Broch zu der Zeit im Exil lebte – gezeigt wurde. Es ist zu vermuten, dass ihn das Bild vergleichbar ergriff wie drei Dekaden zuvor Grünewalds Isenheimer Altar[36], handelt es sich bei *Guernica*, folgt man der Interpretation von Karen Armstrong[37], doch um eine säkularisierte Kreuzigungsszene. Von Anfang 1940 an wird das Bild in Brochs Korrespondenz erwähnt. Es ist ihm Beleg dafür, dass Picasso sich den „ethischen Problemen"[38] seiner Zeit gestellt

---

36 Paul Michael Lützeler, *Kulturbruch und Glaubenskrise. Brochs „Schlafwandler" und Grünewalds „Isenheimer Altar* (Tübingen: Francke, 2001).
37 Karen Armstrong, *Eine kurze Geschichte des Mythos*. Aus dem Englischen von Ulrike Bischoff (München: dtv, 2007), S. 125f.
38 Hermann Broch, *Briefe 2 (1938-1945)*. Kommentierte Werkausgabe Bd. 13/2, hg. v. Paul Michael Lützeler (Frankfurt am Main: Suhrkamp, 1981), S. 162.

habe. Er konstatiert eine Nähe zwischen *Guernica* und seiner Menschenrechtsethik wie er sie in den 1940er Jahren in seiner *Massenwahntheorie* begründete: Picasso zeige in *Guernica* die Zerstörung, die Hinrichtung des Menschen im Krieg, um an jene Humanitätsvorstellungen zu erinnern, die man preisgegeben hatte. In der Tradition dieses ethischen Kunstverständnisses, wie es in der Konfrontation mit Bürgerkrieg, Krieg und Holocaust entstanden ist, stehen auch die hier behandelten Romane.

II.

VON DEN 1980ER ZU DEN 2000ER JAHREN IN EUROPA, AFRIKA UND ASIEN

1. JUGOSLAWIEN

Norbert Gstrein, *Das Handwerk des Tötens* (2003)

Über ästhetisches und politisches Scheitern

I

Als die Mittelmächte Deutschland und Österreich 1918 den großen Krieg um die Vorherrschaft auf dem Kontinent verloren hatten und die Donaumonarchie in ihre nationalen und regionalen Bestandteile zerfallen war, bot sich die Chance, einen südslawischen Staat zu gründen, den es in dieser Form in der Geschichte vorher nicht gegeben hatte. Auf der Pariser Friedenskonferenz wurde das Königreich der Serben, Kroaten und Slowenen, wie sich die am 1.12.1918 gegründete neue Nation nannte, von den Siegermächten anerkannt. 1929 änderte man die Staatsbezeichnung in Königreich Jugoslawien um. Die wirtschaftlichen, sozialen, machtpolitischen, kulturellen, sprachlichen, religiösen und ideologischen Unterschiede der hier vereinten Ethnien und Gesellschaftsschichten waren oft unüberbrückbar, und niemand konnte sicher sein, dass die Kooperationsbereitschaft, die durch keine Tradition gefestigt war, stark genug sein werde, um die ökonomischen und politischen Krisen der folgenden Jahrzehnte zu überstehen. Allein schon die religiös-kulturellen Differenzen waren mit dem Katholizismus in Kroatien, der Orthodoxie in Serbien und dem Islam in Bosnien beträchtlich. Als Hitler und Mussolini während des Zweiten Weltkriegs große Teile des Landes okkupierten, waren sie Nutznießer der innerjugoslawischen Antagonismen. Je nach ethnischer Zugehörigkeit, Religion und politischer Orientierung hegte man für die Nachkriegszeit unterschiedliche Ziele im Hinblick auf die Eigenständigkeit der Regionen sowie auf die Staatsform, und so gab es nicht nur einen (in sich zersplitterten) Widerstand, sondern auch eine (in sich ebenfalls uneinige) Kollaboration. Gegen Ende des Krieges hatten die Alliierten sich darauf geeinigt, Tito, den erfolgreichsten Kämpfer der Resistance, als neuen starken Mann des wiedervereinigten jugoslawischen Staates zu fördern, und ihm gelang 1945 die Etablierung einer sozialistischen Diktatur. Wie in allen kommunistischen Staaten damals war auch hier die politische Macht zentralistisch gebündelt, aber schon Tito hatte seine Schwierigkeiten mit den – 1971 von ihm unterdrückten – kroatischen Unabhängigkeitsbestrebungen, und 1974 konnte er nicht umhin, innerhalb Serbiens der Vojvodina im Norden und dem Kosovo im Süden ein höheres Maß an Autonomie zuzugestehen. Die muslimische Bevölkerung hatte ebenfalls mehrfach mit Deklarationen gegen die Nichtrespektierung ihrer Religion und Tradition protestiert. So war es für viele Beobachter des Landes klar, dass die Gegensätze aufbrechen würden, sobald nach Titos Tod der Machtkampf im und um den Staat beginnen werde. In dem Jahrzehnt zwischen 1980 und 1990 verschlechterte sich nicht nur die Wirtschaftslage des Landes rapide, auch Protestwellen politischer Art waren an der Tagesordnung.[1] Dabei spielte der alte Antagonismus zwischen Kroatien und Serbien, den beiden mächtigsten Teilstaaten, die größte Rolle. Mitte 1991 erklärten Kroatien und Slowenien ihre Unabhängigkeit, und noch im gleichen Jahr begann der immer weitere Kreise ziehende Krieg der Serben und der Kroaten, der Serben und der Bosniaken sowie der Serben und der Kosovaren, um nur die wichtigsten feindlichen Gruppen zu benennen. In den folgenden fünf Jahren blieb bis zum Friedensvertrag von Dayton im Dezember 1995 keine Region vom sogenannten *ethnic cleansing* – ein Euphemismus für intendierten Völkermord[2] –, von Massakern, Vergewaltigungen, Folterorgien und Vertreibungen unmenschlichster Art verschont. Es wurden Flüchtlings-, Gefangenen- und Konzentrationslager gebaut, und eine Barbarei griff um sich, wie man sie seit der Zeit des Zweiten Weltkriegs in Europa nicht mehr gekannt hatte. Etwas mehr als drei Jahre später flackerte der Krieg erneut für einige Monate auf, als wegen des gegen Serbien gerichteten Unabhängigkeitskrieges der Kosovaren die NATO[3] eingriff und Belgrad bombardierte. Im jugoslawischen Krieg kamen, nach konservativsten Schätzungen, etwa 150.000 Menschen ums Leben (Zweidrittel davon alleine in Bosnien-Herzegowina), die Zahl der Verletzten und der Flüchtlinge ist jeweils wesentlich höher, und auch die der Verschollenen geht in die Zehntausende.[4]

SchriftstellerInnen aus der ganzen Welt suchten zu verstehen, was während des Auseinanderbrechens Jugoslawiens in den Konfliktzonen vor sich ging. Mit Aufrufen wollten sie Öffentlichkeit und Politik mobilisieren, einen Weg zum Frieden zu finden.[5] Besonderen Anteil nahm man am Schicksal der Bürger von Sarajevo, der in zwei feindliche Hälften geteilten Hauptstadt von Bosnien-Herzegowina, wo sich die Kämpfe zwischen bosniakisch-kroatischem und bosnisch-serbischem Militär über vier Jahre hinzog.[6] Von 1992 bis 1996 erlebte die Stadt die längste Belagerung in ihrer Geschichte, der über zehntausend Menschen zum Opfer fielen.[7] Der Suhrkamp Verlag veröffentlichte schon 1992 den von György Konrád her-

---

[1] Branka Magaš, *The Destruction of Yugoslavia: Tracing the Break-Up 1980-92* (London, New York: Verso, 1993). Zur Geschichte Kroatiens im allgemeinen vgl. von der gleichen Autorin: *Croatia Through History. The Making of a European State* (London: Saqi, 2007).
[2] Thomas Cushman, Stjepan G. Meštrović (Hg.), *This Time We Knew: Western Responses to Genocide in Bosnia* (New York: New York University Press, 1996).
[3] Cathrin Schütz, *Die Nato-Intervention in Jugoslawien. Hintergründe, Nebenwirkungen und Folgen* (Wien: Braumüller, 2003).
[4] Carole Rogel, *The Breakup of Yugoslavia and Its Aftermath* (Westport: Greenwood Press, 2004).
[5] Davor Beganović und Peter Braun (Hg.), *Krieg sichten. Zur medialen Darstellung der Kriege in Jugoslawien* (München: Fink, 2007).
[6] Vgl. dazu auch den Roman des bosnischen Schriftstellers Dževad Karahasan, *Sara und Sarafina* (Berlin: Rowohlt, 2000), der den Belagerungszustand Sarajevos im Spiegel einer Mutter-Tochter-Auseinandersetzung schildert. Was die Einstellung zum Krieg in Serbien betraf, hat die Dramatikerin Biljana Srbljanović die *Belgrader Trilogie* geschrieben, die in Deutschland stark beachtet wurde und auch in Gstreins Roman (HT 334, 335) erwähnt wird.
[7] Robert J. Donna, *Sarajevo. A Biography* (London: Hurst, 2006).

ausgegebenen Sammelband *Europa im Krieg* mit – insgesamt gesehen – ratlosen Stellungnahmen und Analysen von Autoren und Intellektuellen.[8] Ein Jahr später legte der österreichische Autor Milo Dor einen melancholischen Nachruf auf Jugoslawien vor[9], und bald folgten Reportagen von Peter Schneider[10] über Sarajevo bis Hans Christoph Buch zur Situation im Kosovo.[11] Peter Handke publizierte mehrere provokative Interventionen, weil er meinte, es sei ungerecht, Serbien als Schurken im Stück des Balkan-Dramas hinzustellen.[12] Das war an sich legitim, kamen doch Verbrechen gegen die Menschlichkeit auf allen Seiten der kriegführenden Parteien vor.[13] Allerdings ging vielen AutorInnen Handkes Verständnis für die serbische Politik und ihren großserbisch orientierten Präsidenten Slobodan Milošević entschieden zu weit. Milošević war der erste Präsident eines Staates, gegen den noch während seiner Amtszeit beim Internationalen Strafgerichtshof in Den Haag ein Verfahren wegen begangener Kriegsverbrechen eingeleitet wurde.[14] So entwickelte sich in den deutschsprachigen Ländern eine Art asymmetrisch-literarischer Bürgerkrieg pro und – vor allem – contra Handke, ein polemischer Meinungsaustausch, der vom Kriegsgeschehen selbst und seinen Folgen in Ex-Jugoslawien eher ablenkte.[15]

---

8 György Konrád, *Europa im Krieg. Die Debatte über den Krieg im ehemaligen Jugoslawien* (Frankfurt am Main: Suhrkamp, 1992).

9 Milo Dor, *Leb wohl, Jugoslawien: Protokolle eines Zerfalls* (Salzburg: Otto Müller, 1993).

10 Peter Schneider, „Sarajewo oder Der kurze Weg in die Barbarei". In: P.Sch., *Vom Ende der Gewißheit* (Berlin: Rowohlt, 1994), S. 65-79. Zu seinen Stellungnahmen und denen anderer AutorInnen vgl. Paul Michael Lützeler, „Brüssel oder Sarajewo. Die Schriftsteller und Europa vor und nach 1989". In: P.M.L., *Europäische Identität und Multikultur* (Tübingen: Stauffenburg, 1997), S. 177-196.

11 Hans Christoph Buch, „Zehn Tage im Juni – Ein Kosovo-albanisches Tagebuch". In: H.Ch.B., *Blut im Schuh. Schlächter und Voyeure an den Fronten des Weltbürgerkriegs* (Frankfurt am Main: Eichborn, 2001), S. 74-102. Zu den Autoren, die in Tagebuchform Ereignisse des Krieges festhielten, gehörte auch Martin Grzimek, *Mostar. Skizzen und Splitter. Ein literarisches Tagebuch vom 12.-26. November 1994* (Heidelberg: Winter, 1995).

12 Peter Handke, *Eine winterliche Reise zu den Flüssen Donau, Save, Morawa und Drina oder Gerechtigkeit für Serbien* (Frankfurt am Main: Suhrkamp, 1996); *Sommerlicher Nachtrag zu einer winterlichen Reise* (Frankfurt am Main: Suhrkamp, 1996); *Unter Tränen fragend. Nachträgliche Aufzeichnungen von zwei Jugoslawien-Durchquerungen im Krieg, März und April 1999* (Frankfurt am Main: Suhrkamp, 2000).

13 Vgl. dazu: Slavenka Drakulić, *Keiner war dabei. Kriegsverbrechen auf dem Balkan vor Gericht* (Wien: Zsolnay, 2004). In ihrem einleitenden Kapitel „Wozu Den Haag?" (S. 9-18) rechtfertigt sie den Prozess vor dem Internationalen Gerichtshof damit, dass die kriegsbeteiligten Länder von sich aus nicht willens seien, Gerichtsverfahren in Sachen Verbrechen gegen die Menschlichkeit anzustrengen.

14 Caroline Fetscher und Matthias Rüb, *Milošević in Den Haag: Ein Prozeß und seine Bedeutung* (Frankfurt am Main: Suhrkamp, 2002); Ralph Hartmann, *Der Fall Milošević. Ein Lesebuch* (Berlin: Dietz, 2002).

15 Thomas Deichmann (Hg.), *Noch einmal für Jugoslawien: Peter Handke* (Frankfurt am Main: Suhrkamp, 1999); Peter Jamin, *Der Handke-Skandal – Wie die Debatte um den Heinrich-Heine-Preis die Kulturgesellschaft entblößte* (Remscheid: Gardez!-Verlag, 2006); Kurt Gritsch, *Peter Handke. Gerechtigkeit für Serbien: Eine Rezeptionsgeschichte* (Innsbruck: Studienverlag, 2008).

Auch in der deutschsprachigen Romanliteratur ist der Balkankrieg thematisiert worden. Man denke an Gerhard Roths *Der Berg*[16], wo der Jugoslawienkonflikt die Kulisse bildet: Der Journalist Viktor Gartner ist auf der Suche nach dem serbischen Lyriker Goran R., der Zeuge eines Massakers in S. an bosnischen Moslems wurde. Die Hinweise auf den Genozid der bosnischen Serben an den Bosniaken Mitte Juli 1995 in der Nähe von Srebrenica sind deutlich, auf eine Greuelaktion also, bei der etwa siebentausend Menschen ermordet wurden.[17] Gartner sucht den Autor in der griechischen Mönchsrepublik Athos, findet ihn aber erst in Istanbul. Goran R. ist nicht bereit, sich auf ein journalistisches Interview einzulassen und erklärt sein Schweigen mit Hinweisen auf einen seiner Gedichtbände.[18] Der Roman hat viel mit Medienkritik, mit religiösen und existentiellen Fragen zu tun, doch kommt der Krieg selbst – sieht man von dem Hinweis auf das Massaker ab – kaum vor.

Vergleichbar peripher bleiben die historischen Vorfälle in Juli Zehs Roman *Adler und Engel*[19]. Die Handlung des Buches spielt im Wien der kontinental agierenden Anwaltskanzleien. Hauptfigur ist der junge Jurist Max, der den Prototyp des Yuppie der 1990er Jahre abgibt, der alle Chancen der Prosperität und des rasanten politischen Umbruchs wahrnimmt. Er ist Experte für das sich nach Westen umorientierende Osteuropa und hat sein Büro in der Wiener UNO-City, wo er mit einer Reihe von internationalen Organisationen zusammenarbeitet – bis zu seinem Absturz in private und berufliche Katastrophen. Die haben mit angedeuteten mafiosen Verflechtungen zwischen westlicher *business world* und kriminellen *warlords* des Jugoslawienkriegs, etwa Arkans, zu tun. Arkan war der Deckname des aus Slowenien stammenden Željko Ražnatović, des Anführers der nach ihm benannten paramilitärischen Organisation Arkan Tiger. Im Jugoslawienkrieg war er, den man zuweilen den „bösen Geist des Slobodan Milošević" nannte, überall dort zur Stelle, wo es um die kriegerische Durchsetzung serbischer Interessen mit den berüchtigten kriminellen Aspekten des *ethnic cleansing* ging. In Belgrad wurde er Anfang 2000 in einer Hotellobby erschossen.[20] Bei den Andeutungen der genannten Verbindungen bleibt es in Juli Zehs Roman, der an-

---

16 Gerhard Roth, *Der Berg. Roman* (Frankfurt am Main: S.Fischer, 2000).
17 David Rohde, *Die letzten Tage von Srebrenica. Was geschah und wie es möglich wurde* (Reinbek bei Hamburg: Rowohlt, 1997); Julija Bogoeva und Caroline Fetscher, *Srebrenica. Dokumente aus dem Verfahren gegen General Radislav Krstić vor dem Internationalen Strafgerichtshof für das ehemalige Jugoslawien in Den Haag* (Frankfurt am Main: Suhrkamp, 2002). Zur Feindschaft zwischen Serben und Bosniaken während des Krieges vgl. auch den satirischen Film des bosnischen Regisseurs Danis Tanović, *Niemandsland* (2001), einer französisch-italienisch-bosnischen Produktion.
18 Dorota Sośnicka, „Die Hinterfragung der Wahrheit. Zum Erzählverfahren in Gerhard Roths Roman *Der Berg*". In: *Colloquia Germanica Stetinensia* 12 (2003): 139-158.
19 Juli Zeh, *Adler und Engel. Roman* (Frankfurt am Main: Schöffling, 2001).
20 Norbert Mappes-Niediek, *Balkan-Mafia* (Berlin: Links, 2003).

sonsten mehr von neuen Geschlechterbeziehungen[21] und der Medialisierung der Gefühlswelt handelt.[22]

Zentraler und deswegen in die Mitte des Romans gerückt sind Szenen aus dem Krieg im auseinanderbrechenden Jugoslawien in Saša Stanišić' Debüt-Roman *Wie der Soldat das Grammofon repariert*[23]. Stanišić verschlug es 1992 als Vierzehnjährigen mit seinen Eltern nach Deutschland. Der Vater ein Serbe, die Mutter eine Bosnierin, flohen sie aus dem umkämpften Višegrad im heutigen Bosnien-Herzegowina. Dieses Buch des jungen Autors ist ein Meisterstück der Fabulierkunst und keineswegs eine Autobiografie. Die Kindheitserinnerungen des jungen Aleksandar spielen im Roman eine herausragende Rolle, besonders die an den Großvater, der ihn darin bestärkt hat, sich zu seiner blühenden Fantasie zu bekennen, sie als (über)lebensnotwendig zu verstehen. Die eingestreuten Briefe aus dem Exil an eine Kindheitsfreundin, die Schilderung der fremden neuen Heimatstadt Essen, die motivhaft wiederkehrenden Erinnerungen an den Krieg, die zwischen Horror, Trauma und Komik wechseln, und schließlich eine in das äußerlich befriedete Bosnien führende Besuchsreise, deren Eindrücke so gar nicht kompatibel sind mit den Reminiszenzen aus der Kindheit, in der die Einbildungskraft die Wahrnehmung bestimmte: all das macht das Buch lesenswert. Es wird hier nicht im einzelnen analysiert, weil der Roman sich mehr mit der Vorkriegs- und der Nachkriegszeit als mit den bürgerkriegsmäßigen Konflikten selbst beschäftigt.

Eine starke Affinität empfindet der österreichische Autor Norbert Gstrein zum jugoslawischen Schriftsteller Danilo Kiš. Als dessen Roman *Ein Grabmal für Boris Dawidowitsch*[24] 1978 erschien und in der frühesten Rezeptionsphase Angriffen von Kollegen und Kritikern ausgesetzt war, die Kiš als haltlos empfand, publizierte er zwei Jahre später eine Verteidigungsschrift seines Romans unter dem Titel *Anatomiestunde*[25]. Vergleichbar verfuhr Gstrein, als sein Roman *Das Hand-*

---

21 Sandy Feldbacher, „Die gender-orientierte Erzähltextanalyse. Theorie und Analyse anhand von Juli Zehs *Adler und Engel*". In: *Zwischen Inszenierung und Botschaft. Zur Literatur deutschsprachiger Autorinnen ab Ende des 20. Jahrhunderts*, hg. v. Ilse Nagelschmidt (Berlin: Frank & Timme, 2006), S. 89-105.
22 Ein Jahr später veröffentlichte Juli Zeh den Reisebericht *Die Stille ist ein Geräusch. Eine Fahrt durch Bosnien* (Frankfurt am Main: Schöffling, 2002). Hier handelt es sich um Impressionen aus dem ehemaligen Jugoslawien in der Nachkriegszeit des Jahres 2001.
23 Saša Stanišić, *Wie der Soldat das Grammofon repariert* (München: Luchterhand, 2006). Im Zusammenhang mit der Exilliteratur sollten auch die Romane zweier kroatischer Autorinnen erwähnt werden: Dubravka Ugrešić lebt seit 1993 abwechselnd in Holland und den USA. In ihrem Roman *Das Ministerium der Schmerzen* (Berlin: Rowohlt, 2005) treffen sich jugoslawische Bürgerkriegsflüchtlinge im niederländischen Exil, um über ihre traumatischen Erlebnisse zu diskutieren. Slavenka Drakulić lebt sowohl in Kroatien wie auch – sie ist mit einem Schweden verheiratet – in Stockholm, hält sich aber auch oft in Wien und Berlin auf. In ihrem Roman *Als gäbe es mich nicht* (Berlin: Aufbau, 1999) schreibt sie über Frauen, die während des Bürgerkriegs in Jugoslawien vergewaltigt wurden.
24 Danilo Kiš, *Ein Grabmal für Boris Dawidowitsch* (München: Hanser, 2004).
25 Danilo Kiš, *Anatomiestunde* (München: Hanser, 1998).

werk des Tötens[26] im Jahr 2003 herauskam. Sein Buch war in den ersten Kritiken nicht selten als Schlüsselroman missverstanden worden.[27] Ein Jahr darauf veröffentlichte er die polemische, gleichzeitig defensive wie aggressive poetologische Abhandlung mit dem Titel *Wem gehört eine Geschichte?*[28] Inhaltlich haben die beiden Romane und die zwei essayistischen Schriften wenig miteinander gemein, wohl aber strategisch. Bei Kiš ging es im *Grabmal* um die Tragik von Lebensläufen in Zeiten des sowjetischen Totalitarismus und in der Replik um die Widerlegung seiner Kritiker, die ihn als Plagiator moderner Autoren wie James Joyce und Jorge Luis Borges hingestellt hatten. Gstrein wehrt sich in *Wem gehört eine Geschichte?* gegen die Detektivarbeit der Kritiker, die hinter jeder fiktiven *persona* ein Vorbild aus dem Bekanntenkreis des Romanciers ausmachen zu können glauben. Er betont zu Recht, dass es ihm im *Handwerk des Tötens* „eigentlich" um „ die Kriege in Jugoslawien und wie man darüber schreiben oder nicht schreiben" (WG 48) könne, gegangen sei. Das ist eine Feststellung, die sich kaum widerlegen lässt. Zunächst sei das „Wie" der Darstellung untersucht, danach wird gefragt, was aus dem Geschehen des Krieges im Roman vorkommt.

II

Gstrein hat den erzähltechnisch durchdachtesten Roman zum Bürgerkrieg[29] im auseinanderbrechenden Jugoslawien geschrieben. Er hat sich dabei wahrscheinlich an dem Klassiker des Genres Bürgerkriegsroman der Gegenwart, an Nicolas

---

26 Norbert Gstrein, *Das Handwerk des Tötens. Roman* (Frankfurt am Main: Suhrkamp, 2003). In der Folge in Klammern abgekürzt mit „HT" und folgender Seitenzahl.

27 Iris Radisch, „Tonlos und banal. Wie Norbert Gstrein in seinem Roman *Das Handwerk des Tötens* nichts über einen ermordeten Journalisten erzählen will". In: *Die Zeit* (22.12.2003). Zum Thema Schlüsselroman vgl. Wouter Dehairs, „‚Die Distanz kann zu groß und zu gering sein, aber es gibt eine mittlere Distanz, aus der man die Dinge am besten sieht': Zu Norbert Gstreins *Das Handwerk des Tötens*". In: *Germanistische Mitteilungen* 62 (2005): 65-78, hier S. 66-68. Ferner: Peter Braun, „Im Trümmerfeld des Faktischen. Norbert Gstreins Meditationen über die Darstellbarkeit des Krieges". In: *Krieg sichten* (München: Fink, 2007), hier S. 259-269.

28 Norbert Gstrein, *Wem gehört eine Geschichte. Fakten, Fiktionen und ein Beweismittel gegen alle Wahrscheinlichkeit des wirklichen Lebens* (Frankfurt am Main: Suhrkamp, 2004). In der Folge in Klammern abgekürzt mit „WG" und folgender Seitenzahl. Mit jenen KritikerInnen (wie Iris Radisch und Wendelin Schmidt-Dengler) und jenen AutorInnen (wie Sabine Gruber und Beatrix Gerstberger), die *Das Handwerk des Tötens* als Schlüsselroman verstanden, setzt sich Gstrein in diesem Buch (S. 37-77) polemisch auseinander. Nicht sonderlich konsequent verfährt Gstrein, der sich gegen das Entschlüsseln seiner Romane wehrt, wenn er sich selbst als „Holztaler" in Sabine Grubers Roman *Die Zumutung* (München: Beck, 2003) zu erkennen vermeint. Vgl. (WG 40f.)

29 Der Begriff „Bürgerkrieg" ist in der Anwendung auf den Konflikt im auseinanderbrechenden Jugoslawien umstritten und politisiert. Die Serben favorisieren ihn, die Angehörigen anderer ehemaliger Teilstaaten lehnen ihn ab. In seiner Anfangsphase trug der Konflikt alle Merkmale eines sezessionistischen Bürgerkriegs, doch als die früheren Teilregionen ihre Unabhängigkeit erstritten hatten, verwandelte er sich bald in einen Staatenkrieg. In diesem Aufsatz werden beide Begriffe ("Krieg" und „Bürgerkrieg") verwendet, weil beide Aspekte dieses Konflikts bezeichnen.

Borns *Die Fälschung*, orientiert und dabei Inhaltliches wie Formales von dem, was er bei Born fand, überdacht und revidiert. In beiden Romanen geht es um Journalisten, die sich in Krisenregionen begeben, um für Hamburger Zeitungen zu schreiben, und in beiden Fällen wird das ethische wie ästhetische Ungenügen an der reportagehaften Berichterstattung thematisiert. Borns Georg Laschen findet den dichterischen Ansatz, sich über das Kriegsgeschehen zu äußern, angemessener. Konsequenterweise kündigt er dem Magazin, doch wird sein Werdegang als Schriftsteller nicht mehr geschildert. Gstrein verkompliziert die Sachlage, indem er gleich drei Journalisten einführt: Einer von ihnen heißt Christian Allmayer und ist Borns Georg Laschen vergleichbar. Beide haben ihre Karriere viel gelesenen Reportagen aus den Krisengebieten der Welt zu verdanken, und in beiden Fällen gibt es Vorbilder für sie aus der Praxis der Berichterstattung über zeitgenössische Bürgerkriege und Revolutionen. Born war mit dem *Stern*-Reporter Kai Hermann, Gstrein mit Gabriel Grüner bekannt, der bei dem gleichen Wochenmagazin arbeitete. In beiden Fällen kann aber, was ihre Darstellung betrifft, nicht von Figuren eines Schlüsselromans gesprochen werden. Darauf weist Gstrein in einem der Paratexte[30] zum *Handwerk des Tötens*, nämlich in der Widmung, ausdrücklich hin: „zur Erinnerung an/ Gabriel Grüner/ (1963-1999)/ über dessen Leben und dessen Tod/ ich zu wenig weiß/ als daß ich/ davon erzählen könnte". Hier wird zum einen betont, dass mit dem Roman durchaus an das Schicksal Grüners „erinnert" wird, aber zum anderen auch hervorgehoben, dass die Figur Allmayer ihr fiktionales Eigenleben hat und nicht der Versuch ist, Grüners Leben romanhaft nachzuerzählen. Gstrein hatte Grüner schon während der Studienzeit in Innsbruck kennengelernt. Beide gehörten der gleichen Generation an, beide stammten aus Tirol (Gstrein aus dem österreichischen, Grüner aus dem italienischen Teil der Region), und beide hatten gemeinsame Bekannte und Freunde in der Tiroler bzw. österreichischen Literaturszene. Zudem dürften Gstrein eine Reihe der Reportagen bekannt gewesen sein, die Grüner zwischen 1991 und 1999 für den *Stern* geschrieben hat[31]. Ansonsten aber gehen in die Figur Allmayer und in dessen Stellungnahmen Kenntnisse unterschiedlichster Art über den Krieg bzw. über Katastrophenberichterstattung ein.

Die narrative Ausgangslage bei Born unterscheidet sich von der Gstreins. Anders als Borns Georg Laschen ist Gstreins Christian Allmayer nicht die Hauptfigur. Borns Roman hat einen konventionellen allwissenden Erzähler, der über Laschen und dessen Erlebnisse im Libanon in der dritten Person Singular berichtet. Gstreins Protagonist ist ein Ich-Erzähler mit externer Fokalisierung, d.h. er weiß grundsätzlich nur das über die von ihm vorgestellten Romanfiguren, was sie ihm von sich und über andere berichten. Die diegetische Position des Ich-Erzählers ist kompliziert. Er hat keinen Namen, wird aber als Figur mit eigener Biographie

---
30 Gérard Genette, *Paratexte. Das Buch vom Beiwerk des Buches* (Frankfurt am Main: Suhrkamp, 2003).
31 Ihre Erinnerungen an Gabriel Grüner und seinen Tod hat Beatrix Gerstberger in ihrem Buch *Keine Zeit zum Abschiednehmen. Weiterleben nach seinem Tod* (München: Marion von Schröder, 2003) festgehalten.

sichtbar. Er ist als Journalist in Hamburg beschäftigt. Durch seine Arbeit in der Redaktion lernt er den Publizisten Paul kennen, einen freien Mitarbeiter im Reise-Ressort der gleichen Zeitung. Paul ist jene *persona*, über die der Ich-Erzähler meistens berichtet, aber Paul wiederum liefert an den Ich-Erzähler Informationen über einen weiteren Kollegen, den Kriegsreporter Christian Allmayer. Paul ist ein erzählter Erzähler oder ein Erzähler zweiten Grades, wie Allmayer – ebenfalls ein erzählter Erzähler – ein Erzähler dritten Grades ist. Allerdings sind auch Situationen nicht selten, in denen Paul dem Ich-Erzähler sagt, was eine dritte Figur (z.B. Pauls geschiedene Frau) über Allmayer zum Besten gegeben hat, ja zuweilen ist die indirekte Mitteilungspraxis dem Kinderspiel „Stille Post" vergleichbar, wenn Paul berichtet, was die ehemalige Vermieterin Allmayers seiner Frau über Allmayer anvertraut hat, oder wenn Pauls Freundin Helena dem Ich-Erzähler mitteilt, was Paul durch Dritte über Allmayer in Erfahrung gebracht hat. Man könnte bei dem diegetischen Verfahren, das hier angewandt wird, von einer Matroschka-Technik sprechen, denn wie bei einer russischen Steckpuppe beim Öffnen eine zweite, dritte, vierte oder fünfte Figur zum Vorschein kommt, ist hier das Erzählverfahren ähnlich verschachtelt: Wenn alle Figuren ineinander gesteckt sind, sieht man nur den äußeren Ich-Erzähler, der für den Leser die primäre Instanz ist, aber beim Entfalten der Erzählung werden die Erzähler zweiten, dritten oder weiteren Grades sichtbar.[32] Mit Gérard Genette zu sprechen, ist der Ich-Erzähler sowohl ein homodiegetischer Erzähler, weil er Teil der erzählten Welt ist, als auch ein extradiegitischer und autodiegetischer Erzähler, weil er den Rahmen der Erzählung vorgibt und zugleich die Hauptfigur ist, die ihre eigene Geschichte erzählt. Zudem aber werden in die Hauptnarration des extradiegetischen Ich-Erzählers auf intradiegetische Weise Binnen-Erzählungen sowie metadiegetisch Binnen-Binnen-Erzählungen eingebaut.[33] Von einer Zuverlässigkeit des Erzählens[34] wie man sie aus dem realistischen Roman mit einem allwissenden Erzähler kennt, kann bei dieser potenziert subjektiven und aufgespaltenen Erzählweise keine Rede sein. Allerdings gibt es im narrativen Spiel eine Hierarchie: strukturbildend ist die Trias Ich-Erzähler/Paul/Allmayer. Die Beobachterperspektiven der Personen dieser Trinität sind jeweils subjektiv und beteiligt, aber was ihre Erzählperspektiven anbelangt, finden sich starke Unterschiede im Hinblick auf Distanz und Involviertheit in das jeweils Berichtete.[35] Die mit Abstand

---

32 Zur Verschachtelung der Erzählwelten vgl. auch Wolfgang Müller-Funk, „Die Dummheiten des Erzählens. Anmerkungen zu Norbert Gstreins Romans *Das Handwerk des Tötens* und zum Kommentar zum Roman *Wem gehört eine Geschichte?*". In: Claudia Öhlschläger (Hg.), *Narration der Ethik* (München: Fink, 2009), S. 241-261, hier S. 251.
33 Die Terminologie entwickelte Gérard Genette, wobei er jenen Erzähler, der gleichzeitig auch eine Figur der Handlung ist, als homodiegetisch bezeichnet. Vgl. G.G., *Die Erzählung*, hg. v. Jochen Vogt (Stuttgart: UTB, 1998).
34 Fabienne Liptay und Yvonne Wolf (Hg.), *Was stimmt denn jetzt? Unzuverlässiges Erzählen in Literatur und Film* (München: Boorberg, 2005).
35 Zur Beobachter- und Erzählperspektive vgl. Matias Martinez und Michael Scheffel, *Einführung in die Erzähltheorie* (München: Beck, 2003, 5. Auflage).

distanzierteste Position nimmt der Ich-Erzähler ein.[36] Allmayer – nach allem, was wir über ihn auf dem Umweg über die anderen Erzähler erfahren – ist dem Kriegsgeschehen am nächsten, und diese Unmittelbarkeit des Erlebens geht so weit, dass er selbst ein Opfer des militärischen Konflikts wird. Paul ist fasziniert vom Schicksal Allmayers, versucht in einer Doppelstrategie von fabulierender Ausmalung und Spurensicherung eine romanhafte Biographie über ihn zu schreiben. Seine Mitteilungen darüber an den Ich-Erzähler werden von diesem skeptisch und kritisch, zuweilen vernichtend kommentiert. Was Erzählzeit und erzählte Zeit betrifft, so befinden sich die drei Berichterstatter in einer jeweils anderen Chronologie: Allmayers Zeit (sowohl die erzählte wie die erzählende) ist mit der Dauer des Bürgerkrieges in Jugoslawien zwischen 1991 und 1999 identisch; Pauls erzählte Zeit reicht, was die mitgeteilten Erinnerungen an die Freundin Helena betrifft, in die Jugendzeit zurück, und wenn er von Allmayer spricht, sind vor allem Geschehnisse aus dem Bürgerkrieg gemeint, doch umfassen die Reminiszenzen auch die gemeinsame Studienzeit. Die erzählte Zeit des Ich-Erzählers umgreift jene von Allmayer und Paul, und seine Erzählzeit reicht nur knapp über die Pauls hinaus, umfasst zusätzlich die kurze Spanne nach Pauls Selbstmord und der Entscheidung des Ich-Erzählers, das gescheiterte Romanprojekt des Kollegen auf andere literarische Weise doch noch anzugehen.[37]

In den poetologischen Reflexionen *Wem gehört eine Geschichte?* findet sich eine aufschlussreiche Bemerkung zur Funktion des Ich-Erzählers in *Das Handwerk des Tötens*. Gstrein stellt dort fest, dass der Ich-Erzähler das „personifizierte Über-Ich" von Paul ist und dessen „Tun und Treiben kritisch betrachtet" (WG 22). Das ist ein wichtiger Wink insofern, als mit ihm Paul die Rolle des personifizierten „Ich" zugewiesen wird. Wenn das so ist, liegt es in der Logik des Hinweises, Allmayer als personifiziertes „Es" zu verstehen. Hier ist also – auf den ersten Blick – eine Erzähltrinität auszumachen, die nach dem Drei-Instanzen-Modell funktioniert, wie Freud es 1923 in seiner Schrift *Das Ich und das Es*[38] ausgearbeitet hatte. In der Tat ähneln sich der namenlose Ich-Erzähler, Paul und Allmayer in vieler Hinsicht: alle drei haben österreichische Vorfahren, sind Journalisten, die für Hamburger Blätter schreiben, sind gleich alt, werden (auf unterschiedliche Weise) von dem Geschehen im jugoslawischen Bürgerkrieg in den Bann geschlagen, haben entweder darüber in der Vergangenheit reportagehaft berichtet oder

---

36 Das betont auch Susanne Düwell, „,Ein Toter macht noch keinen Roman': Repräsentationen des Jugoslawienkrieges bei Peter Handke und Norbert Gstrein". In: *Ideologisierung und Entideologisierung*, hg. v. Stephan Jaeger (Kiel: Ludwig, 2006), S. 92-117, hier S. 108ff. Und die Distanz wird auch betont bei Peter Braun, „Im Trümmerfeld des Faktischen: Norbert Gstreins Meditationen über die Darstellbarkeit des Krieges". In: *Krieg sichten. Zur medialen Darstellung der Kriege in Jugoslawien* (München: Fink, 2007), S. 247-269, hier S. 253.

37 Die Unterscheidung zwischen erzählter Zeit und Erzählzeit wurde bereits in den 1940er Jahren durch Günter Müller eingeführt und in den 1950er Jahren durch Eberhard Lämmert aufgegriffen. Vgl. Günther Müller, *Morphologische Poetik. Gesammelte Aufsätze* (Tübingen: Niemeyer, 1968); Eberhard Lämmert, *Bauformen des Erzählens* (Stuttgart: Metzler, 1955).

38 Sigmund Freud, *Das Ich und das Es und andere metapsychologische Schriften* (Frankfurt am Main: S.Fischer, 1978)

sind in der Gegenwart dabei, einen Roman darüber zu schreiben oder haben sich für die Zukunft vorgenommen, das Romanprojekt anders anzugehen. Bei Paul und dem Ich-Erzähler kommt noch hinzu, dass sie in Helena die gleiche Freundin haben[39], und dass sie beide vom Journalismus zur Romanschriftstellerei wechseln möchten. Das Freudsche Strukturmodell der Psyche scheint auf die drei Erzähler zu passen. Der das Es repräsentierende Allmayer erlebt die Umwelt in ihren Reizen, folgt den Triebimpulsen des Lustprinzips, ist noch befangen in den Grundtrieben von Libido und Destrudo. Er hat keine Hemmungen Pauls Frau zu verführen und Pauls Freundin Helena einen Antrag zu machen, obgleich er sie vorher beschimpft hat. Im Krieg bringt er sich durch seine Faszination für das „Handwerk des Tötens" immer wieder in Gefahr, der er letztlich erliegt. So lässt er sich mit dem *warlord* Slavko auf ein für ihn äußerst gefährlich werdendes Gespräch über die Frage ein, wie das ist, wenn man im Krieg tötet, und er selbst wird das Opfer eines Anschlags, als er 1999 über den Rückzug der Serben aus dem Kosovo berichten will. Paul als „Ich" ist, was die Auseinandersetzung mit der Umwelt betrifft, reifer als Allmayer. In dem Augenblick, wo das Es (Allmayer) überwunden ist, beginnt Pauls Aktion als Ich. Er reagiert nicht nur auf Reize von außen, er will selbst – den Forderungen des Realitätsprinzips entsprechend – in die Lebenswelt eingreifen. Mit seinem Alltagsbewusstsein ist ihm auferlegt, zwischen den Ansprüchen von Es und Über-Ich zu vermitteln, und in der Tat steht Paul mit allem, was er unternimmt, zwischen den beiden anderen Erzählinstanzen. Das Ich ist in der Lage, Dinge wahrzunehmen, gedächtnismäßig zu speichern, zu durchdenken und ein Ich-Gewissen zu entwickeln. Wie sich das Ich nach Freud während seiner Entfaltung gleichsam wie eine Hülle um das Es legt, so will Paul mit seinem Recherchier- und Aufschreibeprojekt den getöteten Allmayer erinnerungsmäßig umfassen und bewahren, gleichsam in sich aufheben. Paul hat jedoch als Ich Schwierigkeiten, den Ansprüchen des Über-Ich zu genügen. Erst durch die Herausbildung des Über-Ichs erwirbt der Mensch nach Freud bekanntlich die Fähigkeit, sich sozialgerecht zu verhalten. In diesem Bereich bleibt bei Paul ein Manko. Er ist fixiert auf den Plan, einen Roman über einen Toten zu schreiben, doch verliert er dabei (man denke nur an die zunehmende Gleichgültigkeit, ja Aggressivität der Freundin Helena gegenüber) jene Normen und Werte aus den Augen, ohne die sich das Über-Ich als substantieller Teil der Psyche nicht entwickeln kann. Zum Defizit der Erkenntnisleistung Pauls als Ich gehört auch, dass er Allmayer nicht als Es akzeptieren will, dass er auf ihn Qualitäten projiziert, die zwar dem Ich, nicht aber dem Es eigen sind. Das Über-Ich bringt das Ich in arge Bedrängnis, und Paul schafft es nicht, einen Ausgleich zwischen Es und Über-Ich herzustellen; er begeht Selbstmord. So wie das Ich das Es, so überwindet das Über-Ich das Ich. Der lange Streit zwischen dem Ich und dem

---

39 Zur Dreiecksbeziehung zwischen Ich-Erzähler, Helena und Paul vgl. auch Waltraud ‚Wara' Wende, „Als erstes stirbt immer die Wahrheit: Fakten und Fiktionen im intermedialen Diskurs – Norbert Gstreins Roman *Das Handwerk des Tötens*". In: *Imaginäre Welten im Widerstreit. Krieg und Geschichte in der deutschsprachigen Literatur seit 1900*, hg. v. Lars Koch und Marianne Vogel (Würzburg: Königshausen & Neumann, 2007), S. 169-183, hier S. 175.

Über-Ich, zwischen Paul und dem Ich-Erzähler, wird zugunsten des Ich-Erzählers entschieden. Der Ich-Erzähler erweist sich als strenge kritische Instanz. Wie Paul als Ich das Es (Allmayer) nicht akzeptiert, so wenig stimmt der Ich-Erzähler als Über-Ich mit dem Ich (Paul) überein.[40] Der Roman ist demnach durchherrscht vom Prinzip des Widerrufs, der Palinodie.[41] Um einen einfachen Widerspruch würde es sich jeweils handeln, wenn man die Erzähler als selbständig und isoliert betrachtete. Da sie aber Aspekte eines übergreifenden Erzählskonstrukts sind, ist Palinodie der angemessene Ausdruck für die Opposition zwischen den Erzählinstanzen.

Der Ich-Erzähler verspricht am Ende des Buches, nachdem er als Über-Ich gesiegt hat, nach seinen bereits vorliegenden Notizen über das Es (Allmayer) und das Ich (Paul) einen Roman zu schreiben. Hier wird – in bewährter und seit André Gide populärer – Mise-en-abyme-Technik[42] der Roman, den wir eigentlich lesen, im Roman als Projekt avisiert. Dass es sich bei *Das Handwerk des Tötens* um dieses inaugurierte Buch handelt, geht aus dem narrativen Verfahren des Ich-Erzählers hervor, der immer wieder durchblicken lässt, dass er dieses Werk aus dem Rückblick schreibt, und nicht etwa als Protokoll der laufenden Ereignisse. Der Ich-Erzähler entpuppt sich als Autor. Es wäre aber kurzschlüssig zu meinen, dass damit die Identität des Ich-Erzählers mit dem Autor Norbert Gstrein nachgewiesen wäre. Der Ich-Erzähler – eigentlich müsste man ihn den Über-Ich-Erzähler nennen – bleibt Teil eines Konstrukts, das drei verschiedene Arten von Erzählern vereint, denen Eigenheiten zuerkannt werden, wie wir sie aus Freuds Strukturmodell der Psyche kennen. Innerhalb dieses Konstrukts aber kommt dem Ich-Erzähler eine Sonderrolle zu, da er im Streit um die Erzählkompetenz den Sieger abgibt und sich die Funktion des Autors zulegt.

Der Streit, der zwischen den drei psychischen Instanzen Freuds auf personifizierte Weise in Gstreins Roman ausgetragen wird, passt nicht ganz ins harmonische, durch die Ideale des Goetheschen Bildungsromans beeinflusste Strukturmodell Freuds.[43] Bei Freud ist es die Aufgabe des Ichs, zwischen den fordernden Instanzen der Triebe und den moralischen Ansprüchen der Normen bzw. Werte zu vermitteln. Bei Gstrein jedoch findet ein Krieg gleichsam auf Leben und Tod

---

40 Ohne auf Freud zu sprechen zu kommen, bezeichnet Wolfgang Müller-Funk Paul als „die andere Hälfte des Erzählers" und deutet die „Doppelgängerschaft" im Sinne C.G. Jungs als „zwei Bestandteile einer Figur", wobei Pauls Selbstmord als „symbolischer Tod" interpretiert wird. Vgl. W. M.-F., „Die Dummheiten des Erzählens", S. 260 und S. 254.
41 Matei Calinescu hat darauf hingewiesen, dass die Palinodie ein beliebtes Mittel des postmodernen Romans ist. Vgl. M.C., „On Postmodernism". In; M.C., *Five Faces of Modernity* (Durham: Duke University Press, 1987), S. 265-312.
42 Lucien Dällenbach, *The Mirror in the Text* (Chicago: University of Chicago Press, 1989). Vgl. dort den Abschnitt „Mis en abyme and reflexivity", S. 41-54.
43 Zum Einfluss holistischen Denkens von Goethe bei Freud vgl. Margaret Arden, „Dreams, Imagination and the Self". In: M.A., *Midwifery of the Soul: A Holistic Perspective on Psychoanalysis* (London, New York: Free Association Books, 1998), S. 102-113; zur Beziehung Freuds zu Goethe allgemein vgl. Uwe Henrik Peters, „Goethe und Freud". In: *Goethe Jahrbuch* 103 (1986): 86-105.

statt, bei dem das Über-Ich sich zum Gewinner erklärt und sich auch als Sieger verhält: Der Ich-Erzähler übernimmt als Beute von Paul nicht nur das Romanprojekt, sondern auch die Frau. Paul – eine Paris-Variation – hat es gewagt, Helena[44] in sein Phantasiereich zu entführen. Er wird vom Ich-Erzähler, der Züge des Philoktet und des Menelaos trägt, überwunden, wodurch ihm, folgt man den mythischen Anspielungen, die Gunst der Helena sicher ist. Nicht nur die *warlords* des Bürgerkriegs üben sich im „Handwerk des Tötens", der Ich-Erzähler tut es auch. Er beschiesst seinen Kollegen im Verlauf der Romanhandlung derart mit verbalen Giftpfeilen, bombardiert ihn auf eine Art und Weise mit Invektiven und Herabsetzungen, dass Paul keine Möglichkeit zur Verarbeitung der verordneten Normen bleibt, will er nicht die Behauptung seiner Eigenständigkeit preisgeben. Beim Ich-Erzähler fällt bei den ästhetischen Urteilen über die Romanpläne Pauls die diktatorisch-unduldsame Attitüde auf.

Schon die Art und Weise, wie der Ich-Erzähler zu Anfang des Buches Paul einführt, lässt keinen Zweifel aufkommen an einer Antipathie, die sich nicht in Freundschaft wandeln wird. Er hält Paul „für einen Schwätzer", für jemanden, der „unentschieden" ist, „wie er seine Tage herumbringen soll", und der deswegen einem „auflauert" und sich als lästiges Anhängsel erweist (HT 11). Er hält ihn für einen „Spieler", der „noch nicht zum Zuge gekommen" sei, und der nun im Va-banque-Stil „seinen Einsatz so lange verdoppeln würde, bis nicht das Geringste von ihm übrig" bleibe (HT 17). Von Pauls „Ausbruchsversuchen" (HT 13) aus seiner Desorientierung hält er nichts. Wie immer Paul sich verhält, dem Ich-Erzähler kommt er „wie ein Zitat" (HT 25) vor. Beginnt Paul, ihm von den Vorfällen von der Ermordung Allmayers im Kosovo zu berichten, hört er vor allem ein „altes Vorurteil" über den „Balkan" heraus. Er findet es schwer erträglich, wie „er über das dunkle Herz des Kontinents […] schwadronierte" und „vor Pathos regelrecht weinerlich" (HT 34) wurde. Auch Pauls Entscheidung, Allmayers Schicksal als Stoff für „seinen ersten Roman" zu wählen, ist ihm unangenehm, und er findet es „abgeschmackt", den „Tod" des Bekannten „im Hinblick auf eine spätere Verwertbarkeit zu sehen". Pauls besitzstandwahrende Verteidigung dieses Projekts mit den Worten „Das ist meine Geschichte" (HT 36) stört ihn ebenfalls. Später allerdings, nach Pauls Tod, wird auch der Ich-Erzähler „seinen ersten Roman" dem Thema Allmayer widmen und sich den Stoff aneignen. „Ein Toter macht noch keinen Roman", warnt er Paul, weil er sicher ist, dass man eigentlich nur „wenig […] in der Hand" habe, wenn der „Plot" nach „einer wahren Geschichte konstruiert" (HT 37) werde. Paul wird geschildert als jemand, der „besessen" ist (HT 38) von der Idee, den Roman zu schreiben, und alles gilt nun als dem Plan untergeordnet. Helena, die Freundin, wird, weil sie aus Kroatien stammt, für das Projekt eingespannt, denn Paul kennt weder die Sprache noch die Geschichte des Landes. So betrachtet Paul sie als „ersten Verbindungsoffizier

---

44 Sigrid Weigel weist auf den „anspielungsreichen Namen Helena" hin: S.W., „Norbert Gstreins hohe Kunst der Perspektive: Fiktion auf dem Schauplatz von Recherchen". In: *Manuskripte* 163 (2003): 107-110, hier S. 110.

zu seiner Romanwirklichkeit", den er bei seiner Arbeit am Projekt „benutzt" (HT 39) – kein Wunder, dass Helena sich mehr und mehr von Paul abwendet. Den Ich-Erzähler „irritiert" es, „in welchem Ausmaß" Paul „die beiden Ebenen vermischte, ihr Leben und sein Schreiben durcheinanderbrachte, sobald er sich einmal an die Arbeit gemacht hatte" (HT 40). Rückblickend reflektiert der Ich-Erzähler:

> Ich weiß nicht, warum mir nicht da schon aufgefallen ist, wie fasziniert er davon war, wie sehr er angezogen zu sein schien von der Situation, an der er richtiggehend herumtüftelte, wie sehr bei allem Grauen, das ihn auch packte, ein unübersehbarer Kitzel im Vordergrund stand. Erst jetzt, da ich ahne, daß es gerade das Unvorstellbare war, das ihn nicht hat aufhören lassen, sich noch die letzten Details auszumalen, wird mir allmählich klar, worum es ihm ging, erst seit ich beginne, das Paradoxe daran zu verstehen, verstehe ich auch die Lust, die es ihm offenbar bereitete. Tatsächlich hatte es so wenig mit der Wirklichkeit zu tun, die er kannte, daß er es sofort ins ganz und gar Unwirkliche verschob, und ich nehme an, es sind die Freiheiten beim Erzählen gewesen, die ihn begeistert haben, sein Nichtwissen, das alle Möglichkeiten offen ließ, das Spekulierenkönnen, das Erfinden und Verwerfen von Varianten, das für ihn keinen Anfang und kein Ende hatte. (HT 45, 46)

Zwar beginnt Paul verstärkt Literatur über den Balkan zu lesen, aber von systematischer Recherche kann keine Rede sein. Er benutzt die Bücher über Jugoslawien, die er in der Wohnung Helenas findet, behauptet aber – um den Schein von Forschungsanstrengung zu erwecken – , er habe sie aus einem „Institut für Slawistik" in Hamburg entliehen bzw. „in einer Buchhhandlung" (HT 50) gekauft, was beides nicht stimmt. Wenn Paul über Allmayer als „einem Bauernsohn aus Tirol" spricht, kommt dem Ich-Erzähler das wie „Unsinn" vor, und so distanziert er sich erneut von den „verbohrten Ansichten" (HT 54) seines Gesprächspartners. Paul spekuliert zu viel und recherchiert zu wenig. Je mehr der Ich-Erzähler davon überzeugt ist, dass Paul den Roman über Allmayer nicht zu schreiben vermag, desto mehr reizt ihn selbst der Stoff. Schon bald merkt er, dass ihn „die Geschichte längst nicht mehr" loslässt (HT 48), und er beginnt „Allmayers Artikel zu studieren" (HT 56). Wenn der Ich-Erzähler mit Paul über Allmayer diskutiert, kann er bald die „Versiegenheiten" seiner Argumentation und sein „Geschwafel" (HT 68) nicht mehr mit anhören. Nichtsdestoweniger bricht er den Kontakt zu ihm nicht ab, denn er merkt, dass Paul mit den Allmayer-Artikeln, die er heranschleppt, ein wichter Materiallieferant für ihn wird. Der Ich-Erzähler hegt gegenüber der dichterischen Phantasie Pauls die denkbar größten Bedenken, weil sie nichts als Versatzstücke aus der Trivialliteratur zusammenfügt. So heißt es an einer Stelle:

> Offenbar genügte ihm die Ungeheuerlichkeit dessen, was er gelesen hatte, nicht, er mußte etwas daraus machen und erreichte damit natürlich nur das Gegenteil, konnte es nicht einfach stehen lassen, wie es war, ja, er hätte es am liebsten ausgeschmückt, sage ich mir, vielleicht sogar eine Frau dazuerfunden, die sich in die Wirren des Krieges verirrt hatte, am besten eine Amerikanerin, die allein durch ihre Existenz einen tristen Balkanreport in eine aufregende Geschichte verwandeln würde. (HT 71, 72)

Der Ich-Erzähler vermerkt, wie parallel zu seiner Kritik an Paul und dessen literarischem Verfahren er selbst schon die Bausteine zu einem künftigen Buch bereitstellt. Er läßt sich immer bewusster „in diese Geschichte hineinziehen" (HT 72) und ist bald „geradezu getrieben, das Wichtigste" von den Treffen mit Paul „aufzuschreiben". Er ist sich auch der Tatsache bewusst, dass Paul das „in seinen Augen als Verrat" betrachten müsste, „wenn er davon gewußt hätte". Aber gerade dieses Wissen „stachelt" ihn an, und er muss bei seinen Notizen „achtgeben", Pauls „Bild nicht zu unvorteilhaft zu zeichnen" (HT 73). Die Aversion gegen Paul ist inzwischen selbstverständlicher Teil seines Konkurrenzverhaltens geworden. Diese Rivalität wird noch dadurch verstärkt, dass Helena zunehmend Sympathien für den Ich-Erzähler entwickelt. Paul bleibt diese emotionale Verschiebung nicht verborgen. „Sein Blick" auf den Ich-Erzähler wird „ein anderer", nämlich misstrauisch, „lauernd" und „herausfordern[d]" (HT 84). Je mehr der Ich-Erzähler mit Pauls Romanprojekt vertraut wird, desto schärfer wird die ablehnende Haltung Paul gegenüber. So heißt es an einer Stelle:

> Plötzlich war es nicht nur seine Besserwisserei, die mich verunsicherte, sondern mehr noch die Tatsache, daß er wieder von seinem Roman zu sprechen begann und wissen wollte, was ich davon hielte, wenn er über eine Gruppe von Rekruten schriebe, die sich noch am letzten Tag aus der belagerten Stadt hinausgewagt hatten und nach einem schrecklichen dreitägigen Umherirren schließlich auf eigenem Territorium gelandet waren. Ich konnte es nicht mehr mitanhören, wie er sich genüßlich ihre Strapazen ausmalte, ihr Vordringen im Dunkeln, ihr lautloses Umgehen der feindlichen Stellungen […]. Fast kam es mir so vor, als dächte er selbst in Fernsehbildern […]. Es war sichtlich auf Effekt bedacht, wie er darüber sprach, und ich fragte ihn spöttisch, ob er keine Angst hatte, eine für Pädagoginnen verträgliche Version des Landserromans zu produzieren. (HT 129, 130)

In Gstreins Poetologie sind Spuren ästhetischer Vorstellungen zweier österreichischer Romanciers auszumachen: Musils und Brochs. Von Musil hat er den Begriff des „Möglichkeitssinns" (WG 58)[45] übernommen, von Broch zum einen das Verfahren, in den Roman den „Beobachter" (GS 66) einzubauen, zum anderen dessen Verständnis von „Kitsch" (WG 61ff.). In einem Interview mit Benedikt Viertelhaus betont Gstrein, dass er „wie in der modernen Physik, wo man weiß, dass der Beobachter das Beobachtete verändert", auch im Roman verfahren möchte, dass er nämlich „über den Erzähler erzählen" wolle.[46] Gstrein paraphrasiert hier eine Stelle aus Brochs siebzig Jahre zuvor publizierter Schrift „James Joyce und die Gegenwart" (1935), wo der Autor davon spricht, dass in der modernen theoretischen Physik das „Beobachten an sich" als mögliche Fehlerquelle dadurch ausgeschaltet werden könne, indem „ein idealer Beobachter […] in das Beobachtungsfeld einbezogen werde". Im Roman des 20. Jahrhunderts sei die Situation analog, wofür der *Ulysses* von James Joyce ein Beispiel sei. Da werde

---

45 Vgl. Thomas Pekar, *Ordnung und Möglichkeit. Robert Musils ‚Möglichkeitssinn' als poetologisches Prinzip* (Oldenburg: Bibliotheks- und Informationssystem der Universität Oldenburg, 1990).
46 Benedikt Viertelhaus, „‚Die Grenze des Sagbaren verschieben'. Ein Gespräch mit Norbert Gstrein". In: *Kritische Ausgabe* 1 (2005): 61-67, hier S. 66.

„das Objekt nicht einfach" beschrieben, vielmehr müsse das „Darstellungssubjekt, also der ‚Erzähler als Idee'" als Darstellungsmedium in den Roman eingebaut werden.[47] Man erkennt hier die Wirkung der Romanästhetik Brochs auf Gstrein, denn das Konstrukt der Erzähltrinität, die für Allmayer den Beobachter Paul und für Paul den Beobachter Ich-Erzähler vorsieht, ist eine Variation des Brochschen „Beobachters" Dr. Bertrand Müller im letzten Band der *Schlafwandler*-Trilogie (1930-32). In dem zuletzt angeführten Zitat aus Gstreins *Das Handwerk des Tötens* wird im Text selbst vom Ich-Erzähler ein Brochsches Kitschverdikt über Pauls Romanvorhaben gefällt. Auf „Effekt bedacht sein" (wie Gstrein es formuliert) ist nämlich das Grundprinzip des Kitsches. Auch diese These findet sich siebzig Jahre früher bei Broch. In seinem Essay „Das Weltbild des Romans" (1933) postuliert er: „Du sollst nicht auf den Effekt hinarbeiten, sonst erzeugst du Kitsch".[48] Bei der Effekthascherei rekurriere man immer auf bekannte Stereotypen, auf berechenbare Wirkungen.[49]

Von einem Gespräch zwischen Allmayer und dem kroatischen Kriegsmilizionär Slavko hat sich eine Tonbandaufzeichnung erhalten, die Paul von der Witwe Allmayers zur Verfügung gestellt bekommt. Das Interview fand bereits zu Anfang des Jugoslawienkrieges statt, und es zeigt mit dem Interesse Allmayers am konkreten „Handwerk des Tötens" eine Seite des Journalisten, die im Widerspruch zu dem heroischen Bild steht, das Paul sich von diesem Kriegsberichterstatter gemacht hat. Der Ich-Erzähler, der beim Abhören der Aufzeichnung anwesend ist, beobachtet die Verwandlung Pauls: „Der Blick", notiert er, den er „dabei auffing, hatte etwas Hoffnungsloses, die plötzliche Desillusioniertheit von jemandem, der merkte, dass seine Wiederbelebungsversuche gescheitert waren und er sich schon lange vergeblich an einem Toten abgemüht hatte" (HT 351). Noch aber hat Paul sein Projekt nicht aufgegeben. Um seine Desillusionierung nicht noch weiterzutreiben, verzichtet er bewusst darauf, den Ort im südlichen Kosovo – in der Nähe des Djule-Passes – zu besuchen, an dem Allmayer 1999 erschossen worden ist. Statt dessen sucht er jene Stelle am Mali-Alan-Pass in der Nähe der Stadt Obrovac in Dalmatien auf, an der Mitte der 1960er Jahre Winnetous Tod (mit Pierre Brice als Winnetou und Lex Barker als Old Shatterhand) gefilmt wurde. Es ist die Szene aus Karl Mays *Winnetou III*, die in Deutschland eine der bekanntesten und gleichzeitig beliebtesten Kitschstellen überhaupt ist.[50] Als Paul

---

47 Hermann Broch, „James Joyce und die Gegenwart". In: H.B., *Schriften zur Literatur 1: Kritik*, Band 9/1 der Kommentierten Werkausgabe, hg. v. Paul Michael Lützeler (Frankfurt am Main: Suhrkamp, 1975), S. 63-91, hier S. 77-78.
48 Hermann Broch, „Das Weltbild des Romans". In: H.B., *Schriften zur Literatur 2: Theorie*, Band 9/2 der Kommentierten Werkausgabe, hg. v. Paul Michael Lützeler (Frankfurt am Main: Suhrkamp, 1975), S. 89-117, hier S. 95.
49 Vgl. Paul Michael Lützeler, „Kultur der Moderne". In: P.M.L., *Die Entropie des Menschen. Studien zum Werk Hermann Brochs* (Würzburg: Königshausen & Neumann, 2000), S. 120-130, hier S. 124ff.
50 Walther Killy (Hg.), *Deutscher Kitsch. Ein Versuch mit Beispielen* (Göttingen: Vandenhoeck & Ruprecht, 1962). Vgl. dort „K. May: Ich wandte mich Winnetou zu", S. 98ff. Zum Thema

dem Ich-Erzähler die Passage aus Mays Roman zitiert, hat der Ich-Erzähler den Eindruck, dass – trotz der „Ironie" (HT 372) in Pauls Stimme – hier eine Verbindung zwischen Winnetous Sterben und dem Ende Allmayers konstruiert wird. In den Augen des Ich-Erzählers werden hier von Paul „einmal mehr die Ebenen vermischt, das reale Unglück im Krieg mit dem Filmtod" (HT 369). Pauls Karl-May-Phantasien gehen offenbar noch weiter, denn für seine Freundin Helena hat er eine „Rolle in seinem Roman" vorgesehen, die der von Nscho-tschi – der Schwester Winnetous und Freundin Old Shatterhands – gleicht. Nscho-tschi wird bei Karl May durch den Schurken Santer (im Film *Winnetou I* von Mario Adorf dargestellt) ermordet. Paul stellt sich vor, dass Helena „etwas zustoßen" könne, wenn sie einmal gemeinsam eine „Fahrt zur Unglücksstelle" Allmayers unternehmen würden. Dabei könnte sie ja „in einen Hinterhalt geraten". Der Ich-Erzähler ist entsetzt, dass Paul „sich nicht mehr bemühte", einen „Unterschied" zwischen Helena und „der Figur" aus der literarischen „Vorlage" zu machen (HT 374). Solche Bemerkungen Pauls tragen dazu bei, ihn für den Ich-Erzähler „endgültig zu einem Verrückten" mit den denkbar „verstiegensten Ideen" zu machen (HT 372). Als geradezu „aberwitzig" betrachtet der Ich-Erzähler die Einschätzung Helenas als „seinen Todesengel" (HT 378).

Zu Anfang hat Paul seine Freundin „mein Todesengel" (HT 12) genannt. Todesengel werden in der jüdischen Tora und den christlichen Evangelien nicht genannt, aber da die Engel vor allem die Funktion von göttlichen Boten[51] haben, sind Todesengel in der Literatur immer wieder als überirdische Wesen erwähnt worden, die Menschen den Tod bringen und ins Jenseits geleiten. Wie die Eintragung „Todesengel" im Grimmschen Wörterbuch zeigt, kommen sie unter anderem bei Friedrich Gottlieb Klopstock, Gotthold Ephraim Lessing, Johann Gottfried Herder und Franz Grillparzer vor.[52] Zu der Zeit der Diskussion über die Winnetou-Assoziationen zeichnet sich bereits ab, dass Helena sich dem Ich-Erzähler zuwendet. Pauls Ratlosigkeit und Isolation erreicht damit ihren Höhepunkt, und bald danach begeht er in einem „Zagreber Hotelzimmer" Selbstmord. Dasjenige, was Paul bereits an Vorarbeiten zum Roman notiert hatte, hat er vernichtet. Das einzige, was er als Nachricht hinterlässt, ist das Zitat „*Ich werde nicht mehr schreiben*" (HT 380), das sich am Ende des Tagebuchs *Das Handwerk des Lebens* (1952) des italienischen Schriftstellers und Übersetzers Cesare Pavese findet.[53] Das Buch, das der Ich-Erzähler daraufhin schreibt, ist der Roman über das Scheitern eines Schriftstellers und das Protokoll über das Scheitern eines Romans.

Kitsch allgemein: Karlheinz Deschner, *Kitsch, Konvention und Kunst: Eine literarische Streitschrift* (München: List, 1957).

51 Giorgio Agamben, *Die Beamten des Himmels. Über Engel* (Frankfurt am Main: Verlag der Weltreligionen, 2007).

52 Jacob und Wilhelm Grimm, *Deutsches Wörterbuch* (Elfter Band: T-Treftig), in der dtv-Ausgabe (München 1984) Band 21, Spalte 557.

53 Cesare Pavese, *Das Handwerk des Lebens: Tagebuch 1935-1950* (Frankfurt am Main: Suhrkamp, 1988).

Zu der Kriegsstrategie des Ich-Erzählers gehören aber nicht nur die Angriffe auf den Erzähler Paul, sondern auch auf AutorInnen, die sich literarisch mit dem Thema des Jugoslawienkriegs beschäftigt haben. SchriftstellerInnen werden dabei mehr als Typen gezeichnet, nur selten mit Namen genannt, und wenn sie Namen tragen, sind sie erfunden. Wie Palinodie für die Beziehung der Instanzen der Erzähltrias bezeichnend ist, so dominiert die satirisch-überzeichnende Sicht[54], wenn es um die Charakterisierung von Autoren geht. Auch hier hat es wenig Zweck, einen Eins-zu-Eins-Vergleich zwischen erfundenen und tatsächlich existierenden Publikationen anzustellen. Allerdings sind eine Reihe von Anspielungen nicht zu übersehen, die wohl auch vom Leser erkannt werden sollen. Da ist zum Beispiel vom „Bericht eines Schriftstellers" die Rede, der – wie Allmayer – „am ersten Tag der Invasion ins Kosovo gekommen war" (HT 74). Dieser Autor habe eine – vom Ich-Erzähler als „völlig deplaziert" empfundene – „dramatische Schilderung" davon geliefert, „wie ein serbischer Kontrollposten vor ihm sein Gewehr entsichert" habe, und wie aus dieser Begegnung wegen der bestandenen „Gefahr" ein „Gefühl der Authentizität" entsprungen sei (HT 74, 75). Die Beschreibung passt auf die Reportage, die Hans Christoph Buch über den Juni 1999 unter dem bereits erwähnten Titel „Zehn Tage im Juni. Ein kosovo-albanisches Journal" publizierte. Da spricht Buch unter dem Abschnitt „*High Noon* in Prizren" von einem „Augenblick der Wahrheit, den ich nie vergessen werde", wie nämlich an einer „Straßensperre" ein Söldner in einer „Phantasieuniform" seine „Kalaschnikow" durchlädt und ein „serbischer Paramilitär" dem Begleiter „den Lauf seines FAL-Sturmgewehrs gegen die Brust drückt".[55] Im Vergleich damit, meint der Ich-Erzähler, habe es allerdings von weiteren Kollegen während „all der Jahre" des Jugoslawienkrieges „schon ganz andere Eskapaden gegeben", wobei es offen bleibt, ob damit die Handkeschen Streitschriften gemeint sind. Ein anderes Mal ist die Rede von einer „New Yorker Zicke, die als Berühmtheit nach Sarajevo gekommen war und vor laufenden Kameras ein Durchschußloch in ihrem knöchellangen Pelzmantel vorgeführt hatte" (HT 76). Diese wenig schmeichelhafte Formulierung wird dem Engagement Susan Sontags nicht gerecht, will es auch nicht, aber die Polemik verweist auf sie, war sie doch die einzige New Yorker Schriftstellerin, die sich während der Belagerung Sarajewos mehrere Monate lang dort aufhielt, wo sie Samuel Becketts *Waiting for Godot* inszenierte.[56] Über Paul erfährt der Ich-Erzähler auch von einer „verrannten Romantikerin", die „blind durch die ehemaligen Kampfgebiete gezogen" sei „und sich darüber in einem kopf- und be-

---

54 Zu den satirischen Seiten von Gstreins Roman gehört auch die Passage über die österreichische Kriegsberichterstatterin Alice Schalek, die den Lesern weniger aus Geschichtsbüchern als aus Karl Kraus' *Die letzten Tagen der Menschheit* (1922) bekannt ist. Vgl. dazu Sigurd Paul Scheichl, „Ein Echo der *Letzten Tage der Menschheit* in Norbert Gstreins *Handwerk des Tötens*". In: *Krieg und Literatur – War and Literature* 12 (2006): 467-476.
55 Hans Christoph Buch, „Zehn Tage im Juni", S. 96f.
56 Susan Sontag, „*Waiting for Godot* in Sarajevo". In: S.S., *Where the Stress Falls. Essays* (New York: Farrar Straus Giroux, 2004), S. 299-322. Vgl. dazu: Steve Dowden, „Ethical Style: Susan Sontag in Sarajevo, Elfriede Jelinek in Vienna". In: *Gegenwartsliteratur* 5 (2006): 124-141.

sinnungslosen Hauptsatzstakkato" verbreitet habe. „Für das größte Abenteuer" habe sie es gehalten, „wenn sie unter freiem Himmel auf die Straße pinkelte und mit ihrem Hund in jede Minenabsperrung absichtlich hineintappte, um dann aller Welt per SMS direkt vom Ort des Geschehens mitteilen zu können, in welcher Gefahr sie sich befand" (HT 236). Die Anspielung zielt auf Stellen in Juli Zehs Reisebericht *Die Stille ist ein Geräusch*, in dem sie über ihre Fahrt durch Bosnien im Sommer 2001 berichtet. Bei der Reise hatte sie ihren Hund mitgenommen. Zu den etwas eigenartigen Reminszenzen dort zählt: „Ich setze mich zum Pinkeln hinter einen Schuppen und verwechsle beim Abwischen eine Brennnessel mit einem Löwenzahnblatt. So kann man sich auch den Abend verderben."[57] Bei Zeh finden sich aber auch metakritische Reflexionen: „Seit Tagen gelingt mir nicht mehr, das Böse als Ausnahme von der Regel des Guten zu begreifen. [...] Unterschwellig wächst die Angst, irgendwann zu verstehen und nie wieder vergessen zu können, nicht mehr in der Lage zu sein, ins eigene Leben zurückzukehren."[58] Eine eher synthetische Figur in Gstreins Roman ist der ständig „Faschisten" (HT 296) schreiende Kroatenhasser Waldner, der durch „unhaltbare Positionen in seinen Artikeln zum Krieg bekannt" geworden sei. Zu seinen „ideologischen Verranntheiten" habe gehört, dass er glaubte, „nach dem Fall von Vukovar" die „Angreifer verteidigen" zu müssen (HT 290).

Der Ich-Erzähler führt einen textinternen Bürgerkrieg gegen Paul als konkurrierenden Romanautor und einen auf externe Feinde zielenden Kampf gegen AutorInnen, die den Jugoslawienkonflikt bereits in ihren Arbeiten thematisiert haben. Hier zeigt sich, dass der Ich-Erzähler nicht nur Teil einer Erzähltrias ist, sondern sich als Autor des Romans inszeniert. Das bedeutet aber nicht, wie es die Vertreter der Schlüsselromanthese tun, dass man den Ich-Erzähler mit dem wirklichen Autor des Romans, mit Norbert Gstrein, gleichsetzen könnte. Gstrein macht sich als Autor durch die doppelte paratextliche Widmung „zur Erinnerung an Gabriel Grüner" sowie „i za Suzanu"[59] („und für Suzana") (HT [7, 8]) bemerkbar. Der Ich-Erzähler ist nicht einmal mit dem *implied author* identisch. Wayne C. Booth hat vor einem halben Jahrhundert den Terminus des „impliziten Autors" eingeführt.[60] Zu diesem Konstrukt heißt es in der neueren Erzählforschung:

> Der ‚implizite Autor' bezeichnet eine Instanz, die sowohl vom fiktiven Erzähler als auch vom realen Autor des Werkes unterschieden ist. Anstelle einer genauen Definition wird der ‚implizite Autor' in einer Reihe von Kennzeichnungen als Gesamtbedeutung eines literarischen Werkes, als moralischer und emotionaler Gehalt der dargestellten Handlung, als Summe des künstlerischen Textganzen, also im Sinne

---

57 Juli Zeh, *Die Stille ist ein Geräusch. Eine Fahrt durch Bosnien* (München: btb, 2003), S. 89.
58 Juli Zeh, *Die Stille ist ein Geräusch*, S. 94.
59 Suzana ist eine Kroatin, die Gstrein bei einer Reise nach Zagreb begleitet. Sie wird in *Wem gehört eine Geschichte?* öfters erwähnt.
60 Wayne C. Booth, *The Rhetoric of Fiction* (Chicago: University of Chicago Press, 1961), S. 71-76. Booth bestimmt den *implied author* allerdings nicht einheitlich, rückt ihn zuweilen zu nahe an die Kategorie der Autorintention.

eines abstrakten Sachverhaltes beschrieben [...]. Booth unterscheidet den ‚impliziten Autor' als eine dritte Instanz der literarischen Kommunikation zwischen Erzähler einerseits und realem Autor andererseits.[61]

Der Ich-Erzähler spielt zwar eine besonders prominente Rolle im Konstrukt der Erzähltrias, aber er vermittelt nicht die „Summe des künstlerischen Textganzen", und so kann man ihm auch die Qualität eines „impliziten Autors" nicht zuerkennen. Zwischen dem „realen Autor" und dem Ich-Erzähler schiebt sich eine interpretatorisch zu ermittelnde „dritte Instanz" als „impliziter Autor", dessen „moralischer und emotionaler Gehalt" nicht allein durch den Ich-Erzähler vermittelt wird. Die Art der intellektuellen Kriegsführung des Ich-Erzählers, sein aus Konkurrenz gespeistes Unverständnis gegenüber Paul, die Geste des Siegers nach dem Prinzip „the winner takes it all" sowie die überzogene und einseitige, letztlich nicht haltbare Kritik an anderen Autoren, die über den Jugoslawienkrieg geschrieben haben, machen ihn nicht sympathischer als den tertiären Erzähler Allmayer und den sekundären Erzähler Paul. Der Leser erkennt bald, dass der „Gehalt" des Romans die geistige Kapazität und die Moral des Ich-Erzählers transzendiert, dass der „implizite Autor" wie in den anderen Bürgerkriegsromanen ein Ethos vertritt, das nicht in der Kritik des Ich-Erzählers aufgeht.[62]

Gstrein reagiert mit der Kreation des Ich-Erzählers als Autor auch auf die These vom „Tod des Autors", wie sie 1968 durch Roland Barthes aufgestellt worden war.[63] Barthes argumentierte zum einen von der Position des durch die Aufklärung inspirierten Kritikers aus, zum anderen als poststrukturalistischer Semiotiker. Beim kritischen Lesen, so meinte er, findet eine Verlagerung von der Produktions- zur Rezeptionsorientierung statt: Bedeutung wird in erster Linie durch Lektüre generiert. Durch Lesen wird ein Text ergänzt, relativiert oder gar destruiert, d.h. er wird durch die kritische Fähigkeit des Rezipienten zu etwas Neuem. Durch kritische Lektüre entwickelt der Text Bedeutungen, die der Absicht des Autors entgleiten, ja die mutmaßliche Autorintention erweist sich als unerheblich. An die Stelle des Autors als sinnstiftender Instanz tritt der *scripteur*, eine Autor-Funktion, die erst in der Lektüre zustande kommt. Dabei wird kein transzendenter Sinn produziert, sondern der Akzent auf Heterogenität und Multidi-

---

61 Wayne C. Booth, „Der implizite Autor". In: *Texte zur Theorie der Autorschaft*, herausgegeben und kommentiert von Fotis Jannidis, Gerhard Lauer, Matias Martinez und Simone Winko (Stuttgart: Reclam, 2000), S. 142-156. Das Zitat stammt von den Herausgebern und findet sich auf S. 138 und S. 230. Zum Thema des impliziten Autors vgl. auch William Nelles, „Historical and Implied Authors and Readers". In: W.N., *Frameworks. Narrative Levels and Embedded Narrative* (New York: Peter Lang, 1997), S. 9-43.
62 Gérard Genette ist der Frage nachgegangen, ob man einen extradiegetischen Erzähler, also einen Erzähler erster Stufe, mit dem impliziten Autor gleichsetzen kann und kommt zu dem Schluss, dass das nicht möglich ist. Vgl. den Kommentar der Herausgeber zu Genette in: *Texte zur Theorie der Autorschaft*, S. 230.
63 Roland Barthes, „La morte de l'auteur". In: *Manteia* V (1968), S. 12-17. Auf Deutsch in der Übersetzung von Matias Martinez unter dem Titel „Der Tod des Autors" in: *Texte zur Theorie der Autorschaft*, S. 184-193.

mensionalität gelegt, die ihrerseits rhetorisch durch Anspielungen eine Vielfalt diskursiver Praktiken erzeugen. Nicht mehr der Autor, so Barthes, sondern das Lesen selbst ist der Ort der Literatur; der Leser und nicht der Autor ist der Kreuzungspunkt der Multiplizität des Textes. Mit einem Wort: „Die Geburt des Lesers ist zu bezahlen mit dem Tod des Autors."[64] Kritik emanzipiert sich hier als Dekonstruktion von der Vorstellung einer prometheischen Schöpfungskraft, die davon ausgeht, dass der geniale dichterische Text der Kontrolle seines Autors unterliegt, dass er durch Rezeption nie eingeholt werden könne, dass er als kanonisch eingestuft werden müsse, womit er der Historisierung, Relativierung und Veränderung entzogen werde, ja dass Rezeption nur die Aufgabe habe, den originären Sinngehalt aufzunehmen, hermeneutisch zu dechiffrieren oder zu rekonstruieren. Der Text ist nach Barthes ein Gewebe von Zitaten, also keineswegs originell. Roland Barthes war einer der militantesten Vertreter des literatur- und kulturwissenschaftlichen Poststrukturalismus. Dessen Theorie des Subjekts, die sich vor allem der Diskursanalyse Michel Foucaults verdankt, geht davon aus, dass ein durch Sprache konstituiertes Subjekt nicht autonom sein kann. Bei Foucault ist das Subjekt diffus und unentschieden lokalisiert in einem ständig weitergehenden Strom des Diskurses.[65] Wie hier das Subjekt in seiner Autonomie in Frage gestellt wird, so wird bei Barthes die nicht-subjektzentrierte Autorschaft mit der These vom „Tod des Autors" behauptet.

Inzwischen ist diese extrem rezeptionsorientierte Position Barthes überprüft und ihrerseits hermeneutisch relativiert worden, sind eine Reihe von Studien zur Umwertung und Rückkehr des Autors erschienen.[66] Gstrein reagiert sowohl auf Barthes These wie auf die gegen ihn gerichtete Diskussion, die er auslöste. Gstrein überträgt das Postulat vom Tod des Autors gleich zweimal auf die Handlungsebene seines Romans. Der *plot* setzt mit dem Tod Allmayers als Autor von Berichten über den Jugoslawienkrieg ein. Dieser Tod löst bei Paul den Wunsch aus, ein Buch über den Reporter zu schreiben. Paul, der dabei ist, sich als konventioneller Romanautor zu etablieren, erhält durch den Ich-Erzähler den denkbar schärfsten Kritiker, der vom ästhetischen Verfahren und den Handlungs-Entwürfen dieses Autors nichts gelten lässt. Wie ein Barthes'scher Rezipient greift er die (hier allerdings nur mündlich überlieferten) „Texte" Pauls auf, weist ihnen Defizite nach, zertrümmert sie, um auf ihren Ruinen etwas Neues aufzubauen, das den Vorstellungen von poststrukturaler Zitat-Collage und postmoderner Palinodie und Satire[67] entgegenkommt. Der Ich-Erzähler treibt den Autor Paul

---

64 Roland Barthes, „Der Tod des Autors". In: *Texte zur Theorie der Autorschaft*, S. 193.
65 Paul Michael Lützeler, *Postmoderne und postkoloniale deutschsprachige Literatur* (Bielefeld: Aisthesis, 2005), S. 43f.
66 Vgl. dazu Fotis Jannidis, Gerhard Lauer, Matias Martinez, Simone Winko (Hg.), *Rückkehr des Autors: Zur Erneuerung eines umstrittenen Begriffs* (Tübingen: Niemeyer, 1999); Heinrich Detering (Hg.), *Autorschaft. Positionen und Revisionen* (Stuttgart und Weimar: Metzler, 2002).
67 M. D. Fletcher, *Contemporary Political Satire. Narrative Strategies in the Post-Modern Context* (Lanham, New York, London: University of America Press, 1987).

gleichsam in den Tod, damit er selbst zum Autor werden kann. Der Rezipient wird zum Autor, erklärt seine Kritik zum Kunstwerk. Allerdings gibt es im Roman Gstreins keine Instanz, die den Ich-Erzähler als Autor in Frage stellt, und so ist jener Zirkelschluss unterbrochen, der in der Logik Barthes liegt, dass nämlich jeder, der zum Autor wird, wiederum durch kritische Lektüre seinen Tod fände. Gstreins Roman handelt vom doppelten Autorentod, aber der Dritte im Bund der Erzähltrias, der Ich-Erzähler, etabliert sich als Autor qua seiner Fähigkeit als Kritiker. Mit seiner Funktion als rezipierender Kritiker verdeutlicht er den Einfluss, den die poststrukturalistische These vom „Tod des Autors" bei Gstrein gehabt hat. Gleichzeitig belegt seine Existenz als Autor jedoch die Wirkung jener Theoretiker, die auf der Eigenheit des Autors insistieren, die nicht gewillt sind, ihn im Leser aufgehen zu lassen, die als Hermeneutiker von der Auferstehung oder Wiederkehr des totgesagten Autors überzeugt sind.

Der Ich-Erzähler verfasst nicht nur den Roman über das Scheitern eines Romans und seines Autors, sondern auch über das Scheitern eines Staates, der sich durch den Bürgerkrieg in seine Teile auflöst. Man ist geneigt, die Bauform des Romans von Gstrein mit der gesellschaftlichen Gegebenheit Jugoslawiens im Krieg im Sinne einer Strukturhomologie Lucien Goldmanns zu vergleichen. Goldmann hatte – im Gegenzug zu Georg Lukács' Ansatz – in seinem Werk *Pour une sociologie du roman* von 1964[68] die Beziehung zwischen Roman und Realität nicht mimetisch, sondern strukturhomologisch verstanden. Danach geht es im Roman nicht um die Widerspiegelung eines Kollektivbewusstseins, sondern um den „kohärenten Ausdruck" von Tendenzen, die dem Bewusstsein einer sozialen Gruppe eigen sind. So parallelisiert er für das 18. und 19. Jahrhundert das „problematische Individuum" des Romans mit dem ökonomischen Liberalismus der Gesellschaft dieser Epoche; die zunehmende Persönlichkeitsauflösung im modernen Roman (Kafka und die Folgen) mit dem Übergang zur Monopolwirtschaft; das Verschwinden des individuellen Helden im französischen *nouveau roman* der 1950er und 1960er Jahre mit dem seiner Selbstregulierung überlassenen Markt in der zweiten Hälfte des 20. Jahrhunderts. In Gstreins Roman verschwindet zwar auf doppelte Weise ein individueller Held: Paul scheitert mit dem fiktionalen Porträt eines solchen Helden, und er selbst endet durch Selbstmord, aber es gibt daneben den Ich-Erzähler, den Sieger, den Überlebenden, der sich behauptet. So hätte man in diesem Fall seine Schwierigkeiten, die Theorie Lucien Goldmanns anzuwenden, jedenfalls wenn man sie – wie er es wollte – nur auf der Makro-Ebene gelten lässt. Goldmann ging es um Strukturhomologien der großen Art: Eine Gattung sollte in Bezug gesetzt werden zu der Gesellschaft einer ganzen

---

68 Lucien Goldmann, *Soziologie des Romans* (Frankfurt am Main: Suhrkamp, 1984). Vgl. dazu Renate Werner, „Wiedergelesen: Lucien Goldmann, *Pour une sociologie du roman*". In: *Monatshefte* 95.3 (2003): 377-386; Christian Helmreich, „Lucien Goldmanns paradoxale Soziologie des Romans". In: *Monatshefte* 95.3 (2003): 387-392.

Kultur. Das grobe Raster, das er anbot, hat eigentlich nie recht überzeugt, weil einem schon immer zu viele Ausnahmen zu der von ihm formulierten Regel einfielen. Wendet man aber die Theorie der Strukturhomologie auf der Mikro-Ebene an, schaut man auf die Beziehung zwischen der ästhetischen Struktur eines einzelnen Romans zu einem einzelnen Land, das dort beschrieben wird, so funktioniert die Sache besser. Man könnte die palinodisch strukturierte Erzählertrias in Gstreins *Das Handwerk des Tötens* strukturell vergleichen mit einer Gesellschaft, in der sich die drei größten ethnisch/kulturell unterschiedlichen Gruppen in einem selbstzerstörerischen Widerstreit befinden, der auf den Widerruf des ehemaligen Staatsbündnisses und die Zerstörung der Einheit hinausläuft.

III

Bei aller metareflexiven Distanz zu den historischen Vorfällen und bei aller medialen Vermitteltheit der Kenntnisse über sie werden die Kriegsgeschehnisse im auseinanderbrechenden Jugoslawien durchaus in Gstreins Roman zur Sprache gebracht. Paul hat Allmayers Reportagen über den Krieg gelesen und läßt sich durch sie dazu anregen, auf den Spuren des Journalisten in Ex-Jugoslawien zu reisen. Er hält fest: „Die Reportagen beginnen mit den Schießereien an der österreichisch-slowenischen Grenze und enden im Kosovo. [...] Zusammen ergibt das eine Bilanz vom Ende Jugoslawiens" (HT 51, 52). Von den ersten Anfängen der Unabhängigkeitsbestrebungen Kroatiens und Sloweniens von 1991 bis zum Ende des Kosovokrieges im Jahr 1999 werden Orte und Daten der Kämpfe und Massaker genannt. Man lernt die Reportagen Allmayers nicht nur über Paul kennen. Der Ich-Erzähler leiht sich die Berichte aus, und nach ihrer Lektüre hält er fest:

> Es waren nicht die offensichtlichen Grausamkeiten, die mich beim Lesen am meisten verwirrten, nicht die Greuel, deren Zeuge Allmayer in all den Jahren geworden war oder von denen er gehört hatte, nicht die Bilder von menschenleeren bosnischen Dörfern, in denen streunende Hunde die zwischen den zerschossenen Gebäuden herumliegenden Leichen zerrissen. Die Beispiele, die er aufzählte, waren so zahlreich, daß ich mich über nichts mehr gewundert hätte, anscheinend gab es keine Grenzen dafür, was man mit dem menschlichen Körper alles anrichten konnte, und ich staunte nur, welche Phantasien bis dahin mehr oder weniger unbescholtene Leute, wie man wohl sagen mußte, entwickelt haben sollen, was für ein Vergnügen, einen Gefangenen zu zwingen, einem anderen die Hoden abzubeißen und sie vor ihm zu essen, einer Schwangeren den Bauch aufzuschlitzen, einem Kind am Arm seiner Mutter die Kehle durchzuschneiden und ihr das Gesicht in den hervorspritzenden Blutstrahl zu drücken oder eine Frau unter den Augen ihres sterbenden Vaters zu vergewaltigen. [...] Vielleicht klingt es zynisch, aber für mich war der Schrecken eher konkret, wenn er von den warmlaufenden Panzermotoren in den Armeekasernen schrieb, ganz am Anfang der Auseinandersetzungen, ihrem unheilverkündenden Lärm, der über die Mauern drang, von den Patrouilleebooten, die an der serbisch-kroatischen Grenze auf der Donau hin- und herkreuzten, oder von den

Schiffen in der Bucht vor Šibenik, ihrem langsamen Auftauchen aus dem Dunst im ersten Morgenlicht und ihrer vollkommenen Lautlosigkeit, ehe sie mit dem Beschuß der Stadt begannen. (HT 57, 58)

Nicht nur die Grausamkeiten des Krieges, auch die unterschiedlichen Vertreter der Soldateska, die verschiedenen Typen, die das militärische Leben in solchen Zeiten bestimmen, hat Allmayer dem Ich-Erzähler zufolge kennengelernt:

> Am Ende war es eine ganze Heerschar von Leuten, die er im Lauf der Jahre getroffen haben mußte, Leute aus den unterschiedlichsten Lagern, die ihm ihre Version der Geschichte erzählt hatten, Armeegeneräle, die ihn entweder jovial in ihren Villen oder in voller Kampfmontur im Gelände empfingen und so taten, als wäre der Krieg nur ein Geschäft, nicht schmutziger als andere, Freischärler und Milizionäre in absurden Uniformen, die sich mit ihren Schandtaten brüsteten, Söldner aus halb Europa, von denen manche auf allen Seiten gekämpft hatten, und andere Figuren, Hasardeure, für die das Wort Abenteurer eine Schmeichelei war. (HT 59, 60)

An dieser Stelle flicht der Ich-Erzähler eine Medienkritik ein, die sich von der bei Nicolas Born unterscheidet. Angesichts des Grauens, das er im Bürgerkrieg erlebt, schafft Borns Journalist Laschen nicht mehr den Spagat zwischen den Gattungserwartungen, die mit der Illustrierten-Reportage verbunden sind und einer emotionalen Redlichkeit bzw. ethischem Respekt vor der Menschenwürde, die ihm Schweigen auferlegen. Konsequenterweise gibt er seinen Beruf als Zeitungsberichterstatter auf. Bei Gstreins Allmayer – so wie der Ich-Erzähler ihn schildert – liegt die Situation anders: Auch Allmayer läßt die Unangemessenheit seiner Publikationen durchblicken, aber er thematisiert sie in seinen Artikeln und macht sie dadurch dem Nachrichtenmedium kompatibel. Der Ich-Erzähler bringt seine Ambivalenz zum Ausdruck: Er honoriert einerseits, dass Allmayer das Schweigen auf eine Weise artikuliert, die die Unangemessenheit journalistischer Arbeit durchscheinen läßt, die aber andererseits doch Ausdruck einer *déformation professionelle* bleibt, weil aus der Einsicht in die Inadäquatheit des Berichts keine Schlüsse gezogen werden. Die journalistische Selbstkritik Laschens hat einen Berufswechsel zur Folge, diejenige Allmayers verbleibt auf der Ebene der innerberuflichen Irritation. Borns Medienkritik macht vor dem Journalisten Laschen halt, die von Gstrein bezieht sich sowohl auf das Nachrichtenmedium wie auf den Reporter Allmayer. Der Ich-Erzähler bemerkt dazu:

> Er hatte mit ihnen gesprochen, hatte serbische und kroatische Gefangenenlager besucht und war sich bewußt geworden, daß er den Insassen nicht die richtigen Fragen gestellt hatte, weil die Antworten allzu klar waren, hatte mit ihnen nur geredet, um schließlich zu schweigen, wie er voll Pathos schrieb, kein Wort mehr zu sagen, nur seinen Blick abzuwenden vor Scham und sich auch noch für seinen abgewandten Blick zu schämen angesichts der bis auf das Skelett abgemagerten Männer, die er zu Gesicht bekommen hatte. Ob einem das beschönigt erschien oder nicht, zurechtgelegt für seine schonungsbedürftigen Leser in ihren Wohnzimmern, hatte er damit wahrscheinlich doch etwas getroffen, das in seinen späteren Interviews immer anwesend war, eine Irritation über das Geplapper, wenn er mit den ersten Touristen sprach, die nach der Katastrophe wieder an der dalmatinischen Küste auftauchten

und in ihren Autos durch die in Schutt liegenden Dörfer im Karst fuhren oder gar ganze Tagesausflüge nach Bosnien unternahmen [...]. (HT 60)[69]

Der Roman fängt, was die Chronologie des Krieges betrifft, mit dessen Ende an. Paul hat erfahren, dass ein Bekannter von ihm, der Journalist Christian Allmayer, just in dem Moment ums Leben kommt, als der seine letzte Reportage über den Jugoslawienkonflikt, über den er fast ein Jahrzehnt lang berichtet hat, schreiben will. Am 12. Juni 1999 rückte die NATO-geführte Friedenstruppe KFOR (Kosovo Force) ins Kosovo ein, nachdem die NATO sich drei Tage zuvor mit Rest-Jugoslawien auf einen Abzug der serbischen Truppen aus dieser Region geeinigt hatte. „Drei Tage nach Beginn des Einmarsches [...] sprachen alle über das Unglück" heißt es im Roman, und in den Zeitungen liest man die Schlagzeile *Balkanexperte im Kosovo ermordet* (HT 28). Paul hatte Allmayer noch telefonisch „in Skopje", der Hauptstadt des unabhängig gewordenen Makedonien, erreicht, bevor Allmayer „dort in einer Hotelhalle" zum „Journalistentross" stieß, der sich „an der makedonischen Grenze zum Kosovo dem vorrückenden Militärzug anschloß" (HT 29). Über die Details der Ermordung (genauer Zeitpunkt und Täter) wissen nach den Angaben im Roman die Zeitungen nichts zu berichten. Dort wird spekuliert, dass vielleicht „Regierungstruppen, die sich noch im Gebiet aufgehalten hatten, oder Aufständische, vielleicht sogar Wegelagerer" (HT 73,74) verantwortlich gewesen seien. Die Tat, so viel gilt als sicher, geschah in der Nähe des Dulje-Passes, der etwa vierzig Kilometer südlich von Priština, der Hauptstadt des Kosovo, liegt. Paul kann nur „Gerüchte über marodierende Truppen" (HT 32) kolportieren. Den Nachrichten in den Medien ist zu entnehmen, dass Allmayer von einem vorbeikommenden „Ärzteteam" entdeckt wurde, das die „Notversorgung" des Schwerverletzten übernahm und dafür sorgte, dass er „in ein Lazarett nach Makedonien" (HT 33) transportiert wurde, wo er verstarb. Die „Schüsse" auf ihn hätten aus „einem Schnellfeuergewehr" gestammt, wodurch „seine Eingeweide zerfetzt worden" (HT 65) seien.[70]

Später im Roman wird erneut über den Tod Allmayers berichtet, diesmal aus der Perspektive Isabellas, der Witwe des Ermordeten. Auch sie erzählt, dass sie mit Allmayer in Skopje kurz vor dem Aufbruch in den Kosovo telefoniert habe (HT 221). „Dann muß er sich", vermutet sie, „mit seinem Photographen dem

---

69 Zur Medienkritik in Gstreins Roman vgl. auch Joanna Drynda, „Der Schriftsteller als medialer Zaungast einer Kriegskatastrophe. Die Informationsware ‚Balkankrieg' in den Prosatexten von Gerhard Roth, Peter Handke und Norbert Gstrein". In: *Information Warfare. Die Rolle der Medien bei der Kriegsdarstellung und -deutung*, hg. v. Claudia Glunz, Artur Pełka, Thomas F. Schneider (Göttingen: V&R unipress, 2007), S. 455-465, hier S. 460-465.
70 Der Roman lehnt sich hier an die Zeitungsberichte über den Tod Gabriel Grüners an, der am 13.6.1999 am Dulje-Pass im Kosovo erschossen worden ist. Da Grüner für das Nachrichtenmagazin *Stern* gearbeitete hatte, wurden von dem Wochenblatt in den folgenden Monaten und Jahren Untersuchungen über den Mord an ihrem Reporter angestellt. Über das Ergebnis wurde unter dem Titel „Ist er der Mörder?" im *Stern* vom 22.3.2001 berichtet. Im Unterschied zum Roman, wo der Allmayer begleitende Fotograf nur verletzt wurde, starb der Fotograf Grüners, Volker Krämer, unter den gleichen Umständen, und auch der makedonische Übersetzer und Fahrer, Senol Alit, kam ums Leben.

Militärzug angeschlossen haben, der Richtung Grenze aufgebrochen war, der endlos erscheinenden Kolonne von gepanzerten Fahrzeugen, die manchmal nicht viel schneller als im Schritttempo vorankam" (HT 223). Gegen „Mitternacht", also vom 12. auf den 13. Juni 1999, habe der „Tross schließlich Blace erreicht, den letzten makedonischen Ort vor dem Kosovo". Dort habe er mit den anderen in einem ehemaligen Flüchtlingslager gehalten und den Rest der Nacht im Auto gewartet. Am Morgen des 13. Juni habe „er sie kurz vor fünf Uhr" angerufen, wobei seine Stimme belegt geklungen habe: „sie habe ihn kaum verstanden" (HT 224). Auf der Straße, erzählt sie, habe „die Panzerkolonne" gewartet. In der Richtung Grenze seien, wie Allmayer ihr gesagt habe, „ein paar verlorene Gestalten zu sehen" gewesen, „Uniformierte, auf die ohne Zweifel Dutzende von Feldstechern gerichtet sein mussten". Er habe sich „über sie lustig" gemacht, sie „ein windiges Empfangskomitee" genannt und dabei „lachend ein paar Mal hintereinander den Namen des Ortes auf der anderen Seite wiederholt, Đeneral Jankovic, der wie ein Scherz und gleichzeitig wie ein böses Omen" (HT 225) geklungen habe. Der Ort Đeneral Jankovic ist die kleine Grenzstadt auf der Kosovoseite zwischen dem Kosovo und Makedonien und macht mit ihrem alten Zementwerk einen desolaten Eindruck. Benannt ist sie nach einem serbischen General Jankovic, und dieser Name, der an die serbischen Militärs erinnert, die gerade die Region verwüstet hatten und sich äußerst widerwillig unter dem Druck der NATO-Truppen zurückzogen, ist Isabella als negatives Vorzeichen erschienen. Den Aufbruch der KFOR-Mannschaften am frühen Morgen des 13. Juni 1999 hat sie beim Gespräch mit Allmayer noch mitbekommen: „Es muss", so schildert sie, „wie eine verzögerte Explosion geklungen haben, über den halben Kontinent hinweg bedrohlich, als der Zug sich in Bewegung setzte, Hunderte von Motoren auf einmal gestartet". Allmayer habe dann noch von „Hubschraubern gesprochen", die „hinter den Hügeln im Süden aufgetaucht" seien, und danach sei „der Empfang unterbrochen worden", und telefonisch erneut „durchzukommen" sei unmöglich gewesen (HT 226). Der NATO-geführte Kosovoeinsatz, an den im Roman erinnert wird, dauerte drei Monate: von März bis Juni 1999. Er war insofern für die politische Geschichte Deutschlands wichtig, als sich die Bundeswehr erstmals an einem Angriffskrieg beteiligte, an einem Kampfeinsatz teilnahm. Die Entscheidung darüber beherrschte damals monatelang den öffentlichen Diskurs.[71] Es ist wohl kein Zufall, dass Gstrein am Anfang des Romans ein Kriegsunglück schildert, das sich erst nach dem offiziellen Einstellen der Kampfhandlungen ereignet. Damit wird angedeutet, dass von einem Frieden in der Region keine Rede sein kann, dass die Spannungen sich jederzeit wieder in Aggressionen entladen können. Mit der Schilderung Isabellas über Priština in der chaotischen Über-

---

71 Vgl. z.B. die Stellungnahme von Jürgen Habermas, „Bestialität und Humanität". In: *Die Zeit* 18 (1999). Habermas rechtfertigte den Einsatz mit dem Argument: „Die terroristische Zweckentfremdung staatlicher Gewalt verwandelt den klassischen Bürgerkrieg in ein Massenverbrechen. Wenn es gar nicht anders geht, müssen demokratische Nachbarn zur völkerrechtlich legitimierten Nothilfe eilen dürfen."

gangssituation zwischen Krieg und Frieden wird das Thema Kosovo im Roman abgeschlossen:

> Offenbar herrschte dort ein einziges Chaos, und je mehr Bilder sie danach gesehen hatte, um so schwerer fiel es ihr, sich ihn darin vorzustellen, all die Nahaufnahmen und Totalen von den zerstörten Dörfern entlang der Route, die im Fernsehen bis zum Überdruß gezeigt worden waren, Berichte von gerade noch vermiedenen Zusammenstößen mit den oft nur zögerlich abziehenden Regierungstruppen und dem siegestrunkenen Gebaren der Aufständischen, ihrem überdrehten Herumgeballere und den vereinzelten ernsthaften Schießereien, die es da und dort noch gegeben hatte, von den Stopps, die der Konvoi auf seinem Weg immer wieder einlegen mußte, wenn irgendwo ein Sprengsatz vermutet wurde, und dem unvermeidlichen Flüchtlingszug, Anhängerladungen voll Hausrat, von Traktoren gezogen, diesmal in die Gegenrichtung, nach Norden, Richtung Niš und Richtung Belgrad unterwegs, und Leute, wieder Hunderte, Tausende ohne ein Dach über dem Kopf, während die vorher Vertriebenen einfach nachrückten und deren Häuser in Beschlag nahmen. (HT 227, 228)

Durch den Versuch Pauls, eine romanhafte Biografie über Allmayer zu schreiben, bekommt der Leser auch Einblicke in andere Phasen des Krieges und in die Vorgeschichte der innerjugoslawischen Gegensätze. Einmal ist von den „Ungeheuerlichkeiten" im „Zweiten Weltkrieg" (HT 41) die Rede, wenn auf die Kollaboration Kroatiens mit dem Hitler-Regime angespielt wird. Im April 1941 war die deutsche Wehrmacht in Jugoslawien einmarschiert, und im gleichen Monat musste das Land kapitulieren, woraufhin die faschistische Ustascha-Bewegung den „Unabhängigen Staat Kroatien" ausrief. Der Staatsname war insofern widersinnig, als das Land durch den Krieg von Deutschland und Italien völlig abhängig geworden war, und kroatische Einheiten wurden auf Befehl Hitlers Teile des Unternehmens Barbarossa im Kampf gegen die Sowjetunion.[72] Ein andermal ist die Rede von serbischen „Freiheitskämpfern" während der Okkupation in den frühen 1940er Jahren, von Partisanen, die später – unter Tito – zu „Parteibonzen" (HT 116) wurden. Auch die Art und Weise, wie die deutschen Besatzer mit den jugoslawischen Partisanen verfuhren, wird angesprochen: „Es war an der Tagesordnung, für jeden getöteten Deutschen eine vorher festgelegte Zahl von Geiseln zu erschießen [...]. Die Quote soll bis eins zu hundert gewesen sein. [...] Manchmal sind bei solchen Aktionen ganze Dörfer ausgelöscht worden." (HT 198, 199) Das entspricht den historischen Tatsachen. Im Mai 1941 hatte Wilhelm Keitel als Chef des Oberkommandos der Wehrmacht den Kriegsgerichtsbarkeitserlass Barbarossa und vier Monate später den „Sühne-Erlass" unterzeichnet. Beide Dokumente waren die Grundlage für eine gegen das Völkerrecht verstoßende Behandlung von Partisanen durch das Militär. In dem Erlass vom September 1941 hieß es: „Als Sühne für ein deutsches Soldatenleben muß in diesen Fällen im allgemeinen die Todesstrafe für 50-100 Kommunisten als angemessen gelten. Die Art der Vollstreckung muß die abschreckende Wirkung noch erhö-

---

72 Ladislaus Hory und Martin Broszat, *Der kroatische Ustascha-Staat* (Stuttgart: Deutsche Verlagsanstalt, 1964).

hen."⁷³ Hannah Arendt betont, dass das Konzentrationslager das bezeichnendste Machtinstrument totaler Herrschaft ist⁷⁴, und so wurde auch im deutschbesetzten Kroatien ein Vernichtungslager gebaut. Im Roman wird „Jasenovac" genannt, „das größte Ustascha-Konzentrationslager im Zweiten Weltkrieg, in dem Zehn- oder Hunderttausende umgebracht worden waren, die meisten von ihnen Serben" (HT 314). Neben Serben wurden allerdings auch Juden, Roma und antifaschistische Kroaten dort getötet. Jasenovac befindet sich etwa hundertzwanzig Kilometer südöstlich von Zagreb. Das Lager dort wurde bald das „Auschwitz des Balkans" genannt. Beim Schätzen der Opferzahlen schwankt man zwischen Einhundert- und Fünfhunderttausend.⁷⁵ Während Paul sich auf den Spuren Allmayers in Kroatien befindet, gerät er in eine Veranstaltung, die zeigt, dass die Vergangenheit des Landes nicht bei allen so vergangen ist, wie er sich das vorgestellt hatte. Der Ich-Erzähler fasst Pauls Erlebnis so zusammen:

> Es war schon nach Ostern, als er in der Zeitung die erste große Reportage von seinem Aufenthalt veröffentlichte, einen finsteren Bericht aus einem Land, in dem der Krieg nach Jahren noch fortwirkte. Offenbar hatte er von einem gespenstisch anmutenden Begräbnis gehört, das in einem winzigen Nest im Hinterland von Split stattfand, und war dort hingefahren, um dann ein Bild davon zu zeichnen, daß einem das Frösteln kam. Es ging um die sterblichen Überreste von über hundert angeblich von Partisanen im Zweiten Weltkrieg ermordeten kroatischen Soldaten, die neun Jahre davor exhumiert worden waren und jetzt erst, nur zum Teil identifiziert, wieder beigesetzt werden sollten. (HT 364)

Dabei gilt Pauls besondere Aufmerksamkeit einem „vielleicht Vierzigjährigen", der offenbar auf eine Wiedergeburt der Ustascha-Bewegung hofft. Über ihn heißt es: „Es war nicht nur das ‚U' auf seiner Gürtelschnalle, es war die Art, wie er dastand und über die Menge schaute, ein Riesenkerl, halb Wächter, halb Ministrant, und dann seinen Blick über das Hochplateau schweifen ließ, bis zu den Bergen im Hintergrund" (HT 365).

Eine größere Rolle als die Erinnerungen an den Zweiten Weltkrieg spielen im Roman die Hinweise auf Geschehnisse in den 1990er Jahren. Der Krieg erreichte einen ersten Höhepunkt bei den Kämpfen zwischen Kroaten und Serben in Ostslawonien, wobei besonders die Belagerung von Vukovar, die von Mitte August bis Mitte November 1991 dauerte, erwähnt werden muss. Im Roman ist von den „wochenlangen Kämpfen" um die Stadt, vom schließlichen „Fall von Vukovar" (HT 64) die Rede, aber auch von den „Exzessen der nach der Kapitulation einrückenden Freischärler" (HT 126). Mit der Einnahme Vukovars beginnt auch

---

73 Walter Manoschek, „*Serbien ist judenfrei*". *Militärische Besatzungspolitik und Judenvernichtung in Serbien 1941/42* (München: Oldenbourg, 1993), S. 85. Vgl. ferner: Felix Römer, „‚Im alten Deutschland wäre solcher Befehl nicht möglich gewesen'. Rezeption, Adaption und Umsetzung des Kriegsgerichtsbarkeitserlasses im Ostheer 1941/42". In: *Vierteljahrshefte für Zeitgeschichte* 56 (2008): 53-99.
74 Hannah Arendt, „Die Konzentrationslager". In: H.A., *Elemente und Ursprünge totaler Herrschaft* (München: Piper, 1986), S. 676-702.
75 Barry M. Lituchy, *Jasenovac and the Holocaust in Yugoslavia: Analyses and Survivor Testimonies* (New York: Jasenovac Research Institute, 2006).

die Serie der Massaker (hier der Serben an Kroaten)[76], und so ist es nicht verwunderlich, wenn Allmayer bereits im ersten Kriegsjahr den Eindruck eines „langsamen Einsinkens in einen Sumpf" (HT 105) erhält. Im Dezember 1991, also einen Monat, nachdem die Stadt sich ergeben musste, traf Allmayer hier den bereits erwähnten Slavko, „einen unberechenbaren Finsterling, einen kroatischen Kriegsherrn" (HT 64). Der Ich-Erzähler entdeckt in einem der Berichte Allmayers ein Foto Slavkos, das einen „breitbeinig dastehenden Mann vor einer mit Granatspuren übersäten Hauswand" stehend zeigt und der „nachlässig ein Gewehr unter die Achsel klemmte" (HT 69). Mit „der unförmigen Lederjacke und den ausgebeulten Hosen, die in seinen Stiefeln steckten" wirkt er auf ihn wie „eine Erinnerung daran, daß das Handwerk des Tötens ein jahrtausendealtes Geschäft" ist (HT 70). Allmayer wollte im Krieg vor allem Beobachter sein und hat sich nie auf die Seite eine der kriegführenden Parteien geschlagen. Von den „Toten", die ein Opfer der Schlachten und Massaker wurden, weiß er zu berichten, dass sie „auf beiden Seiten akribisch addiert" und „in Stellung gebracht und einander vorgerechnet" wurden, wodurch sie „ihr eigenes, gespenstisches Leben" als bereits Verschiedene führten (HT 106).

Auch die Belagerung von Dubrovnik wird erwähnt. Allmayer hatte sich dort aufgehalten, „als die Stadt wochenlang beschossen worden war" (HT 256). Der Kampf um Dubrovnik dauerte neun Monate, von Mitte 1991 bis ins Frühjahr 1992, als es kroatischem Militär gelang, den serbischen Ring zu durchbrechen und die Gegner hinter die Grenzlinie des Landes zurückzudrängen. Allmayer hatte allerdings, folgt man dem Ich-Erzähler, in seinen Artikeln auch auf die ganz unterschiedlichen Reaktionen hingewiesen, die die beiden Belagerungen von Vukovar und Dubrovnic in der europäischen Öffentlichkeit hervorgerufen hatten. Offenbar waren „Menschenleben" in Vukovar „weniger wert" als „ein paar alte Mauern in Dubrovnik". Während man „im Niemandsland" Ostslawoniens „krepieren konnte, ohne daß ein Hahn danach krähte", sei es „zu einem Aufschrei" gekommen als „die ersten Granaten" auf die „Perle der Adria" niedergingen, und alle hätten über das lädierte „Weltkulturerbe" lamentiert (HT 259). Paul berichtet dem Ich-Erzähler ebenfalls, dass die beiden Belagerungen auch aus serbischer Perspektive nicht miteinander zu vergleichen gewesen seien. Er rückt mit einer Anekdote heraus, die er bei seiner Reise in Dalmatien aufgeschnappt hat: Die „Belagerer auf den Hängen über Dubrovnik" hätten „zeitweise geradezu darum gefleht", von den „Verteidigern in der Stadt ein bißchen beschossen zu werden, damit sie nicht an die viel schlimmere Front in Slawonien verlegt" würden (HT 271).

Eines der großen Krisengebiete der 1990er Jahre waren die Regionen Kroatiens, in denen die Serben majoritär vertreten waren. Schon unter Tito hatten sie in Nord-Dalmatien, das Teil Kroatiens war, Sonderrechte eingeräumt bekommen. Als Kroatien 1991 seine Unabhängigkeit erklärt hatte, befürchteten sie Drangsalierungen und gründeten noch im gleichen Jahr die Republik Serbische

---

76 Eric Stover, Gilles Peress, *The Graves: Srebrenica and Vukovar* (Zürich: Scalo, 1998).

Krajina mit dem dalmatischen Knin als Hauptstadt. Belgrad unterstützte den neuen Staat, doch wurde jenes politische Gebilde völkerrechtlich nicht anerkannt. In dieser neuen Republik, die fast ein Drittel des heutigen Kroatiens ausmachte (auch Teile Ost-Slawoniens mit Vukovar gehörten dazu) waren nun Kriegshandlungen und Massaker an der Tagesordnung. Starker Mann des neuen Staates war Milan Martić, der sich zeitweise den Titel eines Präsidenten zulegte. 1995 gelang es Kroatien in der sogenannten Operation „Sturm" Knin zu erobern, die Republik Serbische Krajina aufzulösen und das Gebiet wieder dem Staat Kroatien einzuverleiben. Damit verbunden waren Massenvertreibungen der Serben. Im Roman erinnert sich der Ich-Erzähler, dass Allmayer Knin eine „Tschetnik-Hochburg" (HT 285) genannt hatte. Das Wort „Tschetnik" oder „Četnik" leitet sich vom serbischen Wort „četa" ab, was so viel wie Truppe oder Kompanie bedeutet. Damit werden seit dem 19. Jahrhundert jene serbischen paramilitärischen Verbände bezeichnet, die für ein eigenständiges Serbien kämpfen. Im Balkankrieg stritten sie gegen die Türken, während des Zweiten Weltkriegs verfolgten sie einen Schlingerkurs und versuchten die widersprüchlichsten Koalitionen, um ihre national-serbischen Interessen durchzusetzen[77], und im Jugoslawienkrieg kam die Bezeichnung in den Operationen gegen Kroatien und Bosnien wieder auf. Schon das sozialistische Jugoslawien hatte mit einer Hyperinflation zu kämpfen, und in den Teilstaaten blieb dieses monetäre Problem in den Nachfolgestaaten bestehen, verschlimmerte sich sogar mit den Kriegskosten und der wachsenden Arbeitslosigkeit. Auch die Republik Serbische Krajina machte da keine Ausnahme. Darauf kommt der Ich-Erzähler in Gstreins Roman zu sprechen. Als er Allmayers Berichte über den Jugoslawien-Krieg durchsieht, fällt ihm eine Banknote „der Serbischen Republik Krajina" mit einem Nennwert von „fünfhundert Millionen Dinar" in die Hand. Von dem Betrag wie von dem nicht mehr existierenden „unseligen Staatsgebilde", das auf dem Geldschein genannt ist, geht „etwas geradezu Gespenstisches" aus, wie es allgemein bei der Erinnerung an „untergegangene Terrorregime" der Fall sei, wobei man sich „nur schwer Menschen aus Fleisch und Blut vorstellen" (HT 55) könne, die einmal darin agiert hätten.

Auch das Dayton-Abkommen und seine positiven Folgen für Bosnien kommen im Roman vor. Am 21.11.1995 hatten in Dayton/Ohio sich auf den Druck der USA und ihrer Verbündeten die bisher kriegführenden Teilstaaten (d.h. die kroatischen, bosnischen und serbischen Regierungschefs) auf einen Friedensvertrag geeinigt, der dann am 14.12.1995 in Paris unterzeichnet wurde und danach sofort in Kraft trat. Ausschlaggebend sowohl für das amerikanische wie das europäische Engagement in dieser Sache war das Massaker vom Juli 1995 im bosnischen Srebrenica gewesen, das als Genozid eingestuft wurde. Nach Dayton hatte es am 8. und 9.12.1995 noch eine Implementierungskonferenz in London gegeben, wobei der multinationalen IFOR (Implemention Force) der Auftrag gegeben

---

77 Matteo J. Milazzo, *The Chetnik Movement and the Yugoslav Resistance* (Baltimore: Johns Hopkins University Press, 1975).

wurde, die Beschlüsse des Friedensvertrags durchzusetzen.[78] Eine der ersten Aktionen, die die amerikanische IFOR-Einheit Ende Dezember 1995 unternahm, war in der ostslawonischen, auf der Grenze nach Bosnien liegenden Stadt Županja an der Save, eine über dreihundert Meter lange Ponton-Brücke über den Fluss zu bauen, damit der Verkehr zwischen Kroatien und Bosnien wieder in Gang kommen konnte. Man einigte sich mit dem kroatischen Militär, diese Aufgabe gemeinsam anzugehen. Allmayers Witwe Isabella berichtet im Roman dem Ich-Erzähler von Notizen ihres Mannes mit der Angabe „*Županja, 31. Dezember 1995*", wo es heißt: „die Amerikaner, endlich, die Amerikaner, wenn auch drei Jahre zu spät". Allmayer notierte, dass „er schon von weitem den Lärm von Hunderten von Panzern gehört und dann im Näherkommen die wartend aufgereihten Fahrzeuge gesehen habe". Isabella erzählt, wie sie die Eintragung zuerst nicht verstanden hätte, habe aber dann „später den Grenzort an der Save ganz im Osten von Kroatien im Atlas gefunden" (HT 219).

Was Isabella hier in einem bescheidenen Umfang unternimmt, nämlich über den Krieg zu recherchieren, dessen in viele Richtungen verlaufende Aktivitäten man sonst nicht versteht, ist für den Ich-Erzähler ein Prinzip geworden. Er berichtet ab und zu darüber, dass er sich Informationen aus der „Universitätsbibliothek" (HT 31) holt, um Karten zu kopieren oder Begriffe nachzuschlagen. Was Romanfigur und Ich-Erzähler vormachen, folgt aus der Tatsache, dass das Recherchierverhalten dem Buch als „implizitem Leser" eingeschrieben ist. Die Lektüre dieses Buches wie der anderen Bürgerkriegsromane allgemein ist ohne ein solches Nachschlageverhalten nicht sinnvoll. Mit *Das Handwerk des Tötens* hat Norbert Gstrein einen der avanciertesten und wirkungsreichsten Bürgerkriegsromane geschrieben, der mit seiner komplexen ästhetischen Struktur, historischen Informiertheit und ethischen Ausrichtung einen neuen Standard in dieser Gattung gesetzt hat.

Der Autor ließ diesem Buch einen weiteren, allerdings entschieden konventioneller geschriebenen Roman folgen, der thematisch mit dem Jugoslawienkrieg zu tun hat: *Die Winter im Süden* (2008)[79]. Da der Roman nur indirekt den Bürgerkrieg selbst einbezieht, wird er hier nicht behandelt. Es geht um das Schicksal eines nach dem Zweiten Weltkrieg nach Argentinien geflohenen Anhängers der kroatischen Ustascha, der glaubt, bei Ausbruch der Kämpfe – obwohl er schon über siebzig Jahre alt ist – nach Zagreb zurückkehren zu müssen, um die nationale Sache zu unterstützen. Er ist Teil einer organisierten kroatischen Emigrantengruppe in Argentinien, deren Ziel es ist, einen Beitrag zur Unabhängigkeit des Landes im ausgebrochenen Bürgerkrieg zu leisten.[80] Das Ganze endet für den „Alten", wie er im Roman genannt wird, katastrophal: er wird in seinem Hotelzimmer ermordet. Parallel dazu wird die Geschichte Marijas, seiner Tochter aus

---

78 Larry Wentz, *Lessons from Bosnia: The IFOR Experience* (Vienna, VA: CCRP, 1997).
79 Norbert Gstrein, *Die Winter im Süden. Roman* (München: Hanser, 2008).
80 Solche Gruppen gab es tatsächlich, und sie wurden von Franjo Tudjman umworben. Vgl. dazu: Paul Hockenos, *Homeland Calling: Exile Patriotism and the Balkan Wars* (Ithaca, N.Y.: Cornell University Press, 2003), siehe besonders das erste Kapitel „Croatia: Prodigal Sons", S. 17-102.

erster Ehe, geschildert, die – in Wien verheiratet – ebenfalls eine Reise ins Zagreb der Kriegszeit unternimmt und desillusioniert nach Österreich zurückkehrt. Die Figur des „Alten" erinnert an jene „alten Kameraden" in den Bürgerkriegsromanen von Gert Hofmann, Uwe Timm und Nicolas Born, die ebenfalls im Exil Gefangene ihrer Ideologie geblieben sind. Die fatale historische Hypothek des Zweiten Weltkriegs, die in Gstreins *Das Handwerk des Tötens* ein Thema unter anderen bleibt, ist hier mit ihren Auswirkungen bis in die 1990er Jahre ins Zentrum des Romans gerückt worden.

2. RUANDA I

Lukas Bärfuss, *Hundert Tage* (2008)

Negativer Entwicklungsroman und fatale Entwicklungshilfe

I

In den hundert Tagen zwischen Anfang April und Mitte Juli 1994 artete der Bürgerkrieg in Ruanda, einem der kleinsten, ärmsten und dichtbesiedelsten Länder Afrikas, in einen Völkermord aus.[1] Die Hutus verübten an den Tutsis innerhalb von wenig mehr als drei Monaten in ganz Ruanda und vor allem in der Hauptstadt Kigali ein Massaker, dem etwa 800.000 Menschen zum Opfer fielen.[2] Damals lebten (trotz vorhergehender Massenmorde und der vorangegangenen Emigrationen) noch fast eine Million Tutsis in Ruanda, von denen etwa Dreiviertel den Genozid nicht überlebten. Der Bürgerkrieg begann mit der Hutu-Revolution im Jahre 1959 und flammte 1962, 1973, 1990 sowie – in unvorstellbar extremer Form – 1994 auf und kam danach infolge des Flüchtlingselends nicht zu einem Ende. Er bahnte sich schon während der ersten Hälfte des 20. Jahrhunderts an und hängt letztlich mit der ein halbes Jahrtausend währenden Herrschaft der Tutsis über die Hutus zusammen. Die rassistischen, pseudohistorischen Theorien, die von der Mitte des 19. bis zur Mitte des 20. Jahrhunderts von dem Engländer John Hanning Speke bis zum Belgier J. S. Sasserath über die ethnischen und kulturellen Unterschiede zwischen den Tutsis und den Hutus verbreitet wurden, hatten einen fatalen Einfluss auf die belgische Kolonialpolitik.

---

1 Vgl. zum Genozid in Ruanda und zu seiner Vorgeschichte die folgenden Darstellungen: Catherine Newbury, *The Cohesion of Oppression: Clientship and Ethnicity in Rwanda 1860-1960* (New York: Columbia University Press, 1988); Fergal Keane, *Season of Blood: A Rwandan Journey* (London; New York: Viking Press, 1995); Gérard Prunier, *The Rwandan Crisis: History of Genocide* (New York: Columbia University Press, 1995); Philip Gourevitch, *We Wish to Inform You that Tomorrow We Will be Killed with Our Families: Stories from Rwanda* (New York: Picador, 1998); Benjamin Sehene, *Le Piège Ethnique* (Paris: Editions Dagorno, 1999); Mahmood Mamdani, *When Victims Become Killers: Colonialism, Nativism, and the Genocide in Rwanda* (Princeton: Princeton University Press, 2001); Linda Melvern, *Conspiracy to Murder: The Rwandan Genocide* (New York: Verso, 2004).
2 Die Angaben zu den Zahlen der Opfer des Genozids in Ruanda schwanken zwischen einer halben Million und einer Million. In den meisten Dokumentationen wird die Zahl mit 800.000 angegeben. Vgl. Robert Stockhammer, *Ruanda. Über einen anderen Genozid schreiben* (Frankfurt am Main: Suhrkamp, 2005), S. 43 und 44.

Speke setzte in seinem *Journal of the Discovery of the Source of the Nile*[3] von 1863 die sog. Hamitische These in die Welt. Danach sollen die Hutus von Ham, einem der Söhne des biblischen Noah, abstammen. Noah hatte Ham – nachzulesen im neunten Kapitel der *Genesis* – dazu verflucht, der Sklave seiner Brüder zu sein.[4] Die Tutsis dagegen hielt Speke für ein zur Herrschaft berufenes Volk, für einen christlichen Stamm, den es vor Jahrhunderten aus dem Nahen Osten nach Afrika verschlagen habe. Ähnlich fantastisch hörten sich Sasseraths Spekulationen an. Er behauptete in seinem 1948 erschienenen Buch *Le Ruanda-Urundi*[5], dass die Tutsis eigentlich gar keine wirklichen „Neger" seien, vielmehr aus dem Norden, d.h. aus Ägypten oder Äthiopien, also aus einem „zivilisierten" Land, nach Ruanda eingewandert seien. Schon ihr Aussehen (höhere Statur, hellere Haut und „Feinheit" der Gesichtszüge) ließen ihre aristokratische Abkunft erkennen. Die Hutus (kleinerer Körperbau, dunklere Hautfarbe, „negridere" Gesichter) dagegen stammten, so Sasserath, von „barbarischen" Bantu-Stämmen aus der Tschad-Region ab und es sei nur recht, dass sie sich auf die niederen Arbeiten innerhalb der Agrarwirtschaft beschränkten. Allerdings konnten diese „Theorien" nicht erklären, warum es keine sprachlichen Unterschiede zwischen Hutus und Tutsis gab – die gemeinsame Sprache ist Kinyarwanda – und warum immer eine gewisse Durchlässigkeit existiert hatte, was die Zugehörigkeit zur einen oder anderen Gruppe anbelangte. Diese simplen, von körperlichen Merkmalen her argumentierenden Theorien übersahen, dass es unter den Hutus viele Menschen gab, die, legt man die schematischen Kriterien zu Grunde, wie Tutsis aussahen und umgekehrt. Heute nimmt man an[6], dass die Gruppe der Tutsis sich – wie das in zahllosen anderen Zivilisationen der Fall war – im Laufe der Jahrhunderte als eine aristokratische Führungsschicht herausgebildet hatte, zu deren Privilegien das Einfordern von Abgaben und die Wahl des Königs, des Mwami, gehörten und deren Pflicht es war, das Land vor Angriffen von Nachbarstämmen und Sklavenjägern militärisch zu schützen. Als Abgaben und Zahlungsmittel galten Kühe und so akkumulierten die herrschenden Tutsis – etwa fünfzehn Prozent der Bevölkerung – diese Art von Kapital. In der Literatur über Ruanda wird deswegen von den Tutsis als „Hirten" und den Hutus als „Bauern" berichtet. Die Balance zwischen minoritärer herrschender Tutsi-Schicht und den majoritären Hutu-Untertanen hielt sich wegen der relativ klar umrissenen Aufgabenteilung bis zum Beginn der Kolonialzeit. Zu der Berliner Afrikakonferenz, die auch die Kongokonferenz ge-

---

3 John Hanning Speke, *Journal of the Discovery of the Source of the Nile. With Map and Portraits, and Numerous Illustrations, Chiefly from Drawings by Captain Grant* (Edinburgh and London: Blackwood, 1863).
4 Zur sog. Hamitentheorie vgl. Peter Rohrbacher, *Die Geschichte des Hamiten-Mythos* (Wien: Afro-Pub, 2002); Edith Sanders, „The Hamitic Hypothesis: Its Origin in Time", in: *Problems in African History: The Precolonial Centuries*, hg. v. Robert O. Collins (New York: Markus Wiener, 1996).
5 J. S. Sasserath, *Le Ruanda-Urundi: un étrange royaume féodal au Coeur de l'Afrique* (Bruxelles: Germinal, 1948).
6 Jan Vansina, *Le Rwanda ancien. Le royaume nyiginya* (Paris: Édition Kathala, 2001). Ferner: Robert Stockhammer, *Ruanda*, S. 147f.

nannt wird, und die vom November 1884 bis zum Februar 1885 dauerte, hatte Bismarck Vertreter von zwölf europäischen Ländern sowie der USA und des Osmanischen Reiches eingeladen. Mit ihr begann der sogenannte Wettlauf um Afrika, bei der sich die europäischen Mächte Afrika wie einen Kuchen aufteilten. Nebenergebnis der Konferenz war, dass Ruanda und Burundi Teil des sogenannten deutschen „Protektorats" in Ostafrika werden konnten, dessen Hauptteil Tansania ausmachte.[7] Der aus dem damals preußischen Posen stammende Richard Kandt hatte zwischen 1897 und 1907 das Land durchstreift, im Nyungwe-Wald eine der Quellen des Nils entdeckt und den Kiwusee erforscht. Über die Reise zu den Nilquellen hat er ein umfangreiches Buch vorgelegt.[8] Weil er als Kenner der Region galt, ernannte man ihn 1908 zum Residenten des Gouvernements Ruanda. Kandt gründete Kigali, einen Ort, der – nach der Unabhängigkeit des Staates 1962 – zur Hauptstadt des Landes erklärt wurde. Der Resident arrangierte sich mit dem herrschenden König von Ruanda und achtete darauf, so wenig wie möglich an den bestehenden sozialen Verhältnissen zu ändern. Die Deutschen hatten an dem winzigen Land relativ wenig Interesse. Anders als das benachbarte, unverhältnismäßig größere Tansania lag Ruanda in der Mitte des Kontinents, besaß also keine strategisch wichtige Küste. Schon zwei Jahre nach Ausbruch des Ersten Weltkriegs verloren die Deutschen ihren Einfluss auf Ruanda. Belgische Truppen aus dem benachbarten Belgisch-Kongo eroberten Teile des Landes und nach 1918 erhielt Brüssel vom Völkerbund Ruanda als Mandatsgebiet zuerkannt. Die belgische Kolonialverwaltung erschwerte die Fluktuation zwischen den Gruppen der Tutsis und der Hutus dadurch, dass sie 1933 die soziale als „ethnische" Zugehörigkeit der Staatsbürger festschrieb: Von nun an wurde im Personalausweis vermerkt, ob man Hutu oder Tutsi war. Die gängigen rassistischen Unterscheidungen wurden für bare Münze genommen, und jeder Ruander lernte bereits in der Schule, dass die Tutsis wegen ihrer kulturellen Überlegenheit die privilegiertere Schicht sei. Indem die belgische Kolonialregierung die Gegensätze zwischen den beiden Gruppen verschärfte, hoffte sie auch, die wachsende antikolonialistische Opposition zu neutralisieren, d.h. nach dem *Divide-et-impera*-Prinzip verfahren zu können. Den Hutus wurden die Zugänge zur höheren Bildung und zu wichtigen Stellungen innerhalb des kolonialen Systems verweigert. Diese Politik änderte sich, als in den 1950er Jahren die afrikanische Befreiungsbewegung auch in Ruanda erstarkte und unter den gebildeten Tutsis Resonanz fand. Nun löste die Favorisierung der Hutus deren bisherige Diskriminierung ab. Die Hutus wollten die künstlich erscheinenden Differenzen zwischen ihnen und den Tutsis nicht länger akzeptieren. War bis zum Ende des 19. Jahrhunderts die Tutsi-Herrschaft von den Hutus ertragen worden, weil die Tutsis den militäri-

---

7 Vgl. „*... Macht und Anteil an der Weltherrschaft". Berlin und der deutsche Kolonialismus*, hg. v. Ulrich van der Heyden und Joachim Zeller (Münster: Unrast, 2005); Jürgen Petschull, Thomas Höpker, *Der Wahn vom Weltreich. Die Geschichte der deutschen Kolonien* (Herrsching: Pawlak, 1986).

8 Richard Kandt, *Caput Nili. Eine empfindsame Reise zu den Quellen des Nils* (Berlin: Dietrich Reimer/ Ernst Vohsen, 1904).

schen Schutz des Gemeinwesens garantiert hatten, fiel dieser Grund mit Beginn der Kolonialherrschaft fort. Die belgische Mandatsregierung zog selbst die Steuern ein und ihr modernes Militär hatte die alten Kriegerverbände der Tutsis obsolet gemacht. Während in anderen afrikanischen Ländern die Aggressionen der Staatsbürger sich meistens gegen die Kolonialmächte richteten, kam es 1959 zur Hutu-Revolution, die ausgesprochen bürgerkriegsähnliche Züge trug. Wie die deutsche hatte auch die belgische Kolonialverwaltung das ruandische Königssystem beibehalten. Als aber 1959 der amtierende König starb und die Tutsis wiederum den neuen Herrscher stellen wollten, verschaffte sich der angestaute Ärger der Hutus über die Privilegien der Minorität Luft in maßlosen Racheaktionen. Massaker folgte auf Massaker, mehr als 150.000 Tutsis wurden ermordet und mehrere tausend von ihnen flohen in eines der Nachbarländer, vor allem ins nördliche Uganda. Auch Paul Kagame[9], der spätere Präsident des Landes, gehörte 1959 zu den Tutsi-Flüchtlingen, die nach Uganda auswichen: Er wurde, so wird berichtet, als dreijähriges Kind 1960 auf dem Rücken seiner Mutter über die Grenze getragen. Es handelte sich um eine Revolution, und die Gewinner des Umsturzes nahmen das Eigentum der Ermordeten und der Flüchtlinge in Besitz, ohne dass juristische Prozesse gegen sie angestrengt worden wären. Die Hutus hatten vollendete Tatsachen geschaffen. Sie bestanden auf der Umwandlung des Landes in eine Republik und setzten die ersten demokratischen Wahlen durch, bei denen die Hutus, was vorauszusehen war, neunzig Prozent der Parlamentssitze erhielten. Durch die Revolution hatte aber auch die belgische Kolonialverwaltung entscheidend an Macht und Einfluss verloren. 1962 wurde Ruanda von Belgien unabhängig, und es begann die gut drei Jahrzehnte dauernde Hutu-Herrschaft. Größere Massaker an den Tutsis gab es 1963 und 1972 erneut auf dem Land – auch hier gingen die Täter straffrei aus – und einzelne Übergriffe gegen die Minorität hörten eigentlich nie auf. Von einer Demokratie im Lande konnte keine Rede sein. Die Macht lag jeweils bei einem diktatorisch regierenden Präsidenten bzw. bei seinem Clan oder seiner Clique, und die Oppositionsparteien hatten keinen Einfluss, mussten im Gegenteil mit Drangsalierungen und Verfolgung rechnen.

Die Tutsi-Flüchtlinge, die seit 1959 in immer neuen Wellen in die Nachbarländer vertrieben worden waren, nutzten ihre Zeit, ließen sich militärisch ausbilden und griffen auch in Bürgerkriege ihrer Gastländer – z.B. in Uganda – ein. Im Lauf der Jahrzehnte bauten sie ein Militär auf, das der Armee Ruandas überlegen war. Ihr fähigster, u.a. in den USA militärisch ausgebildeter, Führer war Paul Kagame. Zwischen 1990 und 1994 fielen die Tutsis immer wieder – besonders von Uganda aus – in Ruanda ein und verunsicherten die Hutu-Regierung. Nach etwas mehr als drei Jahrzehnten der Herrschaft war sie am Ende. Die Probleme des Landes waren nicht mehr in den Griff zu bekommen. Die wirtschaftliche Grundlage des Landes, der Kaffee-Export, brach zusammen, weil der Kaffeepreis durch die internationale Überproduktion plötzlich unterhalb der Erzeugungsko-

---

9 Vgl. die online Eintragung „Paul Kagame" in *Wikipedia, the Free Encyclopedia*.

sten lag. In den Jahren vor 1990 war der Kaffeepreis in Ruanda durch Subventionierungen der Westmächte künstlich hoch gehalten worden. Es war eine der Maßnahmen gewesen, das Land vor einem Abdriften ins sowjetische Lager zu bewahren. Diese Unterstützung hörte mit dem Ende des Kalten Krieges und der verstärkten Globalisierung des Marktes auf. Ruanda war eines der am dichtesten besiedelten Länder der Welt, und es konnte seine Bürger nicht mehr ernähren.[10] Ein Fünftel der Bevölkerung war an Aids erkrankt, Tendenz steigend. Die Korruption der Regierung hatte dazu geführt, dass die riesigen Mittel, die westliche Länder als Entwicklungshilfe überwiesen hatten, kaum etwas bewirkten. An den Grenzen drohte der Einfall der Tutsi-Soldaten, der RPF, der Ruandischen Patriotischen Front, bzw. der Weitermarsch jener Teile der RPF, die bereits in Ruanda einmarschiert waren. In dieser Panik-Situation fiel der Regierung nichts anderes ein, als die systematische Aufhetzung der Hutu-Majorität gegen alle noch im Lande verbliebenen Tutsis. Ein privater – allerdings offiziell geförderter – Rundfunksender nahm sich dieser Sache mit fanatischem Eifer an. Damals gab Ruanda das Bild eines „failed state", eines gescheiterten Staates ab.[11] Seit 2005 veröffentlicht die amerikanische Forschungsstelle Fund for Peace gemeinsam mit der Zeitschrift *Foreign Policy* einen „Failed State Index".[12] In dieser Statistik werden zwölf Indikatoren berücksichtigt, von denen sich vier auf das soziale Leben der betreffenden Staaten beziehen (katastrophale demographische Verhältnisse, Flucht, Racheaktionen, Auswanderung), zwei auf die Wirtschaft (gravierende Unterschiede zwischen Arm und Reich, ökonomischer Niedergang) und sechs auf die politische Situation (Kriminalisierung und Delegitimisierung, Niedergang der öffentlichen Dienste, Menschenrechtsverletzungen, Ende der Rechtssicherheit, sich bekämpfende Eliten, Einflussnahmen anderer Länder). Alle diese Kriterien trafen auf Ruanda im Jahr 1994 zu. So überrascht es nicht, dass Jared Diamonds Bestseller über kollabierende Staaten ein Kapitel über das Ruanda der Genozid-Monate enthält, in welchem er das Problem der Überbevölkerung in den Vordergrund rückt.[13] Der Genozid von 1994 kann nicht wie die Revolution von 1959 als Racheakt der Hutus an den Tutsis eingestuft werden, denn die Hutus hatten

---

10 Zum Zusammenhang von ökonomischer Schwäche und politischer Destabilisierung allgemein vgl. Douglass C. North, John Joseph Wallis, Barry R. Weingast, *Violence and Social Orders* (Stanford: Stanford University Press, 2009).
11 Zum Thema des gescheiterten Staates vgl. Annette Büttner, *Staatszerfall als neues Phänomen der internationalen Politik: Theoretische Kategorisierung und empirische Überprüfung* (Marburg: Tectum, 2004); Robin Geiß, *„Failed States". Die normative Erfassung gescheiterter Staaten* (Berlin: Duncker & Humblot, 2005).
12 Vgl. die online Eintragung „Failed State" in *Wikipedia, the Free Encyclopedia*.
13 Jared Diamond, *Collapse: How Societies Choose to Fail or Succeed* (New York: Viking Books, 2005). Die deutsche Fassung erschien in der Übersetzung von Sebastian Vogel unter dem Titel *Kollaps. Warum Gesellschaften überleben oder untergehen* (Frankfurt am Main: Fischer Taschenbuch, 2006). Vgl. dort das Kapitel 10: „Malthus in Afrika: Der Völkermord in Ruanda", S. 387-408. Was die Information über die demographische Entwicklung betrifft, so beruft sich Diamond auf den Aufsatz von Catherine André und Jean-Philippe Platteau, „Land relations under unbearable stress: Rwanda caught in the Malthusian trap", in: *Journal of Economic Behavior and Organization* 34 (1998): 1-47.

seit über drei Jahrzehnten die Macht in der Hand, und wenn es zu verständlichen Vergeltungsmaßnahmen gekommen wäre, hätte man sie bei den verfolgten Tutsis erwarten können. Es war vielmehr die Fortsetzung einer Selbstzerstörung des Landes in sozialer, ökonomischer und politischer Hinsicht, wie sie mit der Revolution von 1959 begonnen hatte. Wenn man die Gründe dieses Genozids verstehen will, sind zwei weitere Faktoren zu berücksichtigen: erstens die Tatsache, dass im benachbarten Burundi – ein Staat mit ähnlichen Problemen wie Ruanda – ebenfalls ein vergleichbarer Bürgerkrieg im Gange war; und zweitens die demographische Realität. Beide Gründe werden in der Studie von Jared Diamond betont. In Burundi waren es Tutsi-Milizen, die, gedeckt durch die von Tutsis dominierte burundische Armee, in den Dekaden seit den 1970er Jahren – mit extremen Mordaktionen 1972 und 1997 – einen Vernichtungsfeldzug gegen die Hutus führten, und diesem Bürgerkrieg fielen etwa 300.000 Menschen zum Opfer. Zu der Verarmung beider Länder trug die Tatsache bei, dass die Bevölkerung derart stark anwuchs, dass weder Ruanda noch Burundi seine Einwohner mehr ernähren konnte. Gepaart war diese Bevölkerungszunahme mit einer ökologischen Krise: Das Land wurde falsch bebaut, konnte sich nicht mehr regenerieren und warf immer geringere Ernten ab. Die hungernden Arbeitslosen strömten in die Milizen nicht lediglich aus altem Hass auf die andere Volksgruppe, sondern um Besitzende beiseite zu schaffen, damit sie selbst wieder zu Land und Eigentum, d.h. zu einer Erwerbsgrundlage kommen konnten. Nach diesem Schema war bereits bei der Hutu-Revolution von 1959 verfahren worden. Diamond betont auch, dass die ruandischen Milizen nicht nur Tutsis töteten, sondern auch etwa fünf Prozent der Hutubevölkerung. Wie nach 1959 wurden in Ruanda auch diesmal die Täter kaum belangt. Zwar wurden nach 1994 insgesamt 135.000 Personen wegen des Verdachts auf Völkermord festgenommen, aber kaum jemand wurde einer Tat überführt oder gar bestraft.

Der UNO als internationaler Staatengemeinschaft war nicht entgangen, dass Ruanda ein Pulverfass war, das jederzeit explodieren konnte. Man handelte im Januar 1993 mit der ruandischen Regierung einen Friedensvertrag aus, der nach dem Ort seiner Unterzeichnung, nach der Stadt Arusha in Tansania, als Arusha-Vereinbarung in die Geschichte eingegangen ist. (Arusha ist auch jene Stadt, in der heute das Ruanda-Tribunal des Internationalen Strafgerichtshofs tagt, wo über die Verbrechen gegen die Menschlichkeit gerichtet werden soll, die im Ruanda der 1990er Jahre begangen wurden.) Die Arusha-Vereinbarung verpflichtete die Regierung in Kigali, die aggressive Anti-Tutsi-Politik aufzugeben, die Flüchtlinge wieder ins Land zu lassen, Neuwahlen auszuschreiben und die Tutsi-Bevölkerung in die Machtstrukturen einzubeziehen.[14] Die UNO hatte ein beachtliches Kontingent von weit über zweitausend Blauhelm-Soldaten unter dem Kommando des kanadischen Generals Roméo Dallaire zur Verfügung gestellt. Es

---

14 Bruce D. Jones, *Peacemaking in Rwanda: The Dynamics of Failure* (Boulder, Colorado; London: Lynne Rienner, 2001).

sollte die friedliche Durchführung der Arusha-Vereinbarung garantieren.[15] Zur Umsetzung dieses Abkommens kam es nicht. Am 6. April 1994 wurde das private Flugzeug des ruandischen Präsidenten Juvenal Habyarimana kurz vor der Landung in Kigali durch eine ferngesteuerte Rakete abgeschossen. Niemand im Flugzeug überlebte, auch der Präsident nicht. Sofort begann der systematische und von langer Hand vorbereitete Massenmord der Hutus an den Tutsis. Dazu wurde die Präsidentengarde, die Polizei, das ruandische Militär und vor allem die Jugendorganisation Interahamwe mobilisiert. Nicht nur mit Granaten, Gewehren und Pistolen, sondern vor allem mit Macheten und nagelbestückten Keulen wurde eines der größten Massaker in der Geschichte der Menschheit ausgeführt. Das kaum Glaubhafte war, dass keine ausländische Macht dem Massenwahn in Ruanda Einhalt gebot: weder die UNO, noch jene Staaten – wie etwa Frankreich oder die USA –, die mit relativ geringem militärischem Einsatz diesen Völkermord hätten verhindern können. Die Amerikaner hatten im Jahr zuvor bei einer Friedensmission in Somalia achtzehn ihrer Soldaten verloren und wollten sich nicht erneut engagieren. So scheute sich die amerikanische Regierung auch, die Vorgänge als „Genozid" einzustufen, denn in diesem Fall wäre sie moralisch verpflichtet gewesen, einzugreifen.[16] Im Zusammenhang mit der Verabschiedung der Allgemeinen Erklärung der Menschenrechte durch die UNO am 10. Dezember 1948 war am Tag zuvor eine eigene UNO-Konvention über die Verhütung und Bestrafung des Völkermords verabschiedet worden, die am 12. Januar 1951 in Kraft trat.[17] Frankreich hielt aus politischen Gründen weiterhin an der Fiktion fest, dass das Land bald wieder zur „Normalität" zurückfinden werde. Der französischen Regierung war daran gelegen, das frankophone Hutu-Ruanda so lange wie möglich am Leben zu erhalten. (Die aus Uganda eindringenden Tutsi-Rebellen hatten inzwischen weitgehend das Englische ihres Gastlandes als Verständigungssprache angenommen.) In Europa war der Jugoslawien-Bürgerkrieg im Gange, der mit seinen „ethnischen Säuberungen" die Außenpolitiker des Kontinents in Atem hielt und zunächst vergleichbar ratlos reagieren ließ. Die UNO schließlich kommandierte die zur Durchsetzung des Arusha-Abkommens geschickten Blauhelme wieder ab und beließ nur eine kleine, fünfhundert Mann starke Gruppe von schlecht ausgebildeten Soldaten zum Schutz der Ausländer in Kigali.

---

15 Roméo Dallaire, *Shake Hands with the Devil. The Failure of Humanity in Rwanda* (New York: Carroll & Graf, 2003). Auf Deutsch erschienen unter dem Titel *Handschlag mit dem Teufel. Die Mitschuld der Weltgemeinschaft am Völkermord in Ruanda* (Springe: zu Klampen, 2008). Dallaires Autobiographie wurde unter dem gleichen Titel ("Shake Hands with the Devil") 2007 unter der Regie von Roger Spottiswoode verfilmt. Die Hauptrolle des General Dallaire hatte Roy Dupuis übernommen.
16 Samantha Power, „Rwanda: ,Mostly in a Listening Mode'", in: S. P., *„A Problem from Hell". America and the Age of Genocide* (New York: Basic Books, 2002), S. 329-389. Zum Thema der Genozid-Diskussion in der amerikanischen Regierung vgl. den Abschnitt „The ,G-Word'", S. 358-364.
17 John Quigley, *The Genocide Convention: An International Law Analysis* (Aldershot: Ashgate, 2006).

II

In den internationalen Nachrichten rangierte Ruanda weit hinter den Vorgängen in Ex-Jugoslawien, und es dauerte ein Jahrzehnt, bis ein Film die internationale Aufmerksamkeit auf die Verbrechen in Ruanda lenkte. Es handelte sich um den Streifen *Hotel Rwanda*, der von einem internationalen Team gedreht wurde und inzwischen schon von über zwanzig Millionen Menschen in aller Welt gesehen worden ist. Sein Produzent und Regisseur war der nordirische Filmemacher Terry George, der das Drehbuch gemeinsam mit Keir Pearson verfasst hatte. Es ist allerdings kein Film über die Massaker selbst, vielmehr schildert er im Gegenteil, wie ein Einzelner es unternimmt, mitten im Massenwahn Menschenleben zu retten, statt zu zerstören. Die beiden Drehbuchverfasser hatten von einem Hotelmanager in Kigali gehört, dem es gelungen war, über tausend Verfolgte in seinem Hotel Mille Collines unterzubringen und vor dem Tod zu bewahren. Bei dem Hotelverwalter handelte es sich um Paul Rusesabagina, dessen Ausweis bestätigte, dass er ein Hutu sei, der aber mit einer Tutsi-Frau verheiratet war. Er arbeitete als General Manager in dem der belgischen Fluggesellschaft Sabena gehörenden Luxushotel Mille Collines. Das Hotel war 1973 gebaut worden, um internationale Gäste aus Politik, Industrie, Entwicklungshilfe, Ministerialverwaltung und den Medien zu beherbergen. Der Film berührte die Zuschauer vor allem deshalb, weil er – ähnlich wie Steven Spielbergs *Schindler's List* von 1993 – vor Augen führte, dass es mit Mut, Geschick und jenem Einfallsreichtum, der sich in Situationen der Verzweiflung und der Empathie zuweilen einstellt, möglich ist, Menschenleben auch dann zu retten, wenn die Umgebung dem Mordwahn verfallen ist. Rusesabagina verwandelte sein Hotel, in dem normalerweise nicht einmal dreihundert Gäste Platz hatten, in ein Flüchtlingslager für 1.200 Menschen. Über zwei Monate hin gelang es ihm, mit allen möglichen Mitteln (Bestechung, Überredung, Drohung) die Mordbanden vom Eindringen ins Mille Collines abzuhalten und die Ernährung der Geflohenen zu sichern. Schließlich schaffte er es, dass das verbliebene UNO-Kontingent den Flüchtlingen freies Geleit und Schutz vor den Übergriffen der Hutus gewährte. Es war nicht nur die bewegende menschliche Geschichte, die den Erfolg des Films garantierte, sondern auch die schauspielerische Leistung von Don Cheadle als Hotelmanager, Sophie Okonedo als seine Frau Tatiana und Nick Nolte als UNO-General. Okonedo erhielt für ihre Rolle den Black Reel Award.

Nach dem Erfolg des Films wurde Rusesabagina gebeten, seine eigene Version der Vorgänge im Hotel Mille Collines zu Papier zu bringen. Das geschah 2006, als sein – gemeinsam mit Tom Zoellner geschriebenes – Buch *An Ordinary Man*[18] erschien. Dieser autobiographische Bericht, der auch Details über die soziale und

---

18 Paul Rusesabagina with Tom Zoellner, *An Ordinary Man. An Autobiography* (New York: Viking Penguin, 2006). Zitiert wird hier mit der Abkürzung (GM) nach der deutschen Übersetzung von Hainer Kober, die den Titel trägt *Ein gewöhnlicher Mensch. Die wahre Geschichte hinter ‚Hotel Ruanda'* (Berlin: Berliner Taschenbuchverlag, 2008).

politische Geschichte des Landes enthält,[19] wurde ein in viele Sprachen übersetzter Bestseller. Die oft wiederholte Botschaft des Buches ist die, dass man in Situationen des Massenwahns in keinem Fall die mündliche Kommunikation aufgeben darf, dass man immer wieder auf die Kraft des Wortes, des Gesprächs vertrauen muss, um bei dem auf Vernichtung versessenen Gegner jene emotionale Bewegung in Gang zu setzen, die ihn unter Umständen doch von seinen Tötungsabsichten abbringen kann. Ohne diese Insistenz auf dem Knüpfen von Gesprächsfäden, und ohne die Überzeugung, dass auch in den verdorbensten Charakteren Mordwünsche nicht die allein dominierenden Seelenregungen sind, hätte er seine Abwehrmanöver nicht durchführen können. Umgekehrt, betont Rusesabagina, sei auch der Hass vor allem durch Worte gesät worden. So hätten die permanenten Diskriminierungen der Tutsis als „inyenzi" (Kakerlaken) in dem bereits erwähnten Radiosender (RTLM: Radio-Télévision Libre des Mille Collines) katastrophale Folgen gehabt. Diese Station verlas 1994 Listen mit tausenden von Namen und Adressen von Tutsis und moderaten Hutus, die beseitigt werden müssten. Besonders die täglichen Mordaufforderungen im Rundfunk hätten die Todesorgie in Gang gesetzt und gehalten.

Anders als der Film berichtet Rusesabaginas Buch auch direkt von den Gräueln, die er im Bürgerkrieg beobachtet hat. So heißt es an einer Stelle:

> Bekanntlich verfuhr die Interahamwe mit ihren Opfern äußerst grausam. Zuerst durchtrennten sie ihnen die Sehnen, damit sie nicht davonlaufen konnten, dann schlugen sie ihnen die Gliedmaßen ab, so dass die armen Menschen erleben mussten, wie ihr Leib langsam zerstückelt wurde. Häufig zwang man die Familienmitglieder, das Martyrium ihrer Angehörigen mit anzusehen, in der sicheren Gewissheit, dass sie die nächsten Opfer sein würden. Häufig wurden auch noch ihre Frauen und Kinder vor ihren Augen vergewaltigt. Priester halfen, ihre Gemeindemitglieder zu ermorden. In einigen Fällen halfen die Gemeindemitglieder auch, ihre Priester zu ermorden. Tutsi-Frauen legten sich neben ihren Hutu-Ehemännern schlafen und wachten auf, weil ihnen die Klinge einer Machete in den Hals fuhr, über ihnen das hassverzerrte Antlitz des Mannes, der geschworen hatte, sie bis an sein Lebensende zu lieben und zu ehren. Auch Hutu-Frauen brachten ihre Ehemänner um. Kinder warfen ihre Großeltern in Abortgruben und bedeckten sie mit Steinen, bis die Schreie verstummten. Ungeborene Kinder wurden aus den aufgeschlitzten Bäuchen ihrer Mütter gerissen und wie Fußbälle umhergetreten. Abgetrennte Köpfe und Genitalien wurden in Schaufenstern ausgestellt. Die rasende Mordlust, die in Ruanda entfesselt worden war, fegte über alles hinweg, über Freundschaft, Politik und selbst den Hass – sie wurde zum Töten aus purer Lust am Töten, zum Töten als Sport, zum Töten ohne jeden Grund. (GM 168-169).

Wie der Film *Hotel Rwanda* ist auch das Buch *An Ordinary Man* Teil jener Menschenrechtskultur, für die das schlimmste Vergehen der Völkermord bleibt, und für die das Unterlassen von Hilfe nicht minder verwerflich ist. Das Motto des Buches ist Albert Camus' *La Peste* entnommen und betont jene Hilfe, die der

---

19 Offenbar hat der Autor dafür eine Reihe von historischen Darstellungen studiert, deren Bibliographie er im Anhang unter dem Titel „Ausgewählte Literatur" angibt (GM 251ff.)

Autor als „ordinary man", als Durchschnittsmensch, für selbstverständlich hält. In dem Camus-Zitat heißt es:

> Es ging nur darum, so viele Menschen wie möglich vor dem Sterben und der endgültigen Trennung zu bewahren. Dafür gab es nur ein einziges Mittel, nämlich die Pest zu bekämpfen. Diese Wahrheit war nicht sehr schön, sie war nur folgerichtig. (GM 7)

Am Schluß des Buches konkretisiert Rusesabagina dieses Motto, wenn er über den Völkermord schreibt:

> Hitlers Endlösung galt als letzte Manifestation dieser ungeheuerlichen Idee – als das letzte Mal, dass die Welt den vorsätzlichen Versuch hinnahm, eine ganze Menschenrasse auszurotten. Doch der Genozid bleibt auch im einundzwanzigsten Jahrhundert die drängendste Menschenrechtsfrage.[20] (GM 235)

Wahrscheinlich schrieb der Autor diese Zeilen im Hinblick auf den Bürgerkrieg zwischen dem Sudan und der Region Darfur, der im Jahr 2004 nach jahrzehntelangen Konflikten zu einer weiteren humanitären Katastrophe eskalierte. Auch hier trugen Faktoren wie wachsende Bevölkerung, rapide Verringerung der Ressourcen, Verarmung, Hunger und Krankheiten entscheidend zur Konfliktsteigerung bei. Man vermutet, dass bei diesem Bürgerkrieg 400.000 Menschen ums Leben kamen, und dass etwa drei Millionen zur Flucht gezwungen wurden.[21]

Der franko-kanadische Journalist und Schriftsteller Gil Courtemanche legte schon im Jahr 2000 einen Roman vor, in dem auf realistische, zuweilen fast reportagehafte Weise,[22] geschildert wird, was in Kigali allgemein und im Hotel Mille Collines im besonderen während der hundert Tage im Jahr 1994 vor sich ging. Der Titel des Buches lautet *Un dimanche à la piscine à Kigali*[23], und er bezieht sich auf den legendären Swimmingpool des Mille Collines, jenes Hotels, um das es im Film von Terry George und in den autobiographischen Aufzeichnungen von Paul Rusesabagina geht. Auch Rusesabagina stellte die Bedeutung des Schwimmbads als Kommunikationszentrum heraus. Um es herum waren zehn Tische und zwanzig Liegestühle gruppiert, an denen sich die einflussreichen Einheimischen aus Politik und Handel untereinander oder zum Gespräch mit Vertretern aus anderen Ländern trafen. Hier wurden politische Entscheidungen getroffen und Geschäfte abgeschlossen, Freundschaften besiegelt und Differenzen beigelegt. Durch die Gespräche am Pool lernte Rusesabagina im Lauf der Jahre

---

20 Zur Genozidforschung vgl. Robert Stockhammer, *Ruanda*, S. 55-76.
21 Vgl. Gérard Prunier, *Darfur. Der ‚uneindeutige' Genozid* (Hamburg: Hamburger Edition, 2007).
22 Der Autor betont, dass die im Roman beschriebenen Vorgänge während des Bürgerkriegs den Fakten entsprechen. Im „Vorwort" empfiehlt er, zur Überprüfung die Sammlung von Augenzeugenberichten zu lesen, die die Organisation African Rights 1995 unter dem Titel *Rwanda: Death, Despair and Defiance* publiziert habe (SK 9).
23 Gil Courtemanche, *Un dimanche à la piscine à Kigali* (Paris: Édition Boréal, 2000). Zitiert wird mit der Abkürzung (SK) nach der deutschen Übersetzung von Riek Walther, die den Titel trägt *Ein Sonntag am Pool in Kigali* (Frankfurt am Main: Fischer Taschenbuch, 2005).

viele jener prominenten Figuren kennen, von denen einige ihm halfen, sein Hotel als Rettungsschiff durch die Flut der Gewalt zu steuern.

Auch Courtemanche war Zeuge dessen, was im Hotel Mille Collines während des Völkermords in Ruanda vor sich gegangen war, und nicht wenige Personen, die er dort kennen lernte, kommen mit ihren wirklichen Namen in seinem Roman vor. „Zwei Tage nach Beginn der Massaker", heisst es bei Courtemanche, „hielten sich beinahe eintausend Personen im Hotel auf, darunter rund einhundert Kinder." (SK 270) Courtemanche schuf mit Bernard Valcourt eine Hauptfigur, die zwar kein *alter ego* ist, die aber wie er aus der Journalistenbranche kommt und Mitte Fünfzig ist. Valcourt hatte es schon immer in Krisenregionen gezogen, und nach Ruanda war er aus zwei Gründen gekommen: Erstens wollte er einen Film über Aids drehen, zweitens beim Aufbau eines Fernsehprogramms behilflich sein. Mit dem Film wollte er einen Beitrag zur Aidsbekämpfung in Afrika leisten und das Fernsehen hatte er sich als Mittel zur Demokratisierung des Landes vorgestellt. Beide Absichten lassen sich nicht verwirklichen. Er stellt fest, dass die diktatorische Regierung kein Interesse am Aufbau einer Fernsehstation hat und die Hindernisse bei der Arbeit am Film über Aids sind so groß, dass er ihn nicht fertig stellen kann. Der Fernsehsender hätte auch der „Aufklärung [...] in den Bereichen Gesundheit und Aids" (PK 28) dienen sollen. Aids ist die Geißel des subsaharischen Afrika, wo mehr als 25 Millionen Menschen (fast zwei Drittel aller Aidsfälle weltweit) mit der Krankheit infiziert sind, und wo mehr als zwei Millionen jährlich daran sterben. Aids ist das Hauptthema des Romans und es gibt kein anderes Buch über Ruanda, in dem die Zusammenhänge zwischen der Aids-Katastrophe des Landes und dem Bürgerkrieg auf so vielfältige Weise herausgestellt werden.[24] Ein ruandischer Freund wird mit den Worten zitiert: „Wir sind zerfressen von zwei Krebsgeschwüren, Hass und Aids" (22). Dass in einem subsaharischen Land Afrikas ein Fünftel bis ein Drittel der erwachsenen Bevölkerung an Aids leidet, ist statistisch erwiesen, und Courtemanche erwähnt, dass 1994 „ein Drittel aller Erwachsenen in Kigali HIV-positiv" (29) gewesen sei. Der Aidskranke, so will der Roman verdeutlichen, sei zum Symbol des Landes geworden: Wie die menschliche Physis nach der Aidsinfektion „Stück für Stück all seinen Schwächen erliege", so gehe auch der ruandische Staatskörper an seinen Insuffizienzen zugrunde. Bevor der ruandische Präsident einem Attentat zum Opfer fällt, gilt er bereits in den Gerüchten des Landes als aidsinfizierter sterbenskranker Mann, über dessen baldigen Tod spekuliert wird (SK 20). Die jungen Mitglieder der Interahamwe-Miliz sind nicht nur vom Hassvirus angesteckt, sondern meistens auch aidskrank. Sowohl durch ihre Vergewaltigungen wie durch Mordaktionen reißen sie das verarmte Land vollends in den Abgrund. Courtemanche

---

24 Zum Thema Aids in Afrika allgemein vgl. Hansjörg Dilger, *Leben mit Aids. Krankheit, Tod und soziale Beziehungen in Afrika. Eine Ethnographie* (Frankfurt am Main; New York: Campus, 2005); Stefan Hippler, Bartholomäus Goll, *Gott, Aids, Afrika* (Köln: Kiepenheuer & Witsch, 2007); Stephanie Nolen, *28 Stories über Aids in Afrika* (München: Piper, 2007. Zum Thema Aids in der Gegenwartsliteratur vgl. Brigitte Weingart, *Ansteckende Wörter. Repräsentation von Aids* (Frankfurt am Main: Suhrkamp, 2002).

schildert, wie der aidsinfizierte *poolboy* des Hotel Mille Collines seine Sexualität bewusst in den Dienst seiner Rachephantasien stellt: Mit der Ansteckung treibt er die Sexpartner – meistens weiße Frauen – in den Tod. Courtemanche spricht auch die unselige A-Trias von Aids, Arbeitslosigkeit und Armut an und betont den engen Zusammenhang dieser drei Gegebenheiten. Zahllose Frauen, die „keinen Zugang mehr zu den Feldern" hätten, seien „zur Gelegenheitsprostitution verdammt [...], um ihre Kinder zu ernähren" (SK 146). Mit der Armut des Landes und der Arbeitslosigkeit der jungen Menschen hat auch zu tun, dass Jugendliche sich zu tausenden von der Interahamwe rekrutieren lassen. Es handle sich durchweg um „junge Arbeitslose", die ein Bier in die eine und eine Machete in die andere Hand gedrückt bekämen. Damit sie die Hemmschwelle beim Morden leichter nähmen, verteile die Staatspartei Marihuana an die Miliz (SK 53). Die Aids-Hass-Spirale als „Orgie von Wahnsinn" (SK 83) drehte sich, wie das Buch zeigt, ständig weiter. Weil die Chance, im Bürgerkrieg zu überleben immer geringer wird, werde auch die Gleichgültigkeit gegenüber dem Aidstod größer, und da die Wahrscheinlichkeit der Infizierung durch Aids zunimmt, werde auch der Tod im Genozid fatalistisch in Kauf genommen. Courtemanche zitiert eine Frau, die sich auf Aids hin hat testen lassen: „Ich will gar nicht wissen", teilt sie offen mit, „was der Umschlag enthält. Bin ich positiv, sterbe ich. Bin ich negativ, sterbe ich auch." (SK 222) „Kein Tutsi darf überleben" (SK 201) ist die Losung, die für die Interahamwe gilt, und so überrascht es nicht, wenn im Roman von einem „zweiten Holocaust" (SK 282) die Rede ist.

In den Todessog des Landes gerät auch Gentille Sibomana, die junge Geliebte Valcourts. Er hat sie im Hotel Mille Collines kennen gelernt, wo sie ihren Unterhalt als Serviererin verdient. Ihrer Abstammung nach ist sie Hutu, doch hat Kawa, ihr Ururgroßvater, es durch seine Heiratspolitik geschafft, einem Großteil der Familie zu einer Tutsi-Identität zu verhelfen. Das war am Anfang der belgischen Kolonialzeit, als der soziale Aufstieg den Tutsis vorbehalten war. Inzwischen hat sich das Blatt gewendet und der Vorfahr hat das Gegenteil von dem erreicht, was er beabsichtigt hatte. Gentille entspricht in ihrem Äußeren dem im Land verbreiteten Tutsi-Klischee, allerdings besitzt sie einen Ausweis, in dem sie als Hutu eingestuft wird. Da während des Bürgerkrieges zahllose Tutsis sich mittels Bestechung Hutu-Identitäten besorgen, wird bei Kontrollen Gentilles Ausweis als Fälschung abgetan. Sie überlebt im Hotel Mille Collines bis zu dessen Schließung, wird aber danach von Milizen aufgegriffen. Nach dem Sieg der von Paul Kagame geführten Tutsis kehrt Valcourt nach Kigali zurück und macht sich auf die Suche nach seiner Geliebten. Er findet sie wieder, doch ist sie psychisch zerstört, physisch verstümmelt und aidsinfiziert. In der ergreifenden Wiedererkennungs- als Abschiedsszene wird die Tragik des Landes versinnbildlicht.

Auch in Courtemanches Roman scheint das Ethos der Menschenrechtskultur durch. So schreibt er am Ende über seinen Helden Valcourt:

> Kein Tod, kein Massaker hatte ihm je den Glauben an die Menschen geraubt. Aus dem Napalm in Vietnam war er verbrannt hervorgegangen, aus dem kambodschanischen Holocaust stumm, aus der äthiopischen Hungersnot gebrochen, er-

schöpft, mit gebeugtem Rücken. Aber im Namen von etwas Undefinierbarem, das er durchaus als Ordnung des Lebens bezeichnen konnte, musste er weitermachen. (SK 257)

Dieses Zeugnis, das der Autor seiner Figur ausstellt, klingt etwas allzu sehr nach „summa cum laude" in Sachen Humanitätseinstellung und taucht Valcourt in ein geradezu heroisches Licht. Die Charakterisierung wird dann durch die ihm zugesprochenen literarisch-philosophischen Neigungen auch noch unterstrichen: Zu Valcourts Vorlieben gehören Reden von Vaclav Havel, Essays von Albert Camus und Gedichte von Paul Élouard. 2006 ist der Roman unter dem Titel *Un dimanche à Kigali* verfilmt worden. Es war eine kanadische Produktion von Lyse Lafontaine und Michael Mosca, wobei Robert Favreau die Regie führte. Die Hauptrollen von Bernard Valcourt und Gentille Sibomana wurden mit Luc Picard und Fatou N'Diaye besetzt.[25]

Anfang 2007 kam ein Film in die Kinos, der ebenfalls den Massenmord in Ruanda zum Thema hat. Der schottische Regisseur Michael Caton-Jones drehte Mitte der 1990er Jahre den viel beachteten Film *Shooting Dogs*, der in Amerika unter dem Titel *Beyond the Gates* in die Kinos kam. „Shooting Dogs" bezieht sich im Film auf die Tatsache, dass die UN-Soldaten in die Massaker, die die Hutus an den Tutsis verübten, nicht eingriffen, wohl aber auf jene streunenden Hunde schossen, die an den Leichen der Ermordeten fraßen. Mit „Gates" im amerikanischen Titel sind die Pforten der Hölle gemeint. Die Story hatte Richard Alwyn geliefert und das Filmskript stammte von David Wolstencroft. Die Problemstellung ist eine andere als bei Courtemanche. Im Zentrum der Handlung steht der Priester und Schulleiter Christopher (gespielt von John Hurt), der sein Christentum, sein Mitleiden mit den Verfolgten, bis zum Tod durchhält. Vor dreißig Jahren ist er aus Europa nach Ruanda gekommen und erlebt nun die erste Woche des Massakers. Er gewährt über zweitausend Tutsi-Flüchtlingen in seiner École Technique Officielle Schutz. Das geht so lange gut, wie sich dort belgisches UN-Militär aufhält. Da aber anderswo in Kigali zehn ihrer Kollegen von Hutu-Milizen ermordet worden sind, zieht Belgien seine UNO-Soldaten bald ab. Damit aber ist das Schicksal der Schutz suchenden Ruander besiegelt. Eine wichtige Rolle spielt auch hier die Zuneigung zwischen einem Europäer und einer jungen Tutsi-Frau. Joe Connor (verkörpert durch Hugh Dancy) ist ein Aushilfslehrer aus England, der ein Jahr in der Schule Christophers Entwicklungshilfe leisten will. Seine Schülerin Marie verehrt ihn als Vorbild, und auch Joe empfindet Freundschaftsgefühle für das Mädchen, obwohl Sexualität hier nicht im Spiel ist. Joe verspricht Marie, ihr immer helfen zu wollen. Als französische Soldaten eingesetzt werden, um Europäer bzw. „Weiße" aus der Bürgerkriegsfalle in Kigali zu befreien, weigert sich Joe, die Schule zu verlassen, obgleich die englische BBC-Reporterin Rachel, der Joe sympathisch ist, ihn drängt, sich zu retten. Aber als die Belgier abziehen und die Schule dem mordenden Hutu-Mob ausgeliefert ist,

---

25 Zu den weiteren fiktionalen und dokumentarischen Arbeiten zum Thema – vor allem auch aus Afrika selbst – vgl. Robert Stockhammer, *Ruanda*, S. 30-35.

entschließt sich auch Joe zur Flucht und kann dem Drängen der Belgier nicht widerstehen, sein nacktes Leben zu retten. Nur Christopher bleibt bei den Verfolgten, weil er seinen Glauben nicht nur predigen, sondern auch praktizieren will. Darauf verweist schon sein Name „Christusträger". Er versteckt in einem Lieferwagen einige der Kinder bzw. Schüler, zu denen auch Marie gehört, und verlässt mit dem Auto die Schule. Die Absicht ist, den Versteckten eine Möglichkeit zur Flucht zu gewähren. In der Nacht wird Christopher an einer Straßensperre der Hutu-Milizen aufgehalten und wohl wissend, in welche Gefahr er sich begibt, verwickelt er den Wortführer an der Sperre – ein ehemaliges Mitglied seiner Kirchengemeinde – in ein Gespräch, was Marie und den Kindern die Chance gibt, im Schutz der Dunkelheit in einen Wald, der an die Straße grenzt, zu entkommen. Christopher selbst wird nach dem kurzen Wortwechsel durch Pistolenschüsse ermordet. John Hurt hat die Rolle des sich für andere opfernden katholischen Priesters ohne Pathos und mit Überzeugung gespielt. Neben diesem ethischen und religiösen Thema behandelt der Film aber auch den Streit um die Rolle der in Kigali stationierten UNO-Soldaten. Christopher drängt den belgischen Capitaine Charles Delon (die Rolle hat Dominique Horwitz gespielt) dazu, seine Vorgesetzten auf die Ausmaße der humanitären Katastrophe hinzuweisen und darauf zu drängen, dass die UNO Verstärkung schickt, um weiteres Blutvergießen zu verhindern. Der Capitaine beruft sich auf Befehle und betrachtet jede Initiative außerhalb der vorgegebenen Direktiven als aussichtslos. Auch seine höchsten belgischen Vorgesetzten kämen, so meint er, gegen die Beschlüsse des UNO-Generalsekretärs nicht an. Der Film endet damit, dass Marie, die den Bürgerkrieg überlebt hat, Joe nach fünf Jahren aufsucht, der inzwischen Chorleiter an einer englischen Kathedrale geworden ist. Sie will von ihm selbst hören, warum er damals sein Versprechen, sie nicht zu verlassen, gebrochen hat. Die Frage klingt naiv und Joe antwortet, wie zu erwarten ist, dass er Angst vor seinem sicheren Tod gehabt habe. Es ist weniger der Inhalt des simplen Gesprächs, das den Film beschließt, als die Tatsache, dass hier zwei junge Menschen, die erlebt haben, was die Hölle auf Erden bedeuten kann, sich wiedersehen und das alte Band der Freundschaft neu zu knüpfen versuchen, wozu die Voraussetzung das Verständnis von Marie ist, die begreift, dass die Entscheidung Christophers im Sinne der Imitatio Christi immer die seltene Ausnahme sein wird.[26]

III

Im deutschsprachigen Bereich gibt es einen Roman, bei dem der Völkermord von Ruanda im Mittelpunkt der Handlung steht. Der Schweizer Autor Lukas Bärfuss, der sich bis dahin einen Namen als Dramatiker gemacht hatte, legte 2008 seinen

---

26 Vgl. auch das Interview mit Michael Caton-Jones unter der Website: http://serv01.siteground181.com/~europe14/content/view/213/62/

Erstlingsroman *Hundert Tage*[27] vor, in dem es um jene drei Monate von April bis Juli 1994 geht, in denen der Genozid stattfand. Sechs Jahre zuvor war in den Kinos bereits ein Film-Dokudrama mit dem Titel *100 Days* gezeigt worden, das den Bürgerkrieg in Ruanda behandelte. Nick Hughes hatte damals die Schreckenszeit als Kameramann der BBC in Ruanda erlebt und entschloss sich einige Jahre später, einen Film über jene hundert Tage zu drehen. Er schrieb selbst das Drehbuch, das von der Liebesgeschichte zweier Teenager, von Josette und Baptiste, handelt. Beide sind Tutsis und werden durch den Terror, den die Hutus entfachen, voneinander getrennt. Josette rettet sich in eine Kirche, in der sie jedoch von dem Priester missbraucht und vergewaltigt wird. Als belgische UNO-Soldaten, die die Kirche schützen sollen, abziehen, kommt es zum Massaker der Hutus an den Tutsi-Flüchtlingen und Josette überlebt nur wie durch ein Wunder, ist aber eine gebrochene Frau. Nach den hundert Tagen sammeln sich Tutsis, um Rache an den Mördern zu nehmen und der Zyklus der Gewalt setzt sich fort. Hughes drehte den Film im westlichen Ruanda, und alle Schauspieler, die er einsetzte, waren Laiendarsteller, die den Bürgerkrieg miterlebt hatten.[28]

Mit Hughes' Film hat der Roman von Bärfuß außer dem Titel und der Tatsache, dass es in beiden Werken um den Völkermord in Ruanda geht, nicht viel gemein. Die Erzählstruktur des Buches ist relativ schlicht und weist auch einen Formfehler auf. Zu Anfang, d.h. auf den ersten neun Seiten, wird das Gespräch zwischen einem Ich-Erzähler und einem ehemaligen Schulfreund, David Hohl, geschildert. Es findet an einem Wintertag in der Wohnung Hohls statt, der in einem Ort des Schweizer Jura lebt. Der Ich-Erzähler besucht Hohl, um sich vom Leben im Ruanda der frühen 1990er Jahre berichten zu lassen. Vielleicht angeregt durch die Autobiographie des „ordinary man" Paul Rusesabagina wird auch beim Augenzeugen David Hohl die Durchschnittlichkeit betont. So heißt es in einer Wendung des Ich-Erzählers an den Leser:

> Das Erstaunlichste an dieser Geschichte ist, dass gerade er sie erlebt hat, einer, der nicht dazu bestimmt schien, irgendetwas zu erfahren, das über das gewöhnliche Maß menschlicher Katastrophen hinausgeht: eine üble Scheidung, eine schwere Krankheit, ein Wohnungsbrand als Äußerstes. Aber ganz gewiss nicht, in die Wirren eines Jahrhundertverbrechens zu geraten. (HT 5,6)

Die Dialogsituation wird zu Beginn betont, wenn der Ich-Erzähler festhält: „Manchmal hält er in seiner Rede inne, oft mitten im Satz. Ich sehe in seinen

---

27 Lukas Bärfuss, *Hundert Tage. Roman* (Göttingen: Wallstein, 2008). In der Folge zitiert mit (HT).
28 Es gibt noch weitere beachtliche Filme zum Thema. So stellte im Jahr 2005 der aus Haiti stammende Regisseur Raoul Peck das HBO-Dokudrama *Sometimes in April* fertig, das die Geschichte zweier Hutu-Brüder aus der Familie Muganza schildert, die sich beim Bürgerkrieg gleichsam auf der entgegengesetzten Seite der Barrikade befinden. Augustin ist mit einer Tutsi-Frau verheiratet, die – wie auch die beiden Söhne und die Tochter – im Massaker ums Leben kommen. Sein Bruder Honoré arbeitet für den Propagandasender der Hutus und trägt Mitschuld an der Aufhetzung der Bevölkerung. Zehn Jahre später sind beide Brüder noch traumatisiert durch das Geschehen. Augustin versucht sich ein neues Leben aufzubauen; Honoré muss sich vor dem Ruanda-Tribunal in Arusha, Tansania, verantworten.

Augen, wie er sich erinnert, nur erinnert und nicht spricht, vielleicht, weil er keine Worte dafür hat, sie noch nicht gefunden hat und wohl auch nicht finden will." (HT 5). Doch die Gesprächsstruktur wird schon nach einigen Seiten aufgegeben. Der Ich-Erzähler verschwindet ab Seite 14 einfach aus der Geschichte, obgleich er auf Seite sieben noch eine Frage stellt, sich auf Seite zehn mit der Bemerkung „Und an dieser Stelle verstummt David" meldet und auf Seite dreizehn noch schildert, wie der ehemalige Mitschüler das Essen für sie beide serviert. Hohl fungiert nun selbst als einziger Ich-Erzähler, der seine Rede keineswegs mehr unterbricht, auch keine Schwierigkeiten hat, sich zu erinnern und die richtigen Worte für das Erlebte zu finden. Als Rahmenhandlung hätte das Gespräch eine sinnvolle Funktion haben können, doch wirkt es erzähltechnisch gesehen nicht überzeugend, wenn Hohl nun ohne Unterbrechung einen stundenlangen Monolog von sich gibt, womit die anfängliche Dialogstruktur aufgelöst wird. Mag sein, dass Bärfuss zum Erzählrahmen durch Joseph Conrads Novelle *Heart of Darkness* von 1899 – dem Klassiker westlicher Afrikaliteratur – inspiriert wurde. Dort ist der Rahmen-Erzähler ein Seemann, der Marlow, den Binnen-Erzähler, einführt: Mit Freunden sitzen sie abends auf einem Segelschiff, das in London auf der Themse angelegt hat. Marlows Binnenerzählung handelt von Erlebnissen, die er im Kongo gehabt hat. Der nicht näher identifizierte Rahmen-Erzähler meldet sich nicht nur zu Anfang, sondern auch zwischendurch zu Wort und rundet am Ende mit einem Kommentar zu Marlow die Novelle ab. Vielleicht hat Bärfuss in bewusster Abgrenzung zu Conrads Erzählung auf die Schließung des Rahmens verzichtet, weil er die Rahmen-Erzählerstimme entwerten wollte. Dann fragt man sich allerdings, warum sie überhaupt eingeführt werden musste.

Vermutlich ist die Liebesgeschichte in den *Hundert Tagen* durch den Roman Courtemanches und – zu einem geringeren Grad – durch den Film *Shooting Dogs* von Michael Caton-Jones beeinflusst worden. In allen drei Fällen geht es um die Romanze zwischen einem Mann aus der westlichen Welt und einer jungen Frau aus Ruanda. Die Beziehung zwischen einem männlichen Europäer und einer Frau aus (ehemaligen) Kolonialgebieten gehört zu den oft variierten Topoi der abendländischen Literatur seit der Zeit um 1700. Den Prototyp dieser Geschichte schuf der englische Autor Richard Steele mit seiner Erzählung von „Inkle and Yariko", die 1711 im *Spectator* erschien. Hundert Jahre später findet sich eine nicht minder berühmte Variante in der deutschen Literatur, in Kleists Novelle „Die Verlobung in St. Domingo".[29] Bei Steele verliebt sich der junge englische Kauf-

---

29 Lawrence Marsden Price, *Inkle and Yarico Album* (Berkeley: University of California Press, 1937); *English Trader, Indian Maid. Representing Gender, Race and Slavery in the New World. An Inkle and Yarico Reader*, hrsg. v. Frank Felsenstein (Baltimore und London: The Johns Hopkins University Press, 1999). Auf das Inkle-and-Yarico-Schema kommen in der Kleistforschung zu sprechen: Herbert Uerlings, „Preußen in Haiti? Zur interkulturellen Begegnung in Kleists ‚Verlobung in St. Domingo'". In: *Kleist-Jahrbuch* (1991): 194; Susanne Zantop, *Colonial Fantasies: Conquest, Family, and Nation in Precolonial Germany, 1770-1870* (Durham: Duke University Press, 1997), S. 145; Paul Michael Lützeler, „Europa oder Amerika? Napoleons Kolonialkrieg in

mannssohn Inkle in die schöne Indianerin Yarico. Inkle ist auf der Karibikinsel Barbados gestrandet und Yarico nimmt sich seiner an. Während sie eine bukolische Idylle nachleben, wird Yarico schwanger und Inkle fabelt seiner exotischen Freundin etwas vom gemeinsamen künftigen Leben in London vor. Doch bald wird er der Reize der Indianerin überdrüssig, sein nüchterner Kaufmannssinn meldet sich wieder zu Wort, wenn er an den Geld- und Zeitverlust denkt, den ihn die Liebesaffäre gekostet hat. Inkle verkauft Yariko meistbietend als Sklavin und kann den Preis für sie noch dadurch steigern, dass er auf ihre Schwangerschaft verweist. Kleist hat diese Story in der *Verlobung in St. Domingo* gleich doppelt abgewandelt. Zum einen scheint sie in der Beziehung Babekans zu Bertrand durch, zum anderen in der tragischen Romanze zwischen Toni und dem Schweizer Offizier Gustav, der sich in französischen Diensten befindet. In beiden Fällen handelt es sich um Kolonialgeschichten, die vom Liebesverrat des männlichen europäischen Partners handeln. Das heute bekannteste Beispiel dieser kolonialistisch und gleichzeitig kolonialkritisch geprägten tragischen Liebesgeschichte zwischen einem westlichen Mann und einer nicht-westlichen Frau ist Giacomo Puccinis Oper *Madama Butterfly*, die seit über hundert Jahren das meistgespielte Musikdrama in Nordamerika ist.[30] Die Oper wurde 1904 uraufgeführt und basiert auf dem Roman *Madame Chrysanthème* (1887) von Pierre Loti und der Kurzgeschichte „Madame Butterfly" (1898) von John Luther Long.[31] Die Handlung spielt in der japanischen Hafenstadt Nagasaki im Jahr 1904, wo der Amerikaner B.F. Pinkerton (die Initialen seines Vornamens stehen für Benjamin Franklin) die Heirat mit der Japanerin Cio-Cio San (Madama Butterfly) eingeht. Pinkerton nimmt die Bindung nicht ernst, Cio-Cio San dagegen tritt, um ihrem Mann die Tiefe ihrer Liebe zu bezeugen, zum Christentum über. Das hat zur Folge, dass der buddhistische Priester sie verflucht und sich die Verwandten von ihr abkehren. Nach einigen Monaten kehrt Pinkerton in die USA zurück, heiratet dort eine Amerikanerin, kehrt mit ihr – inzwischen hat Madama Butterfly schon drei Jahre auf ihn gewartet – mit dem Schiff „Abraham Lincoln" nach Nagasaki zurück. Cio-Cio San erkennt den Liebesverrat, begeht Selbstmord und hinterlässt ihren dreijährigen Sohn dem untreuen Gatten und seiner amerikanischen Frau.

In den postkolonialen Romanen[32] von Courtemanche und Bärfuss verlaufen die Beziehungen ähnlich und enden ebenfalls mit dem drohenden oder faktischen Untergang des weiblichen Partners. Wie es die literarische Tradition verlangt, sind Gentille bei Courtemanche und Agathe bei Bärfuss nicht-europäische – hier afrikanische – Frauen, die eine Affäre mit einem Westler begonnen haben, bei Courtemanche mit einem kanadischen Fernsehjournalisten, bei Bärfuss mit ei-

---

Santo Domingo und Kleists literarischer Widerstand", in: P.M.L., *Kontinentalisierung. Das Europa der Schriftsteller* (Bielefeld: Aisthesis, 2007), S. 137-141.
30 Brian Burke-Gaffney, *Starcrossed: A Biography of Madame Butterfly* (Norwalk: EastBridge, 2004).
31 Zu den realgeschichtlichen Hintergründen der Oper vgl. Arthur Groos, „Madame Butterfly: The story". In: *Cambridge Opera Journal*, 3/2 (1991): 125-158.
32 Vgl. Paul Michael Lützeler, *Postmoderne und postkoloniale deutschsprachige Literatur* (Bielefeld: Aisthesis, 2005).

nem Schweizer Entwicklungshelfer. Und beide möchten – darin ebenfalls dem Steeleschen Paradigma folgend – nach Europa auswandern, wollen – zunächst jedenfalls – dem chaotischen eigenen Staat, hier Ruanda, entkommen. So sehr die Geschichten von Gentille und Agathe sich auch ähneln, so gibt es doch Unterschiede. Gentille ist zwar der ethnisch-sozialen Zugehörigkeit nach Hutu, wird aber als Tutsi eingeschätzt und schafft es, was ihre Karriere betrifft, nur bis zur Serviererin im Hotel Mille Collines. Agathe dagegen hat als Hutu das Privileg, in Brüssel, der Hauptstadt der ehemaligen Kolonialmacht, studieren zu können, d.h. sie genießt dort all jene Freiheiten, die ihr als Frau in Ruanda versagt wären. Beide beginnen während der Zeit des Bürgerkrieges zu einem Weißen ein Verhältnis, das für die zwei Frauen gleichermaßen tragisch endet. Der Krieg trennt sie von ihrem Partner und zerstört ihr Leben: Gentille erwartet ihren Aids-Tod und Agatha wird ein Opfer der Cholera.

Die Beziehung zwischen David und Agatha hatte alles andere als hoffnungsfroh begonnen. Mitte 1990 fliegt David als Schweizer Entwicklungshelfer von Brüssel aus mit einer Maschine der Sabena nach Kigali. Beim Einchecken beobachtet er, wie unhöflich, ja beleidigend zwei belgische Sicherheitsbeamte bei der Passkontrolle eine junge Afrikanerin behandeln. Als er, ganz Kavalier, gegen diese rüde Behandlung protestiert, bedankt sich die junge Frau keineswegs bei ihm, sondern hat nur einen verachtungsvollen Blick für ihn übrig. Sie hat sich so sehr mit der spätkolonialen Einstellung ihrer Umgebung gegenüber den Menschen aus Afrika identifiziert, dass sie nicht versteht, wie ein Weißer sich davon distanzieren könnte. Er, entsetzt sich der Ich-Erzähler, hatte doch in „Verteidigung der Menschenwürde" Protest erhoben. So trifft ihn ihr „abschätziges Grinsen" zutiefst. „Nie in meinem Leben", erinnert er sich, „hatte ich eine größere Ungerechtigkeit erfahren" (HT 17). David hat diesen ersten, ihn verletzenden Blick Agathes keineswegs vergessen. Sie selbst aber denkt schon lange nicht mehr an die Begegnung, als sie sich wenige Monate später erneut sehen. Wie sein literarischer Vorfahr Inkle ist auch David im fremden Land gestrandet. Papst Johannes Paul II hatte Kigali Anfang September 1990 einen dreitägigen Besuch abgestattet. Bei diesem Besuch kam es zu Massenaufläufen und Panikszenen, in denen David beinahe erdrückt worden wäre. In einem Lazarett erwacht er aus seiner Ohnmacht und wie seinerzeit die gütige Yariko ihren Inkle gesund pflegt, so umsorgt nun Agathe den verletzten David. Sie ist zufällig als Hilfskraft, als Tee-Serviererin im Lazarett eingesetzt worden. „Ich hatte nie eine größere Fürsorge gesehen, kein milderes Lächeln, keine tiefere Demut" (HT 64), bekennt der Erzähler. Wenn sie ihm die Teetasse reicht und sich ihre Hände berühren, ist das für David Anlass genug, in „Halleluja"-Rufe auszubrechen (HT 63). Es gelingt ihm, Agathe zu Rendezvous einzuladen, doch merkt er rasch, dass sich der „Engel aus dem Lazarett" wieder „in die Dame vom Flughafen" zurückverwandelt hat: „schnippisch" und „kühl" (HT 67). Agathe will sich zunächst auf kein Verhältnis einlassen, möchte vielmehr so rasch wie möglich nach Brüssel zurückkehren. Diese westliche Metropole betrachtet sie inzwischen als eigentliche Heimat und das provinzielle Kigali ödet sie an. Es ist der Einmarsch der Tutsi-Truppen, der RPF, im

Norden des Landes und der beginnende Bürgerkrieg, der sie – zu ihrem Entsetzen – daran hindert, den Flug nach Brüssel anzutreten. Eher aus Langeweile als aus Neigung beginnt sie eine Beziehung zu David, die vor allem sexueller Natur ist. „Für mich", meint der Ich-Erzähler, „begann das große Vögeln" (HT 106). Er gewöhnt sich an einen Geschlechtsverkehr, wie Agathe ihn vorzieht: „um ein Bedürfnis zu stillen, für das sie keine Verantwortung trug" (HT 107). Er selbst sieht sich mehr und mehr in der Rolle eines „Perversen" und „Wüstlings". „Warum", fragt er sich nachträglich, „hätte ich Agathes Hintern begehren sollen, wenn ihr Anus nicht das Tor zur Lästerlichkeit gewesen wäre?" (HT 108). Vergleichbar krasse Sex-Schilderungen gibt es auch bei Courtemanche, und es kann sein, dass auch hier ein Einfluss vorliegt. Bei dem kanadischen Autor ist es der schwarze *poolboy* Justin, der der schwangeren Frau eines Schweizer Entwicklungshelfers, der sich zu wenig Zeit für die Liebe nimmt, zu Orgasmen verhilft. Die Szene wird bei Courtemanche so geschildert:

> Justin ergriff sie unter den Achseln, hob sie hoch und drängte sie gegen die Wand, an der sie sich mit Kopf und Händen abstützte. Mit einer einzigen, schnellen und harten Bewegung drang er von hinten in sie ein. Noch nie war dieser Teil ihres Körpers berührt, liebkost oder gestreichelt worden. Muskeln explodierten. Ihr Bauch schlug gegen die Wand. Je größer der Schmerz und Genuss wurden, denn beide waren eins, desto schneller wurde der Rhythmus ihres „tiefer, tiefer". Nach langen Minuten, in denen sie fast hundertmal der Ohnmacht nah war, schrie sie, als würde sie sterben. (SK 163)

In der Beziehung zwischen Bernard und Gentille jedoch ist – anders als im Fall von David und Agathe – alles Erotische immer Ausdruck einer umfassenden Zuneigung und Hingabe, einer Liebe, die eine Aufspaltung zwischen Physischem und Seelischem nicht kennt.

Agathes Vater will die Tochter aus egoistischen Gründen mit einem Verwandten verheiraten, und so müssen die Treffen zwischen David und seiner Freundin heimlich stattfinden. Zu einem Liebesverhältnis entwickelt sich das Verhältnis nicht. Mehr und mehr gerät Agathe, was die politischen Aspekte in ihrem Leben betreffen, in den Sog der fanatischen Hutu-Milizen, in denen ihr Bruder eine führende Rolle spielt. Wie ihre Umgebung steigert sie sich in eine Paranoia, die sich nicht nur auf die Tutsis, sondern auch auf die Ausländer im Land bezieht. Die Radikalisierung wirkt sich daher auf das Verhältnis zu David aus, dem sie sich mit dem Vorwurf, dass er ihren „Körper kolonisieren" wolle, zu entziehen versucht. Diesen Vorsatz hält sie nicht lange durch, und so erfahren sie erneut bei dem, was der Erzähler einen „Höllenfick" (HT 127) nennt, „wie erlösend der Sex" sein kann, wie „die Kraft eines Orgasmus [...] alle Widersprüche und Zweifel während einiger Sekunden aufzuheben" vermag (HT 126). Ihre Wege trennen sich, als Agathe zur Aktivistin der Hutu-Bewegung wird. David hat die Möglichkeit, sich zu Beginn der Massaker mit den übrigen Mitarbeitern in der Direktion bzw. den anderen Expatriierten allgemein nach Europa abzusetzen. Er ist getrieben von dem Wunsch, seiner Freundin zu beweisen, dass sie Unrecht hatte, als sie ihm prophezeite, er werde sich wie alle anderen Ausländer aus dem Staube machen, sobald das Land in eine große Krise gerate. „Sie sollte sehen", begründet der Erzähler sein Bleiben, „dass sie sich geirrt hatte und ich nicht weg gerannt war, wie sie immer vorausgesagt hatte". „Aber schon nach der ersten Nacht", fügt er hinzu, „hatte ich die Hose voll. Sah meinen Fehler ein und wollte nur noch aus Kigali verschwinden." (HT 9) Das gelingt ihm auf die denkbar abenteuerlichste Weise, wobei er in eines der Hutu-Camps gerät, die als Flüchtlingslager gleichzeitig Todeslager sind. Dort trifft er auf die sterbende Agathe. So wie Bernard in Courtemanches Roman die auf den Tod kranke Gentille, so erkennt auch David in Bärfuss' Erzählung die entstellte Agathe kaum wieder. Sowohl Courtemanche wie Bärfuss gelingt es, im postkolonialen Kontext scheiternde Liebesbeziehungen darzustellen, aber deutlich wird auch die Kraft der literarischen Tradition, die will, dass der weiße westliche/europäische Mann überlebt, die Frau aus dem (ehemaligen) Kolonialland jedoch zugrunde geht. Es ist eine Tradition, die aus kolonialistischer Zeit stammt, und wenn auch schon Steele mit seiner Story antikolonialistische Absichten gehegt hat, so setzt sich koloniales Denken doch im festgelegten Mann-Frau-Schema durch, in dem die Frau zum Opfer wird. Dieses Schema findet sich auch noch im postkolonialen Roman der Gegenwart. Die koloniale Darstellung des Mann-Frau-Verhältnisses ist dabei nur die Variante eines übergeordneten Paradigmas. Die These, dass der Frau in Liebesbeziehungen der tragische Tod, dem Mann jedoch das mehr oder weniger heroische Weiterleben bestimmt ist, findet sich in der europäischen Literatur von Vergil (Dido) über Shakespeare (Ophelia) und Goethe (Margarethe) bis zu Tolstoi (Anna Karenina) häufig belegt und ist Gegenstand einer komparatistischen Studie von Elisabeth Bronfen.[33] Courtemanche sieht für Bernard jedoch eine andere Art des Überlebens vor als Bärfuss für David. Bernard kehrt nach Ruanda zurück, unterstützt „eine Initiative, die die Rechte derjenigen vertritt, die des Völkermordes angeklagt sind", lebt in Kigali „mit einer etwa gleichaltrigen Schwedin zusammen, einer Ärztin, die für das Rote Kreuz arbeitet", und die beiden „haben ein kleines Hutu-Mädchen adoptiert, dessen Eltern wegen Beteiligung am Völkermord zum Tode verurteilt wurden". Das adoptierte Kind – wie sollte es anders sein – heißt „Gentille" (PK 310, 311). Courtemanche macht aus Bernard Valcourt eine Art edlen Ritter aus dem Westen, einen etwas allzu schlichten positiven Helden der internationalen Menschenrechtskultur, der sich weder durch Enttäuschungen noch durch Schicksalsschläge davon abhalten lässt, sich für mehr Demokratie, mehr Wohlergehen, mehr Gerechtigkeit in der Dritten Welt einzusetzen. Wenn er einmal inkonsequent handelt, so macht er sich Selbstvorwürfe. Das ist bei David Hohl anders. Er remigriert in die Schweiz, um nie wieder nach Ruanda zurückzukehren, ja sogar um von nun an „jede Aufregung" von seinem „Leben fernzuhalten" (HT 196). Sein Rückzug hat mit der anderen Einstellung gegenüber der Involviertheit des Westens in der Dritten Welt, mit seinen Erfahrungen bei sogenannten Hilfsprogrammen zu tun.

---

33 Elisabeth Bronfen, *Over Her Dead Body: Death, Femininity, and the Aesthetic* (New York: Routledge, 1992).

Das Hauptthema in Bärfuss' Roman ist die Entwicklungshilfe. Man kann *Hundert Tage* als Anti-Entwicklungsroman im doppelten Sinne lesen. Zum einen scheint – wenn auch als Negativ – das Muster des Entwicklungsromans aus dem europäischen 18. und 19. Jahrhundert durch, bei dem der Held durch das Erleben von gesellschaftlichen Konflikten sich selbst findet und zu einem produktiven Mitglied der bürgerlichen Gesellschaft wird.[34] Zum anderen handelt es sich um einen Entwicklungsroman insofern, als die Vorstellungen von „Entwicklung" in der westlichen Welt, d. h. von der Modernisierung von sogenannten „unterentwickelten" Ländern, thematisiert werden. In beiden Fällen geht es um postmoderne Reaktionen auf das traditionelle Modell des Bildungsromans und auf die Idee der Beförderung des Fortschritts in Ländern der „Dritten Welt".

David Hohl beginnt als aktives und kooperationswilliges Mitglied einer westlich-bürgerlichen Gesellschaft, um sich am Ende aus dem gesellschaftlichen Engagement desillusioniert zu verabschieden. Waren seine Einstellung zur Entwicklungshilfe am Anfang idealistisch-erwartungsvoll, lehnt er deren Praxis schließlich radikal ab. Aus dem optimistischen Dritte-Welt-Helfer wird der denkbar schärfste Kritiker jeder Aktivität im Bereich der internationalen *development aid*. Bei Bernard Valcourt in Courtemanches Roman verläuft die Entwicklungskurve gegenläufig. Bernard ist von vornherein skeptisch gegenüber der Unterstützung, die westliche Staaten Ländern wie Ruanda angedeihen lassen. So heißt es etwa über die neokoloniale Politik von Frankreichs Präsident François Mitterand:

> In den Plänen der Großmächte waren die Leute hier eine zu vernachlässigende Größe, Menschen außerhalb der eigentlichen Menschheit, diese armen und nutzlosen Ruander, denen der moderne Monarch der großen französischen Zivilisation bereitwillig beim Sterben zusah, um die zivilisatorische Präsenz Frankreichs in Afrika nicht zu gefährden, die durch einen großen anglophonen Komplott bedroht war. (PK 120)

Valcourt erlebt das Scheitern der kanadischen Entwicklungshilfe selbst an seinen Film- und Fernsehprojekten, doch findet er am Schluss durch die Adoption eines Kindes und durch seine Mitarbeit in einer juristischen Initiative Aufgaben, die ihn in Ruanda halten und die er als sinnvoll empfindet. David Hohl hingegen ist anfänglich der Anhänger einer modernistischen Welterlösungsideologie. Mit Elan beginnt er seine Tätigkeit in der Schweizerischen Direktion für Entwicklungszusammenarbeit und Humanitäre Hilfe (DEH)[35], die ihn in das Büro nach Kigali entsendet. Die Schweiz hatte sich bei der Hilfe in Ruanda besonders stark engagiert, und so ist der Romanheld von der Bedeutung seiner Mission erfüllt. Über die Gründe für die eidgenössische Ruanda-Präferenz liest man:

---

34 *Theorie und Technik des Romans im 17. und 18. Jahrhundert*, hg. v. Dieter Kimpel und Conrad Wiedemann (Tübingen: Niemeyer, 1970); *Theorie und Technik des Romans im 19. Jahrhundert*, hg. v. Hartmut Steinecke (Tübingen: Niemeyer, 1970); Bruno Hillebrand, *Theorie des Romans* (München: Winkler, 1972).
35 1994 wurde die Institution umbenannt in Direktion für Entwicklung und Zusammenarbeit (DEZA).

> Als Anfang der sechziger Jahre die Direktion gegründet wurde, suchte man sich ein Land aus, das unserem ähnlich war. Klein, bergig, bewohnt von schweigsamen, misstrauischen und fleißigen Bauern. Und von eleganten Langhornkühen. Im Scherz nannten wir das Land unsere Kronkolonie [...]. Sie wollten dieses Land aufbauen, die demokratischen Institutionen stärken, die Wirtschaft aus den Klauen der Imperialisten lösen und den Bauern, die neunzig Prozent der Bevölkerung ausmachten, moderne Methoden der Landwirtschaft beibringen. (HT 51)

David berichtet über seine Beweggründe:

> Ich habe an das Gute geglaubt, ich wollte den Menschen helfen wie alle von der Direktion, und nicht nur, um einen Einzelnen aus der Misere zu ziehen, sondern um die Menschheit weiterzubringen. Entwicklung hieß für uns nicht nur Entwicklung der Wirtschaft, Bau von Straßen, Aufforstung. Es war für uns die Entwicklung des menschlichen Bewusstseins hin zur universellen Gerechtigkeit. (HT 7)

Teil seiner Phantasie-Ideologie[36] ist auch ein Schuldkomplex der Ersten gegenüber der Dritten Welt. David berichtet von einer kollektiven „Scham, die unausgesprochen die Arbeit in der Direktion bestimmte. Wir fühlten uns verantwortlich für das Elend, das die Weißen über diesen Kontinent gebracht hatten, und wir arbeiteten hart daran, einen Teil dieser Schuld wiedergutzumachen." (HT 46) Aus den Wolken der Weltverbesserungsideen fällt er bald in die Niederungen einer kleinkarierten Bürokratie. David Hohl erinnert sich:

> Ich hatte mir Abenteuer ausgemalt, ich hoffte darauf, täglich mit dem größten menschlichen Elend fertig werden zu müssen, aber tatsächlich bestand meine Arbeit darin, Adresslisten nachzuführen, Projektanträge zu tippen, Drucksachen und frische Stempelkissen zu bestellen. Ich tütete Einladungen für den Empfang zum jährlichen Entwicklungstag ein. (HT 23)

Danach folgen Einsichten in die Vergeblichkeit bzw. die Unsinnigkeit jener Projekte, mit denen er zu tun hat. Millionen Schweizer Franken, die zur Stützung des Kaffeepreises gezahlt werden, verschwinden im schwarzen Loch der kollabierenden ruandischen Wirtschaft (HT 29). In der von den Schweizern finanzierten Forstwirtschaftsschule lernen die Studierenden Dinge, mit denen sie nichts anfangen können. Sie werden als „Messdiener des Waldbaus" bezeichnet, „die ihre forstwirtschaftliche Liturgie herunterbeteten, ohne auch nur ein Wort davon verstanden zu haben" (HT 32). Die Schule bildete, so heißt es, „jährlich zwei Dutzend Waldarbeiter aus, diplomierte Forstleute, die keine Arbeit fanden, einfach deswegen, weil es in diesem Land überhaupt keine Wälder mehr gab." (HT 33)

Viele westliche Länder bevorzugten Ruanda, wenn es darum ging, Entwicklungshilfegelder zu investieren. Die Bundesrepublik Deutschland stand da nicht zurück. Namhafte Beträge wurden z.B. über die Partnerschaft Rheinland-Pfalz-Ruanda, die an einer Stelle des Romans genannt wird (HT 85), gezahlt. Vom Klima her gesehen war das Land ein „Paradies" zu nennen: „Hier gab es keine Mücken, keine Malaria, es war niemals zu heiß, niemals zu kalt. Das Land des

---

36 Zum Begriff der „Phantasie-Ideologie" vgl. Lee Harris, „Die Macht des magischen Denkens. Zur Phantasie-Ideologie von Faschismus und Terrorismus", in: *Merkur* 8.62 (2008): 647-657.

ewigen Frühlings [...] war" – wie es in Anspielung auf den Kolonialklassiker von Joseph Conrad heißt – „alles andere als das Herz der Finsternis" (HT 49). „Kaum ein Land", so liest man, „das mehr Gelder erhielt, die Staaten rissen sich geradezu darum, diesem armen Bergland zu helfen" (HT 55). Wie man einschlägigen Studien zur Entwicklungshilfe entnehmen kann, handelt es sich hier um keine romanhaften Übertreibungen. Ruanda gehörte zu jenen Staaten, in denen die auswärtige Hilfe zwischen zwanzig und fünfzig Prozent des Bruttosozialproduktes lag.[37] Bärfuss selbst war zwar nie Entwicklungshelfer, hat aber für seinen Roman in Archiven gearbeitet und besuchte Ruanda, um einen Eindruck vom Land zu bekommen. Darüber berichtet er im Interview mit Adrian Moser, und dort ist auch nachzulesen, dass sich vor 1994 Vertreter von insgesamt zweihundertzwanzig Entwicklungshilfeprogrammen in Kigali auf die Füße traten.[38] So überrascht es nicht, wenn David Hohl im Roman klagt: „Dieses Land hatte sich an die Entwicklungshilfe verkauft, und deshalb verachteten viele von uns diese Leute." (HT 53) Der politische Frühling war nach Gründung der Republik Ruanda bald zu Ende, und nach wenigen Jahrzehnten schweizerischer Anstrengungen sehen die Vorgesetzten Hohls in Kigali „die Arbeit von [...] drei Generationen Entwicklungshilfe [...]" gefährdet (HT 90). Der Bürgerkrieg macht vollends einen Strich durch ihre Rechnung. Ausführlich kommt Bärfuss in *Hundert Tage* auf einen Berater des Präsidenten Juvenal Habyarimana zu sprechen. Im Roman trägt er den Namen Jeannot, und über ihn sagt der Erzähler:

> Manche nannten ihn Rasputin, andere auch nur den Kardinal Mazarin. Jedenfalls war er der persönliche Berater des Präsidenten und der mächtigste Europäer des Landes. Und dazu einer unserer Leute, ein Schweizer. Seit den ersten Tagen unserer Zusammenarbeit hatte die Direktion dem Präsidenten einen Berater zur Verfügung gestellt. Jeannot beriet den Präsidenten in allen Fragen der wirtschaftlichen und finanziellen Entwicklung. Schrieb seine Reden. Entwickelte die Strategie für die Verhandlungen der Weltbank. Alle Papiere, die an die Regierung adressiert waren, mussten über seinen Schreibtisch. (HT 103)

In dem erwähnten Interview mit Adrian Moser hat Bärfuss die Identität dieser verschlüsselten Figur gelüftet: Ihr Modell war Charles Jeanneret, ein geborener Schweizer, der nach Kanada auswanderte und dort in den 1980er und 1990er Jahren in der Hauptstadt des Landes als Professor der Wirtschaftswissenschaften an der University of Ottawa unterrichtete. Gleichzeitig war er zwischen 1981 und 1993 der von der Schweizerischen Direktion (DEH) bezahlte Berater des ruandischen Präsidenten. Er füllte tatsächlich jene Funktionen aus, die im Roman Jeannot nachgesagt werden. Als 1993 der Staatsbankrott nicht mehr zu vertuschen war, verlor Jeannot/Jeanneret seinen Einfluss und seine Stellung. Im Roman heißt es dazu:

---

37 *Entwicklungshilfe und ihre Folgen. Ergebnisse empirischer Untersuchungen in Afrika*, hg. v. Thomas Bierschenk und Georg Elwert (Frankfurt am Main: Frankfurt und New York: Campus, 1997).
38 Adrian Moser, „Interview mit Lukas Bärfuss: Zwischen Not und Gutgläubigkeit". http://www.espace.ch/artikel_489862.html

> Er hatte die Verhandlungen mit der Weltbank geführt, die Bedingungen des Strukturanpassungsprogramms ausgehandelt, und keiner wusste, was er den Herren aus New York abgetrotzt hatte. Man hielt in der Bevölkerung nicht mehr viel auf unseren Rasputin, denn die Rosskur, die dem Land verschrieben worden war, traf alle. [...] Er hat ein paar seiner besten Jahre und sein ganzes Wissen für den Machterhalt eines Diktators eingesetzt. Und wir haben sein Gehalt bezahlt. (HT 114,115)

Eigentlich alle im Roman genannten Unternehmungen, die der Direktion anfänglich sinnvoll erschienen, schlagen fehl. Mit Enthusiasmus geht man die Unterstützung eines Radiosenders an. Die Schweizer Entwicklungshelfer sehen hier ihre Chance, den Zug der ruandischen Politik aufs demokratische Gleis zu setzen. Der Minister für Information spricht vor, der Rundfunkchef kommt vorbei, und so ist man „Feuer und Flamme". David beschreibt die begeisterte Stimmung in der Direktion:

> Das Land wollte die Demokratie, und wer war berufener als die Direktion für Entwicklungszusammenarbeit der Schweizerischen Eidgenossenschaft, diesem Land die Spielregeln der Demokratie beizubringen? [...] Gab es Wichtigeres als eine freie Presse? Wir ließen deshalb einen Journalisten aus der Schweiz kommen. [...] Nach zwei Wochen verfasste er einen Bericht mit Empfehlungen, wie die Sendungen verbessert werden konnten. [...] Die Sendungen klangen nun lebendiger, sie spielten Musik, und sie erzählten uns, dass sie die Regierungserklärungen nun nicht mehr einfach im Wortlaut verlasen, sondern sie kritisch kommentierten. Wir waren zufrieden und glaubten ihnen, denn eine Möglichkeit, die Sache zu überprüfen, hatten wir nicht, war die Sprache der Sendungen doch jenes unerlernbare Bantuidiom. (HT 115, 117)

Das Ganze erweist sich als Täuschungsmanöver, denn aus der Rundfunkstation mit den modischen Musikeinlagen und den pseudokritischen Kommentaren wird ein Hetz- und Propagandasender, in dem die Hutus aufgefordert werden, die Tutsis zu ermorden, sie wie Ungeziefer, wie Kakerlaken zu vernichten. Der Sender wird zum effektivsten Mordinstrument im Bürgerkrieg. Kein Wunder, dass sich David Hohl vom Idealisten zum Zyniker wandelt, der schließlich kein anderes Ziel mehr kennt, als der Hölle des ruandischen Völkermords zu entkommen. Er erlebt noch, wie die Tutsi-Rebellen unter Paul Kagame Kigali erobern und wie etwa zwei Millionen Hutus sich auf die Flucht in die Grenzregion Zaire/Kongo begeben. Selbst Flüchtling, lernt er das Elend in den Lagern kennen, wo die „Menschen vegetierten" (HT 186), die „Cholara wütete" (HT 193) und wo „die Vertreter der Hilfsorganisationen" sich „wie Jahrmarktsschreier" benehmen, „bemüht, möglichst hohe Opferzahlen präsentieren zu können, denn eine große Zahl in den Schlagzeilen bedeutete eine große Zahl auf ihrem Spendenkonto." (HT 195). Wo immer man Bärfuss' Roman aufschlägt, findet man Argumente, die sein Romanheld gegen die Entwicklungshilfe vorbringt. Insofern hat man es hier mit einem fiktionalen Pendent zu der akademischen Studie von William Easterly[39] zu tun, die zu zeigen versucht, wie sinnlos, ja kontraproduktiv westliche

---

39 William Easterly, *The White Man's Burden. Why the West's Efforts to Aid the Rest Have Done so Much Ill and so Little Good* (New York: Penguin, 2006).

Entwicklungshilfe in den armen Ländern ist. Der Erzähler von *Hundert Tage* rechnet am Schluss mit der Entwicklungspolitik der Schweiz ab. Da heißt es:

> Wir [haben] von allen Nationen das meiste Geld in dieses Land gesteckt. Unser Glück war immer, dass bei jedem Verbrechen, an dem je ein Schweizer beteiligt war, ein noch größerer Schurke seine Finger im Spiel hatte, der alle Aufmerksamkeit auf sich zog und hinter dem wir uns verstecken konnten. Nein, wir gehören nicht zu denen, die Blutbäder anrichten. Das tun andere. Wir schwimmen darin. Und wir wissen genau, wie man sich bewegen muss, um obenauf zu bleiben und nicht in der roten Soße unterzugehen. (HT 197)

Das ist wohl die schärfste Selbstkritik, die einer Schweizer Romanfigur je in den Mund gelegt wurde. Dagegen sind die einschlägigen Äußerungen bei Max Frisch und Adolf Muschg milde Moralpredigten, erbauliche Sonntagsreden. Aber David Hohl geht noch einen Schritt weiter und denkt provokativ über mögliche Gemeinsamkeiten zwischen Ruanda und der Schweiz nach, wie sie den Vertretern der Direktion nicht in den Sinn gekommen wären:

> Jetzt weiß ich, dass in der perfekten Hölle die perfekte Ordnung herrscht, und manchmal, wenn ich mir dieses Land hier ansehe, das Gleichmaß, die Korrektheit, mit der alles abgewickelt wird, dann erinnere ich mich daran, dass man jenes Höllenland auch die Schweiz Afrikas nannte, nicht nur der Hügel und der Kühe wegen, sondern auch wegen der Disziplin, die in jedem Lebensbereich herrschte, und ich weiß jetzt, dass jeder Völkermord nur in einem geregelten Staatswesen möglich ist. [...] Und manchmal, wenn ich das Räderwerk dieser Gesellschaft reibungslos ineinandergreifen sehe, wenn ich nichts höre, kein Knirschen, kein Knacken, nur leise das Öl zwischen den Zahnrädchen schmatzen höre, die Menschen sehe, die all dies hinnehmen, eine Ordnung befolgen, die sie nicht erlassen haben und niemals hinterfragen, dann frage ich mich, ob wir im Gegenzug auch das Ruanda Europas werden könnten. (HT 168-169)

Wie auch dem Interview mit Adrian Moser zu entnehmen ist, wird hier nicht die Ansicht des Autors Bärfuss vertreten, der es ablehnt, außerhalb seiner literarischen Möglichkeiten sich zu politischen Fragen zu äußern. Was hier vorliegt, ist die Reflexion einer Romanfigur, die Konsequenzen aus Erfahrungen und Beobachtungen zieht. Hohls Position wird jedoch nicht durch die Meinungen anderer Figuren relativiert oder widerlegt. Sieht man vom bald verschwindenden Gesprächspartner am Anfang ab, vernimmt man nur die Stimme des Erzählers David Hohl, dessen Bewusstsein auch den Filter für die Ansichten seiner KollegInnen in der Direktion und seiner Geliebten abgibt. Diese ganz auf eine Figur konzentrierte monologische Erzählstruktur gibt dem Buch etwas einschichtig Enges. Diese Enge hat nicht zuletzt damit zu tun, dass David Hohl von subtilen, in sich widersprüchlichen, in der Schwebe bleibenden Empfindungen und Vorstellungen nicht geplagt wird. Alles bei ihm tendiert ins Extreme, sei es sein Idealismus, sein Pragmatismus oder sein Zynismus. Nichtsdestoweniger möchte man den Roman nicht missen, denn es gibt wenige fiktionale Werke, die so viel von der Wirklichkeit des Bürgerkriegs in einem afrikanischen Land einfangen wie *Hundert Tage*.

3. RUANDA II

Hans Christoph Buch, *Kain und Abel in Afrika* (2001)

Ein Du-Erzähler im Inferno der Flüchtlingslager

I

Zu Beginn der 2000er Jahre lag nach Schätzungen des United Nations High Commissioner for Refugees (UNHCR) die Zahl der Flüchtlinge weltweit bei zwanzig Millionen Menschen, wovon über vier Millionen aus Afrika stammten. In Ruanda alleine flohen infolge des Bürgerkriegs weit über zwei Millionen Menschen – bei einer Gesamtbevölkerung von etwa achteinhalb Millionen. Sie wichen entweder in Nachbarstaaten oder in Regionen des Landes aus, wo sie sich sicherer fühlten, was aber selten der Fall war.[1] In der Forschung hat sich die International Association for the Study of Forced Migration (IASFM) mit dem Flüchtlingsthema beschäftigt, und in ihren Jahrestagungen, die regelmäßig publiziert werden[2], sind die politischen, wirtschaftlichen, geschlechtsspezifischen und psychischen[3] Auswirkungen von Flucht und Flüchtlingslagern, Expatriierung und Exil, Rückwanderung und Repatriierung behandelt worden. In der Migrationstheorie bei Robin Cohen wird, was die Gründe für Wanderbewegungen betrifft, mit einer ganzen Reihe von Begriffspaaren gearbeitet, wie etwa individuell vs. kollektiv, intern vs. international, vorübergehend vs. unbegrenzt, ökonomisch vs. politisch, legal vs. illegal, freiwillig vs. erzwungen[4]. Es ist die kollektive und erzwungene Migration, es ist die Flucht vor der Vernichtung durch einen Feind, und es sind die Folgen einer solchen Vertreibung, nämlich das Leben und Sterben in den Lagern der Ruanda-Flüchtlinge, die im Mittelpunkt von Hans Christophs Buchs Roman *Kain und Abel in Afrika*[5] stehen. Flüchtlingslager sollten eigentlich die Vertriebenen schützen und ihnen helfen, in Zeiten von Not und

---

[1] Über diese Zahlen informiert laufend die *website* „unhcr.org". Andere *websites* sprechen von 35 Millionen oder gar von 40 Millionen Flüchtlingen weltweit.
[2] Man vergleiche z.B. die Bände: *Engendering Forced Migration. Theory and Practice*, hg. v. Doreen Indra (New York und Oxford: Berghahn Books, 1999); *The Refugee Convention at Fifty. A View from Forced Migration Studies*, hg. v. Joanne van Selm et al. (Lanham: Lexington Books, 2003).
[3] Vgl. *Traumatic Stress. From Theory to Practice*, hg. v. John R. Freedy und Steven E. Hobfall (New York und London: Plenum Press, 1995).
[4] *Theories of Migration*, hg. v. Robin Cohen (Cheltenham, UK: An Elgar Reference Collection, 1996). Vgl. darin die „Introduction" von Cohen, S. XI-XXVII.
[5] Hans Christoph Buch, *Kain und Abel in Afrika. Roman* (Berlin: Volk und Welt, 2001); in der Folge zitiert mit (KA) und folgender Seitenangabe.

Verfolgung zu überleben.[6] Aber gerade diese Lager sind es, die immer mehr zu einem Mittel geworden sind, den Bürgerkrieg auf andere Art fortzusetzen. Die Verletzung der Menschenrechte und die Verachtung der Menschenwürde in den Hutu-Flüchtlingslagern sind es, die Buch in seinem Roman, der schon sieben Jahre vor den *Hundert Tagen* von Bärfuss erschien, zur Sprache bringt.

Erzähltechnisch gesehen ist Buchs Roman anders strukturiert als *Hundert Tage* von Bärfuss. Nicht das Jahr 1994 mit dem Genozid steht im Mittelpunkt, sondern die Kontinuität des Kriegselends, wie sie sich nach 1994 in den Flüchtlingslagern Ruandas selbst und in den Nachbarländern Zaire/Kongo, Burundi und Tansania ergab. Zusätzlich zu den Schilderungen der Verbrechen und der Not in den Lagern wird auch ein Rückblick eingebaut auf die Zeit, als Ruanda ein Teil der Kolonie Deutsch-Ostafrika war. So erinnert der Aufbau des Romans an Michael Roes' *Leeres Viertel Rub' Al-Khali*[7], wo ebenfalls die Stimme aus einem früheren Jahrhundert sich mit der aus der Gegenwart abwechselt. Alternierend zu den Abschnitten aus den Jahren von 1995 bis 1997 sind Kapitel über das Leben des Afrikaforschers Richard Kandt eingebaut, der 1897 in Ruanda eine Expedition auf der Suche nach den Quellen des Nils begann. Der Roman hat also zwei Erzähler, wobei eine Stimme aus dem späten 19., die andere aus dem späten 20. Jahrhundert stammt.[8] Jene Erzählpassagen, die mit dem Bürgerkrieg der Gegenwart zu tun haben, sind in der Du-Form berichtet, während Kandt als Ich-Erzähler auftritt. Dass ein Roman – bzw. in diesem Fall etwa die Hälfte des Buches – in der zweiten Person Singular erzält wird, kommt äußerst selten vor.[9] Michel Butor, einer der prominentesten Vertreter des *Nouveau Roman*, war der erste, der in *La Modification* (1957) durchgehend diesen Erzählmodus wählte, wobei keine Anrede an den Leser gemeint ist, die man bereits aus der Literatur des 18. und 19. Jahrhunderts kennt. Vielmehr wird hier durch die Du- bzw. Sie-Anrede eine Figur geschaffen, die erzählt (also etwas vom Charakter eines mit sich selbst redenden Ich-Erzählers übernimmt) und als erzähltes Objekt gleichzeitig die Konturen einer eigenen Figur annimmt. Auch in Italo Calvinos 1979

---

6 Zum Thema der heutigen Flüchtlingslager allgemein vgl. die Studien von Fiona Terry, Karen Jacobsen und Jennifer Hyndman. Das Buch von Terry enthält auch ein Kapitel über die Ruandischen Flüchtlingslager im Osten der Demokratischen Republik Kongo: Fiona Terry, *Condemned to Repeat? The Paradox of Humanitarian Action* (Ithaca, N.Y. und London: Cornell University Press, 2002); Karen Jacobsen, *The Economic Life of Refugees* (Bloomfield, CT: Kumarian Press, 2005); Jennifer Hyndman, *Managing Displacement: Refugees and the Politics of Humanitarianism* (University of Minnesota Press: Minneapolis, 2000).

7 Michael Roes, *Leeres Viertel. Rub' Al-Khali. Invention über das Spiel* (Frankfurt am Main: Eichborn, 1996).

8 Eine subtile Interpretation der Afrikamythen und Afrikaklischees, die beim Du-Erzähler und beim Ich-Erzähler in Buchs Roman vorkommen, findet sich bei: Pierre-Emmanuel Monnier, *Romans et mythes coloniaux revisités. Le Coeur des ténèbres et les sources du nil dans la littérature* (Frankfurt am Main: Peter Lang, 2007), S. 177-261. Auf den Bürgerkrieg wird in der Studie aber nur am Rande eingegangen.

9 In seinem Roman *Sansibar Blues oder Wie ich Livingstone fand* (Frankfurt am Main: Eichborn, 2008) hat Buch erneut einen Du-Erzähler für die Stimme aus der Gegenwart, dagegen Ich-Erzähler für die Stimmen aus der Vergangenheit gewählt.

erschienenem postmodernen Roman *Se una notte d'inverno un viaggiatore* wird ein Du-Erzähler eingeführt, der jedoch stärker als im Fall von Butor noch etwas vom angeredeten Leser an sich hat, dann allerdings ebenfalls Züge einer kreierten Figur annimmt. Es mag sein, dass Buch – ein Kenner der lateinamerikanischen Literatur – zur Aufteilung des Romans in eine Du- und eine Ich-Erzählung durch den Roman *La muerte de Artemio Cruz*[10] von Carlos Fuentes angeregt wurde. Dort enthält jedes Kapitel Abschnitte, die in der ersten, der zweiten und der dritten Person erzählt werden, wobei jedoch die Hauptfigur, Artemio Cruz, immer der Erzähler bleibt. Viel stärker als bei Butor handelt es sich bei Fuentes' Du-Erzähler um ein Selbstgespräch des Ich-Erzählers, um einen Monolog allerdings, in dem der Erzähler eine bewusste Distanz zu sich selbst sucht. Um einen vergleichbaren Monolog, bei dem das Ich sich als Du anredet, um Abstand zu sich selbst zu gewinnen, scheint es sich auch bei Hans Christoph Buch zu handeln. Allerdings hat Buch den Du-Erzähler vom Ich-Erzähler strikt getrennt. Der Ich-Erzähler Richard Kandt hinterfragt das von ihm Berichtete nicht, weil er keinerlei epistemologische Probleme metahistorischer Art kennt, und weil er einen Sinn in dem sieht, worüber er dem Leser berichtet. Deswegen kann er die Ich-Form als traditionell autobiographischen Erzählmodus benutzen. Das ist bei dem Erzähler, der uns Eindrücke über den Bürgerkrieg im Ruanda der 1990er Jahre vermitteln will, anders. Einen Sinn erkennt er im Erlebten nicht, sondern beschreibt mehrfach, wie er die beobachteten Unmenschlichkeiten in ihrer Widersinnigkeit weder intellektuell noch emotional verarbeiten kann. Seine Ich-Identität gerät in eine Krise, weil sie nicht ausreicht, neu Wahrgenommenes zu integrieren. Hinzu kommt ein erkenntnistheoretisches Problem: Wie darf man darauf vertrauen, dass extrem Fremdes[11] objektiv wahrgenommen, angemessen verstanden und mit seinen Folgerungen richtig eingeschätzt wird? Diese metahistorischen Fragen[12] berührt Buch in seinem „Prolog". Dort werden die Unsicherheiten und Unzuverlässigkeiten angesprochen, die einem bewusst werden, wenn es ums Wahrnehmen und Verstehen außerordentlicher Vorgänge geht. Der Prolog setzt mit der Beschreibung eines Gemäldes ein, wobei vieles nur angedeutet wird bzw. absichtlich doppeldeutig gehalten ist. Wenn da der „Flußgott Nilus" erwähnt wird, könnte es sich auch „um den Rhein oder den Tiber handeln" (KA 7). Wenn später Richard Kandt im Vatikanischen Museum vor einer Statue steht, die den Nil symbolisieren soll, ist alles eindeutig. Da liest man: „[...] zum Zeichen, dass es sich nicht um den Rhein oder Tiber, sondern um den Flussgott Nilus handelte, ruhte sein mächtiges Haupt an einer Sphinx". Kandt hat keine Distanz zum be-

---

10 Carlos Fuentes, *La muerte de Artemio Cruz* (México: Fondo de Cultura Económica, 1962). Der Erzähler Artemio Cruz berichtet die Passagen über seine Krankheit und den bervorstehenden Tod in der ersten, über seine Wünsche und Meditationen in der zweiten und über sein vergangenes Leben in der dritten Person singular.
11 Vgl. zum Thema: *Fremde*, hg. v. Ortrud Gutjahr (Würzburg: Königshausen & Neumann, 2002).
12 Vgl. Hayden White, *Metahistory. The Historical Imagination in Nineteenth-Century Europe* (Baltimore: Johns Hopkins University Press, 1973); Paul Michael Lützeler, *Klio oder Kalliope? Literatur und Geschichte* (Berlin: Erich Schmidt, 1997).

obachteten Gegenstand, sondern empfindet sich in einem Kraftfeld, das Statue und Ich umgibt: „Gleichzeitig schien es mir", so erinnert Kandt sich, „als sei der glänzend polierte Marmor beseelt von einer prometheischen Energie, die mich befähigen würde, jedes Hindernis aus dem Weg zu räumen" (KA 62). Im Prolog aber werden so ziemlich alle Beobachtungen als ungesichert ausgegeben: Vielleicht „ist der Flußgott in Wirklichkeit ein Kriegsgott"; ein „Ibis" könnte auch ein „Flamingo oder ein Pelikan" sein; bei „Orangen und Datteln" könnte es sich um „Weintrauben oder Feigen" handeln; beim Kriegsschauplatz ist man nicht sicher, ob er in „Oberägypten oder Ostafrika" (KA 7) liegt; „Helme und Turbane" sehen eigentlich nach „abgetrennten Köpfen" aus; eine „Standarte" irritiert besonders, weil der Betrachter nicht entscheiden kann, ob sie an ihrer Spitze mit einem „Kreuz" oder mit dem „Halbmond" (KA 8) versehen ist. Offenbar schildert das Bild ein Kriegsgeschehen, aber der Künstler scheint beim Malen so distanziert plaziert gewesen zu sein, „daß er nicht mehr weiß wer den Krieg gewonnen hat", ja nicht einmal sicher ist, „wann, wo und ob er überhaupt je stattgefunden" habe (KA 11). Dieses Eingeständnis von Unsicherheit und Unzuverlässigkeit hat allerdings nicht nur eine negative Komponente, vielmehr wird die damit verbundene Möglichkeit zur Verallgemeinerung betont. Das Gemälde, bei dem manches in ein vieldeutiges Licht getaucht ist, lässt nichtsdestoweniger eine generelle Struktur erkennen, die jedoch historisch in immer neuen Ausformungen erscheinen kann. Hier wird angedeutet, dass die beiden Erzähler – der Du-Erzähler und der Ich-Erzähler – im Roman „unzuverlässige Erzähler"[13] sind. Beide Erzähler in Buchs postmodernem Roman sind homodiegetische Erzähler, d.h. sie sind Teil der erzählten Welt, und beide sind das, was Martinez/Scheffel unter Vertretern eines theoretisch unzuverlässigen Erzählens verstehen: Man kann zwar ihre handlungsbezogenen bzw. mimetischen Aussagen als wahr betrachten, nicht jedoch ihren Einschätzungen und Bewertungen trauen. Jedenfalls dürfte es den Lesern schwerfallen, sich mit der kolonialen Sichtweise des Ich-Erzählers Richard Kandt zu befreunden, aber auch eine Identifikation mit der postkolonialen Perspektive des Du-Erzählers kann nicht vorausgesetzt werden.

Die Unzuverlässigkeit der Erzähler ist auch im Kontext der Diskussion über die Rolle der Subalternen innerhalb des postkolonialen Diskurses während der letzten drei Jahrzehnte zu verstehen. Antonio Gramsci hatte den politiktheoretischen und kultursoziologischen Begriff der Subalternität in seinen 1936 abgeschlossenen *Gefängnisheften* (quaderni dei carcere)[14] entwickelt. Mit den Subal-

---

13 Es war Wayne C. Booth, der in seiner *Rhetoric of Fiction* (Chicago: University of Chicago Press, 1961) den Begriff „unreliable narrator" prägte. Zur aktuellen Diskussion über den unzuverlässigen Erzähler vgl.: Matias Martinez u. Michael Scheffel, *Einführung in die Erzähltheorie* (München: Beck, 2006, 6. Auflage); Monika Fludernik, *Einführung in die Erzähltheorie* (Darmstadt: Wissenschaftliche Buchgesellschaft, 2006); Ansgar Nünning, *Unreliable Narration: Studien zur Theorie und Praxis unglaubwürdigen Erzählens in der englischsprachigen Erzählliteratur* (Trier: Wissenschaftlicher Verlag, 1998).
14 Antonio Gramsci, *Gefängnishefte*. Hg. v. Klaus Bochmann und Wolfgang Fritz Haug, 10 Bände (Hamburg: Argument, 1991 ff.)

ternen (i classi subalterni) bezeichnete er – von Marx herkommend aber Marx weiterdenkend – nicht das Proletariat, sondern periphere Gruppen, die, weil in sich uneins und nicht organisiert, ohne gesellschaftliche Vertretung blieben. Dabei dachte Gramsci vor allem an die ländlich-bäuerlichen Unterschichten Süditaliens, aber auch an unterständische Bevölkerungen der Großstädte und fahrendes Volk. Die Subalternen konnten sich nicht in der Sprache des hegemonialen politischen Diskurses und der nationalen Institutionen der Repräsentation artikulieren. Gramscis Begriff des Subalternen erlebte ein halbes Jahrhundert später eine Renaissance, als in der akademischen postkolonialen Diskussion eine Gruppe kritischer Sozialhistoriker Südostasiens (South East Asian Subaltern Studies) daran gingen, die Historiographien ihrer Länder nach dem Ende des europäischen Kolonialismus im Sinne einer Gegengeschichtsschreibung neu zu erarbeiten.[15] (Bald danach sollte sich eine vergleichbare Gruppe in Lateinamerika etablieren.[16]) Dabei machte besonders Ranajit Guha[17] auf sich aufmerksam, als er die Mehrheit der indischen Bevölkerung als Subalterne im Sinne Gramscis verstand, d.h. als von der Macht ausgeschlossene, Hegemonien ausgelieferte, politisch nicht repräsentierte Gruppen bezeichnete. Nichtsdestoweniger sei diese Mehrheit durchaus am Widerstand gegen die britische Kolonialherrschaft beteiligt gewesen. In mühselig rekonstruierender Archivarbeit sollten die bisher stummen Akteure mit Stimmen versehen werden. Zu den Beteiligten der Subaltern Studies Group gehörte auch die indisch-amerikanische Literatur- und Kulturwissenschaftlerin Gayatri Charkravorty Spivak, die 1988 erstmals ihren vieldiskutierten Aufsatz „Can the Subaltern Speak?"[18] veröffentlichte. Sie stellte die kritische Frage, ob die von Ranajit Guha zu Recht als ausgeschlossen bezeichneten Gruppen durch archivarische Recherchen zum Sprechen zu bringen seien. Das Archiv sei selbst eine Institution jenes Machtkomplexes, in dem sich die Subalternen nicht hatten artikulieren können, und ihre Spuren würden dort nur als entstellt und verwischt wahrgenommen werden. Die Beispiele, die sie nennt, beziehen sich vor allem auf weibliche Mitglieder subalterner Gruppen. Aber nicht nur das institutionalisierte koloniale Erbe erschwere den Zugang zum Selbstverständnis der Subalternen, sondern auch die westliche akademische Tradition, sich die Rolle von Experten anzumaßen, die behaupten, die Subalternen selbst zu Wort kommen zu lassen, wenn sie doch in Diskursgewohnheiten befangen seien, bei denen eigene ideologische Beschränktheiten zu wenig reflektiert würden. Es sei nicht möglich, als eine Art Bauchredner für Unterprivilegierte zu agieren und sein eigenes Selbst da-

---

15 *Mapping Subaltern Studies and the Postcolonial*, hg. v. Vinayak Chaturvedi (London: Verso, 2000).
16 Walter Mignolo, *Local Histories/Global Designs: Coloniality, Subaltern Knowledges, and Border Thinking* (Princeton: Princeton University Press, 2000).
17 Ranajit Guha, *Elementary Aspects of Peasant Insurgency in Colonial India* (Oxford University Press: Delhi, 1983).
18 Gayatri Chakravorty Spivak, „Can the Subaltern Speak?" In: *Marxism and the Interpretation of Culture*, hg. v. Cary Nelson und Lawrence Grossberg (Urbana, IL: University of Illinois Press, 1988), S. 271-313.

bei zu ignorieren oder zu verleugnen. (Die Kritik zielt vor allem auf Arbeiten von Gilles Deleuze und Michel Foucault.) Nach Spivak ist der Anspruch, die stummen Subalternen „selbst sprechen zu lassen" letztlich eine koloniale Geste, weil hier das westlich-totalisierende und essentialistische Subjekt-Verständnis noch nachwirke, das durch die Vertreter der Postcolonial Studies in Frage gestellt werde. Es ist nur konsequent, wenn Spivak den Schluss zieht, dass die Rekonstruktion der Stimme des Subalternen grundsätzlich nicht möglich sei. Das wiederum ist eine unbefriedigende Antwort und lässt sich nicht mit den Prämissen postkolonialer Geschichtsschreibung vereinbaren.

Viel von den Kalamitäten, Paradoxien und Widersprüchlichkeiten dieser Diskussion um die nachgeholte Artikulation subalterner Gruppen findet sich in Buchs Roman reflektiert. Beim Ich-Erzähler Richard Kandt ist die Sachlage relativ einfach: Er ist bekennender Kolonialist und hat keine Schwierigkeiten damit, über die herrschende und die subalterne Schicht, über die Tutsis und die Hutus, im Ruanda zur Zeit des sogenannten Protektorats Deutsch-Ostafrika seine Urteile zu fällen. Der postkolonial sensibilisierte Du-Erzähler ist da in einer schwierigeren Situation. Denn inzwischen haben sich durch die historische Entwicklung die Machtverhältnisse in Ruanda mehrfach verändert: Aus den ehemals subalternen Hutus waren inzwischen die mit Macht und Hegemonie ausgestatteten Herrscher des Landes geworden, während die früheren Aristokraten, die Tutsis, an die Peripherie, in die Einflusslosigkeit und Nicht-Repräsentation gedrängt worden waren und schließlich gar Opfer eines Genozids wurden. Als der Du-Erzähler 1995 in Ruanda auftaucht, hat sich das Blatt erneut gewendet, denn nun sind die Hutus entmachtet, zu Millionen in angrenzende Nachbarländer geflohen, wo sie wieder, sieht man von Ausnahmen ab, den Status von Subalternen haben, ja schlimmer noch, ständig in ihrer nackten Existenz bedroht sind. Wie soll ein Berichterstatter aus Deutschland für diese marginalisierte Gruppe sprechen können? Für Massen von Menschen, denen alle politischen Rechte abgesprochen werden, und die keine Formen freier Artikulation kennen? Und wenn der Du-Erzähler über die Geschichte Ruandas reflektiert, wie soll er aus dem Dilemma herauskommen, das Spivak beschrieben hat, dass nämlich die Spuren der jeweils Unterprivilegierten in der Geschichte – besonders in der Kolonialhistorie – verwischt wurden. Und wie soll er von seiner Subjektposition aus die Subalternen Ruandas aus Vergangenheit und Gegenwart mit Stimmen versehen können? Das Problem ist kaum zu lösen, und – wie im Vorwort angedeutet wird – geht es in diesem Roman nicht nur um den Ausdruck einer Solidarität mit einer speziellen Gruppe, sondern – im Sinne der Menschenrechtsethik – um den Hinweis auf etwas Allgemeines. Peter Hallward[19] hat zu Recht darauf hingewiesen, dass in vielen postkolonialen Studien (auch bei Spivak) die Dimension der Gleichheit ausgeklammert wird. Durch ein unbedingtes Beharren auf Differenz sei ein geradezu autistisches Identitäts-Universum geschaffen worden, wo jede Gruppe eine

---

19 Peter Hallward, *Absolutely Postcolonial. Writing Between the Singular and the Specific* (Manchester and New York: Manchester University Press, 2001).

monadisch in sich verschlossene Eigenkultur beansprucht, die von außen nicht zu verstehen sei. Solidarität im Sinne der Menschenrechte ist aber nur möglich, wenn das Gemeinsame und die Vergleichbarkeit humaner Kulturen und ihrer Krisen in den Vordergrund gerückt werden. Buch ist daran gelegen, das Repräsentative, Wiederholbare und Nicht-Einzigartige an den Vorgängen in Ruanda zu konturieren, wobei Besonderheiten durchaus nicht ignoriert werden.

Der Verfasser des Prologs deutet an, dass der Maler einiges mit dem Autor des vorliegenden Romans, dessen Vorname Hans Christoph ist, gemein hat. Der Künstler, der sich „am oberen linken Bildrand selbst porträtiert hat", habe nämlich „in winzigen, kaum lesbaren Lettern vermerkt „*Johannes Christopherus pinxit* –, ". Diese Notiz sei Teil einer nur „bruchstückhaft erhaltenen Bildunterschrift, in der von einem Krieg zwischen feindlichen Brüdern die Rede sei, von denen einer nach verlustreicher Schlacht habe erkennen müssen, daß sich das Kriegsglück zu seinen Ungunsten gewendet habe" (KA 10). Dieses Exemplarische im Speziellen ist dem Verfasser des Romans wichtig, und mit ihm hat auch der Titel des Romans zu tun. Buch erinnert an die aus der Bibel bekannte Geschichte der Söhne Adams und Evas. Dem Roman als Motto vorangestellt ist die Stelle aus dem vierten Kapitel der *Genesis*: „Und Abel ward ein Schäfer; Kain aber ward ein Akkermann… Und es begab sich, da sie auf dem Felde waren, erhob sich Kain wider seinen Bruder und schlug ihn tot." (KA 5) Die mythische Anspielung erinnert daran, dass es bei diesem Brudermord um ein in der Geschichte der Menschheit wiederkehrendes Verbrechen geht.[20] Der Vergleich zwischen dem aggressiven Akkersmann Kain und dem begünstigten Hirten Abel ist in diesem Fall besonders naheliegend, weil die den Völkermord beginnenden Hutus in Ruanda traditionell Landwirte und die Tutsis seit Menschengedenken Hirten gewesen waren.

II

Hans Christoph Buch unternahm 1995, 1996 und 1997 Reisen nach Ruanda bzw. ins östliche Zentralafrika. Darüber hat er im Wochenblatt *Die Zeit* berichtet, und diese Reportagen gingen in den Band *Blut im Schuh* ein, der 2001 erschien.[21] Eine Fülle von Beobachtungen, die in den Zeitungsberichten zu finden sind, tauchen variiert im Roman wieder auf. In beiden Medien, deren Buch sich

---

20 Zum Kain-Abel-Motiv allgemein vgl. Dieter Wyss, *Kain – eine Phänomenologie und Psychopathologie des Bösen* (Würzburg: Königshausen und Neumann, 1997). Zum Thema direkt vgl.: Scott Peterson, *Me Against My Brother: At War in Somalia, Sudan, and Rwanda – A Journalist Reports from the Battlefields of Africa* (New York: Routledge, 2000). Um die Wiederholbarkeit des Genozids geht es in: Robert Stockhammer, *Ruanda*. Der Autor äußert sich über Buchs *Kain und Abel in Afrika* eher polemisch als kritisch.
21 Hans Christoph Buch, *Blut im Schuh. Schlächter und Voyeure an den Fronten des Weltbürgerkriegs* (Frankfurt am Main: Eichborn, 2001).

bedient, stehen die Hilfsorganisationen der UNO und des Roten Kreuzes im Mittelpunkt. Die Vertreter dieser Institutionen können zuweilen die Not der Flüchtlinge lindern, oft aber versagen sie und werden der ihnen gestellten Aufgabe nicht gerecht. In dem legendären Hotel Mille Collines in Kigali, der Hauptstadt Ruandas, ist der Du-Erzähler von *Kain und Abel in Afrika* untergebracht. Von hier aus reist er im Frühjar 1995 in einige Flüchtlingslager, weswegen er das Hotel als „Eingang zur Unterwelt" (KA 12) bezeichnet. Hier wird auf die Schilderung der Höllenpforte in Dantes *Göttlicher Komödie* angespielt.[22] Zu Beginn des dritten Gesangs stehen bei Dante die Verse:

> Durch mich geht man zur Stadt der Schmerzen,
> Durch mich geht man zu ewigem Leiden,
> Durch mich geht man zu den Verlorenen. [...]
> Eintretende, laßt alle Hoffnung fahren![23]

Die Flüchtlingslager, die der Erzähler in Ruanda, Burundi und im östlichen Kongo besucht, sind, so sagt es Buchs Du-Erzähler, den Kreisen der Hölle vergleichbar, die Dante durch seinen Führer Vergil kennenlernt. Der Erzähler unternimmt einen Abstecher nach Bujumbura, der Hauptstadt des südlich von Ruanda gelegenen Staates Burundi, um dort ein Lager zu besuchen, in das Hutus geflohen sind, nachdem die Tutsis in der Jahresmitte von 1994 in Ruanda einen Vergeltungskrieg gegen sie begonnen hatten. Er sieht einen „LKW mit dem Emblem der Welternährungsorganisation", also der FAO, der Food and Agriculture Organization of the United Nations. Der Erzähler zitiert einen der Helfer: „Die Leute geben falsche Namen an, um doppelte Reisrationen zu ergattern, und verscherbeln die von Hilfsorganisationen gespendenten Nahrungsmittel zu überhöhten Preisen auf dem freien Markt." Ein „Blick in die erloschenen Gesichter der Flüchtlinge" genügt ihm jedoch, um sich der Kritik daran zu enthalten. (KA 22) In den folgenden Tagen geht es „mit einem Lastwagenkonvoi des Roten Kreuzes" ins burundische Lager Magara, „von wo 80 000 aus Ruanda vertriebene Hutus vor zwei Wochen in Panik geflohen sind aus Angst, die Tutsi-Armee bereite ihre Ermordung vor." UN-Mitarbeiter können sie jedoch „zum Rückmarsch bewegen, aber bei der Heimkehr fanden sie das Lager geplündert vor; Tutsi-Soldaten hatten ihre Hütten dem Erdboden gleichgemacht." (KA 25) Jede Familie bekommt im Lager vom Roten Kreuz „einen Sack mit Reis ausgehändigt" (KA 26) – zu wenig zum Leben, zu viel zum Sterben. Magara war das größte Lager in Burundi für Flüchtlinge aus Ruanda. Auch ins östlich von Ruanda gelegene Tansania sind zahllose Hutus geflüchtet, etwa ins Lager Benaco. Dort hausen

---

22 Es mag sein, dass Buch sich dazu durch Peter Weiss anregen ließ, der in seinem Roman *Die Ästhetik des Widerstands* (Frankfurt am Main: Suhrkamp, 1975) mehrfach auf Dantes *Commedia* mit dem „Inferno" zu sprechen kommt. Vgl. u.a. Band 1, S. 79-83. Peter Weiss' Faszination mit dem Thema spricht auch aus seinem posthum publizierten Drama *Inferno* (Frankfurt am Main: Suhrkamp, 2003).
23 Dante Alighieri, *Die Göttliche Komödie*. Übersetzung aus dem Italienischen von Nora Urban (Wien: Eduard Kaiser Verlag, o.J.), S. 34.

„211 000 aus Ruanda geflohene Hutus" unter „Plastikplanen des Flüchtlingshilfswerks UNHCR[24] auf engstem Raum" (KA 26, 27). „Nur der Einsatz humanitärer Helfer" habe „ein Massensterben" verhindert (KA 27).[25] Allerdings könne auch hier von „Normalität" keine Rede sein, denn es heißt: „Das Lager wird von radikalen Milizen beherrscht, die die Vertriebenen als Faustpfänder und Geiseln betrachten und Rückkehrwillige mit dem Tode bedrohen." Die Drahtzieher seien Hutus, „ehemalige Offiziere der für den Völkermord in Ruanda verantwortlichen Regierungsarmee" (KA 27).[26]

Das kleine Kibeho in der Nähe der im Süden Ruandas gelegenen Stadt Gikongoro machte zweimal Schlagzeilen in der Weltpresse: zuerst in den 1980er Jahren, als von mehreren Marienerscheinungen berichtet wurde, die von jungen Frauen bezeugt worden waren. Seitdem hat sich, unterstützt durch den Bischof von Gikongoro und den Papst in Rom, Kibeho zu einem veritablen Marienwallfahrtsort entwickelt. Aber auch hier wütete Mitte der 1990er Jahre der Bürgerkrieg. Zum zweiten Mal wurde ausführlich über Kibeho berichtet, als dort ein Flüchtlingslager etabliert wurde, das sich immer mehr als Todeslager erwies. Zeitweise waren dort nahezu 120.000 Flüchtlinge untergebracht. Am 22. April 1995 wird der Du-Erzähler in Buchs Roman morgens in einem Hubschrauber der UNAMIR, der United Nations Assistant Mission for Rwanda, zum Lager Kibeho geflogen. Seit Tagen, so heißt es, würden von dort Nachrichten über „Unruhen mit toten und Verletzten gemeldet" (KA 34). „Sambische Blauhelme" nehmen den Erzähler und die UNAMIR-Mitarbeiter „in Empfang und eskortieren" sie zum „Haupttor des Lagers". Dort allerdings wird ihnen „ohne Angaben von Gründen" der „Zutritt verweigert" (KA 35). Die von der Ruandischen Regierung zur Bewachung des Lagers eingesetzten Tutsi-Soldaten haben den Lagerinsassen den Befehl erteilt, „in ihre Heimatdörfer zurückzukehren". Die aber wollen der Weisung nicht folgen und üben passiven Widerstand, weil sie „Racheakte" überlebender Tutsis befürchten. Auch die „Schußsalven über die Köpfe der Menge" hinweg bewirken nicht die beabsichtigte Einschüchterung. Anstatt dem Tod entgegenzugehen, ziehen die Flüchtlinge es vor, „in ihrem eigenen Kot" zu hokken, „verseuchtes Wasser" zu trinken und einen „bestialischen Gestank" zu ertragen. Die UNO-Hilfsorganisation hat „Tankwagen mit sauberem Wasser und LKWs voller Lebensmittel und Medikamente" geschickt, doch werden die Wagen „am Lagertor angehalten" und bekommen von den Tutsi-Soldaten keine Erlaubnis zur Einfahrt (KA 38). Unter den Augen des Erzählers spitzt sich die Lage zu:

---

24 United Nations High Commissioner for Refugees. Die Organisation wurde 1950 gegründet und hat inzwischen über fünfzig Millionen Flüchtlingen geholfen.
25 Vgl. dazu auch die Schilderung in Buchs Reportagensammlung *Blut im Schuh*, S. 242f.
26 Was Buch hier berichtet, wird durch die Forschungsliteratur bestätigt. Vgl. Esther Mujawayo, Souâd Belhaddad, *Ein Leben mehr. Zehn Jahre nach dem Völkermord in Ruanda* (Wuppertal: Hammer, 2005); Benjamin Sehene, *Le piège ethnique* (Paris: Éditions Dagorno, 1999).

> Es ist wie im Krieg. Nein, es ist Krieg. Ruandische Armee gegen unbewaffnete Zivilisten. Tutsi-Soldaten schießen über die Köpfe hinweg, um Hutu-Flüchtlinge zu zerstreuen oder gezielt in die Menge hinein. Kessel mit nur einem Ausgang – klassische Katastrophensituation. An Stelle von Wasserwerfern sind Granatwerfer in Stellung gegangen. *Crowd control getting out of control. Stampede.* Kinder und Greise werden totgetrampelt, junge Männer in wehrfähigem Alter (unter ihnen mutmaßliche Täter des Völkermords von 1994) systematisch ausgesondert und exekutiert. (KA 41)

Aber nicht nur die Lagerinsassen müssen um ihr Leben fürchten, die Helfer der Rettungsmannschaften ebenfalls. „Ein Mitarbeiter der Caritas", schildert, „wie er beim Versuch, einen Verletzten zu bergen, von Tutsi-Soldaten beschossen worden" sei. (KA 42). Und „ein australischer Sanitätsoffizier" bemerkt, dass er „viele Katastropheneinsätze mitgemacht" habe, aber Kibeho sei „schlimmer als alles", was er „in Äthiopien und Somalia gesehen" habe (KA 43). Der um das Lager gezogene „Stacheldrahtzaun" trenne „die Todgeweihten von der Welt der Lebenden": Auf „der einen Seite wohlgenährte kanadische Sanitäter mit Gummihandschuhen", auf der anderen „Kranke und Sterbende", die „zum Weinen" zu „geschwächt" seien (KA 44). Der Erzähler gehört zu den wenigen, die die Barriere überwinden wollen, doch fordern die „am Stacheldraht postierten Kanadier" ihn „zur Umkehr auf". Dazu ist er nicht mehr in der Lage, denn kaum hat er einen Schritt über die Grenze zwischen Reich und Arm, Weiß und Schwarz, Gesund und Krank, Sicherheit und Tod getan, ergibt sich für den Erzähler eine lebensbedrohliche Situation:

> Von allen Seiten greifen Hände nach dir, Verletzte klammern sich an deine Hosenbeine, du trittst auf einen weichen Körper, eine nachgiebige Masse, die sich stöhnend bewegt, stolperst und verlierst das Gleichgewicht. Du hast Angst, im Flüchtlingselend zu versinken, schlägst um dich wie ein Ertrinkender und suchst vergeblich Halt im Menschengewühl, das wie eine Meereswoge über dir zusammenschlägt. (KA 45)

Der Du-Erzähler muss an sich selbst erleben, wie die besten Absichten in ihr Gegenteil verkehrt werden können, wie bei Lebensgefahr der Selbsterhaltungstrieb über altruistische Regungen siegt. Es heißt an der Stelle weiter:

> In der Mitte des Platzes, wo die Menge auf der Flucht vor den Schüssen zusammenströmt, liegen Tote und Sterbende in mehreren Schichten übereinander. Eine Mutter streckt dir ihr schreiendes Baby entgegen, du stößt sie brutal zur Seite und ergreifst die helfende Hand, die dir ein ukrainischer Blauhelmsoldat über den Stacheldraht hinweg entgegenreicht. Ein Ruck, ein stechender Schmerz im Schultergelenk, und du bist in Sicherheit. Der Aufenthalt in der Menge hat keine fünf Minuten gedauert, aber er kommt dir wie eine Ewigkeit vor. Deine Knie zittern, jemand gießt dir aus einer Plastikflasche Wasser über den Kopf. (KA 45)

Der ruandischen Mutter mit ihrem Baby streckt kein UNO-Soldat die Hand über den Zaun entgegen. „Selbst in der Hölle", erkennt der Du-Erzähler, „bist du als Weißer privilegiert" (KA 47).

Der Erzähler schildert eine Begegnung mit William Clarance, einem Vertreter des UN-Hochkommissars für Menschenrechte in Ruanda. Clarance, der sich mit seinem Buch über die Rolle der UNO im Bürgerkrieg in Sri Lanka[27] inzwischen selbst zu einem Kritiker der Weltfriedensorganisation entwickelt hat, wird dort als jemand geschildert, der eine Fehleinschätzung der Lage nicht zugeben will, nachdem er von dem Massaker der Tutsis an den Hutus im Lager von Kibeho gehört hat:

> Wenn das stimmt, war seine Arbeit hier umsonst, und er muß alles widerrufen, was er dem Generalsekretär nach New York gemeldet hat: daß die ruandische Regierung nicht Rache, sondern Versöhnung wolle und daß es trotz vereinzelter Übergriffe nicht zu schweren Menschenrechtsverletzungen gekommen sei. Und jetzt das! [...] Aber er bleibt skeptisch, trotz der endlosen Kolonne schwankender Elendsgestalten, die vorüberzieht. (KA 48)

Jede Art spontaner Hilfe ist untersagt, und ein UNO-Wagen, der die Aufgabe hat, westliche Berichterstatter zu transportieren, darf nicht anhalten, wenn Flüchtlinge „mit fieberndem Blick" um „Trinkwasser oder Buiskuits" bitten (KA 49). Im Autoradio dieses Wagens, der den Erzähler nach Kigali zurückbringt, erfährt man bereits von „8000 Opfern" die das „Massaker in Kibeho" gefordert habe, „während die Regierung in Kigali diese Zahl für maßlos übertrieben hält und von höchstens 300 Toten spricht." (KA 50). Der Erzähler selbst erwähnt die „zweitausend Toten von Kibeho" (KA 54), doch in heute vorliegenden Dokumentationen, deren Angaben korrekt sind, ist von über viertausend Opfern des Massakers vom 22. April 1995 in Kibeho die Rede.[28]

Anderthalb Jahre später, im November 1996, flog der Autor erneut nach Ruanda, und darüber findet sich die Reportage „Countdown am Kiwusee" im Sammelband *Blut im Schuh*. Auch diese Reise wurde im Roman verarbeitet. Gisenyi und Goma sind die beiden Grenzstädte am Kiwu-See: Goma gehört zur Demokratischen Republik Kongo, Gisenyi liegt auf der ruandischen Seite. In der Nähe von Goma befindet sich seit den ersten Jahren nach dem Bürgerkrieg das Flüchtlingslager Mugunga. Als in der zweiten Hälfte des Jahres 1994 unter der Leitung von Paul Kagame die RPF, die Ruandische Patriotische Front, innerhalb von drei Monaten Ruanda von Uganda aus eroberte, flohen über eine Million Hutus über die Grenze nach Zaire. Mugunga zählt noch immer zu den großen Lagern in der Ost-Kiwu-Region, wo jeweils zehntausende von geflohenen Hutus untergebracht sind. Auch heute leben dort weit über eine Million Flüchtlinge: Opfer und Verhandlungsmasse einer Politik mittel- und ostafrikanischer Staatsmänner, denen der Zugriff auf Bodenschätze, die Erweiterung ihrer Einflusszonen und das Durchsetzen von Stammesinteressen wichtiger erscheint als die Linderung der Not von Menschen, die ihnen ohnehin verhasst sind. (Von dieser Region im Grenzgebiet zwischen dem östlichen Kongo und Ruanda und der dort

---

27 William Clarance, *Ethnic Warfare in Sri Lanka and the UN Crisis* (London und Ann Arbor: Pluto Press, 2007).
28 Terry Pickard, *Combat Medic: An Australian Eyewitness Account of the Kibeho Massacre* (Newport/Australia: Big Sky Publishing, 2008).

vorherrschenden unrühmlichen Politik handelt übrigens auch ein Thriller von John le Carré.[29])

Am 18. November 1996 konnte man den Eindruck bekommen, als beginne sich eine neue Versöhnungspolitik in Ruanda durchzusetzen. Hans Christoph Buch schrieb darüber in *Die Zeit* am 22. November 1996:

> „Dies ist die Stunde der nationalen Versöhnung", sagt Ruandas Präsident Pasteur Bizimungu, der mit einem Empfangskomitee nach Gisenyi geeilt ist, um die Hutu-Flüchtlinge zu begrüßen, die seit den frühen Morgenstunden zu Hunderttausenden über den Grenzübergang Petite Barrière in ihre Heimat zurückkehren. Eine Menschenlawine von mehr als zwanzig Kilometern Länge wälzt sich von Mugunga, dem größten Flüchtlingslager der Welt, am Ufer des Kiwusees entlang ins zairische Goma und von dort über die Grenze nach Ruanda. Beladen mit Säcken, Kleiderbündeln und Matratzen, schleppen sich die schwankenden Elendsgestalten, barfuß oder auf Krücken, durch Sonne und Regen dahin, ohne Blick für Alte und Kranke, die erschöpft am Straßenrand niedersinken.[30]

Auch im Roman wird die Ansprache von Pasteur Bizimungu erwähnt, dem „einzigen Hutu in dem von Tutsis dominierten Kabinett", das nach der Eroberung des Landes durch die Tutsi-RPF vom neuen starken Mann des Landes, Paul Kagame, zusammengestellt wurde. Der Erzähler zeigt, dass niemand an der Rede des Präsidenten interessiert ist, und dass der Friede nur eine Metapher in patriotischen Liedern ist:

> „Dies ist ein historischer Tag", haucht Pasteur Bizimungu in die mit Flausch umwickelten Mikrophone, die ihm von allen Seiten entgegengestreckt werden, „ein Tag, den alle Ruander seit langem herbeigesehnt haben, und ich bin überglücklich, heute hierzusein." Der Rest seiner Rede geht unter im Applaus und im Gesang eines weißgewandeten Frauenchors, der eine patriotische Hymne intoniert, in deren Refrain das Wort AMAHORO – Frieden – wiederkehrt. (KA 102)

Eine der großen Ethnien im östlichen Kongogebiet sind mit knapp einer halben Million Menschen die Benyamulenge.[31] Sie fühlen sich durch die Hutu-Flüchtlinge aus Ruanda in ihrer Existenz bedroht, und da sie ohnehin den Tutsis kulturell näherzustehen glauben als den Hutus, wurde die Freund-Feind-Situation bald deutlich. Im Roman erwähnt der Erzähler einen kanadischen Arzt, der im Sommer 1994 die Flucht der Hutus nach Goma miterlebte. Dieser Arzt arbeitet für *Médicins sans frontier* und berichtet:

> „Damals starben 40 000 Menschen innerhalb von zehn Tagen. Um eine Wiederholung dieser Katastrophe zu vermeiden, bin ich hier. Wir halten drei LKWs mit Lebensmitteln und Medikamenten für 250 000 Personen einsatzbereit, aber die Benyamulenge-Rebellen lassen keinen Hilfskonvoi durch [...]. Sie wollen die Lager aushungern, damit sich das Hutu-Problem auf biologischem Weg löst." (KA 97)

---

29 John le Carré, *The Mission Song* (New York: Little, Brown, 2006).
30 Hans Christoph Buch, *Blut im Schuh*, S. 248.
31 Thomas Turner, *The Congo Wars: Conflict, Myth and Reality* (London und New York: Zed Books, 2007). Vgl. ferner; Linda Melvern, *Conspiracy to Murder: The Rwandan Genocide* (London und New York: Verso, 2006).

Aber auch auf der anderen Seite der Grenze, in Ruanda, ist man an der Rückkehr der Hutus nicht interessiert. Östlich wie westlich der Landesgrenze geht es den Gorillas entschieden besser als den Flüchtlingen. Die Berggorillas haben sich als Touristenattraktion erwiesen und bringen Devisen; die Flüchtlinge dagegen stellen eine soziale wie finanzielle Belastung dar, die die neue Regierung nicht schultern will. Der Erzähler wundert sich über eine kongolesische Beamtin an der Zollkontrolle, die ein T-Shirt mit der Aufschrift „PROTECT THE MOUNTAIN GORILLA" trägt. (KA 98) Es wird ihm sarkastisch berichtet: „Die Berggorillas [...] leben in Reservaten, sind vor Wilderern geschützt und bekommen regelmäßig zu fressen. Hutus und Tutsis dagegen hat der World Wildlife Fund zum Abschuss freigegeben."[32] (KA 93) Allerdings wird man im „Epilog" des Romans darüber aufgeklärt, dass die Touristen inzwischen in andere Länder wie Namibia und Botswana ausgewichen sind, um einen „Eingang zum Paradies" ihrer schlichten Abenteuerwelt zu finden. Dieses Elysium der Weltenbummler, „auf halbem Weg zwischen Ovamboland und Okavangoland" gelegen, wird in Anspielung auf das dritte Kapitel der *Genesis* so beschrieben:

> Das Paradies ist OFF LIMITS für die mit der Erbsünde des Fleisches behaftete ortsansässige Bevölkerung; es ist umgeben von einem unübersteigbaren Zaun und einem gerodeten Streifen Niemandsland, auf dem Wildhüter Patrouille fahren, um Wilderer daran zu hindern, Giraffen oder Zebras zu jagen, die mit hochgereckten Hälsen die verbotenen Früchte und Blätter vom Baum der Erkenntnis fressen, wobei sie dem neugierigen Betrachter ihre gefleckten oder gestreiften Hintern zukehren. Der neugierige Betrachter ist kein Erzengel mit flammendem Schwert, sondern ein Tourist mit Blitzlicht und Kamera [...]. (KA 216)

Diese Art von Paradies ist von den Hutu-Flüchtlingslagern denkbar weit entfernt. Dem Erzähler ist es gelungen, die Grenze in den Kongo zu überqueren, um das Lager Mugunga mit eigenen Augen sehen zu können. Auf dem Weg dorthin bieten sich ihm Bilder von Menschen, die eher in einem Todesmarsch als auf dem Weg in die Freiheit begriffen sind:

> An jeder Biegung des Weges kommen euch Flüchtlinge entgegen, anfangs vereinzelt, dann in größeren Gruppen; das schmale Rinnsal schwillt an zu einem nicht abreißenden Strom, der alles niederwalzt, was seinen Lauf hemmt, und sich, da die Straße zu eng ist, um die Menschenmassen aufzunehmen, über umliegende Hügel und Täler ergießt. Es sieht aus, als hätte ein Heuschreckenschwarm die Bananenplantagen und Maisfelder kahlgefressen: Nur Strünke und Stoppeln bleiben auf der zertrampelten Erde zurück, und auch die werden von Hungernden ausgerissen und weichgekaut. (KA 99, 100)

Der Erzähler greift erneut ein Bild aus Dantes *Göttlicher Komödie* auf: Das Flüchtlingslager Mugunga wird mit dem „tiefsten Kreis der Hölle" verglichen. Bei Dante liest man dazu im vierunddreißigsten Gesang:

---

32 Zur Tiermetaphorik in den Publikationen zum Völkermord in Ruanda vgl. Robert Stockhammer, *Ruanda. Über einen anderen Genozid schreiben* (Frankfurt am Main: Suhrkamp, 2005), S. 156-175.

> „Dies ist es", sprach er, „es ist der Ort,
> Wo du mit aller Kraft dich wappnen mußt!"
> Frage nicht, Leser, denn ich könnte es
> Nicht schildern, wie ich matt ward und erfroren,
> Was ich auch sagt, es wäre viel zu wenig.
> Ich starb nicht, doch blieb ich auch nicht am Leben:
> Bedenk bei dir, streift dich die Ahnung nur,
> Was aus mir ward, dem beides man genommen.[33]

In Buchs Roman liest man:

> Nach zweistündiger Fahrt im Schrittempo habt ihr Mugunga erreicht: keine Vorhölle und kein Eingang zur Unterwelt, sondern der tiefste Kreis der Hölle, ein afrikanisches Hiroshima. Auf diesem Lavafeld, dessen schwarze Schlacken sich bei Nacht abkühlen bis zum Gefrierpunkt und tagsüber aufheizen wie Elektrokochplatten, haben 1994 mehr als eine Million vor der Tutsi-Armee geflohene Hutus kampiert [...]. Unter den Flüchtlingen, die glühender Hitze und eisiger Kälte ausgesetzt, ohne Nahrungsmittel und Wasser auf engstem Raum vegetierten, brach eine Choleraepidemie aus. Die Toten waren so zahlreich, daß die Einwohner von Goma sich Tücher vor die Nase preßten, um den Verwesungsgestank nicht zu riechen, während Bulldozer Berge von Leichen, mit Kalk überstreut, in Massengräbern versenkten [...]: eine der großen Tragödien des zu Ende gehenden Jahrhunderts, von der in keinem europäischen Geschichtsbuch die Rede sein wird. (KA 107, 108)

Im Grunde beginnt mit der Passage über dieses Flüchtlingslager bereits das Kapitel über einen weiteren Krieg, den im Kongo, auch wenn Buch das selbst in seinem Roman nicht direkt ausspricht. Der kongolesische Diktator Mobutu Sese Seko starb 1997, doch schon vor seinem Tod zerfiel das Land, und Ruanda und andere afrikanische Staaten nutzten die Zerrissenheit und inneren Gegensätze im Kongo, um Raubfeldzüge der aggressivsten Art durchzuführen, denen in dem Jahrzehnt zwischen 1996 und 2006 etwa vier Millionen Menschen zum Opfer gefallen sind.[34]

III

So kritisch der Du-Erzähler sich insgesamt über die Hilfsorganisationen äußert: Hier gibt er zu, daß erst „nach Einrichtung einer Luftbrücke, dem Einsatz Hunderter von Helfern und der Lieferung Tausender Tonnen von Lebensmitteln und Medikamenten [...] das Massensterben ein Ende" hatte (KA 107, 108). Die Skepsis gegenüber der humanitären Hilfe dominiert aber insgesamt in diesem Roman und ist auch ein wichtiges Thema in Buchs Reportagen. Wenn er dort über das Flüchtlingselend im Zusammenhang mit dem Lager Mugunga berichtet, kommt nicht nur das politische Chaos in Ruanda zur Sprache, sondern auch die Verwirrung unter den Hilfsorganisationen. Dazu heißt es:

---

33 Dante Alighieri, *Die Göttliche* Komödie, S. 171.
34 Gérard Prunier, *Africa's World War. Congo, the Rwandan Genocide, and the Making of a Continental Catastrophe* (Oxford: Oxford University Press, 2009).

So paradox es klingen mag: Das Problem ist nicht der Mangel an Hilfsangeboten, sondern das Engagement zu vieler Staaten und Nichtregierungsorganisationen zur gleichen Zeit und am gleichen Ort. Seit dem Völkermord von 1994 waren in keinem afrikanischen Land so viele humanitäre Helfer aktiv wie in Ruanda. [...] Die Präsenz miteinander konkurrierender Hilfsorganisationen [...] hat die humanitäre Katastrophe nicht verhindert und den Massenexodus nicht in geregelte Bahnen gelenkt.[35]

Buchs Roman kann man nicht als Plädoyer gegen humanitäre Hilfe in Bürgerkriegsgebieten allgemein lesen. Es geht ihm um Problematisierung, um die Schwierigkeiten, Widersprüchlichkeiten, zuweilen auch Absurditäten einer Hilfe, die gleichsam generalstabsmäßig am grünen Tisch geplant wird und deren Unzulänglichkeiten in der Praxis nur allzu oft deutlich werden. Auch in seinen Reportagen über Ruanda kommt der Autor nicht zu dem Schluss, dass die Hilfsmaßnahmen sinnlos seien.

Vergleichbar problematisierend sind auch die Tagebuchnotizen ausgefallen, die Bodo Kirchhoff 1994 unter dem Titel *Herrenmenschlichkeit* veröffentlichte, nachdem er im Juni/Juli des Vorjahres die Bundeswehr bei ihrem humanitären Einsatz im bürgerkriegsgeplagten Somalia als Beobachter begleitet hatte. Kirchhoff war gleichsam Gast beim Vorkommando des deutschen Unterstützungsverbandes Somalia, das Mitte Juni 1993 nur einige hundert Soldaten umfasste und in Belet Huen stationiert war. Der Unterstützungsverband deutscher Blauhelmsoldaten, der etwas später aus insgesamt über viertausend deutschen Soldaten bestand, war Teil der von der UNO organisierten Operation UNOSOM II, auch Operation Restore Hope genannt, eine Aktion, die den Bürgerkrieg in Somalia beenden sollte.[36] Die UNOSOM-Mission wurde im März 1995 beendet. Kirchhoff war für knapp vier Wochen mit nach Somalia geflogen, weil er den ersten militärischen Einsatz der Bundeswehr im Ausland erleben wollte, ein Unternehmen, gegen das die SPD als Oppositionspartei protestiert hatte, und das vom Bundesverfassungsgericht genehmigt werden musste.[37] Noch bevor das verfassungsrechtliche Plazet vorlag, war Kirchhoff bereits mit dem Vorkommando in Somalia eingetroffen. Im Wochenmagazin *Der Spiegel* erschien damals ein Teil der Tagebuchnotizen[38]. Gegen Ende der Eintragungen, die vom 16. Juni bis zum 3. Juli dauern, stellt der Autor sich ein Interview vor, das in der Realität nicht stattgefunden hat, das aber in einem künftigen Roman eine Rolle spielen solle. Weder die Fragen noch die Antworten in diesem fiktiven Interview sind die des Autors Kirchhoff. Aber in den Antworten des fingierten und anonymen Gesprächspartners wird stärker als sonst in den Tagebuchaufzeichnungen der Sinn der humanitären Hilfe durch den Westen bezweifelt. Da ist die Rede vom größenwahnsinnigen „Liebe-Gott-Spielen" der westlichen Staaten, von einer „Humanität auf Biegen und Brechen", von „Humanismus, neuem Kreuzzüglertum,

---

35 Hans Christoph Buch, *Blut im Schuh*, S. 253.
36 Hans Krech, *Der Bürgerkrieg in Somalia (1988-1996)* (Berlin: Köster, 1996).
37 Mathias Weber, *Der UNO-Einsatz in Somalia* (Denzlingen: M.W. Verlag, 1997).
38 Bodo Kirchhoff, „Staub in allen Briefen". In: *Der Spiegel* 30 (1993): 160-165.

Herrenmenschlichkeit im großen Stil"[39] Aber auch der fiktive Gesprächspartner lehnt keineswegs die Hilfe für die Menschen in Somalia ab. Er gibt zu, dass er „ratlos" sei. Offenbar hält er nichts von der Einmischung in den Streit der Bürgerkriegsparteien, doch will er die Hilfe für „Flüchtlinge" und „Entwurzelte" nicht in Frage gestellt sehen (HM 63). Der Tagebuchautor selbst notiert „Absurdität" (HM 10) als ersten Eindruck von dem, was ihn in Belet Huen umgibt. Was er unter „Humanitismus" versteht, erklärt er in der Eintragung vom 23. Juni. Da schildert er, wie er einem Fernsehredakteur ein Interview gibt. Auf die ihm gestellte Frage: „Was geschieht denn hier?" antwortet er: „Ich sehe hier einen neuartigen Kreuzzug. Einen Kreuzzug, auf dessen Fahne nicht Humanität steht, sondern Humanitismus – wie früher Katholizismus, Kapitalismus, Sozialismus." Der Fernsehinterviewer will auch wissen, ob er „für oder gegen diesen Einsatz" sei, worauf der Tagebuchschreiber antwortet: „Ich bin dafür, herauszufinden, ob dieser Einsatz sinnvoll sein kann oder nicht." (HM 28) Wie bei Buch wird auch hier ein Erzähler geschildert, der mit den Kriegsparteien selbst kaum in Berührung gerät, der sich vielmehr auf einer UNO-Inselwelt befindet, und der sich als Schriftsteller innerhalb dieses abgeschotteten Bereichs noch einmal besonders isoliert vorkommt, weil er weder einer militärischen Einheit oder einer Hilfsorganisation noch einer Presseagentur angehört. Das schärft den Blick für die Stärken und Schwächen jener, in deren Obhut man sich befindet, es reicht, um die Not der Einheimischen wahrzunehmen, und es erlaubt, die Kluft zwischen den Vertretern des Westens und den afrikanischen Flüchtlingen zu erkennen. Ein engagierter Dialog mit den Afrikanern, wie Nina Berman[40] ihn sich wünscht, ist hier in der Tat nicht zustande gekommen und unter den Bedingungen des Bürgerkriegs bzw. seiner unmittelbaren Folgen auch kaum vorstellbar.

Worüber aber sowohl bei Buch wie bei Kirchhoff nicht viel zu finden ist, ist der eklatante Missbrauch der auswärtigen humanitären Hilfe durch Diktatoren und *warlords* in afrikanischen Staaten, in denen Bürgerkriege wüten. Dazu haben die beiden französischen Afrikaspezialisten François Jean und Jean-Christophe Rufin einen wissenschaftlichen Sammelband mit dem Titel *Économie des guerres civiles*[41] herausgebracht. Es wird gezeigt, wie durch afrikanische Politiker und Bandenführer exorbitante Einfuhr- und Wegezölle sowie weit überhöhte Lager-, Transport- und Visa-Gebühren in harter Währung von den Hilfsorganisationen erpresst werden. Hinzu kommen ein nicht unbeträchtlicher Teil an konfiszierten

---

39 Bodo Kirchhoff, *Herrenmenschlichkeit* (Frankfurt am Main: Suhrkamp, 1994), S. 62. In der Folge mit der Abkürzung „HM" zitiert.
40 Nina Berman, *Impossible Missions? German Economic, Military, and Humanitarian Efforts in Africa* (Lincoln and London: University of Nebraska Press, 2004), S. 215. Die Autorin hat in dem Band eine ideologiekritische Studie zu Kirchhoffs *Herrenmenschlichkeit* veröffentlicht: „The German Army and Bodo Kirchhoff in Somalia", S. 139-173. Der Aufsatz erschien auf Deutsch unter dem Titel „Die Bundeswehr in Somalia und die Frage humanitärer Intervention. Bodo Kirchhoffs *Herrenmenschlichkeit*". In: *Schriftsteller und ‚Dritte Welt'. Studien zum postkolonialen Blick*, hg. v. Paul Michael Lützeler (Tübingen: Stauffenburg, 1998), S. 221-242.
41 François Jean, Jean Christophe Rufin (Hg.), *Ökonomie der Bürgerkriege* (Hamburg: Hamburger Edition, 1999).

Fahrzeugen und geplünderten Hilfsgütern sowie hohe Beträge für Wachmannschaften und Schutz-Eskorten, die sich aus Leuten zusammensetzen, die für die Kriegshandlungen verantwortlich sind. Rufin legt dar, wie die Hilfslieferungen die Kriegswirtschaft in Betrieb hält und die militärischen Bewegungen stärken, die das Distributionsnetz der zu verteilenden Hilfsgüter kontrollieren. So wird nur allzu oft die humanitäre Hilfe zur Entwicklungshilfe für Bürgerkriegsökonomien pervertiert.

Mit *Kain und Abel in Afrika* hat Buch insofern einen postmodernen Roman geschrieben, als sein Du-Erzähler selbstreflexiv Grenzen einbekennt und sich als geeignetes Medium dessen, worüber berichtet wird, in Frage stellt. Schon die Einleitung verwies auf die meta-kritischen Dimensionen des Romans. Sein Du-Erzähler bezweifelt die Legitimität seiner Kritik sowohl aus sprachlichen wie moralischen Gründen.[42] Wie kann er über Verletzungen der Menschenwürde, über Massensterben und Massenmord sprechen, ohne sich selbst der Würdelosigkeit schuldig zu machen? Der Erzähler gibt zu:

> [...] Wörter wie Opfer und Täter, Genozid und Massaker sagen kaum noch etwas aus, ihr Informationsgehalt geht gegen Null, und sie versperren den Blick auf die Realität, die zu beschreiben sie vorgeben. Dein Vorrat an einschlägigen Substantiven und Adjektiven ist erschöpft, und anders als das wirkliche Leben, das jedem Menschen seinen eigenen, unverwechselbaren Tod reserviert, gibt dein Text den Opfern ihre verlorene Würde nicht zurück. Du kapitulierst vor dem Schrecken und machst den Tod anonym, indem du ihn unter unvorstellbare Zahlen subsumierst. Aber jeder stirbt für sich allein, und jedes lebendige Individuum ist eine Welt, die durch nichts und niemanden zu ersetzen ist. (KA 52)

Wie kann er als Individuum moralische Urteile über humanitäre Hilfe fällen, wenn er selbst schon im engsten privaten Bereich nicht in der Lage ist, Hilfe am Nächsten (hier wörtlich genommen) zu leisten. Der Erzähler überlegt, was ihn dazu antrieb, vor der „sterbenden Mutter nach Afrika zu entfliehen und Berichte über Morde und Massaker zu schreiben". Er erkennt sein eigenes ethisches Versagen, wenn er festhält:

> Was bleibt, ist die unglaubliche Roheit, mit der du deiner Mutter zu verstehen gibst, die durch ihre tödliche Krankheit ausgelösten Schmerzen und Ängste seien harmlos im Vergleich zu dem, was du in Ruanda gesehen und erlebt hast. Vielleicht hat sie deshalb leise aufgeschluchzt, als du die Tür zum Schlafzimmer hinter dir zugezogen hast, und lautlos ins Kopfkissen geweint, während du wie ein Einbrecher auf Zehenspitzen davongeschlichen bist. (KA 121)

Buchs Roman trägt in jenen Teilen, in denen es um das Flüchtlingsproblem in Ruanda geht, stark reportagehafte Züge. Anders als bei Bärfuss werden allgemeine

---

42 Das ist ein Aspekt in Buchs Roman, der auch von Göttsche betont wird. Vgl. Dirk Göttsche, „Der neue historische Afrika-Roman: Kolonialismus aus postkolonialer Sicht". In: *German Life and Letters* 56.3 (2003): 261-280; hier S. 278. Vgl. zum Kontext auch: *Interkulturelle Texturen: Afrika und Deutschland im Reflexionsmedium der Literatur*, hg. v. M. Mustapha Diallo und Dirk Göttsche (Bielefeld: Aisthesis, 2003).

Themen (Entwicklungshilfe bei Bärfuss, Flüchtlingshilfe bei Buch) zu selten am Beispiel von Einzelschicksalen veranschaulicht; es kommen wenige Subjekte und viele Objekte vor. Zwar erfährt man kurz von dieser Freundin oder jener Journalistin, von dem einen Arzt oder dem anderen UNO-Soldaten, von einem physisch und seelisch versehrten Einheimischen einerseits oder einem Europäer, der in Afrika Fuß zu fassen versucht andererseits. Doch diese Figuren vergisst man rasch, weil sie nicht plastisch werden, weil ihre Besonderheit bald wieder überlagert wird durch die Schilderung von Massenelend.[43]

Buchs *Kain und Abel in Afrika* ist insofern ein Doppelroman, als drei der sechs Kapitel vom Du-Erzähler der Gegenwart und die drei weiteren Kapitel von einem Ich-Erzähler handeln, der von der Zeit um 1900 berichtet. Die Abschnitte des Du- und des Ich-Erzählers alternieren, sodass man als Leser etwas vom Ruanda der Jahre 1995 und 1996 erfährt wie auch von dem Land, als es ein Jahrhundert zuvor Teil der deutschen ostafrikanischen Kolonie war. Der Ich-Erzähler Richard Kandt wird als Forschungsreisender, als Kolonialromantiker und Idylliker vorgestellt, dessen Einstellung nur wenig mit der imperial-militanten und skrupellosen Ideologie eines Carl Peters[44] gemein hat. Buch hat das Hauptwerk von Richard Kandt gelesen, den Forschungsbericht über die Entdeckung der Nilquellen.[45] Viele der Episoden aus dem Leben des Afrikaforschers, wie er hier vorkommt, wurden allerdings von Buch frei erfunden.[46] In einer Studie über das Thema deutsche Kolonien in der Gegenwartsliteratur würde es sich verlohnen, diese Figur genauer zu untersuchen. Hier muss nur festgehalten werden, dass der Buchsche Kandt nicht über den Horizont seiner Wilhelminischen Zeit hinauszublikken vermag, dass er bei allem Schwärmen von der Jugend und der Ursprünglichkeit Afrikas, bei allem Stöhnen über die Enge in Deutschland von einem selbstverständlichen Recht Europas ausgeht, den Kontinent zu kolonisieren, zu verwalten, zu verändern, zu „zivilisieren", wie es heißt, und für die jeweilige Interessenpolitik der europäischen Nationen zu nutzen. Kandt ist alles andere als ein Prophet, denn er glaubt, das Herr-Knecht-Verhältnis der Tutsis und der Hutus sei durch Tradition gefestigt und unveränderlich. Schon ein halbes Jahrhundert

---

43 Diese Figuren finden sich bei Agossavi charakterisiert. Vlg. Simplice Agossavi, „Hans Christoph Buch: *Kain und Abel in Afrika (Roman)*. In: *Fremdhermeneutik in der zeitgenössischen deutschen Literatur. An Beispielen von Uwe Timm, Gerhard Polt, Urs Widmer, Sibylle Krauss, Wolfgang Lange und Hans Christoph Buch* (St. Ingbert: Röhrig Universitätsverlag, 2003), S. 159-179; hier S. 165-169. Siehe dazu ergänzend: Simplice Agossavi, „Hans Christoph Buchs Roman *Kain und Abel in Afrika* zwischen kultureller Alterität und literarischer Auseinandersetzung mit dem ruandischen Völkermord". In: *Acta Germanica* 35 (2008): 113-127.
44 Arne Perras, *Carl Peters and German Imperialism 1856-1918. A political Biography*, (Oxford: Clarendon Press, 2004).
45 Richard Kandt, *Caput Nili. Eine empfindsame Reise zu den Quellen des Nils* (Berlin: Dietrich Reimer, 1904). Vgl. dazu: Alexander Honold, „Caput Nili. August 1898: Richard Kandt gelingt die letzte Entdeckung der Nilquelle". In: *Mit Deutschland um die Welt. Eine Kulturgeschichte des Fremden in der Kolonialzeit*, hg. v. A. H. und Klaus R. Scherpe (Stuttgart: Metzler, 2004), S. 226-235.
46 Zum historischen Richard Kandt vgl.: Reinhart Bindseil, *Ruanda und Deutschland seit den Tagen Richard Kandts* (Berlin: Dietrich Reimer, 1988).

später begann der soziale Konflikt aufzubrechen: mit den bekannten Folgen. Zudem ist Kandt ein Idylliker, der die Augen vor den kriegsmäßigen Auseinandersetzungen im sogenannten „Schutzgebiet" Deutsch-Ostafrika[47] verschließt. 1908 wurde er vom Reichs-Kolonialamt in Berlin zum Kaiserlichen Residenten für Ruanda ernannt. Damals war der von 1905 bis 1907 dauernde Maji-Maji-Krieg zwischen Eingeborenen im (heutigen) Tansania und den Kolonialherren gerade beendet worden.[48] Tansania gehörte wie sein Nachbarland Ruanda zur ostafrikanischen Kolonie des deutschen Reiches. Die Deutschen hatten dort die Steuern für die Afrikaner drastisch erhöht und sie zur Zwangsarbeit auf den neuen Baumwollplantagen verpflichtet, d.h. die offiziell abgeschaffte Sklaverei wurde faktisch wieder eingeführt. Die Gouverneure in Daressalam (Gustav Adolf Graf von Götzen und sein Nachfolger Georg Albrecht Freiherr von Rechenberg) empfahlen die Kampfmethode der verbrannten Erde, der nach den konservativsten Schätzungen mehr als hunderttausend Ostafrikaner (viele Quellen sprechen von dreihunderttausend) zum Opfer fielen (nur fünfzehn Europäer kamen dabei ums Leben). Es war der erste von Deutschen betriebene Genozid. Kein Wort findet sich darüber in den Auslassungen des Ich-Erzählers Richard Kandt, wenn er in Buchs Roman von seiner Zeit als Resident in Ruanda spricht, obwohl dieser Krieg damals noch alle Gemüter in Ostafrika bewegte.

Mit dem Du- und dem Ich-Erzähler werden gleichsam zwei verschiedene Welten miteinander konfrontiert: Hier der von Skrupeln geplagte postkoloniale Katastrophenreporter, dessen Themen Völkermord und Flüchtlingselend sind und der Ruanda als Hölle erlebt, dort der von seiner wissenschaftlichen Sendung überzeugte Forschungsreisende, der sich zum Kolonialverwalter berufen fühlt und sein Amt als Resident wie ein *pastor bonus* ausfüllen möchte, wobei ihm vor allem die idyllischen Stunden in seinem Paradies-Gärtlein am Kiwu-See wichtig sind. Buch überlässt es den Lesern, sich die Unterschiede zwischen den beiden deutschen Erzählern über das Ruanda von gestern und heute klarzumachen.

---

47 Detlef Bald, *Deutsch-Ostafrika 1900-1914: Eine Studie über Verwaltung, Interessengruppen und wirtschaftliche Erschließung* (München: Weltforum-Verlag, 1970).
48 Felicitas Becker, Jigal Beez, *Der Maji-Maji-Krieg in Deutsch-Ostafrika 1905-1907* (Berlin: Ch. Links, 2005). Hannah Arendt hat in ihrem Totalitarismusbuch von 1951 die These vertreten, dass in den Kolonialkriegen in Afrika mit der Praxis des Völkermords, der Einführung von Konzentrationslagern und mit der Versklavung der einheimischen Schwarzen die rassistische Vernichtungspolitik des Nationalsozialismus vorweggenommen worden sei. In diesem Zusammenhang erwähnt sie ausdrücklich das „wilde Morden" in „Deutsch-Ostafrika". Vgl. H. A., *Elemente und Ursprünge totaler Herrschaft* (München: Piper, 1986), S. 307-357, hier S. 309.

4. SRI LANKA

Jeannette Lander, *Jahrhundert der Herren* (1993)

Ehekrieg und Bürgerkrieg

I

Sri Lanka, auch die „Träne Buddhas" genannt, ist die tropfenförmige Insel, die dem indischen Subkontinent an dessen südöstlicher Seite vorgelagert ist. Zur Zeit des europäischen Kolonialismus hieß sie Ceylon. Weil dort – in dieser Reihenfolge – portugiesische, niederländische, französische und britische – Kolonialflaggen wehten, wurde die Insel nicht allzu oft von Deutschen besucht. Vor hundert Jahren bereisten zwei aus unterschiedlichen Gründen prominente Vertreter Deutschlands die damals britische Kolonie: der Kronprinz Wilhelm von Preußen und der schwäbische Dichter Hermann Hesse. Bei Hesse finden sich Spuren seiner Auseinandersetzung mit dem Buddhismus, wie er ihn dort praktiziert fand, in vielen seiner Werke, vor allem in dem 1922 publizierten Roman *Siddharta*.[1] Die Tour des letzten Anwärters auf den deutschen Kaiserthron ist heute vergessen, doch wird ein Bericht über sie (mit Fotos, die der Kronprinz selbst aufgenommen hatte) noch in Antiquariaten angeboten.[2] Während der Zeit des Nationalsozialismus war Ceylon kein Land, in das jüdische Flüchtlinge hätten ausweichen können. Allerdings gelang es Siegmund Feniger, einem jungen Buchhändler aus Berlin, der in den 1920er Jahren ein Anhänger der Lehren Buddhas geworden war, Eintritt in ein buddhistisches Kloster für Menschen aus dem Westen zu erhalten, das der aus Deutschland stammende Mönch Nyanatiloka Thera als „Island Hermitage" auf Ceylon gegründet hatte. Feniger nahm den Namen „Nyanaponika" („zur Erkenntnis geneigt") an. 1958 gründete er auf Sri Lanka die

---

1 Der aus Sri Lanka stammende Maler Jayantha Gomes erstellte 1993/94 Illustrationen zu *Siddharta*, die in einer Ausstellung in vielen Großstädten der Welt gezeigt wurden. Die Ausstellung war 2002 aus Anlass des 125. Geburtstags Hesses auch in dessen Geburtsstadt in Calw zu sehen. Gomes, der seit langem in Deutschland lebt, begab sich in den 1990er Jahren in seine Heimat, um den Spuren der Reise Hesses von 1911 zu folgen. Auf Ceylon, Singapur und Sumatra waren Hesses Vater und Großvater als protestantische Missionare tätig gewesen. Vgl. Volker Michels, *Hermann Hesse. Leben und Werk im Bild* (Frankfurt am Main: Insel, 1973), S. 95f. Vgl. ferner: Ernst Stöckmann, „Der Erfahrungsraum des Eigenen im Fremden. Hermann Hesses Asienreise als Präzedenzfall einer ästhetisch vermittelten interkulturellen Hermeneutik". In: *Projektionen – Imaginationen – Erfahrungen. Indienbilder der europäischen Literatur* hg. v. Winfried Eckel, Carola Hilmes und Werner Nell (Remscheid: Gardez! Verlag, 2008), S. 170-191.

2 Oscar Bongard, *Die Reisen des Deutschen Kronprinzen durch Ceylon und Indien* (Berlin: Schwetschke, o.J. [1911]).

Buddhist Publication Society und veröffentlichte 1970 ein in Deutschland erfolgreiches Buch mit dem Titel *Geistestraining durch Achtsamkeit*[3], das die Werte buddhistischer Lebenseinstellung zu vermitteln sucht. Das Werk wird in Jeannette Landers Roman zitiert (JH 166f.)[4] und die Erzählerin sucht den bekannten Einsiedler und Buchautor auf. Gewöhnlich hört man wenig von dem Inselstaat, der 1948 seine Unabhängigkeit von Großbritannien erlangte. Die Insel ist kleiner als Irland, hat allerdings vier Mal so viele Einwohner. Das letzte Mal, dass Bilder von Sri Lanka in allen Medien der Welt gezeigt wurden, war am 26. Dezember 2004, als ein Tsunami Südostasien verwüstete[5] und auch auf dieser Insel Zerstörungen hinterließ. Die Sturmkatastrophe war das Resultat eines Erdbebens im Indischen Ozean, das fast zehn Minuten andauerte und auf der Richter-Skala neun Grad überschritt. Der Tsunami kam und ging und wurde in seinen Auswirkungen durch internationale Hilfsmaßnahmen gemildert. Das politische Erdbeben jedoch, das – nach vorangehenden leichten Erschütterungen – mit dem Bürgerkrieg zwischen der Majorität der Singhalesen und der Minorität der Tamilen 1983 begann, findet kein Ende und ist von außen kaum zu beeinflussen. Jeannette Lander ist eine der wenigen AutorInnen aus Deutschland, die für längere Zeit – von 1984 bis 1985 – Sri Lanka besuchte und das Land nicht aus bloß einem einzigen Grund (sei er religiös, touristisch oder kommerziell) besuchte, sondern die fremde Kultur in ihrer Komplexität auf sich wirken lassen wollte. Die Gründe für den Bürgerkrieg zwischen Tamilen und Singhalesen zu verstehen, war ebenfalls ein Anlass für die Reise dorthin, wie die Autorin 2002 in einem *Zeit*-Artikel, erläuterte.[6]

Landers Roman verbindet – darin Uwe Timms *Schlangenbaum* vergleichbar – die Erzählung einer Ehekrise mit der eines politischen Konflikts. Diesmal flieht jedoch eine Frau vor einem Mann auf einen anderen Kontinent und der Bürgerkrieg mit seinen Brutalitäten wird bei Lander krasser geschildert als bei Timm. Was die Erzählform betrifft, werden – darin Hans Christoph Buch vergleichbar – Ich- und Du-Narration miteinander verbunden, wenn auch auf andere Weise. Es handelt sich hier um eine Ich-Erzählung besonderer Art insofern als sie – wie in einem Brief – an ein „Du" gerichtet ist, an den verhassten Ehemann Alexander. Dieses Du wird oft angesprochen, so dass beim Lesen nie vergessen werden kann, dass es sich um den Bericht an einen Adressaten handelt. Von einem wirklichen Dialog kann man aber nicht reden. „Wie immer ist es ein Monolog, wenn ich mit dir spreche" (JH 319) heißt es am Schluss des Buches. Es kann auch nicht anders sein, denn der angesprochene Gesprächspartner, so merkt der Leser am Ende des Romans, ist bereits tot. Damit erhält der monologische Dialog etwas Gespenstisches, denn der Du-Partner kann die Epistel nicht mehr lesen. Das Du

---

[3] Nyanaponika, *Geistestraining durch Achtsamkeit* (Konstanz: Christiani, 1970).
[4] Jeannette Lander, *Jahrhundert der Herren. Roman* (Berlin: Aufbau, 1993). In der Folge mit der Sigle „JH" und folgender Seitenzahl zitiert.
[5] Der österreichische Autor Josef Haslinger er- und überlebte den Tsunami in Thailand. Vgl. J.H., *Phi Phi Island. Ein Bericht* (Frankfurt am Main: S. Fischer, 2007).
[6] Jeannette Lander, „Noch so eine Perle im Ozean". In: *Die Zeit* 44 (31.10.2002).

wird in *Jahrhundert der Herren* als gegensätzlich-feindliche Person vom Ich kreiert und in der Selbstbehauptung des Ichs gegenüber dem Du entfaltet sich das Drama einer Ehescheidung aus der Perspektive des Ich. Dabei verläuft der Kampf zwischen Ich und Du parallel zum Krieg der politischen Gegner, der Tamilen und Singhalesen. Die Sympathien der Ich-Erzählerin gelten den neuen *underdogs*, den neuen Subalternen, also den Tamilen, die sich gegen die Schikanen der singhalesischen Majorität wehren und ihre Souveränität mit Gewalt erstreiten wollen. Privat sieht die Ich-Erzählerin sich in einer vergleichbaren Situation: auch sie will ihre Eigenständigkeit von dem sie dominierenden Mann erringen, wenn es sein muss mit Gewalt. Die beiden Erzählungen überschneiden sich immer wieder und laufen am Ende zusammen, wenn die Protagonistin einen befreundeten Tamilen, der sich der Guerilla angeschlossen hat, überredet, ein Attentat auf ihren Ehemann Alexander auszuführen.

Die Ich-Erzählerin ist mit ihrer kleinen Tochter, die noch im Babyalter ist, von Berlin nach Colombo, der Hauptstadt von Sri Lanka, geflohen. Ihr verstorbener Bruder, der wesentlich älter als sie war, hat ihr in einem Dorf auf der Hochebene der südlichen Inselhälfte in der Nähe der Ortschaft Banderawela – südlich von Badulla gelegen – das Haus und Anwesen „Greystones" vermacht. Um von ihrem Mann nicht gefunden zu werden, hat sie ihren Vornamen und den ihrer Tochter geändert: statt Ilse nennt sie sich jetzt Juliane (nach ihrer Großmutter) und dem Kind, das Vera heißt, gibt sie – in Erinnerung an eine nicht mehr lebende Schulfreundin – den Namen Viorica. Im 17. und 18. Jahrhundert war Ceylon holländische Kolonie und es könnte sein, dass „Juliane" auch an Juliana erinnern soll, die von 1948 bis 1980 Königin der Niederlande war. Bezeichnenderweise stammt die zweihundert Jahre alte Wiege, die man Ilse nach der Ankunft in Colombo für das Baby zur Verfügung stellt, aus „Werkstätten holländischer Meister" (JH 17), also aus der Endphase der niederländischen Kolonialzeit. Auch der neue Name ihrer Tochter Viorica erinnert anagrammatisch an Vic[t]oria, an jene britische Königin, unter deren langem Regime (von 1837 bis 1901) sich die koloniale Herrschaft der Engländer auf der Insel konsolidierte und nach der noch heute Dämme, Hotelketten und Tourismusunterkünfte in Sri Lanka benannt sind. Ilse alias Juliane ist sich darüber im Klaren, dass sie mit fast allem, was sie in Sri Lanka unternimmt, in der Tradition des Kolonialismus und Neo-Kolonialismus steht.[7] Königin Juliana, die nach der Besetzung ihres Landes durch das nationalsozialistische Deutschland ins Exil ging, verkörperte den Widerstand der Holländer gegen Hitler, d.h. gegen eine dikatorische Macht. Auch

---

7 Vgl. zu diesem kolonialen Aspekt des Buches: Monika Shafi, „,Between Worlds': Reading Jeannette Lander's *Jahrhundert der Herren* as a Postcolonial Novel". In: *Women in German Yearbook* 13 (1997): 205-224. Die neokolonialen Ambitionen der Protagonistin werden auch von Monika Albrecht herausgestellt in dem Artikel „Gegenwartsliteratur aus postkolonialer Sicht. Michael Krügers *Himmelfarb* und Jeannette Landers *Jahrhundert der Herren*. In: *(Post-)Kolonialismus und Deutsche Literatur. Impulse der angloamerikanischen Literatur- und Kulturtheorie*, hg. v. Axel Dunker (Bielefeld: Aisthesis, 2005), S. 251-265, hier S. 261.

Juliane probt den Aufstand gegen einen autoritären Charakter: gegen ihren Ehemann, der sie beleidigt und verstößt.

Eine weitere Niederland-Assoziation kommt durch ihren Familiennamen Brabant ins Spiel, den sie nach der Heirat mit Alexander Brabant angenommen hat. Die Landschaft Brabant war über Jahrhunderte hin eine der reichsten Provinzen der Niederlande. 1648 wurde der nördliche Teil von den protestantischen Generalstaaten erobert und bildet seitdem die niederländische Provinz Nordbrabant (mit 's-Hertogenbosch als Hauptstadt). Südbrabant (das heutige belgische Brabant) mit der Metropole Brüssel verblieb beim damals noch spanischen Teil der Niederlande. Der Name Brabant spielt eine besondere Rolle in Julianes Privatmythologie. Sie vergleicht sich mehrfach mit Genovefa aus jener Legende, deren Überlieferung im Mittelalter begann[8] und von Gustav Schwab in den *Deutschen Volksbüchern* (1836f.)[9] neu erzählt worden ist. Wegen der Popularität dieser Sammlung ist Schwabs Fassung die bekannteste: Genovefa, die Tochter des Herzogs von Brabant, ist mit dem Grafen Siegfried aus den Trierer Landen verheiratet. Siegfried zieht als Gefolgsmann seines Königs Martell in den Kampf gegen den Mohrenkönig Aberofan, der Spanien erobert hat und gibt seine Frau in die Obhut des Hofmeisters Golo. Der will während der Abwesenheit seines Herrn Genovefa verführen. Da sie ihrem Mann treu bleibt, intrigiert Golo gegen sie, klagt sie des Ehebruchs an und lässt sie – mit Zustimmung des im Kriegslager befindlichen Grafen – zum Tode verurteilen. Die beiden Diener Golos, die Genovefa töten sollen, haben Mitleid mit ihr und gewähren ihr das Leben unter der Bedingung, dass sie sich mit ihrem Neugeborenen im Wald versteckt und keinen Zugang zur Burg sucht. In der Wildnis wird ihr kleiner Sohn, dem sie den Namen Schmerzenreich gibt, von einer Hirschkuh ernährt. Genovefa nimmt das als Zeichen dafür, dass Gott ihr Gebet erhört hat. Beim Beten erscheint ihr eines Tages ein Engel, der ihr ein Kruzifix zum Trost in ihrem Elend bringt. Nach mehreren Jahren findet Graf Siegfried bei der Jagd durch einen Zufall Frau und Kind. Die Unschuld Genovefas ist rasch erwiesen und Golo wird zum Tod verurteilt. Lander verändert in ihren Anspielungen die Geschichte. Auch ihre Protagonistin ist „ausgesetzt der Natur", auch sie empfindet, dass sie ihr Kind (eine Tochter) nicht „schützen" kann (JH 144, 145). Diese Anspielung wird wenig später konkretisiert: „Im Wald versteckt hat die Genoveva einer Legende mit ihrem Kind gelebt, im Wald versteckt vor einem Ehemann, der sie falsch beschuldigt hatte. Auch er hieß Brabant. Von der Milch einer Hirschkuh hat Genoveva sich und ihr Kind ernährt." (JH 164). Eine Intrigantenfigur wie die Golos fehlt; nicht Genovefa, sondern ihr Ehemann wird mit dem Geschlechternamen derer von Brabant bezeichnet; mitleidige Henkersknechte gibt es nicht; die Gebete zu

---

8 Vgl. Konrad Kunze, „Genovefa von Brabant". In: *Die deutsche Literatur des Mittelalters: Verfasserlexikon*, Zweite, völlig neu bearbeitete Auflage, hg. v. Kurt Ruh et al. (Berlin: de Gruyter, 2004), Bd. 11, Sp. 512-513.
9 Gustav Schwab, *Die Volksbücher für Jung und Alt wieder erzählt*. Vierte Auflage, mit 180 Illustrationen (Stuttgart: S.G. Liesching, 1859), S. 121-152.

Gott fehlen; ein Wunder wie das von der Hirschkuh kommt nicht vor; ein tröstender Engel erscheint nicht und eine Versöhnung mit dem ungerechten Ehemann ist ausgeschlossen, weil der weder Einsicht noch Reue zeigt. Juliane identifiziert sich mit Genovefa nur im Hinblick auf den einen Aspekt, der die Gattin betrifft, die von ihrem Mann zu Unrecht des Ehebruchs bezichtigt wurde, und die sich in eine ihr völlig fremde Umgebung versetzt sieht. Mit der mittelalterlichen Dulderin, die ihr Schicksal christlich-gottergeben trägt, die an eine überirdische Gerechtigkeit und Erlösung glaubt, hat die sich zu Eigenständigkeit, rationaler Planung, Unversöhnbarkeit und antimetaphysischer Diesseitigkeit bekennende junge Frau des späten 20. Jahrhunderts nichts gemein: die Wertewelten zwischen Genovefa und ihr sind imkompatibel.[10]

Das wird noch deutlicher, wenn Lander eine weitere literarische intertextuelle Verbindung herstellt. Die Ich-Erzählerin vergleicht sich selbst mit „Hester Prynne" und Viorica mit der „Teufelstochter" dieser „Ehebrecherin" (JH 178) aus Nathanael Hawthornes Roman *The Scarlet Letter* (1850). Hester Prynne ist die Figur aus einem Erzählwerk, dessen Handlung während der 1640er Jahre im puritanischen Boston – damals noch ein Dorf – spielt. Sie steht gleichsam zwischen der mittelalterlich idealisierten Genovefa und der pragmatisch-modernen Juliane. Die Protagonistin begeht einen Ehebruch, der genau genommen keiner war. Ihr Ehemann hat sie aus England, wo er noch Geschäfte zu erledigen hat, nach Boston vorausgeschickt. Er selbst kommt aber nicht nach und jedermann im Ort glaubt, dass er Schiffbruch erlitten habe. Erst nach zwei Jahren erscheint er unerkannt in Boston, wo er sich als Arzt unter dem falschen Namen Roger Chillingworth niederlässt. Er bittet Hester, seine Identität geheim zu halten. Er möchte nicht als ihr Gatte identifiziert werden, denn er will den Geliebten seiner Frau finden, um sich an ihm zu rächen. Während sie ihren Mann tot glaubte, hatte Hester eine Affäre mit Arthur Dimmesdale, dem allgemein verehrten Pfarrer von Boston. Als Hester ihre Tochter Perl zur Welt bringt, wird sie als Ehebrecherin beschuldigt und muss den Buchstaben „A" (für „adultery") auf ihrer Brust tragen. Von Perl munkelt man in der Gemeinde, dass sie die Tochter des Teufels sei. Hester bekennt sich äußerlich zu ihrer Schuld, nicht jedoch innerlich, denn die Beziehung zu Dimmesdale verteidigt sie als ihr Recht, in Liebesdingen ihrem Gefühl zu folgen. Damit vertritt sie vorwegnehmend eine Position von der Heiligkeit der Liebe, wie sie zweihundert Jahre später von den amerikanischen Transzendentalisten, denen Hawthorne nahe stand, unter dem Einfluss der europäischen Empfindsamkeit des späten 18. Jahrhunderts (auch Goethes) propagiert wurde.[11] Hester zieht sich an den Rand des Ortes, in die Nähe der Wildnis

---

10 Darauf weist Leslie Adelson hin in ihrem Aufsatz „Imagining Migrant's Literature: Intercultural Alterity in Jeannette Lander's *Jahrhundert der Herren*". In: *The Imperialist Imagination. German Colonialism and Its Legacy*. Ed. Sara Friedrichsmeyer, Sara Lennox, Susanne Zantop (Ann Arbor: University of Michigan Press, 1998), S. 265-280, hier S. 272 und S. 280.

11 Marjorie J. Elder, *Nathaniel Hawthorne, Transcendental Symbolist* (Athens, OH: Ohio University Press, 1969).

zurück, lebt ein frommes Leben und wird ein Vorbild an Hilfestellung und Gemeinsinn. Dimmesdale leidet sein Leben lang unter dem, was er als Fehltritt einschätzt, weil er die Wertvorstellungen des Puritanismus verinnerlicht hat. Kurz vor seinem Tod beichtet er der Gemeinde seine Sünde. Bald danach stirbt er und auf Chillingworth wartet schon ein Jahr später das Grab, weil er keinen Lebenssinn mehr findet, nachdem ihm die Möglichkeit der Rache genommen ist. Hester und ihre Tochter verlassen Boston und niemand weiß, wohin sie gezogen sind. Nach Jahren kehrt Hester jedoch zurück und bezieht wieder ihre Hütte in der Nähe der Wildnis. Die Gemeinde hat Hester inzwischen ihre „Sünde" vergeben. Die Frauen Bostons suchen bei ihr Rat und Hester predigt das Evangelium einer neuen Beziehung zwischen Mann und Frau auf der Grundlage eines gegenseitigen Glücksversprechens. Auch hier sind die Gemeinsamkeiten zwischen der Protagonistin bei Hawthorne und der bei Lander beschränkt. Gemeinsam ist ihnen, dass ihre dominanten, gefühlskalten Ehemänner sie des Ehebruchs bezichtigen, eine Anschuldigung, die bei Hester problematisch ist und bei Juliane nicht zutrifft. Was bei Juliane fehlt, ist der Dritte im Verhältnis, der Geliebte.

Weil man als Leser nur wenig über Viorica erfährt, ist die Assoziation „Teufelstochter" überraschend. Niemand in der Umgebung – nicht einmal der eifersüchtige Vater – hat sie so genannt. Was hier unterstrichen wird, ist die negative Einstellung Julianes gegenüber ihrem Ehemann. Sie ist sich sicher, dass Alexander Brabant der Vater von Vera/Viorica ist. Sie vergleicht ihre Tochter mit Perl, weil sie ihren Ehemann als Teufel sieht. Die Trennung von ihm betreibt sie als eine Art Exorzismus. Juliane hat als Babysitter und Kindermädchen für Viorica die junge Tamilin Rosemary eingestellt, die noch ein Teenager ist. So wird ihre Tochter gleichsam zu „Rosemary's Baby", was an den Titel eines der erfolgreichsten Romane und Filme der späten 1960er Jahre erinnert. 1967 hatte Ira Levin sein Buch *Rosemary's Baby*[12] veröffentlicht: eine *horror story*, bei der es mitten im New York von 1965/66 um Hexensabbat und Teufelsanbetung, schwarze Messen und Satanskult geht. Der Erfolg war so groß, dass Hollywood den Stoff sofort aufgriff. Ein Jahr später bereits erschien der Film mit dem gleichen Titel, wobei Roman Polanski die Regie führte und Mia Farrow in der Hauptrolle der Rosemary Woodhouse auftrat.[13] Rosemarys Ehemann ist Guy Woodhouse. Er hat Angst, als Schauspieler erfolglos zu bleiben, und so lässt er sich durch die Hausnachbarn, das Ehepaar Minnie und Roman Castevet, beraten. Die gehören zu einer Gemeinde der Teufelsanbeter und Guy ist bereit, seine Seele an Satan oder genauer an die Satanisten zu verkaufen, wenn sie ihm helfen, seine Künstlerlaufbahn zu befördern. Das geschieht, wobei auf das Wohlergehen oder das Leben anderer keine Rücksicht genommen wird. Guy schließt sich sogar dem Plot der Okkultisten an, seine Frau durch Satan schwängern zu lassen. Während einer Ohnmacht

---

12 Ira Levin, *Rosemary's Baby. A Novel* (New York: Random House, 1967).
13 Gregory A. Waller, *American Horrors. Essays on the Modern American Horror Film* (Urbana: University of Illinois Press, 1987).

hat Rosemary den Traum, sie werde vom Teufel vergewaltigt. Weil sie befürchtet, dass man ihr Neugeborenes als „Teufelskind" entführen will, versucht die schwangere Rosemary vor Guy und den Nachbarn die Flucht zu ergreifen, was jedoch misslingt. Nach der Geburt ihres Sohnes entwendet man ihr das Kind, um es in einer Art schwarzer Epiphanie von ihren Nachbarn und einigen anderen Satanisten aus New York, aus Asien und Europa als Erlöser verehren zu lassen. Rosemary ist entsetzt über den Verrat ihres Mannes und verachtet ihn. Nichtsdestoweniger fügt sie sich als eine Art Anti-Maria in ihre Rolle als Mutter des Anti-Christ. Schon der Name „Rosemary" verweist ironisch auf einen marianischen Konnex. „Mary" ist der Name der heiligen Jungfrau, und die Rose galt als „Königin der Blumen". In der christlichen Ikonographie wurde Maria als „schönste Rose" mit Symbolen der Reinheit und Vollkommenheit (weiße Rose) sowie des Schmerzes (rote Rose) dargestellt; man denke etwa an Stephan Lochners „Madonna im Rosenhag" von 1450. Zudem waren die Rosen Symbole der Paradieses- und Auferstehungshoffnung.[14]

Der Film folgt der Romanhandlung sehr genau und weder im Buch noch im Film ist man als Leser oder Zuschauer sicher, ob die Teufeleien wirklich oder nur in der Imagination der jungen Frau geschehen. Allerdings scheint der Schluss vor Augen zu führen, dass Rosemary sich die Hexereien, die um sie herum passieren, nicht nur eingebildet hat. Die Beziehungen zwischen Levins Horrorerzählung bzw. Polanskis Film und dem Roman Landers beschränken sich auf das Grundmuster der Beziehung zwischen einem vom Ehrgeiz besessenen, autoritären und dämonischen Ehemann[15] zu einer Frau, auf deren Wünsche und Ziele keine Rücksicht genommen wird. Dem männlichen Ehepartner geht die Karriere derart über alles, dass die Ehefrau vor ihm flieht. Juliane ist allerdings aus anderem Holz geschnitzt als Rosemary: Nicht nur, dass ihr die Flucht gelingt, dass sie sich aus den Beschränkungen des Hausfrauendaseins befreit und sich beruflich auf eigene Beine stellt; sie ist auch in der Lage, sich ihres Verfolgers zu erwehren und ihr Kind vor seinem Zugriff zu bewahren. Was Genovefa, Hester, Rosemary und Juliane teilen, ist die Erfahrung des Liebesverrats durch den Ehemann. Mit den intertextuellen Anspielungen auf die drei Frauenschicksale des Mittelalters, der frühen Neuzeit und der Gegenwart gelingt es Lander, Kontinuitäten, Differenzen und Spezifitäten in dem von ihr geschilderten Leben der Juliane Brabant zu profilieren. Vor allem eine Besonderheit ihrer Situation wird verdeutlicht: dass sie sich – anders als im Fall ihrer literarischen Vorgängerinnen – in einem Ehekrieg befindet, der keinen Friedensschluss mehr kennt.

---

14 Lucia Impelluso, *Nature and its Symbols* (Los Angeles: The J. Paul Getty Museum, 2004), S. 118-127.
15 Douglas Fowler spricht von der „ruthless ambition" Guys, dass „at the heart of darkness" dieses Romans von Ira Levin „coldly selfish male egotism" liege. Vgl. D.F., *Ira Levin* (Mercer Island, WA: Starmont House, 1988), S. 36.

II

Wie die meisten Namen in *Jahrhundert der Herren* ist auch der des Ehemannes Alexander von symbolischer Bedeutung. Assoziiert wird bei ihm, der auf dem „Kriegsfeld der Konzerne" (JH 82) viele Schlachten siegreich bestanden hat, der mazedonische Feldherr, Eroberer, Städtegründer und Erbauer eines Imperiums, der in den Annalen der Menschheit in einem Atem genannt wird mit Julius Caesar und Napoleon Bonaparte, die in ihm ihr Vorbild sahen.[16] Zunächst scheint sich die negative Beziehung zwischen Mann und Frau, zwischen Alexander und Juliane, nur als privater Ehekrieg auszuwirken, doch bald kommt der kommerzielle Konkurrenzkampf hinzu. Weil er sie als „Hure" (JH 74) beschimpfte, sie „geringgeschätzt" und „gescholten" hat (JH 23), ist nicht nur Julianes „Liebe abgestorben" (JH 76), sondern an ihre Stelle der „Haß" (JH 57) getreten. Nun ergibt sich ein Kampf auf Leben und Tod, der jenes Terrain miteinbezieht, das Alexander als seine ureigene Sphäre reklamiert: das der internationalen Geschäftswelt. Juliane sieht sich gezwungen, eine eigene Existenz aufzubauen und sie entscheidet sich dabei für die Welt der Produktion und „des Handels" (JH 111). Sie baut eine Weberei mit dem Firmennamen „spider" auf, deren Verwaltungsbüro sich in der Hauptstadt Colombo befindet. Das Weben hatte sie während ihrer Ehe hobbymäßig betrieben und war ihr damals sogar wichtiger als die Beziehung zu ihrem Mann. Beim Aufbau ihres Betriebs schaut sie sich im Umgang mit Politikern und Unternehmern jene Verhaltensweisen ab, die sie eigentlich als kolonial verachtet, und die sie doch als Voraussetzung für den geschäftlichen Erfolg ansieht: „Der zielbewußte Gang. Das sichere Auftreten. Die Aura des Weitgereisten. Der Aplomb der Welterfahrung. Das Bewußtsein zu Recht getragener Macht" (JH 291), mit einem Wort – der „hochstaplerische Auftritt" (JH 127). Sie assimiliert sich immer mehr an die Welt des Kommerzes, folgt ihren Gesetzen und Konventionen. Womit sie nicht gerechnet hat: Alexander vertritt die Interessen einer europäischen Firmengruppe, die jenes Geschäftsviertel in Colombo, in dem sich die Administration von „spider" befindet, aufgekauft hat, um dort „ein Messe-Zentrum" (JH 312) zu etablieren. Alexander erscheint persönlich zu Beginn des westlichen ökonomischen Engagements „mit einer Wirtschaftsdelegation der EG" (JH 307) in Sri Lankas Hauptstadt. Dabei kommt es zu einer neuen Begegnung zwischen ihm und Juliane. Alexander besteht – autoritär und befehlsgewohnt – darauf, dass Vera/Viorica mit ihm nach Berlin zurückkehrt. Nun fühlt sich Juliane doppelt bedroht. Zum einen soll ihr das Recht zur Erziehung der Tochter entzogen werden, zum anderen besteht die Gefahr, dass Alexanders Firmengruppe ihr Geschäft ruiniert. „Meine Existenz hier" schreibt sie rückblickend, „war in deiner Hand". (JH 312) Die neue Herausforderung begreift sie als doppelte – private wie geschäftliche – Kriegserklärung. In einer verbalen Attacke gibt sich Alexander als arroganter Kolonialist, der

---

16 J. Kelly Sowards, *Makers of the Western Tradition: Portraits from History* (New York: St. Martin's Press, 1979).

die Tochter deswegen mit nach Europa nehmen will, weil er sie nicht „in diesem bestialischen Land lassen werde, auf dieser dreckigen, heruntergekommenen Affen-Insel!" Und er fügt hinzu: „Da ist mir jedes Mittel recht, und ich habe sie, die Mittel." Zwar schweigt Juliane bei diesem Angriff, doch entschließt sie sich insgeheim, Gleiches mit Gleichem zu vergelten. „Wer sich dir widersetzt", erkennt sie, „wird beseitigt, so oder so. [...] Du bist der Sohn der Herren. Aber auch ich bin eine Tochter der Herren." (JH 315) Um sich der Gewalt ihres Mannes zu entziehen, greift Juliane zu jenem Mittel, für das sich die Tamilen in Sri Lanka entschieden haben: zum Attentat als Teil der Guerillataktik. Den Anschlag auf Alexander verübt sie nicht selbst, plant ihn aber und wirbt dafür einen Experten an, den revolutionären Tamilen J.B. Dieser ist ein junger Mann, der sich anfangs für die Befreiungsbewegung seines Volkes begeisterte, inzwischen aber an dem „internen Machtkampf zwischen den Befreiungstigern" (JH 317) leidet. Ihm gegenüber spielt Juliane mit offenen Karten, erklärt ihm, dass der „Anschlag", den sie plane, nur „persönlich" motiviert sei (JH 317), doch könne er eventuell „auch einen Nutzen für seine Sache" (JH 317, 318) daraus ziehen. Es gehe um die Beseitigung eines westlichen Geschäftsmannes, der dabei sei, „das Land mit einem riesigen Projekt in unübersehbare Schulden zu stürzen." Der Mord werde zwar die Ausführung dieses Plans nicht verhindern, „vielleicht setze aber der Anschlag ein Zeichen der Opposition." (JH 318). Es ist nicht schwer, J.B., der eine Serie von terroristischen Aktionen hinter sich hat, für das Attentat zu gewinnen: Alexander wird mit seinem Wagen in einen Hinterhalt gelockt, und „J.B.s Leute" werfen „eine Handgranate durch den offenen Schlag ins Auto" (JH 319). Damit ist der große Gegner beseitigt, und der Ehekrieg zu Julianes Gunsten entschieden.

Allerdings ist die Macht eines ermordeten Gatten nicht zu unterschätzen, wie schon aus den Tragödien der griechischen Klassiker Euripides, Aischylos und Sophokles bekannt ist.[17] Die Konstellation Juliane und J.B. gegen Alexander erinnert an die Ermordung des Agamemnon durch Klytemnestra und Aigisthos. J.B. ist zwar nicht der Geliebte Julianes, doch fühlt sie sich emotional „erregt" (JH 304) und „zu ihm hingezogen" (JH 110), wenn sie ihm begegnet. Bezeichnenderweise haben Juliane Brabant und J.B. die gleichen Namensinitialen, womit eine Seelenverwandschaft angedeutet wird. Die verspürte Nähe ermutigt sie, den jungen Tamilen für das Attentat zu gewinnen. Klytemnestra hilft beim Mord, indem sie ein Netz über Agamemnon wirft; Juliane nutzt das soziale Netz, das sie geknüpft hat, um ihren Mann in die Todesfalle zu lenken. Auch in der Vorgeschichte zum Gattenmord finden sich Parallelen, denn beide Väter distanzieren sich auf eine Weise von ihren Töchtern, dass sie die Rache ihrer Frauen heraufbeschwören. Alexander betrachtet zunächst – erst später ändert er seine Meinung – Vera/Viorica nicht als seine Tochter, weil er glaubt, dass Juliane ihn betrogen

---

17 Zu den griechischen Tragödien, die sich mit dem Klytemnestra-Stoff und ihrem Weiterleben in der Literatur beschäftigen vgl. Käte Hamburger, *Von Sophokles zu Sartre: Griechische Dramenfiguren antik und modern* (Stuttgart: Kohlhammer, 1963, 2. verb. Auflage) und Kathleen L. Komar, *Reclaiming Klytemnestra: Revenge or Reconciliation* (Urbana: University of Illinois Press, 2003).

habe; Agamemnon ist bereit, Iphigenie zu opfern, um günstigen Wind für den Kriegszug nach Troja zu bekommen. In beiden Fällen werden die Töchter auf eine einsame Insel entführt, um sie vor dem Vater zu schützen: Artemis entrückt die junge Iphigenie nach Tauris und Juliane bringt ihr Baby Vera/Viorica auf Sri Lanka in Sicherheit. Was bei den griechischen Dichtern die Erinnyen waren, sind bei der Gegenwartsautorin die Erinnerungen an Alexander. Die an ihn gerichtete Erzählung ist der Versuch einer nachträglichen Rechtfertigung des Mords durch Juliane. Die Bindung Julianes an ihren Mann ist durch dessen Tod eher noch gestiegen. „Seitdem", bekennt sie am Schluss, „spreche ich mit dir". Der Preis, den sie für den arrangierten Mord bezahlt, besteht in psychischer „Erstarrung" und „Auszehrung", und sie macht den Eindruck, als ob sie von Erinnyen heimgesucht werde, wenn sie von der „Gewalt" und der „Trauer" (JH 319) berichtet, die sie in ihrem Haus Greystones umgeben. Das Attentat hat den Gegner beseitigt, ihn aber nicht überwunden.

Was Juliane im privaten Ehekrieg durchlebt, vollzieht sich auf gesellschaftlicher Ebene als Bürgerkrieg im Kampf zwischen Singhalesen und Tamilen. Bevor dieser Konflikt geschildert wird, soll auf die bereits mehrfach angesprochene ambivalente Einstellung Julianes zum Kolonialismus der Vergangenheit und zum Neokolonialismus der Gegenwart eingegangen werden. Ihr Verständnis der Kultur Sri Lankas ist nicht durch die Ideologie einer westlichen *political correctness* geprägt und sie überschätzt auch nicht ihre Möglichkeiten, die Fremde rasch verstehen oder sich gar an sie assimilieren zu können. Bezeichnend für sie ist ein ständiger Wechsel von Neugier und Ausblendung, Agilität und Resignation, Zustimmung und Ablehnung, kolonialer Attitüde und postkolonialer Empathie.[18] Für ihre Perspektiven und Einstellungen ist ein hoher Grad an Selbstreflexion bezeichnend. Schon wenn sie mit ihrer Tochter auf dem Flughafen in Colombo, der ersten Station auf ihrer Flucht, eintrifft, werden Ambivalenz und Unsicherheit deutlich: „Mit den anderen Fluggästen ging ich übers Rollfeld, überließ mich ihrer Führung, plötzlich klein, wie ein Punkt unter Punkten im flimmernden Staub. Plötzlich groß, plötzlich weiß, plötzlich westlich, europäisch, fehl am Ort" (JH 10). Dass sie „ohne Ahnung von hier" (JH 13) sei und „das Gesetz nicht erkennen" könne, „das hier ordnet" (JH 11), dass sie die „Unterschiede" zwischen den Kulturen so stark „unterschätzt" wie sie ihre eigene „Fähigkeit […] überschätzt" habe, „sie zu überbrücken" (JH 14,15), dass sie „nichts verstehe" vom Land, weder von dem hier herrschenden „Ehrgefühl" noch „von der Erotik dieser Menschen" (JH 63) sind wiederholte Eingeständnisse ihrer Ignoranz. Gleichzeitig hat sie den Entschluss gefasst, „immer hierbleiben, nie zurückgehen" zu wollen (JH 13) und ab und zu regt sich bei ihr die Hoffnung, wie die „Menschen von hier" (JH 15) werden zu können. So ist sie froh, dass ihre ersten Gastgeber, ein singhalesischer „pensionierter Professor" und seine Frau ihre „Lehrer", ja „Mei-

---

18 Zur kulturellen Positionierung Julianes vgl. Adelson, „Imagining Migrants' Literature", S. 43ff.

ster" (JH 16) werden. Aber sowohl die Umgangsformen wie die Mentalität zu verstehen bzw. zu akzeptieren, tut sie sich schwer, und „Tage des Zweifels" (JH 19) folgen auf solche der Zuversicht. Der Professor bringt ihr bei, dass es eigentlich keine Brücke zwischen dem singhalesisch-buddhistischen alten Sri Lanka und der Kultur des Westens, die mit dem Kolonialismus Einzug gehalten habe, geben könne. Die Modernisierung des Landes werde immer spürbarer, und so habe „Gautama Buddha nichts bewirkt", denn dessen Lehren stünden im Gegensatz zu jenem europäischen „Wollen", das „zum Haben" führe (JH 19,20). Juliane versteht durchaus die Einwände gegen Modernisierungsprojekte und kann zuweilen nicht umhin, ihren Kritikern Recht zu geben. Über das „Mahaveli-Erschließungsprojekt" etwa sagt sie, dass der „mächtige Fluß" sich „der Zähmung" widersetze und dabei der „sterbende Dschungel" Menschen und Tiere gleichermaßen „mit in den Tod" ziehe (JH 132). Der Mahaveli Ganga ist der längste Fluss Sri Lankas. Bei Trincomalee mündet er in die Bengalische Bucht. Schon 1961 begannen die USA mit dem Bau eines Staudammes im Mahaveli, um das Kothmale Reservoir-Projekt zu beginnen, das der Elektrizitätserzeugung dienen sollte. 1984 (also zur Zeit der Handlung des Romans) wurde der Damm fertiggestellt. Die Modernisten waren von der neuen Energiegewinnung begeistert; die Umweltexperten beklagten die ökologischen Folgekosten, wozu der rücksichtslose Umgang mit menschlicher Arbeitskraft gehörte. Juliane hält fest: „In Arbeitslager versetzte Männer verfallen dem Arrak, ihre im Dorf zurückgelassenen Frauen der Verzagtheit, ihr Söhne noch im Kindesalter der Prostitution." (JH 133).

Neben der moderne- und sozialkritischen Juliane gibt es aber auch die Projektemacherin Juliane, die sich an die Gesetze des Marktes hält. Gerade das Unternehmerische, der Aufbau einer Firma, die Gründung eines Geschäfts, die Organisation und Ausbeutung von Arbeitskraft, Konkurrenzkampf, Kapitalakkumulation und Expansion: all das macht den Ehrgeiz der Protagonistin aus und so lernt Juliane zwar durch das Professorenehepaar Besonderheiten der buddhistischen Kultur verstehen, ohne sie jedoch akzeptieren zu wollen. Im Roman wird über die „Herren", die im Titel des Buches vorkommen, oft gesprochen. Mit ihnen sind jene Kolonialisten aus Europa gemeint, welche die Insel zu ihrem Besitz erklärten. Als „Herren" werden aber auch ihre Nachfahren bezeichnet, die seit der Unabhängigkeit Sri Lankas als Geschäftsleute, sogenannte Entwicklungshelfer und Touristen das Land neo-kolonial verändert haben. Juliane sieht sich – wie erwähnt – als „Tochter der Herren" (JH 315), hat also mit ihnen gemein, was der Professor über sie sagt: dass die „nichts wüßten, nicht die Lehre, nicht den Glauben, die Geschichte, die Kunst, nicht die Sprache und nicht die Schrift" des Landes kennten, sie also „im wahren Sinne Analphabeten" (JH 20) seien. Nicht die „Herren" assimilieren sich an die fremde Kultur, sondern sie erwarten, dass sich die Insel verwestliche. Juliane erkennt, dass sie aus der Perspektive der Einheimischen „Repräsentant der Kolonialherren" ist und sie deren „abscheuliches Werk" (JH 278,279) fortführe. Ihren Zwiespalt drückt sie einmal aus, wenn sie in einer der selbstreflexiven Passagen das zentrale Thema persönlicher Ethik zur Sprache bringt:

Habe ich eine Ethik? Und wenn, kenne ich sie? Überzeugende Gründe, ethische Gründe können am Ende nur eigennützige Gründe sein. Am Ende kann man doch selbst der Rassist, der Faschist sein, zu dem man erzogen worden ist, der Herrenmensch, den man verabscheut. (So lade ich Schuld auf Schuld. Es gibt keine Stufung in der Schuld. Die Lüge, die Halblüge, Mord. Es ist keine Entschuldigung, daß ich in das Jahrhundert der Herren hineingeboren wurde.) (JH 234)

Mit den europäischen Modernisierern hat Juliane viel gemein, aber doch nicht alles. So läßt sie sich von ihrem belgischen Investitionsspezialisten, der das Gründungskapital für ihre Firma besorgt hat, durchaus nicht vorschreiben, einseitig die Position der neo-kolonialen Geschäftemacher zu beziehen. „Du mußt auf unserer Seite stehen, denn das ist deine Seite, schlicht, kalt und hart" (JH 209), belehrt sie der aus Antwerpen angereiste Hubert Brasseur. Beim Aufbau ihrer Weberei sucht sie nicht nur den Beistand von westlichen Rat- und Geldgebern, sondern auch von einheimischen Kennern der politischen und wirtschaftlichen Netzwerke Sri Lankas. Eine wichtige assistierende Rolle spielt Harry Silberzweig, ein jüdischer Überlebender des Holocaust, zu dem Juliane rasch Vertrauen fasst. Er bewegt sich, anders als Hubert und Alexander, als Vermittler zwischen den Kulturbereichen, kennt sich in der Mentalität der westlichen wie der östlichen Kaufleute und Politiker aus und kann Juliane Türen zu einflussreichen einheimischen Verwaltungsleuten öffnen, die ihr sonst verschlossen geblieben wären. Bezeichnend für ihre eigene Zwischenposition ist, dass Juliane bei den Stoffen, die sie herstellen lässt, an einheimische Traditionen, Arbeitsweisen und Fertigkeiten anknüpft. Dass sie sich bei der Etablierung ihrer Firma auch innenpolitischen Pressionen beugt, hält sie selbstkritisch fest. Jener singhalesische Politiker, der ihr zur Genehmigung der geschäftlichen Niederlassung verhilft, besteht darauf, dass sie „ausschließlich Singhalesinnen, keine Tamilin" (JH 294) einstellt. So beeinflusst der politische Konflikt auch die Struktur der Firma. Juliane gesteht sich ein, dass ihr Nachgeben in diesem Fall nicht besser sei als das „rassistische" Verhalten des singhalesischen Drahtziehers, nur „egoistischer" (JH 295).

In diesem Zusammenhang muss auch der Name „spider" (JH 263) diskutiert werden, den Juliane für ihr Geschäft bestimmt hat. Nicht nur, dass sie ein englisches Wort statt eines singhalesischen gewählt hat, fällt auf, sondern auch der voller Ambivalenzen steckende Firmenname selbst. Am Anfang des Romans, als sie noch Gast bei dem Professorenehepaar ist, sieht sie eines Abends vor dem Zubettgehen eine „schwarze Spinne":

> Sie seitelte vielbeinig weg übern rotglänzenden Boden. Ich stieg ihr nach, schlug mit der Sandale noch mal und noch mal nach ihr, unbeholfen vor Ekel und Angst. Sie entwischte. Ich traf nicht. Sie verschwand. Ich [...] legte mich, die Spinne noch im Sinn, bei Licht ins Bett. Sie knickte und setzte ein haariges Bein nach dem anderen durch ihr rotes Revier. Sie verhöhnte meine tollpatschige Latschenwaffe, meine Riesenfüße, die Fettabdrücke auf der Politur hinterließen, die Grimasse des Schreckens, die mein Gesicht bis in die Wurzeln der Kopfhaare überzog. Die Spinne – sie machte Fuß um Fuß ihren Weg irgendwo, wo ich sie nicht sah. Ich dachte sehr lange, daliegend im Lampenlicht, aber wegdenken konnte ich sie nicht. Dann weinte

Viorica, und ich sah, daß ihre Hand unterm Moskitonetz hervorgerutscht war. An der Kuppel des kleinen Ringfingers blutete eine Bißwunde, winzig und rund. (JH 26)

Die spontan abwehrende Reaktion auf Spinnen mit Gefühlen von „Ekel und Angst", von „Schrecken" und Aggression ist für viele Menschen bezeichnend; nicht wenige leiden unter Arachnophobie.[19] Auch Juliane wird beim Anblick der Spinne von Panik ergriffen und desto befremdlicher ist es auf den ersten Blick, dass sie ihre Firma, die den Mittelpunkt ihrer Existenz ausmacht, nach diesem Tier benennt. Die Autorin verweist damit auf die komplexe symbolische Bedeutung, die der Spinne in der europäischen wie in der fernöstlichen Kultur zukommt. Jeder, der mit der deutschsprachigen kanonischen Literatur vertraut ist, denkt bei der Erwähnung einer „schwarzen Spinne" an die Novelle von Jeremias Gotthelf. In der „Schwarzen Spinne"[20] (zuerst 1842 erschienen) hatte der Schweizer Autor das in der europäischen Literatur durch den Faust-Stoff bekannte Motiv des Verkaufs der Seele an den Teufel variiert, und zwar auf eine Weise, wie es – sicher unabhängig von Gotthelf – mehr als ein Jahrhundert später auch in *Rosemary's Baby* von Ira Levin geschah[21]: Ein neugeborenes Kind soll dem Teufel gehören und als Gegenleistung schenkt der Reichtum und weltliches Ansehen, allerdings mit der Konsequenz individueller Versklavung bzw. kollektiven Unglücks. Lander setzt mit dem Motiv der schwarzen Spinne, die ihr Kind verletzt, die dämonischen Anspielungen in ihrem Roman fort. Die Verbindung von Spinne und Teufel kommt im Volksglauben und in der Literatur, von Paracelsus bis Carl Zuckmayer[22], oft vor.[23] Juliane kann man nicht als Faustfigur bezeichnen, gehört also nicht in den Kreis der „Schwestern des Doktor Faust"[24], doch tragen die dämonischen Züge mit dazu bei, sie dem Komplex eines gleichsam fausti-

---

19 Bernd Rieken, „Die Spinne als Symbol in Volksdichtung und Literatur". In: *Fabula* 36.3/4 (1995): 187-204; hier S. 187f. Vgl. ferner: Bernd Rieken, *Arachne und ihre Schwestern. Eine Motivgeschichte der Spinne von den ‚Naturvölkern' bis zu den ‚Urban Legends'* (Münster: Waxmann, 2003); Hanne Kulessa (Hg.), *Die Spinne. Schaurig und schöne Geschichten. Mit Überlegungen zur Spinnenfurcht* (Frankfurt am Main: Insel, 1991).
20 Wolfgang Mieder, „Spuren der schwarzen Spinne. Elias Canetti und Jeremias Gotthelf". In: *Sprachspiegel* 50.5 (1994): 129-135.
21 Gleichzeitig liegen die Unterschiede bei Levin und Gotthelf auf der Hand: Gotthelf schreibt als sozialer, religiös geprägter Moralist für ein ländliches Publikum im Umbruch von der Vormoderne zur Moderne, Levin dagegen als psychologisch geschulter Autor für eine großstädtische Leserschaft der Spätmoderne. Untersuchenswert wäre, wie stark – ebenfalls ein Jahrhundert nach Gotthelf – Friedrich Dürrenmatt als Schweizer Autor mit seinem Drama *Der Besuch der alten Dame* (1956) an Motive der Novelle Gotthelfs anknüpft.
22 Carl Zuckmayer, „Gespräch mit einer Spinne" (1960). In: *Lauter schwarze Spinnen. Spinnenmotive in der deutschen Literatur. Eine Sammlung*, hg. v. Klaus Lindemann und Raimar Stefan Zons (Bonn: Bouvier, 1990), S. 263-265.
23 Bernd Rieken, „Die Spinne als Symbol in Volksdichtung und Literatur", S. 191f.
24 Sabine Doering, *Die Schwestern des Doktor Faust: Eine Geschichte der weiblichen Faustgestalten* (Göttingen: Wallstein, 2001). Doering untersucht die Literatur von frühen Legenden bis zu Romanen der Gegenwart, von der „Päpstin Johanna" bis zu Irmtraud Morgner.

schen „Herren"-Kolonialismus[25] zuzurechnen, den sie zwar aus ideologischen Gründen ablehnt, dem sie aber als Repräsentant westlicher Geschäftspraktiken verhaftet bleibt.[26]

An sich liegt es nahe, dass Juliane ihre Firma „spider" nennt, handelt es sich doch um eine Weberei, und das Bild der Spinne – als webendes Tier – taucht nicht selten in Firmenzeichen der Textilindustrie auf. Zudem hat Juliane eine besondere Affinität zu dem spezifischen Produkt, dem Netz, das die Spinne produziert. Bevor sie ihr Geschäft gründen kann, muss sie ein internationales Netzwerk an Beziehungen aufbauen, Verbindungen so kunstvoll knüpfen, wie es die Spinne bei ihrer Arbeit vormacht. Das geschäftliche Netz, an dem Juliane wirkt, muss aber auch in der Lage sein, Profit einzufangen[27], so wie die Spinne ihr Netz herstellt, damit es die Falle für jene Insekten abgibt, von denen sie sich ernährt. Ambiguität war beim metaphorischen Gebrauch der Spinne schon immer im Spiel, denn einerseits ist dem Tod verfallen, was der Spinne ins Netz geht, andererseits webt sie mit ihrem Faden ein Netz, das mit seiner kunstvollen Mitte ein Symbol harmonischen Lebens vorstellt.[28] Aufs Ganze gesehen ist die Spinne im westlichen Kulturbereich eher negativ konnotiert. Dies war schon in der griechischen Antike so: Arachne, die beste Weberin Lydiens, hatte sich gerühmt, es in ihrem Handwerk sogar mit der Göttin Athene aufnehmen zu können. Da sie beim Wettstreit wirklich Kunstvolleres herstellte als die olympische Stadtpatronin, wurde sie von der Göttin aus Neid und Wut geschlagen. Arachne verwand diese Herabsetzung nicht und beging Selbstmord. Um ihre Rache zu vollenden – so berichtet es Ovid in den *Metamorphosen* – verwandelte Athene die Rivalin in eine Spinne, so dass sie das Weben zwar weiterhin betreiben konnte, ohne jedoch die Chance zu haben, die Autorität der Göttin zu schmälern. Dante gab bei der Strafaktion noch nachträglich eins drauf, als er Arachne in der *Göttlichen Komödie* ins Fegefeier verbannte und sie im zwölften Gesang als „törichte [...] halbe Spinne" beschimpfte.[29] Juliane, die das Zeug zu einer Arachne Sri Lankas in sich verspürt, wird einen Wettkampf mit Athene nicht bestehen müssen.

---

25 Oswald Spengler hatte schon im *Untergang des Abendlandes* (1918) führende Kolonialisten wie Cecil Rhodes als „faustisch" beschrieben.

26 Zum Thema Neokolonialismus vgl. das vierte Kapitel „Freedom from Domination in the Future" bei Edward W. Said, *Culture and Imperialism* (New York: Vintage, 1994), S. 282-336.

27 Auch die Netze der Fischer bilden ein Faszinosum für Juliane. Man vergleiche die ausführliche Schilderung des Fangs, den die Fischer von Uppuveli unternehmen (JH 247-250).

28 Vgl. dazu die Symboldeutungen bei: James N. Powell, *The Tao of Symbols* (New York: Harper, 1982); Daniela Heisig, *Die Anima: Der Archetyp des Lebendigen* (Zürich: Walter, 1996); Jana Garai, *The Book of Symbols* (New York: Simon & Schuster, 1973). Vgl. ferner die literaturwissenschaftlichen Untersuchungen: Holger Eckhardt, „Plage des Bösen oder Kleinod der Schöpfung: Vom Netz zur Spinne zwischen dem Meissner und Trakl". In: *Neophilologus* 81 (1997): 105-115; Patrick Alan Meadows, „The Symbol's Symbol: Spider Webs in French Literature". In: *Symposium* 44 (1990/91): 272-290.; Franz Link, „The Spider and its Web in American Literature". In: *Literaturwissenschaftliches Jahrbuch* 36 (1995): 289-314.

29 Dante Alighieri, *Die Göttliche Komödie* (Wien: Eduard Kaiser, o. J.), S. 227.

In der indischen Mythologie kommt die Spinne besser weg. Dort erinnert ihr Netz an die heilige Form des Mandala[30], das im Buddhismus wie Hinduismus für die Gesamtheit des Selbst und für Ganzheit (also Leben und Tod umfassend) steht. Eingeteilt in Mandalas (Liederkreise) ist auch das älteste (etwa 3.500 Jahre alte) Weisheitsbuch Indiens, das zu den wichtigsten Schriften des Hinduismus zählt: der *Rigveda* bzw. die *Rigvedasamhita*, Kernstück des *Rigveda*[31]. Dort wird geschildert, wie Brahma, der Schöpfer, zur Welt wird und wie diese wiederum zu Brahma wird. Brahma bildet mit Vishnu (Bewahrung) und Shiva (Zerstörung) die hinduistische Trinität Trimurti. Brahma ist der Gott, der durch seine spirituell-imaginative Kraft, Maya genannt, in diesem Spiel sich immer neu in die Welt verwandelt. Ein Symbol für Maya ist das Spinnennetz mit der Spinne im Zentrum. Das Spinnennetz ist symmetrisch und radial angelegt und gilt (siehe Mandala) als Sinnbild der kosmischen Ordnung. Die Spinne wird als Weberin „Maya" genannt, weil sie diese unendliche Ordnung endlich nachbildet. Wie die Spinne von der Mitte des entstehenden Netzes aus agiert, so macht das menschliche Ich das Zentrum der von ihm zu schaffenden Welt aus, d.h. auch er soll sich eine Wirklichkeit so imaginieren und kreieren, dass sie zum Gleichnis des unendlichen, von Brahma immer neu erschaffenen Kosmos wird. Von solchen Bildern des Netzes und der Bedeutung der Imagination bei kreativen Prozessen beeindruckt, hat Fritjof Capra in seinem Buch *The Tao of Physics* Beziehungen zwischen der Quantenphysik und dem Maya der Rigveda hergestellt. Bei quantenphysikalischen Versuchen wird der Beobachter in das Experiment mit einbezogen und so ist die Antwort der „Natur" durch seine Fragestellung präformiert.[32] Das Bild des Netzes, wie es durch das so kunstvolle wie fragile Spinngewebe vorgestellt wird, ist auch das Thema von Capras Untersuchung *The Web of Life*, in dem es ebenfalls um eine neue Beziehung zwischen Geist und Materie, Imagination und Stoff geht.[33] Capra beklagt, dass im westlichen Denken der Dualismus zwischen Geist und Materie, Seele und Körper noch immer vorherrsche, und dass diese Trennung zu den aktuellen ökologischen Krisen beigetragen habe. Er zeigt, wie sich die Lebensformen auf der Erde im Lauf ihrer unvorstellbar langen Entwicklung nie gleich geblieben sind, sondern stark verändert haben und dabei doch jeweils in einer dynamischen Balance blieben. Die Schwierigkeit heute bestehe darin, das Gleichgewicht in der jetzigen Entwicklungsphase des Globus zu verstehen, um sein sensibles Lebensnetz, in dem alle Faktoren auf alle anderen einwirken, nicht zu zerreißen. In ähnliche Richtung weisen die neuen Akteur-

---

30 Mandala ist ein Wort aus dem Sanskrit und bedeutet soviel wie Kreis. C.G. Jung verstand das Mandala als Archetypus und sah darin die Darstellung der Seele. Vgl. C.G. Jung, *Mandala. Bilder aus dem Unbewussten* (Olten: Walter, 1995, 11. Aufl.). Mit ihm kann man das Mandala als Psychokosmogramm verstehen, in dem sich Eines in Vieles auflöst und Vieles ins Eine reintegriert wird.
31 *Rig-Veda. Das heilige Wissen Indiens*, 2 Bände, übersetzt von Karl-Friedrich Geldner, hg. v. Peter Michel (Wiesbaden: Marixverlag, 2008).
32 Fritjof Capra, *The Tao of Physics: An Exploration of the Parallels Between Modern Physics and Eastern Mysticism* (New York: Random House, 1975).
33 Fritjof Capra, *The Web of Life* (New York: Doubleday, 1996).

Netzwerktheorien, wie sie von John Law, John Hassard[34], Madeleine Akrich, Michel Callon und Bruno Latour[35] entwickelt worden sind. Sie wollen aktuelle wissenschaftliche und technische Innovationen erklären und dabei ebenfalls den Dualismus von Natur und Kultur überwinden. Die Teile der Trinität Technik-Natur-Soziales erklären sich nicht kausal gegenseitig, sondern schreiben sich in einem Netzwerk wechselseitig Handlungspotentiale und Eigenschaften zu.

Es ist sicher nicht von ungefähr, dass Lander das Bild der Spinne mit seinen bedrohlichen wie kreativen, den westlich-dämonischen wie den östlich-positiven Assoziationen in ihrem Roman benutzt. Juliane baut nicht nur eine Firma auf, der sie den Namen „spider" gibt, sondern sie entwickelt sich selbst zu einer Art *spider woman*, die das Netz, an dem sie webt, zuzieht, wenn sie einen Feind – in diesem Fall den verhassten Alexander – zu ihrem Opfer bestimmt hat. Mit der Akteur-Netzwerk-Theorie kann man *Jahrhundert der Herren* gut erklären, diesen Roman, der selbst ein kunstvolles Gewebe, ein literarisches Netzwerk mit Juliane im Zentrum vorstellt.[36] Die Mittelpunktsfigur ist eine Akteurin, die sich in ständig verändernden und erweiternden ökonomischen, politischen und sozialen Vernetzungszusammenhängen, in sogenannten Aktanten, bewegt, die sich durch Aktivitäten im Sinne von Vermittlung und Übersetzung auszeichnen. In Latours Theorie werden auch Dinge zu handelnden Akteuren, die zusammen mit Personen agieren und mit ihnen zu Aktanten verschmelzen können. Das ist z. B. bei J.B. der Fall, der als Freiheitskämpfer und Terrorist die Symbiose von Mensch und Waffe vorstellt, und als solcher seinen Stellenwert als tamilischer Aigisthos in Julianes Netzwerk bezieht.

III

Aufs Engste verflochten mit der Geschichte von Julianes Firmengründung ist die Schilderung des Bürgerkrieges zwischen Singhalesen und Tamilen in seinem Anfangsstadium. In *Jahrhundert der Herren* fällt der Bericht über die ethnisch-kulturellen Gegensätze so detailgenau und aspektereich aus, dass auch Leser, die zuvor nichts über die neuere Geschichte Sri Lankas wussten, einen Einblick in das Konfliktszenario erhalten. Bevor auf die literarische Darstellung eingegangen

---

34 John Law, John Hassard, *Actor Network Theory and After* (Oxford: Blackwell, 1999).
35 Madeleine Akrich, Michel Callon, Bruno Latour, *Sociologie de la traduction: Textes fondateurs* (Paris: Ecoles des Mines des Paris, 2006); Michel Callon, *La science et ses réseaux. Genèse et circulation des faits scientifiques* (Paris: La Découverte, 1989); Bruno Latour, *Eine Soziologie für eine neue Gesellschaft. Einführung in die Akteur-Netzwerk-Theorie* (Frankfurt am Main: Suhrkamp, 2007).
36 Monika Shafi vergleicht Juliane mit Penelope, der Gattin des Odysseus, die ihr Gewebe einerseits vorantreibt, andererseits wieder auflöst. Juliane webe an ihrer Geschichte mit einem vergleichbar konstruktiven und destruktiven Impetus. Shafi vergleicht die Protagonistin auch kurz mit einer Spinne, ohne jedoch auf die Implikationen und die Bedeutungsaura der Metapher einzugehen. Zur Verwandtschaft zwischen Dichten und Weben vgl. die Münchner Poetikvorlesung von Barbara Frischmuth, *Traum der Literatur – Literatur des Traums* (Salzburg: Residenz, 1991). Dazu Paul Michael Lützeler, „Zum Beispiel Barbara Frischmuth: *Traum der Literatur* (1999)". In: P.M.L., *Postmoderne und postkoloniale Literatur* (Aisthesis: Bielefeld, 2005), S. 80-93.

wird, seien die Fakten, wie sie die Historiographen schildern, kurz zusammengefasst.[37] Der heutige Antagonismus zwischen singhalesischer Majorität (circa 80 Prozent) und tamilischer Minorität (ungefähr 10 Prozent) hat tiefe Wurzeln in der Geschichte der Insel. Ceylon wurde 1815 englisches Mandatsgebiet. Unter den Portugiesen und Holländern als Kolonialherren hatten auf der Insel drei Königreiche fortbestanden: zwei singhalesische mit Hauptstädten in Kandy und Kotte sowie ein tamilisches mit der Hauptstadt Jaffna. Die Engländer fassten, nachdem sie 1815 das Königtum Kandy besiegt hatten, die drei Reiche zu einer Verwaltungseinheit mit der Administration in Colombo zusammen. Hatten die Königreiche zu Zeiten der Portugiesen und Holländer friedlich kooperiert und waren Buddhismus und Hinduismus Symbiosen eingegangen, begann nach 1815 unter britischer Herrschaft die politische und religiöse Polarisierung. Die Singhalesen gehören der buddhistischen, die Tamilen der hinduistischen Kultur an, sprechen zwei verschiedene Sprachen und verwenden unterschiedliche Schriftzeichen. Verstärkt wurde der Gegensatz zwischen den Ethnien, als sich die Singhalesen weigerten, mit der britischen Kolonialverwaltung zu kooperieren, während die Tamilen damit kein Problem hatten. So stiegen letztere in hohe Verwaltungsfunktionen auf und wurden als kollaborierende Gruppe von den Briten begünstigt.[38] Die einheimischen Tamilen, damals etwa zwölf Prozent der Bevölkerung, bildeten eine Art Eliteschicht. Da bei der Kolonialisierung Teeplantagen-Arbeiter benötigt wurden und die Singhalesen auch dafür nicht zur Verfügung standen, brachten die Engländer arme Tamilen aus ihrer Kolonie Indien nach Ceylon. Dieses Emigrations- bzw. Immigrationsproblem war für die Engländer logistisch leicht zu lösen, da die südost-indische Provinz Tamil Nadu von Ceylon nur durch eine wenig mehr als hundert Kilometer breite Meerenge getrennt ist. Danach, ob die Tamilen aus Indien ihre Heimat verlassen wollten oder ob die Singhalesen sich durch die Immigranten bedroht fühlten, wurde nicht gefragt. Die indischen Tamilen machten früher und auch heute noch zwischen fünf und sechs Prozent der Gesamtbevölkerung aus.

Der Bürgerkrieg findet vor allem zwischen den Singhalesen und den einheimischen Tamilen statt. Befanden sich die Singhalesen während der britischen Kolonialzeit in der Rolle der Subalternen, veränderte sich die Lage, als Sri Lanka 1948 ein souveräner Staat wurde. Bis zu einem gewissen Grad kann man diese innenpolitische Wende mit jener in Ruanda vergleichen: Auch hier rächte sich die Majorität an der heimischen Minorität, die mit der Kolonialregierung kooperiert hatte, auch hier verkehrte sich die Rolle der ehemals Mitherrschenden zu der der Subalternen, und die der Subalternen zu den neuen Machthabern.[39] Die Wahlen

---

37 Jakob Rösel, *Der Bürgerkrieg auf Sri Lanka* (Baden-Baden: Nomos, 1997); Jonathan Spencer (Hg.), *Sri Lanka. History and the Roots of Conflict* (London und New York: Routledge, 1990).
38 Lakshmanan Sabaratnam, *Ethnic Attachments in Sri Lanka: Social Change and Cultural Continuity* (New York: Palgrave, 2001); Michael Woost, Deborah Winslow, *Economy, Culture and Civil War in Sri Lanka* (Bloomington: Indiana University Press, 2004).
39 Zur Theorie des Subalternen vgl. Gayatri Chakravorty Spivak, „Can the Subaltern Speak?" In: *Marxism and the Interpretation of Culture*, hg. v. Cary Nelson und Lawrence Grossberg (Urbana,

nach 1948 bescherten den singhalesischen Parteien immer leichter regierungsfähige Mehrheiten und von 1956 an betrieb die Sri Lanka Freedom Party (SLFP) eine ausgesprochen pro-singhalesische und anti-tamilische Politik. Das neue Ziel war es, die überproportionale Repräsentanz der Tamilen in den Führungspositionen des Landes abzuschaffen, für die Zulassung der Universität wurden Quoten entsprechend der ethnischen Demographie des Landes eingeführt und schließlich favorisierte man Sprache und Religion der Singhalesen unter dem Motto „Sinhala only". 1956 wurde Sinhala, also Singhalesisch, zur einzigen Amtssprache des Landes erklärt, wobei es sich allerdings nicht um eine bloße anti-tamilische Verordnung handelte, sondern zur Verdrängung des Englischen beitragen sollte, einer Sprache, die die meisten Singhalesen nicht beherrschen. Als Reaktion auf die diskriminierenden Maßnahmen der Regierungspartei, zu denen auch Zwangsumsiedlungen gehörten, formierte sich 1970 die Tamil United Liberation Front (TULF), eine separatistische Gruppierung, die einen eigenen Tamilenstaat (Tamil Eelam, also: tamilisches Land) im Norden und Osten Sri Lankas, den traditionellen Wohngegenden der einheimischen Tamilen, forderte.[40] Als Beginn des eigentlichen Bürgerkrieges betrachtet man in der einschlägigen Literatur den 23. Juli 1983. Damals wurde auf eine Militäreinrichtung im Norden des Landes ein Anschlag verübt, bei dem dreizehn Soldaten ihr Leben verloren. Im Gegenzug kam es landesweit zu (von der Regierung tolerierten, wenn nicht sogar angestachelten) Pogromen gegen die tamilische Minorität, wobei nach den konservativsten Schätzungen über tausend Menschen ermordet und an die hunderttausend zur Flucht in die nördlichen und östlichen Teile der Insel gezwungen wurden. Innerhalb der tamilischen Gruppierungen erhielten jetzt die militanten Tigers of Tamil Eelam (LTTE), auch kurz Tamil Tigers genannt, die Oberhand, und zwar auch dadurch, dass sie andere tamilische Bewegungen bekämpften. Weil die Tamil Tigers als Guerilla-Truppe die Provinz Tamil Nadu in Südost-Indien immer wieder als Rückzugsbasis nutzten und den Landesfrieden Indiens bedrohten, entsandte die Regierung in New Delhi 1987 (mit UNO-Mandat und mit dem Placet der Regierung in Colombo) eine Friedenstruppe, die Indian Peace Keeping Forces (IPKF) nach Sri Lanka. Die Tamil Tigers verübelten der indischen Regierung jedoch die Kooperation mit Colombo, hatten sie doch ursprünglich gehofft, Indien würde sich auf die Seite der Tamilen schlagen. Die Regierung in New Delhi wollte den Tamilen zwar zu einer weitreichenden Autonomie verhelfen, war aber gegen die Gründung eines eigenen tamilischen Staates. So bekämpften die Tamil Tigers die Friedenstruppe des Nachbarstaates: etwa 1.500 indische Soldaten verloren dabei ihr Leben. Der indische Einsatz erwies sich als kontraproduktiv und verschärfte die Gegensätze der kriegführenden Parteien statt sie zu neutralisieren. Wenn auch ab und zu durch einen Waffenstillstand unterbrochen,

---

IL: University of Illinois Press, 1988), S. 271-313. Aspekte der Theorie und Praxis des Subalternen werden ausführlicher im Abschnitt über Hans Christoph Buchs *Kain und Abel in Afrika* diskutiert.

40 Chelvadurai Manogran, Bryan Pfaffenberger (Hg.), *The Sri Lankan Tamils: Ethnicity and Identity* (Boulder: Westview Press, 1994).

dauern die Kämpfe an, weil sowohl die Singhalesen wie die Tamilen auf der Durchsetzung ihrer gegensätzlichen Ziele bestehen.

Landers Roman handelt vom Bürgerkrieg Sri Lankas in den Jahren von 1984 bis 1987. Das Buch schildert, wie der Krieg immer engere Kreise um die Protagonistin zieht, bis er sie direkt erreicht und sie in seine Aktionen mit einbezieht. Anfänglich hört Juliane nur in Erzählungen von den Konflikten, doch bald betreffen die Kämpfe sie selbst, schränken ihre persönliche Freiheit ein, gefährden ihr Leben und zerstören das einiger ihrer Mitarbeiter. In Badulla erfährt sie von J.B., dem jungen Guerilla-Tamilen, der für „einen unabhängigen tamilischen Staat" (JH 104) kämpft, etwas über den kolonialgeschichtlichen Ursprung des ethnischen Antagonismus:

> Jahrhundert der Herren. Einhundert und zweiunddreißig Jahre war Britannien groß auf dieser [...] Insel [...]. Sie hockten sich hin und ertrugen, aber sie verweigerten sich, die Singhalesen, beharrlich und bockig und zunehmend arm. [...] Mit Singhalesen war also kein Amt zu besetzen: sie waren renitent. In Amt und Würden setzten die Briten Tamilen, ceylonesische Tamilen, auf sie war Verlaß. Und sie brachten aus Indien ärmere her, willige, dankbare Tamilen, die ärmsten der Armen aus Tamil-Nadu, wo doch auch Großbritannien regierte. Ob indische Tamilen auf den Feldern, in den Fabriken, ob ceylonesische Tamilen in den Ämtern der Kolonialherren, die Singhalesen verachteten sie. [...] Sie sind verhaßt – bis in den Tod. (JH 106-107)

Durch den gastgebenden Professor in Colombo erfährt Juliane von der neuen „Zwietracht": „Schiwa gegen Buddha, Tamil gegen Singhalese, Nord gegen Süd". Er „zähle die Häuser, die brennen. Er zähle die Leichen, nur die, die er mit eigenen Augen sähe: es wären von Mal zu Mal mehr." (JH 17). Der Professor erwähnt auch das Phänomen der Kinderheere: Die Heranwachsenden schlössen sich den „extremistischen Gruppen in den Dschungeln oder im Untergrund an" (JH 24).[41] Die „Rache der Völker Sri Lankas", so sagt der Professor voraus, werde „ohne Erbarmen und grauenvoll sein, denn sie beschuldigten einander des Verkaufs ihrer Würde" (JH 20). Gemeint ist damit der Vorwurf der Singhalesen an die Tamilen, die Würde des Landes in den Schmutz gezogen zu haben, als sie von der Protektion der englischen Kolonialherren lebten; aber nicht minder stark ist der Vorwurf der Tamilen an die Singhalesen, sich ausländischen neo-kolonialen Wirtschaftsinteressen in die Arme geworfen zu haben. Auf diese neue Situation

---

41 Es gibt einen Roman, der sich ausführlicher mit dem Problem der Kindersoldaten in Sri Lanka beschäftigt: Dietrich Krusche, *Englisch für Tiger* (München: A1 Verlag, 2005). Er schildert die Erfahrungen eines deutschen Journalisten, der von den Tamil Tigers gefangen genommen und in eines ihrer Lager verschleppt wird. Seine Aufgabe dort besteht darin, die internationale Presse zu sichten und die Stellen heraus zu suchen, die sich mit dem Kampf der Tamilen um ihre Unabhängigkeit beschäftigen. Durch die im Roman wiedergegebenen Zeitungsberichte lernt man – auf eine trockene und indirekte Art – etwas über den Verlauf der Kämpfe kennen. Die Zeit der Handlung sind die Jahre 2000 und 2001. Im Lager überlebt der Journalist auch deshalb, weil er Kindersoldaten, später auch erwachsenen Kämpfern, Englischunterricht erteilt. Der Roman ist nicht ausschließlich ein Bericht über Sri Lanka, sondern angefüllt mit Erinnerungen an die Zeit seit den 1960er Jahren in Deutschland und den USA.

spielt der Professor an, wenn er meint, dass „die Herren" in „fernen Zentren der Macht" das „Glas heben" (JH 17) und sich beglückwünschen, wenn sie auf den Bürgerkrieg in Sri Lanka zu sprechen kommen. So sieht es auch Juliane, die einmal äußert, dass der „Haß zwischen Singhalesen und Tamilen" sich „zum Teil nur stellvertretend gegeneinander" richte (JH 216), dass hier Konflikte aufbrechen, die auch mit alt- und neu-kolonialen Konstellationen zu tun haben. Juliane weist mehrfach darauf hin, dass die Kooperation der Insel mit den westlichen Firmen darauf hinauslaufe, dass der „Staat erpreßbar" werde, weil er „die Zinsen" der aufgenommenen „Schulden nicht zahlen" könne. Alleine die Beschaffung von „Waffen" kostete riesige Summen (JH 277). Auf singhalesischer Seite, so erfährt Juliane von ihrem Taxifahrer Simon, gibt es ebenfalls eine terroristische Vereinigung, die Janatha Vimukthi Peramuna (JVP), die linksradikale Sri Lanka People's Liberation Front, die 1971 vergeblich einen Staatsstreich angezettelt hatte:

> Die JVP unterhalte die Todesschwadrone, die auf Tamilenjagd gehen und auf Verräter- oder Sympathisantenjagd unter den eigenen Singhalesen, und daß die Zahl ihrer Mitglieder mit der Zahl ihrer Morde zunähme, nicht nur, weil die Menschen nicht mehr glaubten, dem entgegengesetzten Terror der Separatisten anders Herr werden zu können, sondern auch, weil die Hintermänner der JVP – wiewohl die Regierung auch beteuert, sie verabscheue diese Barbarei – in den allerhöchsten Stellungen zu finden wären. (JH 268)

Derjenige, von dem sie etwas über die Gründe des Aufstands der Tamilen erfährt, ist J.B. Zentral ist ihm der Kampf um die „Würde" (JH 105) und die „Menschenrechte" (JH 106) seines Volkes:

> Die Tamilen seien entrechtet im singhalesischen Staat. Die Tamilen seien um Habe und Würde gebracht und, wenn sie nicht kämpften, ohne Chance. [...] Es gehe nicht mehr darum, wer historisch im Recht sei oder grausamer gehandelt habe. Nunmehr sei die Frage, wer stärker, beharrlicher sei, und das würden am Ende die Tamilen sein, deshalb stärker, beharrlicher, weil ihr Dasein bedroht sei, ihre Identität, ihre Würde als Individuum und als Volk. Es gehe ums Überleben, aber noch viel mehr gehe es um Würde. (JH105)

Lander, das wird hier deutlich, liegt wie den übrigen hier behandelten Autoren daran, das Thema der Menschenwürde bei ihren Bürgerkriegsdarstellungen in den Mittelpunkt der Diskussion zu rücken. Ihre Protagonistin Juliane sympathisiert zwar mit den Tamilen, ergreift aber nicht – wenn sie J.B. auch persönlich schätzt – für eine der beiden sich bekämpfenden Gruppen Partei. Sie formuliert ihre widersprüchlichen Empfindungen gegenüber J.B.: „Ich fühlte mich zu ihm hingezogen, wenn auch das, was er dachte und tat, für mich töricht war." (JH 110). Juliane fragt ihn:

> Unabhängigkeit. Wovon soll Tamil Eelam existieren? Und wenn, selbst wenn ein solches Winzigtum nicht zwischen den großen Wirtschaftsblöcken erdrückt würde, es führte in jedem Fall eine so kümmerliche, von Sachzwängen bedingte Existenz, daß von Würde keine Rede sein könne. Dafür diese Gewalt? Dieses Sterben und Morden? (JH 108)

Und später fragt sie:

Welcher Kampf denn! Die Väter, zu Tode erschreckt, verschuldeten sich, die Söhne übersee zu wissen. Die, zitternd vor Kälte, vor Hunger, verkauften Rosen illegal in Großstadtkneipen, hielten sich tags versteckt, würden entdeckt und abgeschoben. Verarmt, entkräftet, gebrochen [...]. (JH 156)

Sie erfährt, wie der Krieg den „inneren Halt" der Menschen gefährdet und fragt sich zu Recht, wie „bei allem Verständnis für den gerechten Standpunkt jeder der beiden Seiten" denn „Mord und Vernichtung je zu Frieden und Glück führen könnten" (JH 304). Es ist eine Frage, die sie letztlich auch selbst betrifft, denn in den Sog von Hass und Krieg gezogen, wird sie auf privater Ebene, wenn es um den Erhalt ihrer Würde und Freiheit geht, ebenfalls vor „Mord und Vernichtung" nicht zurückschrecken.

Der Krieg rückt immer näher: Zunächst wird ein Bruder von Rosemary erhängt, wobei niemand weiß, wie es dazu gekommen ist. Rosemary stammt von indischen Tamilen ab und es mag sein, dass ihr Bruder zwischen die Fronten geraten ist. Als sie von dem Schicksalsschlag Rosemarys hört, ist Julianes Kommentar: „Die Welt ist voller morden" (JH 75). Das ist ein Zitat aus dem Liedtext „Wildgänse rauschen durch die Nacht", den Walter Flex 1917, also während des Ersten Weltkriegs, schrieb. Hier wird die damalige pessimistische Stimmung eingefangen, die durch den nicht endenwollenden Krieg um sich griff. Da ist davon die Rede, wie der „Schlachtruf gellt", „der Hader" vorherrscht und das Leben als „unstäte Fahrt [...] ohne Wiederkehr", die Welt als „nachtdurchwogt" empfunden wird. Am Ende der dritten Strophe heißt es fragend und ausrufend zugleich: „Was ist aus uns geworden!"[42] Diese Frage des Kriegsdichters, der kurz nach Niederschrift des Gedichts als Kompanieführer im Kampf fiel, könnte Juliane sich auch stellen, denn sie wird in den Alltag eines Krieges verwickelt, dessen Fortgang sie nicht voraussehen kann. In ihrer Residenz Greystones bemerkt sie, dass die Schießübungen der Soldaten, deren Kaserne sich im nachbarlichen Tal befindet, nicht aufhören, und Julianes Kommentar ist: „denn sie wissen nicht, was sie tun". Hier wird auf eine Stelle im Lukas-Evangelium (23,34) angespielt. Der gekreuzigte Christus bittet Gott im Gebet: „Vater, vergib ihnen; denn sie wissen nicht, was sie tun!" Die Soldaten, so könnte man das Zitat interpretieren, sind nach Julianes Meinung dabei, ihr Land zu ruinieren, ohne eine Ahnung von dem zu haben, was sie anrichten. Einen Vorgeschmack von der Brutalität des Bürgerkriegs erhält Juliane, als sie in Badulla einen Wahlkampf beobachtet, bei dem die Gegner das Wort Kampf im Sinne physisch-aggressiven Wettstreits auslegen. J.B. berichtet ihr am gleichen Abend von der Folter, die selbstverständliche Praxis im Konflikt geworden sei. Juliane bittet ihn, ihr die Qualen, die er durchgemacht habe, „nicht zu beschreiben" (JH 108). Als sie einmal geschäftlich unterwegs ist, nutzen terroristische Gruppen die Gelegenheit, um in ihr Haus einzufallen und

---

42 Walter Flex, „Wildgänse rauschen durch die Nacht". In: *Das große deutsche Gedichtbuch. Von 1500 bis zur Gegenwart*, hg.v. Karl Otto Conrady (München und Zürich: Artemis & Winkler, 1991), S. 463.

den daheimgebliebenen Koch zu ermorden. Bei der Rückkehr findet sie „Kopf und Geschlecht in seinem Blut unter Küchen-Abfällen. Der Gestank von Aas, von Kot in den durchwühlten und besudelten Räumen" (JH 186). Der Bürgerkrieg wird „zunehmend zum Alltag" (JH 216): hier schwimmt „der abgetrennte Kopf eines sehr jungen Mannes im Wasser" (JH 210), dort geschieht ein „Minenanschlag auf einen vollbesetzten Arbeiter-Transporter" (JH 216). An einer Stelle stoppen Mitglieder der JVP einen Zug, „sondern die Tamilen aus" und erschießen sie (JH 229). Anderswo wird „ein Journalist aus den USA von Tamil-Tigern" als Geisel genommen (JH 231) – das „Schlachten" wird „allgegenwärtig" (JH 217). Juliane beschreibt die Bedrohung, die überall lauert: „Immer dichter das Straßenminennetz. Immer öfter die Überfälle, Vergeltungsschläge. Immer irrationaler die Geiselnahmen, die Morde, das Brandlegen." (JH 112) „Der Krieg war ständig präsent", notiert sie, er „verschärfte sich, beruhigte sich, flammte wieder auf" (JH 305). Bald herrscht „Ausnahmezustand" mit „Ausgangssperre" und der Abriegelung „ganzer Gebiete" (JH 233). Die Zensur der Presse folgt auf dem Fuß: nicht nur für inländische, sondern auch für „ausländische Journalisten" (JH 306). Um nach Colombo zu kommen, wo sie ihre Geschäftsstelle gründet, muss Juliane einen Umweg von hunderten von Kilometern in Kauf nehmen, um nicht durch umkämpftes bzw. gesperrtes Gebiet fahren zu müssen. Bei dieser Reise, die sie mit ihrem Geschäftsfreund und Berater Harry Silberzweig unternimmt, begegnet sie einer „Handvoll Desperados", die „ihren eigenen Krieg" organisierten: „Sie […] sprengten Schienen, jagten Jeeps in die Luft, überfielen Truppen, raubten Waffen" (JH 256). Juliane erkennt, dass sie sich ohne „Schutztrupp" (JH 286) nicht mehr im Land bewegen kann. So stellt sie ihren ehemaligen Taxifahrer Simon und zwei seiner Verwandten als persönliche *body guards* ein. Die Notizen über den Krieg enden am Schluß des Romans – wir befinden uns im Jahr 1987 – mit der Ankündigung, dass die „Landung" eines „Friedenstrupps der neutralen indischen Armee" bevorstehe. Ziel der Aktion sei, dass „die Tiger ihre Waffen niederlegen" und die Tamilen im Gegenzug „mehr Autonomie" erhalten. Die Inder sollten „die Abgabe der Waffen überwachen" (JH 306). Von dem desaströsen Resultat dieser Aktion berichtet der Roman nicht mehr. J.B. und seine Mitstreiter waren von der baldigen Unterstützung ihrer Sache durch Indien überzeugt gewesen, waren sicher, dass der Nachbarstaat „nicht zusehen" werde, „wie Tamil-Eelam untergehe" (JH 109), dass er *„den Bruder in Sri Lanka nicht im Stich"* lassen könne (JH 155).

Lander hat viele Geschehnisse des beginnenden Bürgerkriegs auf Sri Lanka in ihrem Roman erwähnt. Das Besondere ihres Buches besteht in der genauen Beschreibung der wachsenden Angst, von der alle Figuren des Romans ergriffen werden, je weiter der Konflikt fortschreitet und desto stärker er in das Leben jedes einzelnen eingreift. Schon am Anfang des Romans prophezeit der Professor, dass bald „die Angst selbst den Haß übersteigen" (JH 17) werde. Das trifft ein. „Wir lebten auf der Geisterbahn", beschreibt Juliane die Situation: „Der Boden schwankte unter den Füßen. Man erschrak vor Drohgebärden, rannte sehenden Auges in die Gefahr" (JH 156). Die früher relativ kurze und einfache Fahrt „zwischen Colombo und Greystones" wird Juliane zur „Schreckensstrecke" (JH 260) mit zahllosen Umwegen. Nach der Ermordung ihres Kochs äußert sich die Furcht auch physisch im „Angstschweiß" (JH 190) der Erzählerin. Auch „auf der Zunge die Angst" – ein „Geschmack" wie „Aas", beschreibt Juliane ihre Befindlichkeit. Die Angst hat auch mit der Sorge um das Leben ihrer Tochter zu tun, die sie nicht mehr wie in Friedenszeiten schützen kann. „Mein Kind sollte ich nehmen und fliehen!" (JH 211), heißt es einmal. Das sind nicht nur subjektive Befindlichkeiten, sondern betreffen das Lebensgefühl auf der ganzen Insel. „Das Lächeln verging diesem Land", schreibt die Erzählerin, weil „die Hoffnung auf Zukunft" zerfällt (JH 231). Aber trotz „Zermürbungskrieg" und obwohl „kein Ende" der sozialen Katastrophe „in Sicht" (JH 277) ist, entschließt sich Juliane zu bleiben. Auf ihre Weise wird sie durch den Mord an ihrem Ehemann, ausgeführt durch den tamilischen Guerillakämpfer J.B., zum Komplizen des Krieges. Mit J.B. hat Juliane nicht nur die Initialen ihres Namens gemein, sondern auch eine Lebenseinstellung. „Der Kampf der Tamilen", wiederholt J.B. am Schluss, gehe „um ihre Würde". Sie wollten nur „das Recht" beanspruchen, „für sich zu sein. Über sich selbst bestimmen. Frei." (JH 302,303). Das ist auch die Einstellung Julianes, die sich am Ende des Buches zu ihrem „Stolz" bekennt, sich gleichzeitig aber – anders als J.B. – bewusst ist, mit dem „Mord" ein „Unrecht" (JH 319) begangen zu haben. Mit ihrem Mordplan hat sich Juliane in die Sphäre des Bürgerkriegs bewegt, sich assimiliert an jene Revolutionseinstellung, wie sie J.B. eigen ist. J.B. wiederum überschreitet die ihm gesetzten Grenzen des Guerillakriegs, wenn er sich darauf einlässt, ein Attentat, das private Motive außerhalb seiner Zielsetzungen hat, auszuführen. Lander zeigt, wie rasch in Bürgerkriegszeiten Konventionen und Wertvorstellungen zusammenbrechen, wie sich die politischen und privaten Interessensphären vermischen, wie rasch der Schritt in den Terror getan ist, und wie bereit der sogenannte Durchschnittsbürger ist, sich an Gewaltmaßnahmen zu beteiligen.

III.

Von den 1970er zu den 1990er Jahren im Nahen und Mittleren Osten

1. OMAN

Dieter Kühn, *Und der Sultan von Oman* (1979)

Literatur-Mosaik und Ölkrise

I

Dieter Kühn, der über Robert Musil promoviert hat, kennt sich in der Poetik des modernen Romans aus, und er hat sie auf seine Weise fortentwickelt. Wie man das von anderen Werken des Autors her kennt, ist auch in *Und der Sultan von Oman*[1] eine anonyme Erzählerstimme[2] vorhanden, die den Leser die Genese des Erzählten durchschauen läßt, ihn in Aufbau und Konstruktion der Geschichte einweiht. Kühn benutzt keinen allwissenden Erzähler, sondern einen Konstrukteur, der seine Baupläne darlegt. Es kann hier von zwei Protagonisten gesprochen werden: vom Erzähler selbst und von der Hauptfigur der Handlung, wie sie durch den Erzähler konstruiert wird. Der Erzähler hat keinen Namen. Er ist ein Deutscher, der Ende der 1970er Jahre in der Bundesrepublik über die Ölkrise von 1973 eine *story* schreibt. Die Erzählzeit ist das Jahr 1978, die erzählte Zeit sind die beiden letzten Monate von 1973. Im Oktober 1973 hatte der Yom-Kippur-Krieg stattgefunden, der nach knapp drei Wochen mit einem Waffenstillstand endete, der durch die USA und die Sowjetunion herbeigeführt worden war. Als gegen die USA gerichtete Repressalie – die Vereinigten Staaten hatten Israel unterstützt – wurde von den Golfstaaten ein Ölembargo beschlossen, das die Öl-

---

1 Dieter Kühn, *Und der Sultan von Oman* (Frankfurt am Main: Suhrkamp, 1979), in der Folge mit der Abkürzung „SO" und folgender Seitenzahl zitiert. Von dem Buch liegen zwei weitere Fassungen vor: zum einen die „Neufassung" (Frankfurt am Main: Suhrkamp, 1982), die gegenüber der Erstfassung gekürzt wurde; zum anderen die gegenüber der „Neufassung" überarbeitete und nochmals gekürzte dritte Fassung in Kühns Erzählband *Und der Sultan von Oman* (Frankfurt am Main: Fischer Taschenbuch, 1998), S. 89-150. Die Revisionen haben eine zunehmende Entpolitisierung der Erzählung zur Folge. Hier wird die Erstfassung von 1979 behandelt.

2 Vom konventionellen allwissenden Erzähler des Realismus ist der Erzähler bei Kühn denkbar weit entfernt. Er benutzt eine Technik der offenen Konstruktion, wie man sie bereits bei den Modernisten während des frühen 20. Jahrhunderts beobachten kann (man denke an Hermann Brochs „Methodologische Novelle" und seine Novelle „Ophelia") und dann in der Postmoderne stärker verbreitet ist. Vgl. Paul Michael Lützeler, „Die Novellen: Text und Intertext". In: P.M.L., *Die Entropie des Menschen. Studien zum Werk Hermann Brochs* (Königshausen & Neumann, 2000), S. 72-88. Vgl. ferner: Paul Michael Lützeler, „Postmoderne Romane". In: P.ML., *Postmoderne und postkoloniale deutschsprachige Literatur* (Bielefeld: Aisthesis, 2005), S. 36-49.

preise hochschnellen ließ.³ Der Erzähler schickt die von ihm erfundene Figur James O'Shaugnessy auf eine Public Relation-Reise, die von November bis Dezember 1973 dauert. Shaugnessy ist Jahrgang 1937, Ende 1973 also sechsunddreißig Jahre alt. Er arbeitet im Büro für Öffentlichkeitsarbeit der fiktiven United Oil Corporation, einem amerikanischen Konzern mit der Hauptverwaltung in New York. Chef der Abteilung für Public Affairs dieser Firma ist David G. Matheson, Jr., gleichzeitig Mitglied des Vorstands von United Oil. Shaugnessy ist sein persönlicher Referent, der ihm zuarbeitet, der das „briefing" besorgt, bei Verhandlungen Pressekonferenzen oder bei öffentlichen Diskussionen die Vorarbeit leistet und dabei seinem Chef die richtigen Stichworte zuspielt. Matheson und Shaugnessy müssen in der Zeit der Öl- bzw. Energiekrise von 1973 Schwerstarbeit leisten. Ihre Aufgabe ist es, eine „Verschwörungstheorie" (SO 36) zu widerlegen, nachzuweisen, dass es keine Absprachen zwischen den großen Ölgesellschaften mit den OPEC-Staaten über die Erhöhung des Preises für Rohöl gegeben hat. Von der Preissteigerung um das Vierfache profitierten nicht nur die arabischen Ölscheichs, sondern auch die westlichen Ölfirmen, die plötzlich ihr gesamtes, noch billig eingekauftes Lager-Öl zu den drastisch erhöhten Weltmarktpreisen verkaufen können.

Shaugnessy und Matheson entwickeln eine argumentative Defensivstrategie. Sie reisen um die halbe Welt, um in London, Wien, Zürich, Kuwait City, Abu Dhabi und Maskat sich medienwirksam in Szene zu setzen. Sie verbreiten den Eindruck, dass die westliche Ölindustrie von der Preiserhöhung völlig überrascht worden sei, dass sie schon immer gegen die Preisspirale opponiert hätte, dass sie selbst Opfer der OPEC-Willkür sei, dass sie die Golfstaaten vor weiteren Preissteigerungen warne. Diese taktischen Behauptungen werden im Roman jedoch konterkariert durch die (zum Teil fiktiven) Dokumente, die der Erzähler einflechtet. Da werden Jahresberichte von Ölfirmen, Statistiken und Zeitungsartikel zitiert, aus denen das Gegenteil von dem hervorgeht, was die New Yorker PR-Leute verbreiten. Und dabei erfährt der Leser auch etwas über Wahlspenden amerikanischer Ölfirmen an ausländische Politiker.

Kühn schreibt einen halbdokumentarischen Roman. Der Erzähler informiert die Leser über eine Reihe von geschichtlichen Aspekten. Er kennt die Länder der Golfregion nur aus zweiter Hand, aus Büchern, Zeitungen, aus einem Fernsehfilm und einer Dia-Vorführung, d.h. seine Vorstellungswelt vom Mittleren Osten

---

3 Zur Ölkrise der 1970er Jahre vgl.: Jörg Beyfuss, *Weltwirtschaftliche Perspektiven der Ölkrise* (Köln: Deutscher Instituts-Verlag, 1974); Peter R. Odell, *Oil and World Power: Background to the Oil Crisis* (Harmondsworth and Baltimore: Penguin, 1974). Zur Sicht europäischer Autoren auf die kulturellen Veränderungen, die die Ölförderung im arabischen und persischen Raum im Nahen Osten mit sich brachte, vergleiche Klaus-Michael Bogdal, „Maschinen im Morgenland. Der Orient nach der Entdeckung des Öls". In: K. M. B., *Orientdiskurse in der deutschen Literatur* (Bielefeld: Aisthesis, 2007), S. 329-350.

ist medialisiert.[4] Man erfährt von ihm etwas über den Beginn der Erdölförderung im saudi-arabischen Damman im Jahre 1937, über die historische Entwicklung des Oman, wie er sie aus dem 1957 erschienenen Buch des britischen Journalisten James Morris[5] kennt, über den Machtwechsel von 1970 in diesem Sultanat, als der dreißigjährige Qabus seinen Vater ins britische Exil schickte, und schließlich über den Bürgerkrieg in Oman, d.h. über den Unabhängigkeitskampf der südwestlichen Provinz Dhofar gegen die Zentralregierung des Sultans in Maskat.[6] Der Erzähler berichtet auch über Qabus, den Sultan von Oman, also den Titelhelden des Buches. Qabus, absoluter Monarch in seinem Kleinstaat, hatte in England studiert und verfolgte von Anfang an konsequent die Modernisierung des Landes, das sein Vater bewusst gegen alle Neuerungen abgeschottet hatte. Er erbte den Sezessionskrieg der Provinz Dhofar von seinem Vorgänger. Der Krieg war schon fünf Jahre im Gange, als er an die Macht kam. Mit Hilfe des persischen Schahs und der Saudis konnte er die Unabhängigkeitskämpfer von Dhofar 1975 besiegen. Die Dhofar-Rebellen hatten sich im Lauf eines Jahrzehnts von einer regionalen Sezessionsbewegung in eine Gruppe sozialistischer Befreiungskrieger verwandelt, die vom kommunistischen Südjemen unterstützt wurde. Kein Wunder, dass es Qabus bei dieser Konstellation nicht schwerfiel, Militärhilfe aus Teheran und Riad zu beziehen. All das erfährt man durch den Erzähler in Kühns Roman, wie man es heute auch in den einschlägigen Enzyklopädien nachlesen kann.

Ohne dass man noch über weitere Einzelheiten den Dhofar-Krieg betreffend informiert würde, rückt dieser Bürgerkrieg doch in den Mittelpunkt des Buches. Das geschieht in Form einer multiplen Fiktionalisierung, wie man sie aus der übrigen Dokumentarliteratur der 1970er Jahre nicht kennt.[7] Dieter Kühn als Autor erfindet den Erzähler, der Erzähler kreiert die Figur James O'Shaugnessy, und jener wiederum erdenkt sich in seinem „Dhofar-Szenarium" den Helden Hilmar

---

4 Die Forschung zur Medialisierung beschreibt und analysiert den Prozess, wie die Medien ins Zentrum sozialer Prozesse rücken, wie Kenntnisse über wirtschaftliche und politische Zusammenhänge von der Präsentation durch die Medien abhängen. Zum einen wird untersucht, wie Wirklichkeit in ihrer Ausschnitthaftigkeit durch die Auswahl der Medien bestimmt wird, dann aber auch, wie Realität selbst als ein durch Medien erzeugtes Produkt erscheint. Vgl. Jay G. Blumler und Dennis Kavanagh, „The Third Age of Political Communication: Influences and Features". In: *Political Communication* 16 (1999): 209-230. Ferner: Friedrich Krotz, *Die Mediatisierung des kommunikativen Handelns. Der Wandel von Alltag und sozialen Beziehungen, Kultur und Gesellschaft durch die Medien* (Opladen: Westdeutscher Verlag, 2001).
5 James Morris, *Sultan in Oman* (London: Faber and Faber, 1957).
6 Hans Krech, *Bewaffnete Konflikte im Süden der Arabischen Halbinsel: Der Dhofarkrieg 1965-75 im Sultanat Oman und der Bürgerkrieg im Jemen* (Berlin: Köster, 1996); Calvin H. Allen, Jr., *Oman. The Modernization of the Sultanate* (Boulder: Westview Press, 1987); Calvin H. Allen, Jr., W. Lynn Rigsbee II, *Oman under Quaboos. From Coup to Constitution 1970-1996* (London and Portland: Frank Class, 2000); Ian Skeet, *Oman: Politics and Development* (New York: St. Martin's Press, 1992);
7 Heinz Ludwig Arnold, Stephan Reinhardt, *Dokumentarliteratur* (München: Edition Text + Kritik, 1973).

„John" Eklund. Wenn man Eklunds „Dhofar-Szenarium" liest, kommt man zunächst aus dem Staunen nicht heraus. Da will der PR-Mann einer amerikanischen Ölfirma den Kommunisten und Moskau-Freunden in einem Golfstaat zur Macht verhelfen und den westlich orientierten Sultan in die Wüste schicken. James O'Shaugnessy will Karriere machen. Die phantasievollen, aber punktuellen Aufgaben zur Ehrenrettung seiner Firma und der amerikanischen Ölkonzerne im Krisenjahr 1973 füllen ihn nicht aus. Sie lassen ihm noch genügend Zeit, unbeobachtet und unkontrolliert von seinem Chef Matheson, das große „Dhofar-Szenarium" auszuarbeiten. Um dieses Szenarium geht es vor allem in Kühns Roman.

Wie der Erzähler, kennt auch O'Shaugnessy sich in den Golfstaaten selbst kaum aus; auch er bezieht seine Kenntnisse aus zweiter Hand. Wenn er in Kuwait City oder Abu Dhabi zu tun hat, wohnt er in einem Hotel westlichen Stils und konzentriert sich auf die wirtschaftlich-politischen Diskussionen mit den Vertretern der Geschäftswelt oder der Regierung von Kuwait bzw. der Vereinigten Arabischen Emirate. Über die Geschichte der Länder weiß er nichts. An einem Dialog über Kulturelles scheinen beide Seiten desinteressiert zu sein. Was O'Shaugnessy kennenlernen will, sind Namen, Daten, Fakten, z.B. Landkarten der arabischen Halbinsel, auf denen bis ins Detail die Ölpipelines verzeichnet sind. Solche Spezialkarten besorgt er sich in einer Wiener Buchhandlung. Über den Krieg der Dhofari liest er einen Farbfotobericht, und ansonsten kämmt er westliche Zeitungen durch und legt eine Ausschnittsammlung über politische und wirtschaftliche Ereignisse an, die er aus beruflichen Gründen kennen muss.

James O'Shaugnessy ist eine komplexe Figur. Der Erzähler charakterisiert ihn wiederholt als „Querkopf" und „Träumer" (SO 29). In der Kindheit hat er sich besonders für Märchen interessiert, und sein Lieblingskomponist ist seit seiner Jugend der amerikanische Jazzmusiker John Coltrane. Coltrane war in den 1960er Jahren einer der prominentesten afro-amerikanischen Saxophinisten und Wegbereiter des sogenannten Free Jazz. Legendär ist auch seine Mitarbeit in der Band von Miles Davis. Der Jazz-Kritiker Ira Gitler umschrieb Coltranes Stil um 1960 mit „sheets of sound" (Klangflächen), weil das Spiel so schnell verlief, dass die voraufgehenden Töne noch nicht verklungen waren, wenn die neuen bereits vernehmbar wurden. Das John Coltrane Quartet war eine der erfolgreichsten Jazz-Gruppen der 1960er Jahre. 1967 starb Coltrane an Krebs im Alter von nur vierzig Jahren. Von seiner eigenen Band haben sich fünfzig Aufnahmen erhalten; hinzu kommt ein Dutzend Aufnahmen vom Spiel in anderen Gruppen. Zu den bekanntesten Platten gehören „Blue Train", „Soultrane", „Giant Steps", „Coltrane Plays the Blues", „Olé Coltrane", „A Love Supreme", „Ascension" und „Live in Japan".[8] Wo James O'Shaugnessy Coltrane-Platten auftreiben kann, besorgt er

---

8 Vgl. Lewis Porter, *John Coltrane: His Life and Music* (Ann Arbor: University of Michigan Press, 1999); Ben Ratliff, *Coltrane: The Story of a Sound* (New York: Farrar, Straus & Giroux, 2007).

sie sich, und in seinem New York Apartment fühlt er sich erst zuhause, wenn er John Coltranes Musik hört.⁹ Das sind die beiden Seiten des James O'Shaugnessy: zum einen ist er der rationale, stets geschäftige *businessman*, der kühle Analytiker und gewiefte Diplomat, der sich ganz dem Status quo und der Gegenwart verschrieben hat; zum anderen ist er der irrationale, auf Verlangsamung drängende, an Märchen und Musik interessierte, an eine bessere Zukunft glaubende Utopist, der Gewalt und Revolte als Momente der Veränderung akzeptiert. So wie O'Shaugnessy auf der einen Seite seinen Chef David Matheson verehrt und ihm nachstrebt, so sehr ist auch John Coltrane Teil seines Über-Ichs. Über Coltrane heißt es im Roman:

> Bei einem Jazzkritiker hatte O'Shaugnessy mal gelesen: Coltranes Musik höre sich an, als wolle er sein Saxophon in Stücke blasen. James stimmte hier zu: eine musikalische Gewalttätigkeit! Als er einem Freund einige Aufnahmen vorspielte [...], war Gerry schockiert gewesen von der rüden Härte und der derwisch-tanzartigen Wildheit dieser Musik, die hatte ihn abgestoßen [...]. James stimmt dem Jazzkritiker auch darin zu: Leute wie Coltrane seien gefährlich, eines Tages könnten sie töten, indirekt, indem sie Menschen mit ‚schwachen Herzen' und ‚korruptem Gewissen' dazu trieben, aus dem Fenster zu springen oder schreiend durch ‚ihre zerstörte Traumlandschaft zu laufen'; in dieser Musik sei Schmerz und Zorn und Hoffnung, in ihr sei die Vision einer besseren Welt. (SO 118, 119)

Die sich eigentlich einander ausschließenden Tendenzen seines Ichs versucht O'Shaugnessy im „Dhofar-Szenarium" miteinander in Einklang zu bringen, gleichsam zusammenzuzwingen. Dieses Planspiel bleibt sein Geheimprojekt, und obwohl er es dem Vorstand seiner Firma zeigen möchte, um damit Karriere zu machen, kommt es nicht dazu. Der Erzähler, der aus dem Rückblick des Jahres 1978 berichtet, weiß, dass zwei Jahre nach O'Shaugnessys abenteuerlichem Szenarium über den prospektiven Sieg der Dhofaris alles anders gekommen ist: Sultan Qabus konnte bereits im Dezember 1975 den Sieg über die sozialistischen Sezessionisten verkünden. Im Kontext des Romans wird deutlich, dass der rationale Krisenmanager O'Shaugnessy Ende 1973 einen Erfolg nach dem anderen verzeichnet, dass aber der „Querdenker" in ihm mit seinen utopischen Vorstellungen nicht durchdringt.

II

Wie kommt O'Shaugnessy dazu, das „Dhofar Szenarium" auszuarbeiten, und wie sieht sein Planspiel im einzelnen aus? James, so berichtet der Erzähler, weiß, dass die Regierung in Maskat Hilfssendungen des Internationalen Roten Kreuzes, die für die Provinz Dhofar bestimmt sind, abfängt, und dass iranische Kampfflug-

---

9 Walter Olma, „*Und der Sultan von Oman*. John Coltrane, das Morgenland und andere Subversionsspiele". In: *Dieter Kühn*, hg. v. Werner Klüppelholz und Helmut Scheuer (Frankfurt am Main: Suhrkamp, 1992), S. 128-143.

zeuge Lebensgrundlagen der Dhofaris (z.B. Wasserleitungen) bombardieren sowie Bordwaffen gegen Bauern beim Feldbau einsetzen. Diese inhumanen Aktionen geben den Anstoß zu O'Shaugnessys Szenarium, bei dessen rascher Umsetzung, so meint er, sowohl den Dhofaris wie den amerikanischen Ölgesellschaften geholfen wäre. James rechnet aus, dass die Ölförderungen im Sultanat Oman im Vergleich zu denen von Kuwait und Saudi-Arabien insignifikant sind. Der amerikanischen Ölindustrie würde es also nicht zum Schaden gereichen, wenn die rebellischen Dhofaris den Sultan vertrieben und das ganze Land kontrollierten. Im Gegenteil, in die Koalition der erpresserischen Golfmitglieder der OPEC würde ein Keil getrieben. Die Dhofaris müssten schrittweise vorgehen: zuerst würde man einen Weg finden, den Sultan und seine Perser von der Provinz Dhofari fernzuhalten. Das würde geschehen, indem man von der dhofarischen oder der südjemenitischen Küste aus vorüberfahrende Öltanker mit Versenken bedroht. Die geeigneten Raketen dafür würden die Jemeniten mit Hilfe der Sowjets besorgen. Falls die Dhofaris weiterhin angegriffen würden, müssten sie mit ihrer Drohung Ernst machen und die Tanker beschießen. Das wäre, meint James, eine wirksame Strategie der Bedrohung. Schließlich würden die Dhofaris vorrücken und den ganzen Oman in die Hand bekommen. Wenn das geschehen ist, haben sie auch die Halbinsel Musandam, die zu Oman gehört, in der Hand. Von dieser Halbinsel aus kann man die Öltransporter der anliegenden Golfstaaten kontrollieren, weil sie an der Straße von Hormus liegt, die den Persischen Golf mit dem Indischen Ozean verbindet. O'Shaugnessys Idee ist, auf Musandam eine Raketenanlage anzubringen, mit der man alle vorbeifahrenden Schiffe in Schach halten kann. Die Dhofaris würden die Raketen einsetzen, um einen hohen Ölzoll von den vorbeifahrenden Tankern zu erheben. Diese Zölle wiederum würden die Ölpreise erneut in die Höhe treiben. Die amerikanische Ölindustrie hätte mit einer solchen Aktion einen weiteren Beleg dafür in der Hand, dass die Verschwörungstheorie absurd sei, und gleichzeitig könne man in absehbarer Zeit mit einer neuen, durch die Zölle verursachten Ölpreiserhöhung rechnen, gegen die die Ölfirmen nichts einzuwenden hätten. Soweit also das Interesse der Amerikaner, das O'Shaugnessy betont, weil er seine Karriere durchaus im Auge hat. Das Szenarium drückt aber auch Träume aus, denen der andere, der zeitkritische, der westlichen Moderne gegenüber skeptische O'Shaugnessy nachhängt. Dieter Kühn läßt seinen James schon vier Jahre vor Sten Nadolny von der Entdeckung der Langsamkeit schwärmen.[10] O'Shaugnessy stellt sich die Dhofaris als friedliche Hirten und Ackerer vor, die ihren Lebensstil vor der Hektik der Industrialisierung, wie sie mit dem neuen Sultan in Oman um sich gegriffen hat, bewahren würden. O'Shaugnessy nimmt gar an, dass die Rebellen in den Bergen Dhofars „eine religiös getönte Gemeinschaft" (SO 124) bildeten.

---

10 Sten Nadolny, *Die Entdeckung der Langsamkeit. Roman* (München: Piper, 1983).

James denkt sich eine Person aus, die seinen abenteuerlichen Plan in die Realität umsetzen könnte. Er entwirft das Profil eines Mannes, der die Dhofaris vom Sinn des Szenariums überzeugen würde. Das ist Hilmar „John" Eklund, ein Norweger und von Beruf Wirtschaftsjournalist. Der muss eine Art Tausendsassa, halb Lawrence of Arabia, halb James Bond sein. Wie James Bond ist er Junggeselle, liebt den Alkohol, die Jagd und schöne Frauen, ist aber unfähig, sich an eine Geliebte zu binden. Zudem muss Eklund vom Geist des Jazz von John Coltrane inspiriert sein (deswegen auch sein Mittelname „John"). Er soll sich in den Gewohnheiten und Sprachen der arabischen Halbinsel so gut auskennen wie in den Geschäftsetagen der Ölfirmen. Über den Islam als Religion und Kultur erfährt man in Kühns Roman kaum etwas. Aber O'Shaugnessy weiß, wie wichtig der „Faktor Islam" für sein Szenarium ist:

> Eine Aufstellung über die rapide wachsenden Pilgerzahlen in Mekka macht O'Shaugnessy noch einmal bewußt, welche Aufmerksamkeit ein Hilmar „John" Eklund auch dem Faktor Islam widmen muß: 1945 reisten rund 37 000 Pilger nach Saudi-Arabien, vorwiegend aus anderen arabischen und aus afrikanischen Ländern, 1950 waren es etwas mehr als 100 000, 1960 bereits rund 250 000, 1970 über 430 000 und im Vorjahr, 1972, stieg die Zahl der einreisenden Pilger auf 645 000. O'Shaugnessy liest, daß vor allem die Entwicklung des Flugverkehrs die Pilgerzahlen „sprunghaft" wachsen ließ, aber er ist sicher, daß hier nicht nur, auf bequemere Weise, religiöse Pflichtübungen erfüllt werden, sondern daß hier tatsächlich Glaube, ja religiöse Inbrunst ist, und zwar in einem statistisch relevanten Teil der Pilgerschaft. James ist davon überzeugt, daß der Islam ein weiterhin entscheidender gesellschaftlicher Faktor ist, vor allem in Saudi-Arabien; die führende Rolle dieses Landes unter den arabischen Golf-Ländern nicht allein begründet durch wirtschaftliche und militärische Faktoren, sondern durch das Ansehen als Treuhänder des reformierten, strengen Islam. Für ihn ein fast irrationaler Faktor, aber er will ihn einschließen in seine rationalen Kalkulationen. (SO 120)

Über den Südjemen müßte man Eklund in den Führungskreis der Rebellen in Dhofar einschleusen, er sollte sich ihr Vertrauen erwerben und die Aktion koordinieren. Eklund mag wie sein Schöpfer O'Shaugnessy den Schah von Persien nicht. Das hat seinen Grund. Er lernt einen iranischen Kollegen kennen, der ihm einmal über Folterungen berichtet, „von der brutalen Unterdrückung jeder Opposition, überhaupt jedes auch nur ansatzweisen kritischen Denkens im Iran erzählt" (SO 114):

> [...] das Opfer [wird] an ein ‚elektrisches Bett' gefesselt, Stromkabel an Glied und Brustwarzen, das Opfer schreit, ein Offizier uriniert in den offenen Mund, Schläge mit Eisenruten, ein Helmtopf über den Kopf gestülpt, die Schreie erstickend. Spontane Reaktion bei Eklund: Empörung. Lange nachwirkendes Gefühl: selbst verwundet, ‚beschädigt' zu sein. (SO 115)

Wie James selbst, so sehnt sich auch seine erdachte Figur Eklund „nach einer neuen, wahrhaft gemeinschaftlichen Gesellschaftsform", und wie die Nachricht über die Inhumanitäten gegen die Dhofaris die Idee vom „Dhofar-Szenarium" bei O'Shaugnessy auslöst, so wirkt bei Eklund die Information über die Grausamkeiten im Iran als „Impulsgeber" (SO 114). Aber in beiden Fällen soll eine Gewalttätigkeit (Brutalitäten der omanischen und iranischen Herrscher) durch eine andere Gewalt (Drohung der Rebellen mit Tankerversenken) vergolten werden. Die Gewaltspirale ginge damit nur weiter, wäre keineswegs beendet.

Wie der Erzähler von 1978, weiß auch der Leser des 1979 erschienenen Romans, dass das Szenarium Fiktion bleibt. Die Idee des Szenarium ist zu widersprüchlich, als dass sie Realitätstüchtigkeit hätte für sich beanspruchen können. Mit Drohungen und Epressungen ein harmonisches gesellschaftliches Leben vorbereiten zu wollen, ist absurd. Und dass der Iran und Saudi-Arabien samt britischen bzw. amerikanischen Verbündeten den Sultan von Oman fallen lassen würden, nur damit einige Ölgesellschaften wieder einmal *windfall profits* einstreichen könnten, ist genauso unwahrscheinlich, ganz abgesehen davon, dass die Dhofaris auf O'Shaugnessys spätkolonialistischen Wunsch von der Führung ihrer Rebellion durch einen westlichen Wirtschaftsjournalisten nicht eingegangen wären. Zudem muss O'Shaugnessy sich darüber im Klaren sein, welche Kräfte er stützt, wenn er hilft, den Oman in eine nach Moskau hin orientierte Republik zu verwandeln. Er kennt z.B. das Ziel von Saddam Hussein, der damals (Ende 1973) Stellvertretender Vorsitzender des Revolutionären Kommandorates im Irak war.[11] In O'Shaugnessys „Materialsammlung" findet sich folgendes Zitat von Saddam Hussein:

> Die Probleme der zionistisch-imperialistischen Besetzung arabischer Territorien könnten nur durch die Förderung einer radikalen revolutionären Politik gelöst werden, durch den Einsatz des vollen Potentials der arabischen Nation hinsichtlich ihrer militärischen, wirtschaftlichen und menschlichen Kräfte, durch den Aufbau einer Bedrohung der politischen und wirtschaftlichen Interessen des Imperialismus im arabischen Osten. (SO 50)

Der zeitgenössische Leser erkennt in James O'Shaugnessy einen jungen Karrieristen mit einer gespaltenen Persönlichkeit, jemanden, der gleichzeitig in entgegengesetzte Richtungen marschieren will und deswegen nirgendwo ankommt. Unrepräsentativ kann man Kühns Helden allerdings nicht nennen, denn Karriere im hektischen Berufsalltag anstreben und gleichzeitig von anderen Lebensstilen zu träumen, zu deren Durchsetzung auch Gewalt in Kauf zu nehmen sei, war in den 1970er Jahren eine verbreitete Einstellung.

III

Das Buch endet abrupt, und zwar nicht mit einer Diskussion des Szenariums im Vorstand von United Oil, sondern mit einem Märchen. Es ist ein Märchen, das James sich schon als Kind ausgedacht hat: Er geht durch eine arabische Stadt aus

---

11 Zu Saddam Husseins politischen Zielen vgl.: Con Coughlin, *Saddam: His Rise and Fall* (New York: Harper Perennial, 2005); Shiva Balaghi, *Saddam Hussein: A Biography* (New York: Greenwich Press, 2008).

Stein. Es ist eine Stadt wie viele andere auch, mit Menschen und Tieren, Straßen und Basaren, nur ist alles aus Stein, bis auf die vierzehn Stadttore, die aus „chinesischem Eisen" (SO 231) sind: alles ist still und tot. Am Schluß jedoch trifft er ein lebendes schönes Mädchen im Thronsaal der Burg. Aber auch nach der Begegnung mit ihr bleibt weiterhin alles still und tot. Kein Dornröschenwunder geschieht; entweder ist James nicht der ersehnte Prinz, oder das Mädchen nicht die richtige Braut. Es ist ein Anti-Märchen, das hier erzählt wird. Nicht nur, dass wie ein Negativ das Grimmsche Märchen durchscheint, wahrscheinlich handelt es sich auch um die Kontrafaktur eines orientalischen Märchens. 1975 erschien erstmals auf Deutsch „Das Geheimnis der Stadt Benadisch" in dem Band *Die versteinerte Stadt*[12] – einer Sammlung aserbaidshanischer Märchen. Es mag sein, dass Dieter Kühn diesen Band gelesen hat: Ein junges Mädchen (als Mann verkleidet) gelangt dort zur Stadt Benadisch und sieht, wie alles zu Stein erstarrt ist. Sie reitet bis zur Mitte der Stadt und findet, indem sie auf guten Rat hört und Mut und Kraft beweist, ein Mittel, den Zauberbann zu lösen und alle Einwohner und Tiere wieder zum Leben zu erwecken. Das ist die typische Märchenlösung[13], der sich James aber verweigert. Vielleicht ist sein Anti-Märchen ein Hinweis darauf, dass die Bilder vom märchenhaften Orient ausgeträumt sind, dass auch in Damman, Kuwait City und Maskat der inzwischen global akzeptierte Lebensstil einer als petrifizierend empfundenen technischen Rationalität sich durchgesetzt hat.

Die multiple Fiktionalisierung, wie sie dem „Dhofar-Szenarium" eigen ist, bedeutet eine zunehmende Entfernung von den Realitäten des Bürgerkriegs in Dhofar. Von ihm erfahren wir im Roman nur ein paar Lexikondaten. Dieser Teil des Romans teilt nicht den dokumentarischen Charakter, der ansonsten für das Buch bezeichnend ist. Kühn gelingt aber mit dem Szenarium, einen Eindruck von den Planspielen internationaler Konflikte zu vermitteln. Insofern ist auch das Phantasma des „Dhofar-Szenariums" nicht ohne Erkenntniswert, erinnert es doch daran, dass in den Geschäftsetagen der Multis und in den Planungsbüros der Politiker und Militärs permanent Szenarien ausgearbeitet werden, die zuweilen noch absurder sind als jenes, an dem der fiktive James O'Shaugnessy bastelt.

Im Hinblick auf die im Roman so wichtigen Planspiele muss auch ein Film erwähnt werden, der 1975 in die Kinos kam und ein internationaler Erfolg war: *Three Days of the Condor* mit Robert Redford, Fay Dunaway und Max von Sydow in den Hauptrollen.[14] Der Film wurde nach *Six Days of the Condor* von James Grady gedreht, einem Buch, das 1974 erschienen war.[15] Zusammen mit

---

12 „Das Geheimnis der Stadt Benadisch". In: *Die versteinerte Stadt. Aserbaidshanische Märchen*, übersetzt von H. Achmed Schmiede und illustriert von Marianne Schäfer (Berlin: Volk und Welt, 1975), S. 125-137.
13 Stefan Neuhaus, *Märchen* (Tübingen: Francke, 2005).
14 Regie führte Sydney Pollack, der Produzent war Stanley Schneider, dem Dino de Laurentiis assistierte.
15 James Grady, *Six Days of the Condor* (New York: W.W. Norton, 1974).

Lorenzo Semple und David Rayfield arbeitete Grady noch im gleich Jahr der Buchpublikation am Drehbuch für den Film, der in einigen Teilen vom Roman abweicht. *Three Days of the Condor* ist ein Thriller, bei dem der Held, der von Robert Redford gespielte Joseph Turner, auf der Flucht ist vor Auftragskillern, die ihm nach dem Leben trachten. Während der Handlungsort sich im Roman auf Washington D.C. (mit der CIA-Zentrale) beschränkt, spielt der Film abwechselnd in Washington D.C. und New York. Turners CIA-Deckname ist Condor. Vergleichbar James O'Shaugnessy im Roman von Kühn – vielleicht wurde der Vorname in Anspielung auf James Grady gewählt – ist Turner kein Agent im engeren Sinne, sondern ein der Literatur verfallener Leser, der für den CIA so viele Roman-Neuerscheinungen wie möglich liest, um sie auf Handlungsraster durchzusehen, die Anspielungen auf internationale politische Krisen enthalten. Turner arbeitet in New York bei einem untergeordneten Büro des CIA, das den Decknamen „American Literary Historical Society" trägt. Dort hat er gerade einen Bericht über einen reißerischen Roman an die übergeordnete CIA-Behörde in Washington D.C. geschickt. Dieses Buch weist zufällig eine Handlung auf, die fast identisch ist mit einem der Planspiele im CIA, bei denen es um einen eventuellen kriegerischen Eingriff der Amerikaner im Nahen Osten zur Sicherung der Öleinfuhr geht. Sein Vorgesetzter hält nun den ahnungslosen Turner für einen Mitwisser des streng geheimen CIA-Planes, den er und eine kleine Gruppe von Verschwörern – ohne Wissen der Direktion des CIA – der amerikanischen Regierung aufdrängen möchten. Turner weiß nach Meinung dieser konspirativen Clique (im Film ist von einem „CIA innerhalb des CIA" die Rede) zu viel und soll eliminiert werden. Bei diesem Machtkampf innerhalb des CIA wird am Ende der betreffende Vorgesetzte, der die Jagd auf Turner eröffnet hat, selbst zur Strecke gebracht, und zwar ausgerechnet von dem aus dem Elsass stammenden Auftragskiller Joubert (Max von Sydow), der ursprünglich auf Turner angesetzt worden war. Bei seiner Flucht vor den Mördern hilft ihm die New Yorker Fotografin Kathy Hale, deren Rolle Fay Dunaway übernommen hatte. Die Planspiele, die Ölversorgung Amerikas betreffend, der Handlungsort New York, der „literarische" Joseph Turner, der seine Geschichte schließlich in die Medien (die *New York Times*) bringen will: solche Details legen die Vermutung nahe, dass der Film *Three Days of the Condor* als eine der möglichen Inspirationsquellen zu Kühns Roman anzusehen ist.

Die Leistung des Buches *Und der Sultan von Oman* liegt darin, dass sein Autor mit offenen Karten spielt. Hier wird nicht vorgetäuscht, dass man Intim-Kenntnisse über eine fremde Kultur besitzt, sondern, dass man wie ein westlicher Durchschnittsbürger auf Nachrichten aus den Medien und aus Büchern über diese fremde Region angewiesen ist. Die Struktur des Buches ermöglicht es, dass Fiktionales und Dokumentarisches, Erfundenes und Zitiertes sich ständig kritisch in Frage stellen oder kommentieren. So entsteht ein postmoderner Roman mit einem facettenreiches Mosaik, das den Leser in immer neue Richtungen weist und ihn inspiriert, über Ereignisse, Regionen und Personen, von denen die Rede ist, sich genauer zu informieren. Mit seinem in mancher Hinsicht abstrusen und unverkennbar orientalistische Züge[16] aufweisenden „Dhofar-Projekt" führt der Roman auch die Hilflosigkeit vor Augen, mit der man der arabischen Welt im Westen oft gegenübersteht. So gesehen, kann man dem Roman postkoloniale Aspekte nicht absprechen, denn er legt dem Leser nahe, das „Dhofar-Szenarium" als eklatante westliche Fehleinschätzung einer fremden Welt zu beurteilen.[17]

---

16 Edward W. Said, *Orientalism* (New York: Random House, 1978).
17 Edward W. Said, *Culture and Imperialism* (New York: Vintage Books, 1994).

2. LIBANON

Nicolas Born, *Die Fälschung* (1979)

Kritik der Medialisierung und verselbständigter Bürgerkrieg

I

Der Bürgerkrieg im Libanon[1] begann am 13. April 1975 damit, dass eine Gruppe der Forces Libanaises einen mit Palästinensern besetzten Bus in einem von Falangisten kontrollierten Gebiet angriff. Die libanesische Falange war bereits 1930 von Pierre Gemayel gegründet worden. Die Forces Libanaises unter der Führung von Bashir Gemayel wurden der militärische Arm der Libanesischen Front des Camille Chamoun und arbeiteten eng mit den Falangisten zusammen. Vergeltungsmaßnahmen der Exil-Palästinenser ließen nicht lange auf sich warten, und schon bald standen Teile der Hauptstadt Beirut in Flammen. Die Gewaltspirale drehte sich immer rascher. Die PLO unter Jasir Arafat samt ihrer militanten Fatah-Bewegung griff ein, und es bildeten sich immer mehr Privat-Milizen, die vom staatlichen Militär, das sich selbst aufsplitterte und damit schwächte, nicht mehr unter Kontrolle gehalten werden konnten. Hier seien nur einige der größeren Gruppierungen erwähnt: die Libanesische Front (christlich-maronitisch), das Lebanese National Movement (LNM) des Drusen Kamal Dschumblat und die Wächter der Zeder unter den ebenfalls „christlichen" Abu Arz und Etienne Saqr, Gruppen die gegen-, mit- und nebeneinander kämpften und das kleine Land mit nur etwa drei Millionen Einwohnern in den Ruin trieben. Der Bürgerkrieg wurde noch durch sogenannte pazifizierende Maßnahmen fremder Mächte (wie Israel, Syrien und die USA) angeheizt. Drusen, Muslims, Christen, christliche Palästinenser und die PLO lieferten sich unerbittliche Kleinkriege und gingen dabei die verwirrendsten innen- und außenpolitischen Koalitionen ein. Nach knapp 16 Jahren waren etwa 150.000 Menschen ums Leben gekommen, d.h. jeder zwanzigste Libanese starb im Bürgerkrieg, und der Sachschaden betrug schätzungsweise zehn Milliarden US-Dollar. Bis heute wirken die Zerrüttungen des Bürgerkrieges innen- wie außenpolitisch nach. Die einstige Perle der Mittelmeerregion, die Schweiz des Nahen Ostens, der multikulturelle Musterstaat der UNO wird wohl nie mehr das wirtschaftliche und zivilisatorische Niveau früherer Jahrzehnte erreichen.

---

1 Marius Deeb, *The Lebanese Civil War* (New York: Praeger, 1980); Itamar Rabinovich, *The War for Lebanon, 1970-1983* (Ithaca und London: Cornell University Press, 1984); Charles Winslow, *Lebanon. War and Politics in a Fragmented Society* (New York und London: Routledge, 1996).

Nicolas Borns Roman *Die Fälschung*[2] wurde 1978 geschrieben und erschien ein Jahr später.[3] Das Buch handelt von Geschehnissen in der zweiten Januarhälfte des Jahres 1976. Der Bürgerkrieg im Libanon ist seit neun Monaten im Gange. Die Hauptfigur ist Georg Laschen, ein Journalist, der für eine Hamburger Illustrierte schreibt. Das Magazin schickt Laschen gemeinsam mit dem Fotografen Hoffmann in Krisengebiete. Bereits sechs Wochen zuvor waren sie schon einmal in Beirut gewesen, und zwei Jahre früher, im Herbst 1973, hatten sie aus Chile berichtet, als Salvador Allende während des Militärputsches ums Leben kam (DF 22). Mitte Januar 1976 werden sie erneut gebeten, in den Libanon zu reisen. Der Grund ist das erste große und systematisch vorbereitete Massaker, das Gemayels Forces Libanaises an jenen Palästinensern verübten, die sich im Beiruter Hafenviertel Karantina angesiedelt hatten. Damit aber geht in Beirut und im

---

2 Nicolas Born, *Die Fälschung. Roman* (Reinbek bei Hamburg: Rowohlt, 1979), in der Folge zitiert mit der Abkürzung „DF" und Seitenangabe. Hingewiesen sei hier auch auf den Roman von Haidar Safa und Mazen Abdallah, *Die Vogelscheuche* (Frankfurt am Main: Suhrkamp, 2005), in dem in Retrospektiven der Bürgerkrieg im Libanon vorkommt. Es ist die Geschichte eines Fernsehregisseurs, der im heutigen Beirut arbeitet, und der die Erlebnisse des Jahre zurückliegenden Bürgerkrieges, bei dem er sich als Waisenkind einer Miliz angeschlossen hatte, psychisch und sozial zu verarbeiten sucht.

3 Zur Forschungsliteratur vgl. vor allem die bisher umfassendste Analyse des Buches von Heinrich Bosse und Ulrich A. Lampen, *Das Hineinspringen in die Totschlägerreihe. Nicolas Borns Roman „Die Fälschung"* (München: Fink, 1991). Vergleichbar wichtig ist das Kapitel über den Roman *Die Fälschung* in: Mats Almegard, *„Macht ist da, weil auch wir Macht im Auge haben". Untersuchungen zur Machtkritik bei Nicolas* Born (Göteborg: Acta Universitatis Gothoburgensis, 2002). In beiden Fällen wird der Bürgerkrieg behandelt, und er ist auch das Hauptthema in: Ulrich A. Lampen, „Born to be wild – Der Krieg in ‚Die Fälschung'. In: *Krieg und Literatur – War and Literature* III.5/6 (1991), S. 169-184. Vgl. ferner: Wolfgang Herles, „Die (doppelte) Fälschung. Anmerkungen zum Verhältnis zwischen Literatur und Journalismus am Beispiel des Romans von Nicolas Born". In: *Romantik und Moderne. Neue Beiträge aus Forschung und Lehre. Festschrift für Helmut Motekat*, hg. v. Erich Huber-Thoma und Ghemela Adler (Frankfurt am Main: Peter Lang, 1986), S. 213-223. Herles konzentriert sich auf medienkritische Aspekte. In dem Aufsatz von Arnd Bohm werden Fragen von „Männlichkeit" und „Heroismus" angeschnitten, aber das spezifische Bürgerkriegsthema wird auch hier nicht berührt. Vgl. Arnd Bohm, „The Quest for Past Manhood in Nicolas Born's *Die Fälschung*". In: *Modern Language Studies* 18.3 (1988): 30-37. Auch in dem allgemeinen Artikel „Nicolas Born" von Martin Grzimek im *Kritischen Lexikon zur deutschsprachigen Gegenwartsliteratur* wird auf das Bürgerkriegsthema nicht eingegangen. Ein längeres Kapitel ist dem Roman *Die Fälschung* gewidmet in der Studie von Jörg-Werner Kremp, *Inmitten gehen wir nebenher. Nicolas Born: Biographie, Bibliographie, Interpretationen* (Stuttgart: M&P, 1994), S. 285-340. Auch hier wird der Bürgerkrieg nur kurz erwähnt, doch deckt der Aufsatz interessante Zusammenhänge mit dem Gesamtwerk Borns auf, und auch die Problematik der Medien (Journalismus) wird ausführlich diskutiert. Das ist auch der Fall in dem Aufsatz von Mats Nilsson, „Beobachter oder Beteiligter – Zum moralischen Problem des Journalisten in Nicolas Borns *Die Fälschung*". In: *Erinnerte und erfundene Erfahrung. Zur Darstellung von Zeitgeschichte in deutschsprachiger Gegenwartsliteratur*, hg. v. Edgar Platen (München: iudicium, 2000), S. 76-87. Er arbeitet vor allem den moralischen Unterschied zwischen der Teilnahmslosigkeit des Fotografen Hoffmann und der Betroffenheit Laschens heraus. In seinem Buch *Wie ich schon immer recht hatte – und andere Irrtümer* (Berlin: Rowohlt, 2003), S. 26, schreibt Friedrich Christian Delius: „[Es] fehlt das Gewicht der Romane, die Born nach der ‚Fälschung' geschrieben hätte. Ich weiß nicht, was für Bücher das geworden wären, aber ich bin sicher, sie hätten Einfluß gehabt – auch auf die Kritik, die ihre Instrumente an einer im besten Sinn politischen Literatur hätte schärfen können."

ganzen Libanon die Hölle los, und der Januar 1976 wird als eine der blutigsten Phasen in der Chronik dieses langen Bürgerkrieges vermerkt. Unmittelbar nach dem Massaker von Karantina treffen Laschen und Hoffmann in Beirut ein und werden Zeugen des Vergeltungsschlages, den die Palästinenser (unterstützt durch Drusen) kurz darauf – am 21. Januar 1976 – in der zwanzig Kilometer südlich von Beirut gelegenen christlich-maronitischen Stadt Damur ausführen. Das Vorbild Laschens ist der Journalist Kai Hermann, der im *Stern* vom 29. Januar 1976 den Bericht über das Massaker von Damur veröffentlichte.[4] Der Kai Hermann begleitende Fotograf war der Inder Jay Ullal, damals ebenfalls beim *Stern* tätig.[5] Born war mit Hermann gut bekannt und interviewte ihn für seinen Roman. Mitten im Bürgerkrieg fuhr Born 1977 für zweieinhalb Monate nach Beirut, um sich mit den örtlichen Gegebenheiten und den Konfliktkonstellationen bekannt zu machen.[6] Es gibt keinen anderen Roman über Bürgerkriege im Nahen und Mittleren Osten, in dem die Gewaltmaßnahmen und Mordgreuel so krass und ausführlich dargestellt werden wie in Borns Buch. Auch die Positionen der gegeneinander kämpfenden Milizen werden beschrieben, und zwar kaum fiktionalisiert, wie ein Vergleich mit historischen Berichten über den Bürgerkrieg zeigt. Mit ihrer Realitätsnähe steht *Die Fälschung* noch unter dem Einfluß der Dokumentarliteratur der 1970er Jahre. Born erreicht die historische Konkretheit dadurch, dass er das Reporter-Duo Laschen/Hoffmann ins Kampfgebiet schickt. Durch sie – als Augenzeugen – wird der Leser nahe an das Kriegsgeschehen herangeführt. Born arbeitet also mit dem entgegengesetzten Verfahren Gstreins, der sich ein Vierteljahrhundert später – bei einem vergleichbar medienkritischen Ansatz – durch die herangezogenen Sekundärberichte und durch multiple Spiegelungen vom direkten Geschehen entfernte. Auf den ersten Blick erscheint die Erzählweise Borns traditioneller als die Kühns, bei dem vor den Augen der Leser die Sachverhalte postmodern-selbstreflexiv konstruiert werden. Born knüpft an realistische Erzähltraditionen an, allerdings nicht an jene narrativen Verfahren, die mit einem allwissenden Erzähler operieren. Born versetzt seinen zentralen Helden Laschen in immer neue Konstellationen von Krieg und Chaos, konfrontiert ihn

---

4 Heinrich Bosse und Ulrich A. Lampen, *Das Hineinspringen in die Totschlägerreihe*, S. 7. Mit dem Namen Georg Laschen spielte Born an auf Gregor Laschen, den Schriftsteller und Literaturwissenschaftler (Lyrik-Anthologist), der von 1972 bis 2002 Neue Deutsche Literatur an der niederländischen Universität Utrecht lehrte. Bosse und Lampen weisen übrigens auf S. 11ff. darauf hin, daß Peter Scholl-Latour in einem seiner Bücher Borns *Fälschung* erwähnt. Vgl. Peter Scholl-Latour, *Allah ist mit den Standhaften. Begegnungen mit der islamischen Revolution* (Stuttgart: Deutsche Verlagsanstalt, 1983), S.388. Da heißt es: „In dem Roman ‚Die Fälschung', den Schlöndorff verfilmte, beschreibt Nicolas Born diese Geisterwelt. [...] In der Roman-Figur des Journalisten Laschen hatte Beirut einen stilistisch begabten Leichenbeschauer gefunden."

5 Vgl. Jay Ullal, *Man hat nur sieben Leben. Foto-Reportagen, die bewegen*, hg. v. Kai Hermann und Norbert Kleiner (Berlin: Aufbau, 2002). Dort finden sich auch Bilder aus der erwähnten Reportage über das Damur-Massaker von 1976. Ullal – was man sich beim fiktiven Hoffmann schlecht vorstellen kann – erhielt 1998 das Bundesverdienstkreuz für die Würdigung seiner Arbeit als „herausragendes Beispiel für die Verbindung von Journalismus mit humanitärem Engagement und Völkerverständigung".

6 Heinrich Bosse und Ulrich A. Lampen, *Das Hineinspringen in die* Totschlägerreihe, S. 11.

mit wechselnden und entgegengesetzten Meinungen der kriegführenden Parteien und ihrer Beobachter. Beim Erzählen gibt es keine Instanz, die dem Leser das Ordnen und Bewerten der vielen Eindrücke und ideologischen Positionen abnehmen würde.

Schon als Laschen am Beiruter Flughafen ankommt, bietet sich ihm ein Bild der Verwüstung. Wo man hinschaut, „zerschossene Taxis, Panzerfahrzeuge, Jeeps und Lastwagen" (DF 16). Er läßt sich durch verschiedene Teile der Stadt fahren, und über die Souks, die Handwerker- und Basargegend, heißt es: „Das ganze Viertel war so durchsichtig geworden, von einer grobkörnigen schneeigen Leere, so niedergerieben, und es wunderte ihn sehr, dass hier und da immer noch ein Gebäude erhalten war" (DF 37). Ihm wird berichtet, „wie man Männer an Autos gebunden und zu Tode geschleift hatte, wie man den lebendigen Körpern den Penis abgeschnitten, sie mit Lastwagen und Panzern überrollt hatte und zwar vor und zurück und vor und zurück, bis sie gleich dem Schlammboden waren" (DF 145). Laschen hatte schon bei seinem Dezemberaufenthalt von 1975 in Beirut erlebt, wie ein alter Muslim aus keinem ersichtlichen Grund von vorbeikommenden christlichen Milizen niedergestreckt worden war. Gerade im Tod dieses am Krieg gänzlich Unbeteiligten war Laschen die Sinnlosigkeit der Gemetzel aufgegangen:

> Er dachte noch immer oft an den alten Muslim, der im Dezember vor einer zerschossenen Garage ein Tuch ausgebreitet hatte, um Kämme, Spangen und andere Dinge zum Kauf anzubieten. Er war von ein paar Kindern, die in einigem Abstand ihn beobachteten, umgeben, da wurde er von einem Schuß umgeworfen, so schnell, daß eine seiner Sandalen weit vom Fuß geschleudert wurde. Er richtete sich halb wieder auf, seine Hand zupfte und glättete das Gewand, als ein zweiter Schuß ihn traf und er bewegungslos liegenblieb. (DF 35)

Ariane, eine Angestellte bei der Deutschen Botschaft in Beirut, berichtet von den vielen im Krieg Verschwundenen, von dem chaotischen Kampf der Banden, der jede Friedensperspektive abhanden gekommen sei und zur Apathie verleite:

> Die Banden wüßten nicht, wohin mit den Gefangenen, die einfach in den Straßen aufgegriffene, zusammengetriebene und abtransportierte Passanten seien. Also würden sie, wenn sie im Moment als austauschbare Geiseln nicht zu gebrauchen seien, erschossen und verbrannt. Viele Leichen würden auch einfach ins Meer geworfen. Sie sei auch schon ganz gleichgültig geworden, meide bestimmte Orte, Wege, höre auch kaum auf die neuen Meldungen, neuen Zahlen, Zahlen der Toten.

Jetzt im Januar gerät er selbst in lebensbedrohliche Situationen. Bei einem der Angriffe muss er hinter herumliegenden Fässern in Deckung gehen. „Neben sich", heißt es, „sah er mit offenen Augen, die er nicht so schnell schließen konnte, wie er wollte, eine Granate einschlagen. Splitter fetzten auch in die Fässer hinein, das Gehör war offenbar weg, abgeschaltet" (DF 58). Beim Angriff der PLO auf Damur befinden sich Laschen und Hoffmann in nächster Nähe des Massakers. „Sie hörten wieder Schreie und Schüsse", liest man, „hörten die Feuer prasseln und sahen den Rauch unter den Dächern hervorquellen" (DF 172). Ein andermal kommt ihm eine „Rotte Bewaffneter" entgegen, die „zu den Dächern hinauffeuerten", wobei „der Mörtel" bis zu Laschen herüber „spritzte" und gleichzeitig „in der Nähe Granaten einschlagen" (DF 265).

Hotels werden in Berichten und Romanen über nicht-westliche Länder meistens als Inseln der Sicherheit geschildert, als Garanten europäisch/amerikanischen Lebensstils und als nachrichtenmäßige Verbindungsstelle zur Heimat. Anders im Beirut des Bürgerkrieges. Beim Dezemberbesuch hatten Laschen und Hoffmann noch Zimmer im Phoenicia Hotel reserviert. Es war inzwischen geschlossen worden. Sein österreichischer Direktor – Opfer einer „Verwechslung" – ist „in der Halle erschossen worden" (DF 11). Nun sind sie im Commodore, einem amerikanischen Hotel, auf dem Kap von Beirut untergebracht. Ihre Zimmer liegen im fünften Stock, und Laschen ist sich bewusst, dass das riskant sein könnte, „wenn Granaten einschlügen" (DF 18). Solche Treffer lassen nicht lange auf sich warten. Laschen erlebt, wie sein Hotel unter „schweren Beschuß" von „heulenden Artillerieraketen" (DF 266) gerät. Er wird von zwei Bewaffneten ergriffen, die ihn in einen Kellereingang in der Nähe des Hotels drängen. Seinen Augen bietet sich der Anblick einer Mischung von „Lagerszene" (DF 267) und „Lazarett" (DF 268) mit „Kindern in Panik" und dem „Gekreisch und den Rufen der Mütter" (DF 269). Hier werden „Verbände gewechselt" und „Knochen gesägt" (DF 270). Laschen rechnet damit, dass das Gewölbe des Kellers einstürzen wird. So flieht er an eine der Wände, weil er meint, dass sich dort ein rettender Hohlraum bilden könnte. Dabei überkommt ihn eine „fast erstickende Angst" (DF 269). Beim zweiten Anlauf gelingt es ihm, den Keller zu verlassen. Er erwägt kurz, in ein anderes Hotel umzuziehen, doch gibt es keine Alternativen im allgemeinen Chaos. Nachdem er die Gefahr überstanden hat, entdeckt er in sich sogar eine „Genugtuung" darüber, „eingemischt zu sein" in die Vorgänge des Bürgerkrieges. Er fragt sich, „wie egal es ihm" gewesen wäre, „wenn er einen Muslim" oder „einen maronitischen Christen getötet hätte" (DF 275), ohne allerdings darauf eine Antwort geben zu können. Schon kurz zuvor hatte er in einer vergleichbaren Situation, als er „Granaten [...] über den Dächern surren" hörte, in sich eine „todeseuphorische" Stimmung verspürt, ja eine „Todesgeilheit" in sich entdeckt. Bei Laschen wechseln Abscheu vor dem Mord, Entsetzen über Massaker ab mit einer Lust an der Gefahr und der Neigung, sich von den Entgrenzungen der Moral, die der Bürgerkrieg mit sich bringt, anstecken zu lassen. So setzt er sich, ohne sich doch „töten lassen" (DF 251) zu wollen, immer größeren Gefahren aus. Bei Schießereien im Zentrum von Beirut geht er so nahe an die Kampfzone heran, dass er die „erschütternde Heftigkeit" der „Schwingungen", wie sie aus der „Schußserie" der „Maschinengewehre" (DF 253) resultiert, unmittelbar spürt. Born zeigt, wie nicht nur die Parteigänger des Bürgerkriegs, sondern auch deren Beobachter hineingezogen werden in einen Strudel der Lust an Gewalt, Destruktion und Selbstzerstörung.

II

Auch wenn Laschen nicht direkt ins Feuer der Milizen gerät, befindet er sich eigentlich ständig in Lebensgefahr. Bei einer Straßensperre im Stadtteil Achrafieh wird er von Katajeb-Leuten, die den christlichen Forces Libanaises nahestehen, angehalten, und er kann weiterfahren, als er dem Mann mit den „Schaftstiefeln", dem „vermummten Gesicht" und den „drei Kruzifixen" (DF 38) auf der Brust sagt, er habe als Journalist einmal Bashir Gemayel besucht. Das scheint eine Notlüge zu sein. Zu direkten Gesprächen mit den obersten Führern und Drahtziehern der Milizen kommt es nicht. Doch man erfährt viel über die sich bekriegenden Parteien. Die Wächter der Zeder des Abu Arz werden als „besonders brutale christliche Privatarmee" eingeschätzt, die in ihrem Aufbau und ihrer Radikalität an „die SS" erinnerten (DF 40). Ihnen und den anderen christlichen Milizen – wie die von Camille Chamoun und Bashir Gemayel – seien Menschenleben nichts mehr wert. Sie seien „geschulte Mordbrenner", die nichts als „Revanche" im Kopf hätten. Im Vergleich zu ihren systematisch geplanten Überfällen wirkten die „Gegenaktionen der Muslims" wie „verzweifelte, kurzatmige und desorganisierte Rachezüge". Anders wiederum die Palästinenser. Ihr Lager im östlichen Beirut werde von christlichen Milizen allnächtlich „beschossen und bombardiert", aber sie gingen, so heißt es, inzwischen „gegen ihren Feind kaum weniger gnadenlos vor als die Christen", und zwar „umso gnadenloser, je aussichtsloser ihre Lage" werde (DF 51).

Laschen nimmt Kontakt zur PLO-Zentrale auf und möchte einen Interviewtermin mit Jasir Arafat bekommen. Die PLO schickt ihm Dokumentationsmaterial über das Massaker von Karantina; Laschen schätzt ihre Situation als „hoffnungslos" (DF 88) ein. Als er sich Karantina anschaut, sieht er, wie „ausgeräuchert, leergeschossen, niedergebrannt, weggeschliffen von der Erde" (DF 255) es ist. Die Fragen, die Laschen sich für das Arafat-Interview zurechtlegt, zielen darauf, ob man „solche Gemetzel wie das von Damur" in Zukunft „ausschließen" könne, weil sich bei Fortsetzung der „Revanche" die „Eskalation der Gewalt" nur „beschleunige". Aber solche Fragen kommen Laschen selbst „haltlos und dumm" (DF 236) vor, weil er die Unversöhnlichkeit der kriegführenden Parteien kennt. Auch aus dem Interview mit Arafat wird nichts, ja Laschen sieht selbst davon ab, noch mit den „maßgeblich Beteiligten" (DF 141) zu reden. Ausführlich wiedergegeben wird im Roman allerdings ein Interview mit „Monsieur Tony", womit Antoine (Tony) Franjiya gemeint ist. Die Franjiyas – befreundet mit dem damaligen Präsidenten Syriens, Hafiz al-Asad, – gehörten zu den fünf einflußreichen Clans aus der Zugharta-Region, die sich eine eigene Miliz mit dem Namen Zugharta Liberation Army leisteten. Suleiman Franjiya war von 1970 bis 1976 Präsident des Libanon gewesen. Er kämpfe, so Tony, gegen die Palästinenser, weil sie – mit der „bekannten Salamitaktik" – „Stück für Stück die ganze Macht" (DF 108) im Libanon an sich reißen wollten. Nicht die Muslims, sondern die Palästinenser seien die Feinde. Die hätten ihre Flüchtlingsunterkünfte im Libanon zu „Festungen und Waffenlagern ausgebaut" (DF 112). So wie die Palästinenser

„den Israelis das Lebensrecht in Israel" (DF 111) bestritten, so würden die Libanesen den Palästinensern im Libanon das Existenzrecht absprechen. Monsieur Tony, eine Art *miles gloriosus*, steht in Borns Roman für den Typus des größenwahnsinnigen Bandenführers, der in solchen Bürgerkriegen Karriere macht. „Wie der Blitz", so phantasiert er, „bin ich wieder in Tripoli und siege. Wie der Blitz bin ich in Beirut und siege [...]. Wie der Blitz werde ich überall sein und siegen [...] Wir schneiden Arafat den Schwanz ab" (DF 112).

Die Absurdität des mörderischen Insichverkralltseins der unterschiedlichen Parteien geht Laschen bei den Kämpfen in Damur auf. Dort ist es ein „kleiner Platz", eine „Straßenkreuzung", wo sich „wie auf einer Bühne" die „Akteure blindlings [...] verausgabten" in „schnell aufeinanderfolgenden unsinnigen Auftritten und Abgängen", wobei Leichen „auf den Gehsteigen" zurückbleiben. Die sich hier zu einer Koalition gegen die Christen in Damur zusammengeschlossen haben, sind palästinensische „Fatah-Leute", „junge Drusen" und „linke Muslims" (DF 174). In Damur werden Laschen und Hoffmann Zeugen ungezügelter Mordlust der Milizen. Später erwähnt Laschen in einem Gespräch, dass er in Damur „mehr gesehen habe", als er „aufschreiben" (DF 284) könne. Als er in Damur den befehlshabenden PLO-Offizier zur Rede stellen will, verweist der nur auf Karantina und fragt: „Sie haben also nicht gesehen, wie sie in Karantina [...] unsere Kinder abgeschlachtet haben, wie sie uns getötet haben nach den schlimmsten Folterungen, uns vergewaltigt und bespuckt und verbrannt und zu Tode geschleift haben und wie sie sich daran ergötzt haben?" (DF 184) „Schreiben Sie", sagt ihm der PLO-Offizier, „die Schlacht um Damur ist geschlagen, unsere Antwort [...] an die Imperialisten, Faschisten und Zionisten. Jeder Tropfen Blut bringt uns weiter auf dem Weg in ein freies Palästina" (DF 174). An eine Verständigung zwischen den feindlichen Gruppen ist nicht mehr zu denken. Das zeigt sich auch daran, dass ein „neuer Waffenstillstand", der „am Vormittag ausgehandelt worden" ist, am „Nachmittag" (DF 241) schon wieder gebrochen wird.

Borns Erzählverfahren erlaubt keine einseitigen Schuldzuweisungen. Gegen Ende des Buches wird ein Gespräch Laschens mit zwei libanesischen Muslims in der Wohnung seiner deutschen Freundin Ariane Nassar geschildert, die sich übrigens wundert, daß Laschen nicht wie seine „feinen Kollegen" in „Kairo an den Swimming-pools" sitze oder „nach Hause" entflohen sei (DF 34). Ariane ist eine aus Deutschland stammende junge Frau, die früher mit einem Araber verheiratet war, und die Laschen bereits bei dem ersten Aufenthalt im Libanon kennengelernt hatte. Der jüngere der beiden Gäste (Ahmed) ist auf muslimischer Seite selbst in die Kämpfe verwickelt, der ältere ist ein kritisch-pessimistischer Beobachter des Bürgerkriegs und trauert der nicht mehr funktionierenden Multikultur von ehedem nach. Ahmed erinnert Laschen daran, dass der in einem Artikel für seine deutsche Zeitung „den Irrsinn und die Bestialität des Krieges gleichmäßig auf beide Seiten" (Christen und Muslime) verteilt habe. Das sieht Laschen anders: er habe „Gemayel und Chamoun" als „die eigentlichen Kriegstreiber dargestellt" (DF 283). Das könnte sein, denn an anderer Stelle des Romans ist von Laschens „unerbittlich geschriebenem Angriff auf die christlichen Feudalfamilien" (DF 193) die Rede. Ariane meint, das Chaos sei durch die Einmischung anderer Länder nur noch größer geworden. „Der Krieg" (DF 286), sagt sie, werde „von allen Seiten, von Israel, den USA, der Bundesrepublik, den meisten arabischen Ländern" unterstützt. „Syrien" helfe „einmal der PLO, dann wieder den Falangisten"; es gehe „kreuz und quer", und es gebe „keine unmögliche Konstellation" mehr, die „nicht schon Wirklichkeit" geworden sei. Laschen sieht es ähnlich: eine „Eindeutigkeit", wie man sie „in orthodoxen Kriegen" kenne, sei nicht mehr auszumachen. Das Ganze lasse sich nur „als die undurchschaubare, unberechenbare Folgerichtigkeit von Wahnsinn darstellen" (DF 287). Talhar, der ältere Muslim, erinnert daran, dass vor dem Bürgerkrieg das Land „geblüht" habe, dass „die Mitglieder aller Religionen" am „Wohlstand" partizipiert hätten. Die eigentliche Schuld liege bei den „Falangisten" und den „Wächtern der Zeder", die sich vorgenommen hätten, in einer Aktion von „Völkermord" die „Palästinenser auszurotten". Inzwischen, so Talhar, sei es auch den „interessierten Mächten gleichgültig, auf welche Weise das Problem gelöst werde". „Israel", so fährt er fort, „ist es egal, den USA, der Sowjetunion und den Syrern auch, alle auf ihre Weise unterstützen den Massenmord" (DF 288). Hier liegt der Fall eines sich verselbständigten Bürgerkrieges mit Gewalt um ihrer selbst willen vor, wie Enzensberger ihn für symptomatisch hält. Die Hoffnungs- und Aussichtslosigkeit, wie sie dem Gespräch zu entnehmen ist, teilt sich Laschen mit. Ihm kommen seine Berichte über den Krieg immer sinnloser und verfälschender vor.

III

Der Titel des Romans „Die Fälschung" benennt die Grundeinsicht des Journalisten Laschen in die Unangemessenheit seiner Arbeit als Berichterstatter. Der Horror, der mit der Tatsache verbunden ist, im Krieg ständig unerträglich körperlichem Schmerz und dem Elend von der Verstümmelung bis hin zur physischen Zerstörung ausgesetzt zu sein, verschlägt Laschen die journalistische Sprache. Es ist unmöglich, die geschilderten Grenzsituationen in der Sprache der Illustrierten auszudrücken; versucht man es, sich ihrer Repräsentationsformen anzupassen, kommt es zur „Fälschung". Stärker als bei den anderen Autoren – sieht man von Gstrein ab – fällt bei Born die Medienkritik aus. Nicht nur der Krieg als solcher, sondern auch seine Vermittlung in der Sprache der Zeitung wird als sinnlos erkannt. Laschen ist sich von vornherein klar, dass er „die arabische Welt" nicht versteht. Ja, er muss sich eingestehen, dass er in seinem Leben als Reporter bisher noch nie „eine Welt kennengelernt" habe. „Er besuchte sie nur", heißt es gleich zu Beginn des Romans, „haftete jeweils ein paar Tage an ihrer Außenschale, das war alles" (DF 18). Und noch am Schluß kommt er sich in der Diskussion mit den muslimischen Libanesen vor „wie ein Tourist, der bestimmte Sehenswürdigkeiten" aufsuche, nämlich „Kämpfe" (DF 283). Laschen wird nicht in Krisengebiete geschickt, um die kulturellen Wurzeln der Konflikte in den betreffenden Ländern zu studieren, sondern um sensationelle Artikel zu produzieren, die die Auflage der Zeitung, für die er arbeitet, in die Höhe treiben. Seine Skepsis gegenüber der eigenen Tätigkeit ist auch schon in der Hamburger Redaktion bekannt. Da er aber „seine Arbeit" nicht schlechter macht, seitdem ihm vor ihr „graust", wird er immer wieder als Spezialist für Krisenherde journalistisch eingesetzt. Ja, er gilt als nicht „entbehrlich", während er selbst sich schon „längst" für „ausgetauscht" (DF 64) hält. Immer wieder stellt er bei der Lektüre seiner bisherigen Reportagen fest, dass sie ihm wie Zeugnisse eines „abgeschmackten" „Dabeiseins ohne Dasein", wie „Lügengewebe" vorkommen. Die Texte täuschten vor, er habe sich in „die Gefahr" hineingestürzt und dem „Tod" (DF 54) ins Auge gesehen.

An seinem Kompagnon, dem Fotografen Hoffmann, erkennt Laschen, was er selbst an sich verachtet. Hoffmann läßt nichts von dem, was in den Kriegsregionen an Fürchterlichkeiten geschieht, an sich herankommen. Ihn läßt das Leid, das ihn umgibt, kalt, ihn interessiert die Motivation der Kriegsparteien nicht, er macht nicht den geringsten Versuch, irgendetwas von der fremden Kultur zu verstehen. Er will nur „ein guter Photograph" (DF 22) sein, jemand, der „dreckige Bilder" liefert, damit sie in Deutschland „in sauberen Zimmern anzusehen" (DF 57) sind. Er ist ein „Betonmensch" (DF 30), „eine Existenz ohne Nebengedanken" (DF 57), ein Fachidiot, dessen emotionaler Haushalt durch Beruf, Whisky und Sex ausgefüllt ist. Für Laschen ist Hoffmann eine Art von journalistischer Landsknecht, der „seine Raubzüge mit den Kameras" macht (DF 28). „Wenn er betrunken war", liest man, „zurücksank in die Polster einer Bar, konnte er eine Art Leutseligkeit ausstrahlen, einen gewalttätigen Frohsinn, der ansteckend wirkte." (DF 29) Born hält fest, wie die Medialisierung des Kriegsgeschehens in den Vordergrund rückt, wie Komposition, Arrangement und fotografische Ästhetik den Berichterstattern das einzig Wichtige sind:

> Auf der Rue Emir Bechir war aus Schrott und Trümmern eine Straßensperre errichtet. Kleine Rauchwolken gingen ab vom steil aufgerichteten Rohr eines Granatwerfers. Ein Panzer stand schief in ein Gebäude hineingedrängt, festgefahren, und hatte eine Ladenfront eingedrückt. Einen kleinen Mann im grauen Kaftan sahen sie mit ausgebreiteten Armen vor dem Haus stehen und klagen. Es war ein Foto, schon bevor Hoffmann die Kamera hob. (DF 55)

Als Laschen nach dem, was er in Damur gesehen hat, deprimiert ist und nicht mehr wie sonst eine routinierte Reportage schreiben kann, ist Hoffmanns Kommentar lediglich: „Ich habe die Bilder. Ich habe alles drauf" (DF 180). Laschen fragt sich inzwischen, ob er „besser" (DF 193) als der von ihm verachtete Hoffmann ist. Schließlich unterscheidet sich das Resultat seiner Arbeit, so muss er einbekennen, nicht von dem Hoffmanns, trotz seiner „vorgeblichen Moral" und den „vorgeschützten Skrupeln". Immer öfter kommt Laschen ein subjektiver Wahrheitsanspruch beim journalistischen Schreiben in die Quere.

> „Was sollte er schreiben, notieren? Was er erlebt hatte, die Angst, das Gefühl der Unverwundbarkeit, das eigene Blutgedränge unter dem Gedränge des Schalls der durchschossenen Luft, das konnte er nicht schreiben, das war Erfahrung, die in ihm steckenbleiben mußte. (DF 61)

Selbstkritisch nennt er sich einen „verkommenen Sophisten" (DF 193). Wie Hoffmann arbeite er mit seiner Darstellung über den „massenhaften Tod" zur

„Zerstreuung" der Leser, die seine „einstudierten Entrüstungsposen" (DF 194) im Stil von *„Betroffenheit, Wut* und *Empörung"* (DF 210) goutierten. Auch bei ihm werde der journalistische „Einsatz" mit dem abzuliefernden *„heißen Artikel"* (DF 64) begründet. Dass seine „unerhörten Berichte" den Bundesrepublikanern gleichsam „in die Glieder" (DF 92) fahren würden, glaubte er schon lange nicht mehr. „Versierter Reporter", der er ist, hatte er früher Informationen, die im „Naturzustand" als „unbekömmlich" galten, so lange gedünnt, gekühlt, gekürzt, bis sie als „Tatsachenbericht" (DF 197) azeptabel klangen. Nach den Erfahrungen im Libanon kann er mit den „Vertuschungen, Verfälschungen" (DF 93) nicht mehr fortfahren.

Gerade weil Laschen sich tatsächlich der Lebensgefahr aussetzt und der Angst vor dem Tod, die sich mit Todesfaszination mischt, kann er die gewünschten Reportagen nicht mehr schreiben. Das Massaker von Damur ist für ihn der Wendepunkt in seiner Biographie. Er hat dort etwas erlebt, über das er im alten Stil nicht mehr berichten kann. Er entschließt sich, „sein Leben in eine neue Bahn zu bringen und nicht mehr beruflich zu fälschen" (DF 217). Laschen ist eine komplexe Gestalt mit Widersprüchen. Nach diesem Entschluß besucht er doch wieder einen *„Kriegsschauplatz"* als „Sehenswürdigkeit" (DF 217). Aber was er jetzt zu Papier bringt, ist nicht mehr geeignet für seine Hamburger Illustrierte, ist nicht mehr die übliche prätentiöse Sensationsreportage, sondern Dichtung:

> Dieses Gespenst, der sogenannte Leser, hatte nicht mehr die geringste Kontrolle [...]. Dieses Geschriebene, sich noch immer weiter Schreibende war etwas gänzlich anderes. Es war alles das Erlebte, so als sei Laschen auf einmal und zum erstenmal an ein Ereignis, wie von einem Engel, *herangeführt* worden. Es war alles das Erlebte, allerdings in einem anderen Raum, in anderer Geschwindigkeit. Alles war seine Erinnerung, jede Einzelheit stimmte, aber er konnte sich nicht erinnern, es *so* in Damur erlebt zu haben. Diese Wahrheit, ein Gefühl und dann eine Gewißheit, erregte ihn. Der Text blieb in Bewegung auch nach wiederholtem Lesen. Die Schrift war beinah zu einer fortlaufenden Demutsbewegung geworden, unter dem Gewicht dieser, wie Laschen meinte, wiedergefundenen Wahrheit. (DF 219)

Laschen bleibt hin- und hergerissen zwischen der neuen dichterischen Art, seine „Wahrheit" zu schreiben und den Erwartungen des Journals, für das er arbeitet. Zunächst will er mit sich einen widersprüchlichen Kompromiß eingehen, wenn er überlegt, ob er nicht die üblichen Reportagen (als „gelungene Fälschungen") weiterhin produzieren solle. Er verachtet sich dafür, dass er nicht den Entschluß durchsetzt, „ein anderer zu werden" (DF 289). Zurück in Hamburg jedoch fällt ihm der Absprung aus der Sphäre des Sensationsjournalismus plötzlich leicht. Er reicht seine „Kündigung" ein, um der „Bewußtseinsverharschung" und dem „spukhaften Berufsleben" (DF 308) zu entkommen. Born schildert allerdings den Schriftsteller Laschen und seine dichterischen Arbeiten nicht mehr. Ist Laschen mit seinem Berufswechsel nur einer Illusion aufgesessen?[7]

---

7 Thomas Wegmann meint: „Die Unzulänglichkeit einer Textsorte konterkariert er [Laschen] mit der Illusion, es gäbe einen Text jenseits aller konventionalisierten Gattungen und einschlägigen

Parallel zur Entdeckung der „Fälschung" seiner Berichte verläuft die Einsicht, dass er auch im privaten Leben Verhältnisse eingegangen ist, hinter denen er nicht stand. In Beirut schreibt Laschen einen Brief an seine Frau Greta, in der er auch das „Zusammenleben" mit ihr als „Fälschung" (DF 260) bezeichnet. Aber sowohl sein problematisches Familien- wie sein ihm widersinnig erscheinendes Berufsleben sind nur Symptome einer grundsätzlichen Entfremdung, einer ganz allgemein als „spukhaft" empfundenen Existenz (DF 308). Er selbst wie auch die Personen um ihn herum – etwa in der Hamburger Redaktion – sieht er als „Menschen ohne Schatten", womit intertextuell auf Adalbert von Chamissos „Peter Schlemihls wundersame Geschichte" (1814) angespielt wird. Wie Schlemihl geht ihm das Zugehörigkeitsgefühl zu einer als sinnvoll verstandenen Gesellschaft ab, an der er teilhaben will. Laschen sieht sich als jemanden, „dem nichts mehr wirklich wurde" (DF 121). Das besagt aber noch nicht, daß in Borns Roman „Beirut" nichts als „eine Chiffre für den inneren Kriegsschauplatz"[8] sei. Im Gegenteil, die Kunst von Borns Roman besteht darin, sowohl den Bürgerkrieg realistisch geschildert wie Bilder für die innere Verstörung gefunden zu haben. Der Krieg ist der extreme äußere Ausdruck einer allgemein ins Falsche, Verfehlte, Sinnlose sich wandelnden Geschichtssituation, die vom Journalisten/Schriftsteller Laschen intensiv empfunden wird, der aber, nach Meinung des Romanhelden, niemand entkommt. War in der Romantik der schattenlose Schlemihl noch eine Ausnahmeerscheinung, begegnet Laschen „lauter Menschen ohne Schatten" (DF 302). Mag sein, daß auf Born bei der Gestaltung Laschens die pessimistische Zeitdiagnose Adornos nachwirkte, die bekanntlich auf die 68er Generation einen nicht geringen Einfluß hatte. Adornos *Minima Moralia. Reflexionen aus dem beschädigten Leben* (1951) war bei der Protestjugend ähnlich einflußreich wie vor dem Ersten Weltkrieg Nietzsches *Also sprach Zarathustra* (1883ff.) bei der expressionistischen Generation. *Die Fälschung* endet mit der beruflichen Kehrtwende, wobei es offen bleibt, ob das neue und andere Leben einer größeren „Wahrheit" beginnen wird. In der Logik des Buches ist eine solche Hoffnung nicht begründet.

Der Roman wurde 1981, also nur zwei Jahre nach Erscheinen der *Fälschung*, von Volker Schlöndorff in einer deutsch-französischen Koproduktion verfilmt („Die Fälschung" bzw. „Le faussaire"). Das Drehbuch hatte der Regisseur gemeinsam mit Jean-Claude Carrière, Margarethe von Trotta und Kai Hermann geschrieben. Bruno Ganz spielte Georg Laschen, Hanna Schygulla Ariane Nassar und Gila von Weitershausen Greta Laschen.[9] Der Film weist einige darstellerische Meisterleistungen von Bruno Ganz auf und ist zudem ein historisches Doku-

---

Diskurse – auch wenn das letztlich in jeder Hinsicht Fiktion bleibt." Th. W., „Von der Fälschung zur Simulation. Datenarbeit in den großen Städten: Nicolas Born und Bodo Morshäuser". In: *Deutschsprachige Literatur der 70er und 80er Jahre*, hg. v. Walter Delabar und Erhard Schütz (Darmstadt: Wissenschaftliche Buchgesellschaft, 1997), S. 130-153, hier S. 140.

8 Michael Töteberg, „Die doppelte Fälschung. Volker Schlöndorff verfilmt einen Roman von Nicolas Born". In: *Text + Kritik, Nr. 170: Nicolas Born* (2006), 70-81, hier S. 77.

9 Vgl. Volker Schlöndorff, Nicolas Born, Bernd Lepel, *Die Fälschung als Film und der Krieg im Libanon* (Frankfurt am Main: Zweitausendeins, 1981).

ment, wurden doch die Aufnahmen im bereits 1980/81 fast gänzlich zerstörten Beirut gefilmt, was nur möglich war, weil es Schlöndorff gelang, für bestimmte Lokalitäten in der Hauptstadt des Libanon einen Waffenstillstand zwischen den sich bekämpfenden Parteien für die Dauer der Dreharbeiten auszuhandeln.[10] Ja sogar für die sich im Film bekämpfenden Komparsen konnte er „echte" libanesische Bürgerkrieger rekrutieren. Was den Ablauf der Handlung betrifft, hielt sich der Film insgesamt an die Vorgaben des Romans, doch erreicht das moralisch-selbstkritische Monologisieren Laschens nicht jene Komplexität, wie sie im Roman vermittelt wird. Auch werden die widersinnigen Koalitionen und Konfrontationen der kriegführenden Parteien in ihrer Vielfalt und Irrationalität im Film nicht so deutlich wie im Roman. Die arabische Lebenswelt der Ariane Nassar, die sich an die fremde Kultur des Libanon assimiliert hat, wird im Roman erkennbar, nicht aber im Film. Gerade durch ihren Bekanntenkreis lernt Laschen – im Roman – Aspekte der komplizierten Kriegsverwicklungen kennen, über die man im Westen nicht informiert ist. Im Roman kommen starke, jedem Leser im Gedächtnis bleibende Nebenfiguren vor wie der Fotograf Hoffmann und der „neutrale Beobachter" Rudnik, Personen, die im Film zu Statisten verblassen. Die medienkritische Sicht wird von Schlöndorff vergleichbar stark profiliert, und die privaten Schwierigkeiten, die Laschen mit seiner Frau hat, sowie die Liebesaffaire mit Ariane Nassar ausführlicher dargestellt. Insgesamt gesehen reicht die audiovisuelle filmische Leistung Schlöndorffs nicht an die dichterische Brillanz des Bornschen Romans heran.[11]

---

10 Michael Töteberg, „Die doppelte Fälschung", S. 71 ff.
11 Inzwischen sind weitere Romane erschienen, die sich ebenfalls mit dem Krieg im Libanon beschäftigen, wovon einer besonders erwähnenswert ist: Rawi Hage, *De Niro's Game* (Toronto: House of Anansi Press, 2006). Es handelt sich um die Geschichte zweier Beiruter Freunde, die während der frühen 1980er Jahre in den Bürgerkrieg hineingezogen und durch ihn zu Feinden werden. Rawi Hage wurde 1964 in Beirut geboren, erlebte als Heranwachsender den libanesischen Bürgerkrieg und emigrierte 1982 nach Kanada. Sein Roman erschien auf Deusch in der Übersetzung von Gregor Hens unter dem Titel *Als ob es kein Morgen gäbe* (Köln: Dumont, 2009).

3. IRAN

Christian Kracht, *1979* (2001)

Popkultur und Fundamentalismus

I

Den Titel seines Romans hat Christian Kracht gut gewählt. Das Jahr 1979 markiert einen Umschwung in der Wahrnehmung des Orients durch den Westen. Zafer Şenocak, ein Grenzgänger zwischen den Kulturen, schreibt dazu:

> Bis 1979 – dem Jahr der islamischen Revolution im Iran – spielte der Islam auf der Weltbühne keine politisch herausragende Rolle. Er war bestenfalls tiefenpsychologisch wirksam, als hemmender Faktor bei Modernisierungsbestrebungen in den muslimischen Ländern, im Zuge der Säkularisierung der Gesellschaft, beiseite geschoben von der westlich orientierten Elite dieser Länder. In Europa wurden die Gesichter des Islam zu Ornamenten einer sich nach Abwechslung und Fremde sehnenden Zivilisation. Das Fremde im Islam war Identitätsspender, Kulminationspunkt von Distanzierung und Anziehung zugleich.[1]

Im Iran kündigten sich 1975 die ersten Unruhen an, als Schah Pahlavi das bestehende Zweiparteiensystem auflöste und nur noch seine sogenannte Erneuerungspartei zuließ.[2] Oppositionsgruppen gab es aber nach wie vor, und die andauernde

---

1 Zafer Şenocak, *War Hitler Araber? IrreFührungen an den Rand Europas* (Berlin: Babel, 1994). Die fiktionale Literatur, die sich aus iranischer Sicht mit der Revolution von 1979 und ihren Folgen beschäftigt, ist umfangreich. Zwei Titel seien genannt, weil sie von iranischen Autorinnen stammen, die für ein westliches Publikum schreiben. Beide lehren inzwischen in den USA als Hochschulprofessorinnen: Azar Nafisi, *Reading Lolita in Tehran: A Memoir in Books* (New York: Random House, 2003) und Fatemeh Keshavarz, *Jasmine and Stars: Reading More than Lolita in Tehran* (Chapel Hill: University of North Carolina Press, 2007). Letzteres Buch versteht sich als Kritik an ersterem: Keshavarz wirft Nafisi eine Simplifizierung im Sinne des Opfer-Täter-Schemas und Reduktionismus vor. Vor allem in Europa sind die autobiographischen Comic-Bücher von Marjane Satrapi über die iranische Revolution und ihre Folgen mit dem Titel *Persepolis* – in vier Bänden zwischen 2000 und 2003 in Paris bei L'Association erschienen – Bestseller geworden. Die Autorin bezeichnet die Gattung ihres Buches als Autofiktion. Das Werk liegt inzwischen auch als Einzelband vor. (Der Schweizer Verlag Edition Moderne in Zürich hat die deutschsprachige Ausgabe besorgt.) 2007 erschien eine Zeichentrickfilm-Fassung unter dem gleichen Titel. Der Film verdankt sich der Zusammenarbeit von Marjane Satrapi und Vincent Paronnaud. Die iranische Autorin Marjane Satrapi lebt im Exil in Paris.
2 Umfangreich ist auch die wissenschaftliche Literatur zur Revolution im Iran. Vgl. Ervand Abrahamian, *Iran Between Two Revolutions* (Princeton: Princeton University Press, 1982); Suroosh Irfani, *Iran's Islamic Revolution: Popular Liberation or Religious Dictatorship?* (London: Zed Books, 1983); Mohsen M. Milani, *The Making of Iran's Islamic Revolution: From Monarchy to Islamic Republic* (Boulder und London: Westview Press, 1988); Mohammed Amjad, *Iran. From Royal Dic-*

Verletzung der Menschenrechte, die Drangsalierung der Bevölkerung durch den iranischen Geheimdienst SAVAK und schließlich die wirtschaftlichen Schwierigkeiten des Landes im Jahr 1977 führten zu ersten Protesten. Der Schah wollte eine Moderne ohne Demokratie, einen Kapitalismus ohne Freizügigkeit, eine Universität ohne Aufklärung, eine Informationsgesellschaft ohne Freiheit, eine Westorientung ohne Menschenrechte, eine monarchische Regierung ohne Tradition und Religion, amerikanische Unterstützung bei mangelnder Rücksicht auf amerikanische Interessen: lauter Ziele, an deren Widersprüchen er über kurz oder lang scheitern musste. Seit der Rezession von 1977 folgte eine Demonstration auf die andere, an denen sich – seit Januar 1978 – neben den Studenten auch Händler und Arbeiter beteiligten. Trotz Demonstrationsverbot und verhängtem Kriegsrecht hörten die Proteste nicht auf, und da sie blutig niedergeschlagen wurden, nahmen sie nur noch zu. Am 8. September 1978 – dem sog. schwarzen Freitag – wurden hunderte von Studenten bei einer Protestveranstaltung erschossen. Am 12. Dezember 1978 demonstrierten etwa zwei Millionen Menschen im Land gegen Shah Pahlevi. Von Mitte Dezember 1978 bis Mitte Januar 1979 vollzog sich die Abwendung des iranischen Militärs vom Schah, und auch die amerikanische Regierung unter Präsident Jimmy Carter entzog ihm die für die Aufrechterhaltung seiner Macht so notwendige Unterstützung durch ins Land geschickte Soldaten, Geschäftsleute, Berater und militärische Ausbilder. Am 6. Januar 1979 übernahm Schapur Bakhtiar, ein moderater Politiker der Nationalen Front, die Regierung. Der Schah verließ am 16. Januar 1979 das Land. In den Städten wurde euphorisch gefeiert, gefolgt von weiterer Gewalt, ehe am 1. Februar 1979 der Schiitenführer Ajatollah Khomeini aus dem Pariser Exil kommend in Teheran eintraf und nach vier Tagen die neue Regierung berief. Khomeini, der Bakhtiar nicht akzeptierte, ernannte am 5. Februar 1979 Mehdi Bazargan zum neuen Premierminister. Das war der Anfang der Islamischen Republik in Persien. Die bürgerkriegsmäßigen Kämpfe dauerten noch bis zum 11. Februar 1979, doch da die Revolutionäre die Oberhand behielten, erklärte das Militär schließlich seine Neutralität.

Die Handlung von Christian Krachts Roman *1979*[3] spielt in den Tagen vor der Flucht des Schahs am 16. Januar 1979 während der kurzen Regierung von

---

tatorship to Theocracy (New York, Westport und London: Greenwood Press, 1989); William L. Cleveland, „The Iranian Revolution and the Resurgence of Islam". In: W.L.C., *A History of the Modern Middle East* (Boulder, San Francisco und Oxford: Westview Press, 1994), S. 398-421.

3 Christian Kracht, *1979. Roman* (Köln: Kiepenheuer & Witsch, 2001). In der Folge zitiert mit der Abkürzung „NN" und folgender Seitenzahl. Vgl. Leander Scholz, „Ein postmoderner Bildungsroman: Christian Krachts *1979*. In: *Gegenwartsliteratur* 3 (2004): 200-224. Hier wird allerdings der Aspekt des Bürgerkrieges nicht im Detail diskutiert, was auch in dem Aufsatz von Claudia Breger der Fall ist: „Pop-Identitäten 2001: Thomas Meineckes *Hellblau* und Christian Krachts *1979*". In: *Gegenwartsliteratur* 2 (2003): 197-225. Vgl. ferner: Richard Langston, „Escape from Germany. Disappearing Bodies and Postmodern Space in Christian Kracht's Prose". In: *The German Quarterly* 79.1 (2006): 50-70. Die dramatisierte Fassung von Krachts *1979* wurde zwischen 2003 und 2008 mehrfach an den Bühnen in Bochum, Hannover und Zürich unter der Regie von Matthias Hartmann aufgeführt. Hier werden die politischen Aspekte stark profiliert.

Schapur Bakhtiar, also in der Zeit des nicht mehr aufzuhaltenden Krieges der Kulturen im Iran. Zu Beginn befinden sich der Ich-Erzähler und sein Freund Christopher auf dem Weg vom Teheraner Flughafen in die Stadt. „Es gab", so heißt es, „einige Militärkontrollen, denn seit September herrschte Kriegsrecht". Christopher meint, dass das „in diesen Ländern [...] eigentlich nichts zu bedeuten" (NN 17) habe, womit er sich irrt. Die Reise der beiden Freunde nach Teheran ist eine Fahrt in den Bürgerkrieg, und sie endet mit Christophers Tod. In der Stadt sind die Symptome des Aufstands gegen den Schah sowie der militärischen Gegenmaßnahmen nicht zu übersehen. Es heißt:

> An jeder dritten Kreuzung stand ein dunkel gestrichener, bedrohlich wirkender Panzerwagen, wie auf Beute wartende Echsen hockten sie dort; Postkästen waren umgefahren worden, Briefe schwammen in den Rinnsteinen, eine Telefonzelle lag auf der Seite, das Glas zerborsten, hunderte von Müllsäcken standen unabgeholt an den Hauswänden. Einige Seitenstraßen waren mit Sandsackhaufen versperrt worden. (NN 83)

Zu Anfang ihres Teheran-Aufenthaltes sehen die beiden männlichen Hauptfiguren und Freunde noch so aus, wie man sie aus Krachts Reiseprosa *Faserland* (1995) und *Der gelbe Bleistift* (2000) kennt.[4] Da hält man sich etwas zu Gute auf die „hellbraunen Halbschuhe [...] von Berluti" (NN 20), auf das „hellblaue Pierre-Cardin-Hemd", von dem man gleich ein ganzes Dutzend Exemplare besitzt; da wird noch Wert gelegt auf das „seidene Paisley-Einstecktuch" (NN 22), und da schwärmt man von einem „Pulli", weil er „ein Mittelding aus dünnem Norweger und Cecil Beatons Abendpullover" (NN 24) sei. Diese Requisiten einer europäisch-internationalen Modewelt hätten in früheren Jahren in die High Society-Umgebung des Schahs und seiner Anhänger gepaßt, aber sie verlieren mit dem Untergang des monarchischen Systems ihren Statuswert. Dem Delirium des Schah-Regimes entspricht das Delirium Christophers. Über das revolutionäre Teheran berichtet der Erzähler:

> Ich lief stundenlang durch die riesige Stadt. Etwas Neues war geschehen, etwas völlig Unfaßbares, es war wie ein Strudel, in den alles hineingesogen wurde, was nicht festgezurrt war, und selbst diese Dinge waren nicht mehr sicher. Es schien, als gäbe es kein Zentrum mehr, oder gleichzeitig nur noch ein Zentrum und nichts mehr darum herum. (NN 94)

So heisst es auf der Website zur Aufführung am Schauspielhaus Zürich während der Spielzeit 2007: „Der internationale Jetset feiert hier die letzte Nacht des Schahs, und ein ahnungsloser deutscher Innenarchitekt erlebt staunend die Zeitenwende, die auch sein Leben revolutionieren wird. Krachts Roman erzählt von dem, was nach der Orgie kommt, vom Hedonismus, seinem Gegenteil und der Heraufkunft einer Zeit der Fundamentalismen."

4 Christian Kracht, *Faserland. Roman* (Köln: Kiepenheuer & Witsch, 1995); Christian Kracht, *Der gelbe Bleistift* (Köln: Kiepenheuer & Witsch, 2000).

II

Christopher hatte ursprünglich seine Fahrt in den Mittleren Osten unternommen, weil er "an der Architektur der Mameluken" interessiert war und "den architektonischen Einflüssen" (NN 88) nachreisen wollte. Aber Bildungsinteresse und zivilisatorischer Stolz brechen bald in der Tanz-auf-dem-Vulkan-Atmosphäre des kollabierenden iranischen Staatssystems zusammen. Auch in diesem Roman ist das westliche Hotel jener Ort, wo sich die Europäer mit den Vertretern der Jetset Society des Landes treffen. Der Erzähler teilt mit, dass ihr Hotel eingerichtet sei wie das "Ritz in Paris", also im "Stil eines Grand Hotels" (NN 33). Daran, dass man in Teheran ist, erinnert eigentlich nur das "große Portrait des Schahs", auf dem der Herrscher "eine weiße Gala-Uniform mit goldenen Epauletten" (NN 35) trägt. Die Hotelgesellschaft repräsentiert die elegante westliche oder westlich orientierte Welt. Da ist die Rede von "Männern", die "schneeweiße amerikanische Ausgehuniformen" tragen, von einer "deutschen Künstlerin, die früher gigantische fotorealistische Bilder gemalt" hatte und von der persischen Schlagersängerin "Googoosh" (NN 36) . Die Erwähnung der Googoosh (ihr bürgerlicher Name ist Faegheh Atashin) ist insofern signifikant, weil sie in den 1970er Jahren die Ikone der iranischen Popkultur war. Im Jahrzehnt zuvor hatte ihr Gesang eine Reihe iranischer Komponisten zu einem neuen Stil von Popmusik inspiriert. Sie war nicht nur in Persien, sondern auch in der arabischen Welt eine Berühmtheit. So gewann sie 1972 den ersten Preis des Musikfestivals im tunesischen Karthago.[5] Christopher trifft einen deutschen Kumpan aus dem Globaltourismus der Besserverdienenden, einen gewissen Alexander, den es ebenfalls in den Bürgerkrieg im Iran verschlagen hat. Mit ihm hatte er "vor Jahren, an Bord einer Yacht in der griechischen Ägäis", die Zeit totgeschlagen und "Vanilleeis [...] gelöffelt" (NN 37). Alexander delektiert sich an den "Naziklängen von Throbbing Gristle". Das war eine britische Band, die 1976 aus einer Gruppe der 1960er Jahre (COUM Transmissions) von zwei Aktionskünstlern mit so phantasievollen Namen wie Cosey Fanny Tutti und Genesis P-Orridge hervorgegangen war, zu der 1974 Peter "Sleazy" Christopher und 1975 Chris Carter stießen. Im Oktober 1976 hatten sie eine Ausstellung mit dem Titel "Prostitution" im Londoner Institute of Contemporary Art organisiert: mit Pornobildern, Einlagen einer Stripperin, Auftritten der Punkband LSD und der neuen eigenen Band Throbbing Gristle. ("Throbbing Gristle" bedeutet "pochender Knorpel", in der Umgangssprache von Yorkshire aber so viel wie "erigierter Penis".) Es handelte sich um einen bewusst inszenierten Skandal, der sogar im englischen Parlament diskutiert wurde, wo man Cosey Fanny Tutti und seine Mitstreiter als "wreckers of civilization" bezeichnete. Die Gruppe gründete bald darauf ihr eigenes Plattenlabel "Industrial

---

5 Nach der iranischen Revolution erhielt die Googoosh Aufführungsverbot im Iran. Im Jahr 2000 konnte sie ihr Land verlassen, in Kalifornien einen Wohnsitz beziehen und eine Welttournee beginnen. Inzwischen ist ihre Musik ein globaler Erfolg. Besonders beliebt ist sie auch in Lateinamerika. Vgl. die website: http://www.googoosh.tv

Records". Sie arbeiteten mit Texten, in denen bekannte Morde und Kriege vorkamen, und sie kokettierten auch mit nationalsozialistischen Elementen. Die damals bekannten Alben von Throbbing Gristle bzw. Industrial Records waren: „The Second Annual Report" (1977), „D.O.A. The Third and Final Report" (1978) und „20 Jazz Funk Greats" (1979).[6] Alexander trägt „einen *vintage* Yves-Saint-Laurent-Blazer", dazu „ein rotes T-Shirt, auf dem ein großes schwarzes Hakenkreuz aufgedruckt" ist, das die Unterschrift trägt „*THE SHAH RULES O.K. IN '79*". Solche politisch-unpolitischen Signale sind (wie bei der Gruppe Throbbing Gristle) weder rechts noch links einzuordnen, sondern irrational-provokativ, wollen weder als Widerstandsemblem noch als Unterstützungsgeste interpretiert werden. Über Alexander heißt es denn auch: „Er sah völlig wahnsinnig aus, als habe er sich irgendwann sein Gehirn ausgeleert. Er sah aus wie ein Toter. Er hatte nichts mehr gemeinsam mit dem Bild Alexanders auf der Yacht, das ich kannte" (NN 38).

Christopher und Alexander stürzen sich stärker noch als früher in einen Kokain- und Opiumrausch. Bald wird Christopher „krank"; er verkommt zusehends, sein „hellblaues Hemd" ist „naßgeschwitzt", und seine „Cordhose" ist „am Schlag schmutzig und mit braunem Dreck verkrustet" (NN 29). Christopher selbst verdeutlicht die Parallele zwischen seiner Dekadenz und dem untergehenden Schahsystem. Sein „Paisley-Tuch" weist jenes Muster auf, das im Iran deshalb so beliebt sei, weil es an die Unterwerfung des Zoroastertums durch die Muslime erinnere. Die Gebrochenheit des Paisleymusters solle an die „Gebrochenheit der Macht" (NN 64) der zoroastrischen Kultur erinnern.

Der Zoroastrismus, in dem der Dualismus zwischen dem guten Prinzip (Ahura Mazda) und dem bösen (Angra Mainyu) zentral ist, war im sassanidischen Reich zwischen dem 3. und 7. Jahrhundert nach Christus die dominierende Glaubensrichtung auf dem Gebiet des heutigen Iran, und von ihren Anhängern wird sie nach wie vor als die „authentische" persische Religion verstanden, obgleich auch in sie viele andere Mythen eingegangen sind. In Folge der islamischen Eroberungen in den Jahren nach 636 verlor der Zoroastrismus an Einfluss, und seit circa 900 waren die Moslems in der Mehrheit. In den folgenden Jahrhunderten wurde der Zoroastrismus zu einer von der muslimischen Majorität bedrängten Minorität, und der vorläufige Tiefpunkt wurde in den hundert Jahren zwischen 1780 und 1880 erreicht, als die Anhänger des Zoroaster ihres Eigentums nicht mehr sicher sein konnten, als Konversionen zum Islam erzwungen wurden und ihr religiöser Kult nicht öffentlich verrichtet werden durfte. Während der Herrschaft der Pahlevi-Dynastie (1925 bis 1979) jedoch ließ die Diskriminierung merklich nach. Da zu dieser Zeit die alt-persische, vor-islamische Vergangenheit des Landes glorifiziert wurde, führte das zu einer Rehabilitierung der Kultur des Zoroastrismus. Obwohl der Schah selbst Muslim war, wurden sogar Konversionen vom Islam zum Zoroastrismus stillschweigend geduldet. Vor dem Gesetz galten

---

6 Zur Geschichte und Ästhetik der Gruppe vgl. Simon Ford, *Wreckers of Civilisation: The Story of Coum Transmission and „Throbbing Gristle"* (London: Black Dog, 2001).

offiziell alle Staatsbürger als gleich, und so konnte auch die Religion der Minoritäten wieder öffentlich praktiziert werden. So war es zu verstehen, dass die Muslemische Revolution von 1979 die Mitglieder der zoroastrischen Gemeinden an die Zeiten vor der Pahlevi-Dynastie erinnerte. In der Tat setzten bald wieder Verfolgungen ein, und zoroastrische Frauen wurden nicht selten gezwungen, muslimische Männer zu heiraten. Von einer Gleichheit vor dem Gesetz kann keine Rede mehr sein. Wer z.B. in einer zoroastrischen Familie zum Islam übertritt, gilt heute als einzig Erbberechtigter. So setzte nach 1979 eine neue Emigrationswelle ein, und heute leben im Iran nur noch etwa achtundzwanzigtausend Anhänger des Zoroastrismus (weltweit gibt es noch etwa hundertvierzigtausend Mitglieder dieser Glaubensgemeinschaft mit Zentren in Indien, Nordamerika und Europa).[7] Die islamische Revolution gegen den Schah verstand sich als Kampf gegen einen Herrscher, der die muslimischen Anschauungen und Traditionen des Landes verraten hatte, weil er sein Land um jeden Preis hatte verwestlichen wollen, wozu auch die Toleranz gegenüber religiösen Minderheiten gehört hatte.

Der den Drogen und dem Alkohol verfallene Christoph wird von seinem Freund, dem Erzähler, in einem Taxi in ein Teheraner Krankenhaus gebracht. Von der Fahrt heißt es:

> Hinten röchelte Christopher. Es war zum Herzerweichen, aber als ich mich umdrehte und ihn ansah, wie er dalag, das rot-weiße Frottehandtuch um den Kopf gewickelt, wie ein halbleerer Müllsack sah er aus, wie ihm seine schweißnassen Haare in die Stirn fielen und er auf sein Hemd blutete und sein linkes Auge glotzend halb offen stand, da sah ich ihn auf einmal in seiner ganzen, wirklichen, seiner linkischen Erbärmlichkeit, und plötzlich, auf einmal, sah ich auch mich in meiner ganzen widerlichen Erbärmlichkeit. Der Mensch dort auf dem Rücksitz hatte nichts mehr vom goldenen Christopher; der von allen geliebte, hochintelligente Architekturkenner, Alleskenner, Alleswisser, der herrlich blasierte, viel zu gut aussehende blonde Zyniker, Christopher, mein Freund, war verschwunden. (NN 69)

Christopher, „ohnmächtig [...] im Dreck liegend" (NN 63), erinnert an Abfall. Im revolutionären Teheran bestimmen die „Müllhaufen" das Bild der Straßen. „Der Müll roch wie kein anderer Geruch dieser Welt" (NN 71) und „graue Ratten", die „durch den Rinnstein jagten" komplettieren das Bild des zivilisatorischen Niedergangs. Christophers „Berluti-Schuhe", Statussymbol der europäischen *Jeunesse dorée*, schleifen nun „durch den Straßenstaub" (NN 71), und Gebrauchsartikel der westlichen Welt, wie „ein Fernsehapparat", zerschellt im auf-

---

7 Jamsheed K. Choksy, „Zoroastrianism". In: *Encyclopedia of Religion*, Second Edition, hg. v. Lindsay Jones (Detroit: Macmillan References USA, 2005), Band 15, S. 9988-10008, hier besonders S. 10003-10005. Vgl. ferner: Michael Stausberg, *Die Religion Zarathustras. Geschichte, Gegenwart, Rituale* (Stuttgart: Kohlhammer, 2002-2004); Marc Boyce, *Zoroastrians. Their Religious Beliefs and Practices* (New York und London: Routledge, 2007); Maneckji N. Dhalla, *History of Zoroastrianism* (Bombay: K.R. Cama Oriental Institute, 1994); Janet K. Amighi, *The Zoroastrians of Iran: Conversion, Assimilation, or Persistence* (New York: AMS Press, 1990); Rashna Writer, *Contemporary Zoroastrians: An Unstructured Nation* (Lanham, MD: University Press of America, 1994).

ständischen Teheran „auf dem Asphalt" (NN 93). Christopher stirbt unter jämmerlichen Umständen in einem viertklassigen Vororts-Hospital in den Tagen, als der Schah das Ende seines Regimes akzeptieren muss und den Iran verlässt.

III

Die Rebellion gegen den Schah ist gleichzeitig ein Protest gegen jenes Land, das dem Schah zur Macht verholfen hatte, die USA. „Studenten", berichtet der Erzähler, „hatten sich an die schmiedeeisernen Gitter vor der Universität gekettet, ihre Gesichter waren fanatisch und verdreht. *Down with President Carter* stand auf einem großen Tuch, das ein paar von ihnen quer über den Boulevard gespannt hatten" (NN 95). An dem Geländer einer Autobahnbrücke ist „ein breites schwarzes Stofftuch befestigt", auf dem „in roten Buchstaben *Death to America – Death to Israel – Death to the Shah*" zu lesen ist. Noch sind „ein paar Soldaten" damit „beschäftigt, das Stofftuch abzureißen" (NN 26). Beim Irren durchs revolutionäre Teheran sucht der Icherzähler in einem kleinen Café Zuflucht, wo ihn der Besitzer in ein Gespräch über die westlich-moderne Zivilisation im Allgemeinen und über Amerika im Besonderen verwickelt. „Das Böse" ist diesem Teheraner Bürger die moderne Wissenschaft, die dabei sei, „die Essenz des Lebens" zu verderben. „Das Leben selbst" versuche man im Westen nachzubauen: zuerst Pflanzen, dann Tiere „und schließlich Menschen". Durch diese Imitation werde der Mensch nicht mehr als originäres Gotteskind gesehen, sondern als „Ebenbild des Satans". Dagegen helfe nur der „Islam" mit seinem „Koran". „Amerika" aber sei „der große Satan", der „große Feind", das „leere Zentrum", das „Böse" (NN 98) schlechthin. Dem „Zugriff Amerikas" (NN 99) müsse man sich unbedingt entziehen. Was Kracht hier dem Teheraner Café-Besitzer in den Mund legt, sind Thesen, die theoretische Wegbereiter der Islamischen Revolution wie Ali Shariati verbreitet hatten.[8] Während des Bürgerkriegs im Iran formierten sich viele Gruppen, die eine Alternative gegen die westliche Kultur bzw. gegen die USA glauben bieten zu können. Der Erzähler berichtet:

> Ich sah bunte Pappschilder mit dem dicken, fleischigen Kopf von Mao Tse-tung drauf gemalt, hoch gereckt, den Kommunismus fordernd, Umsturz, permanente Revolution, den Tod des Schahs, das Ende der Unterdrückung; sie schlugen auf Jugendliche mit dem Bild Ayatollah Khomeinis ein, sie rannten die Alleen hoch und jagten diejenigen Studenten, die keine rotchinesischen Armbinden trugen. Schaufenster platzten, Glas splitterte auf die Straße. (NN 95)

Tatsächlich kämpften im iranischen Bürgerkrieg anfänglich alle möglichen Parteien mit- und gegeneinander um die Staatsmacht. Aber nur die Mullahs konnten

---

8 Ali Shariati, *On the Sociology of Islam* (Berkeley: Mizan Press, 1979); *From Where Shall We Begin & the Machine in the Captivity of Machinism* (Houston: Free Islamic Literatures, 1980); *Man and Islam* (Houston: Free Islamic Literatures, 1981); *What Is to Be Done? The Enlightened Thinkers and an Islamic Renaissance* (Houston: Institute for Research and Islamic Studies, 1986).

mit einem charismatischen Führer aufwarten, der im Bürgerkrieg die Macht an sich riß und von nun an die Staatsgewalt repräsentierte: Ayatollah Khomeini. Von der Gewalt gegen Menschen, die im obigen Zitat bereits anklingt, ist im Buch noch ausführlicher die Rede. Im Bürgerkrieg sind Spaß und Humor, Ironie und Spiel nicht gefragt. Der Erzähler beschreibt, wie man im revolutionär-religiösen Eifer mit einem Clown als Vertreter westlicher Witzemacherei umgeht:

> In einem Park sah ich einen Clown, der große rote Schuhe trug, er fütterte Tauben mit Erdnüssen und Popcorn. [...] Plötzlich sprangen vier schwarzgekleidete, bärtige Männer aus einem Gebüsch und stürzten sich auf den Clown. Die Tauben schreckten unter lautem Geflatter auf. Der Clown fiel zu Boden und hielt sich die Hände vor das geschminkte Gesicht, während die Männer ihn mit ihren Stiefeln traten, in die Nieren und an den Kopf. Als er sich nicht mehr bewegte, hörten sie auf, wandten sich ab und gingen wieder Richtung Ausgang, fast gelangweilt. Ein exotischer Vogel schrie in den Bäumen. Später sah ich, wie sich ein Polizist hinkniete und die Füße eines Geistlichen küßte, und mir wurde so übel, daß ich mich dabei fast übergeben mußte. (NN 94)

Die Reaktion des Erzählers ist vermutlich deshalb so heftig, weil er, der Tourist und Weltenbummler, im Grunde selbst ein Repräsentant westlicher Spaßkultur ist. Er gerät zwischen die Fronten der Bürgerkriegsparteien, wobei man weder bei der Polizei noch beim Militär sicher sein kann, in welche Richtung deren Vertreter gerade tendieren. In seinem Hotel wird er von „zwei Polizeibeamten" verhaftet. Sie beschuldigen ihn fälschlicherweise, ein „CIA-Angehöriger" (NN 81) zu sein. Man sollte meinen, dass nur Anhänger des Ayatollah Khomeini einen solchen Vorwurf erheben würden, dass die Polizisten also bereits auf die Seite der islamischen Revolution übergelaufen seien. Das ist aber keineswegs der Fall. Sie behaupten – ebenfalls fälschlicherweise –, sie hätten in seinem Zimmer eine Kassette mit „den Reden des Ayatollah Khomeinis" (NN 82) gefunden, und der Besitz einer solchen Kassette sei gegen das Gesetz. Die Polizisten sind also weder auf der Seite des Schahs noch auf der Khomeinis, sondern verhalten sich so, wie es die Übergangsregierung Bakthiar erwartet: man will weder amerikanische Spione dulden noch die Mullahs unterstützen.

Als deutscher Staatsangehöriger besteht der Erzähler darauf, „auf die deutsche Botschaft" (NN 83) gebracht zu werden. Auch dort erscheint der Druck der Verhältnisse bereits so groß, dass man allen Deutschen rät, das Land so rasch wie möglich zu verlassen. Der Kontrast zwischen den in der Botschaft aushängenden Plakaten, die mit „Ausflugdampfern" und „Loreleyfelsen" (NN 87) für die deutsche Idylle werben, und dem Chaos und der Gewalt vor den Türen der Vertretung ist denkbar groß. Der Besuch des Erzählers beim Vizekonsul fällt dabei wohl in die beiden Tage unmittelbar vor der Abreise des Schahs. Der Vizekonsul meint zwar, dass der „Schah und seine Familie [....] wahrscheinlich schon nicht mehr im Land" seien. Aber am Tag der Abreise des Schahs, am 16. Januar 1979, brach ein solcher Volksjubel in Teheran aus, dass er auch durch die Türen und Fenster des deutschen Konsulats gedrungen sein müsste. „Wir erwarten", fährt der Vizekonsul fort, einen „völligen Zusammenbruch, einen Staatsstreich, die islamische Revolution, vielleicht die Kommunisten, nennen Sie es, wie Sie wollen [...]. Es wird alles sehr schlimm werden. Die demokratische Ordnung ist futsch. Die Ansprechpartner sind über Nacht verhaftet" worden (NN 89). Wie der Konsul auf den Begriff „demokratische Ordnung" angesichts der Diktatur des Schahs verfallen kann, bleibt ein Rätsel.

Dem Rat, das Land so rasch wie möglich zu verlassen, folgt der Erzähler nicht. Er ist von den Aufständen, die er beobachtet, fasziniert, kann sie aber nur als Tourist wahrnehmen. Von dem spezifisch islamischen Aspekt der Revolution versteht er nichts. Zum Koran hat er keinen Zugang. Zwar hat er sich eine englische Übersetzung des Buches besorgt, hat aber „große Schwierigkeiten" bei der Lektüre und kann sich nicht darauf „konzentrieren" (NN 18). Wie ein neugieriger Tourist läßt er sich in den Revolutionstagen „von der Menge treiben" (NN 93). Dabei begegnet er einem Bekannten, der rasch seine Orientierungslosigkeit erkennt und ihm rät, sein eigenes Ich zu revolutionieren. Sich einer politischen Bewegung anzuschließen, liegt ohnehin außerhalb des Horizonts des Erzählers. Hier wird zum wiederholten Mal der bekannte deutsche „Weg nach innen" – um einen Hesse-Titel[9] zu zitieren – propagiert, wenn die gesellschaftlichen Verhältnisse sich als wenig einladend erweisen. Die Reiseroute führt dabei traditionell nach Fernost; so auch diesmal. Der Bekannte empfiehlt ihm eine Pilgerreise zum „heiligen Berg Kailasch" in Tibet. Dieser Berg werde „in vielen Religionen als das Zentrum des Universums", als „Welt-Lotos", angesehen. Das metaphysische Erlösungsversprechen lautet: „Eine einzige Umrundung wäscht die Sünden eines gesamten Lebens rein" (NN 117). Der naive Erzähler, der sich nach einem Neubeginn seines Lebens sehnt, läßt sich auf das Abenteuer ein. Wie im Iran kann er auch hier die politischen Implikationen seines Verhaltens weder einschätzen noch voraussehen. So gelangt er zwar zum „heiligen Berg", wird aber dort als feindlicher Ausländer von chinesischen Soldaten verhaftet und in ein Arbeitslager gesteckt. Aus den Lagern gibt es kein Entkommen; da geht es, mit Agamben[10] zu sprechen, ums nackte Überleben jenseits jeden zivilisatorischen Anspruchs.

Das Leben als Spaß und Unterhaltung endet für Christopher und den Ich-Erzähler in Tod und Versklavung. Christopher will den maximalen Genuss und endet im Drogenrausch; sein Freund, der Ich-Erzähler, bezahlt seine touristische Lebensmaxime, die weder Ernst noch Verantwortung kennt, mit dem Verlust seiner Freiheit. Konfrontiert mit der Gewalt von Revolution und Bürgerkrieg bleibt ihnen nichts als eine Fluchtbewegung, an deren Ende der physische oder

---

9 Hermann Hesse, *Weg nach innen. Vier Erzählungen* (Berlin: S.Fischer, 1931). Der Titel spielt an auf das Novalis-Zitat „Nach innen geht der geheimnisvolle Weg", der als Motto dem Essay *Die Christenheit oder Europa* (1799) vorangestellt ist. Christian Kracht ist ein Verehrer der Werke Hermann Hesses. Vgl. das Interview von Volker Weidermann und Anne Zielke mit dem Autor und Eckhart Nickel: „Der Waldverherrlicher. Christian Kracht und Eckhart Nickel: Muß man Hesse lieben?" In: *Frankfurter Allgemeine Sonntagszeitung* Nr. 26 (30.6.2002), Feuilleton, S. 23. Zum Innerlichkeitstourismus nach Fernost vgl. Christiane C. Günther, *Aufbruch nach Asien. Kulturelle Fremde in der deutschen Literatur um 1900* (München: iudicium, 1988).

10 Giorgio Agamben, *Homo sacer. Die Souveränität der Macht und das nackte Leben* (Frankfurt am Main: Suhrkamp, 2002).

der psychische Tod steht. Die neue Popliteratur der neunziger Jahre, deren Devise sich auf den Nenner „Ferien für immer"[11] bringen ließ, zeigt mit diesem Roman ihr eigenes Ende an.

Es hat wenig Sinn, einem Roman wie *1979* „Orientalismus" im Sinne von Edward Said anzulasten. Hier wird nicht unreflektiert an negativen Klischees über den Mittleren oder den Fernen Osten weitergesponnen, und von einer Verteidigung oder gar Glorifizierung westlicher Positionen im Sinne des Eurozentrismus kann nicht die Rede sein. Deutlich wird vielmehr die irritierende Sicht auf die Ereignisse, wie sie die politisch naiven westlichen High-Society-Touristen an den Tag legen. Ihr Horizont reicht über Privatvergnügen und Lustmaximierung nicht hinaus. Ihr Verderben wird parallelisiert mit dem Untergang des Schahs und seinem politischen System. Die äußeren Vorgänge während der iranischen Revolution werden realitätsnah skizziert, und die religiös motivierte Kritik an der prowestlichen Politik des Schahs sowie an seinem polizeistaatlichen System wird artikuliert. Zudem wirft der Roman ein Licht auf einen Aspekt zeitgenössischer Bürgerkriege, der in den aktuellen Theorien zu wenig behandelt wird, nämlich die Verflechtung innen- und außenpolitischer Gegensätze. Gerade weil der Schah als Vertreter des Westens – vor allem Amerikas – galt, wurde er zum Feindbild der religiösen Gruppen. Wie sehr Kracht sich mit zeitgenössischen Bürgerkriegen auseinandergesetzt hat, zeigt sein „Bericht vom Ende der Welt" aus dem Jahr 1992 über die Katastrophe in Somalia.[12] In seinem Roman *Ich werde hier sein, im Sonnenschein und im Schatten*[13] geht es um Krieg und Bürgerkrieg in Permanenz, wobei die „Geschichte" im doppelten Sinne des Wortes diesmal frei erfunden ist: Das 20. Jahrhundert ist anders verlaufen, als wir es aus den Chroniken und aus eigener Erfahrung kennen: Nicht in Russland, das inzwischen unbewohnbar geworden ist, sondern in der Schweiz ist ein totalitärer Sowjetstaat begründet worden. Die Schweizer Sowjet-Republik (SSR) befindet sich im Krieg mit einer neuen deutsch-englisch-faschistischen Allianz. Die deutsche Besatzungsmacht haben die Schweizer aus Neu-Bern erst kürzlich verdrängen können, doch existiert eine terroristische deutsche Partisanengruppe in der Schweiz. Weltpolitisch spielt ein Hindustanisches Reich aus Asien eine zunehmende Rolle. Die Großmacht Schweiz beherrscht Ostafrika; auch hier wird nach sowjetischen Prinzipien regiert und ausgebildet. Immer mehr Afrikaner arbeiten in der Schweizer Armee. Der Ich-Erzähler selbst ist ein Afrikaner, ein General im Heer der SSR. Wenn man spekuliert, in welcher realhistorischen Zeit die Handlung spielen könnte, weist vieles auf die 1940er Jahre. Gemunkelt wird in der Propaganda der SSR von schweizerischen, kriegsentscheidenden „Wunderwaffen", von „Raketen" und der Atombombe, die hier „Doomsdaymaschine" heißt. Im Zentrum des Geschehens

---

11 Christian Kracht, Eckhart Nickel, *Ferien für immer. Die angenehmsten Orte der Welt* (München: dtv, 2001). Das Buch erschien erstmals 1998 bei Kiepenheuer & Witsch in Köln.
12 Christian Kracht und Gideon Mendel (Fotos), „Bericht vom Ende der Welt". In: *Tempo* (September 1992): 59-65.
13 Christian Kracht, *Ich werde hier sein, im Sonnenschein und im Schatten. Roman* (Köln: Kiepenheuer & Witsch, 2008).

steht die Alpenfestung, das sogenannte Schweizer Réduit. Als deren Sinn- und Funktionslosigkeit dem Ich-Erzähler klar wird, setzt er sich in seine afrikanische Heimat ab. Dort bricht die Kolonialherrschaft der sowjetischen Schweiz zusammen. Als Chefplaner der ostafrikanisch-schweizerischen Kolonie wird ein gewisser Jeanneret genannt, was an Lukas Bärfuss *Hundert Tage*[14] erinnert, einen Roman, der im gleichen Jahr erschienen ist. *Ich werde hier sein, im Sonnenschein und im Schatten* ist ein Buch, das in der Art phantastischer Geschichtsdichtung an Christoph Ransmayrs *Morbus Kitahara*[15] erinnert, wobei die romanhaften Abweichungen von den historischen Ereignissen bei Kracht jedoch weiter gehen.

---

14 Lukas Bärfuss, *Hundert Tage. Roman* (Göttingen: Wallstein, 2008).
15 Christoph Ransmayr, *Morbus Kitahara* (Frankfurt am Main: S.Fischer, 1995).

4. JEMEN

Michael Roes, *Leeres Viertel Rub' Al-Khali* (1996)

Spielästhetik und Kriegerethos

I

Im Mai 1990 vereinigten sich die beiden Teile des Jemen, die aufgrund kolonialer Verhältnisse jahrhundertelang getrennt gewesen waren.[1] Der Jemen ist die südöstliche Ecke der arabischen Halbinsel, grenzt im Süden an den Golf von Aden und im Westen an das Rote Meer. Bereits 1918 hatte der seit dem 16. Jahrhundert osmanisch regierte Nordjemen (mit der Hauptstadt Sana) seine Unabhängigkeit erlangt; der Südjemen (mit der Hauptstadt Aden), seit dem 19. Jahrhundert Teil des britischen Kolonialreiches, erstritt seine Eigenständigkeit 1967, also fast fünfzig Jahre später. Der Nordjemen war, geographisch gesehen, zwar nur halb so groß wie der Südjemen, hatte aber ungefähr viermal so viele Einwohner. Zur Zeit seiner Vereinigung lebten im Jemen über zwölf Millionen Menschen. Der Nordjemen hatte – sieht man von den wenigen Großstädten ab – seine Stammesstrukturen und seine traditionalistisch-muslimische Kultur stärker beibehalten als der modernisierte Süden, der sich 1967 eine marxistisch-sozialistische Regierung gab. Vor allem aus wirtschaftlichen Gründen – Ölvorkommen im Grenzgebiet – strebte man seit den 1970er Jahren eine Vereinigung der beiden Länder an, die dann im Mai 1990, also nach dem Ende des Kalten Krieges, erfolgte. Als aber im Südjemen weitere Ölfunde gemacht wurden, glaubte man dort, dass der Norden die Ölquellen für sich vereinnahmen werde. Man rechnete sich im Süden aus, dass sich Sezession und erneute Eigenständigkeit lohnen werde. Die Unterschiede in Kultur und Politik, Rivalitäten zwischen nord- und südjemenitischen Politikern und ihren Parteien sowie die versäumte Integration des Militärs, das im Großen und Ganzen geteilt geblieben war, sorgten für weitere Spannungen, die sich zwischen Herbst 1993 und Frühjahr 1994 in ersten Kämpfen zwischen Norden und Süden entluden, womit – wenn er auch noch nicht so genannt wurde – der Bürgerkrieg bereits ausgebrochen war. Den offiziellen Beginn des Bürgerkrieges zu datieren, ist nicht leicht; einige Darstellungen sprechen von Ende April, andere von Anfang Mai 1994. Als am 21. Mai

---

1 Joseph Kostiner, *Yemen. The Tortuous Quest for Unity, 1990-1994* (London: The Royal Institute of International Affairs, 1996); Paul Dresch, *A History of Modern Yemen* (Cambridge und New York: Cambridge University Press, 2000); Hans Krech, *Bewaffnete Konflikte im Süden der Arabischen Halbinsel. Der Dhofarkrieg 1965–75 im Sultanat Oman und der Bürgerkrieg im Jemen 1994* (Berlin: Köster, 1996).

1994 der Süden offiziell seine Sezession erklärte, steigerten sich die bisher vereinzelten Kämpfe, die auch Zusammenstöße zwischen Stämmen und Zentralregierung involvierten, zu einem kurzen aber blutigen Bürgerkrieg, der bis Anfang Juli 1994 dauerte und über zehntausend Menschenleben forderte. Am 7. Juli 1994 endete der Bürgerkrieg mit dem Sieg der nordjemenitischen Truppen in Aden, wonach die Einheit des Landes wiederhergestellt wurde.

Michael Roes' Buch *Leeres Viertel Rub' Al-Khali*[2], das 1996 erschien, ist ein Doppelroman, der zwei Berichte in Tagebuchform enthält: den eines deutschen Forschungsreisenden der Goethezeit und den eines zeitgenössischen deutschen Wissenschaftlers. Beide Berichte handeln von Südarabien bzw. vom Jemen und sind kunstvoll aufeinander abgestimmt: der neuere befindet sich gleichsam im Dialog mit dem älteren, wobei der frühere dem neueren eine historische Tiefendimension verleiht und beide die Gegenwart des Vergangenen verdeutlichen. Fünf Jahre später hat Hans Christoph Buch in seinem Roman *Kain und Abel in Afrika*[3] eine ähnliche Erzählstruktur gewählt. Während aber bei Buch der Unterschied zwischen dem Erzähler aus der Gegenwart und demjenigen aus dem späten 19. Jahrhundert ins Auge fällt als die Differenz zwischen einem kolonialen und einem postkolonialen Berichterstatter, hat Roes auf solche Entgegensetzungen verzichtet. Hat Buch für den hundert Jahre zurückliegenden Bericht die Form der Ich-Erzählung gewählt, von der sich der Du-Erzähler aus der Gegenwart abhebt, ist das äußere Unterscheidungsmerkmal bei Roes die Schreibweise: Im aktuellen Tagebuch herrscht durchgehend die Kleinschreibung vor; die des Vorgängers aus dem späten 18. Jahrhundert ist konventionell. Buchs Richard Kandt ist eine fiktionalisierte historische Figur aus der deutschen Kolonialzeit; Alois Schnittke bei Roes dagegen eine erfundene Person, die aber von Ereignissen berichtet, die so oder ähnlich in Expeditionschroniken aus dem 18., 19. und 20. Jahrhundert aufgezeichnet wurden, und die der Autor als studierter Ethnologe am Schluss seines Romans bibliographisch anführt (LV 828-829). (Roes hatte als Fellow am Budapester Wissenschaftskolleg 1993/94 eine Forschungsreise in den

---

2 Michael Roes, *Leeres Viertel Rub' Al-Khali. Invention über das Spiel. Roman* (München: btb, 1998). Nach dieser Ausgabe wird in der Folge in Klammern mit der Abkürzung „LV" und folgender Seitenzahl zitiert. Das Buch erschien erstmals 1996 bei Gatza/ Eichborn in Frankfurt am Main. Vgl. auch: Alexander Honold, „Der ethnographische Roman am Ende des 20. Jahrhunderts: Fichte und Roes". In: *Räume der literarischen Postmoderne. Gender, Performativität, Globalisierung*, hg. v. Paul Michael Lützeler (Tübingen: Stauffenburg, 2000), S. 71-95; Christoph Gellner, „Schriftstellerreisen in die islamische Welt: Elias Canetti, Hubert Fichte, Michael Roes". In: *Stimmen der Zeit* 130.9 (2005): 623-637. Claudia Breger und Robert Tobin konzentrieren sich in ihren Aufsätzen auf den Aspekt der unterschiedlichen Geschlechterrollen in der arabischen und der westlichen Welt. Vgl. C.B., „Postmoderne Inszenierungen von Gender in der Literatur: Meinecke, Schmidt, Roes". In: *Räume der literarischen Postmoderne*, S. 97-125; R.T., „Postmoderne Männlichkeit: Michael Roes und Matthias Politycki". In: *Zeitschrift für Germanistik* 12.2 (2002): 324-333. Zum Kontext sei ferner verwiesen auf den Überblicksaufsatz von Erk Grimm, „Divided Legacies: East German Writers in the Middle East". In: *The Cultural After-Life of East Germany: New Transnational Perspectives*, hg. v. Leslie A. Adelson (Washington D.C.: Harry & Helen Gray Humanities Program Series, 2002), vol. 13, pp. 60-92.

3 Hans Christoph Buch, *Kain und Abel in Afrika* (Berlin: Volk und Welt, 2001).

Jemen unternommen, um an der ethnologischen Fallstudie „Zur Bedeutung des Spiels in traditionellen Gesellschaften" zu arbeiten.) Schnittke ist ein ironischer Moderne-Skeptiker und ein Mimikry-Orientale, der sich an seine arabische Umwelt verblüffend rasch anpasst und dadurch die Forschungsreise überlebt, die ihn in Jemens Wüste, ins „Leere Viertel", führt. An Abenteuern ist sein Bericht mindestens so reich wie der des zeitgenössischen Ethnologen: Als Sekretär des Baron de la Motte ist er aus Deutschlands Musenstadt Weimar aufgebrochen, um im Jemen dem Geheimnis der Mosaischen Gesetzestafeln auf die Spur zu kommen. Dabei wechseln wie in einem Abenteuerroman Gesundheit und Krankheit, schnelles Fortkommen und Seenot, Palast und Gefängnis, Idylle und Überfall in rascher Folge einander ab. Anders als seine Expeditionsbegleiter ist Schnittke ein vorurteilfreier Beobachter und Protokollant, dem jede koloniale Arroganz fremd ist. So wird durchweg eine große Nähe zwischen dem zeitgenössischen und dem historischen Tagebuchschreiber hergestellt. Die zwei Berichte gleichen sich an, und beide Erzähler finden auf ihre Weise Zutritt zur fremden arabischen Kultur.

Der zeitgenössische Bericht des Icherzählers fällt in die Monate September 1993 bis April 1994, als sich im Jemen der Bürgerkrieg vorbereitete. Allerdings gibt es gegenüber der Realgeschichte fiktionale zeitliche Verschiebungen: zuweilen wird auf Geschehnisse angespielt, die sich tatsächlich erst ein Vierteljahr später ereigneten. Der Erzähler ist ein junger Anthropologe und Arabist, der sich im Nordjemen aufhält, um Material für eine komparatistische Studie über Spiele zu sammeln. Die meiste Zeit verbringt er in Sana, der Hauptstadt des Jemen, wohin er von einem anthropologischen Forschungsinstitut eingeladen worden ist. Von Anfang September 1993 bis Ende Februar 1994 ist er dort beschäftigt, wobei er mehrere Abstecher zu anderen Orten des nördlichen Jemens unternimmt: nach Marib, Thafir, Ibb, Khulan, Raidah und Schahara. Marib ist die ehemalige Hauptstadt der Sabäer und damit der legendären Königin von Saba, jetzt aber bekannt wegen der Ölvorkommen. In Marib gerät der Erzähler in den Wirren des sich vorbereitenden Bürgerkriegs in die Gefangenschaft eines nordjemenitischen Stammes. In deren Dorf Bejt al-Hadschar, unweit der südarabischen Wüste Rub' al-Khali, wird er fast zwei Monate lang, von Ende Februar bis Ende April 1994, gefangengehalten.

Schon zu Beginn seines Aufenthalts in Sana wird dem Erzähler klar, dass mit kriegerischen Konflikten im Land gerechnet werden muss. Die Rede ist von „entführungen" (LV 149), hinter denen die Presse „saudi-arabische versuche einer destabilisierung der region" (LV 129) vermutet. 1993/94 war die jemenitisch/saudi-arabische Grenze noch nicht eindeutig festgelegt worden, und die Saudis erhoben Anspruch auf die Ölfelder bei Marib. Aber auch die innenpolitischen Gründe für die Gewaltaktionen werden benannt. Mitte September 1993 befindet sich der Erzähler mit dem Auto auf der Fahrt nach Thafir, wobei „straszensperren des militärs" immer wieder die Reise unterbrechen. „Paszkontrolle. Suche nach waffen" wertet er als Symptome der „wachsenden unruhe im land". Dabei wird ihm auch das Machtungleichgewicht zwischen Regierungstruppen und „stammeskriegern" deutlich, und er meint, dass „die staatliche autorität" (LV

141) im Konfliktfall den Kürzeren ziehen werde. Die alten sozialen Strukturen im Norden sind noch intakt. Die Stämme machen ihre „althergebrachten rechte geltend" und wenden sich gegen ihre „regierung", weil die „ohne absprache mit den traditionellen landeignern konzessionen" zur Ölförderung vergeben haben. Entführt würden vor allem „mitarbeiter ausländischer ölfirmen, die ohne erlaubnis der dort ansässigen stämme das land ausbeuteten". In der „sehr angespannten politischen situation" seien aber nicht nur die Vertreter westlicher Ölfirmen, sondern Personen „aller ausländischen einrichtungen" überhaupt „gefährdet" (LV 149). Einen Monat später, Mitte Oktober 1993, gehen in Sana „gerüchte über demonstrationen, straszenschlachten und plünderungen in Ta'iz" um, einer Stadt im südlichen Teil des Nordjemen. Dort soll es bereits „erste Todesopfer" gegeben haben. In der Region dieser Stadt seien inzwischen „sechstausend soldaten [...] zusammengezogen worden". Aber das „staatliche fernsehen" berichtet über diese Ausschreitungen noch nicht. Die „unübersehbare präsenz von regierungssoldaten in der hauptstadt" scheint jedoch „die gerüchte zu bestätigen". In den staatlichen Medien gibt es keine Analysen der Situation, und so ist der Erzähler auf Gespräche in den „teehäusern" angewiesen. Da wird als „hauptgrund" der „verfall der jemenitischen Währung" (LV 232) vermutet. Wieder sechs Wochen später, Anfang Dezember 1993, hat sich die Krise bereits zum Konflikt zwischen den ehemals eigenständigen Teilstaaten Nord- und Südjemen entwickelt. Jetzt sind „Gerüchte" in Umlauf, „dasz die ehemalige südjemenitische armee einen angriff auf die truppen des nordens vorbereite" (LV 367). Der Erzähler bezeichnet es als „leichtsinniges versäumnis", bei „der vereinigung des landes" nicht auch „die armeen der ehemals verfeindeten staaten" zusammengelegt zu haben. Die „kommandos" dieser beiden Armeen seien „nach wie vor getrennt" (LV 367). Ende Januar 1994 berichtet der Erzähler, dass bereits die ersten ausländischen Journalisten (z.B. aus Kairo) angereist kommen, um „auf den beginn des bürgerkriegs" (LV 460) zu warten, und die „europäer" in Sana denken schon „über ein verlassen des landes nach" (LV 463).

Um diese Zeit kommt es zu „gewalttätigen zusammenstöszen zwischen einheiten aus dem norden und dem süden", wobei, wie der Erzähler erfährt, „mehr als vierhundert soldaten getötet und verwundet" worden seien, weswegen die „ausrufung des ausnahmezustands" (LV 486) unmittelbar bevorstehe. Der Erzähler aber will ausgerechnet in die Krisenregion der Ölstadt Marib. Als er um Rat fragt, ob man „in der gegenwärtigen situation noch nach Marib reisen könne", beruhigt man ihn mit dem Bescheid, dass er „als unbewaffneter gast [...] nichts zu befürchten" (LV 463) habe. Allerdings fordern die „ausländischen botschaften" ihre „staatsangehörigen auf" (LV 486), den Jemen zu verlassen. Schon Mitte September hatte der in Sana residierende deutsche Botschafter den Erzähler „eindringlich vor reisen in die stammesgebiete" gewarnt, weil die jemenitische Regierung „das land im augenblick nicht unter kontrolle" habe, weswegen „raubüberfälle und entführungen" (LV 127) an der Tagesordnung seien. Diesen Rat hat der Erzähler in den Wind geschlagen – zu Unrecht, wie er Ende Februar 1994 am eigenen Leib erfahren muss. Er befindet sich auf der Rückfahrt von Marib nach Sana in einem „sammeltaxi" (LV 533). Zu den Passagieren gehört ein „auf den ölfeldern bei Marib" arbeitender „ingenieur aus Dhamar", einer etwa 120 km südlich von Sana gelegenen Großstadt. Der Ingenieur erzählt den Mitfahrenden, in „Dhamar tobe schon seit tagen eine schlacht zwischen den präsidentengarden und panzertruppen des südens" (LV 534). Mit den Präsidentengarden ist nordjemenitisches Militär gemeint, das dem Kommando des Präsidenten Ali Abdullah Salih untersteht, während die südjemenitische Brigade auf den Befehl seines Stellvertreters, Ali Salem al-Beedh, hört. Roes geht hier etwas frei mit den chronologischen Abläufen der Unruhen im Jemen um. Die hier angesprochene Schlacht, die oft als der eigentliche Beginn des Bürgerkrieges bezeichnet wird, fand nicht Ende Februar, sondern Anfang Mai 1994 statt und wurde am 4. Mai zugunsten des Nordens entschieden. Auch der Ingenieur kann nicht verstehen, warum der Erzähler „noch nicht nach Deutschland zurückgekehrt" (LV 534) ist. Während der Fahrt nach Sana passiert das, worüber bisher nur gerüchteweise gesprochen worden ist: das Sammeltaxi wird von „einem halben dutzend bewaffneter männer" überfallen. Es sind sog. „milizionäre", jedoch „keine regierungssoldaten", obwohl einige von ihnen „armeejacken" tragen. „Ahmad", der „anführer der gruppe", schreit den Erzähler mit „vorgehaltener waffe an" (LV 537) und läßt ihn abführen zu einem „lastwagen", der „die strasse blockiert" (LV 538). Nach einem Handgemenge wird der Erzähler in den Wagen der Aufständischen gestoßen und als Gefangener in ihr Dorf Bejt al-Hadschar entführt. Er wird ein „Gefangener" dieser kleinen Stammesgemeinschaft in doppelter Hinsicht. Zum einen ist er jemand, dessen Freiheit stark eingeschränkt wird, aber zum anderen wird er vom Leben seiner Umgebung im Sinne einer großen Faszination gefangengenommen. Der örtliche Scheich Abdul Karim stellt ihn unter seinen Schutz; er darf sich als Englischlehrer in der Schule des Ortes betätigen. Der Scheich nimmt ihm das „ehrenwort" ab, „das dorf nur mit seiner zustimmung zu verlassen" (LV 564). Aus den Gesprächen der Männer entnimmt der Erzähler Anfang März 1994, dass der Südjemen „inzwischen die generalmobilmachung angeordnet" (LV 546) habe, und dass „nordjemenitische truppen" bereits „auf 'Aden zu" (LV 568) marschieren. Auch hier ist eine Vorverlegung der Geschehnisse zu bemerken, wenn man sie mit den faktischen Vorgängen vergleicht. Erst in der dritten Juniwoche 1994 begann die Belagerung der ehemaligen südjemenitischen Hauptstadt Aden durch nordjemenitische Truppen; die Stadt fiel am 7. Juli des gleichen Jahres, womit der Bürgerkrieg beendet war. Dabei werfen „kampfflugzeuge" ihre „bombenlast über wohngebiete ab, granatwerfer feuern ziellos in märkte und schulhöfe": das Ganze wird als „blindes gemetzel", als *massaker* an der „unbeteiligten zivilbevölkerung" bezeichnet. Das sind „technische Kriege", wie sie mit den „kriegstugenden" jener Männer, die der Erzähler während seiner Gefangenschaft kennenlernt, nichts zu tun haben. Im „modernen" Krieg ist der „reale wettkampf in einen virtuellen übergewechselt" (LV 624), überlegt der Erzähler. Am 13. April 1994 (eigentlich ist von Ende Juni/Anfang Juli 1994 die Rede) notiert der Erzähler in sein Tagebuch, dass „der norden allmählich die oberhand" gewinne, obwohl „er das ziel, die hafenstadt

'Aden, machtbasis des südens, innerhalb weniger tage einzunehmen, bisher nicht erreicht" habe. Die Männer von Bejt al-Hadschar „kommentieren die nachrichten nicht", und dem Erzähler ist „unklar, auf welcher seite sie stehen" (LV 713). Die Schilderung des Bürgerkrieges hört mit einer Eintragung von Mitte April 1994 auf. Vermerkt wird, dass durch den Frontverlauf der nordjeminitischen Armee der Stamm, dessen Gefangener der Erzähler ist, tangiert wird, und dass die Männer ein Eingreifen in den Krieg diskutieren. Das Ergebnis wird nicht mehr mitgeteilt, aber offenbar entscheidet man sich dagegen, denn der Erzähler nimmt in der Folge noch eine Weile am friedlichen Leben des Dorfes teil.

II

Der Bürgerkrieg ist in vieler Hinsicht konstitutiv für diesen Roman. Dass die Konflikte mit wirtschaftlichen Interessen, d.h. mit der Ölförderung zu tun haben, wird deutlich, steht aber – anders als bei Dieter Kühn – nicht im Mittelpunkt des Interesses. Es geht auch nicht um die Darstellung einer bis zur Sinn- und Ausweglosigkeit verselbständigten Gewalt und Gegengewalt wie im Libanon-Roman von Nicolas Born oder um den Krieg der Kulturen, um die aggressive Abwehr des westlichen Modernismus durch den Islam-Fundamentalismus wie bei Christian Kracht. Durch die Konflikte des Landes in eine Dorfgemeinschaft von altislamischem Zuschnitt versetzt, lernt der Erzähler genauer den Zusammenhang von Spiel und Kampf, Tanz und Krieg kennen. Was ursprünglich als eine akademische Sammel- und Analysearbeit über Spielvariationen in Südarabien geplant war, entwickelt sich mehr und mehr zu einer vergleichenden Kulturanthropologie. Die Ausgangsthese zu Beginn der Forschungen lautet:

> *Die gegenwärtige postindustrielle gesellschaft des westens hat die tendenz, ihre strukturen und mechanismen als einen kontext von spielen zu begreifen. Und diese tendenz ist durch viele alltagserfahrungen gerechtfertigt, in denen sich, zum beispiel im umgang mit computern, das spielerische vom ernsthaften nicht mehr unterscheiden läszt. In einer nach wie vor traditionell strukturierten gesellschaft wie der jemenitischen wird das dasein tendenziell als folge von kämpfen begriffen, von denen sich das spiel durch eigene zeiten, räume und regeln deutlich abgrenzt.* (LV 173)

In der westlichen Gesellschaft also sei das Spiel „*aus klarumgrenzten spielräumen und -zeiten ausgebrochen*", während in der archaischen Stammesgesellschaft „*nur kinder spielen*" und Erwachsene „*sich als krieger*" (LV 174) verstehen. Der Erzähler geht gleichsam gedankenspielerisch mit dem Thema Spiel um. Dabei werden so viele Fragen aufgeworfen wie Antworten versucht. Spiel wird im direkten Zusammenhang mit den „magischen fähigkeiten unserer phantasie" gesehen und als eine Tätigkeit „ohne siege, ohne ergebnisse und ziele" (LV 180) begriffen, gerade aller „zwangsläufigkeit" (LV 214) des Arbeitsalltags entgegengesetzt und somit „*dem traum vergleichbar*" (LV 213). „Spielen zu können", heißt es einmal, sei „womöglich die einzige freiheit des menschen in einem ansonsten von notwendigkeiten und erwartungen bestimmten dasein" (LV 715). Echohaft klingen hier

Gedanken zum „Spieltrieb" an, wie Schiller sie in den Briefen 14 bis 17 seiner *Ästhetischen Erziehung des Menschen* zweihundert Jahre zuvor dargelegt hatte.[4] Allerdings definierte Schiller das Spiel als ein Vermögen, das (als Ausgleich von Sinnlichkeit und Intellektualität) die Voraussetzung zur Erfassung des Schönen schaffe, dem wiederum im Erziehungsprozeß der Menschen hin zu einer harmonischen Gesellschaft eine zentrale Funktion zukomme. Ganz so pädagogisch-universalistisch ist Roes' Verständnis des Spiels nicht. Zuweilen hat man den Eindruck als vertrete der Erzähler den landläufigen Gegensatz zwischen Spiel und Ernst, aber dann diskutiert er neuere wissenschaftliche Theorien, die zeigen, dass er darüber hinausgeht. Beim Nachdenken über das Eindringen des Spielverhaltens in alle Lebensbereiche der europäischen und amerikanischen Kultur fragt er sich, ob „der westen nicht gefahr laufe, das leben selbst als ein spiel zu betrachten" (LV 226). Anders als im Westen existiert nach den Beobachtungen des Erzählers in der Gesellschaft des Jemen keine „jugendphase". Der Übergang von der Kindheit – der Phase des Spiels – ins Erwachsenenalter – der Phase kriegerischen Verhaltens – verlaufe abrupt. Vom kindlichen Spiel werden allerdings die „Regelspiele" der Erwachsenen unterschieden. Bei ihnen gehe es darum, *„aggressivität einzugrenzen"* und *„verbindliche Regeln aufzustellen"* (LV 449). Mit den vielen eingeschobenen theoretischen Passagen knüpft Roes an Techniken des modernen Romans des frühen 20. Jahrhunderts an (Thomas Mann, Robert Musil, Hermann Broch, Alfred Döblin). Das Buch ist u.a. eine Auseinandersetzung mit Theorien des Spiels wie wir sie z.B. von Johan Huizinga aus seinem Buch *Homo ludens* von 1938 kennen, wonach Spiel als „Deutung der Welt" (LV 304) interpretiert wird. „*Bisherige spieltheorien*", so wird argumentiert, „*gehen davon aus, das spiel werde statt etwas anderem betrieben.*" Doch sei „*das Spiel ein verhalten und/oder eine haltung für sich*" (LV 303). „Setzungen" wie „spiel sei gleich leben" verhinderten „das wesen des spiels zu begreifen". Das Spiel sei nicht wie das Leben, sondern Teil des Lebens. Weil das Spiel „*teil dieser welt*" sei, werde das Leben „reicher, hoffnungsvoller, vergnüglicher" (LV 715). Das wiederum hat Schiller ganz ähnlich gesehen.

Je intensiver der Erzähler sich während seiner Gefangenschaft mit dem Spielverhalten in seiner Umgebung beschäftigt, desto mehr rückt er von der anfänglichen Auffassung ab, dass das Spiel vor allem der „Phantasie" und dem „Traum" zuzuordnen sei. In den Vordergrund rückt die Betonung der Regeln, die im Spiel noch strenger befolgt werden müssten als im Arbeitsleben. Es heißt da:

> Das gemeinsame spiel setzt voraus, dasz sich alle mitspieler über das erlaubte und das verbotene und die strikte einhaltung der regeln einig sind. Die haltung „ich spiele" bedeutet immer auch, ich ordne mich den vereinbarten regeln unter. Spielen ist also kein freies, undiszipliniertes, regel- und zügelloses verhalten, sondern im gegenteil von gröszerer unbedingtheit und strenge als unsere auszerspielerischen tätigkeiten. (LV 602,603)

---

4 Friedrich Schiller, *Über die ästhetische Erziehung des Menschen in einer Reihe von Briefen*, hg. v. Klaus Berghahn (Stuttgart: Reclam, 2000), S. 55-69.

Unter dem Eindruck des Bürgerkrieges interessiert sich der Erzähler mehr und mehr für den Zusammenhang von Spiel und Krieg. Mit den Kindern des Dorfes Bejt al-Hadschar veranstaltet er das offenbar beliebte Spiel „*Ich erkläre X den krieg*", das auch „*Land abnehmen*" (LV 601) genannt wird. Im Spiel wird der Todernst des Krieges unterlaufen. Die Kinder seien beim „Land abnehmen" zwar „voller einsatz, leidenschaft und siegeswillen", aber „ohne bosheit und häme" gewesen, vielmehr von einem „erstaunlichen gerechtigkeitssinn belebt" (LV 602).

Die Grenzen von Spiel und Tanz werden mehrfach als fließend bezeichnet. Bei den Jemeniten unterscheide man, berichtet der Erzähler, zwischen dem „vergnügungstanz" (raqs), wie man ihn bei Festen aufführe, und dem „kriegstanz" (bar'a), dessen Funktion die „vorbereitung auf den kampf" (LV 217) sei. „Raqs" sei dem Spiel und dem Zeitvertreib, „bar'a" dagegen dem Ernst und dem Lebenskampf zugeordnet. „Raqs" werde von Männern und Frauen, „bar'a" dagegen nur von Männern getanzt (LV 218). Fasziniert ist der Erzähler weniger vom Vergnügungs- als vom Kriegstanz. Er versucht, eine polare Zuordnung von Tanz und Krieg zu konstruieren. Vielleicht werde „das potentielle chaos, das krieg" bedeute, durch den „tanzritus" einer „ordnung" unterworfen. In dem jemenitischen Stamm, der den Erzähler gefangenhält, lernt er verstehen, was der Unterschied zwischen dem „traditionellen Kampf" und dem westlich-modernen Zerstörungskrieg ist:

> Im traditionellen kampf geht es nicht darum, den gegner zu vernichten, sondern ihn zu bezwingen, das heiszt: eine bedrohte ordnung wieder herzustellen oder eine neue ordnung zu errichten. Bestenfalls ist der kampf die fortsetzung des tanzes: ein ritual zwischen ebenbürtigen in strenger gesetzmäszigkeit. (LV 608)

Für die jemenitischen Stammeskrieger ist, wie der Erzähler es sieht, „krieg" im Sinne des traditionellen Kampfes „herausforderung und bewährungsprobe". Sie würden nicht „als söldner in die schlacht kommandiert", sondern suchten „einen öffentlichen raum für ein heroisches pas de deux". „Jeder tanz" sei „ein vorspiel zum zweikampf" (LV 611). Die Parallelität zwischen Kriegstanz und Krieg sei in sozialer Hinsicht nicht zu übersehen. Wie der Kriegstanz eine „gruppenbildende funktion" habe, komme auch dem Krieg eine „soziale funktion innerhalb der kriegführenden parteien" zu. In beiden Fällen gehe es darum, die „kollektive identität", die „gruppensolidarität" (LV 714) zu stärken. Gegen Ende seiner Gefangenschaft darf der Erzähler mit Ahmad, mit dem Krieger, der ihn verhaftet hat, am Kriegstanz teilnehmen. Und dabei erlebt er, wie Tanz und Kampf auf nicht mehr unterscheidbare Weise ineinander übergehen. „Ahmad kämpft", heißt es da, „er ringt mit mir um das kaum noch wahrnehmbare moment der vorherrschaft, die dem anderen die nachfolge aufzwingt" (LV 803). Die Stammeskrieger repräsentierten eine Gemeinschaft, die Gewalt nicht auslöse, sondern beherrsche. So habe er sich „paradoxerweise [...] nie sicherer gefühlt als unter diesen waffenstarrenden kriegern". Fern vom „schlachtfeld" sei „ihr kriegerisches auftreten eine streng ritualisierte und kontrollierte form von gewalt". Hier müsse er „weniger unerwartete gewaltausbrüche fürchten" als in seiner europäischen „pazifierten, doch wesentlich unbeherrschteren kultur" (LV 714). Gewaltkontrolle aber bedeutet in dieser Stammesgesellschaft auch ständige Kriegsbereitschaft. „Wir dürfen miszstände oder unrecht nicht dulden, nur um einem krieg aus dem weg zu gehen" (LV 609), doziert Ahmad. Wenn „friedfertigkeit", so fährt er fort, dem Ausweichen einer notwendigen kriegerischen Konfrontation gleichkommt, sei sie „eine tugend von sklavenseelen" (LV 610). Der Erzähler überdenkt diese Argumente und kommt zu dem Schluß: „Der frieden musz mächtiger als die gewalt sein, um ihr einen gewaltverzicht diktieren zu können" (LV 609, 610), d.h. der „anspruch auf friedliche konfliktlösungen" müßte „notfalls" auch mit der Bereitschaft zur „gewalt" (LV 609) behauptet werden.

III

Gewaltsam ist der Erzähler an einen Ort verschleppt worden, an dem sich Verhaltensweisen und Ehrauffassungen aus vorindustrieller Zeit erhalten haben. Gerade die Gefangenschaft zwingt ihn zur vorübergehenden Anpassung an die fremde Welt. An kulturkomparatistischen Überlegungen mangelt es in dem Buch nicht. „Ehre und schande" seien auf viel radikalere Weise als im Westen „die zentralen pole" (LV 652), auf die hin gesellschaftliches Verhalten ausgerichtet sei. Die Anerkennung durch den Stamm sei das zentrale Kriterium für die Selbstachtung des einzelnen. Nach einem Gespräch mit Ahmad fällt dem Erzähler kein „gemeinsamer oder verbindender wert ein". „In meiner kultur", überlegt er, „gilt das (über-)leben des einzelnen alles, hier gilt es nichts" (LV 610). Der Erzähler bleibt sich der grundsätzlichen Unterschiede der beiden Kulturen bewusst, aber er nimmt bei sich auch eine Art von Assimilation an die fremde Umwelt wahr. Zu Beginn seiner Zeit als Gefangener ist er so deprimiert, dass ihn die politischen Ereignisse nicht einmal mehr berühren. „Was interessiert mich die schlacht um 'Aden oder die bombardierung des weltkulturerbes Sana'a", klagt er, wenn er „wie ein tier im dreck leben" (LV 577) müsse. Er spricht von „verschwendeter lebenszeit", davon, dass er sich „wie lebendig begraben" (LV 565) vorkomme. Aber diese Phase des Schocks vergeht bald. Einmal überlegt er:

> Wie lange will ich noch bleiben? Die wiederholungen üben eine hypnotische wirkung aus. Ich werde immer willenloser. Ein verführerischer prosz der entmündigung ist im gange. Ich bin nicht unglücklicher hier, ja, glücklicher, als ich an vielen früheren orten war. Doch hat der alltag etwas vegetatives. Ich bewege mich nicht mehr. Ich schlage wurzeln, wachse nach innen. (LV 714)

Der Vergleich zwischen Europa und dem Mittleren Osten ist das Thema eines Films, dessen Exposé im Roman erzählt wird. Der Film „beschreibt die Begegnung zweier verschiedener Kulturen im gegenwärtigen Jemen, repräsentiert von den Jungen Abdallah und Adrian" (LV 497). Adrian, der einen jemenitischen Vater und eine deutsche Mutter hat, verlebt einen Teil seiner Kindheit in

Deutschland, während Abdallah in einem Bergdorf des Jemen aufwächst. Adrian, der herausfinden will, in welche Kultur er eigentlich gehört, fährt aus Deutschland wieder nach Südarabien zurück, um seine Freunde wiederzusehen, vor allem aber, um dort „einem unbekannten Teil seiner selbst zu begegnen" (LV 498). Mit Abdallah und den Männern des Dorfes ziehen sie auf einen Berg, „um dort *Bar'a* aufzuführen". Abdallah „zeigt seinem Freund die Schritte und Bewegungen des Tanzes". Der Film endet damit, dass Adrian sich einreiht „in die Gruppe der tanzenden Krieger" (LV 499), womit er seine identitätsmäßige Heimat gefunden hat.

Der Erzähler selbst ist aber kein Adrian, und es fällt ihm schwer, Zugang zur fremden Kultur zu finden. Wie nah er die jemenitische Gesellschaft auch erlebt, die „grenzen der begegnung" bleiben bestehen. Der Diwan ist in südarabischen Häusern der Empfangsraum für Gäste. Um die Distanz zu verdeutlichen, die man ihm gegenüber wahrt, spricht der Erzähler davon, dass er als Gast „nur bis in den ‚diwan der seele' vorgelassen" werde, während ihm die „inneren räume" der fremden Kultur verschlossen bleiben (LV 594).

In Sana wird er sich seiner Rolle als Tourist bewusst. So lädt man ihn in das „jordanische restaurant im diplomatenviertel" der Hauptstadt ein. Dessen „folkloristischer stil" erinnert ihn an „ein arabisches Restaurant in Frankfurt". Das „ganze ambiente" sei im „höchsten masze artifiziell, eine arabische simulation europäischer erwartungen" (LV 500). Eine authentische islamische Umgebung lernt er lediglich während seiner Gefangenschaft kennen; ansonsten trifft er auf hybride kulturelle Gemengelagen. In Marib begegnet er einem „jungen Beduinen", dem „direktor der schule", der zum traditionellen „krummdolch auch einen amerikanischen revolver im gürtel" trägt, und der neben sich „an seinem Schreibtisch" eine russische „kalaschnikow" griffbereit stehen hat (LV 530). Und in Thafir wartet ein arabischer Freund auf ihn, der die West-Mimikri mit „jeans, lederjacke und cowboystiefeln" (LV 210) so weit getrieben hat, dass er selbst schon einem amerikanischen Touristen gleicht. Obwohl er in den jemenitischen Städten bereits von einer verwestlichten Zivilisation umgeben ist, bleibt ihm Sana auch nach vier Monaten ein Ort „von beispielloser tristesse". Der „nahezu vollständige Mangel an kulturellem leben verdeutlicht" ihm, wie sehr er „europäer" ist (LV 457). Und umgekehrt lassen ihn die „bewohner Shahárahs" das „fremdsein spüren": „Die männer grüszen nicht zurück", geben sich „hart, verschlossen, freudlos" (LV 437). „Ich bin ein fremder", sieht der Erzähler ein, „der, wenn er auch nicht gleich misztrauen erregt, so doch auf befremden" stößt. Ständig stehe die Frage im Raum: „Was will er hier?" (LV 169). Das Leiden am Nichtdazugehören, an der Distanz wird vom Erzähler nicht vertuscht oder verdrängt. Er notiert:

> Der status des unübersehbar fremden ist auf dauer anstrengend: mich ständig herausgehoben, beobachtet, kontrolliert zu fühlen, mich nie gehen lassen, in der menge verlieren zu können; mich selber kontrollieren, immer aufmerksam und freundlich sein und zurücklächeln zu müssen, weil ich nie nur mich selber, sondern immer auch den fremden an sich repräsentiere. (LV 345)

Im Vergleich mit dem Dorf Bejt al-Hadschar ist in der Hauptstadt Sana alles anders. Hier lebt man nicht in einem Ort, wo noch Traditionen regieren, sondern in der Metropole eines „autokratisch regierten dritte-welt-staates", wo die „politischen spielregeln" von „machtstreben und profitgier" (LV 199) bestimmt werden. Im Gespräch mit dem einheimischen Schriftsteller Abdul Malik erfährt der Erzähler von den polizeistaatlichen Verhältnissen im Jemen:

> Das soziale Klima ist gegenwärtig so antiintellektuell, dasz ich mich bereits physisch bedroht fühle. Meine schriften sind verboten, oder, was noch schlimmer ist, werden gar nicht zur kenntnis genommen. Andererseits wird bereits eine klage über den unerträglichen staub in den straszen als oppositionelle äuszerung gewertet. Alles, das reden wie das schweigen, ist in diesem land gefährlich" (LV 153).

Die nüchterne Selbsteinschätzung des Erzählers in seiner Rolle als Gastwissenschaftler hebt sich erfreulich ab von der Kulturarroganz und dem Eurozentrismus des Kollegen Dick Barber. Der schwadroniert von der „verhärteten", „streng ritualisierten" und „ängstlichen" arabischen Gesellschaft, von der „überlegenheit des westens", wo die „spielerische" die „konservative" (LV 225) Haltung abgelöst habe. Hier werden Spielhaltung und Imperialismus in direkter Wechselwirkung gesehen. Dick Barber meint: „Das bedeutet, dasz die Briten ihr Weltreich erobert haben, indem sie das erobern als sportlichen wettkampf begriffen, als fortsetzung des bereits in den schulen trainierten spielgeistes" (LV 226).

Leeres Viertel enthält vielschichtige Analysen eines arabischen Landes aus westlicher Perspektive. Gegen Ende des Buches ist eine kleine poetologische Selbstreflexion über das Tagebuch des Erzählers im Jemen eingeflochten. Sie erinnert daran, dass es sich hier weder um eine politische Streitschrift noch um eine anthropologische Studie handelt, auch wenn das Buch voll ist von politischen Einsichten und anthropologischen Beobachtungen. *Leeres Viertel* ist ein intellektuell anspruchsvoller europäischer Abenteuerroman, der seine Gattungsgeschichte nicht verleugnen will. Lese-, Erfahrungs- und Schreiberlebnis sind dabei untrennbar miteinander verflochten und amalgamieren sich zu einer poetischen Einheit. Der Erzähler überlegt:

> Kann es sein, dasz ich mitten in einem abenteuer bin, von dem ich früher voller sehnsucht gelesen habe? Doch wo ist die intensität des daseins, die ich in der phantasie mit derlei erlebnissen verband? Wo ist die bereicherung, die für die anstrengungen, gefahren und verluste, die solch ein abenteuer kostet, entschädigt? Ja, wüstenfestungen, beduinenzelte, pferde und kamele, raubzüge, gefangennahmen, verschleierte frauen, bärtige krieger, dschinne und ghule, die ganze orientalische kulisse, in die wir uns aus der heimatlichen behaglichkeit hineinträumen. Nun bin ich inmitten dieses romans und das ganze exotische interieur begegnet mir als alltag. Fremd, geheimnisvoll ist es nur zwischen den plastikverschweiszten leineneinbänden der bibliotheksausgabe. [...] Und wenn wir, anstatt zu reisen, jene abenteuer wirklich nur erfänden? Wären sie unwahrer als die tatsächlich erlebten abenteuer? Was unterscheidet das imaginäre ereignis vom erlebten? Allenfalls eine differenz im schreibenden. Als geschriebenes ist es identisch. (LV 723)

5. EXKURS

Nationalsozialisten im Nahost-Exil bei Born und Koeppen

Negativer Kulturtransfer und „Viertes Reich"

I

Eines der vielversprechenden Gebiete gegenwärtiger interkultureller und interdisziplinärer Arbeit ist die Forschung zur Verflechtung der Kulturen. Kulturtransfers zwischen Regionen und Kontinenten vollziehen sich seit Menschengedenken, aber in der Ära der Globalisierung haben sie zeitlich eine Beschleunigung und räumlich eine Expansion erfahren. In den Forschungen zum Kulturtransfer ist bisher durchweg die Rede von zivilisatorisch bedeutsamen Diskursübernahmen.[1] Weniger geht es um den Blick auf die sinistren Seiten der Kultur, etwa um den Transfer nationalsozialistischer Ideologie und Aktivität in nicht-europäische Weltregionen.

Der aktuelle Gedächtnisdiskurs in Deutschland vergegenwärtigt die Verbrechen des Nationalsozialismus während des Kriegs und im Holocaust. Die Diskussion um die Gestaltung von Denkmälern und Erinnerungsorten ist international und beschäftigt Schriftsteller, Wissenschaftler aller geistes- und sozialwissenschaftlichen Fächer, Städteplaner, Architekten und nicht zuletzt die Politiker.[2] Dabei ruft man jedoch fast ausschließlich jene zwölf Jahre zwischen 1933 und 1945 in Erinnerung, als der Nationalsozialismus in rascher Folge seine Phasen vom rauschhaften Aufstieg über den kurzen Triumph bis zum totalen Niedergang durchlief. Vergessen wird, dass führende Nationalsozialisten zu Tausenden nach Kriegsende in die unterschiedlichsten Länder entkamen und im Dienst anderer Staaten tätig wurden, ohne dass sie ihre politische Einstellung hätten revidieren müssen. Über diese nationalsozialistische Kontinuität über das Kriegsende hinaus

---

[1] Michael Werner, „Maßstab und Untersuchungsebene. Zu einem Grundproblem der vergleichenden Kulturtransfer-Forschung". In: *Nationale Grenzen und internationaler Austausch. Studien zum Kultur- und Wissenschaftstransfer in Europa*, hg. v. Lothar Jordan und Bernd Kortländer (Tübingen: Niemeyer, 1995), S. 21-33. Im gleichen Band: Bernd Kortländer, „Kultur- und Wissenschaftstransfer in Europa", S. 1-19. Vgl. ebenfalls: Michael Werner (Hg.), *De la comparaison à l'histoire croisée* (Paris: Seuil, 2004); Peter Burke, *Kultureller Austausch* (Frankfurt am Main: Suhrkamp, 2000); Ortrud Gutjahr, „Interkulturalität: zur Konjunktur und Bedeutungsvielfalt eines Begriffs". In: *Germanistik als Kulturwissenschaft. Eine Einführung in neue Theoriekonzepte*, hg. v. Claudia Benthien und Hans Rudolf Velten (Reinbek bei Hamburg: Rowohlt, 2002), S. 345-369.

[2] James Young, *Formen des Erinnerns. Gedächtnisstätten des Holocaust*. Wien: Passagen, 1997).

hat es keine zusammenhängende öffentliche Debatte gegeben und die historischen Recherchen dazu sind spärlich.

Zahllose Nationalsozialisten – besonders Angehörige der SS – begannen seit Ende 1944, sich nach Südamerika, Afrika[3] und in arabische Staaten abzusetzen, in Länder, die man zur Zeit des Kalten Krieges der sogenannten Dritten Welt zurechnete.[4] Die meisten der Alt-Nazis änderten ihre Identität und wanderten mit gefälschten Pässen aus. In den Nachkriegsjahren gab es sowohl im Vatikan wie in englischen und amerikanischen Regierungskreisen Gruppen, die NS-Kriegsverbrechern die Flucht aus Deutschland ermöglichten. Das hatte mit der Situation des Kalten Krieges zu tun, in der man glaubte, bei antikommunistischen Nationalsozialisten Verbündete in der Abwehr des Stalinismus und der sowjetischen Expansionspolitik zu finden. In den Zufluchtsländern war man meistens über die Herkunft der Flüchtlinge informiert, doch hatten sie durchweg keine Verfolgung zu gewärtigen, weil der nationalsozialistischen Herrschaft und ihrer Ideologie schon während des Krieges Sympathien bezeugt worden waren. Das „Großdeutsche Reich" hatte eine aktive Infiltrationspolitik in den lateinamerikanischen und arabischen Ländern betrieben. Über die deutschen Botschaften und Konsulate hatten Joachim von Ribbentrop und Joseph Goebbels große Teile der politischen Eliten jener Länder für die NS-Ideologie und die Politik Hitlers gewinnen können. Man erhoffte sich in den südamerikanischen Staaten nach einem Sieg Hitlers eine Schwächung des US-amerikanischen Einflusses, und die arabischen Länder glaubten, sich mit Hife der Deutschen der kolonialen Dominanz Englands und Frankreichs entziehen zu können. So wurden die „alten Nazis" – die zum Teil noch recht jung waren – als Gleichgesinnte willkommen geheißen. Man ver-

---

3 Über den ehemaligen SS-Arzt Horst Schumann in Ghana gibt es einen nicht-fiktionalen autobiographischen Bericht von Hans Werner Richter, „Die Auslieferung", in: H.W.R.: *Reisen durch meine Zeit. Lebensgeschichten* (München: Hanser, 1989), S. 87-114. Schumann war in Auschwitz als Mediziner an sogenannten „Menschenversuchen" beteiligt gewesen. Richter beschreibt hier, wie er 1961 von Simon Wiesenthal gebeten wurde, sich bei einem Besuch in Ghana für die Auslieferung Horst Schumanns an Deutschland einzusetzen. Richter besuchte damals in Accra, der Hauptstadt Ghanas, eine internationale Anti-Atom-Konferenz. Bei einer Audienz mit dem Ghanischen Staatspräsidenten Kwame Nkrumah brachte Richter sein Anliegen vor, und Nkruhma versprach, Schuhmann in wenigen Wochen an die Bundesrepublik Deutschland auszuliefern. Das geschah aber nicht, im Gegenteil wurde Schumann mit einer wichtigen Verwaltungsfunktion im medizinischen Bereich Ghanas betraut. Erst als Nkrumah 1966 gestürzt wurde, musste Schumann das Land verlassen. In Deutschland wurde er inhaftiert und ein Gerichtsverfahren gegen ihn eröffnet, das aber wegen seiner Hinfälligkeit unterbrochen wurde. 1972 wurde er wegen seiner Krankheit aus dem Untersuchungsgefängnis entlassen. Er starb 1983 in Frankfurt am Main. Offenbar hatte Nkrumah eine Schwäche für Altnazis, denn er stellte Hanna Reitsch als seine Pilotin ein und ließ sie eine Segelflugschule aufbauen. Vgl. Hanna Reitsch, *Ich flog für Kwame Nkrumah* (München: J.F. Lehmanns Verlag, 1968).

4 Ignacio Klich, „Nazis in der dritten Welt. Ein unbeendeter Krieg". In: *taz* (Magazin). 19.3.1984, S. 10-11. Der Beitrag erschien erstmals im Juli 1983 auf Französisch in *Le Monde Diplomatique*. Zum allgemeinen Kontext des hier behandelten Themas siehe Marcel Atze: *„Unser Hitler". Der Hitler-Mythos im Spiegel der deutschsprachigen Literatur nach 1945* (Göttingen: Wallstein, 2003). Vgl. dazu auch die Rezension dieses Buches von Paul Michael Lützeler. In: *Gegenwartsliteratur* 3 (2004): 306-309.

schaffte ihnen Stellen als Militärausbilder oder -berater, an Forschungszentren – vor allem in Rüstungsbetrieben – , in der Industrie und im Handel (auch im Waffenschmuggel), und nicht wenige fanden in der Landwirtschaft ein Betätigungsfeld.

Diese Vorgänge blieben im Nachkriegs-Deutschland kein Geheimnis. In der Öffentlichkeit des ersten Jahrzehnts nach 1945 wurde versucht, die Zeit des Krieges und der Mordaktionen an den Fronten und in den Konzentrationslagern vergessen zu machen. Auch das Entkommen nationalsozialistischer Krimineller ins Ausland war kein Thema, das die Bevölkerung bewegt hätte. Das Einüben ins Nichthinsehen, ins Weghören, ins Übergehen, ins Verdrängen hatte man während der ganzen Zeit der Hitler-Diktatur geübt, und das änderte sich nach Kriegsende nicht. Damals stellte man sich auf den Überlebenskampf im Trümmer-Deutschland ein, und in den fünfziger Jahren sorgte der Rausch des Wiederaufbaus und eines bisher unbekannten Konsums im sogenannten Wirtschaftswunder dafür, dass die moralischen Schuldhypotheken der Vergangenheit den öffentlich-politischen Diskurs nicht beherrschten. Ausnahmen bildeten in den unmittelbaren Nachkriegsjahren das von Martin Niemöller initiierte Schuldbekenntnis der Evangelischen Kirche und die von Karl Jaspers angestoßene Schulddiskussion.[5]

In Borns Roman *Die Fälschung*[6] begegnet Gregor Laschen Rudnik, einem aus Österreich stammenden alten Nazi, der seit Jahrzehnten im Libanon lebt. Über seine Aktivitäten während der Kriegszeit lässt Rudnik nichts verlauten, außer, dass er schon als „junger Mensch", also vor knapp vierzig Jahren, im spanischen Bürgerkrieg bei der „Legion Condor [...] gedient habe" (DF 69). Die Vernichtung Guernicas durch die Legion Condor war bekanntlich der Auftakt jenes Luftkriegs, dem die deutschen Angriffe auf Warschau, Rotterdam, Coventry und London folgten, und der schließlich auf Deutschland mit vernichtender Gewalt zurückschlagen sollte.[7] Rudnik, ein Luftkrieger der ersten Stunde, gibt auch nichts über seine Aktivitäten im Libanon preis, betont bloß seine Neutralität, hebt hervor, dass er nur beobachte, sich für keine der Kriegsparteien engagiere. Zu vermuten ist, dass eine Parteinahme für ihn geschäftsschädigend wäre. Er kennt die sich befehdenden Gruppen der christlichen Falange, der Exilpalästinenser und der Muslims, aber seine Einschätzung der Situation ist rassistisch gefärbt, und er geht Laschen auf die Nerven mit Kommentaren, die von einer ungebrochenen Nazimentalität zeugen. Rudnik interpretiert den Blick auf die Scheußlichkeiten der Massaker als individuellen Härtetest, den man bestehen müsse. Wenn er sich die Fotos mit Hinrichtungen und zerstümmelten oder geschände-

---

5 Hermann Glaser, *Kulturgeschichte der Bundesrepublik Deutschland*, Bd. 1, S. 113, Bd. 2, S. 287. (München: Hanser, 1985, 1986). Vgl. ferner: Aleida Assmann, „Ein deutsches Trauma? Die Kollektivschuldthese zwischen Erinnern und Vergessen". In: *Merkur* 53.608 (1999): 1142-1154.
6 Nicolas Born, *Die Fälschung. Roman* (Reinbek bei Hamburg: Rowohlt, 1979), in der Folge zitiert mit der Abkürzung „DF" und Seitenangabe.
7 Volker Hage, *Zeugen der Zerstörung. Die Literaten und der Luftkrieg* (Frankfurt am Main: S.Fischer, 2003).

ten Leichen anschaut, konstatiert er nur kühl die „Wahrheit" des Kriegsgeschehens. Im Roman heißt es:

> Mehr noch als beim Anblick der Bilder erschauerte Laschen jetzt beim Klang der Stimme von Rudnik, in der es auch nicht mal einen Anflug von Genuß, von Sadismus gab. Es war die trostlose Sachlichkeit darin, die ihn verstörte, diese angebliche Notwendigkeit, die Augen nie zu verschließen, die Genugtuung, sie offenhalten zu können, was auch passiert, diese mörderische Objektivität, mit der ein solcher Mensch niemals in Versuchung geriete, sich selbst mit einem Sterbenden oder Toten zu vergleichen, das Nichts und das Niemehr, in das jene hineingestürzt, für sich selbst vorbereitet zu sehen. (DF 167)

Rudnik ist für Laschen ein bloßer „Hüllenmensch", eine Person ohne Empathie, die Inkarnation der „Menschenverachtung" (DF 167). Ob Born bei der Charakterisierung Rudniks einen bestimmten ehemaligen Nazi vor Augen hatte, ist schwer zu sagen. Der bekannteste Fall eines in die arabische Region geflohenen SS-Offiziers war der von Alois Brunner. Brunner hatte 1941 die Nachfolge von Adolf Eichmann als Leiter der „Zentralstelle für jüdische Auswanderung" in Wien übernommen und war für die Deportation tausender Wiener Juden in Vernichtungslager verantwortlich.[8] Im Verlauf des Krieges verfolgte er Juden in Griechenland und Frankreich, wo er 1954 in Abwesenheit zum Tode verurteilt wurde. Im gleichen Jahr setzte er sich nach Syrien ab und arbeitete dort mit dem Geheimdienst zusammen. Gefasst wurde er nie; Gerüchten zufolge soll er 1996 in Syrien verstorben sein.[9] Brunner ist nicht das Vorbild für Borns Rudnik, aber was sie teilen, ist die Nazimentalität. Rudnik ist stolz darauf, dass er „innerlich" noch „härter" geworden ist, als er es in der „Jugend gewesen" sei. Und deswegen „blühe" er im Bürgerkrieg „auf": „es sei ihm lange nicht mehr so gut gegangen" (DF 224). Rudniks „Euphorie" wertet Laschen als „irgendein umgeleitetes Interesse an Pornografischem" (DF 227). Als Laschen vom Massaker in Damur, über das er berichten soll, ins Beiruter Hotel zurückkehrt, fragt ihn Rudnik, ob sich die „Sache [...] gelohnt habe" (DF 196). Rudnik interessiert nur der Verwertungsaspekt des Krieges. Gerade die Fürchterlichkeiten in Damur sind es, die Laschen in die Identitätskrise als Journalist stürzen. Laschen verachtet Rudnik als alten Nazi, aber er erkennt auch seine Randständigkeit. Bei Born liest man dazu:

> Was hieß es schon, daß Rudnik ein scheußliches Fossil war, ein etwas heruntergekommenes, gebrochenes, schäbiges und schnüffelndes Deutsches Reich, das täglich und wohlgemut überlebt und täglich noch kleine Siege erringt, hier und da auf der Landkarte. Ein paar solche Monster, zäh und schnurgerade, liefen eben noch herum, ohne zu bemerken, daß sie kaum mehr in die Landschaft paßten, während die eigentliche, übriggebliebene Macht sich verwandelt hatte. (DF 227)

---

8 Vgl. dazu: Hans Safrian, *Die Eichmann-Männer* (Wien, Zürich: Europaverlag, 1993).
9 Georg M. Hafner, Esther Schapira, *Die Akte Alois Brunner* (Frankfurt am Main und New York: Campus, 2000).

II

Nicolas Born dürfte bei der Charakterisierung Rudniks an einen alten Nazi im arabisch-nahöstlichen Exil gedacht haben, wie Wolfgang Koeppen ihn bereits fünfzehn Jahre zuvor in seinem Roman *Der Tod in Rom* porträtiert hatte. Es gibt eigentlich nur ein großes deutschsprachiges Romanwerk aus den frühen fünfziger Jahren, in dem die Gegenwart der Nazi-Vergangenheit ohne Beschönigung oder Verharmlosung zur Sprache gebracht wird. Das ist Koeppens zeitkritische Romantrilogie mit den Einzeltiteln *Tauben im Gras* (1951), *Das Treibhaus* (1952) und *Der Tod in Rom* (1954). Eingängiger, psychologisch überzeugender und atmosphärisch dichter als jede historiographische oder soziologische Studie es könnte, ist *Der Tod in Rom*[10] eine Phänomenologie des Nationalsozialismus. Fast alle für diese Bewegung bezeichnenden Typen kommen vor: der vorsichtige Mitläufer, der aktive Förderer, der fanatische Ideologe, der Karrierist, der skrupellose Verbrecher. Ihr Verhalten in der Hitler-Zeit wird retrospektiv eingeblendet und ihre Wendungen oder Verhärtungen, ihr Überleben oder der Versuch eines Weitermachens wie bisher wird geschildert. Die Hauptfigur des Romans ist der ehemalige SS-General Gottlieb Judejahn, der 1945 bei Kriegsende aus dem zerstörten Berlin geflohen ist und nun – mit gefälschter Identität – in einem arabischen Land Chef einer Kaserne und Militärberater geworden ist. Schon der Name des Protagonisten ist bezeichnend. „Jahn" ist abgeleitet von Mittelhochdeutsch „janen" oder „jahnen", was die Bedeutung von „mähen" und „abhacken" hat[11]. Judejahn, der im Roman auch mit dem Gott des Todes assoziiert wird, ist für die Juden der Sensenmann, der Todbringer. Sein Vorname Gottlieb wird von Judejahn selbst abgelehnt; er lässt sich lieber „Götz" nennen, worin sich seine Selbstvergottung und sein Machtwahn ausdrückt. Judejahn ist eine synthetische Figur, die Züge einer ganzen Reihe von SS-Generälen trägt. Die Ähnlichkeit Judejahns mit dem SS-General Karl Wolff ist nicht zu übersehen. Wie Wolff stammt Judejahn aus einer bürgerlichen Familie, meldet sich nach dem „Notabitur" mit siebzehn Jahren im Ersten Weltkrieg als Freiwilliger, wird 1918 als Leutnant aus der kaiserlichen Armee entlassen, beteiligt sich nach dem Krieg an Aktionen der rechtsradikalen Freikorps, tritt in der sog. Kampfzeit der NSDAP in die SS ein und macht dort eine steile Karriere, die ihn direkt ins Machtzentrum der SS um Himmler und zu einem Handlanger Hitlers macht.[12] Wie Judejahn übernimmt Wolff im Sommer 1943 nach der Besetzung Roms durch deutsche Truppen die Befehlsgewalt über Wehrmacht und Polizei im deutschen Ein-

---

10 Wolfgang Koeppen, *Der Tod in Rom*, in: W.K., *Tauben im Gras, Das Treibhaus, Der Tod in Rom*. (Stuttgart: Goverts, 1969), S. 417-618; abgekürzt mit „TR" und Seitenangabe.
11 *Deutsches Wörterbuch* von Jacob und Wilhelm Grimm, Bd. 10 (München: dtv, 1984), S. 2229.
12 Jochen v. Lang und Claus Sibyll, *Der Adjutant. Karl Wolff: Der Mann zwischen Hitler und Himmler* (München, Berlin: Herbig, 1985). Anders als Judejahn hatte Wolff keinen Volksschullehrer zum Vater, sondern einen Landgerichtsrat, und einen ausgeprägten Vater-Sohn-Konflikt, wie er im Roman geschildert wird, kann es zwischen Wolff und seinem Vater nicht gegeben haben, weil der Landgerichtsrat Wolff schon verstarb, als sein Sohn Karl noch ein Kind war.

flussgebiet Italiens. Der vom italienischen König entlassene, von Hitler aber erneut eingesetzte Mussolini führt neben ihm nur eine Scheinexistenz als Staatsoberhaupt. (Bezeichnenderweise nennt Judejahn einen ihm bei seinem Besuch von 1954 in Rom zugelaufenen Kater „Benito".) Wolff ist wie Judejahn im „Dritten Reich" ein Schreibtischtäter, jemand, der selbst nie an Kampfhandlungen oder Mordaktionen teilgenommen hat, der immer nur aus der sicheren Distanz zum eigentlichen Kriegsgeschehen oder Verbrechen handelte. Aber anders als Judejahn im Roman kooperierte Wolff mit dem Vatikan und nahm hinter dem Rücken Hitlers Kontakt zu den Aliierten auf. Am 3. Mai, also wenige Tage vor dem offiziellen Ende des „Großdeutschen Reiches", unterzeichnete er die Kapitulationsurkunde der deutschen Truppen in Italien. Das bewahrte ihn, den Stellvertreter Himmlers, vor einem Kriegsverbrecherprozess in Nürnberg und damit vor dem Strang, wenn auch nicht – bis Mitte 1949 – vor einigen Jahren Untersuchungshaft im Zug des sogenannten Entnazifizierungsverfahrens. Judejahn in Koeppens Roman dagegen wird in Nürnberg zum Tode verurteilt und muß sich, will er nicht am Galgen enden, ins Ausland absetzen. Wolff brauchte nicht zu emigrieren, und erst in den 1960er Jahren, also lange nach der Publikation von *Der Tod in Rom,* wurde er in der Bundesrepublik doch noch verhaftet und zu fünfzehn Jahren Gefängnis verurteilt (von denen er allerdings nur fünf verbüßte): Im Zuge des Eichmann-Prozesses war seine Mitwisserschaft und Mittäterschaft beim Völkermord an den Juden offenbar geworden. Als Koeppen seinen Roman schrieb, war Wolff General-Vertreter der Illustrierten *Revue*, deren Anzeigenabteilung er leitete: mit einem Jahresgehalt von 120.000 Mark, einem Schlößchen am Starnberger See und einer repräsentativen Wohnung in Köln. Seine Kontakte zur Industrie, die er durch den Freundeskreis Himmlers hatte, waren die Voraussetzung für seine zweite Karriere gewesen. Koeppen muss den Fall Karl Wolff gekannt haben, sonst hätte er nicht die deutlichen Anspielungen auf ihn im Roman unterbringen können. Wolff stand in den Augen Koeppens für jene Bundesrepublik, die keinen Bruch mit der Nazi-Vergangenheit vollzogen hatte.

Aber Judejahn verkörpert dazu noch einen anderen Typus des ehemaligen Nazifunktionärs: Er will unbedingt seinen bisherigen Lebensstil weiterführen, will nach dem verlorenen Krieg weiterhin im Bereich des Militärischen agieren, sucht auch nach dem Zusammenbruch von Hitlers Imperium ein Betätigungsfeld für seinen Antisemitismus. Wie viele seiner ehemaligen Parteigenossen emigriert er: Judejahn findet ein neues Aktionsfeld in einem arabischen Königreich.

> Wo Judejahn befahl, war Preußens alte Gloria, und wo Judejahn hinkam, war sein Großdeutschland. Der Sand der Wüste war noch immer der Sand der Mark. Judejahn war verjagt, aber er war nicht entwurzelt; er trug sein Deutschland, an dem die Welt noch immer genesen mochte, in seinem Herzen. Der Flaggenmast reckte sich hoch in den Sturm, er reckte sich einsam gegen die sandverschleierte Sonne, er reckte sich hoch und einsam in das gottlose Nichts. Es wurde kommandiert. Schreie schlugen wie elektrische Kontakte durch die Soldaten. Sie strafften sich noch straffer, und die Fahne ging wieder einmal hoch! Welch herrliches Symbol der Sinnlosigkeit! Auf grünem Tuch leuchtete nun rot der Morgenstern. (TR 438)

Neben dem Schleifen von arabischen Soldaten soll Judejahn alte Nazis für die Militärausbildung rekrutieren und Waffengeschäfte für die Araber erledigen. Dazu heißt es im Roman:

> Er war frei; hier lag die Liste seiner Geschäfte. Er hatte Waffen zu kaufen, Panzer, Kanonen, Flugzeuge [...] Judejahn war bei Banken akkreditiert, er war bevollmächtigt. Er hatte mit Waffenschiebern aus beiden Hemisphären zu handeln. Er hatte alte Kameraden anzuwerben. Er saß im Spiel. Es machte ihm Spaß. (TR 439)

Die Versuche seiner Verwandtschaft, ihn wieder nach Deutschland zu locken, weiß er nicht zu honorieren. Man verspricht ihm, dass nach Wiedererlangung der deutschen Souveränität – die damals für das nächste Jahr 1955 anstand – niemand mehr an eine Vollstreckung des Nürnberger Urteils denken werde, ja dass gar eine gute Pension auf ihn, den ehemaligen General der Waffen-SS, warte. Aber Judejahn kann sich eine Umstellung auf den bürgerlichen Lebensstil in Deutschland nicht vorstellen. „Wie einst am Kurfürstendamm" werde man „Friede auf Erden" spielen, umgeben von „Juden und Judenknechten", eine Welt ohne „Uniformen", eine „ranglose ehrvergessene Welt". Das ist nichts für einen Judejahn, und während er in eine solche für ihn hoffnungslose Zukunft blickt, verspürt er „grüne Galle in seinem Mund" (TR 449-450). Koeppen nennt das Ineinander und das gegenseitig sich Bedingende von Gehorsam und Befehl, von Unterwerfung und Herrschaft, von Angst und Brutalität, von Macht[13] und Tod beim Namen. Das Psychogramm Judejahns liest sich so:

> Er hatte die Macht ausgekostet, aber um der Macht froh zu werden, brauchte er eine Einschränkung seiner Allmacht, brauchte er den Führer als Verkörperung und weithin sichtbaren Gott der Macht, den Befehlsgeber, auf den er sich berufen konnte vor dem Schöpfer, den Menschen und dem Teufel: Ich habe immer nur gehorcht, ich habe stets nur Befehle ausgeführt. Also hatte er Gewissen? Nein, er hatte nur Angst. [...] Als er die Macht erreicht hatte und ihr ins Gesicht sehen durfte, was hatte er gesehen? Den Tod. Die Macht war der Tod. Der Tod war der einzige Allmächtige. [...] Judejahn hatte dem Tod gedient. Er hatte ihn reich beliefert. Das entfernte ihn von den Bürgern [...]. Aber die Zeit arbeitete für Judejahn, und so wollte er zurück in die Wüste, Rekruten für den Tod drillen, und [...] wenn Schlachtfelder [...] frisch aufzureißen waren, würde Judejahn wieder marschieren. (TR 456-457, 471)

Nach Deutschland wagt Judejahn sich noch nicht zurück, und so trifft er seine Verwandten in Rom, der Stadt, in der er für knappe zwei Jahre während des Krieges die deutsche Besatzungsmacht innehatte, und die ihm nun, in bürgerlichen Friedenszeiten und nach dem Untergang des Faschismus, wie „eine tote Stadt", wie „reif zum Abservieren" (TR 476) erscheint.

---

13 Zum Thema Macht in Koeppens Roman *Der Tod in Rom* vgl. Richard L. Gunn, *Art and Politics in Wolfgang Koeppen's Postwar Trilogy* (Bern: P. Lang, 1983), S. 123-128. Ferner: Felicia Letsch, „Punktuelle Textinterpretationen – Wolfgang Koeppen: ‚Der Tod in Rom'". In: F.L., *Auseinandersetzung mit der Vergangenheit als Moment der Gegenwartskritik* (Köln: Pahl-Rugenstein, 1982), S. 21-39.

Ganz hat Judejahn aber seine Hoffnung noch nicht aufgegeben, dass sich in Deutschland das Blatt noch einmal wenden werde. Für die Zeit nach der „Souveränitätsverleihung in Deutschland" träumt er „von neuer Kampfzeit und neuer Bewegung und von der Sammlung der Schar der Getreuen" (TR 486). Seine Verwandtschaft schätzt ihn wegen solcher Erwartungen als „alten Narren" ein, als „ein Gespenst" der Vergangenheit (TR 594). Und dieser „Henker", dieses Gespenst „aus dem Totenreich", das selber „ein Tod" war (TR 428), dieses Gespenst, das „zur Endlösung" (TR 616) beigetragen hatte, kommt in Rom selbst zu Tode. Koeppens Roman handelt vom Tod Judejahns in Rom, vom Ende eines Vertreters des Totenkopfordens, der Tod verbreitenden und dem Tod verfallenen, den Tod feiernden Hitlergefolgschaft.[14] Koeppens Roman erschien Ende 1954, lag also 1955, als das Kriegsende zehn Jahre zurücklag, vor. Koeppen zeigt, wieviel an Nazimentalität und unverarbeiteter, unreflektierter und ungesühnter Vergangenheit das Leben der Bundesrepublik noch bestimmte. Im Tod des SS-Generals drückt sich vielleicht die Hoffnung aus, dass die Gespenster der Vergangenheit keine Chance auf eine Rückkehr an die Macht haben werden.

Mit Altnazis im Nahen Osten hat auch Edgar Hilsenraths 1977 publiziertes Buch *Der Nazi und der Friseur*[15] zu tun. Es fand in den 1970er und 1980er Jahren ein lebhaftes Interesse, weil hier ein Autor, der mit knapper Not den NS-Schergen entkommen war, auf neue, nämlich satirische Weise die Nachkriegskarriere eines ehemaligen SS-Offiziers schilderte. In Koeppens Phänomenologie nationalsozialistischen Verhaltens spielte der Opportunismus eine Rolle unter anderen, ist aber die Haupttriebfeder des negativen Helden in Hilsenraths Roman. Protagonist ist kein fanatischer Nazistratege, sondern der fiktive opportunistische ehemalige SS-Mann Max Schulz, der in einem von Hitlers Todeslagern zu den Massenmördern zählte. Er ist ein anpassungsfähiger Mitläufer, dem es sogar gelingt, sich nach dem Kriege als Jude zu maskieren. Er emigriert unter dem Namen seines von ihm selbst ermordeten Schulfreundes Itzig Finkelstein nach Israel und avanciert dort zum angesehenen Bürger, augenblickhaft sogar zum Volkshelden. Niemand kommt ihm auf die Schliche, doch ist der Herzinfarkt, an dem er stirbt, auf seine Alpträume zurückzuführen, in denen ihn seine früheren Mordtaten heimsuchen.

In der Germanistik hat man die romanhafte Auseinandersetzung mit dem Thema des exilierten Nazis bisher kaum beachtet. Es ist aber ein Kapitel der Literatur, das in der Auseinandersetzung mit dem fatalen Erbe des „Dritten Reiches" nicht ignoriert werden kann. Deutlich wird bei der Beschäftigung damit auch, wie die dichterischen Darstellungen mit ihren direkten und indirekten Hinweisen auf die Realgeschichte beim interpretierenden und analysierenden wissenschaftlichen Leser die Lektüre von historiographischen Arbeiten zum Thema provozie-

---

14 Jay W. Baird, *To Die for Germany. Heroes in the Nazi Pantheon* (Bloomington und Indianapolis: Indiana University Press, 1990).
15 Edgar Hilsenrath, *Der Nazi und der Friseur. Roman* (Köln: Braun, 1977).

ren. Der negative Kulturtransfer des „Vierten Reiches"[16] – wie das Phänomen des Nazi-Exils zuweilen genannt wird – auf die Länder der Dritten Welt, in denen sie agierten, ist eine eigene Untersuchung wert. Die Alt-Nazis sind in den Dritte-Welt-Ländern oft in wichtige Beratungsfunktionen berufen worden und haben demokratische Entwicklungen blockiert. Im Hinblick auf die Rezeption in Deutschland sind diese Romane Teil eines kritischen Diskurses über die NS-Vergangenheit und über ihre Fortwirkungen in der Gegenwart.[17]

---

16 Erich Erdstein, Barbara Bean, *Inside the Fourth Reich* (New York: St. Martin's Press, 1977).
17 Zum Thema allgemein vgl. Peter Reichel, *Vergangenheitsbewältigung in Deutschland: Die Auseinandersetzung mit der NS-Diktatur von 1945 bis heute* (München: Beck, 2001).

IV.

VON DEN 1960ER ZU DEN 1980ER JAHREN IN LATEINAMERIKA

1. BOLIVIEN

Gert Hofmann, *Vor der Regenzeit* (1988)

Mimikry feindlicher Brüder:
Klaus Barbie und Ernesto Che Guevara

I

Gert Hofmann kannte von seinen Reisen her Mexiko. Andere lateinamerikanische Länder hatte er nicht besucht, auch nicht Bolivien, das Land, in dem die Handlung seines Romans *Vor der Regenzeit* spielt. Den Anstoß zur Niederschrift gab kein konkreter Aufenthalt, sondern Zeitungslektüre. Als der Autor 1987 *Vor der Regenzeit*[1] schrieb, berichteten die internationalen Medien über den Prozess gegen den NS-Kriminellen Klaus Barbie. Dieser SS-Offizier, Jahrgang 1913, war während der französischen Besatzung des südlichen Frankreichs durch die Deutschen von 1942 bis 1944 Gestapo-Chef in Lyon gewesen. In dieser Funktion war er für die Ermordung von Mitgliedern der Résistance – unter ihnen Jean Moulin – sowie für die Deportation von etwa tausend Juden aus der Region verantwortlich. Seine Brutalität brachte ihm den Beinamen „Der Schlächter von Lyon" ein.[2] Er galt als der skrupelloseste Folterer der Gestapo. 1947 und 1952 war er in Abwesenheit in Lyon wegen seiner Verbrechen zum Tode verurteilt worden. Nach dem Krieg gelang es Barbie, sich in Deutschland zu verstecken, und als er 1947 wieder auftauchte, war er hochbezahlter Agent des amerikanischen Geheimdienstes CIC (Counter Intelligence Corps), wo er bis 1951 das tat, was er schon für die Nazis jahrelang betrieben hatte: ungenehme (jetzt kommunistische) Gruppen zu überwachen, auszuspionieren und auf ihre Zerstörung hinzuarbeiten. Als Frankreich die Auslieferung Barbies forderte und ihm wegen begonnener Ermittlungen der Boden in der Bundesrepublik zu heiß wurde, sorgten seine amerikanischen Vorgesetzten 1951 dafür, dass er nach Bolivien emigrieren konnte, wo er sich in der Hauptstadt La Paz niederließ. Er gründete eine Schiffahrtslinie mit Filiale in Hamburg und – so steht es in den biographischen Berichten über ihn – betätigte sich im Waffen- und Drogenhandel. Der Start in ein neues Leben wur-

---

[1] Gert Hofmann, *Vor der Regenzeit. Roman* (München: Hanser, 1988); in der Folge abgekürzt mit „VR" und folgender Seitenangabe.
[2] Magnus Linklater, Isabel Hilton, Neal Ascherson, *The Fourth Reich. Klaus Barbie and the Neo-Fascist Connection* (London etc.: Hodder and Stoughton, 1984).

de ihm durch das Netzwerk emigrierter Nationalsozialisten erleichtert. So vermittelte der aus Bayern stammende Hans Ertl (Leni Riefenstahls Kameramann beim Olympiafilm) ihm die erste Arbeitsstelle. Ertl war ein Jahr zuvor nach La Paz gekommen, und es entwickelte sich eine enge Freundschaft zwischen den Familien Ertl und Barbie. Damals konnte niemand voraussehen, dass es zwei Jahrzehnte später zur tödlichen Feindschaft zwischen der 1937 geborenen Monika Ertl, der Tochter Hans Ertls, und ihrem „Onkel" (wie sie ihn nannte) Klaus Barbie kommen sollte. Monika Ertl schloss sich nämlich nach dem Tod Che Guevaras in Bolivien der Nationalen Befreiungsarmee (ELN: Ejército de Liberación Nacional) an, die sich Ende der 1960er Jahre in einer Wiederaufbauphase befand. In Deutschland wurde sie als „Che Guevaras Rächerin" bekannt, weil sie – was aber nicht bewiesen ist – angeblich am 1. April 1971 in Hamburg den bolivianischen Konsul Roberto Quintanilla Pereira erschossen haben soll, der bei der Hinrichtung Che Guevaras Anfang Oktober 1967 einer der Hauptakteure gewesen war. 1972 versuchte Monika Ertl – gemeinsam mit Régis Debray – Klaus Barbie zu entführen, ein Plan, der jedoch scheiterte. Debray hat in seinem Roman *La Neige Brûle* (1977 bei Grasset in Paris erschienen) die Erinnerungen an Monika Ertl auf fiktionale Weise festgehalten.[3] Barbie ist nach Aussage von Régis Debray derjenige, der Monika Ertl die Falle stellte, die es bolivianischen Sicherheitskräften 1973 ermöglichte, die junge Frau zu erschießen.[4] Als Barbie 1951 in Bolivien eintraf, herrschte dort eine konservative Regierung, die sich auf die Macht der Latifundisten und Zinnbarone stützte. Es war aber auch das Jahr, als der Reformpräsident Victor Paz Estenssoro – damals vierundvierzig Jahre alt – als Kandidat des Movimiento Nacionalista Revolucionario (MNR) gewählt wurde. Den Regierungsantritt Estenssoros verhinderten die alten Kräfte jedoch zunächst, und nur eine Revolution verhalf ihm im Jahr darauf zur Macht.[5] Dass Barbie seine Identität änderte, versteht sich. Er nannte sich jetzt Klaus Altmann, wählte ausgerechnet den Familiennamen des Oberrabbiners von Trier, der in Auschwitz ermordet worden war. Barbie hatte den größten Teil seiner Kindheit und Jugend in Trier verbracht und kannte wie jedermann in der Stadt den Oberrabbiner Adolf Altmann. Er nahm den Namen aus einer verqueren Lust an der Herausforderung des Schicksals an.[6] Durch den Barbie-Prozess wurde die Weltöffentlichkeit auf Bolivien als Fluchtstätte ehemaliger Nationalsozialisten und

---

3 Régis Debray war in den 1960er Jahren ein Anhänger Che Guevaras und Fidel Castros gewesen. Vgl. sein Buch *La guérilla du Che* (Paris: Seuil, 1974). Vgl. dazu auch eine Stellungnahme aus den 1960er Jahren von Wolfgang Berner, *Der Evangelist des Castroismus-Guevarismus. Régis Debray und seine Guerilla-Doktrin. Wieso ‚Revolution in der Revolution'?* (Velbert: Blick + Bild, 1969).
4 Vgl. Christian Baudissins deutschen Dokumentarfilm *Gesucht: Monika Ertl* von 1989.
5 Herbert S. Klein, *A Concise History of Bolivia* (Cambridge: Cambridge University Press, 2003), besonders das Kapitel 8: „From the National Revolution to the Cold War, 1952-1982", S. 209-238.
6 Magnus Linklater et al., *The Fourth Reich*, S. 23-24.

Kriegsverbrecher aufmerksam. Während des Prozesses gegen Barbie von 1987 in Lyon erschien das Buch *Barbie in Bolivien*, dessen Mitautor Gustavo Sanchez[7] selbst maßgeblich an der Verhaftung Barbies in Bolivien und an seiner Auslieferung an Frankreich beteiligt gewesen war. Gleichzeitig stellte der Dokumentarfilmer Marcel Ophuls den Streifen *The Hotel Terminus* fertig, der über Barbie in Lyon berichtet[8] und international Beachtung fand. In *Barbie in Bolivien* wird gezeigt, dass der ehemalige SS-Hauptsturmführer nicht nur ein erfolgreicher Geschäftsmann geworden war, sondern auch ein Netzwerk „alter Kameraden" in Gang hielt und darüber hinaus einen denkbar negativen Einfluss auf die bolivianische Politik genommen hatte: Er war Vertrauter und Berater so ziemlich aller Diktatoren, die Bolivien von Mitte der 1960er bis Anfang der 1980er Jahre hervorgebracht hat: von René Barrientos und Hugo Banzer über Luis Garcia Meza bis Guido Vildosa. „Nach dem Auftauchen von Ernesto Che Guevara in Bolivien", so heißt es in einer biographischen Übersicht, „waren Barbies als Gestapochef erworbene Kenntnisse in *Bandenbekämpfung* (NS-Ausdruck für Partisanenabwehr) wieder gefragt"[9]. Barbie arbeitete für das bolivianische Innenministerium im Rang eines Oberst *ad honorem* als Ausbilder und Berater der Sicherheitskräfte. Ende der 1970er, Anfang der 1980er Jahre verlor die bolivianische Militärdiktatur – nicht zuletzt wegen ihrer Verfilzung mit dem internationalen Drogenkartell – jedes Ansehen und allen Kredit in der Welt. Dieser Tiefpunkt provozierte die demokratische Wende von 1982 unter Präsident Hernán Siles Suazo. Die neue politische Konstellation ermöglichte die Abschiebung Barbies nach Frankreich. Als 1988 Gert Hofmanns Roman erschien, war Barbie in Lyon zu lebenslangem Gefängnis verurteilt worden (er starb 1991 in der Haft), und in Bolivien, einem der ärmsten Länder des südamerikanischen Kontinents, schien die Zeit der Militärdiktaturen eine Sache der Geschichte zu sein. Damals wurde dort just jener Reformpräsident Estenssoro wieder Regierungschef, der von 1952 bis 1956 die nachhaltigste Landreform in einem lateinamerikanischen Land durchgeführt hatte.

Hofmann hat in *Vor der Regenzeit* einen alten Nazi, den fiktiven Wehrmachtsoffizier Heinrich von Hartung, als Hauptfigur seines Romans gewählt. Zwar ist Hartung kein *alter ego* von Klaus Barbie, und um einen Schlüsselroman handelt es sich nicht, aber es fallen doch so viele Parallelen auf, die die Erinnerung an den Fall Barbie wachrufen, dass man geneigt ist, von Mimikry zu sprechen. So gehören beide der gleichen Generation an, müssen die Bundesrepublik

---

7 Gustavo Sanchez und Elisabeth Reimann, *Barbie in Bolivien* (Köln: Pahl-Rugenstein, 1987). Vgl. ferner: Horst J. Andel, *Kollaboration und Résistance. ‚Der Fall Barbie'* (München: Herbig, 1987); Tom Bower, *Klaus Barbie. Lyon, Augsburg, La Paz. Karriere eines Gestapo-Chefs* (Berlin: Rotbuch, 1984).
8 Michel Ciment, „Joy to the World. An Interview with Marcel Ophuls". In: *American Film* 13 (1988): 38ff.
9 http://de.wikipedia.org/wiki/Klaus_Barbie.

wegen ihrer Nazi-Verbrechen scheuen und sind beide – Hartung ein paar Jahre früher als Barbie – über die sogenannte „Rattenlinie" nach Bolivien gelangt, und zwar nachdem sie sich vorher in „Argentinien und Paraguay" (VR 19) aufgehalten haben. Da ist von „Genua" die Rede, wo Hartung „in einem sogenannten *Rattenhotel* gewohnt und auf seine Einschiffung gewartet" habe. In Genua habe ihn „der Frachter ‚Corrientes' mitgenommen" (VR 18). So war auch Klaus Barbies Flucht verlaufen, wie wir den Büchern über ihn entnehmen: Auch ihm half der Vatikan, über Genua (wo er im „Rattenhotel" „Albergo Nazionale" untergebracht wurde) nach Lateinamerika zu entkommen. Auch der Dampfer, mit dem er sich am 16. März 1951 nach Buenos Aires einschiffte, hieß „Corrientes". Ohne das Aufsehen, das Bolivien als Exilland ehemaliger Nazi-Krimineller durch den Barbie-Prozess in den 1980er Jahren erregt hatte, wäre Hofmanns Roman wohl nicht geschrieben worden.

Das Land war zwanzig Jahre zuvor ins Rampenlicht der Öffentlichkeit geraten, als Ernesto „Che" Guevara in Bolivien gefangengenommen und erschossen worden war.[10] Der marxistische Revolutionär wurde durch seinen Tod in La Higuera im Herbst 1967 und durch die bald erfolgende Veröffentlichung seines Bolivianischen Tagebuchs zur Symbolfigur der rebellierenden Studentenbewegung der späten 1960er und frühen 1970er Jahre. Ein Gefolgsmann Fidel Castros bei der kubanischen Revolution in den späten 1950er Jahren, dann Wirtschaftsminister in der neuen kubanischen Regierung, suchte er Mitte der 1960er Jahre Revolutionserfahrung in Afrika zu sammeln, reiste dann im Herbst 1966 nach Bolivien, wo er mit einer kleinen Guerilla-Gruppe „eine Mutterguerilla"[11], einen sogenannten *foco*, einen revolutionären Fokus begründen wollte, von dem er annahm, dass von ihm aus eine Ausstrahlung auf revolutionäre Bewegungen in ganz Lateinamerika folgen werde. Zwar war sein revolutionäres Engagement im Kongo resultatlos verlaufen (er hatte vergeblich versucht, aus den dortigen in sich zerstrittenen Freischärlergruppen eine Armee von Aufständischen zu machen), doch verdankte sich der Erfolg der kubanischen Revolution zu einem nicht geringen Teil seinem Geschick als Stratege und Praktiker des Guerillakrieges. Sein Optimismus in Sachen Umsturz nährte sich auch aus der Überzeugung, dass die Nordvietnamesen ihren Krieg gegen Südvietnam und die Amerikaner gewinnen würden. Was Che Guevara vorhatte, war nichts Geringeres als die Beendigung der Vorherrschaft der USA über Lateinamerika und darüber hinaus die Emanzipation der südlichen von der nördlichen Welthälfte durch die Verwandlung der Länder Südamerikas in sozialistische Staaten nach kubanischem Vorbild. Als er 1966/67 in Bolivien agierte, wollte er die amerikanische Vorherrschaft dadurch beenden, dass er in Bolivien wie in den Nachbarstaaten Konflikte wie in Vietnam

---

10 Jorge G. Castañeda, *Che Guevara. Biographie* (Frankfurt am Main: Suhrkamp, 1998). Vgl. besonders die beiden Bolivien-Kapitel 10 und 11.
11 Jorge G. Castañeda, *Che Guevara*, S. 419.

provozierte: Die USA sollten sich durch ein übermäßiges Engagement auf maximal vielen Kriegsschauplätzen verausgaben und dadurch ihrer Überlegenheit verlustig gehen. Guevaras Glaube an die umstürzlerische Macht des *foco*, der kleinen Guerilla-Truppe, die aufgrund der Unterstützung der Bevölkerung anwachse und damit siegreich sein werde, war unerschütterlich. Er hatte nach der erfolgreichen kubanischen Revolution ein Handbuch des Guerillakrieges geschrieben, in dem er seine speziellen Erfahrungen im kubanischen Befreiungskrieg systematisierte und verallgemeinerte. Fidel Castro wäre ein Erfolg Che Guevaras nur recht gewesen, denn er hätte ihn von dem Druck aus Washington und der Abhängigkeit von der Sowjetunion befreien können. Die Ambitionen Che Guevaras standen allerdings in keinem Verhältnis zu den Mitteln, die ihm als selbsterklärtem Befreier Boliviens bzw. des Kontinents zur Verfügung standen, und die Übertragung kubanischer Erfahrungen auf die Verhältnisse in Bolivien waren ein so offensichtlicher Fehler, dass man die ganze Aktion nachträglich nur als politisch sinnlos oder als symbolischen Akt interpretieren kann. Was Che Guevara in Bolivien unternahm, stand auch im Gegensatz zu den relativ nüchternen Analysen, die er in seinem Buch über den Guerillakrieg angestellt hatte. Seine zentrale Einsicht dort war, dass eine erfolgreiche Revolution keineswegs (er zitierte auch China und Vietnam als Beispiele) von städtischen Zentren ausgehen müsse, sondern von den Agrarregionen aus unternommen werden könne. Das hielt er gerade in Südamerika für ein Erfolgsrezept. Zudem könne eine Revolution nur gelingen, wenn sie von der Bevölkerung – vor allem von der Landbevölkerung – unterstützt und dann getragen werde. In Bolivien war weder das eine noch das andere der Fall. Die Unzufriedenheit in den städtischen Zentren mit ihren ausgebeuteten und zunehmend entrechteten Bergarbeitern nahm Guevara nicht wahr. Statt dessen blieb er dogmatisch bei seiner Ansicht, dass die Landbevölkerung zu gewinnen sei. Die aber dachte nicht daran, sich den Revolutionären anzuschließen, denn Bolivien war eigentlich der einzige Staat Südamerikas, in dem es eine erfolgreiche Landreform gegeben hatte, wo das alte Haciendensystem bereits in Folge der Revolution von 1952 abgeschafft worden war, und wo gerade die indianische Bevölkerung erstmals nach hunderten von Jahren sich wieder als Landeigentümer etablieren konnte. Sie wurden wegen dieser neuen Besitztitel, die sie nicht gefährdet sehen wollten, zu einer staatstragenden und konservativen Machtgruppe, und Guevara musste erfahren – er hätte es eigentlich wissen müssen –, dass die Landbevölkerung ihn nicht unterstützen wollte. Was hätte ihnen eine sozialistische Revolution gebracht? Sie wären – unter anderen Vorzeichen – erneut enteignet worden. Guevaras Bolivien-Unternehmen war so, wie er es plante und durchführte, zum Scheitern verurteilt. Was blieb, war die Flucht in eine selbstmörderische Aktion, in einen Tod, der zwar das Ende einer gescheiterten Revolte war, gleichzeitig aber den Anfang des Che Guevara-Mythos bedeutete.[12] Wie

---

12 Vgl. dazu Hans Christoph Buch, „Blumen auf Stalins Grab: Zum Che-Guevara-Kult". In: Hans Christoph Buch, *Das rollende R der Revolution. Lateinamerikanische Litanei* (Springe: zu Klampen, 2008), S. 39-41.

stark der Che-Mythos unmittelbar nach dem Tod des argentinischen Revolutionärs gerade in der Bundesrepublik Deutschland bei der Protestgeneration zu wirken begann, ist Peter Schneiders Erinnerungsbuch *Rebellion und Wahn*[13] zu entnehmen. Rudi Dutschke sah sich auf dem internationalen Vietnam-Kongress vom Februar 1968 bereits als neuer Che Guevara, der von der „Weltrevolution" träumte. Er hatte gemeinsam mit seinem chilenischen Freund Gaston Salvatore Schriften Ches ins Deutsche übersetzt, und seinem 1968 geborenen Sohn gab er den Vornamen Hosea-Che. Eine Weisung des Commandante Che war als Motto auf einem großen Plakat im Auditorium Maximum der Technischen Universität, dem Veranstaltungsort des Kongresses, angebracht: „Für den Sieg der Vietnamesischen Revolution. Die Pflicht jedes Revolutionärs ist es, die Revolution zu machen."

II

Die Handlung in Gert Hofmanns *Vor der Regenzeit* spielt 1968, ein Jahr nach dem Ende Che Guevaras in Bolivien. Damals herrschte in Bolivien eine rechtsgerichtete Militärjunta[14] unter der Präsidentschaft von René Barrientos, der ein Freund und Gönner von Klaus Barbie war. 1968 war aber auch das Jahr der Studentenrevolte. Es ist die Zeit, in der in den europäischen Hauptstädten die Studenten mit Che Guevara-Plakaten gegen den Vietnam-Krieg protestieren. Hofmann rückt dem Nazi Heinrich von Hartung einen Bruder Johannes von Hartung zur Seite, dessen Idol der marxistisch-radikale Guerrilla-Krieger Che Guevara zu sein scheint. Die Namen von Barbie einerseits und Guevara andererseits werden bei Hofmann nie genannt, aber wer mit der Geschichte Boliviens, auf die im Roman immer wieder angespielt wird, vertraut ist, sieht hinter den verfeindeten Brüdern die Schatten des rechtsradikalen Deutschen und des linksradikalen Dritte-Welt-Revolutionärs aus Argentinien auftauchen. So ist es sinnvoll, von Mimikry[15] zu sprechen, denn bei dieser Nachahmung des einen durch den ande-

---

13 Peter Schneider, *Rebellion und Wahn. Mein '68. Eine autobiographische Erzählung* (Köln: Kiepenheuer & Witsch, 2008), Seiten 13, 205-206, 254, 257, 262.
14 Waltraud Q. Morales, *A Brief History of Bolivia* (New York: Facts on File, 2003). Vgl. dort das achte Kapitel „The Military and Counterrevolution (1964-1982)", S. 163-195. Zur kulturellen und politischen Situation in kleineren Ländern Südamerikas wie Bolivien und Ecuador in den 1940er Jahren vgl. Egon Schwarz, *Unfreiwillige Wanderjahre. Auf der Flucht vor Hitler durch drei Kontinente* (München: Beck, 2005).
15 Der Begriff „Mimikri" stammt aus der biologischen Entwicklungslehre und bezeichnet im Tierbereich die Nachahmung einer gefährlichen Tiergattung durch eine weniger gefährliche im Sinne von Tarnung oder Warnung. Vgl. dazu: Wolfgang Wickler, *Mimikry. Nachahmung und Täuschung in der Natur* (München: Kindler, 1971). In der Kulturwissenschaft ist der Begriff von Homi Bhabha benutzt worden, als er die – bei ihm zwischen Ironie und Angleichung changierende – tendenziell subversive Nachahmung der Kolonialherren durch die Kolonisierten beschrieb. Vgl. Homi K. Bhabha, „Of mimicry and man: The ambivalence of colonial discourse". In: H.K.B., *The Location of Culture* (New York und London: Routledge, 1994), S. 85-92. In unserer Analyse geht es bei der Mimikry nicht um die Subversion des Imitierten durch die Imitierenden, sondern – im Gegenteil – um eine Nachahmung, die mit der ursprünglichen Bedeutung

ren liegt zwar eine offensichtlich andere Ausgangsposition vor, und die Fremdheitsmerkmale zwischen den Idolen und ihren Imitatoren sind nicht zu übersehen, doch werden sie oft verwischt, indem durch Sprache, Habitus, Umgangsformen und Wertsetzungen die Angleichung versucht wird.

Heinrich von Hartung hat seine Identität verändert: er nennt sich jetzt Enrico von Ung (VR 19). Geboren ist er 1914; sein Bruder Johannes ist viel jünger, ist Jahrgang 1939.[16] Der Altersunterschied von fünfundzwanzig Jahren fällt auf und ist lebensgeschichtlich gesehen eher unwahrscheinlich. Worauf es Hofmann offenbar ankommt, ist den Generationsunterschied herauszustellen: Die beiden Brüder sind jeweils zu Beginn eines Weltkrieges geboren worden; der ältere gehört der Nazi-Generation an, der jüngere ist ein marxistischer Achtundsechziger *avant la lettre*. Die Brüder entstammen einer Offiziersfamilie, und ihr Vater, der es in seiner Laufbahn bis zum General gebracht hat (VR 62), unterscheidet sich, was militaristische, rassistische und nationalistische Ideologie betrifft, in nichts von seinem Sohn Heinrich. Gleichsam aus der Art geschlagen ist aber Johannes von Hartung. Hofmann variiert hier das alte Motiv der feindlichen Brüder, wie wir es aus den Mythen und der Weltliteratur kennen[17]: vom Neid Kains auf Abel aus dem vierten Kapitel der *Genesis*, von der tödlichen Feindschaft zwischen den Söhnen des Oidipus, also zwischen Polyneikes und Eteokles aus Sophokles' Tragödie *Oidipus Koloneus*, von der Erschlagung des Remus durch den Rom-Gründer Romulus sowie vom Hass zwischen Karl und Franz Moor in Schillers *Räubern*, um nur einige Beispiele zu nennen. Bei Kain und Abel ist der Neid auf die Gunst Gottes der Anlass für den Brudermord, bei Polyneikes und Eteokles wirkt sich der Fluch des Vaters aus, Romulus verteidigt seinen Anspruch auf Stadtgründung, wenn er Remus tötet, und Eifersucht ist im Spiel, wenn Franz den Karl beseitigen möchte. Nichts von alldem begründet die Feindschaft zwischen Heinrich und Johannes von Hartung. Sie ist vielmehr das Ergebnis des Gegensatzes von faschistischer und marxistischer Ideologie und Praxis. Dieser Gegensatz, wie er zeitgeschichtlich die Bürgerkriege in Lateinamerika von den

---

des Begriffs der Mimikry aus der Biologie verwandt ist: um die Übernahme eines Habitus und eines Äußeren als Warnsignal und Drohgebärde, wobei das Macht- und Gewaltniveau desjenigen, der nachgeahmt wird, durch den Nachahmer nie erreicht werden kann. Durch dieses Machtgefälle entstehen zuweilen ans Komische grenzende Situationen.

16 Das Alter Johannes von Hartungs wird von seinem älteren Bruder widersprüchlich angegeben. Heinrich erwähnt auf Seite 166, dass sein jüngerer Bruder im Sommer 1955 noch keine siebzehn Jahre war, was bedeutet, dass Johannes Hartung 1939 geboren sein muss. Hanspeter Brode, „Der tote Onkel im Museum (,Vor der Regenzeit')". In: *Schauplatz Menschenkopf. Der Erzähler Gert Hofmann*, hg. v. Hans Christian Kosler (München: Hanser, 1997), S. 177-179. Zu dieser Angabe steht im Gegensatz die Aussage Heinrich von Hartungs auf Seite 15, dass sein Bruder „neunzehn Jahre jünger" als er sei, d.h. im Jahr 1933 geboren wäre. Auf Seite 109 wiederum wird der Bruder (im Jahr 1968) als „ein Mann von über vierzig Jahren" geschildert, wobei dann die Geburt in das Jahr 1928 fallen würde.

17 Vgl. Dieter Beyerle, *Die feindlichen Brüder von Aeschylus bis Alfieri* (New York: De Gruyter, 1973).

1950er bis zu den 1980er Jahren bestimmte, kristallisiert sich in den Biographien der zwei ungleichen Brüder. Waren die beiden anfänglich Vertraute, trennt sich Johannes vom älteren Bruder in dem Moment, als er erfährt, dass Heinrich an Kriegsverbrechen während des Russlandfeldzugs beteiligt war.[18] Die Feindschaft beginnt, als Heinrich dem jüngeren Bruder von seiner Zeit im Russlandfeldzug in der heimischen „Laube" erzählt. Die Laube in der Hacienda wird als Ort der Idylle, als *locus amoenus* geschildert, in der die Brüder bisher „unbeschwerte Stunden" beim Plaudern, beim Austausch von „Gedanken und Gefühlen" (VR 72) verbracht hatten. Die Laube wandelt sich für Heinrich in einen *locus terribilis*. Er zieht dort Johannes ins Vertrauen, was das sogenannte „Gerücht" (VR 73) über seine Kriegsverbrechen während des sogenannten Unternehmens Barbarossa betrifft. Der jüngere nimmt dem älteren Bruder nicht ab, dass es sich hier lediglich um Gerüchte handelt, ist vielmehr davon überzeugt, einen Kriminellen, einen Handlanger Hitlers vor sich zu haben. Von Johannes hatte Heinrich erwartet, er werde ihm raten, wie man die Verbreitung des „Gerüchts" verhindern könne, statt dessen droht ihm der jüngere Bruder: „Vielleicht opfere ich der Sache ein paar Tage, um hinter deinen Charakter zu kommen" (VR 89). Von jetzt an trachten sie einander zu schaden, und der Hass steigert sich in der Folge ins Tödliche, weil die Brüder sich auf der jeweils anderen Seite der Barrikade in den bürgerkriegsmäßigen Auseinandersetzungen Boliviens finden. Als Johannes zum linken Revolutionär und zum erklärten Feind seiner Familie wird, ist es nur eine Frage der Zeit, wann er von Heinrich bzw. seinen Gesinnungsgenossen ermordet wird.

Diese Tat ist gerade geschehen, als der Erzähler des Romans auf der Hacienda des Enrico von Ung am 18. November 1968 auftaucht. Der Erzähler Franz und seine Verlobte Nika (VR 236) – Familiennamen erfahren wir nicht – sind auf einer Südamerikareise und besuchen Franzens „Onkel" Heinrich, wobei es offen bleibt, ob es sich um einen wirklichen Verwandten oder nur um einen Freund der Familie handelt. Die Verlobten sind in den 1940er Jahren geboren (Franz ist einige Jahre älter als Nika) und sind nicht gerade das, was man ein Liebespaar nennen könnte. Das Verhältnis ist schon zur Verlobungszeit so durch Eifersucht, Misstrauen und Untreue zerrüttet, dass man sich eine künftige Ehe nicht vorstellen kann. Franz und Nika fallen, was kritisches Denken und gesellschaftliches Engagement betrifft, gleichsam aus ihrer Generation heraus. Sie nehmen alles mit einer Neutralität auf, als handle es sich bei ihnen um bloße Aufzeichnungsgeräte wie Kameras oder Tonbänder. Der Ich-Erzähler gibt sich als Botschafter der alten „Kameraden" in Deutschland aus, von denen er Grüße bestellt (VR 8). Er ist gleichsam nur Stichwortgeber, und der Roman besteht so vor allem aus einem

---

18 Zum zeithistorischen Hintergrund vgl.: *Verbrechen der Wehrmacht. Dimensionen des Vernichtungskrieges 1941-1944. Ausstellungskatalog,* hg. v. Jan Philipp Reemtsma und Ulrike Jureit (Hamburg: Hamburger Edition, 2002).

Selbstgespräch des „Onkels". In seinem Endlosmonolog enthüllt Heinrich von Hartung, was er eigentlich verbergen will: seine Kriegsverbrechen in Russland.

Er ist nach dem Krieg nicht mit leeren Händen in Bolivien angekommen, ist mit einer „Goldkiste" (wahrscheinlich der „*Regimentskasse*") (VR 18, 21) in die Neue Welt geflohen, hat also keine finanziellen Sorgen. In der ersten Zeit seines Exils vermeidet er die Großstädte und versteckt sich in dem winzigen Nest San Agustín, etwa zweihundert Kilometer nördlich von Santa Cruz gelegen (die nächste Stadt in der Nähe ist San Ramón). 1947/48 ist es so weit, dass er sich fest niederlassen kann. Er kauft sich eine Hacienda in den Yungas. Die Yungas sind die östlichen Ausläufer der mittleren Anden; von der – wesentlich höher gelegenen – Regierungsstadt La Paz sind sie etwa zweihundertfünfzig Kilometer entfernt. In den fruchtbaren Tälern der Yungas gibt es zahllose Agrarbetriebe, die Bananen, Kakao, Kaffee, Zuckerrohr und Koka anbauen. Der Name der Landschaft ist indianischer Herkunft und bedeutet so viel wie „heiße Erde": eine anspielungsreiche Bezeichnung im Kontext des Romans, und zwar in doppelter Hinsicht. Zum einen fürchtet Heinrich von Hartung sich auch jetzt vor der Aufdeckung seiner Kriegsverbrechen während des Russlandfeldzugs, zum anderen hat er die Enteignung der Hacienda-Besitzer in der Reformphase der frühen 1950er Jahre unter Präsident Estenssoro erlebt. Darauf kommt er zu sprechen, wenn er erwähnt, dass er unter „den nächtlichen Schießereien gelitten" habe, die den „Aufstieg von Paz Estenssoro" (VR 19) begleitet hätten. Der Enteignung ist er offenbar nur knapp entkommen, denn Hartung hat wegen der bürgerkriegsmäßigen Unruhen seine Hacienda zur uneinnehmbaren Festung umgebaut: „der Hof" ist „von einer Mauer umgeben", und „das Tor wird von zwei Wächtern bewacht, die an den Hüften großkalibrige Revolver hängen haben" (VR 5). Eigentlich gleiche, meint der Erzähler, das Anwesen wegen des „hohen Stacheldrahtzauns" und des „Wachtturms" einem „Zuchthaus" (VR 114). Die Verbarrikadierung hat mit dem Verfolgungswahn zu tun, unter dem der „Onkel" leidet. Es sei „reiner Zufall", meint er, „daß ich noch nicht vergiftet worden bin" (VR 40), und ein anderes Mal behauptet er: „Ich bin in Gefahr. Jenseits des Zauns sind meine Feinde, die mich hassen und beneiden und mich umbringen würden, wenn sie könnten. Sie versuchen es ja immer wieder" (VR 114). Auch seine Besucher werden von ihm argwöhnisch beobachtet, und er schließt nicht aus, dass sie „Lockvögel" (VR 47) sind, die ihn überreden wollen, nach Deutschland zurückzukehren, damit dort gegen ihn ein Gerichtsverfahren eröffnet werden kann. Hartung behauptet zwar, dass seine „Erinnerungen" wie seine „Hunde" seien, nämlich so „gut erzogen", dass sie sich nach seinen Kommandos entweder „verdrücken" oder sich ihm „zu Füßen" legen (VR 290), aber aus dem Bericht seines Vaters wissen wir, dass diese Befehle nur bei Tage gelten, dass in der Nacht, im Traum, andere Gesetze herrschen. So erfahren wir, dass er wegen des „Gerüchts", das über seine Untaten im Krieg im Umlauf ist, nachts „nicht schlafen" kann, dass ihn dann ein „Wesen" heimsucht, dass ihm „auf die Brust" springt, um ihm „die Lungen" zusammenzupressen, eine Erscheinung, die wie ein Zwischending von A. Paul Webers „Das Gerücht" und Johann Heinrich Füsslis „Der Nachtmahr" geschildert wird, und das aus einem „geruchlosen Gas bestehe" (VR 63), wobei die Assoziation auf den Einsatz von Gas in den Todeslagern der Nationalsozialisten nicht zu überhören ist. Das Innere der Hacienda habe er, berichtet der „Onkel", *vermenschlicht*, d.h. für ihn *verdeutscht*: Es sei die „Kopie des Hauses" seiner „Kindheit" in Deutschland (VR 32). Allerdings gewährt die Heimatimitation nur eine Illusion von Schutz. Die Vorstellungen von seinem Herkunftsland sind letztlich nicht minder von Angst gezeichnet. In seinen Augen ist die ehemalige Heimat, die jetzige Bundesrepublik, sein „geliebter Todfeind" (VR 140), ein Land, das er nicht mehr zu betreten wagt. Um seinen Heimatverlust zu kompensieren, hat er sich in Bolivien ein Haus gebaut, das ihn mit seinem „deutschen Inneren" (VR 45) an das Deutschland seiner Kindheit und Jugend erinnert. Sogar die bolivianische Landschaft hat sich in der Vorstellung Hartungs zu einer deutschen verwandelt. „Wenn ich morgens die Fensterläden aufstoße", berichtet er dem Erzähler, „blicke ich im ersten Augenblick in eine typisch deutsche Mittelgebirgslandschaft und in nichts sonst" (VR 139). Hier könne er jetzt – anders als in Deutschland – in aller Freiheit sein „Hoch droben auf dem Berg" und seine *„Lilli Marleen"* (VR 31) singen. Damit wird auf zwei der bekanntesten Schlager angespielt, die die deutschen Soldaten während des Zweiten Weltkriegs am liebsten hörten bzw. sangen. „Hoch droben auf dem Berg" ist der Titel und Refrain des Liedes, das mit der Zeile „Gegen Liebe wächst bekanntlich nirgends noch ein Kraut" beginnt. Der Text wurde 1941 von Ernst Marischka geschrieben und im gleichen Jahr von Franz Grothe vertont. Beide gehörten zu den erfolgreichsten Text- und Drehbuchautoren bzw. Filmregisseuren ihrer Generation und machten während der Zeit des Nationalsozialismus Karriere. Grothe war von 1940 bis 1945 in Berlin Chef des Deutschen Rundfunk-, Tanz- und Unterhaltungsorchesters, und Marischka war mit seinen Streifen „Sieben Jahre Glück" (1942) oder „Ein Walzer mit dir" (1943) so erfolgreich wie in den 1950er Jahren mit seinen Sissi-Filmen. „Hoch droben auf dem Berg" wurde Anfang der 1940er Jahre von Rudi Schurikke gesungen, der seinen großen Erfolg 1949 mit dem von Gerhard Winkler schon 1943 komponierten Tangolied „Capri-Fischer" hatte. Sängerin der „Lili Marleen" war in der Kriegszeit Lale Andersen. Den Lili-Text hatte Hans Leip bereits 1915 verfasst, doch erst als Norbert Schultze 1938 die Melodie dazu komponierte und der Schlager ein Jahr darauf durch Lale Andersen gesungen wurde, setzte der geradezu globale Erfolg ein.[19] Er war nicht nur das beliebteste deutsche Landserlied, sondern auch auf alliierter Seite nicht weniger erfolgreich. Wenn auf den Soldatensendern „Vor der Kaserne/ Vor dem großen Tor" intoniert wurde, war bei den Zuhörern Sentimentalität angesagt. In seinem bolivianischen Versteck erinnert Heinrich von Hartung mit dem Absingen von Schlagern aus den Hitler- und Feldzugstagen an seine große Zeit als Rad im Getriebe eines militaristischen, auf die Eroberung Europas bedachten Regimes mit Weltmachtambitionen.

---

19 Lale Andersen, *Leben mit einem Lied* (München: Deutscher Taschenbuch Verlag, 1981).

Hartung hat aber auch nach dem Krieg noch eine Schwäche für die Schlager seiner ehemaligen Heimat. In den 1950er Jahren will er auf Populärkulturelles aus der Bundesrepublik nicht verzichten, und so hat er sich Schallplatten von Fred Bertelmann (der im Roman Fred Bertelsmann heißt) besorgt. Dessen Lied vom „Lachenden Vagabund" – im Roman ist die Rede vom „*Singenden Vagabund*" (VR 38) – hat er sich (gleichsam die Karaoke-Technik vorwegnehmend) so gut angeeignet, dass man ihn in Bolivien für einen talentierten Schlagersänger und „deutschen Komponisten" (VR 39) hält. Mit den Schlagerzeilen „Was ich erlebt hab',/ das kann nur ich erleben./ Ich bin ein Vagabund" würde, so könnte man sich als Leser vorstellen, Heinrich von Hartung sich identifizieren. „Der lachende Vagabund" verhalf Fred Bertelmann zum Erfolg als Schlagersänger: 1958 behauptete sich das Lied als Nummer eins auf der sogenannten Hitliste; Millionen von Platten mit der Schnulze wurden verkauft.[20] Dabei waren Melodie und Text alles andere als „deutsch": Es handelte sich um die deutschsprachige Version des Countryhit „Gambler's Guitar" des Amerikaners Jim Lowe, der damit 1953 in den USA einen Achtungserfolg errungen hatte.

Ansonsten aber will Hartung von der Bundesrepublik nichts wissen. Wenn er sich in Bolivien eine Ersatzheimat aufbaut, stammen die Kulissen dazu vor allem aus der Zeit des Nationalsozialismus. So staffiert er sein Büro mit Erinnerungsstücken aus dem Zweiten Weltkrieg aus. Dort hat er die alten Nazi-Insignien samt „Führerbild" und „Regimentsfahne" angebracht (VR 70). Diese „Fahne", so belehrt er seine beiden jungen Zuhörer, sei „keine gewöhnliche Fahne", sondern „eine Ehrenfahne", die ihm „vom deutschen Volk, das damals ein ganz anderes gewesen" wäre, „wegen Tapferkeit verliehen worden" (VR 106) war. So kommt ihm die bolivianische Hacienda fast wie sein „Vaterhaus" (VR 38) vor. Wie die Nazifiguren in den anderen hier behandelten Romanen, denkt auch Heinrich von Hartung nicht daran, nach Deutschland zurückzukehren. Er traut den Nachrichten nicht, dass in der ehemaligen Heimat die Gerüchte über seine Kriegsverbrechen längst verstummt seien, ja dass er vergessen worden sei (VR 46-47). Die Rückreise ist ihm einerseits wegen der schwebenden Verfahren gegen Leute wie ihn zu riskant, andererseits ist er verbittert darüber, was man ihm in Deutschland – mit Fahndung und Emigrationszwang – „angetan" (VR 47) habe. Nicht nur, dass Hartung das Bewusstsein eigener Schuld zu verdrängen sucht, er sieht sich auch selbst als Verfolgten und Verstoßenen. Zu dieser Illusion trägt bei, dass er sich mit „alten Kameraden" – zweifelhaften Existenzen aus dem Russlandfeldzug – umgibt, wie Gubitz, Kolle und Schoop, die aus den gleichen Gründen wie er aus dem Nachkriegs-Deutschland entwischt sind. Sie und weitere ehemalige Nazis haben sich zu einer „Vereinigung" zusammengeschlossen, die man hier „*La Organización*" nennt (VR 299). Des Onkels Freund Kolle besorgt seine Geschäfte bezeichnenderweise mit einem „Kleinwagen", der „an beiden Türen mit Haken-

---

20 Fred Bertelmann, *Der lachende Vagabund. Autobiographie* (Kiel: Jung, 1995).

kreuzen bemalt" (VR 228) ist. Allerdings ist der bolivianische „Verein" der alten Nazis längst im Verfall begriffen. Auf die selbst gestellte Frage des Onkels, wo denn „die Gleichgesinnten" geblieben seien, antwortet er: „Sie sind gestorben und verdorben oder haben sich zerstreut" (VR 35).

Heinrich von Hartung war zu Anfang seiner Karriere in Bolivien nicht nur mit den „alten Kameraden" gut vernetzt, er war auch darauf bedacht, im Einvernehmen mit den Mächtigen in der bolivianischen Provinz zu leben, was ihm bei seiner Mentalität nicht schwerfiel. Er ist mit dem ominösen Vermögen, das er aus Deutschland mitgebracht hat, ein reicher Mann, steht sich anfänglich gut mit den Gouverneuren und hat eine wohlhabende Bolivianerin geheiratet, die „Geld und Land", ein „Zinnbergwerk", „Bananenplantagen", „ein paar Textilfabriken" sowie „Einfluß" mit in die Ehe brachte (VR 58). Von Liebe war bei dieser Verbindung keine Rede. Der „Gouverneur" lässt es sich nicht nehmen, bei der „Hochzeit" (VR 58) anwesend zu sein. Inzwischen aber sind Hartungs „Kontakte zu den Behörden" nur noch als „oberflächlich" (VR 45) zu bezeichnen. Die Mächtigen des Landes beobachten die Familie des Onkels mit Skepsis, seitdem der jüngere Bruder sich auf die Seite der marxistischen Revolutionäre geschlagen hat.

III

Zwei unterschiedlichere Brüder als Heinrich und Johannes von Hartung sind kaum vorstellbar: der ältere Heinrich ist geprägt durch den Rassismus und Militarismus der Nationalsozialisten, deren Bewegung er sich verschrieben hat, der er seine Karriere als Offizier verdankt, an deren Verbrechen er beteiligt war, und deren Ende ihn zur Flucht nach Lateinamerika veranlasste. Johannes dagegen ist noch ein Kind, als der Krieg zu Ende ist, und er erlebt seine politische Sozialisation als Heranwachsender während der revolutionären Umbrüche im Bolivien der ersten Regierung unter dem Präsidenten Victor Paz Estenssoro zwischen 1952 und 1956. Die Jahre vor dem Regierungsantritt Estenssoros, berichtet der Onkel, seien durch bürgerkriegsartige Aktionen aufständischer Indios gekennzeichnet gewesen, die Vertreter der staatlichen Macht, sogar einen Gouverneur, umgebracht hätten (VR 45). Gleich zu Anfang seiner Regierung führte Estenssoro das allgemeine Wahlrecht ein, und unter dem Druck der indianischen Bevölkerung, die schon bald seine neue Machtbasis bilden sollte, führte er eine Landreform durch, die – anders als in den meisten übrigen lateinamerikanischen Staaten – durch die Großgrundbesitzer nicht verhindert werden konnte. Zudem nationalisierte er die damals noch einträglichen Zinn-Minen des Landes.[21] In diesem Klima der großen Umbrüche bereiste der junge Ernesto Guevara 1953 Bolivien, und der Einfluss der revolutionsbereiten Landbevölkerung auf das gesellschaftliche

---

21 Herbert S. Klein, *A Concise History of Bolivia* (Cambridge: Cambridge University Press, 2003), achtes Kapitel: „From the National Revolution to the Cold War, 1952-1982", S. 209-238.

Geschehen hatte ihm imponiert. Als die Landbevölkerung ihre Agrarreform durchgeführt fand, wurde sie zu einer der konservativen, antirevolutionären Säulen künftiger Regierungen, soweit diese die Umverteilung der frühen 1950er Jahre nicht rückgängig machen wollten.

Der fiktive Johannes von Hartung wird als Halbwüchsiger vom Elan der sozialen Umbrüche unter dem im Roman mehrfach erwähnten Estenssoro erfasst. In seinem Bruder, einem *Hacendado* der alten Schule, erkennt er bald den politischen Gegner. (Die Feindschaft zwischen den Brüdern erinnert an eine ähnliche, wenngleich abgemilderte politische Polarisierung der chilenischen Verwandten in Friedrich Christian Delius, Roman *Adenauerplatz*.) „Aus Modegründen", berichtet der Onkel in Hofmanns Roman, habe „der kleine Bruder" die „Haare damals lang" getragen und verkündet: „Die Gesellschaft muß neu geordnet werden", worauf Heinrich entgegnet habe, dass er in einer „Gesellschaft", die vom Bruder „neu geordnet" worden sei, „nicht leben" wolle (VR 90). „Vor vierzehn Jahren" so erfahren wir, also im Jahr 1954, habe Johannes in einem „langen und bombastischen Brief" der Familie „seinen Anteil" am Besitz der Hacienda „vor die Füße geworfen" (VR 95). Kurz darauf sei der gesamte Besitz abgebrannt, und Heinrich vermutet, dass der Bruder „den Brand gelegt" habe (VR 96). Als Gymnasiast habe Johannes am liebsten „Revolutionslieder" gehört, habe sich bereits von „seinem sechzehnten Lebensjahr an ausschließlich mit Abstraktionen abgegeben" (VR 189). Für „einen Begriff wie Gerechtigkeit hätte er sich lange Zeit mit dem größten Genuß in Stücke reißen lassen" wollen (VR 190). In einem „verblaßten roten Buch" mit dem Titel *Las Grandes Ideas del Mundo* sei er auf den Begriff „justicia" gestoßen, und „dieses Wort" habe „jahrelang Zwang auf ihn ausgeübt" (VR 191). Angespielt wird hier auf die erstmals 1900 in Barcelona erschienene kleine Anthologie *Las grandes ideas modernas*, die Atilio Figuier zusammengestellt hatte.[22] Die Abstrakta verbinden sich bei Johannes allerdings mit politischen Vorstellungen. Schon zu seiner Schulzeit schließt er sich einem Zirkel gleichgesinner revolutionärer Jugendlicher an, die Heinrich als „die großen Ungekämmten" verspottet. Johannes habe sie auf die Hacienda eingeladen, und „in seinem Dachzimmer" oder sonstwo hätten sie „irgendein Buch oder irgendeinen Atikel" wie in einem „Seminar" diskutiert. Bei diesen „Dikussionen" sei das „Hauptthema" die *„Freiheit"* gewesen (VR 85). Es habe sich unter den jungen Leuten eine Art von verschworener Gemeinschaft gebildet, in die sie mit der in „großem Ernst" gesprochenen Formel „Weil ihr im Besitz der Wahrheit seid, gehöre ich nun euch!" aufgenommen worden seien (VR 86). Nicht nur, dass er ostentativ das „bürgerliche" Leben habe aufgeben wollen, er habe sich auch von seiner „ekelhaften deutschen Familie" distanziert (VR 87), ja sogar einen „neuen

---

22 Erschienen war das Büchlein bei Centro Editorial Presa. Es enthält Auszüge aus Texten von etwas mehr als hundert europäischen Schriftstellern und Philosophen, u.a. von Mickail Bakunin, Charles Darwin, Fjodor Dostoyewski, Anatole France, Ernst Haeckel, Gerhart Hauptmann, Henrik Ibsen, Pjotr Kropotkin, Guy de Maupassant, Theodor Mommsen, Friedrich Nietzsche, August Strindberg, Leo Tolstoi, Miguel de Unamuno, H.G. Wells und Emile Zola.

Namen" bei den „bolivianischen Behörden" beantragt, ein Gesuch, das sein Vater jedoch verhindert habe (VR 119). Es blieb nicht bei der Theorie. Schon der Schüler habe sich im Aufstand gegen die Autoritäten geübt, als er mit sechzehn Jahren in „Pamphleten" die „Bevölkerung aufgefordert" habe, „zu den Macheten zu greifen" und den Vertretern der staatlichen und kirchlichen Macht „die Köpfe abzuschlagen" (VR 89). Er selbst habe zwar noch nicht zu den Waffen gegriffen, aber in aller Öffentlichkeit habe der inzwischen „vollkommen durchideologisierte Bruder" (VR 135) im Sommer 1955 „an einem Sonntagmorgen vor der Barockkirche in Puna" einem „diensttuenden Polizisten" die „Mütze vom Kopf gestoßen". Daraufhin sei er durch „herbeigeeilte schwerbewaffnete Polizisten verhaftet, gefesselt und in die Zelle für Schwerverbrecher geworfen" worden. An dieser Stelle baut Hofmann einen Hinweis auf die Parallele zwischen Johannes von Hartung und Che Guevara ein. Der sechzehnjährige Johannes wird nämlich, so steht es im Roman, auf der Polizeistation von einem „Leutnant Teran" (VR 166) gefoltert. Mit diesem fiktiven Offizier wird auf den wirklichen Leutnant Mario Terán angespielt. Er war der „ausgeloste Henker", der das tödliche „halbe Dutzend Schüsse" auf den argentinischen Revolutionär am Morgen des 9. Oktober 1967 im Schulzimmer von La Higuera, in der Wildnis des bolivianischen Südostens, abgab.[23] Durch seine guten Beziehungen zum Ortskommandanten gelingt es in Hofmanns Roman dem Vater, der die ganze Nacht über „die Schreie seines Sohnes" aus dem Gefängnis gehört hat, Johannes von Hartung aus der Gefängniszelle herauszuholen (VR 166, 167). Inzwischen verbreitet sich der Ruhm des jungen Johannes, der sich nicht scheut, die Armenviertel der Großstädte aufzusuchen, im ganzen Land. Es geht das „Gerücht von seiner Wichtigkeit" um, und diese positive Fama steht dem negativen „Gerücht" von den Verbrechen des Heinrich von Hartung entgegen. „Die Frauen haben sich bekreuzigt", weiß der Onkel zu berichten. Johannes sei dort „von einem zum anderen gegangen", sei „wie auf Wolken" geschritten, habe „seine Hand auf ihre Wunden gelegt", jeden „umarmt" und „sich seine Sorgen" angehört, verschiedenen „die Hand aufs Haar" gelegt. Eine Frau habe ihm „verzückt die Hände" geküsst und ihm „Unvergänglichkeit (,inmortalidad')" gewünscht. Zu den Personen, dessen Wunde Johannes berührt, gehört auch ein „Vallegrandemann" (VR 221), eine Person aus Vallegrande, der bolivianischen Provinzstadt etwa dreihundert Kilometer südwestlich von Santa Cruz gelegen. Auch mit dem Namen dieser Stadt wird auf Che Guevara hingedeutet, dessen sterbliche Überreste 1967 – nach seiner Hinrichtung in La Higuera – dort beigesetzt worden waren. Inzwischen ist Vallegrande zu einer Art Pilgerstätte für Anhänger Che Guevaras geworden.

Vorübergehend sieht es so aus, als sei Johannes – wie sein Namensheiliger Johannes der Täufer – eine Art Messias oder der Vorläufer des Erlösers. Der Name „Johannes" wurde von Hofmann sicher mit Absicht gewählt, denn die Anspielungen auf ihn sind auch in der Bemerkung des Onkels zu erkennen, wenn er be-

---

23 Jorge G. Castañeda, *Che Guevara*, S. 486 und 499.

richtet, dass sein jüngerer Bruder später in den „Urwald" ausgewichen sei, „wo er von Ameisen gelebt" habe (VR106). Johannes der Täufer hatte sich in der Wüste von „Heuschrecken" ernährt, wie das Matthäus-Evangelium (3.3) berichtet. Das Messianische verbindet ihn auch mit dem Berufsrevolutionär Che Guevara.

Als junger Erwachsener, als Student, wandeln sich die menschenfreundlichen Gesten des Johannes in terroristische Aktionen. Sie fallen in die Jahre zwischen 1956 und 1960, als Estenssoro in der Präsidentschaft durch Hernán Siles Suazo abgelöst wird, der dann bis 1964 regieren wird. Unter Suazo werden die Erfolge von Estenssoros MNR-Partei (Movimento Nacionalista Revolucionario) sukzessive ausgehöhlt, und Johannes ist Teil des Widerstands gegen eine Politik, die seinem Bruder zugutekommt. Der Onkel beschreibt den jungen Johannes so, wie die Gegner Che Guevaras den argentinischen Gefährten Fidel Castros charakterisierten, wenn er vom „Größenwahn", den „Gedankensprüngen", der „Verletzlichkeit", der „Unberechenbarkeit" und vom „Erlöserischen mit dem krankhaften Blick in die Zukunft der Menschheit" spricht (VR 168). Mit dem „Erlöserischen" und dem „Blick in die Zukunft" wird angespielt auf jenes Bild von Che Guevara, das zu den bekanntesten Porträts der Welt gehört, auf jenes Foto, das Alberto Díaz Gutierrez (alias Alberto Korda) am 5. März 1960 in Havanna aufnahm, das sehr rasch – weil hier ein Blick zu erkennen war, der an Christusbilder erinnerte – Ikonencharakter annahm und während der Achtundsechziger Bewegung als Poster zahllose studentische Appartements schmückte.[24]

Bei der zweiten Aktion aus dem Revolutionärsleben des Johannes, die der Onkel dem Erzähler berichtet, ging es um die „Hinrichtung" eines Politikers, dem im Roman der fiktive Name E.F.M. (VR 171) bzw. E.F. Marigui (VR 172) gegeben wird. Johannes und seine Genossen hatten zuvor, so berichtet der Onkel, gegen Marigui ein „Todesurteil" aufgesetzt, es auf „Handzettel gedruckt und in den Straßen verteilt". Der Vorwurf habe auf „Bestechlichkeit, Hartherzigkeit und Reichtum" (VR 175) gelautet. Johannes habe gemeinsam mit „fünf oder sechs jungen Leuten" das Auto des Betreffenden überfallen (VR 171). Der jüngere Bruder selbst habe Marigui erstochen, wobei die letzten Worte des Angegriffenen „Oh, Mutter, nicht mir!" (VR 174) gewesen seien. Danach sei in den Yungas „jahrelang der verbrecherische Wahnsinn" der Familie von Hartung diskutiert worden (VR 169). „Erst als wir meinen Bruder", betont der Onkel, „im Regierungsblatt in einer halbseitigen Annonce verstoßen hatten, redeten die Leute wieder mit uns" (VR 171). „Seit Jahren", so meint der Onkel seinen Besuchern gegenüber, „stehen wir am Rand eines Bürgerkriegs" (VR 66), und in dieses Bild vom bevorstehenden Umsturz passt auch die Geschichte vom „Plastikfabrikanten in La Paz", den sogar der Onkel als den „größten Ausbeuter in Bolivien" bezeichnet. „Seine Arbeiter" hätten ihn „eines Sonntags vor der Kirche entführt" und „in Stücke zerhackt". Die „Zeitungen" hätten darüber „wochenlang" berichtet (VR 236). Die Familie sorgt im Einklang mit den staatlichen Autoritäten dafür, dass

---

24 Jorge G. Castañeda, *Che Guevara*, S. 241f.

Johannes, der Teil dieses revolutionären Unruhepotentials ist, als „Verrückter" (VR 169) in einer Anstalt landet. Nach der Ermordung Mariguis sei Johannes von der „Behörde" gefasst, „halbtot" geschlagen und „von Anstalt zu Anstalt" geschleppt worden, wobei es sich bei diesen „Anstalten" um Gefängnisse für Schwerverbrecher handelt (VR 121).

„Gestern", also einen Tag vor Ankunft des Erzählers und seiner Verlobten, sei Johannes „auf einmal" wieder auf der Hacienda aufgetaucht (VR 121). Er sei auf der Flucht gewesen, denn seine Feinde hätten „ihn durch die Wälder gejagt, vielleicht mit Hunden". Beim Erzählen darüber lässt der Onkel die Bemerkung fallen: „Einen Mann von über vierzig Jahren, ob das nötig war? Überhaupt waren Herz, Nieren, Lungen bei dem Leben, das er geführt hat, in einem entsprechenden Zustand" (VR 109). Johannes ist aber 1968, zur Zeit des Geschehens, nicht vierzig, sondern neunundzwanzig Jahre alt. Hier handelt es sich wieder um eine versteckte Anspielung auf Che Guevara, der sich zum Zeitpunkt seiner Ermordung im vierzigsten Lebensjahr befand und körperlich durch viele Krankheiten, nicht zuletzt durch die wiederkehrenden Asthmaanfälle, stark gealtert war. Als Johannes gehetzt auf der Hacienda erscheint, wird er von Billig, einem der Kumpane des Onkels, in einen Zweikampf verwickelt. In diesem Streit personifizieren die beiden Gegner im Duell die sozialen und ideologischen Antagonismen des Landes. Billig, der verlängerte Arm Heinrich von Hartungs, gelingt es, Johannes, die Figur, die an Che Guevara erinnert, zu ermorden. Der Onkel konstruiert die Erzählung darüber in bewusster Parallele zu seinem Bericht über die Hinrichtung Mariguis durch Johannes ein Jahrzehnt zuvor, d.h. er betont den Racheaspekt. In beiden Fällen erfolgt der Todesstoß durch mehrfache Messerstiche, und wie Marigui ruft auch Johannes in der Todesstunde „nach der Mutter" (VR 53).

Wie mit dem Tod Che Guevaras das Fortleben des argentinischen Revolutionärs in der politischen Mythologie anfing, so wird vergleichbar auch der Beginn der „Auferstehung" (VR 7) – wieder eine neutestamentliche Anspielung – des Johannes in der Legende geschildert. Schon die „Aufbahrung" (VR 49, 50) und das Begräbnis bereiten Heinrich Kopfzerbrechen, und das war nach der Hinrichtung Che Guevaras bei den bolivianischen – militärischen wie politischen – Behörden nicht anders.[25] Heinrich befürchtet, dass man aus Johannes etwas machen will, „das auch als Leiche noch nicht tot ist. Das noch aus seinem Sarg heraus über die Lebenden mitredet und ihnen Vorschläge macht" (VR 7). Auf der Hacienda genießt Johannes bei den Arbeitern große Sympathien. Sie haben ihn, wenn auch vergeblich, bei seinem Kampf gegen Billig angefeuert, und jetzt wollen sie in der Küche „eine Art Heiligenecke mit Palmenzweigen und Kerzen errichten", mit „einem kleinen Bild von ihm aus einer alten Zeitung" (VR 51). Diese spontane politische Seligsprechung wird von Heinrich jedoch gleich abgeblockt. Was er nicht verhindern kann, ist die Teilnahme der Bevölkerung an der Beerdigung.

---

25 Jorge G. Castañeda, *Che Guevara*. Vgl. dort das Kapitel „Tod und Auferstehung", S. 486-511.

Haben wir bisher alle Informationen über den Bruder durch die Berichte des Onkels an Franz, den Besucher aus Deutschland, erfahren, wird das Geschehen am Grab ausnahmsweise direkt von Franz als Augenzeuge erzählt. „Auf dem Höhepunkt des Begräbnisses", heißt es da, „ist der ganze Kolonialfriedhof von Menschen schwarz. Viele stehen an der Grube und weinen" (VR 262). Dann aber greift der Erzähler wieder auf die Kommentare des Onkels zurück. Heinrich von Hartung konstatiert neidvoll die Mythologisierung des Bruders: „Sie sind überzeugt", so stellt er resigniert fest, „dass wir gar nicht meinen Bruder begraben haben, sondern einen anderen. Mein Bruder ist ihrer Ansicht nach gar nicht tot, der andere soll untergeschoben worden sein" (VR 264). Als „heruntergekommener Mensch" sei der Bruder auf die Hacienda zurückgekehrt, und „als Mythos überlebt er uns alle" (VR 287), stellt Heinrich abschließend fest, der in der folgenden Nacht Selbstmord begeht. Johannes ist für die Unterprivilegierten zu einem unsterblichen Hoffnungsträger geworden, darin wieder Che Guevara verwandt.

2. CHILE

Friedrich Christian Delius, *Adenauerplatz* (1984)

Exilroman und schmutziger Krieg

I

Zwischen 1973 und 1989 stand Chile unter der Herrschaft einer Militärdiktatur.[1] Beobachter der lateinamerikanischen Politik kannten den Staat am Pazifik als eines der wenigen Länder des Subkontinents mit einer relativ stabilen Demokratie. Auch dort sollte nun fünfzehn Jahre lang ein Regime herrschen, das sich an politischer Unterdrückung nicht unterschied von anderen südamerikanischen Diktaturen wie jenen in Argentinien, Uruguay oder Paraguay. 1970 war Salvador Allende zum Präsidenten Chiles gewählt worden. Sein Programm war das des demokratischen Sozialismus. Es war eine politische Vision, die die Achtundsechziger-Jugend international begeisterte. Ausgerechnet im Jahr 1968, nach dem die Generation seitdem benannt wird, war im russisch dominierten Ostblock der demokratische Sozialismus gescheitert: Die Sowjets waren in die Tschechoslowakei einmarschiert, was das Ende des Prager Frühlings mit dem Hoffnungsschimmer einer freiheitlichen Version des Sozialismus bedeutete. Allende wollte zwei Jahre später am entgegengesetzten Punkt des Globus seine Vorstellung vom demokratischen Sozialismus durchsetzen.[2] Auch er scheiterte. In beiden Fällen hatte dieses Scheitern mit der seinerzeitigen Zweiteilung der Welt, mit dem Kalten Krieg, der Opposition zwischen der Sowjetunion und den USA zu tun. Anders als sein christdemokratischer Vorgänger Eduardo Frei begnügte Allende sich nicht mit sozialen Reformen und Teilverstaatlichungen. Er wollte eine radikalere Land- bzw. Agrarreform verwirklichen, und global agierenden amerikanischen Firmen (im Kupferbergbau, im Obsthandel und in der Kommunikationsindustrie) machte er ihre Besitzansprüche streitig. Damit zog er den Zorn der Großgrundbesitzer, der multinationalen Konzerne und der Regierung in Washington auf sich. In den USA war Richard Nixon im legendären Jahr 1968 zum Präsidenten gewählt worden. Die amerikanische Jugend hatte eigentlich auf einen Sieg Robert Kennedys gehofft, doch der war vor den Wahlen bei einem Attentat er-

---

1 John Hickman, *News from the End of the Earth. A Portrait of Chile* (New York: St. Martin's Press, 1998); Peter Imbusch, Dirk Messner, Detlef Nolte (Hg.), *Chile. Politik. Wirtschaft. Kultur heute* (Frankfurt am Main: Vervuert, 2004); Lois Hecht Oppenheim, *Politics in Chile. Democracy, Authoritarianism, and the Search for Development* (Boulder, Colorado: Westview Press, 1999).
2 James D. Cockcroft (Hg.), *Salvador Allende Reader* (Melbourne und New York: Ocean Press, 2000); Edy Kaufman, *Crisis in Allende's Chile. New Perspectives* (New York: Praeger, 1988).

mordet worden. Nixon erbte von seinem Vorgänger Lyndon Johnson das Vietnam-Debakel, und diesen Krieg wollte Nixon gewinnen. Zudem galt es, ein zweites Kuba in Lateinamerika zu verhindern, und so unterstüzte er die Opponenten Salvador Allendes, dessen möglichen Wahlsieg er als Niederlage der amerikanischen Außenpolitik deutete. Der Gewinner Allende empfand den Ausgang – so knapp er auch ausgefallen war – als Auftrag des Volkes, Chile durch Gesetze und Verwaltungsmaßnahmen umzugestalten. Mit der Neuartigkeit seines nichtdiktatorischen Ansatzes glaubte er in die Geschichte des Sozialismus einzugehen und ein Modell mit internationaler Ausstrahlungskraft schaffen zu können. Er hatte immer abgelehnt, durch Putsch und Umsturz an die Macht zu kommen, und als Präsident wollte er einen Bürgerkrieg vermeiden. Der aber konnte nach Lage der Dinge kaum ausbleiben. Weder würden ihn die revolutionären sozialistischen Gruppierungen unterstützen, noch war auf Dauer mit einer Toleranz liberaler Kräfte der Mitte zu rechnen. Innenpolitisch wandten sich immer größere Kreise gegen ihn. Viele Christdemokraten, die bei einer vorsichtigeren Reformpolitik passiv kooperiert hätten, waren bald nicht mehr für eine Zusammenarbeit zu gewinnen. In den konservativen Streitkräften verloren die konstitutionsorientierten Militärs an Einfluss – ihr wichtigster Repräsentant, General René Schneider, fiel sogar einem Attentat der späteren Putschisten zum Opfer.[3] Nixon wollte nicht wie sein republikanischer Vorgänger und Ziehvater Eisenhower von der Etablierung eines sozialistischen Staates im US-Einflussgebiet überrascht werden. Zudem fürchteten Hunderte von amerikanischen Firmen um den Verlust ihrer Gewinne in Chile. Taktisch gesehen war es ein Fehler Allendes gewesen, im November 1971 Fidel Castro zum großen Staatsbesuch einzuladen. Der Genosse aus Kuba wurde in den Medien tagelang als Held Lateinamerikas gefeiert, obwohl Castros Staat ja gerade nicht als Modell für Chile betrachtet werden sollte. Wie die Castro-Begeisterung in Washington wirken musste, kann man sich leicht ausmalen.[4] Als Nixon Ende 1972 die zweite Wahl gewonnen hatte, nahm seine Unterstützung der chilenischen Opposition zu. Der damalige US-Botschafter in Chile, Nathaniel Davis, hat aus seiner Sicht ein Buch geschrieben, in dem die Förderung der gegen Allende gerichteten Kräfte durch die amerikanische Regierung mit Zahlen belegt wird (es seien für *covert operations* sechs Millionen Dollar zur Verfügung gestellt worden).[5] Allerdings widerspricht Davis der These, dass die USA in den Putsch der Generäle direkt involviert gewesen seien. Mit John Dinges ist aber festzuhalten, dass der Militärputsch in Santiago de Chile von der

---

3 David Kohut, Olga Vilella, Beatrice Julian, *Historical Dictionary of the „Dirty Wars"* (Lanham, Maryland und Oxford: The Scarecrow Press, 2003), S. XXII.
4 Henry Raymont, *Troubled Neighbors: The Story of U.S.-Latin American Relations, from FDR to the Present* (Cambridge, Massachusetts: The Century Foundation, 2005).
5 Nathaniel Davis, *The Last Two Years of Salvador Allende* (Ithaca: Cornell University Press, 1985), S. 308.

amerikanischen Regierung begrüßt wurde.[6] In Augusto Pinochet sah man in Washington plötzlich eine Art von anti-kommunistischem Racheengel.[7]

Der Bürgerkrieg in Chile begann am 11. September 1973, und was nun folgte, wird als Trauma noch lange in der Geschichte dieses Landes, ja Lateinamerikas insgesamt, nachwirken.[8] Auch Chile hatte seinen katastrophalen 11. September, nur datierte er fast drei Jahrzehnte vor der Zerstörung des World Trade Centers in New York. Auch hier ging es um eine Terroraktion, wie sie einmalig war in der bisherigen Geschichte des Landes. Innerhalb weniger Stunden wurde der Demokratie durch eine Militärjunta der Garaus gemacht, und von der Wahrung der Menschenrechte konnte von nun an keine Rede mehr sein. Die Abschaffung der grundlegendsten Bürgerrechte, die Gefangennahme, die Folterung, die Ermordung vieler Menschen und ihr Verschwinden, die Ausweisung Hunderttausender während der Diktatur Pinochets: All das wirkt bis heute als Schock nach.[9] Fatal an dem Umsturz war auch, dass er das Modell für weitere Militärputsche in anderen Ländern (etwa Argentinien) abgab, wo die Terrormaßnahmen gegen alles, was man als „links" ansah, imitiert wurden. Dabei machte besonders die neue chilenische Terrortaktik Schule, Gegner und Verdächtige „verschwinden" zu lassen: Nach der Entführung verschwanden die Opfer, wurden unauffindbar, und die staatlichen Stellen umgaben sich mit einer Wolke aus Fehlinformationen und Dementis. Etwa ein Zehntel aller im Chile der Militärdiktatur Verhafteten verschwanden und blieben unauffindbar.[10]

Kann man den Begriff ‚Bürgerkrieg' auf die Vorgänge in Chile unter der Diktatur Pinochets anwenden? Der Putsch der Generäle, dem Allende zum Opfer fiel, war ein bürgerkriegsmäßiger Akt, obwohl der Gegner über keine Waffen verfügte, mit denen er sich hätte wehren können. Die Militärjunta führte einen Vernichtungskrieg gegen jenen Bevölkerungsteil, der Allende unterstützt hatte. Der Sozialismus wurde als das Böse schlechthin gebrandmarkt, und zu seiner „Ausrottung" war der Junta jedes Mittel recht. Um zu demonstrieren, dass es sich hier um einen Krieg handelte, ersetzte Pinochet nach dem Putsch das bürgerliche Recht durch das Kriegsrecht. Wie in jeder Diktatur war beim Ungleichgewicht

---

6 John Dinges, *The Condor Years. How Pinochet and His Allies Brought Terrorism to Three Continents* (New York, London: The New Press, 2004), S. 3.

7 John Dinges, *The Condor Years*, S. 11.

8 Roger Baumbach, *The Pinochet Affair. State Terrorism and Global Justice* (London und New York: Zed Books, 2003); Mark Ensalaco, *Chile Under Pinochet. Recovering the Truth* (Philadelphia: University of Pennsylvania Press, 2000); Steve J. Stern, *Remembering Pinochet's Chile* (Durham und London: Duke University Press, 2004).

9 Steve J. Stern liefert in der Einleitung seines Buches *Remembering Pinochet's Chile* auf S. XXI folgende Statistik: „In a country of only 10 million people in 1973, individually proved cases of death or disappearance by state agents (or persons in their hire) amount to about 3.000; torture victims run in the dozens of thousands; documented political arrests exceed 82.000; the exile flow mounts to about 200.000. These are the lower-end figures, suitable for a rock-bottom baseline. Even using a conservative methodology, a reasonable estimated toll for deaths and disappearances by state agents is 3.500-4.500, for political detentions 150.000-200.000. Some credible torture estimates surpass the 100.000 threshold, some credible estimates reach 400.000."

10 John Dinges, *The Condor Years*, S. 67.

der Macht an einen direkten Widerstand, an offene Kampfhandlungen nicht zu denken. Die alten Anhänger Allendes machten zuweilen durch Attentate auf sich aufmerksam, und einem dieser Anschläge entging Pinochet nur mit knapper Not. Wichtiger aber war die demokratische Tradition, die nicht von einem Tag auf den anderen abgerissen war. Im Lauf der Jahre formierte sich eine neue Opposition der Mitte, die es schaffte, für das Jahr 1988 ein Referendum durchzusetzen. Dessen Ergebnis war: Wiedereinführung demokratischer Verhältnisse und die Beendigung der Diktatur Pinochets.[11] Hier bestätigte sich erneut, was Heinrich Popitz als Dialektik der Gewalt beschrieben hat: Wenn eine Staatsmacht die „absolute Gewalt" in die Hand bekommt, muss sie mit wachsendem Widerstand rechnen.[12] Die drakonische Einschränkung bürgerlicher Rechte, die immer zu befürchtenden Willkür- und Terrormaßnahmen bedeuten für eine Bevölkerung so etwas wie einen Belagerungs- und Kriegszustand. Man kann hier von einem „kalten" oder „verdeckten" Bürgerkrieg sprechen. Die spezifische Bezeichnung für diese Art von Bürgerkrieg ist die des „guerra sucia", des „dirty war"[13], des „schmutzigen Krieges" geworden, und Pinochet gilt als seine Verkörperung.[14] „Schmutzig" ist insofern das richtige Adjektiv, weil es hier nicht um das Messen der Kräfte in einem Krieg ähnlich starker Parteien geht, sondern weil, mit Popitz zu sprechen, Macht und Gewalt in einer Hand vereinigt sind und die bekämpften Gegner sich in der Situation völliger Ohnmacht befinden, in einer Schwächelage, die brutal ausgenutzt wird. Der „schmutzige Krieg" war die denkbar krasseste Form des Staatsterrorismus. Die Parallele zum Nationalsozialismus ist nicht zu übersehen:[15] Um einen vergleichbaren verdeckten Bürgerkrieg handelte es sich in Chile, wobei Pinochet jedoch keinen rassistischen Krieg führte, sondern sich auf die Beseitigung der politischen Gegner beschränkte. Kaum eine Familie in Chile, die damals nicht direkt oder indirekt unter den Unterdrückungsmaßnahmen der Pinochet-Diktatur zu leiden hatte.[16] Ähnlich wie die Nationalsozialisten veranstalteten auch die Soldaten der Junta Bücherverbrennungen. Hitler wollte seine Gefolgschaft dadurch festigen, dass er eine Art Wirtschaftswunder bewerkstelligte und die Arbeitslosigkeit beseitigte, und Pinochet konnte sich nur so lange in seinem Präsidentenpalast sicher fühlen, wie die Wirtschaft funktionierte. Auch er brauchte sein *economic miracle*, das ihm die Neuen Ökonomen, die „Chicago

---

11 Therese Lützelberger, „Chile: Chronologie". In: *Chile. Politik. Wirtschaft. Kultur heute*, hg. v. Peter Imbusch, Dirk Messner, Detlef Nolte, S. 931.
12 Heinrich Popitz, *Phänomene der Macht*, zweite, stark erweiterte Auflage (Tübingen: Mohr, 1992), S. 59.
13 Kohut, Vilella, Julian., *Historical Dictionary of the „Dirty Wars"*.
14 Steve J. Stern, *Remembering Pinochet's Chile*, S. XXIV.
15 James D. Cockcroft (Hg.), *Salvador Allende Reader*, S. 7, weist auf die Parallelen zwischen Hitlers und Pinochets Diktatur hin.
16 Steve J. Stern, *Remembering Pinochet's Chile*, S. XXI: „The experience of a state turning violently against a portion of its own citizenry is always dramatic. In a society of Chile's size, these figures translate into pervasiveness. A majority of families, including supporters and sympathizers of the military regime, had a relative, a friend, or an acquaintance touched by one or another form of repression."

Boys" der Milton Friedman-Schule dann auch bescherten. Politisch versuchte Pinochet, Chile in vordemokratische Verhältnisse zurückzuführen, ökonomisch wollte er in einem offensiven Zug gegen Allendes Wirtschaftsdirigismus und dessen Nationalisierungspolitik die Chilenen mit rigiden Modernisierungs- und Globalisierungsmaßnahmen ins 21. Jahrhundert stoßen. Irgendwann mussten die Widersprüche zwischen politischem Absolutismus und wirtschaftlicher Liberalisierung zutage treten, und auch diese Gegensätze dürften zur Stärkung der demokratischen Opposition beigetragen haben. Hinzu kam, dass sich in den 1980er Jahren ein neuer, postmoderner Demokratisierungsschub international bemerkbar machte, eine Tendenz, die die Auflösung des Ostblocks und den Zusammenbruch der Sowjetunion zur Folge hatte. Anders als im Kalten Krieg konnten die US-Regierungen – Jimmy Carter hatte hier schon frühzeitig die richtigen Akzente gesetzt – die Entwicklungen in Lateinamerika gelassener beobachten. Jetzt erwiesen sich die brutalen Diktaturen mit ihren Unberechenbarkeiten (die argentinische Junta hatte sogar einen Krieg gegen Großbritannien um die Falkland-Inseln vom Zaun gebrochen) eher als Belastung. So überrascht es nicht, dass die Demokratisierungswelle, die seit den 1980er Jahren Südamerika durchzog, in Washington – besonders im folgenden Jahrzehnt während der Regierungszeit von Bill Clinton – Unterstützung fand.

II

Die westliche Öffentlichkeit war 1973 so sehr mit dem Vietnamkrieg beschäftigt, dass die Vorgänge in Chile nicht jene Aufmerksamkeit fanden, die ihnen sonst gewidmet worden wäre. Allerdings erschien 1978, also bald nach dem unrühmlichen Ende der Nixon-Ära, ein Buch, das eine Diskussion über Chile in den USA auslöste. Der Zeitpunkt der Veröffentlichung war kein Zufall. Inzwischen regierte im Weißen Haus Jimmy Carter, und dieser Präsident betrieb eine andere Außenpolitik als sein Vorgänger Nixon. Carter favorisierte in Lateinamerika jene Staaten, die nicht nur rhetorisch, sondern auch faktisch die Menschenrechte schützten. Das bekam zum Beispiel Anastasio Somoza, der Diktator von Nicaragua, zu spüren, dem Carter seine Unterstützung entzog, und der 1979 von den revolutionären Sandinisten gestürzt wurde. Darüber hat Roger Spottiswoode den engagierten Film *Under Fire* gedreht, der – in der Starbesetzung mit Nick Nolte, Gene Hackman und Joanna Cassidy – 1983 in die Kinos kam.

Während der ersten Tage des blutigen Umsturzes nach dem 11. September 1973 waren in Santiago, der Hauptstadt Chiles, auch Amerikaner verhaftet und ermordet worden. An einem Einzelfall deckte der Autor Thomas Hauser[17] die

---

17 Thomas Hauser, *The Execution of Charles Horman. An American Sacrifice* (New York: Harcourt Brace Jovanovich, 1978). Nachdem der Film in die Kinos gekommen war, erschien eine Neuauflage des Buches 1982 unter dem Filmtitel *Missing* bei Penguin Books. Auch John Dinges

Verbrechen des Pinochet-Regimes auf, und er kam ausführlich auf die Unterstützung der Junta durch die Nixon-Regierung zu sprechen. In seinem Bericht *The Execution of Charles Horman* beschreibt er, wie der junge amerikanische Journalist Charles Horman (1942-1973), der sich damals mit seiner Frau in Chile aufhielt, in die Fänge der Junta-Rollkommandos geriet, verhaftet und erschossen wurde. Horman galt als Sympathisant Allendes, weil er für eine Zeitschrift aus dem linken Spektrum Chiles Übersetzungsarbeit geleistet hatte. Das reichte aus, ihn durch das chilenische Militär verhaften zu lassen, aber diese Tatsache war auch der Grund dafür – so Hausers These – , dass ihm das amerikanische Konsulat den Schutz verweigerte, der ihm als US-Staatsbürger in dieser Situation zugestanden hätte. Das Buch schildert die Tage von Hormans Verhaftung und Tod im September 1973, aber es berichtet gleichzeitig in allen Einzelheiten von den Unmenschlichkeiten des neuen Regimes. Hauser rekonstruiert nicht nur die letzten Tage im Leben des Charles Horman, sondern schildert auch, wie seine junge Witwe, Joyce Horman, und wie der Vater, Ed Horman, in Santiago nach dem vermissten Charles suchen. Charles Horman wird so zu einer stellvertretenden Figur für die zahllosen Vermissten, für die Verschwundenen unter den Opfern des Pinochet-Regimes. Über das Schicksal dieser Verschwundenen, deren Zahl unterschiedlich geschätzt wird, ist offiziell wenig bekannt.[18] Sie wurden ermordet, irgendwo in Massengräbern vescharrt (von denen später einige entdeckt wurden) und nicht selten von Hubschraubern aus über dem Pazifik abgeworfen. Am Ende des Buches wird der tote Charles Horman doch noch gefunden und identifiziert. So wird aus einem Verschwundenen eines der vielen Mordopfer des Regimes, dessen Identität festgestellt werden konnte.

Hausers Bericht erregte Ende der 1970er Jahre so viel Aufmerksamkeit, dass Hollywood sich für den Stoff interessierte. Der aus Griechenland stammende Filmdirektor Constantin Costa-Gavras drehte einen Streifen, der sich ziemlich genau an die Buchvorlage Hausers hielt. 1982 kam der Film unter dem Titel *Missing* in die Kinos. Damit war der grauenhafteste Aspekt der Militärdiktatur, Menschen „verschwinden" zu lassen, wieder zur Sprache gebracht worden. Jack Lemmon spielte in einer seiner besten Rollen den Vater Ed, Sissy Spacek vergleichbar überzeugend Joyce Horman. Costa-Gavras erhielt einen Oskar für das beste Drehbuch. Bei den Filmfestspielen in Cannes wurde dem Film die Goldene Palme als herausragendstem Film zuerkannt, und Jack Lemmon erhielt dort den Preis als bester Schauspieler. Dieser erfolgreiche Film machte – noch stärker als das Buch – die Weltöffentlichkeit auf die Terrorakte des Pinochet-Regimes aufmerksam, und er stärkte auch der demokratischen Opposition in Chile den Rükken. Der Erfolg der Geschichte über Charles Horman in Amerika hat damit zu tun, dass hier ein US-Bürger in die Fänge des Pinochet-Regimes geraten war. Mit

---

erwähnt in seinem Buch *The Condor Years* mehrfach den Fall Charles Hormann (S. 30, S. 247).

18 Therese Lützelberger, „Chile: Chronologie", S. 933, erwähnt die Zahl von 1.102 Verschwundenen. Steve J. Stern spricht auf S. XXI von bis zu 4.500 Verschwundenen.

dem jungen pazifistischen Mann, der zur liberal erzogenen Generation der Achtundsechziger gehörte (er hatte einen College-Abschluss an der Harvard University erworben) konnten sich die Studenten der 1980er Jahre identifizieren, und in dem konservativen Vater, einem republikanisch wählenden Geschäftsmann, erkannten sich viele Zuschauer aus dem Law-and-Order-Spektrum wieder. Die Geschichte über Charles Horman ist auch eine Story über das Leiden des Vaters und den Verlust seiner politischen Illusionen. Inzwischen regierte Ronald Reagan im Weißen Haus, und dessen damaliger Außenminister Alexander Haig sah sich bemüßigt, den Faktizitätsgehalt der Horman-Geschichte abzustreiten.[19] Die Horman-Familie strengte rechtliche Verfahren gegen amerikanische Politiker und Beamte an, u.a. gegen den diensthabenden US-Botschafter in Chile zur Zeit des Putsches[20], und dieser Botschafter wiederum verklagte Costa-Gavras[21] wegen der falschen Darstellung seiner Handlungsweise.[22]

Es kann sein, dass das große Echo, das *The Execution of Charles Horman* bzw. *Missing* fanden, den Autor F.C. Delius darin bestärkte, einen Roman zu schreiben, in dem es ebenfalls um Pinochets Putsch und um die Verhaftung eines jungen Mannes durch das chilenische Militär im September 1973 geht. Keine geringe Rolle gespielt haben dürfte auch die Vorliebe der Achtundsechziger-Autoren für lateinamerikanische Schriftsteller, die mit ihrer Biographie und ihrem Werk zeigten, dass sie gegen rechtsradikale Diktaturen ihrer Länder gekämpft und protestiert hatten, wobei auch Gefängnisstrafen und Exil in Kauf genommen worden waren. Ein Autor, der Romanciers wie Delius besonders beeindruckte, war der Kubaner Alejo Carpentier (1904-1980), dessen Bücher seit Mitte der 1960er Jahre in der Bundesrepublik stark beachtet wurden. Man denke an die Romane *Das Reich von dieser Welt, Die verlorenen Spuren, Hetzjagd, Explosion in der Kathedrale, Die Methode der Macht, Le Sacre du Printemps* und *Die Harfe und der Schatten*. Es waren die Verbindung von Literatur, Politik und Geschichte sowie das Bekenntnis zur individuellen wie gesellschaftlichen Freiheit, die Delius für den Autor einnahmen. Carpentier sah in der Darstellung der „großen öffentlichen Tat" die „Signifikanz des Romans begründet".[23] Es ist kein Zufall, dass Carpentier der einzige Schriftsteller ist, der in *Adenauerplatz* zitiert wird (AP 157).

---

19 http://yorty.sonoma.edu/filmfrog/reviews/m/missing.html.
20 http://u.imdb.com/title/tt0084335.
21 http://www.namebase.org/sources/BB.html.
22 Larry Rohter, „For Chilean Coup, Kissinger Is Numbered Among the Hunted". In: *New York Times* (March 28, 2002). Vgl. ferner: John J. Michalczyk, *Costa-Gavras: The Political Action Film* (Philadelphia: Associated University Presses, 1984).
Zur Sicht des damaligen US-Botschafters in Chile vgl. Nathaniel Davis, *The Last Two Years of Salvador Allende*, S. 352-353, 378-382, 384-385. Davis weist viele der Behauptungen in Hausers Roman und in Costa-Gavras Film als erfunden zurück. Zu den Fiktionen, so schreibt er, gehöre die Unterstellung, dass die amerikanische Botschaft und das amerikanische Konsulat in Santiago mit der Junta gemeinsame Sache gemacht hätten.
23 Gerhard Fischer, „Im Dickicht der Dörfer, oder, ‚den plot in Butzbach suchen'. Provinz als Thema und Schreibanlaß bei Delius". In: *F.C. Delius. Studien über sein literarisches Werk*, hg. v. Manfred Durzak und Hartmut Steinecke (Tübingen: Stauffenburg, 1997), S. 49-68, hier S. 58.

Weniger beeindruckte Delius jedoch Carpentiers ästhetisches Konzept des „wunderbar Wirklichen", des „lo real maravilloso", mit dem der kubanische Romancier ein Vorbild für andere Achtundsechziger-Autoren wie Hans Christoph Buch wurde.[24] Ferner hatte Delius eine Reihe von Intellektuellen kennengelernt, die in Berlin als Exil-Chilenen lebten. Zu ihnen gehörte der Autor Antonio Skármeta, der 1983 als Emigrant in Deutschland für eine Koproduktion von Arte und ZDF den Film *Mit brennender Geduld* drehte, zu dem er auch das Drehbuch geschrieben hatte. Es war ein damals viel beachteter Film mit Roberto Parada als Pablo Neruda und Oscar Castro als Mario in den Hauptrollen. Zwei Jahre später erschien die Romanversion unter dem gleichen Titel, übersetzt von Willi Zurbrüggen, bei Piper in München. Der Originaltitel lautet „Ardiente paciencia"; das Buch erschien 1985 erstmals auf Spanisch bei der Editorial Sudamericana in Buenos Aires. Es wurde Skármetas erfolgreichstes Buch. Es handelt von der Freundschaft zwischen einem Briefträger und dem chilenischen Literaturnobelpreisträger Pablo Neruda. Die erzählte Zeit ist die zwischen 1969 und 1973. Die Regierungszeit Allendes von 1970 bis 1973 gibt also den historischen Hintergrund ab. (1970 war übrigens Neruda die Präsidentschaft Chiles angetragen worden, doch hatte er zugunsten der Kandidatur von Salvador Allende verzichtet.) Der Briefträger Mario Jiménez verliebt sich in ein Mädchen mit dem beziehungsreichen Namen Beatriz. Ort der Handlung ist ein Dorf an der Küste Chiles, wo Mario und Beatriz leben, gelegen in der Nähe der Isla Negra, auf der Pablo Neruda sein Haus hat. Durch die Gedichte Nerudas bekundet Mario der Verehrten seine Liebe und wird schließlich selbst zum Dichter. Gegen die Widerstände der Mutter wirbt der Briefträger, unterstützt durch Pablo Neruda, erfolgreich um Beatriz, die Tochter des Gastwirtes. Im Buch werden der Regierungsantritt Allendes, die Verleihung des Nobelpreises an Neruda im Jahr 1971, seine Ernennung zum Botschafter Chiles in Paris, die Rückkehr des kranken Nerudas nach Chile auf die Isla Negra und der Putsch der Generäle am 11. September 1973 sowie Nerudas Tod zwölf Tage später erwähnt. Der Titel des Buches ist einem Zitat Arthur Rimbauds entnommen, das Neruda 1971 in seine Nobelpreisrede einflocht.[25] Skármetas Roman war so beliebt, dass der englische Regisseur und Drehbuchautor Michael Radford sich des Stoffs annahm und den Film *Il Postino* daraus machte, der weltweit Anerkennung fand und Radfords Ruhm begründete.

---

24 Buchs Haiti-Trilogie ist ohne den Einfluss dieses Prinzips und ohne die Lektüre von Carpentiers Roman *Das Reich von dieser Welt* kaum denkbar. In dem Roman hatte der kubanische Autor über den Aufstand der Haitianer gegen die französischen Unterdrücker zur Napoleonischen Zeit geschrieben, ein Thema, das Buch in seiner Trilogie aufgriff. Vgl. Hans Christoph Buch, *Die Hochzeit von Port-au-Prince* (1980), *Haiti Cheri* (1990), *Rede des toten Kolumbus am Tag des Jüngsten Gerichts* (1992). Alle drei Romane erschienen bei Suhrkamp in Frankfurt am Main.
25 Pablo Neruda, *Letzte Gedichte spanisch-deutsch. Nobelpreisrede 1971* (Darmstadt und Neuwied: Luchterhand, 1976, 3. Aufl.). In der Nobelpreisrede lautet der letzte Absatz: „Zum Schluß muß ich den Menschen guten Willens, den Arbeitern, den Dichtern sagen, daß die ganze Zukunft in diesem Satz von Rimbaud ausgedrückt ist: nur mit einer *glühenden Geduld* werden wir die *strahlende* Stadt erobern, die allen Menschen Licht, Gerechtigkeit und Würde schenkt. So wird die Dichtung nicht vergeblich gesungen haben." (S. 203)

Er kam als französisch-italienische Koproduktion 1994 in die Kinos (in Deutschland unter dem Titel „Il Postino – Der Postmann"): mit Philippe Noiret als Neruda, Massimo Troisi als Mario und Maria Grazia Cucinotta als Beatriz (bzw. Beatrice). Radford entpolitisierte das Buch, und Ort und Zeit der Handlung werden verändert. Das Geschehen spielt jetzt nicht zu Anfang der 1970er Jahre in Chile, sondern auf einer italienischen Insel in einer früheren Lebensphase des Autors, als er im europäischen Exil lebte und auch einmal eine kurze Zeit in Italien verbrachte. Dabei sind Anachronismen nicht zu vermeiden, denn eigentlich hätten Neruda und der Briefträger jünger dargestellt werden müssen. Kurz nachdem die Redemokratisierung Chiles begann, ging Skármeta 1989 nach Chile zurück, wo er als Schriftsteller im Fernsehen eine populäre Literatursendung moderierte. In den 1990er Jahren war er kurze Zeit als Botschafter seines Landes bei der Deutschen Bundesregierung in Berlin akkreditiert.

III

Zwei Jahre nachdem *Missing* in die Kinos gekommen war und ein Jahr nachdem *Mit brennender Geduld* im deutschen Fernsehen zu sehen war, veröffentlichte F.C. Delius den Roman *Adenauerplatz*[26]. Um eine „öffentliche Tat" im Sinne Carpentiers, nämlich um Allendes Landreform und ihre Folgen, geht es in Delius' Roman. Die Zahl der Chilenen, die durch Pinochet vertrieben worden waren und im Ausland Zuflucht gefunden hatten, belief sich (so die konservativste Schätzung) auf Zweihunderttausend.[27] Im Mittelpunkt der Handlung von *Adenauerplatz* steht ein Exil-Chilene, und so handelt es sich hier um einen Exil-Roman insofern, als das Buch aus der Retrospektive, vom Standpunkt des Exilierten aus geschrieben worden ist.[28] Er heißt Felipe Gerlach, und es hat ihn in eine deutsche Provinzstadt verschlagen. Dabei wird man an Bielefeld denken können. Dort hielt sich F.C. Delius zu Anfang der 1980er Jahre auf, und im Bielefelder Stadtzentrum gibt es einen Adenauerplatz, der dem im Buch geschilderten zum Verwechseln ähnlich sieht. Delius schreibt über das Leben Felipes im deutschen Exil, aber durch eingestreute Erinnerungen der Hauptfigur, durch dessen

---

26 Friedrich Christian Delius, *Adenauerplatz. Roman* (Reinbek bei Hamburg: Rowohlt, 1984). In der Folge wird diese Ausgabe mit „AP" und der Seitenangabe in Klammern zitiert.
27 James D. Cockcroft (Hg.), *Salvador Allende Reader*, S. 18, spricht wie Stern von 200.000; Therese Lützelberger, „Chile: Chronologie", S. 932, von über 700.000.
28 Oft wird der Begriff „Exil-Roman" für jene Bücher verwendet, die von Autoren im Exil geschrieben werden, auch wenn sie selbst das Thema des Exils nicht behandeln; so etwa in der Studie von Sigrid Schneider-Grube, *Das Ende Weimars im Exilroman* (München: Saur, 1980). Der Terminus wird aber auch verwendet für Romane, die vom Exil handeln und nicht von einem Autor geschrieben wurden, der selbst im Exil lebte. Als Beispiel vgl.: Guy Stern, „Echoes of Exile: The Literary Response to the Exiles by American Women Writers". In: *Facing Fascim and Confronting the Past: German Women Writers from Weimar to the Present*, hg. v. Elke P. Frederiksen und Martha Kaarsberg Wallach (Albany: State University of New York Press, 2000), S. 153-170.

Gespräche und Diskussionsbeiträge ergibt sich ein Mosaik seines früheren Lebens in Chile bis zu seiner Ausweisung im Putsch-Jahr 1973.

Der Familienname Felipe Gerlachs verweist auf seine deutsche Abstammung. Seine Vorfahren wanderten vor drei Generationen nach Chile aus und hatten es im mittleren Chile, in Pemuco und Osorno (AP 68), zu Wohlstand gebracht. Felipes Onkel Ernesto, der seine deutsche Abstammung dauernd herausstreicht, ist einer jener grundreaktionären Landbesitzer, die sich in Chile schlimmer aufführen als im 18. Jahrhundert die ostelbischen Großagrarier auf ihren Besitzungen. Zu Felipes Kindheitserinnerungen gehören die Besuche auf der Hacienda des Onkels. Schon damals kam ihm Ernesto Gerlach als „Befehlshaber", „Schinder" und „Bluthund" (AP 73) vor, als Ausbeuter der Landarbeiter, die „sich für die Gerlachs" bücken und „krumm" arbeiten mussten (AP 72). Und schon als Kind habe er bei den Arbeitern „den Haß auf den Herrn", ja gegen seine ganze Familie gerichtete „Haßwellen" (AP 73) verspürt. Beim jungen Felipe entwickeln sich aufgrund der Negativkonnotation des Begriffes „Deutsch" keine Sehnsüchte nach dem Land der Vorfahren: eine *destination of desire*[29], die man mit „Deutschland" umschreiben könnte, gibt es für ihn nicht. Um sich vom Schreckgespenst Ernesto Gerlach zu unterscheiden, möchte der pubertierende Felipe Missionar und Arzt werden: ein Albert Schweitzer „des Amazonasgebiets" (AP 251). Seine frühen Vorstellungen vom sinnvollen Leben verbinden sich zwar mit einem anderen Land, nicht aber mit einem anderen Kontinent. Die Berufswünsche des erwachsen werdenden Studenten kommen ohne Konzessionen an Paternalismus und Kolonialismus aus, und die imaginierte bessere Welt wird jetzt zuhause gesucht, nicht mehr jenseits der nationalen Grenzen: Er wird sich nach dem Abschluss seiner akademischen Ausbildung in der chilenischen Landreform engagieren. Das geschieht gleich zu Anfang der Regierung von Salvador Allende, der mit seinen Plänen Chile gleichsam neu erfinden will, und Felipe arbeitet begeistert an der Umsetzung des Reformkonzepts mit.

Zuvor hat er während seines Studiums der Wirtschaftswissenschaften ein Schockerlebnis, das ihm unmittelbarer als alle Theorie zeigt, für was er sich in der Zukunft einsetzen sollte. Felipe gerät während seines zweiten Semesters an der Universität der Hauptstadt in eine Demonstration gegen die Regierung des Eduardo Frei. Er selbst ist politisch nicht engagiert, weiß nicht, „ob er den Protest für berechtigt halten soll" und ist bloß „neugierig". Rasch merkt er, dass es bei politischen Demonstrationen keine neutralen Zuschauer „am Rand" gibt. „Polizisten" nämlich „rücken an, die berüchtigte Truppe, mit der sonst die Streiks gebrochen und die Bewohner der Slums niedergehalten werden". Felipe hat eine Kamera in der Hand: Grund genug, von den Polizisten „mit Schlagstöcken" (AP 53) traktiert zu werden. Er erfährt erstmals im Leben die Wirkung physischer Gewalt, und danach wird nichts mehr so sein wie früher. Delius hält den Moment der politischen Initiation so fest:

---

29 „Destinations of Desire" war der Titel der BTWH-Jahrestagung vom 23.-24. Juni 2005 am IFK (Internationales Forschungszentrum Kulturwissenschaften) in Wien.

Unvergeßlich wird der Augenblick: Die zur Attacke befohlenen, näherrückenden, gefährlichen Gestalten, die Schreie Aufhören! Aufhören!, das unglückliche, entstellte, schlagwütige, zähnezeigende Gesicht des Angreifers, die Verwunderung zweier Menschen, sich als Feinde gegenüberzustehen Auge in Auge eine zehntel Sekunde lang, der Schlagstock am schwingenden Arm in der Luft, die Angstschreie der Getroffenen, ein letztes Ducken und Wegdrehen des Kopfes, dann der erwartete und doch unglaubliche Hieb auf den Schädel, der hohle Höhepunkt, der leise ins Bewußtsein dringende, der taube, wohlige Schmerz, dann das erste, stechende Gefühl des Schocks über die eigene Schwäche und Ohnmacht und die Wehrlosigkeit der Gruppe. (AP 54)

Im Exil wird Felipe öfters über seine Arbeit für die Allende-Regierung interviewt. Er gehörte zu dem „Haufen frisch examinierter Ökonomiestudenten", die in „der Abteilung Landreform" (AP 199) des chilenischen Agrarministers eingestellt worden waren. Ihre Aufgabe bestand darin, „die Berichte über die Enteignungsverfahren der Latifundien" durchzusehen und, „wenn nötig, an die Juristen" weiterzugeben (AP 199). Ausführlich berichtet er über die Vorgeschichte der Agrarreform in seinem Land und über die Besonderheit des Reformgesetzes. Diese Passagen des Romans zeigen, dass Delius sich gut über die Fakten[30] der neuen staatlich-politischen Raumbildung qua Umverteilung informiert hatte:

Es war ja nicht nur so, daß die Großgrundbesitzer immer weniger produzierten, weil sie an dem wenigen, was sie verkauften, schon gut genug verdienten, weshalb die Agrarproduktion in den sechziger Jahren immer mehr zurückging. Es war ja auch so, daß die Lage der Landarbeiter und der Kleinbauern immer katastrophaler wurde. Drei Viertel von ihnen litten an Mangelernährung [...]. Jede Regierung hatte eine Agrarreform verkündet. [...] Alle [...] waren daran gescheitert. [...] Nicht alle waren so genial wie die Reaktionäre, bei deren Reform kein einziges Grundstück den Besitzer gewechselt hat. Dann kamen die Christdemokraten, die ließen immerhin einige Latifundien enteignen. Aber das war nur möglich, wenn konkrete Mängel bei der Betriebsführung, der Verwaltung oder Produktion festgestellt und bewiesen werden konnten. (AP 144f.)

Das entsprechende „Reformgesetz" der Allende-Regierung wird von Felipe als „dürftig" bezeichnet. Da Allendes Unidad Popular „keine Mehrheit im Parlament" (AP 145) gehabt habe, sei bei der Agrarreform mit Kompromissen gearbeitet worden. Dazu liest man:

Wir durften den legalen Rahmen nicht sprengen, sonst hätte uns die Rechte gleich zerfetzt. Also mußten wir das Gesetz extensiv auslegen, die Enteignungsverfahren schnell durchziehen. Wir haben argumentiert, daß die Anbauflächen, die die Großgrundbesitzer ja immer nur teilweise bearbeiten ließen, vollständig genutzt werden müßten zur Erhöhung der allgemeinen Produktivität. So bekamen die Landarbeiter und die Kleinbauern zwar endlich etwas Land, aber die Maschinen und das Vieh behielten die Chefs immer noch. [...] Es ging immer drei Schritte vorwärts und zweieinhalb zurück. (AP 146f.)

---

30 Solon Lovett Barraclough, Juan Carlos Collarte, *Agrarian Structure in Latin America* (Lexington, Massachusetts: Lexington Books, 1973).

An einer Stelle wird etwas von der Spannung, der Intensität und der Gehetztheit der Arbeit in Felipes Büro während des gesellschaftlichen Umbruchs vermittelt:

> Sie schwitzen, sie sind die zentrale Anlaufstelle für Beschwerden und Probleme eines mühseligen Reformprozesses. Durch knisternde Telefonleitungen schreiend verlangen die Landarbeiter ihr Recht, als ginge es nur um einen Stempel. Die Anwälte der Großgrundbesitzer sind nicht faul und fordern Antwort auf umständliche Eingaben [...]. Die Regierung, der Minister verlangt strikte Legalität. (AP 199)

Dann holt den umwälzungseifrigen Felipe die eigene Familiengeschichte ein. Plötzlich bekommt er die Akte der „Gerlachs aus Pemuco" (AP 199) in die Hand, und jetzt geht ihn die Landreform persönlich an. Da sitzt er nun, „verwirrt und blaß", ein zögerlicher, nachdenklicher Revolutionär, der „sich selbst Mut zusprechen" (AP 203) muss. Verhindern könnte er die „Enteignung" seiner Verwandten nicht, wohl aber „aufhalten" (AP 201). Aber dann gewinnt doch das Reformgewissen die Oberhand, denn die „Aktenlage ist eindeutig" (AP 200):

> Onkel Ernesto hat nur die Hälfte seines Landes bebauen lassen, schon das genügt laut Gesetz, um ihm den größeren Teil davon zu nehmen. Nicht anders als die anderen Herren hat er seine Arbeiter betrogen, die Liste der beeideten Vorwürfe ist mehrere Seiten lang, und gleichzeitig versucht er mit den bekannten Tricks der Provinzanwälte die Enteignung zu verhindern. Der rabiate Ernesto, der Stiefel-Ernst, der Onkel mit der Peitsche [...]. Auch Felipe Gerlach wünscht, die Sippe und vornweg Ernesto entmachtet zu sehen. Es ist höchste Zeit. (AP 200f.)

Sogar die Einzelheiten der Landreform werden am Fall des Onkels exemplifiziert. Von Radikalität, Revolution und kubanischen Verhältnissen kann hier keine Rede sein: Onkel Ernesto wird für das ihm Abgenommene entschädigt und behält „Hektar genug für seine Familie und das Vieh, die Maschinen, das Saatgut. Der Enteignete wird ein wohlhabender Mann bleiben, reicher als alle Landarbeiter zusammen, die einen Teil seines Landes übernehmen" (AP 202). Gerade diese Tatsache löst bei Felipe ein Unbehagen aus. Momenthaft drängen sich Ängste vor Vergeltungsmaßnahmen der Enteigneten in die Reformeuphorie:

> So schnell sind die Großgrundbesitzer nicht kleinzukriegen, die Enteignung macht sie liquide und kämpferisch. Sie werden nicht zögern, mit den Entschädigungsgeldern ihre Mordkommandos aufzurüsten und den Bankrott der Regierung zu betreiben. Die Ernestos sind nicht zu unterschätzen [...]. Die Rache der Rachen wird kommen. Wir enteignen sie, und sie werden stärker als je aus dieser Enteignung hervorgehen, und was dann – aber das wagt Felipe im Trubel des Büros nur blitzartig und leise zu denken. (AP 202)

Nach drei Jahren ist es soweit: Mit dem Putsch der Generäle um Augusto Pinochet trifft ein, was Felipe zu verdrängen suchte. Die Gegner der Regierung Allende wollen alles vernichten, was in der Reformzeit geschaffen wurde. Felipe erfährt die Konterrevolution am eigenen Leib. Er ist nach dem Staatsstreich vom 11. September 1973 in der Hauptstadt Santiago auf der Flucht vor den Häschern. Zentral ist in Delius' Roman die Furcht des Verfolgten, erschossen zu werden, die elementare Angst vor dem Tod. In einem Traum hört er einmal eine Einflüsterung, die ihm bedeutet: „Das Leben [...] ist die Erlaubnis, den Tod kennenzulernen" (AP 226). Das mag eine tiefsinnige Einsicht im Schlaf, dem Bruder des Todes, sein, aber im Alltag des Lebens taugt sie wenig. Hier gilt nach wie vor das Umgekehrte, dass das Bewusstsein der Endlichkeit, das Wissen um Tod und Todesgefahr, die Chance gibt, das Leben zu schätzen und kennenzulernen. Und vom Leben will Felipe nicht lassen. Auch als er im Exil längst der Lebensgefahr entgangen ist, kommt er von der Erinnerung an die Angst vor den Schüssen nicht mehr los:

> Die Schüsse in den Straßen am Ministerium, die Schüsse während der Tage und Nächte der Flucht, die Schüsse von den Dächern, die Schüsse aus fahrenden Jeeps und die Hubschrauberschüsse, sie hätten ihn hundertmal treffen können [...] Es ist Zufall und sonst nichts, ob du am Leben bleibst zwischen den Mördern an jeder Straßenecke, ob dich Maschinengewehrschüsse treffen oder Pistolenschüsse, die pfeifenden Schüsse oder die trockenen Schüsse [...] Schüsse in Hütten und Fabriken, Schüsse in den Vorgärten und hinter den Brombeerhecken. Lastwagen, vollgestapelt mit Leichen, fahren [...] in hohem Tempo vorbei, überall Schüsse. Das Echo aller ungehörten Schüsse schwärzt die Luft. (AP 86f.)

Felipe rettet sich während des Putschs der Generäle in die Botschaft der Bundesrepublik.[31] Dort sucht er um Asyl in Deutschland an. Das ist nicht die Folge langgehegter Wünsche, das Land seiner Vorfahren kennenzulernen, sondern die verzweifelte Aktion eines in doppelter Hinsicht heimatlos Gewordenen. Die Konterrevolution der Generäle verhindert eine Ankunft in der imaginären *destination of desire*, im sozialistischen Chile, und da er wegen seines Engagements als Staatsfeind gilt, bleibt ihm nichts als die Flucht, das Exil. Die identitätsmäßige heimatlose Existenz im transnationalen Raum ist das Ergebnis jenes Sprungs in die Deutsche Botschaft. Sein Leben hat er dadurch retten können, aber einen neuen Entwurf für ein anderes Leben hat er noch nicht gemacht. Nach „wochenlangen Verhandlungen" (AP 85) erhält er ein Visum, und so kann er nach Deutschland entkommen. Die Ängste vor den Mordgesellen des neuen Regimes verlassen ihn auch bei der Fahrt von der Botschaft zum Flughafen von Santiago nicht:

> Nach Wochen des Wartens wird der Abflug angekündigt, die Reise hinaus aus dem Land der Schüsse, der Bus zum Flughafen steht bereit, die Magazine sind gefüllt, die Patronen trocken, die Waffen neu, Mann an Mann lauern die Soldaten der

---

31 Hans Christoph Buch hat in seiner Kurzgeschichte „Ein Erdbeben in Chile" das Schicksal eines linken chilenischen Musikers geschildert, dem es gelingt, nach dem Putsch in die DDR zu emigrieren. Diese Story, in der es an intertextuellen Anspielungen auf Kleists Erzählung „Das Erdbeben in Chili" nicht fehlt, und die nichtsdestoweniger auf Tatsachen beruht, handelt von der Verhaftung eines chilenischen Gitarristen, seinem Aufenthalt in dem von der Junta zum KZ umfunktionierten Fußballstadion von Santiago, seiner Befreiung aufgrund einer Intervention Erich Honeckers über die Botschaft der Niederlande, der Heirat des Musikers mit der Tochter Honeckers in Berlin (Ost) und dem schließlichen Exil Honeckers in Chile nach dem Ende der DDR, deren Zusammenbruch interessanterweise parallel mit der Pinochet-Diktatur verlief. Vgl. Hans Christoph Buch, „Ein Erdbeben in Chile". In: *Wie Karl May Adolf Hitler traf und andere wahre Geschichten* (Berlin: Eichborn, 2003), S. 53-59.

> Sondertruppe mit Bajonettgewehren und Maschinenpistolen zwischen Tor und Bus, und ihren bissigen Gesichtern ist abzulesen, wie wenig es ihnen ausmacht, das Flüchtlingspack, die Kriminellen, die Verräter der Nation hinwegzumähen. [...] Sie können einen andern oder dich erschießen hinterrücks, ein kleiner Befehl oder ein Versehen genügt, eine falsche Bewegung, die sie als Fluchtversuch deuten oder als Provokation, schon liegst du flach, ein Schuß aus Notwehr wie immer, ein Feind weniger, es sind schon Zehntausende geschlachtet, und wegen Felipe Ramón Gerlach Hernandez wird sich keiner aufregen. Er spürt die Schüsse im Rücken, wie wird das sein, verscharrt irgendwo, Massengrab. (AP 88)

Und am Flughafen selbst verdichtet sich die Angst eher wieder, als dass sie verflöge. Dort wird deutlich, wie stark bei den Reisenden unterschieden wird nach Putschgewinnlern und Revolutionsverlierern:

> Am Flughafen aber, da stehen sie wieder, schwerbewaffnet an allen Türen, in allen Ecken, auf den Dächern, da sind sie wieder, die angekündigten Schüsse, die Finger der uniformierten, verschlossenen Männer am Abzug. Sogar den kahlen Raum, in dem die Gruppe abgefertigt wird, getrennt von den siegesdüsteren Blicken der Geschäftsleute und reisenden Agenten, haben sie umstellt, als wollten sie die Verwandtschaft der Ausgewiesenen gleich mit erledigen. Zwischen lauter fremden Müttern und Vätern, Großeltern, Frauen, Kindern, Schwagern und Tanten spürt Felipe Schutz. Aber die Spannung läßt nicht nach, irgendeine Militärfaust könnte immer noch die letzten Stempel verweigern, und dann ab zur Exekution. (AP 89)

Keiner seiner Verwandten ist zum Abschied erschienen. Der Kampf der Parteien reicht in fast alle Familien hinein, auch in die Felipes. Sein Bruder Carlos hat offenbar Angst „vor den Fotoapparaten der Geheimpolizisten", Furcht davor, in kompromittierender „Umarmung mit einem Staatsfeind" aufgenommen zu werden. Der Vater ist krank, die Mutter muss ihn pflegen, und in den Augen der „übrigen Verwandtschaft" hat er „mit der Beteiligung an der Landreform" ohnehin „Hochverrat begangen". Aber dann bekommt Felipe doch noch seinen Abschied. Eine „von den Großmüttern" nämlich, eine von den legendären *abuelas*, die mit ihrem Mut auch in Argentinien mit zum Sturz der Diktatur beitrugen,[32] kommt „auf ihn zu" mit einem „He, Junge, laß dich auch umarmen!" Daraufhin wird er „herumgereicht und bekommt einen Abschied wie alle". Dabei spricht ihn ein „fremder Mann" an und „sagt laut, was ihm kein entfernter Verwandter zugeflüstert hätte: Komm wieder! Komm bald zurück!" (AP 90) Das aber wird vorläufig nicht möglich sein, denn Felipes Name „steht auf der viele tausend Namen langen Liste der Ausgesperrten". Er hat „Einreiseverbot" (AP 11) und wird wenige Jahre später nicht einmal nach Chile zurückkehren, um an der Beerdigung seiner verstorbenen Mutter in Osorno teilnehmen zu können (AP 12). Die Angst vor dem Scheitern der Flucht ist auch im Flugzeug zunächst noch nicht überwunden, aber dann weicht sie doch dem Gefühl, gerettet zu sein:

---

32 Jeffrey Klaiber, *The Church, Dictatorships, and Democracy in Latin America* (Maryknoll, N.Y.: Orbis Books, 1998), S. 85.

Auch im Sicherheitsgurt, in den ewigen Minuten bis zum Start, kannst du noch getroffen werden, durchs Fenster [...]. Erst als die Motoren pfeifen, als das Flugzeug rollt und schneller rollt und abhebt, als der Steilflug die Gewichte verlagert und der Flughafen außer Schußweite liegt und die Gurte wieder leise aufklicken, erst da läßt der Druck der erwarteten Schüsse allmählich nach. Das Aufatmen, jetzt treffen sie wirklich nicht mehr, und wenn sie noch so gut zielen. (AP 91)

Delius ist es gelungen, in seinem Roman die Reformeuphorie eines jungen Chilenen zur Unidad Popular-Zeit sowie seine Angst vor dem Terror der Militärjunta zu vermitteln. Damit ist der Roman nicht zu Ende, aber die weiteren Aspekte können hier nicht im einzelnen behandelt werden. Für eine literaturgeschichtliche Untersuchung darüber, wie im Roman der Gegenwart politische Flüchtlinge die Bundesrepublik erleben, gibt das Buch ebenfalls reichlich Stoff ab. Zu erwähnen ist, dass Felipe in West-Deutschland öfters von Fernsehsessel-Revolutionären aus den Universitätsseminaren mehr oder weniger direkt gefragt wird: „Warum gehst du nicht rüber und beteiligst dich an der Revolution? Warum machst du immer noch Wissenschaft, statt zu kämpfen? Dein Kontinent im Aufruhr, und du hockst hier noch? Du bist doch zum Kämpfen da, die Theorie machen wir schon!" (AP 134) Felipe ist Flüchtling; d.h. er will leben, will, mit Popitz[33] gesehen, weder Attentäter noch Märtyrer im Widerstand gegen die Diktatur sein. Und so sagt er sich:

Geh [...] nicht dahin zurück, wo dich die Panzer vertrieben haben, die rasselnden Boten der Veränderungen. [...] Du wirst es nicht wiedererkennen, dein entstelltes Land [...]. Geh nicht zurück, du wirst nur entmutigt werden, wenn du siehst, wie sie die Menschen verändert haben. [...] Deine geselligen, sorglosen Landsleute, aufgehetzt sind sie gegeneinander, Spielbälle eines verrotteten Marktes sind sie geworden. [...] Geh nicht zurück zu deinen verwandten Feinden. [...] Selbst wenn dich die Geheimpolizisten zu Hause schonen und die Terrorbanden auch, selbst wenn dich keiner aus dem fahrenden Zug stößt wie Arturo, selbst wenn sie dich nicht unmittelbar vor dem Rückflug abfangen und gleich neben dem Flughafen erschießen wie Claudio, selbst wenn du heil und zitternd wieder landest in Frankfurt Main, selbst dann kann die Todesstrafe [...] noch kommen [...]. Dank den Mördern, daß sie dir nicht verzeihen und dir wenigstens diese Entscheidung abnehmen. (AP 229-232)

Der Schluss des Romans ist pessimistisch: Felipe hat nach der Fertigstellung seiner kritischen Dissertation über ökonomische Aspekte der Dritten Welt (Zuckerproduktion und -vertrieb) keine Stelle an einer deutschen Universität erhalten können. Mit Gelegenheitsjobs wie dem eines Nachtwächters am Adenauerplatz der Provinzstadt schlägt er sich durch, aber am Ende ist er arbeitslos. Das Buch erschien vier Jahre vor dem hoffnungsvollen demokratischen Neubeginn in Chile, und Felipe hat den Eindruck, dass er seine chilenische Heimat verloren hat, ohne im Land seiner Vorfahren angekommen zu sein, dass er mit seinen Vorstellungen von der Ausbeutung der Dritten Welt durch die Erste nur theoretische Zustimmung während der Meinungszirkulation in ephemerischen akademischen

---

33 Heinrich Popitz, *Phänomene der Macht*, S. 59.

Diskussionskreisen findet, dass aber niemand bereit ist, praktische Konsequenzen auch nur zu erwägen. Er geht durch eine doppelte Krise: Seine sozialen Imaginationen finden keinen Resonanzboden und keine Umsetzungsmöglichkeiten, und die Vorstellungen von Heimat verflüchtigen sich zu einem trans- und postnationalen Irgendwo, womit er auf seine Weise an den allgemeinen Deterritorialisierungstendenzen der globalen Welt teilhat.[34] Wenn er überhaupt eine neue Identität entwickelt, ist es die des politisch Vertriebenen, eines Exulanten, der sein ursprüngliches Berufsziel, die Verbesserung der Lebensbedingungen für die Ärmsten in seiner Heimat, nicht verwirklichen kann. Seine ehemals konstruktiv orientierte Utopie von der Landverteilung an die Unterprivilegierten schlägt um in eine aggressive apokalyptische Vision. In einem Tagtraum phantasiert er, wie die Armen aller Länder sich den ihnen vorenthaltenen Anteil am Reichtum der Welt nehmen:

> [...] sie sollen sich aufmachen, die Armen aus den Straßen Kalkuttas, die Landlosen, die Arbeitslosen, die Kranken aus Recife und Santiago und São Paulo, sie sollen, wenn sie noch laufen können, alle kommen, die Frauen und Kinder aus Ghana und Obervolta, die Flüchtenden aus Zaire und Äthiopien und Afghanistan, aus Pakistan und El Salvador, aus allen Erdteilen fallen die Hungerleider millionenstark ein in die reichen Länder. (AP 208)

Diese Flucht- und Migrationsbewegung, wie Felipe sie inauguriert, gehört nicht zu jenen von Appadurai[35] beschriebenen Machtphantasien, die vielleicht so etwas wie die Prolegomena zum Entwurf einer großen künftigen politischen Bewegung ausmachen. Felipe resigniert, kaum dass sich ihm der Traum von der globalen Umverteilung in einer Selbsthilfeaktion der Ärmsten der Welt aufgedrängt hat. Was seine Identität und seine Loyalität betrifft, steht er am Ende vor einem Scherbenhaufen. Er sieht voraus, dass diese denkbar umfassendste Migration der Armen hin zur denkbar größten *destination of desire* keinen Gewinn brächte, dass sie den von ihnen begonnenen Weltbürgerkrieg verlieren würden. Mit diesem Krieg zwischen Arm und Reich, zwischen Nord und Süd, zwischen faktischer Herkunft und imaginierter Ankunft, würde sich zeigen, dass die Topographie des Terrors sich global erweitern würde, dass die Vorgänge in Chile nur im kleinen Maßstab das vor Augen führten, was – jenseits aller rhetorischen Sympathieerklärungen im Sinne eines idealistischen Humanismus – das Grundgesetz der westlichen Welt sei: die gewaltsame Verteidigung des gesellschaftlichen *status quo*, die strikte Ablehnung einer Neuverteilung des Besitzes, wie ihn Allende und seine Anhänger in Chile durchzuführen versuchten. Felipe verallgemeinert seine Erfahrungen, wenn er fortfährt:

---

34 Arjun Appadurai (Hg.), *Globalization* (Durham, N.C.: Duke University Press, 2001); Marc Augé, *Non-lieux: Introduction à une anthropologie de la surmodernité* (Paris: Seuil, 1992); Edward W. Soja, „Exploring the Postmetropolis". In: *Postmodern Geography. Theory and Praxis*. Hg. v. Claudio Minca (Oxford: Blackwell, 2001), S. 37-56.

35 Arjun Appadurai, *Modernity at Large. Cultural Dimensions of Globalization* (Minneapolis: University of Minnesota Press, 1996).

[...] selbst wenn sie in Massen über die Grenzen strömen, was wird es nützen, die Reichen werden noch perfektere Befestigungsanlagen bauen um ihre Villen und Vorratskeller und Kühlhäuser [...]. Ein Mann im Düsenjäger genügt, um den Konvoi mit Schiffen voll Flüchtlingen zu versenken, ein guter Schütze im Cockpit, um ein paar Jumbos abzuschießen, es wird furchtbar werden, wenn die Verdrängten auferstehen, der Aufstand des Südens, die Rache des Nordens, und die große Mehrzahl der [...] Europäer wird [...] die gerechte Teilung, die große Verbrüderung verweigern und weiter die Herzen stereophon mitfühlend schlagen lassen, alle Menschen werden Brüder, ha! (AP 210)

Die imaginativen Prozesse im Kopf des Romanhelden Felipe bündeln sich zu der Frage, ob nicht der gesamte Westen zum Komplizen Pinochets würde, wenn eine – aus den globalen demographischen Veränderungen der Welt sich ergebende – Völkerwanderung der Armen aus dem Süden zu den Wohlhabenden im Norden einsetzte und den Besitzstand der reichen Länder massiv gefährdete. Dass der Norden für ein solches Szenarium bereits militärische Pläne[36] ausgearbeitet hat, ist Felipe offenbar kein Geheimnis. Delius' postkolonialer Roman ist Ausdruck einer postmodern-skeptischen, post-achtundsechziger Einstellung gegenüber rhetorisch bleibenden menschenrechtlichen Positionen, die einem Härtetest nicht standhalten.

Mit Rache-Instinkten der Verfolgten in Chile hat auch das Drama *La Muerte y la Doncella* („Der Tod und das Mädchen") zu tun, das der argentinisch-chilenische Schriftsteller Ariel Dorfman 1991 publizierte. Bei den Angaben zu den Personen des Stücks[37] findet man den Hinweis, dass die Handlung „wahrscheinlich" in Chile spielt, dass es aber um eine dramatische Konstellation geht, die vergleichbar in anderen Ländern, die gerade eine Diktatur überwunden haben, vorkommen könne. Das Stück war während der 1990er Jahre in einer ganzen Reihe von lateinamerikanischen Ländern erfolgreich. Dorfman selbst (Jahrgang 1942) hatte als junger Mann zwischen 1970 und 1973 für die Regierung Salvador Allendes gearbeitet und musste deswegen aus Chile fliehen. In den USA fand er eine neue Heimat: Er unterrichtet seit 1985 Literatur an der Duke University in Durham, North Carolina. Die Dramenhandlung lässt sich so zusammenfassen: Der Arzt Roberto Miranda hilft einem Fremden, dem Juristen und Politiker Gerardo Escobar, als der auf einer Straße eine Autopanne hat. Escobar lädt Miranda aus Dank zu sich ins Haus ein, und die beiden, die sich sympathisch finden, unterhalten sich über die neue Kommission zur Untersuchung der Verbrechen, die während der Militärdiktatur begangen worden sind. Auch Escobars Frau, Paulina Salas, hat Dr. Miranda vorher nie gesehen. Wohl aber kommt ihr seine Stimme bekannt vor. Sie ist davon überzeugt, dass es sich bei dem abendlichen Gast um jenen Mann handelt, der sie vor fünfzehn Jahren, zur

---

36 Gunnar Heinsohn, „Finis Germania? Reflexionen über demografische Ursachen von Revolutionen, Kriegen und politischen Niederlagen". In: *Kursbuch* 162 (2005), S. 18-29.
37 Ariel Dorfman, *La Muerte y la Doncella* (Santiago: LOM Ediciones, 1997), S. 5. Das Drama erschien auf Deutsch unter dem Titel *Der Tod und das Mädchen* (Frankfurt am Main: Fischer Taschenbuch, 1992).

Zeit der Junta, gefoltert und vergewaltigt hat. Ihr Peiniger hat damals sein Gesicht verhüllt, aber die Stimme hat sich seinem Opfer so eingeprägt, dass ihr die Zeit ihrer Gefangenschaft schockartig gegenwärtig wird. Zur Zeit der Diktatur hatte sie mit ihrem jetzigen Mann gemeinsam im Untergrund gearbeitet. Sie war festgenommen worden, man folterte sie, um den Namen der anderen Widerständler von ihr zu erfahren, aber sie gab keine Informationen preis, die zu Verhaftungen hätten führen können. So blieb Gerardo Escobar während der Zeit der Diktatur von Verfolgung verschont. Paulina Salas nutzt die Gelegenheit und will Rache nehmen für das Leid und die Schande, die man ihr damals angetan hat. Ihr Verhörer hatte sie zur Musik von Franz Schuberts Streichquartett „Der Tod und das Mädchen" – gemeinsam mit Angehörigen der Soldateska – gefoltert und vergewaltigt. Schuberts Quartett verdankt seinen Namen dem zweiten Satz mit dem vertonten Gedicht „Der Tod und das Mädchen" von Matthias Claudius. Es ist der Widerstreit zwischen Jugend und Tod, Lebenswillen und Sterbensverlockung, die Claudius ausdrückt. Sein „Tod" verspricht: „Bin Freund und komme nicht zu strafen,/ [...] Sollst sanft in meinen Armen schlafen!"[38] Von Sanftmut konnte weder bei den Folterknechten noch bei Dr. Miranda die Rede sein. Wenn er Paulina zur Schubertmusik vergewaltigt, schändet er mit der gefangenen Frau auch jene romantische Gefühlskultur, die Schubert repräsentiert. Paulina Salas will Miranda zu einem Geständnis zwingen, und sie setzt diese Absicht mit Mitteln ins Werk, die jenen ihrer Verfolger nicht unähnlich sind. Miranda wird gefesselt, gedemütigt, aggressiv verhört und mit dem Tod bedroht. Ehemann und Ehefrau geraten miteinander in Streit. Der Jurist kann sich nicht vorstellen, dass sein hilfsbereiter Gast früher einer der kriminellen Handlanger der Diktatur gewesen sein soll. Escobar macht in der neuen Demokratie Karriere. Er hat gerade vom Präsidenten des Landes das Angebot angenommen, den Wahrheitsfindungs-Ausschuss zu leiten, der die Verbrechen des Militärregimes untersuchen soll, ja er hat Aussicht, in Zukunft Justizminister zu werden. Umso vorsichtiger muss er sein, wenn Anklagen erhoben werden, die sich nicht auf unwiderlegbare Beweise stützen. Er wendet alles Mögliche gegen den Verdacht seiner Frau ein, doch kann er sich weder gefühlsmäßig noch rational der Insistenz und den Argumenten seiner Frau verschließen. Da seine Frau ihm verspricht, das Leben Mirandas zu schonen, falls er ein Geständnis ablegt, kooperiert er und überredet Miranda, seine Schuld einzugestehen. Kaum hat der seine Konfession hinter sich gebracht, erklärt er, dass er sie erfunden habe, dass er unschuldig sei. Paulina Salas setzt ihre Morddrohung nicht in die Tat um, und es ist vor allem ihrem Mann zu verdanken, dass sie nicht zu diesem Akt von Selbstjustiz greift. Das Drama offenbart all jene Unsicherheiten und Unzulänglichkeiten bei der Verfolgung von Taten, die während der schmutzigen Kriege begangen worden waren. Zudem gewährt es auch einen Blick in die Abgründe von Racheabsicht und neuer Rechtsbeugung.

---

38 Matthias Claudius, „Der Tod und das Mädchen". In. M.C., *Werke*, hg. v. Georg Behrmann (Leipzig: Hesse & Becker, o.J.), S. 137. Claudius wiederum war beeinflusst durch die Gemälde mit dem gleichen Titel von Hans Baldung Grien.

Das Stück entlässt die Zuschauer ohne eine klare Einsicht in die Schuld Mirandas. Ist er das Opfer einer Verwechslung? Ist er einer von den vielen, die, trotz ihrer Verbrechen, ungeschert davonkommen? Hat sich das ehemalige Opfer in seinem verständlichen Rachebedürfnis zu sehr an die Methoden seiner ehemaligen Verfolger assimiliert? Steuert der Ehemann den vermittelnden Kurs aus ethisch-juristischen Gründen, oder weil er seine Karriere als Politiker gefährdet sieht?

Dorfmans Drama wurde unter dem Titel „Death and the Maiden" 1994 von Roman Polanski verfilmt. Die drei Personen des Stückes wurden denkbar gut besetzt: Ben Kingsley trat als Dr. Roberto Miranda, Sigourney Weaver als Paulina Escobar (die Frau trägt hier den Familiennamen ihres Mannes) und Stuart Wilson als Gerardo Escobar auf. Von der schauspielerischen Leistung her betrachtet, ist es wohl der wichtigste Film, der sich mit Themen von Rache und Wahrheitsfindung, Rechtsdenken und Vergebung in der postdiktatorischen Zeit der 1990er Jahre in Lateinamerika beschäftigt.

3. ARGENTINIEN

Uwe Timm, *Der Schlangenbaum* (1986)

Literarisches Kenotaph für die Verschwundenen

I

Delius' Romanheld flieht von Chile nach Deutschland; Uwe Timms Hauptfigur dagegen verlegt seinen Wohnsitz vorübergehend von Deutschland nach Argentinien. Zwar wird an keiner Stelle des Romans direkt gesagt, dass die Handlung in Argentinien spielt, doch sind die verstreuten Hinweise und Andeutungen im Text, die auf dieses Land verweisen, so zahlreich, dass man keineswegs – wie es zuweilen in der Kritik geschieht – von einem „nicht näher benannten"[1] Staat Südamerikas sprechen sollte. Delius erzählt von einem chilenischen Exulanten in Deutschland; Timm von einem Deutschen, der dem Alltagseinerlei in seiner Heimat entkommen will und deswegen auf Zeit eine Arbeit in Lateinamerika annimmt. Delius' Felipe Gerlach entkommt den Greifern der chilenischen, Timms Wagner gerät in das Netzwerk der argentinischen Junta. Nur drei Jahre nach dem Putsch des Generals Pinochet in Santiago de Chile gelangte der General Jorge Videla in Buenos Aires an die Macht. Anders als Chile konnte man in Argentinien nicht auf eine demokratische Tradition im politischen Leben zurückblicken, denn dass eine Generalsjunta eine Regierung stürzte war ein quasi normaler Vorgang – der fünfte seit 1930 –, und weder innen- noch außenpolitisch sorgte der Machtwechsel – ganz im Gegensatz zum Fall Chile – für große Unruhe. Während der vorausgegangenen Herrschaft des aus dem spanischen Exil zurückgekehrten alten Juan Perón bzw. seiner Witwe Isabel zwischen September 1973 und März 1976 drohte das Land in bürgerkriegsmäßigen Kämpfen zwischen dem linken und dem rechten Flügel der Perónisten sowie anderer Faktionen auseinanderzubrechen, dem wirtschaftlichen Ruin und der Rechtsunsicherheit entgegenzutreiben.[2] Der General Jorge Videla galt als moderat, und so erhoffte man sich

---

1 Michael Schneider, „Homo Faber im Regenwald. Uwe Timms Roman *Der Schlangenbaum*". In: *Der schöne Überfluß. Texte zu Leben und Werk von Uwe Timm*, hg. v. Helge Malchow (Köln: Kiepenheuer & Witsch, 2005), S. 159-163, hier S. 159. (Die Rezension Schneiders erschien erstmals 1986.)
2 Zum Zusammenhang zwischen dem Ende der Perón- und dem Beginn der Videla-Diktatur sowie zur Ideologie und Praxis der Junta-Herrschaft vgl. Patricia Marchak und William Marchak, *God's Assassins. State Terrorism in Argentina in the 1970s* (Montreal: McGill-Queen's University Press, 1999), besonders das Kapitel 7 „The Dirty War", S. 109-127.

eine Beruhigung der politischen Lage und ökonomische Prosperität von dem propagierten neuen *Proceso de Reorganización Nacional*, kurz „El Proceso" genannt. Dann aber stellte sich heraus, dass Videla und seine Gesinnungsgenossen einen integralistischen Kreuzzug vorhatten, bei dem es nicht nur wie bei Pinochet um die Vernichtung einer sozialistischen Regierung und deren Anhänger ging, sondern um die Wiederherstellung der verloren gegangen „reinen" christlichen (sprich katholischen), nationalen argentinischen Identität. Was da im Namen eines politischen Christentums an Verbrechen verübt wurde, war in allem das Gegenteil von dem, was die Botschaft Jesu ausmacht, war in allem das Negativ dessen, was die Bergpredigt an neuer Moral zu vermitteln suchte. Man glaubte, einen kompromisslosen Kampf gegen Aufklärung, Säkularisierung, Kosmopolitismus und Marxismus führen zu müssen, um das phantastische Ziel einer irgendwie konservativ-harmonischen nationalen Identität herstellen zu können, die dann das Ende aller inneren Kämpfe des Landes zur Folge haben werde.³ Dass mit einer solch kriminalromantischen Einstellung die innenpolitischen wie die nationalökonomischen Probleme nicht bewältigt werden konnten, verstand sich von selbst.⁴ Mit einem strategischen Fanatismus, wie man ihn sonst aus den Zeiten der Inquisition, der Stalin- und der Hitler-Ära kennt, machte sich Videla an die Arbeit und fachte dadurch den Bürgerkrieg als „guerra sucia", als schmutzigen Krieg, erst richtig an. Sicher wirkte das Beispiel Pinochets in Argentinien nach, und überhaupt schienen in der zweiten Hälfte der 1970er Jahre die lateinamerikanischen Diktatoren sich gegenseitig an Mordlust und Vernichtungswahn überbieten zu wollen. Damit die aus ihren Ländern geflohenen Bürger sich in den Nachbarstaaten nicht sicher fühlen konnten, schlossen sich sechs südamerikanische Diktaturen (Argentinien, Bolivien, Brasilien, Chile, Paraguay und Uruguay) unter Pinochets Führung zur unheiligen Allianz der „Operación Cóndor" zusammen, zu einem Bündnis, mit dem auch Kolumbien, Peru und Venezuela kooperierten.⁵ All dies geschah unter wohlwollender Duldung, zuweilen sogar Förderung durch die amerikanischen Präsidenten Richard Nixon und Gerald Ford und ihrem Außenminister Henry Kissinger.⁶ Schon der Name dieser geheimpolizeilichen Organisation lässt aufhorchen, erinnert sie doch an Hitlers „Legion Condor", die mit ihrem Eingriff in den Spanischen Bürgerkrieg (Bombardierung von Guernica) erstmals außerhalb Deutschlands den Vernichtungswillen Hitlers dokumentierte. Pinochet dachte zwar bei der Gründung dieser Vereinigung an das chilenische Wappentier, den Condor, aber die Assoziation mit der Nazi-

---

3 Jeffrey Klaiber, „Argentina (1976-1983). The ‚Dirty War'". In: J.K., *The Church, Dictatorships, and Democracy in Latin America* (Maryknoll, N.Y.: Orbis Books, 1998), S. 66-91, hier besonders S. 75-76.
4 David G. Erro, *Resolving the Argentine Paradox. Politics and Development, 1966-1992* (Boulder und London: Lynne Rienner, 1993), S. 99-130.
5 Vgl. John Dinges, *The Condor Years. How Pinochet and His Allies Brought Terrorism to Three Continents* (New York, London: The New Press, 2004).
6 John Dinges schildert in *The Condor Years* die Rolle, die Henry Kissinger in der Lateinamerikapolitik der USA damals spielte.

Aktion⁷ war wohl mitbedacht worden, denn auch hier ging es darum, einen Krieg zu exportieren bzw. zu internationalisieren. Zur selben Zeit suchte auch die radikale lateinamerikanische Linke ein transnationales Bündnis zu etablieren. Mario Roberto Santucho stand in Argentinien der PRT (Partido Revolucionario de los Trabajadores) vor, und ihm gelang es vorübergehend, andere sozialistisch-revolutionäre Gruppen und Parteien der Nachbarländer in dem Bündnis JCR (Junta Coordinadora Revolucionaria) zusammenzuführen.⁸ In dem Kampf zwischen Operation Condor und JCR, zwischen Pinochet und Santucho unterlag die revolutionäre Linke sehr bald. Pinochet vertraute die Leitung der Operation Condor einem seiner Offiziere, Manuel Contreras, dem Chef der DINA (einer Art chilenischer Gestapo) an. 1992 wurde das „Terror-Archiv" (so sein offizieller Name) dieser Geheimorganisation in Paraguay entdeckt. Dem ist zu entnehmen, dass in den siebziger Jahren in ihrem Einflussbereich mindestens fünfzigtausend Menschen ermordet wurden, dass dreißigtausend „verschwanden", und dass vierhunderttausend gefangengesetzt und gefoltert wurden.⁹ Die tatsächlichen Zahlen dürften viel höher liegen, denn nicht jeder Fall wurde von dieser Organisation „erfasst". Effektiver als der Kampf revolutionärer Gruppen war der zivile Widerstand gegen die Militärdiktaturen. Trotz der Gefahr, in die sich jeder brachte, der auch nur die geringsten Zeichen von Opposition gab, begann schon im April 1977 dieser Widerstand in Argentinien. Als erste wagten die Frauen den offenen Protest. Im April 1977 begann die *Asociación Madres de Plaza de Mayo* mit ihren an jedem Donnerstag wiederholten Demonstrationen vor der Casa Rosada, dem Präsidentenpalais auf der Plaza de Mayo in Buenos Aires. Es waren die Mütter von Söhnen und Töchtern, die die politische Polizei entführt hatte, und über deren Verbleib der Staat jede Auskunft verweigerte. Noch im gleichen Jahr etablierte sich die *Asociación Civil Abuelas de Plaza de Mayo*, die ebenfalls ihre regelmäßigen stillen Protestmärsche am gleichen Ort veranstaltete. Diese beiden Gruppen der Mütter und Großmütter setzten Menschenrechtsbewegungen in vielen anderen Institutionen, auch in der Kirche, in Gang. Die Regierung versuchte wiederholt, Verbindungsleute in die beiden Widerstandsgruppen zu schleusen.¹⁰ Immer mehr Menschen überwanden im Lauf der Zeit ihre Angst, und die Mütter und Großmütter von der Plaza de Mayo trugen mit dazu bei, die Diktatur zu diskreditieren und sie zur Abdankung zu zwingen. Als Leopoldo Galtieri, einer von Videlas Nachfolgern, im Frühjahr 1982 zur Eroberung der Falkland-Inseln England den Krieg erklärte, um von der Wirtschaftsmisere Ar-

---

7 Zur ideologischen Nähe zwischen der Militärjunta und den Nazis vgl. Klaiber, *The Church, Dictatorships, and Democracy in Latin America*, S. 76.
8 John Dinges, *The Condor Years*, S. 50.
9 Vgl. die Website: http://en.wikipedia.org/wiki/Operation Condor. Der argentinische Schriftsteller Ernesto Sabato, der das Jahrzehnt 1975 bis 1985 im Exil in Paris verbrachte, wurde 1983 von Präsident Raúl Alfonsín beauftragt, CONADEP (Comisión Nacional sobre la Desaparición de Personas) zu leiten. Sabatos Bericht erwähnt 30.000 Verschwundene als Opfer der argentinischen Junta.
10 Joseph Oehrlein, „Der ‚Todesengel' der französischen Nonnen". In: *Frankfurter Allgemeine Zeitung* (3.9.2005), S. 6.

gentiniens abzulenken, bedeutete das den Anfang vom Ende der Junta-Diktatur. Nach zweieinhalb Monaten war der Krieg verloren, und im Jahr darauf übernahm eine demokratisch gewählte Regierung die politische Führung des Landes. Das war fünf Jahre, bevor sich die demokratische Opposition in Chile gegen Pinochet durchsetzen konnte. Der Machtwechsel in Argentinien gab dem Widerstand in Chile Auftrieb, und nicht nur in Chile, denn bald setzten Demokratisierungsprozesse auch in den anderen Ländern Südamerikas ein. Was 1980 der Streik der Werftarbeiter in Danzig für den Umschwung in Mittel- und Osteuropa war, das waren für die Befreiung von den lateinamerikanischen Diktaturen die Protestdemonstrationen der Mütter und Großmütter im Buenos Aires des Jahres 1977. Hier begann jeweils punktuell ein Protest im Namen der Menschenrechte, und diese Aktion setzte eine Kettenreaktion von Befreiungsbewegungen in Gang.

Die Autoren der deutschsprachigen Nachkriegsdichtung teilen drei Grunderfahrungen: erstens das Erleben einer totalitären Diktatur, zweitens die Zerstörung der deutschen Städte und drittens den Kampf um die bare Existenz. Diese Erfahrungen wurden nicht nur in der Literatur, sondern auch in der Malerei der Nachkriegsgeneration verarbeitet. Man denke an die Bilder der „Jungen Wilden" wie Gerhard Richter, A.R. Penck, Sigmar Polke, Anselm Kiefer, Georg Baselitz, Markus Lüpertz und Jörg Immendorff.[11] Diese drei Grunderfahrungen teilten in solcher Intensität und Radikalität damals die Menschen in nur wenigen anderen Ländern; Amerika etwa blieben sie in dieser Kombination im 20. Jahrhundert erspart. Der Roman, der diese drei Aspekte (Erleben der Diktatur, Zerstörung und Überlebenskampf) gebündelt in Erinnerung brachte und sie in neuer Form und Sprache artikulierte, war *Die Blechtrommel* von Günter Grass. Es gibt kaum ein beachtenswertes literarisches Werk in der deutschen Literatur seit 1945, das nicht auf die eine oder andere Weise mit diesen drei Grunderfahrungen, die in den Jahren zwischen 1933 und 1945 gemacht wurden, im Zusammenhang stünde. Der gemeinsame Nenner der drei Erfahrungen ist der der Zerstörung von Kultur: denn die Unfreiheit in der Diktatur, die Todesangst im Krieg und der Kampf ums bloße Überleben in den Nachkriegsjahren lassen die kulturelle Entfaltung des einzelnen in der Gemeinschaft nicht zu. Das Werk der jüdischen AutorInnen, die Verfolgung, Flucht oder Konzentrationslager überlebten, ist noch stärker von der Erfahrung des Kulturbruchs geprägt, was deutlich wird, wenn man sich der „Todesfuge" von Paul Celan erinnert. Die Größe der Literatur besteht darin, daß sie in der Auseinandersetzung mit solchen Oppressionen neue Fenster zu neuen Freiheitserlebnissen aufstößt und damit das Vergangene zu verwinden und zu überwinden hilft. Auch in vielen neueren deutschsprachigen Dichtungen, die von Bürgerkriegen in anderen Teilen der Welt handeln, ist die Affinität der AutorInnen zu jenen Problemen spürbar, die Diktatur, kriegerische Zerstörung und Überlebenskampf mit sich bringen.

---

11 Cornelia Homburg, *German Art Now. Saint Louis Art Museum* (London, New York: Merrell, 2003).

Von den traditionellen Geisteswissenschaften hat sich die heutige Kulturwissenschaft mit einer weiteren Wende distanziert, nämlich mit dem „spatial turn". Er bedeutet eine Wendung der „Humanities" hin zu den Konkreta des kulturellen Raumes, also besonders der Architektur in allen denkbaren Äußerungen als Einzelbauwerk, Gebäudekomposition oder Orts- bzw. Stadtlandschaft. Viel zitiert werden Bücher mit Titeln, in denen angezeigt wird, daß Architektur spricht, daß sie sowohl Kulturgeschichte vermittelt als auch Einfluß auf das Alltagsleben der Menschen in der Gegenwart hat.[12] Inspiriert durch Gaston Bachelard[13] hat Elisabeth Bronfen in ihrem Buch *Der literarische Raum* drei Raumtypen unterschieden: den „begehbaren", den „metaphorischen" und den „textuellen" Raum.[14] Der „textuelle Raum" soll hier nicht diskutiert werden; bei ihm geht es um die interne literarische Struktur, soweit sie mit der Kategorie Raum beschreibbar ist. Auch die zweite Unterscheidung („metaphorischer Raum") steht hier nicht im Vordergrund. Sie hat zu tun mit der Analyse der mentalen Räume, die von Romanfiguren in ihrer Phantasie entworfen werden. Primär geht es hier um die Beschreibung der „begehbaren Räume", also um literarisch beschriebene bzw. erzählte Orte (hier Stadtlandschaften), wobei die begehbaren Räume sich oft zu „metaphorischen" wandeln, weil sich Erinnerungen der Protagonisten an sie heften bzw. Vorstellungen an ihnen entzünden. Siegfried Kracauer, ein Semiotiker der Stadtlandschaft, vertritt die Auffassung, daß die Oberflächen-Diagnostik der städtischen Architektur Aufschluß gibt über die Verfasstheit ihrer Gesellschaft. Kracauer hat in seinen typologischen Studien zur Stadt[15] von raumhaften „Verdichtungen" gesprochen, die gleichsam die Essenz des städtischen Lebens bezeichnen. Solche Verdichtungen können Boulevards, Gebäude oder Parks sein. Von Lefebvre und Foucault herkommend, kann man zwischen isotopischen[16] und heterotopischen Orten[17] unterscheiden, und was Kracauer als „Verdichtungen" charakterisiert, ist diesen Isotopien vergleichbar, d.h. sie verkörpern die jeweilige Stadtkultur. In einer Metropole kann das Parlamentsgebäude, ein Präsidentenpalais oder die Oper jene Verdichtung bzw. die Isotopie der politischen Macht ausdrücken. Die heterotopen Räume dagegen bilden das Widerspiel, den Gegensatz, das Oppositionelle oder Verdrängte der vorherrschenden Stadtkultur.

---

12 Harry Mayerovitch, *How Architecture Speaks and Fashions Our Lives* (Montreal: Robert Davies, 1996); Alan Read (Hg.), *Architecturally Speaking. Practices of Art, Architecture and the Everyday*, (London und New York: Routledge, 2000).
13 Gaston Bachelard, *La poétique de l'espace* (Paris: Presses universitaires de France, 1957).
14 Elisabeth Bronfen, *Der literarische Raum* (Tübingen: Niemeyer, 1986).
15 Siegfried Kracauer, *Straßen in Berlin und anderswo* (Frankfurt am Main: Suhrkamp, 1964), *Ginster* (Frankfurt am Main: Suhrkamp, 1963).
16 Henri Lefebvre, *La révolution urbaine* (Paris: Gallimard, 1970). Vgl. dazu Klaus R. Scherpe, „Nonstop nach Nowhere City? Wandlungen der Symbolisierung, Wahrnehmung und Semiotik der Stadt in der Literatur der Moderne". In: K.R.S., *Die Unwirklichkeit der Städte. Großstadtdarstellungen zwischen Moderne und Postmoderne* (Reinbek bei Hamburg: Rowohlt, 1988), vor allem S. 131f.
17 Michel Foucault, „Andere Räume". In: *Aisthesis. Wahrnehmung heute oder Perspektiven einer anderen Ästhetik*, hg. v. Karlheinz Barck (Leipzig: Reclam, 1990), S. 34-46.

Um beim Beispiel der Hauptstadt zu bleiben, können die heterotopen Aspekte in Quartieren anarchischer Gruppen oder Lokalen revolutionärer Bewegungen bestehen. Edward W. Soja hat den „spatial turn" in den Kulturwissenschaften reflektiert. Er will die historiographischen und soziologischen Kulturstudien, die zum einen die Dimension der Zeit, zum anderen den Aspekt sozialen Lebens in den Mittelpunkt stellen, ergänzen durch eine dritte kritische Perspektive, die des Raumes. Er diskutiert als Wissenschaftstheoretiker eine „Trialektik des Seins", d.h. eine trialektische Beziehung von Geschichtlichkeit, Sozialität und Räumlichkeit, wobei diese Ansätze auf transdisziplinäre Weise miteinander verbunden werden sollten.[18]

II

Um Räumlich-Architektonisches geht es auch in Uwe Timms Argentinienroman *Der Schlangenbaum*[19]. Timm wuchs als Kind im Dritten Reich auf, und die Erfahrungen und Nachwirkungen der Hitler-Diktatur, der Zerstörung des Landes im Krieg und des Elends der Nachkriegsjahre haben seine schriftstellerischen Werke geprägt.[20] Seine Empathie für die Verfolgten in Diktaturen der Dritten Welt hat auch mit Kindheitserlebnissen während der nationalsozialistischen Herrschaft und in den Nachkriegsjahren zu tun.[21] Uwe Timm, der Argentinien von Reisen her kennt[22], hat mit *Der Schlangenbaum* ein Buch geschrieben, in dem Ort und Zeit der Handlung rekonstruierbar sind. Der deutsche Ingenieur Wagner entscheidet sich, den Auftrag seiner Firma zu übernehmen, eine Baustelle zu leiten, die sich in der Nähe der nordargentinischen Stadt Barranqueras befindet, also dort, wo Argentinien an Paraguay grenzt. Eine Papierfabrik soll von dem deutschen Unternehmen errichtet werden. Der Roman schildert die Verhältnisse auf der Baustelle, der Wohngegend Wagners in einem Villenvorort, dann in der Hauptstadt Buenos Aires und schließlich in Nordargentinien allgemein. Der Technokrat Wagner hat wenig Gespür für die sozialen und politischen Gegebenheiten in diesem südamerikanischen Staat.[23] Schon in Deutschland ist er von seinen Freunden auf „Militärdiktatur" und „Guerilla" im gegenwärtigen Argentinien hingewiesen worden. Man hat ihn gewarnt, daß es sich bei dem Auftrag um „ein Himmelfahrtskommando" (DS 22) handeln könnte. Aber der Wille, aus

---

18 Edward W. Soja, „Thirdspace: expanding the scope of the geographical imagination". In: *Architecturally Speaking*, S. 13-30.
19 Uwe Timms Roman erschien erstmals 1986. Hier wird (mit der Abkürzung „DS" und folgender Seitenangabe) zitiert nach: Uwe Timm, *Der Schlangenbaum. Roman* (München: dtv, 1999).
20 Uwe Timm, *Am Beispiel meines Bruders* (Köln: Kiepenheuer & Witsch, 2003).
21 Martin Hielscher, *Uwe Timm* (München: dtv, 2007), S. 7-27.
22 Vgl. dazu Marlene Rall, „Interkulturelle Dialoge. Uwe Timm: „Reise nach Paraguay" und *Der Schlangenbaum*". In: *Schriftsteller und „Dritte Welt". Studien zum postkolonialen Blick*, hg. v. Paul Michael Lützeler (Tübingen: Stauffenburg, 1998), S. 153-165.
23 Vgl. dazu: Rainer Kußler, „Gottschalks Enkel in der neuen Welt. Über interkulturelles Lernen in Uwe Timms Romanen *Morenga* und *Der Schlangenbaum*". In: *Etudes Germano-Africaines* 14 (1996): 56-64.

dem Alltag einer ihm gleichgültig gewordenen Ehe auszubrechen, sich abzusetzen in ein Land, von dem er seit seiner Jugend romantische Vorstellungen hat, ist stärker. Die Hinweise auf die Militärdiktatur der Generalsjunta durchziehen den ganzen Roman. Die Handlung spielt im Frühjahr 1979 oder 1980, also während der Diktatur des Generals Jorge Rafael Videla, auf den im Roman mehrfach angespielt wird. Videla hatte 1976 Isabel Perón gestürzt und die Militärdikatur eingeführt. Er begann den „schmutzigen Krieg" gegen Gewerkschaftler, kritische Intellektuelle und die Vertreter der politischen Opposition.[24] Zudem war sein Regime ausgesprochen antisemitisch und über tausend Juden wurden entweder zur Emigration gezwungen oder ermordet. Seinem fünf Jahre währenden Schreckensregime fielen tausende Argentinier zum Opfer.[25] Menschen wurden – wie in Pinochets Chile – in Nacht-und-Nebel-Aktionen überfallen, entführt, gefoltert und getötet. Sie „verschwanden". Die offiziell zugegebene Zahl der „Verschwundenen" beläuft sich auf neuntausend, doch beziffern die Menschenrechts-Organisationen die Zahl der Opfer auf dreißigtausend.[26] Die Unterstützung der Videla-Regierung durch die USA wird angedeutet, wenn im Roman von amerikanischen „Militärberatern" (DS 119) die Rede ist. Videla selbst wird in den Buch so charakterisiert, wie es in der kritischen Auslandspresse üblich war: als „Juntachef" mit „einer engsitzenden Uniform, die ihm sonderbarerweise das Aussehen eines Herrenschneiders gab" (DS 252)[27], als „General mit einem schweren schwarzen Schnauzbart" (DS 94). Personifikation der Juntamacht in Barranqueras ist im *Schlangenbaum* der von Deutschen abstammende Oberst Kramer, der in der Stadt mit der gleichen Machtvollkommenheit und Willkür herrscht, wie der General Videla im Land.

Timm hat das Verschwinden der Menschen in der Diktatur zum Hauptthema seines Romans gewählt. Die Griechen der Antike vergaßen auch jene Toten aus ihren Gemeinden nicht, die physisch unauffindbar blieben aber als tot galten oder in der Fremde ums Leben gekommen waren. Sie errichteten ihnen sogenannte Kenotaphe, leere Gräber, eingedenk ihrer Überzeugung, dass der Seele als dem Alpha und Omega menschlicher Existenz ein Heiligtum als Erinnerungsstätte gebührt. Zu diesem Brauch gibt es Parallelen in vielen anderen Kulturen.[28] Timm hat den Verschwundenen, die den verdeckten Bürgerkriegen der Diktatoren zum Opfer fallen, mit seinem Roman ein literarisches Kenotaph errichtet.

---

24 Luis Alberto Romero, *A History of Argentina in the Twentieth Century* (University Park: Pennsylvania State University Press, 2002). Vgl. das Kapitel sieben „The ,Process,' 1976 1983", S. 215-254.
25 Uki Goni, *The Real Odessa. Smuggling the Nazis to Perón's Argentina* (London, New York: Granta Books, 2002), S. XXVII-XXX.
26 *Argentina: The Military Juntas and Human Rights: Report of the Trial of the Former Junta Members, 1985* (London: Amnesty International Publications, 1987). John Dinges spricht in *The Condor Years* von 22.000 bis 30.000 Verschwundenen in Argentinien (S. 140).
27 John Dinges verglich in *The Condor Years*, S. 137, Videla noch weniger schmeichelhaft mit einer Vogelscheuche.
28 Gerald Görmer, „Zum Problem der so genannten Grabdepots und Kenotaphe". In: *Ethnographisch-Archäologische Zeitschrift* (EAZ), 48 (2007): 419–423.

Der Ingenieur Wagner hat immer wieder vom Verschwinden von Menschen gehört, doch berührt ihn das Thema erst, als seine junge Spanischlehrerin Luisa Casas, in die er sich verliebt hat, nicht mehr auffindbar ist. Vom kaufmännischen Leiter der Baustelle, der mit der Junta kooperiert, wird ihm bedeutet, daß „das Mädchen mit der Guerilla", also einer militanten Widerstandsbewegung, „in Zusammenhang gebracht" wird (DS 136).[29] Die Theorie, daß Luisa ein Opfer der Anti-Guerilla-Greiferbanden geworden ist, wird im Text selbst indirekt bestätigt. Als Wagner Luisa nach der letzten Liebesnacht verläßt, sieht er „auf der anderen Straßenseite in einem Auto das Aufglimmen einer Zigarette": „Drei Gestalten saßen schattenhaft in einem Ford Falcon." (DS 163) Wäre Wagner mit den Praktiken des Regimes vertraut gewesen, er hätte sofort erkannt, daß seine Freundin sich in Lebensgefahr befindet. Die gedungenen und freiwilligen Helferbanden des Regimes, die es sich zum Ziel gesetzt hatten, alle „Verdächtigen" zu vernichten, fuhren gewöhnlich Autos der Marke Ford Falcon.[30] Steinhorst, einer der Mitarbeiter Wagners auf der Baustelle, berichtet, dass es die „Guerilla [...] kaum noch" gebe. Und er fährt fort: „Das Militär hat nach dem Putsch kräftig aufgeräumt. Als wir hier anfingen, war das noch die heiße Phase. Da ging fast jede Nacht in der Stadt eine Bombe hoch." (DS 31) Steinhorst erwähnt, dass eine der 1976/77 noch aktiven Guerilla-Gruppen einen deutschen Kollegen, Ehmke, gefangengenommen und entführt hatten (DS 32). Innerhalb von anderthalb Jahren hatte die Junta die Guerilla-Gruppen eliminiert.[31] Die beiden mächtigsten waren zunächst die links-peronistische Bewegung der Montoneros, dann die trotzkistische der ERP (Ejército Revolucionario del Pueblo) und schließlich Santuchos PRT gewesen. Allerdings ging die Jagd nach Sympathisanten und Verbindungsleuten weiter, und das ist der Grund für das Verschwinden Luisas. Überhaupt scheinen immer wieder guerillamäßige Aktivitäten aufzuflackern, denn beim Gespräch in einer Bar hört Wagner von der „Guerilla" sprechen, die nach wie vor von ihrem „Krieg" nicht lasse. Die Rede ist da von der „PIR" (DS 81). Das ist wohl mit „Partido de la Izquierda Revolucionaria" (Partei der revolutionären Linken) zu übersetzen. Eine solche Partei oder Bewegung mit diesem Namen gab es damals in Argentinien nicht; Timm hat sie erfunden. Und gemeint ist sicher auch nicht eine bolivianische Partei mit diesem Namen, denn die hatte sich bereits in den späten 1940er und frühen 1950er Jahren überlebt.[32] Es kann allerdings sein, dass

---

29 Einen Roman über Guerilla-Bewegungen im zeitgenössischen Kolumbien hat Raul Zelik geschrieben: *La Negra* (Hamburg: Edition Nautilus, 1999). Zelik verfasste auch parallel zum Roman das Sachbuch *Kolumbien: Große Geschäfte, staatlicher Terror und Aufstandsbewegung* (Karlsruhe: Neuer ISP-Verlag, 1999).
30 Vgl. John Dinges, *The Condor Years*, S. 100. Dinges erinnert daran, dass dieses Auto schon von den „gangs of thugs" benutzt wurde, die unter Isabel Perón gegen linke Gruppierungen kämpfte. Vgl. ferner: Lisa Butler und Reuben Granich, „The Search for Argentina's Disappeared". In: http://www.hrcberkeley.org/specialprojects/dna/printreport_argentina.html.
31 Jason Githens, „State Repression and Violence in Argentina". In: http://www.is.rhodes.edu/modus95/Githens.html.
32 Herbert S. Klein, *A Concise History of Bolivia* (Cambridge: Cambridge University Press, 2003), S. 205f.

eine Assoziation mit Bolivien intendiert ist, weil die Arbeiter auf der Baustelle aus dem Nachbarland Bolivien stammen. Die Bolivianer wurden eingestellt, weil sie, wie Steinhorst berichtet, „billiger und fleißiger" (DS 31) als die Argentinier seien. Da sie indianischer Herkunft sind und man auf der Baustelle ihre kulturellen Eigenheiten nicht respektiert, kommt es allerdings zu einem Streik. Mit jenen bolivianischen Arbeitern, die man für verantwortlich hält, verfährt man wie zu Anfang der Junta-Diktatur mit den Gewerkschaftlern: sie werden verhaftet und verschwinden (DS 200, 204). Bredow, der deutsche kaufmännische Leiter der Firma, auf deren Baustelle Wagner arbeitet, nimmt die Militärregierung in Schutz. Er erinnert an das Chaos unter Isabel Perón:

> Von drüben sieht das alles ganz einfach aus. Militärdiktatur, Menschenrechtsverletzungen. Aber hier, wer das miterlebt hat, die Vorgeschichte, und die Verhältnisse genau kennt, da wird dann doch alles viel komplizierter. Du hättest das miterleben müssen, die Überfälle, die Entführungen, die Anschläge. Das Militär mußte eingreifen. Dagegen haben wir inzwischen schon wieder normale Verhältnisse, auch wenn noch immer schreckliche Dinge passieren. (DS 83)

Timm baut auch eine Stimme ein, die dem Originalton der Junta nahekommt, wenn er den Intendente Kramer, also den Vertreter der lokalen Macht, argumentieren lässt:

> Nach europäischen Maßstäben funktioniert nur die Armee. Darum mußten wir auch die Erneuerung übernehmen. Glauben Sie nicht, daß wir uns darum gerissen hätten. Aber das Land wäre im Chaos versunken. Wir hätten hier einen Bürgerkrieg gehabt, dagegen ist das, was wir jetzt haben, nur Kleinkram. Sie hätten das sehen müssen, bevor wir die Regierung übernommen haben. Das vergessen auch die neunmalklugen Kritiker in Ihrem Land. (DS 94)

Wagner glaubt, es gebe noch so etwas wie eine zivilrechtliche Struktur. An der Stelle des Romans heißt es:

> Wagner wußte aus den Zeitungen zu Hause, daß in dem Land seit dem Putsch Menschen verschwanden, Guerilleros und deren Sympathisanten oder solche, die dafür gehalten wurden. Nur konnte er sich nicht vorstellen, daß Luisa irgend etwas mit der Guerilla zu tun haben könnte, wobei er sich andererseits sagen mußte, daß er gar keine genauen Vorstellungen von einer so radikalen politischen Gruppe und deren Zielen hatte. (DS 212)

Er fährt in die Hauptstadt, um Nachforschungen über Luisa anzustellen und erlebt Buenos Aires als undurchsichtige Kafkaeske Welt, als Metropole eines nicht greifbaren terroristischen Systems. Bevor Wagner sich in die Hauptstadt aufmacht, besucht er noch seinen Vorgänger, den Ingenieur Hartmann, der wieder nach Deutschland abreist. Hartmann erteilt dem unpolitischen Wagner eine Art Nachhilfeunterricht über das Land, in dem er jetzt arbeitet:

> Sie wissen ja, wie man hier die Opposition mundtot macht. Die Leute verschwinden. Irgendein Verdacht, das reicht aus. Jemand wird verhaftet, man findet sein Telefonbuch, geht die Namen und Anschriften durch, und alle, die unter dreißig sind, verschwinden. Nachforschungen sind zwecklos. Die Polizei weiß von nichts

und will natürlich nichts wissen. Die Leute sind einfach weg, wie vom Boden verschluckt. Es kann jeden treffen, auch Sie und auch mich. Man glaubt immer, man sei als Ausländer sicher. Aber das ist Unsinn. [...] Seien Sie vorsichtig. Mischen Sie sich nicht ein. Es ist lebensgefährlich. (DS 214-215)

Wagner läßt sich aber nicht davon abhalten, in der Hauptstadt nach Luisa zu forschen. Unter dem Vorwand, daß er bei der obersten Baubehörde des Landes eine „Änderung in der Bauplanung genehmigen" (DS 219) lassen müsse, macht er sich auf den Weg.

Uwe Timm hat die städtischen Verdichtungen, die isotopischen Räume von Buenos Aires unter der Diktatur der Militärjunta treffend bezeichnet. An einem Frühlingssonntag kommt Wagner mit dem Auto in der Hauptstadt an. Der erste Eindruck ist der von Durchschnitt und Normalität. Als er aus dem zentral gelegenen Hotel heraustritt, umgibt ihn eine sonntägliche Welt, die nichts als Freundlichkeit und Erotik zu versprechen scheint. Da liest man:

> Er folgte der Straße, die in einen breiten Boulevard einmündete. Hier flanierten Menschen. In den Schaufenstern glänzten angestrahlt die Waren. Er hatte noch immer den Motorenlärm seines Wagens als fernes Rauschen im Ohr. Ihn überfiel ein Erlebnishunger, der Wunsch, eine jener luftig gekleideten Frauen kennenzulernen, die alle aussahen, als kämen sie gerade aus einem Kosmetiksalon, so kühl und frisch gingen sie durch den Wärmestau. Alles schien ihm wie zur Schau gestellt, die ihm entgegenkommenden Frauen, aber auch die Männer, die Cafés und Restaurants, die sich ins Freie auf den Bürgersteig erstreckten und dort breitmachten. (DS 222)

Dieses an der Oberfläche friedliche, geradezu gemütliche Bild eines Sonntagnachmittags in Buenos Aires gehörte essentiell zur Atmosphäre der Junta-Zeit. Uki Goni hat beschrieben, wie jahrelang alle Schrecknisse, die rings um einen herum geschahen, mit Schweigen übergangen wurden, wie äußerlich geradezu krampfhaft der Schein von Normalität gewahrt und Fassaden von Eleganz und Amüsement errichtet wurden.[33] Der Umschlag vom Sonntag zum Alltag, von der Flanerie zur gehetzten Eile, vom Eros zur Vergewaltigung, vom *locus amoenus* zum *locus horribilis*, von der kosmopolitischen Offenheit der Boulevards zur Enge und Korruption bürokratischer Zentren könnte nicht krasser gestaltet sein. Am folgenden Tag, also einem Montag, begibt Wagner sich zuerst zur zentralen Baubehörde, dann zur Präfektur der Hauptstadt. Zur Baubehörde geht Wagner mit dem Vertreter seiner Firma in der Hauptstadt, einem Herrn Weise. Über den Besuch in diesem Amt heißt es:

> Sie waren zur Baubehörde gefahren, einem dunklen, einsturzgefährdeten Bau aus dem letzten Jahrhundert. Ein Bürogehilfe in einem blauen Kittel führte sie in ein großes Büro. Hinter einem klobigen altertümlichen Schreibtisch saß ein junger Mann, der eine die Augen stark vergrößernde Brille trug. Wagner legte die Baupläne auf den Tisch, und Herr Weise legte einen dicken Briefumschlag daneben. [...] Wagner hatte seine Zigarette noch nicht zu Ende geraucht, als der Mann wieder ins

---

33 Uki Goni, *The Real Odessa*, „Foreword", S. I-XXX.

Zimmer kam und die Baugenehmigung mit der Prüfungsurkunde für die Statik mitbrachte. Offensichtlich war der Betrag im Kuvert hoch genug gewesen, um jede Prüfung überflüssig zu machen. (DS 226)

Steht das vernachlässigte, fast einer Ruine gleichende Haus der Baubehörde für Korruption und Inkompetenz der Staatsverwaltung, zeugt die Präfektur von der Paranoia und dem Gewaltwillen der Diktatur. Man liest darüber:

> Die Präfektur lag im Zentrum der Stadt, ein großer, sechsstöckiger Bau, im Stil der Pariser Oper vergleichbar. Über den hohen Fenstern hingen lange, orangefarbene Streifen, Reste der zerfetzten Stoffmarkisen. Vor dem Portal stand ein Schützenpanzer, daneben ein Jeep. Die Parterrefenster, die alle die Größe von Scheunentoren hatten, waren vergittert, dahinter waren zusätzlich Sandsäcke aufgestapelt. (DS 225)

Ein Bau, der um die Jahrhundertwende einmal ein Schmuckstück der Stadt gewesen sein muß, ist in eine uneinnehmbare Festung verwandelt worden, bei der nicht Ästhetik, sondern Gewalt zählt. Schützenpanzer, Sandsäcke, Gitter – hier wird eine Burg im Belagerungszustand beschrieben. Dem Äußeren der Präfektur entspricht ihr Inneres, wo alles „mit Eisenplatten" (DS 230) und „Panzerglas" (DS 231) verstärkt oder geschützt ist. Und die Menschen, die sich dort versammeln, zählen nicht als Individuen, sondern sind „die Wartenden" (DS 229), die in endlosen „Schlangen" (DS 227, 228) die „grauverdreckten Korridore und Gänge" (DS 229) bevölkern, eingehüllt „in eine stickige Hitze, in einen Gestank von Schweiß, Urin, saurer Milch und Naphthalin". „Das Eigentümliche, ja Unheimliche", heißt es weiter, „aber war die Stille, in der diese Menge dastand. Kein Rufen, kein Lachen, nur hin und wieder ein Tuscheln." (DS 227) Wagners Suche nach Herkunft oder Verbleib seiner Freundin Luisa Casas bleibt ganz ergebnislos. Ob er einen untergeordneten Beamten besticht oder Fabrizi konsultiert, den jungen Chef der computergesteuerten Rasterfahndung (mit deutscher Ausbildung in der Terrorismusbekämpfung): nirgends taucht der Name der Geliebten auf. Sie bleibt verschwunden. Fabrici erklärt das Verschwinden so vieler Verdächtiger damit, daß die Macht dezentralisiert sei, daß im Grunde jeder von der Junta ernannte „Standortkommandant und Stadtbevollmächtigte, schließlich jeder Kompaniechef und Patrouillenführer" (DS 234) willkürliche Verhaftungen vornehmen könne. So würde „tatsächlich jeder verschwinden, auf den auch nur der Schatten eines Verdachts" falle (DS 234-235). In der Umgebung der Präfektur ist der Schlangenbaum das Heterotope schlechthin. Er befindet sich im Innenhof der Präfektur. Dieser Baum wird, als der Erzähler den Gang Wagners durch die Präfektur schildert, gleich dreimal erwähnt:

> In der Mitte des zubetonierten Hofs stand ein Baum, ein ganz ungewöhnlich hoher, weitausladender Baum. [...] Ein Schlangenbaum [...]. Er wurde zur Unabhängigkeit des Landes vor über hundertsiebzig Jahren gepflanzt. Hier war früher das Untersuchungsgefängnis, gleich hinter der Präfektur. Und wenn ein Gefangener nicht wieder herauskam, hieß es, eine der Schlangen, die angeblich im Baum lebten, hätte ihn gebissen. [...] Die Militärs wollen den Baum jetzt fällen lassen, angeblich um diesen finsteren Aberglauben zu bekämpfen, tatsächlich aber aus der Angst, der Baum könne zum Sinnbild für die Verschwundenen werden. [...] Wagner sah

nochmals in den Hof, zu diesem großen Baum, dessen Schatten wie eine schwarze Wolke auf dem hellen Betonboden lag. (DS 231, 233, 235)

Der Schlangenbaum ist in der Tat das „Sinnbild für die Verschwundenen"[34] und damit für die Verbrechen der argentinischen Junta.[35] Als gefährlich heterotopisches Symbol muß der Schlangenbaum von der Diktatur beseitigt werden. Im Verlauf des Romans droht Wagner selbst das Verschwinden. Er wird während seiner Rückreise nach Barranqueras von Handlangern der Staatsmacht aufgegriffen. Über seine Verhaftung heißt es:

> Er erkannte Uniformen. Er wurde hochgerissen. Er stand benommen, erst dann spürte er den Schmerz, man hatte ihm die Hände auf dem Rücken in Handschellen gezwängt. Er schrie. [...] Er wurde in einen Polizeiwagen gestoßen, und er dachte, daß sie genauso Luisa geholt hatten, genauso war es gewesen. (DS 269)

Anschließend wird er eingesperrt. Über die Zelle, in der er gefangengehalten wird, liest man:

> Wagner wurde in einen hellerleuchteten Raum geschoben, dessen Boden und Wände gekachtelt waren. Ein weißemailliertes Bett stand darin, ein Schrank, in dem verchromte medizinische Instrumente lagen, aber in so sonderbaren Formen, wie Wagner sie bislang noch nie gesehen hatte. Auf dem Schrank war ein rotes Kreuz gemalt, eine Ambulanz, dachte er, und dann schoß ihm das Wort Folterraum durch den Kopf. (DS 274)

Wagner erlebt das Verschwinden, das ihm droht, als extreme Form der Heterologie. Heterolog nennt Jacques Rancière[36] eine Erfahrung, die einem verdeutlicht, dass das gewohnte alltägliche zivilisatorische Netzwerk, das man als sinnvoll akzeptiert hat, zerreißt, daß die normale Beziehung zwischen Sichtbarem, Sagbarem und Denkbarem unterbrochen ist, dass vielmehr ein Unheimliches sich des Subjekts bemächtigt, deren Folge die Angst ist, der neuen Situation nicht gewachsen zu sein. Nur mit größter Mühe gelingt es Wagner, den Offizier, der sich als Herr

---

34 Zu dem, was die Junta in Timms Roman zum Verschwinden bringen will, gehören nicht nur Oppositionelle, sondern auch Figuren der eigenen argentinischen Geschichte. Auch hier spricht Timm ein Faktum der Realgeschichte an. Den Namen Pérön durfte man während der Junta-Herrschaft in den Medien nicht nennen. Timm schildert, wie Wagner auf der Rückkehr von der Hauptstadt zur Baustelle ein gestürztes Denkmal Juan Domingo Péröns sieht: „Wagner ging über den Platz, in dessen Mitte ein Marmorsockel stand und darauf zwei riesige Bronzestiefel, mit Sporen an den Hacken. Beim Näherkommen entdeckte er, daß der Körper, den diese Stiefel einmal getragen hatten, abgeschlagen worden war. Auf einer ebenfalls zerschlagenen Bronzetafel war noch der Vorname Domingo zu lesen." (DS 265)
35 Martin Hielscher interpretiert die Blautanne, die Wagner an seinem Eigenheim in Deutschland stört, und die er abholzt, als symbolische Parallele zum Schlangenbaum in der argentinischen Behörde. Man könnte, im Sinne Hielschers, festhalten, dass Wagner im deutschen Familienalltag fürchtete, sein eigenes Selbst zu verlieren. So wären, auf jeweils andere Weise (einmal psychologisch, das andere Mal politisch gesehen), die beiden Bäume Symbole eines Verlorenengehens. Vgl. M.H., „Die Blautanne und der Schlangenbaum". In: *Der schöne Überfluß. Texte zu Leben und Werk von Uwe Timm*, S. 238-251.
36 Jacques Rancière, *The Politics of Aesthetics. The Distribution of the Sensible* (New York: Continuum, 2004), S. 64f.

über Leben und Tod aufspielt, zu einer Telefonverbindung mit der Baustelle zu bewegen, wodurch er sein Leben retten kann. Im Grunde aber ist die Zelle, in die Wagner vorübergehend eingelocht wird, nur eine Verdichtungsstelle der allgemeinen Gefangenschaft, in der er sich auch im Alltag befindet. Wo immer Wagner sich bewegt, wird er von Militär kontrolliert. Der Eingang zur Straße, an dem sein Haus liegt, wird „durch einen Schlagbaum gesperrt", und dort stehen „zwei Soldaten mit Maschenpistolen" als „Wache" (DS 15). Auf dem Weg zur Arbeit gerät Wagner an „eine Straßensperre":

> Zwei Militärlaster waren quer über die Fahrbahn gestellt. Ein Militärpolizist mit weißem Stahlhelm winkte ihn mit einer Leuchtkelle an den Straßenrand, wo ein Lastwagen stand. An den gelehnt, die Beine weit gespreizt, stand der Fahrer. Ein Soldat tastete ihm die Hosenbeine ab. [...] Der Offizier blätterte ratlos in dem Paß herum, bis Wagner ihm die Arbeitsbestätigung der Firma gab. Der Offizier sah das Firmenzeichen und winkte Wagner durch. (DS 53)

Die nächste Bekanntschaft, die Wagner mit dem Militär macht, ist beunruhigender. Bei einem nächtlichen Bummel durch die Stadt wird er abrupt aus seinen Gedanken an Frau und Kind aufgestört:

> Ein Jeep der Militärpolizei stoppte vor Wagner. Ein Sergeant stieg aus, mit leuchtend weißem Helm, im Schnellziehhalfter ein großkalibriger Revolver. Auf dem Rücksitz saß ein zweiter Militärpolizist, die Maschenpistole im Arm. Der Lauf war auf Wagner gerichtet. [...] Wagner stieg ein, der Sergeant setzte sich vorn neben den Fahrer. [...] Er versuchte, ihn nochmals auf die entsicherte Maschinenpistole hinzuweisen. Da drehte sich der Sergeant um und sagte: That's alright. We are still in a war. (DS 124, 125)

Kaum ist Wagner wieder auf seiner Baustelle angekommen, wird ihm mitgeteilt, daß einer seiner ihm besonders sympathischen Mitarbeiter, der aus Paraguay stammende Juan, ebenfalls „verschwunden" (DS 284) sei. Juan hatte sich als „Linker" durch seine Flucht nach Argentinien der Verfolgung durch die Polizei des „Generals" (DS 73) Alfredo Stroessner entzogen.[37] Damit ist er allerdings im Argentinien der Junta vom Regen in die Traufe geraten, denn die Operation Condor, die im Roman nicht genannt wird, macht ein Entkommen unmöglich. Allmählich beginnt Wagner die Zusammenhänge zu durchschauen, und er ist „überzeugt, daß es zwischen dem Verschwinden von Luisa und Juan einen Zusammenhang gab" (DS 285)

Es kommt nicht von ungefähr, daß Timm den Titel „Der Schlangenbaum" für seinen Roman gewählt hat, denn sein Buch ist Teil jenes Protestes, der sich in den achtziger Jahren im Namen der Menschenrechte gegen solche „schmutzigen Kriege" artikulierte, wie sie die Junta in Argentinien geführt hatte. Die Metropole findet ihr Gegenbild in einem Baum, also in etwas Organischem. Der Baum befindet sich in der petrifizierten, „zubetonierten" Umgebung eines Verwaltungsge-

---

[37] Mitte der 1980er Jahre reiste Uwe Timm durch Paraguay und hat darüber den 1987 veröffentlichten Bericht „Reise nach Paraguay" vorgelegt. Vgl. *Uwe Timm Lesebuch. Die Stimme beim Schreiben*, hg. v. Martin Hielscher (München: dtv, 2005), S. 129-147.

bäudes, das innen wie außen eine Feindschaft der Bürokratie gegenüber den Staatsbürgern signalisiert. Der Schlangenbaum als „Sinnbild für die Verschwundenen" steht im Roman auch als Metapher für den Widerstand gegen die Junta der argentinischen Generäle, wie er sich – realgeschichtlich – zuerst im Protest der Mütter und Großmütter in Buenos Aires artikulierte.[38]

Nachdem Wagners Freundin Luisa und sein Mitarbeiter Juan verschwunden sind, und nachdem er selbst um ein Haar Opfer der Willkürherrschaft geworden ist, kann man sich die Art der Politisierung Wagners, der bisher nur in technokratischen Kategorien dachte, leicht vorstellen. Die Auftragsarbeit, im Urwald eine Papierfabrik zu bauen, ist ihm gleichgültig geworden. Momenthaft verwünscht er den ganzen korrupten und menschenfeindlichen Betrieb, in den er durch seine Berufstätigkeit in Argentinien geraten ist. Er wünscht den Untergang all dessen, von dem er hier ein Teil geworden ist. Lustvoll gibt er sich apokalyptischen Phantasien hin. Es heißt am Ende des Romans über Wagner, der einen Stromausfall mit einer Aktion der Guerilla in Verbindung bringt:

> Er hofft auf eine anhaltende Finsternis, in der die Kakerlaken in all die Häuser und Bungalows eindringen sollen und die Ratten, hier auf dem Hügel und in Hamburg, auch dort, um den Unrat zu fressen, diesen auf Unglück und Leid aufgetürmten Reichtum, nein, die anderen würden kommen, aus dem Wald, aus den Hütten, aus den schäbigen Häusern der Stadt, und unter ihnen wäre auch der Landarbeiter mit dem abgehackten Finger und der Mann mit dem zerstörten Gesicht. Ihnen könnte er die Hand reichen. Ihnen könnte er über die Mauer helfen. (DS 308)

Diese negativ-utopische Vision gleicht bis zu einem gewissen Grad der Vorstellung Felipe Gerlachs am Schluss von Delius' *Adenauerplatz*. Auch hier das Heraufbeschwören eines Endes westlichen Reichtums, der ohne „Unglück und Leid" der Unterprivilegierten nicht zu haben ist, und auch hier das Einbekenntnis in das Scheitern eines subjektiven Lebensentwurfs. In seiner Jugend hatte Wagner exotisch-romantische Vorstellungen von einem Leben in Südamerika gehegt, und diese alten Phantasien hatten mit dazu beigetragen, das Stellenangebot in Argentinien anzunehmen. Inzwischen hat sich seine *destination of desire* in ein Schreckbild von Unfreiheit und Angst verwandelt. Nicht wegen einer allgemeinen Fremdheits- und Alteritätserfahrung in einer anderen Kultur kommt sich Wagner in seiner Identität und Loyalität disloziert und ortlos vor, sondern wegen der spezifischen Erfahrungen in einer staatsterroristischen Diktatur, von der er merkt, daß die Vertreter seines Heimatlandes mit ihr paktieren. Aber die Perspektive ist eine andere als bei Felipe Gerlach. Bei Delius geht es um die Weltbürgerkriegs-Phantasie eines Exilierten und Verstoßenen, bei Timm um die momenthafte Solidarität eines westlichen Privilegierten mit den Armen und Aufständischen der Dritten Welt. Wie bei Felipe Gerlach hält allerdings auch bei Wagner – wenn auch aus anderen Gründen – die Revolutionseuphorie nicht an. Als der Strom-

---

38 Rita Arditti, *Searching for Life. The Grandmothers of the Plaza de Mayo and the Disappeared Children of Argentina* (Berkeley: University of California Press, 1999). Vgl. dazu auch Luis Alberto Romero, *A History of Argentina*, S. 239, 249.

ausfall beseitigt ist und Wagner merkt, dass der „Putsch" der Guerilla, daß deren „Revolution" (DS 301) bloß ein Gerücht ist, heißt es: „Wagner hörte sich schreien, vor Wut und Enttäuschung, und denkt zugleich, ich sollte froh sein." Das Buch endet mit der Feststellung: „Keine Schüsse, kein Schrei, auch die Tiere sind verstummt, als hielte die Welt den Atem an." (DS 309). Dass „die Welt den Atem anhält" ist eine sprichwörtliche Wendung, die benutzt wird, wenn man eine heterologische Erfahrung umschreiben will, d.h. etwas, das mit den überlieferten Verständniskategorien nicht unmittelbar zu fassen ist. So endet das Buch mit der Konstatierung, dass Wagner etwas erlebt hat, das ihn von Grund auf verändert hat. Wie sich das in seiner weiteren Biographie auswirkt, was aus ihm wird, wenn die Welt wieder Atem schöpft, wird nicht weiter ausgeführt. So ist das Buch zwar ein Entwicklungsroman[39] aber kein Bildungsroman. Eher würde die Kategorie „negativer Bildungsroman" passen, denn Wagner ist am Ende nicht in einer Gesellschaft angekommen, mit der er sinnvoll kooperieren kann, vielmehr sind Aufschrei und Schweigen das Ergebnis der Einsicht in eine verzweifelte Situation ohne Ausweg. Der rationalen Überlegung „ich sollte froh sein" steht der emotionale Aufschrei, stehen „Wut und Enttäuschung" entgegen: klassische Bildungsromane enden anders.[40] Es geht hier gerade nicht um die Entwicklung und Entfaltung eigener Anlagen und deren Fruchtbarmachung in einer Sozietät mit einem humanen Telos, sondern um die Einschränkung und Zermürbung all dessen, was man für sinnvoll hält und um das Hineinstoßen in eine Gesellschaft, der jedes ethische Ziel verlorengegangen ist.

Der Schlangenbaum steht in einer intertextuellen Beziehung zu Max Frischs Roman *Homo Faber* von 1957.[41] Timms Buch ist wohl bewusst im Dialog mit dem Klassiker des Schweizer Autors entstanden: Es ist mit und gegen Frisch geschrieben worden, worauf Parallelen, Ähnlichkeiten und indirekte Abgrenzungen hinweisen. Faber ist wie Wagner Ingenieur, und auch sein intellektueller Horizont ist umstellt von Signalen technischer Rationalität. Faber wird wie Wagner von einer deutschen Firma mit Hauptsitz in Düsseldorf durch die Welt geschickt,

---

39 Egon Schwarz interpretiert den *Schlangenbaum* als Entwicklungsroman mit apokalyptischem Ende. Er versteht den „postkolonialen Bildungsroman" als Anti-Bildungsroman, wenn man die Gattungskriterien aus der Klassik anlegt. Vgl. E.S., „Der Schlangenbaum. Uwe Timms ‚postkolonialer Bildungsroman'". In: *Der schöne Überfluß*, S. 34-43. Schwarz wie Meyer-Minnemann kommen auf das apokalyptische Leitmotive im Roman zu sprechen. Vgl. Klaus Meyer-Minnemann, „Die fremde Logik und die Ordnung der Dinge. Uwe Timms *Der Schlangenbaum*". In: *Die Archäologie der Wünsche. Studien zum Werk Uwe Timms*, hg. v. Manfred Durzak und Hartmut Steinecke (Köln: Kiepenheuer & Witsch, 1995), S. 119-142, hier S. 140. Zur Veränderung, die Wagner erlebt vgl. auch Martin Hielscher „Die Blautanne und der Schlangenbaum", S. 249f. und ferner: Julienne Kamya, „*Der Schlangenbaum*: Entwicklungshelfer und ethnologische Erfahrung". In: *Studentenbewegung, Literatur und die Neuentdeckung der Fremde. Zum ethnografischen Blick im Romanwerk Uwe Timms* (Frankfurt am Main: Peter Lang, 2005), S. 184ff.
40 Vgl. Jürgen Jacobs, *Wilhelm Meister und seine Brüder. Untersuchungen zum deutschen Bildungsroman* (München: Fink 1972); Rolf Selbmann, *Der deutsche Bildungsroman* (Stuttgart: Metzler, 1984).
41 Darauf verwies zuerst Michael Schneider. Vgl. seine Besprechung „Homo Faber im Regenwald", S. 161.

um industrielle Großprojekte zu leiten. In beiden Romanen kommt eine mythische Schlange vor, verliebt sich ein Mann mittleren Alters in eine junge Schöne, wird die Urwaldnatur als Antipode westlicher Kultur gesehen, wird über Zufall und Notwendigkeit reflektiert. Und beide Bücher haben eine doppelte Romanhandlung. Bei Frisch wechselt die Gegenwart des Weltreisenden Faber ab mit den Erinnerungspassagen an die Geliebte aus den dreißiger Jahren, bei Timm ist die Gegenwart Wagners durchsetzt mit Retrospektiven über das Leben mit Frau und Kind in Deutschland. Es gibt aber einen wichtigen Unterschied: Timms *Schlangenbaum* ist im Gegensatz zu Frischs *Homo Faber* ein postkoloniales Buch. Das mythische Grundmuster, das Frisch benutzt, verdankt sich der abendländischen Kulturtradition. Zwar wirft Frisch einen kurzen – und folgenlosen – Blick in die Welt altindianischer Kultur, aber das Leben in der Dritten Welt seiner Gegenwart wird ausgeblendet. Faber ist der Modernist, der international als Missionar westlicher Technik unterwegs ist. Eine persönliche Tragik, eine Art umgedrehte Ödipuserfahrung – die Tochter wird die Geliebte des Vaters – erschüttert seine Ingenieurs-Ideologie von der Berechen- und Veränderbarkeit der Welt. Bei Timm dagegen werden die Konturen eines nicht-europäischen Landes mit Dritte-Welt-Zügen deutlich: Diktatur, Korruption, Guerillakrieg, Polizeigewalt, bestechliche Administration, Ausbeutung der einheimischen Bevölkerung und der Indios, sinnlose Entwicklungsprojekte, westliche Projektemacherei, die die Taschen einiger Privilegierter füllt, auf Dauer aber ohne Sinn und Zweck ist. Die beiden Bücher sind vergleichbar, unterscheiden sich aber darin, dass bei Timm – im Gegensatz zu Frisch – postkoloniale Erfahrungen im Zentrum der Handlung stehen.[42]

III

Schließlich muss wie im Fall von Delius *Adenauerplatz* auch hier auf ein Buch und dessen Verfilmung eingegangen werden, weil es mit dem Thema von Timms *Schlangenbaum* eng verbunden ist. Bei Delius ging das große mediale Ereignis dem Erscheinen des Romans voraus, bei Timm dagegen folgte es der Publikation seines Buches. Es ist möglich, daß die weltweite Aufmerksamkeit, die Buch und Film, um die es hier geht, das Interesse an Uwe Timms *Schlangenbaum* gesteigert

---

42 In anderen Essays und schriftstellerischen Arbeiten hat Frisch gezeigt, dass er ein postkoloniales Problembewusstsein hatte. Vgl. dazu: Monika Albrecht, *„Europa ist nicht die Welt". (Post)-Kolonialismus in Literatur und Geschichte der westdeutschen Nachkriegszeit* (Bielefeld: Aisthesis, 2008), S. 159-164. Zu Aspekten von Multi- und Interkultur in Timms Roman vgl. ferner: Peter Horn, „Der Urwald kehrt zurück. Fremde Natur und korrupte Politik in Uwe Timms *Der Schlangenbaum*. In: *„Die andere Stimme". Das Fremde in der Kultur der Moderne. Festschrift für Klaus R. Scherpe zum 60. Geburtstag*, hg. v. Alexander Honold und Manuel Köppen (Köln, Weimar, Wien: Böhlau, 1999), S. 69-79; David Simo, „Literarische Methoden der Interkulturalität bei Uwe Timm am Beispiel von ‚Morenga' und ‚Der Schlangenbaum'". In: *Comparativ* 12.2 (2002): 69-86.

haben. Die Rede ist von dem 1987 erschienenen Roman *Imagining Argentina* des amerikanischen Autors Lawrence Thornton[43] sowie der Verfilmung des Buches durch den britischen Regisseur Christopher Hampton. Der Film kam (unter dem gleichen Titel wie das Buch) erst 2003 in die Kinos. Auch dieser Film wies mit Antonio Banderas (als Carlos Rueda) und Emma Thompson (als Cecilia Rueda) eine Starbesetzung auf. Anders als im Fall von *Missing* regneten bei den Filmfestspielen von Venedig und bei der Oskarverleihung keine Preise auf *Imagining Argentina* herab, aber nichtsdestoweniger war der Film ein internationaler Erfolg, über den die Medien ausführlich berichteten. Was Auszeichnungen betrifft, war Thorntons Buch sehr viel erfolgreicher gewesen: es hatte 1987 u.a. den Hemingway Award und den Commonwealth Club Prize zugesprochen erhalten. Es ging um das von Uwe Timm im *Schlangenbaum* bereits ein Jahr vor Thornton behandelte Thema des Verschwindens der Regimekritiker oder von deren Verwandten im Argentinien des schmutzigen Krieges der Videla-Diktatur. Carlos Rueda ist der Leiter eines Kindertheaters in Buenos Aires, und seine Frau Cecilia arbeitet als Journalistin. Carlos versucht zunächst die politischen Ereignisse zu ignorieren, Cecilia jedoch schreibt über das Verschwinden von Menschen, was zur Folge hat, dass sie selbst entführt wird: wie immer von der argentinischen Geheimpolizei, die im berüchtigten grünen Ford Falcon vorfährt. Sie wird in versteckte, der Öffentlichkeit unbekannte Gefängnisse verschleppt, verhört, gefoltert und vergewaltigt. Leitmotivisch sind immer wieder Sequenzen eingebaut, die die Mütter und Großmütter zeigen, die auf der Plaza de Mayo in Buenos Aires gegen die Verschleppung ihrer Verwandten und Freunde protestieren, und Carlos selbst schließt sich mit seiner Tochter dieser Gruppe an. Oft werden – wie auch im Roman von Uwe Timm – Beziehungen zwischen den Nazimethoden und den Praktiken der argentinischen Diktatoren hergestellt. Als Carlos einen Regierungsvertreter auffordert, seine Frau aus der Gefangenschaft zu entlassen, wird auch noch seine Tochter Teresa entführt, vergewaltigt und ermordet. Nur geringfügig verklausuliert wird im Film auch auf die Untaten des damals noch jugendlichen argentinischen Marineoffiziers Alfredo Astiz, des sog. „blonden Todesengels", angespielt, der sich in das Vertrauen der Mütter von der Plaza de Mayo einschlich und durch Verrat die Entführung der Gründerin dieser Protestbewegung, Azucena Villaflor de Vicenti, ermöglichte. Sie wurde eines der verschwundenen Opfer des Regimes, von dem jede Spur verlorenging.[44] Die Entführung zahlloser anderer Menschen ging ebenfalls auf sein Konto, so auch die Folterung und Ermordung zweier Nonnen. Darauf wird ebenfalls im Film verwiesen. Weil die beiden Nonnen, Alice Domon und Léonie Duquet, französischer Herkunft waren, wurde Astiz 1990 in Abwesenheit von einem französischen Gericht zu lebenslanger Haft verurteilt, und inzwischen läuft ein Verfahren gegen ihn in Argentinien selbst.

---

43 Lawrence Thornton, *Imagining Argentina* (New York: Doubleday, 1987).
44 Vgl. Uki Goñi, *Judas: la verdadera historia de Alfredo Astiz, el infiltrado* (Buenos Aires: Editorial Sudamericana, 1996, 2. Auflage).

Carlos schreibt für sein Kindertheater eine Variation von Shakespeares *The Tempest*. Er lässt eine Figur auftreten, die den Tod darstellt, und als sie die Vermummung fallen lässt, erscheint unter ihr jemand, der eine argentinische Offiziersuniform trägt, und dessen Gesicht von der Pest befallen ist. Die Rolle wird übernommen von einem Jungen, dessen Vater zu den Verschwundenen gehört. Daraufhin wird das Theater geschlossen und demoliert und Silvio Ayala, der eher unpolitische kaufmännische Leiter des Theaters, wird ebenfalls entführt, gefoltert und dann ermordet, indem man ihn, wie zahllose andere Opfer des Regimes, über dem Ozean abwirft. Carlos setzt die Suche nach seiner Frau fort. Cecilia gelingt es, aus ihrem Gefängnis zu entfliehen, und der Film endet damit, dass das Ehepaar sich wiederfindet. Eingerahmt ist die Filmhandlung durch Hinweise auf den Mythos von Orpheus und Eurydike. Wie Eurydike verschwindet Carlos' Frau Cecilia in einer Art Unterwelt, die allerdings die Hölle auf Erden ist. Der Mythos wird varriiert, indem die Suche von Orpheus/Carlos insofern belohnt wird, als er seine Eurydike/Cecilia wiederfindet, obwohl er den Rückblick (hier in die Vergangenheit seines Landes) nicht aufgibt. Die Generäle, so heißt es zu Beginn von *Imagining Argentina*, wollten zuerst ihre Gegner verschwinden lassen und danach die Erinnerung an ihre Verbrechen aus dem Gedächtnis der Menschen löschen. Was dem Film (noch mehr als dem Buch) als Schwäche angelastet wurde, sind die hellseherischen Fähigkeiten von Carlos. Carlos Rueda hat die Gabe, mittels Visionen das Schicksal einer Reihe von Entführten den Angehörigen mitteilen zu können. Am Schluss des Films werden Zahlen von Amnesty International über die „Verschwundenen" in einer ganzen Reihe von Diktaturen der Gegenwart genannt. Danach verschwanden im Argentinien der Jahre zwischen 1976 und 1983 dreißigtausend Menschen, ohne eine Spur zu hinterlassen, in El Salvador 21.000, in Guatemala 50.000, in Bosnien-Herzegovina 27.000, in Sri Lanka 21.000, im Kongo 55.000 und im Irak des Saddam Hussein sogar 90.000 Menschen.[45]

Zu erwähnen ist hier auch noch der realitätsnahe und künstlerisch ambitionierte Film *Garage Olimpo*, eine italienisch-argentinische Koproduktion des Regisseurs Marco Bechis, der zudem – gemeinsam mit Lara Fremder – das Drehbuch schrieb. Der Film wurde 1999 während der Filmfestspiele in Cannes erstmals gezeigt, kam im gleichen Jahr in die Kinos und erhielt eine Reihe internationaler Auszeichnungen. In Deutschland wurde er unter dem Titel *Junta* gezeigt. Bechis selbst war 1977 als Zwanzigjähriger in die Fänge der argentinischen politischen Polizei geraten und wurde zehn Tage lang gefoltert.[46] Weil seine Eltern einen General kannten, der sich für ihn einsetzte, wurde er aus dem Folterkeller entlassen und konnte ins italienische Exil fliehen. Sohn einer Chilenin französisch-schweizerischer Herkunft und eines italienischen Vaters, arbeitete er zur Zeit seiner Verhaftung als Lehrer in Buenos Aires. Während der Emigrationszeit

---

45 Vgl. die Website: http://www.geocities.com/polfilms/imaginingargentina.html.
46 Marco Bechis, Lara Fremder, *Argentina 1976-2001: filmare la violenza sotterranea* (Milano: Ubulibri, 2001).

studierte er in Mailand an einer Filmhochschule. „Garage Olimpo" hieß eines der vielen argentinischen Konzentrationslager, wie sie – immer getarnt – über die Hauptstadt Buenos Aires und das ganze Land verteilt waren. Die Figur, die im Mittelpunkt des Films steht, die achtzehnjährige Italo-Argentinierin Maria, ist nach einem realen Vorbild gestaltet. Maria (gespielt von Antonella Costa) ist Studentin, unterweist Erwachsene eines Slumviertels von Buenos Aires in Lesen und Schreiben und hat sich einer Oppositionsgruppe angeschlossen. Sie wird in den unterirdischen Teil einer verlassenen Autowerkstatt (Garage Olimpo) verschleppt. Der durch Carlos Echevarría dargestellte Felix – ein eher schüchterner Typ – wohnt bei Marias Mutter zur Untermiete und hat sich in Maria verliebt. Nun begegnet sie ihm als Folterer (Spezialist für Elektroschocks) und verliebten „Beschützer" in einem. Ihre Hoffnung, durch Felix gerettet zu werden, erweist sich als trügerisch, denn dessen Vorgesetzte erinnern ihn daran, dass KZ-Aufseher sich keine Gefühle erlauben dürfen. Felix ist ein Handwerker des Tötens, der seine Opfer, die sogenannten Subversiven, nach Vorschrift verhört, demütigt und quält, der – wie die anderen Berufsfolterer und Vergewaltiger – seinen ‚Dienst' mit der Stechkarte antritt und in der Mittagspause seinen Kumpanen beim Tischtennisspiel zuschaut. Auch die Bemühungen der Mutter, die verschleppte Tochter zu finden, bleiben ohne Erfolg. Sie selbst wird ein Opfer des Regimes. Einer der Aufseher und Mordgesellen in der Garage Olimpo erschießt sie, nachdem er sie überredet hat, ihm ihr Haus zu überschreiben: die Mutter wollte Bargeld für die Suche nach der Tochter zur Verfügung haben. Die Bilder von Buenos Aires, die die Handlung unterbrechen, vertiefen das Gefühl für Marias Leiden als einer völlig Verlassenen: nur eine Hauswand von ihrer Qual entfernt vibriert eine ungerührte Metropole. Damit die Schreie ihrer Opfer nicht nach draußen dringen, drehen die Schinderknechte den Radiosender mit der Folkloremusik auf volle Lautstärke. Nach mißglückten Fluchtversuchen wird Maria – wie Silvio in *Imagining Argentina* – von einem der jeden Mittwoch startenden Flugzeuge aus über dem Meer abgeworfen. *Garage Olimpo* war der erste argentinische Film, der sich offen mit dem Schicksal der „desaparecidos" im eigenen Land auseinandergesetzt hat.[47]

Der Film wurde in Deutschland auch deswegen stark beachtet, weil er an eine junge Deutsche erinnerte, deren Schicksal fast mit dem der Maria des Films identisch war. Elisabeth Käsemann, Tochter des Tübinger protestantischen Theologieprofessors Ernst Käsemann, wurde im Mai 1977 im Alter von dreißig Jahren in einem der argentinischen Konzentrationslager in Buenos Aires ermordet.[48] Zwei Monate lang war sie in den Verhaftungszentren „Campo Palermo" und „El Vesubio" gefoltert und vergewaltigt worden. Man hatte sie festgenom-

---

47 Weitere Filme zum Thema: *The Official Story* (1985), Regie: Luis Puenzo; *Kamchatka* (2002), Regie: Marcelo Piñeyro; *Cautiva* (2003), Regie: Gaston Biraben; *Escadrons de la mort* (2004), Regie: Marie-Monique Robin; *The Disappeared* (2007), Regie: Peter Sanders; *Nuestros Desaparecidos* (2008), Regie: Juan Mandelbaum.
48 Osvaldo Bayer, Juan Gelman, *Exilio* (Buenos Aires: Editorial Legasa, 1984). Vgl. darin den Beitrag von Osvaldo Bayer, „Ante la tumba de Elisabeth Käsemann".

men, weil sie als Sozialarbeiterin und Lehrerin sich um die Kinder im Slum kümmerte und somit als ‚links' eingestuft wurde. Hätte man gewußt, dass sie Verfolgten half, ins Ausland zu entkommen, wäre sie wahrscheinlich noch früher umgebracht worden. Elisabeth Käsemann gehörte zur 68er Generation und war mit einundzwanzig Jahren während ihres Politologie-Studiums aus einem Gefühl der Solidarität mit der Dritten Welt nach Buenos Aires gegangen. Ihr Schicksal glich in manchem dem von Charles Horman, der vier Jahre zuvor in Santiago de Chile ermordet worden war. Wie der Vater Ed Horman aus den USA nach Santiago reiste und sich vergeblich um die Suche nach seinem Sohn durch die amerikanische Botschaft bemühte, so flog auch Ernst Käsemann nach Buenos Aires, und die deutschen Diplomaten waren kaum dazu zu bewegen, die Tochter, die nach wie vor deutsche Staatsbürgerin war, aus der Lebensgefahr zu retten. Wie im Fall Charles Horman, war es fast schon ein Wunder, dass die Behörden den Leichnam ihres Opfers herausrückten, denn normalerweise verwischten sie die Fährten ihrer Verbrechen. Auch bei Elisabeth Käsemann hing es mit der relativen Bekanntheit ihres Vaters zusammen. Weitere fünfundachtzig Deutsche wurden Opfer der Junta; sie blieben verschwunden, und die deutschen diplomatischen Vertretungen hielten sich mit Interventionen zurück. Der Deutschen Botschaft lag vor allem wegen der Fußballweltmeisterschaft von 1978[49] daran, die Beziehungen zur Junta so ‚unkompliziert' wie möglich zu gestalten. Die Ausscheidungsspiele fanden in Argentinien statt, und Deutschland wollte seinen Weltmeistertitel verteidigen. Die Deutsche Nationalmannschaft entblödete sich nicht, ein harmonisches Einverständnis zwischen ihrem Land und dem Staat der Gastgeber zu demonstrieren. Auf den Fernsehkanälen trällerten sie mit Udo Jürgens als lautstarkem Vorsänger den Kitschschlager „Buenos Dias Argentina!" Der Text stolpert von einer Peinlichkeit in die andere. Die beiden letzten Strophen reichen als Kostprobe:

> Buenos Dias Argentina!
> Guten Tag, du fremdes Land!
> Buenos Dias Argentina!
> Komm, wir reichen uns die Hand!
>
> Buenos Dias Argentina!
> So heißt meine Melodie!
> Und sie soll uns zwei verbinden,
> mit dem Band der Harmonie.

Mit dem Band der Harmonie fühlte die deutsche Nationalmannschaft sich auch dem Ritterkreuzträger, Altnazi und Hitlerverehrer Hans-Ulrich Rudel verbunden, der den Elf „zur Festigung des Mannschaftsgeistes" eine offizielle – von Verband und Trainer genehmigte – Visite abstattete. Rudel hatte sich gleich nach dem Krieg nach Argentinien abgesetzt, wo er sich unter den wechselnden Diktaturen

---

49 Hanns Joachim Friedrichs, *XI. Fußballweltmeisterschaft: Argentinien 1978* (München: Bertelsmann, 1978).

so wohl fühlte wie im ‚Großdeutschen Reich'. Alle Verbeugungen nach Rechts nützten den Fußballern nichts: weit abgeschlagen verließen sie den Ort ihrer doppelten Schande, und Helmut Schöns Karriere als Bundestrainer fand ein unrühmliches Ende. Argentinien wurde Weltmeister. Die Konstellation erinnerte an Hitler und die Berliner Olympiade von 1936: auch Videla nutzte den Prestigegewinn zur Festigung seines Regimes. Die deutsche Berichterstattung trug das ihre dazu bei. In seinem Buch über diese Weltmeisterschaft heißt es bei Hanns Joachim Friedrichs zum Sieg der Argentinier, der „Gastgeber":

> Man hatte ihn am Ende herbeigewünscht – als Dank gewissermaßen für eine Weltmeisterschaft, die sportlich nicht viel brachte, die aber immer bestimmt war vom hingebungsvollen Bemühen der Gastgeber, es allen Gästen recht zu machen, sie in Liebenswürdigkeit einzupacken, sie mit freundlichen Erinnerungen nach Hause zu entlassen. Das ist gelungen. Das verdient Dank und Anerkennung.[50]

In den camouflierten argentinischen Konzentrationslagern ging das Foltern und Morden indes weiter, und John Dinges hält fest: „The government of Argentina was committing human rights violations on a massive scale never before seen in Latin America."[51] Überlebende haben bestätigt, dass das Gejohle im Stadion, das bei allen Torschüssen in der Stadt zu hören war, bis in ihre Verliese drang. Elisabeth Käsemann lebte damals schon seit einem Jahr nicht mehr; sie war in Tübingen begraben worden. In ihrer Geburtsstadt Gelsenkirchen, wo ihr Vater während der NS-Zeit dem protestantischen Widerstand angehört hatte, wurde eine Familienbildungsstätte der Evangelischen Kirche nach ihr benannt.

---

50 Hanns Joachim Friedrichs, *Fußballweltmeisterschaft: Argentinien 1978*, S. 182.
51 John Dinges, *The Condor Years*, S. 155.

4. URUGUAY

Erich Hackl, *Sara und Simón* (1995)

Ein Dokumentar-Roman über die Folter

I

Von Uruguay, dem kleinen, am Südatlantik gelegenen Pufferstaat zwischen Brasilien und Argentinien, wusste man im Deutschland der Nachkriegszeit nicht viel. Hätte seine Fußballnationalmannschaft 1950 nicht die Weltmeisterschaft gewonnen (zwanzig Jahre zuvor war ihr das schon einmal gelungen)[1], wäre das Land wohl nie in die Schlagzeilen der europäischen Presse geraten. Vier Jahre später verteidigte Uruguay diesen Titel, allerdings vergeblich, denn diesmal holte sich die junge Bundesrepublik Deutschland den Sieg. Und dass man von der Hauptstadt des Landes schon einmal gehört hatte, lag vor allem an der Komödie *Das Haus in Montevideo* von Curt Goetz.[2] Der Autor hatte sie 1945 fertiggestellt, und diese nostalgische Klamotte eroberte bald das deutsche Provinztheater. 1951 wurde sie mit Curt Goetz selbst in der Hauptrolle des Traugott Hermann Nägler, einem wilhelminisch-kleinstädtischen Gymnasiallehrer, verfilmt. Der nicht ausbleibende Publikumserfolg steigerte sich noch, als zwölf Jahre später in einer erneuten Verfilmung Heinz Rühmann den kinderreichen, nicht sonderlich konsequenten Moralapostel spielte und Ruth Leuwerik die Rolle seiner pragmatischen Frau Marianne übernommen hatte. Curt Goetz hatte für sein Stück bewusst einen Ort gewählt, den man aufgrund des geringen Bekanntheitsgrades mit Phantasien von reichen Erbtanten und schrulligen Testamentsklauseln füllen konnte.

Als Goetz seine Komödie schrieb, war Montevideo in der Tat so etwas wie eine Idylle, die Hauptstadt eines prosperierenden Landes mit einer funktionierenden Demokratie, einer blühenden Wirtschaft und einem hohen Lebensstandard, also eine Insel der Stabilität auf einem von sozialen Unruhen geschüttelten Kontinent. Den für seine Nachbarländer bezeichnenden unüberbrückbaren Gegensatz zwischen Reich und Arm gab es dort nicht. Schon am Anfang des 20. Jahrhunderts hatte der Reformpräsident José Batlle das Land in einen Wohlfahrtsstaat mit ei-

---

[1] 1930 handelte es sich um die erste Fußballweltmeisterschaft überhaupt, und die uruguayische Nationalmannschaft ging als Sieger aus ihr hervor, nachdem sie im Finale das argentinische Team im heimischen Stadion von Montevideo (dem damals größten Fußballstadion der Welt) geschlagen hatte. Vgl. Dietrich Schulze-Marmeling, *Die Geschichte der Fußball-Weltmeisterschaft 1930-2006* (Göttingen: Die Werkstatt, 2004).

[2] Carsten Jacobi, „Moralität und moralische Provokation im populären Drama am Beispiel von Curt Goetz ,Das Haus in Montevideo'. In: *Literatur für Leser* 4 (1996): 238-255.

ner Reihe von sozialen Sicherungen für jeden Bürger verwandelt. In den frühen 1950er Jahren bezeichnete man Uruguay als „die Schweiz Südamerikas"[3]. Die Einwohnerzahl betrug 2,2 Millionen, wovon sechzig Prozent in Montevideo lebten. Dann aber setzte nach dem Ende des Koreakrieges ein Preisverfall für Uruguays Exportgüter (Wolle, Früchte und Fleisch) ein, der Inflation wurde man nicht mehr Herr, die Bevölkerung verarmte zusehends, und mit der wirtschaftlichen Krise, die von Arbeitslosigkeit begleitet war, begann die politische Polarisierung und Radikalisierung. Streiks waren an der Tagesordnung, von Sozialpartnerschaft konnte bald keine Rede mehr sein. Im ehemals harmonischen Montevideo brach 1962 ein zehn Jahre dauernder Bürgerkrieg zwischen linksradikalen Stadtguerillas und Polizei- bzw. Militärkräften aus. Die Guerillas nannten sich Tupamaros[4], nach Túpac Amaru, dem letzten Herrscher des Inkareiches, der 1572 in Cuzco, das im heutigen Peru liegt, auf Befehl des spanischen Vizekönigs Francisco de Toledo enthauptet worden war. Túpac Amaru hatte mit etwa fünfhundert Kriegern die spanische Besatzungsmacht von seiner Bergfeste Vilcabamba aus bekämpft. 1780/81 gab es einen erneuten Indianeraufstand gegen die Spanier, und ihr Führer, José Gabriel Condorcanqui, nannte sich Túpac Amaru II., behauptete sogar, vom letzten Inkakönig abzustammen.[5] Die Untergrundbewegung der Tupamaros in Uruguay sah sich – auf eine historisch nicht recht nachvollziehbare Weise – in der Tradition dieser indianischen Freiheitskrieger. Sie wiederum wurden in den späten 1960er Jahren in einigen europäischen Großstädten (etwa im westlichen Berlin) zum Vorbild linker terroristischer Gruppen wie der RAF. Im Kampf gegen Streikende und Untergrundkämpfer gab die uruguayische Regierung immer mehr die etablierten zivilrechtlichen Strukturen preis und räumte dem Militär, das als Garant des *status quo* verstanden wurde, mehr und mehr Sonderrechte ein. Im Frühjahr 1972 spitzte sich die Auseinandersetzung mit den inzwischen etwa fünftausend Mitgliedern[6] zählenden Tupamaros derart zu, dass Präsident Juan Maria Bordaberry angesichts des Bürgerkrieges im Land den Ausnahmezustand ausrief und das Kriegsrecht verhängte. Er beauftragte die Generalität damit, die Tupamaros zu vernichten, und innerhalb von nur drei Monaten wurde dieses Ziel erreicht. Statt sich aber in die Kasernen zurückzuziehen, strebte das Militär nun selbst die Macht im Staat an. Ein Jahr später, im Februar 1973, bestand es gegenüber Präsident Bordaberry darauf, eine stärkere Rolle beim Regieren zu übernehmen. Bordaberry gab nach und schaffte für die Generäle den Nationalen Sicherheitsrat, der jetzt die Exekutive in der Hand hatte. Damit nicht

---

3 Astrid Arrarás, „Uruguay". In: *The South America Handbook*. Hg. v. Patrick Heenan und Monique Lamontagne (London, Chicago: Fitzroy Dearborn, 2002), S. 120-131. Auf den Seiten 120f. wird das Uruguay der frühen 1950er Jahre als „The Switzerland of Latin America" bezeichnet.
4 Arturo C. Porzecanski, *Uruguay's Tupamaros: The Urban Guerilla* (New York: Praeger, 1973).
5 Ward Stavig, *The World of Túpac Amaru: Conflict, Community, and Identity in Colonial Peru* (Lincoln: University of Nebraska Press, 1999).
6 Vgl. John Dinges, *The Condor Years. How Pinochet and His Allies Brought Terrorism to Three Continents* (New York, London: The New Press, 2004), S. 18.

zufrieden, zwangen die Militärs den Präsidenten im Juni 1973, den Kongress aufzulösen. Damit war die letzte Bastion einer demokratisch-zivilen Ordnung gefallen und faktisch die Militärdiktatur eingeführt, auch wenn Bordaberry, der nur noch eine Marionette der Generäle war, nominell bis Mitte 1976 Präsident blieb. Die Militärherrschaft in Uruguay begann drei Monate bevor sich in Chile die Junta-Regierung etablierte, ging also dem Coup Pinochets voraus. Der Übergang zur Militärdiktatur fand in Montevideo langsam statt, gleichsam im *slow motion* Tempo, im Gegensatz zum abrupten Putsch der Generäle in Santiago de Chile.[7] Auf dem Höhepunkt ihres Einflusses (zwischen 1972 und 1980) strebte – wiederum anders als in Chile – keiner der Kommandeure der verschiedenen Waffengattungen das Präsidentenamt an; sie beschränkten sich auf die Inhabe der faktischen Macht.

Im Juni 1973 wurden alle linksgerichteten Parteien und gewerkschaftlichen Organisationen verboten und die Universitäten einer scharfen Überwachung unterzogen. Es begann die systematische Verfolgungsjagd auf Dissidenten, die im Lauf der Zeit exzessiv zunahm. Der Weltmeisterehrgeiz im Fußballspiel war der Nation längst abhanden gekommen; nun wurde Uruguay Weltmeister im Verhaften. Jeder fünfzigste Bürger landete im Lauf der 1970er und frühen 1980er Jahre für kürzere oder längere Zeit im Gefängnis, und die meisten von ihnen wurden gefoltert. Allerdings war der Prozentsatz der Verschwundenen und der Mordfälle sehr viel geringer als im benachbarten Argentinien.[8] Man vergleiche dazu das autobiographische Buch des uruguayischen Schriftstellers Carlos Liscano, der über die erlittenen Folterungen während seiner dreizehnjährigen Haft als politischer Gefangener berichtet hat.[9] Das Buch weist viele Parallelen zu der Erzählung Erich Hackls auf.

Hackls *Sara und Simón. Eine endlose Geschichte*[10] setzt mit einer Handlung ein, die sich im Montevideo der Verfolgungsjahre 1972/73 abspielt. Auch diesem Buch ging ein Film voraus, der sich mit den dortigen bürgerkriegsmäßigen Konflikten beschäftigte. 1972 – also zehn Jahre vor seinem Chile-Film *Missing* – kam der Streifen *Etat de siège* von Constantin Costa-Gavras in die Kinos. Er war eine europäische (französisch-deutsch-italienische) Produktion. Mit dem Titel wurde auf Albert Camus' Drama *L'état de siège* (1948) angespielt (das seinerseits in einer

---

[7] Nancy Bermeo, *Ordinary People in Extraordinary Times. The Citizenry and the Breakdown of Democracy* (Princeton: Princeton University Press, 2003). Vgl. dort das Kapitel „The Slow-Motion Coup in Uruguay", S. 100-137.

[8] Jeffrey J. Ryan, „Turning on Their Masters. State Terrorism and Unlearning Democracy in Uruguay". In: *When States Kill. Latin America, the U.S., and Technologies of Terror*, ed. by Cecilia Menjívar and Néstor Rodríguez (Austin: University of Texas Press, 2005), S. 278-304.

[9] Carlos Liscano, *El furgón de los locos* (Montevideo: Editorial Planeta, 2001). Auf Englisch erschienen unter dem Titel *Truck of Fools* (Nashville: Vanderbilt University Press, 2004).

[10] Erich Hackl, *Sara und Simón. Eine endlose Geschichte* (Zürich: Diogenes, 1995). In der Folge wird mit der Abkürzung „SuS" und folgender Seitenzahl in Klammern zitiert. Die Erzählung erschien in mehreren Sprachen, u.a. auch auf Spanisch: *Sara y Simón. Una historia sin fin* (Barcelona: Círculo de Lectores, 1998).

thematischen Nähe zu Camus' Roman *La Peste* steht), und wie Camus' Werk will auch Costa-Gavras' Film eine Art Lehrstück über die Beziehung von versklavendem Terror und befreiendem Mut zum Widerstand sein. Statt *Belagerungszustand* hieß der Film in Deutschland *Der unsichtbare Aufstand*. Der französische Titel traf das Problem, das in diesem Film behandelt wird, aber genauer, denn Belagerungszustände sind immer Kriegs- und Ausnahmezustände. Bei allen Militärputschen im Lateinamerika der 1970er Jahre ging es darum, mit Hilfe des Ausnahmezustands das bestehende demokratische Rechtssystem aus den Angeln zu heben und damit die Menschenrechte des einzelnen Bürgers zu annullieren. Unter Berufung auf den Ausnahmezustand wurden alle Verbrechen des Staates gegen seine Bürger gerechtfertigt. Hier wurde in dem relativ großen Machtbereich der sog. Condor-Staaten vorübergehend Wirklichkeit, was Giorgio Agamben in seinem Buch *Homo Sacer* als Signum der Gegenwart ganz allgemein konstatiert: die immer weiter um sich greifende Akzeptanz des Ausnahmezustandes und damit die Erklärung des Einzelnen zum Vogelfreien – mit anderen Worten die Außerkraftsetzung der Bürger- und Menschenrechte und die Reduktion des Subjekts aufs „nackte Leben"[11]. Wie fast immer in seinen Filmen griff Costa-Gavras auch hier einen historischen Vorfall der Gegenwart auf: Daniel M. Mitrione (meistens Dan Mitrione genannt) war ein amerikanischer Polizeiausbilder, der sich, getarnt als Entwicklungshelfer in Verkehrsfragen, in den späten 1960er Jahren in Montevideo aufhielt. Seine Aufgabe war, der uruguayischen Polizei in ihrem Kampf gegen die Tupamaros ‚effizientere' Foltermethoden beizubringen.[12] Die Tupamaros hatten von seiner geheimdienstlichen Tätigkeit erfahren, nahmen ihn gefangen und benutzten ihn als Geisel, um Gefangene ihrer illegalen Organisation freizupressen. Als das misslang, wurde er von den Tupamaros im August 1970 umgebracht. Costa-Gavras verband das Geschehen mit einer Detektivgeschichte und besetzte die tragenden Rollen mit internationalen Stars. Daniel M. Mitrione heißt hier Philip M. Santore und wird von Yves Montand gespielt. Dass ausgerechnet der Sozialist Montand einen reaktionären Polizeiberater spielte, trug nicht wenig zur inneren Spannung des Filmes bei. Auch Santore lebt als Amerikaner und Entwicklungshelfer in Montevideo, gilt nach außen hin als Verkehrsexperte, dessen eigentliche Aufgabe es ist, den Polizeiapparat des Landes zu optimieren, und wie Mitrione hat er in ähnlicher ‚Mission' bereits zuvor in Brasilien gearbeitet. Wie im Leben reagiert auch im Film die Regierung nach der Entführung des Amerikaners mit massiven Repressionen gegenüber der linksterroristischen Gruppe, die hier „Organisation der Namenlosen" heißt. Dieses brutale Zu-

---

11 Giorgio Agamben, *Homo Sacer. Die Souveränität der Macht und das nackte Leben* (Frankfurt am Main: Suhrkamp, 2002). Agamben erwähnt in seinem Buch *Was von Auschwitz bleibt* (Frankfurt am Main: Suhrkamp, 2003) auf S. 28 die „Desaparecidos in Argentinien".
12 A. J. Langguth, *Hidden Terrors* (New York: Pantheon, 1977); Jeffrey J. Ryan, „Turning on Their Masters", S.286-287; Scott Louis Myers, *Uruguay: The Traumatic Years 1967-1987*, Diss. Washington University, Department of History, 1988, S. 185-186; John Dinges, *The Condor Years*, S. 42.

rückschlagen macht den Journalisten Carlos Dukas (O. E. Hasse) auf den Fall „Santore" aufmerksam. Er beginnt zu recherchieren und kommt der eigentlichen Tätigkeit des angeblichen Verkehrsexperten und Entwicklungshelfers auf die Spur. Costa-Gavras ist hier nicht nur ein spannender Politkrimi gelungen, vielmehr machte er früh auf den Bürgerkrieg in Uruguay aufmerksam. Der Film trug zu einem nicht geringen Maß dazu bei, dass der schmutzige Krieg in dieser ehemaligen Idylle Südamerikas international wahrgenommen wurde.

Anders als in den bisher behandelten Romanen über Lateinamerika wurde die Hauptfigur in *Sara und Simón* vom Autor nicht erfunden. Erich Hackl schreibt über das Leben der Sara Méndez, über deren Schicksal er aus Berichten der internationalen Presse erfahren, und mit der er persönlich Kontakt aufgenommen hatte. Sara Méndez entstammte einer kleinbürgerlichen Familie aus Montevideo und studierte in den 1960er Jahren an der heimischen Pädagogischen Hochschule. Als der Bürgerkrieg zwischen der Regierung und den Tupamaros im Gange war, schloß sie sich einer anarchistischen Gruppe an. 1973 floh sie, um einer Verhaftung zu entgehen, ins benachbarte Argentinien. Auch hier übernahm 1976 das Militär die Macht, und diese Junta hatte ebenfalls die Vernichtung linker Bewegungen zu ihrem Ziel erklärt. Drei Jahre lang konnte sie sich in Buenos Aires mit Hilfe einer Namensänderung und durch mehrfachen Wohnungswechsel verstecken. Als ihr erstes Kind nur wenige Wochen alt war, wurde sie Mitte 1976 von einem argentinisch-uruguayischen Militärkommando festgenommen, von ihrem Baby getrennt und in ein Folterzentrum der Hauptstadt verbracht. Wenige Wochen später flog man sie mit anderen uruguayischen Gefangenen nach Montevideo zurück. Auch dort wurde sie in ein Zuchthaus gesperrt, nach kurzer Zeit aber in ein Frauengefängnis verlegt, wo sie viereinhalb Jahre bis zu ihrer Entlassung im Frühjahr 1981 verbringen musste. Nun arbeitete sie zunächst in der Hilfsorganisation El Servicio de Paz y Justicia in Montevideo sowie beim Komitee der Abuelas, der Großmütter und Mütter in Buenos Aires[13], half also bei der Suche nach Verschwundenen. Danach war sie als Pädagogin tätig und schließlich als Journalistin, wobei sie sich im Kampf für die Durchsetzung der Menschenrechte engagierte. Während der fünfjährigen Gefangenschaft und in den zwanzig folgenden Jahren blieb Sara Méndez auf der Suche nach ihrem Sohn Simón. Sie ging allen nur denkbaren Spuren nach, irrte sich zuweilen, wenn sie glaubte, ihren Sohn gefunden zu haben, gab aber bei allen Enttäuschungen nicht die Hoffnung auf, ihn wiederzufinden. Hackls Buch handelt zur Hälfte von der Verfolgung und den Folterqualen, die Sara in Gefängissen der Militärmachthaber Argentiniens und Uruguays überstand, zur anderen Hälfte von der – zur Zeit des Romanabschlusses im Jahr 1994 noch immer vergeblichen – Suche der Mutter nach ihrem Kind. Es war ein Fall, in den sich auch Amnesty International ein-

---

13 Lisa Butler, Reuben Granich, „The Search for Argentina's Disappeared", http://hrcberkeley.org/specialprojects/dna/printreport_argentina.html.

schaltete.[14] Erst acht Jahre später, im März 2002 fanden sich Sara und Simón endlich in Buenos Aires wieder.[15] Darüber hat Hackl im gleichen Jahr den Essay „Sara und Simón. Das Ende einer endlosen Geschichte"[16] geschrieben, in dem er auch von den acht Jahren zwischen 1994 und 2002 berichtet, während der Sara immer noch auf der vergeblichen Suche nach ihrem Sohn gewesen war.

II

Hackl hätte eine Romanfigur erfinden können, mit der paradigmatisch die Leiden der Verschwundenen, die Folterqualen und die Suche der Mütter bzw. der Eltern nach ihren Kindern den Lesern vor Augen geführt worden wären. Der Autor verfuhr jedoch wie der Filmemacher Costa-Gavras in dessen zehn Jahre zuvor entstandenem Chile-Film *Missing*, d.h. er legte einen Tatsachenbericht vor. In seinem poetologischen Essay „Geschichte erzählen"[17] beruft Hackl sich nicht auf Costa-Gavras, sondern auf einen bekannten Vertreter des zeitgenössischen lateinamerikanischen Romans, auf den kubanischen Autor Miguel Barnet. Barnet setzte sich in den 1960er Jahren von dem in Lateinamerika dominierenden – und international Schule machenden – „magischen" bzw. „wunderbaren" Realismus, dem „realismo mágico" bzw. dem „lo real maravilloso" der älteren Schriftstellergeneration von Miguel Ángel Asturias und Alejo Carpentier ab, deren Einfluß auf so erfolgreiche Romanciers wie Gabriel García Marquez und Isabel Allende unübersehbar ist.[18] Dem „magischen Realismus", dem Imagination wichtiger war als Objektivität, setzte Barnet die „ethnologische Erzählung" entgegen. Er erfand den Begriff „novela testimonio"[19] für diese Art des dokumentarisch-chronikalen Schreibens. International fand die „testimonial novel" von Miguel Barnet und anderen Autoren (man denke an Vicente Leñero) Beachtung, so auch in den deutschsprachigen Ländern. Barnets erfolgreichster Roman war die 1966 erschie-

---

14 Vgl. „Uruguay: The case of Simón Riquelo – A 25-year-struggle for truth and justice". In: *Amnesty International* (July 2001): 1-6.
15 Werner Hörter, „Die Wiedergeburt des Simón Riquelo", http://www.gazette.de/Archiv/Gazette-Mai2002/Sara.html. Vgl. ferner: Samuel Blixen, „Am Ende einer langen Suche", http://www.woz.ch/archiv/old/02/13/6533.html.
16 Erich Hackl, „Sara und Simón. Das Ende einer endlosen Geschichte", http://www.ila-bonn.de/artikel/254simon.htm.
17 Erich Hackl, „Geschichte erzählen? Anmerkungen zur Arbeit des Chronisten". In: *Literatur und Kritik* 291-292 (1995): 25-43.
18 Günter W. Lorenz, *Die zeitgenössische Literatur in Lateinamerika* (Tübingen: Erdmann, 1971). Leo Pollmann, *Geschichte des lateinamerikanischen Romans*. Band 2 (Berlin: Erich Schmidt, 1984).
19 Miguel Barnet, „Die novela testimonio: Schwarze Kunst der Erinnerung". In: *Kuba heute: Politik, Wirtschaft, Kultur*, hg. v. Ottmar Ette und Martin Franzbach (Frankfurt: Vervuert, 2001), S. 387-391. Vgl. dazu auch: Elzbieta Sklodowska, „Spanish American Testimonial Novel: Some Afterthoughts". In: *New Novel Review* 1.2 (1994): 30-47.

nene *Biografía de un cimarrón*.[20] Das Buch (auf Deutsch unter dem Titel *Der Cimarrón* erschienen) handelt vom Schicksal eines schwarzen Sklaven, des Kubaners Esteban Montejo, der zur Zeit der spanischen Kolonialzeit seinem Herrn entlaufen war, und der danach gegen wechselnde Konquistadoren kämpfte. Cimarrón ist die kubanische Bezeichnung für einen desertierten Sklaven. Hans Werner Henze und Hans Magnus Enzensberger waren fasziniert von dem Buch. Henze schuf das politische Oratorium (Stück für Sprecher und Kammerensemble) *El Cimarrón* (1970), wozu Enzensberger das Libretto lieferte, das auf Barnets Roman basiert. Es geht beim „novela testimonio", wie Hackl festhält, um „Zeugnis, Zeugenbericht, Zeugenaussage", um eine Erzählung, die sich auf „empirische Wirklichkeit stützt". Der Begriff „Zeugenaussage" ist dabei wörtlich zu nehmen, denn wie die Ethnologen (etwa Ricardo Pozas oder Oscar Lewis) machen sich auch die Autoren der „novela testimonio" mit dem Tonband auf den Weg, wollen etwas über fremde Biographien erfahren und überlieferte Dokumente studieren. Barnet hielt seine Interviews mit dem damals bereits über hundert Jahre alten Montejo auf umfangreichen Tonbandaufnahmen fest. Hackl umschreibt auf neue Weise den Vorzug und das Dilemma des ethnologisch-romanhaften Verfahrens: Es geht sowohl um Dokumentation als auch um Literatur, d.h. um Treue gegenüber der Eigenart der behandelten Figuren und ihrer Lebenswelt wie auch um Dichtung. „Der Autor verwirft", schreibt Hackl, einerseits „seine Individualität, um die seiner Informanten [...] anzunehmen," und betont:

> Meine Heldinnen und Helden existieren auch außerhalb der Erzählung; was ihnen zustößt, stößt ihnen auch im wirklichen Leben zu. Ich muß Menschen gerecht werden, nicht literarischen Figuren. Das bürdet mir eine Verantwortung auf, die mich oft entmutigt und lähmt.[21]

Diese Schwierigkeit hat mit dem „Andererseits", mit dem Medium des Romans zu tun: „Denn", so fährt Hackl fort, „mit jedem Satz bilde ich nicht nur Wirklichkeit nach – ich erschaffe sie auch." Zusammenfassend hält er postulativ im Sinne von Barnet fest: „An jedes künstlerische Produkt [...] stellen wir drei Forderungen: Höchste Kunstfertigkeit; Mitteilung von Erfahrung; Anteilnahme."[22] Mit anderen Worten: die Form des Romans beansprucht ihr Recht gegenüber nichtkünstlerischen Gesprächsaufzeichnungen und Dokumenten; die sprachliche Metaphorisierung, die Kreation von Leitmotiven, die bewussten und unbewussten intertextuellen Anspielungen, die narrative Raffung, der zu schaffende erzählerische Spannungsbogen, all das macht aus dem benutzten Material erst das literarische Werk. Dem Autor des Zeugenromans, wenn man „novela testimonio" so übersetzen will, wird eine Geschichte berichtet, die von ihm neu erzählt und dabei in ein sprachliches Kunstwerk verwandelt wird. Bei dieser Metamorphose

---

20 Monika Walter, „Miguel Bernet: ‚Biografía de un cimarrón'. In: *Der hispanoamerikanische Roman II: Von Cortázar bis zur Gegenwart*, hg. v. Volker Roloff und Harald Wentzlaff-Eggebert (Darmstadt: Wissenschaftliche Buchgesellschaft, 1992), S. 120-131.
21 Erich Hackl, „Geschichte erzählen?", S. 42.
22 Erich Hackl, „Geschichte erzählen?", S. 41-42.

kommen potentiell alle Mittel literarischer Tradition ins Spiel. Dazu gehören auch die ironischen Konfrontationen, die entstehen, wenn Hackl Adressen von Straßen nennt, die nach revolutionären FreiheitsheldInnen in Uruguay und Argentinien benannt worden sind: Ein Baby wird auf der „Manuel Calleros" (SuS 7) ausgesetzt; Sara und ihre Freundin verstecken sich in einer Wohung an der „Juana Azurduy (SuS 39)"; das Folterzentrum befindet sich auf der „Venancio Flores", „Ecke Emilio Lamarca" (SuS 50); am „Bulevar Artigas" wird Sara kurz nach ihrer Abschiebung in Montevideo untergebracht, ein Boulevard, der zudem nur „drei Straßen von der Dieciocho de Julio entfernt" (SuS 71) ist, also von jener Avenida, die mit ihrem Namen daran erinnert, dass am 18. Juli 1830 das Land seine erste Konstitution erhielt (nachdem es sich bereits1825 von der spanischen Vorherrschaft befreit hatte). Und Saras Verhaftung erfolgt in Buenos Aires ausgerechnet auf der „Avenida Libertador" (SuS 47).

Es überrascht nicht, wenn man in Hackls Roman Anklänge an Kleistsche Novellen, Zitate aus Grimms Märchen und Anspielungen auf Kalendergeschichten von Johann Peter Hebel findet. Schon die ersten Zeilen des Buches erinnern in der Tonlage an den Beginn von Kleists „Das Erdbeben in Chili":

> Zur Zeit der Militärdiktatur geriet ein Bürger der Stadt Montevideo, Eduardo Cauterucci Pérez, in helle Aufregung. Als er nämlich am 19. August 1976, gegen acht Uhr abends, in die Hauseinfahrt einbog, entdeckte er in einer Nische neben seiner Wohnungstür, in der Straße Manuel Calleros Nummer 4945, eine Plastikschüssel, in der, unter einem leeren Stoffsack, ein wenige Wochen altes Kind lag. (SuS 7)

Zu Beginn der Kleistschen Novelle wird eine vergleichbar unerhörte Begebenheit ähnlich kompakt und detailgenau, was Ort und Zeit betrifft, vermittelt:

> In St. Jago, der Hauptstadt des Königreichs Chili, stand gerade in dem Augenblicke der großen Erderschütterung vom Jahre 1647, bei welcher viele tausend Menschen ihren Untergang fanden, ein junger, auf ein Verbrechen angeklagter Spanier, namens *Jeronimo Rugera*, an einem Pfeiler des Gefängnisses, in welches man ihn eingesperrt hatte, und wollte sich erhenken.[23]

Die besten Passagen bei Hackl erinnern an Kleist, einen Autor, den er zu seinen „großen Vorbildern" zählt.[24] Mit der Stelle von der Auffindung eines Säuglings beginnt Hackls Geschichte. Der Leser weiß an der Stelle noch nicht, dass das Aussetzen wie das Verschachern von Neugeborenen, deren Mütter aus politischen Gründen verhaftet wurden, im Uruguay und im Argentinien der 1970er Jahre zu den Praktiken gehörte, mit denen die Militärregierungen ihre Willkür und Unmenschlichkeit demonstrierten. Bei dem ausgesetzten Kind handelt es sich nicht um Simón, den Sohn Sarahs, der der Protagonistin des Buches bald nach der Geburt weggenommen wird. Sie verliert ihr Baby in Buenos Aires, nicht in Monte-

---

23 Heinrich von Kleist, „Das Erdbeben in Chili". In: H.v.K., *Erzählungen* (München: dtv, 1966), S. 131.
24 Erich Hackl, „Geschichte erzählen?", S. 42.

video. Hackl weist mit der Anfangsszene auf die Allgemeinheit des Problems verschwundener Kinder in der Diktatur hin.

Bei der Schilderung des Folterzentrums, das sich mitten in Buenos Aires befindet, ahmt Hackl den Erzählton der Brüder Grimm nach, wenn er aus dem „Märchen von einem, der auszog das Fürchten zu lernen" zitiert. Von Sara (hier als Nummer „Zwölf" bezeichnet) wird behauptet, dass die Folterqualen, die sie auszustehen hat, nicht in der Lage seien, ihr das Gruseln beizubringen. „Zwölf" wünscht sich nach all den erduldeten Schikanen, die beinahe ihren Tod herbeigeführt hätten, immer noch: „Ach, wenn mir's nur gruselte, ach, wenn mir's nur gruselte" (SuS 51f.).[25] In dem ansonsten stilsicher geschriebenen Roman ist diese Märchenreferenz schwer nachzuvollziehen. Hier zeigt sich der Nachteil der olympisch-allwissenden Einstellung, die Hackl seinem Erzähler zugestanden hat.[26] Gerade in einem Zeugenroman, der mit Tonbändern und Unterlagen der verschiedensten Art arbeitet, hätte auf die olympische Erzählperspektive verzichtet werden können. Mit der Ästhetik der „novela testimonio" kann man das genannte Märchenzitat nicht in Einklang bringen, denn hier fehlt es an der von Hackl selbst geforderten Achtung vor den Lebenserfahrungen der geschilderten Figuren. Kaum zu glauben, dass Sarah Méndez bei ihren Gesprächen mit Erich Hackl eine Äußerung über die Folter gemacht hätte, die ein solches Zitat rechtfertigen würde. Die Anspielung auf dieses Grimmsche Märchen ergibt insgesamt wenig Sinn, begibt sich der Märchenheld, ein tumber Tor, doch freiwillig in Gefahren, von denen er sicher ist, dass er sie bestehen wird. Was der Autor mit der Referenz erreichen wollte, wird deutlich, wenn der allwissende Erzähler in einem Zeitsprung den Leser darauf hinweist, dass „Nummer Zwölf" acht Jahre später, als sie wieder in Freiheit ist, das Folterverlies in Buenos Aires aufsucht. Der Erzähler legt ihr dabei – wiederum jeder Wahrscheinlichkeit widersprechend – den Ausruf des Helden im Grimmschen Märchen in den Mund: „Ja, nun weiß ich, was Gruseln ist" (SuS 56). Nicht das selbst erlittene Martyrium, sondern die Erfahrung der Gleichgültigkeit der Umwelt gegenüber fremdem Leid sei es, die sie das Fürchten gelehrt habe. An der Stelle heißt es:

> Da sah sie, daß hinter dem Verlies ein Schulhof war, auf dem in den Pausen Kinder spielten. Und daß vor dem Verlies die Züge der Bahnlinie San Martín vorbeifuhren. Da erfuhr sie, daß ringsum das Leben weitergegangen war. Daß die Nachbarn jeden Tag zur Arbeit fuhren, jeden Morgen zur selben Zeit in den Bus stiegen, ihre Kinder zur Schule brachten und am Nachmittag abholten. Daß sie Brot kauften, Geburtstage feierten, miteinander schliefen. Da vernahm sie, daß damals alle etwas gesehen oder gehört hatten. Da hörte sie die Nachbarn reden: Ich wußte ja nicht. Ich war mir nicht sicher. Ich hab geglaubt. (SuS 56)

Es mag einen philosophischen Grund haben, warum Hackl der Bezug auf das Grimmsche „Märchen von einem, der auszog, das Fürchten zu lernen" wichtig

---

25 Im Märchen heißt es ähnlich: „Wenn mir's nur gruselte! Wenn mir's nur gruselte!"
26 Vgl. dazu Gabriele Eckart, „Latin American Dictatorship in Erich Hackl's Novel ‚Sara and Simón' and Miguel Asturias's ‚El Señor Presidente'". In: *The Comparatist* (2001): 69-89.

ist. Am Anfang des „Vorworts" seiner Studie *Das Prinzip Hoffnung* schreibt Ernst Bloch:

> Einmal zog einer weit hinaus, das Fürchten zu lernen. Das gelang in der eben vergangenen Zeit leichter und näher, diese Kunst ward entsetzlich beherrscht. Doch nun wird, die Urheber der Furcht abgerechnet, ein uns gemäßeres Gefühl fällig. Es kommt darauf an, das Hoffen zu lernen.[27]

Vielleicht will Hackl darauf verweisen, dass in jeder Generation dem Hoffen das Fürchten voraus geht. Bloch hatte sein Buch 1947 fertiggestellt und bezog sich mit der Wendung „in der eben vergangenen Zeit" auf die Jahre des Nationalsozialismus. Die „Kunst" des Fürchtens war aber nicht nur in der Hitlerzeit „entsetzlich beherrscht", sondern auch in der Phase der lateinamerikanischen Militärdiktaturen in den 1970er/1980er Jahren, d.h. eine Generation später. Hackls Roman verdeutlicht, dass der Zusammenhang von Furcht und Hoffnung, auf den Bloch verweist, immer erneut gegeben ist. Auch Hackl kommt es darauf an, das Hoffen zu lernen, denn *Sara und Simón* ist ein „Hoffnungs"-Buch in vieler Hinsicht. Sieht die Märchenreferenz vom Standpunkt der Erzähltechnik wie ein Missgriff aus, erweist sie sich aus philosophischer Perspektive als sinnvoll.

Einen Märchenbezug findet man auch an anderer Stelle. Hackls Erzähler schildert, wie ein Säugling – wahrscheinlich das Kind verhafteter, geflohener oder verschwundener Eltern – in Buenos Aires durch eine staatliche Behörde einem bisher kinderlosen Ehepaar zur Adoption gegeben wird. Dabei spielt er parodistisch auf den Anfang von „Dornröschen" an: „Vorzeiten war ein König und eine Königin", so beginnt das „Dornröschen"-Märchen, „die sprachen jeden Tag: ,Ach, wenn wir doch ein Kind hätten!', und kriegten immer keins." Ähnlich liest man bei Hackl: „Vorzeiten war ein Dreher und seine Frau, die sprachen jeden Tag: Ach, wenn wir doch ein Kind hätten! und kriegten immer keins." (SuS 138) Bei den Grimms verspricht der Frosch, bei Hackl eine Richterin das lang ersehnte Kind, und in beiden Fällen geht es nicht mit rechten Dingen zu.

Die beiden Handlungsteile in Hackls Roman (Gefangenschaft und Suche nach dem Sohn) werden vom Erzähler verbunden durch die Rekapitulation welthistorischer Vorfälle, wie sie vergleichbar Johann Peter Hebel im „Unverhofften Wiedersehen" vorgenommen hatte. Bei Hebel wird die Generationsspanne, die zwischen dem Tod des Bräutigams und seinem Wiederauftauchen als Vitriol-Leiche verstrichen ist, so beschrieben:

> Unterdessen wurde die Stadt Lissabon in Portugall durch ein Erdbeben zerstört, und der siebenjährige Krieg gieng vorüber, und Kayser Franz der erste starb, und der JesuitenOrden wurde aufgehoben und Polen geteilt, und die Kaiserin Maria Theresia starb, und der Struensee hingerichtet, Amerika wurde frey, und die vereinigte französische und spanische Macht konnte Gibraltar nicht erobern [...][28]

---

27 Ernst Bloch, *Das Prinzip Hoffnung* (Frankfurt am Main: Suhrkamp, 1967), S. 1.
28 Johann Peter Hebel, „Unverhofftes Wiedersehen". In: J.P.H., *Erzählungen und Aufsätze. Erster Teil* (Karlsruhe: C.F. Müller, 1990), S. 281-184, hier S. 282.

Ähnlich zeitraffend und *sub specie aeternitatis* schildert Hackl die Ereignisse zwischen der Gefangennahme der Sara Méndez und ihrer Rückkehr ins bürgerliche Leben:

> Unterdessen starb der Papst, und bald nach ihm starb auch sein Nachfolger, und auf den Nachfolger des Nachfolgers wurde ein Anschlag verübt, und die Sandinisten befreiten Nicaragua, und die Sowjetarmee fiel in Afghanistan ein, und der Krieg zwischen Irak und Iran brach aus, und in den USA wurde ein neuer Präsident gewählt, und John Lennon wurde ermordet, und Tito starb [...] (SuS 92).

Die literarische Referenz passt aber nicht in das Konzept des Romans. Hebel übt sich in einer apokalyptischen Weltsicht, in der der Tod als Annullierer ehemals politischer Bedeutsamkeiten wirkt.[29] Der badische Kalendergeschichtenautor weist auf ein Leben des einfachen Volkes hin, das im Zeichen konstanter christlicher Tugenden von Glaube, Liebe und Hoffnung steht, und das neben und unabhängig von der Welt der rasch wechselnden politischen Haupt- und Staatsaktionen existiert. Diese Geschichtsperspektive und diese Annahme getrennter Welten von Herrschaft und Volk ist Hackls Erzählung fremd. Das Einzelschicksal der Sara Méndez ist aufs Engste verflochten mit dem Staatsterrorismus der Militärdiktaturen, und der Tod, der geschildert wird, relativiert nicht die Macht der Staatschefs, sondern vernichtet das Leben zahlloser Bürger. Nicht ein Unglück, das auf höhere Gewalt zurückzuführen ist, steht im Mittelpunkt der Hacklschen Erzählung, sondern das anrührende Unrecht, das einer Frau begegnet, die in das Räderwerk einer staatlichen Vernichtungsmaschinerie geraten ist. Was den Geschichten von Hebel und Hackl gemeinsam ist, ist die ungebrochene Liebe der alten Frau zum ehemaligen Geliebten bei Hebel und die zum verlorenen Kind bei Sara.

III

Auch der Roman *Sara und Simón* handelt von den Verschwundenen während der lateinamerikanischen Militärdiktaturen der 1970er und 1980er Jahre. Stärker als die anderen Bücher rückt Hackl das Thema der Folter in den Vordergrund seiner Schilderungen. Die physischen und psychischen Qualen, die Sara Méndez, ihre Verwandten, Freunde und Bekannten unter den Militärdiktaturen Uruguays und Argentiniens zu erdulden haben, stehen im Zentrum der Romanhandlung.

Elaine Scarry hat in ihrer Studie *The Body in Pain*[30] die Struktur der Folter und die Folgen der Torturen beim Individuum wie in der menschlichen Zivilisation

---

29 Vgl. Horst-Jürgen Gerigk, „Literarische Vergänglichkeit. Notizen zu Oscar Wildes ‚Bildnis des Dorian Gray' und Hugo von Hofmannsthals ‚Rosenkavalier' mit Rücksicht auf Johann Peter Hebels ‚Unverhofftes Wiedersehen'". In: *Bilderwelten als Vergegenwärtigung und Verrätselung der Welt*, hg. v. Volker Kapp, Helmuth Kiesel und Klaus Lubbers (Berlin: Duncker & Humblot, 1997), S. 139-144.
30 Elaine Scarry, *The Body in Pain. The Making and Unmaking of the World* (New York und Oxford: Oxford University Press, 1985). Vgl. dort das Kapitel „The Structure of Torture. The Conversion of Real Pain into the Fiction of Power", S. 27-57. Zum historischen Aspekt der Folter

allgemein untersucht. Schon zwanzig Jahre zuvor hatte Jean Améry in einem autobiographischen Bericht mit dem Titel „Die Tortur"[31] aus eigener Erfahrung erinnernd die unmittelbare und die bleibende Wirkung der Folter beschrieben.[32] Améry war 1943 von der Gestapo verhaftet worden, weil er Mitglied einer belgischen Widerstandsgruppe war. Er wurde in das SS-Gefängnis Festung Breendonk in Flandern verbracht und bei Verhören bis zur Bewusstlosigkeit gefoltert. Sowohl bei den physischen wie den sprachlichen Aspekten der Folter[33] gehe es, schreibt Scarry, um die Übersetzung von einem dem Gefangenen zugefügten Schmerz in die Illusion größtmöglicher Macht bei denjenigen, die das Foltern veranlassen oder ausführen. Scarry betont mehrfach den Illusionsaspekt bei dem Machtgefühl, das die Folterer empfinden, doch ist diese Sicht nicht überzeugend. Die Folterer verfügen tatsächlich – und nicht nur in ihrer Phantasie – über Macht, und zwar über eine denkbar maximale, mit der nämlich über Leben und Tod entschieden wird. Ein größeres Machtgefälle ist nicht vorstellbar als das zwischen den absolute Willkürherrschaft ausübenden Folterern und den im mehrfachen Sinne ohnmächtigen und rechtlosen, allen Formen der Gewalt und der Vergewaltigung ausgelieferten Gefangenen, deren sozialer Status noch unter dem der Sklaven steht. Bei den Folterern reduziert sich der komplexe Begriff der Macht als „potestas" auf den der Macht als „violentia", also auf den der verletzenden und tötenden Gewalt. Macht als „violentia" ist zwar integraler Bestandteil politischer Macht, doch wird Macht pervertiert, wenn sie sich nur mehr als Zerstörungskraft zeigt. Jean Améry hat diesen Aspekt der faktischen Macht des Peinigers über sein Opfer wohl angemessener beschrieben, wenn er die „totale Souveränität" des Folterknechts als erlebte „radikale Negation des anderen" umschreibt, den er bewusst „zuschanden macht" (DT 77). Mit dem „Exzeß der ungehemmten Selbstexpansion" gleiche die „folternde Souveränität", die den Gefangenen in eine „wimmernde Todesbeute" verwandle, einem „Gott oder zumindest Halbgott" (DT 78). In diesem Kontext wendet sich Améry auch gegen den von Hannah Arendt geprägten Begriff der „Banalität des Bösen", den sie in ihrem Bericht *Eichmann in Jerusalem*[34] für einen der größten Henkersknechte des NS-Systems prägte. Der Gefolterte, so Améry, schaue in das Gesicht des Peinigers, in dem

---

vgl. Edward Peters, *Folter. Geschichte der peinlichen Befragung* (Hamburg: Europäische Verlagsanstalt, 1991). Zum aktuellen Aspekt des Themas siehe: Jan Philipp Reemtsma, *Folter im Rechtsstaat?* (Hamburg: Hamburger Edition, 2005).

31 Jean Améry, „Die Tortur", in: J.A., *Werke*, Band 2, hg. v. Gerhard Scheit (Stuttgart: Klett-Cotta, 2002), S. 55-85.

32 Vgl. auch die Studie von Sven Kramer, *Die Folter in der Literatur. Ihre Darstellung in der deutschsprachigen Erzählprosa von 1740 bis ‚nach Auschwitz'* (München: Fink, 2004), vor allem die „Einleitung", S. 13-58.

33 Zum Thema der verletzenden Kraft der Worte vgl. auch Judith Butler, *Exitable Speech. A Politics of the Performative* (New York und London: Routledge, 1997) und *Precarious Life. The Powers of Mourning and Violence* (London und New York: Verso, 2004). Vgl. ferner: Mari J. Matsuda et al., *Words that Wound* (Boulder, San Francisco, Oxford: Westview Press, 1993).

34 Hannah Arendt, *Eichmann in Jerusalem. A Report on the Banality of Evil* (New York: Viking Press, 1963).

„das Böse die Banalität überlagert". Arendt, stellt Améry fest, „kannte den Menschenfeind nur vom Hörensagen und sah ihn nur durch den gläsernen Käfig" (DT 62), als sich das Verhältnis von Souveränität und Abhängigkeit längst verkehrt hatte. Hannah Arendt hatte versucht zu erklären, wie „normale" deutsche Durchschnittsbürger in der Lage sein konnten, „abnormale", nämlich unmenschliche Aktionen durchzuführen. Sie versucht dieses Verhalten mit einer Theorie des Bösen zu deuten, das nicht um des Bösen willen unternommen wird, sondern aus Gehorsam, Passivität und Ohnmacht. Auch Arendt sieht, dass die Vertreter des nationalsozialistischen Machtapparates sich durchaus der Greuel, die sie initiierten, bewusst waren. Die Beteiligten hätten sich aber in gleichsam ohnmächtiger Passivität auf Weisungen und Gesetze berufen, so dass sie die Verantwortung für ihr Tun auf Vorschriften hätten abschieben können. Diese Theorie steht in enger Verbindung mit Arendts Verständnis des Totalitarismus: Im Lauf der neuzeitlichen Geschichte Europas sei die Staatsstruktur immer allmächtiger, totalitärer, das Individuum dagegen immer eingeschränkter und ohnmächtiger geworden. Im Räderwerk des totalitären Systems verschwinde der Einzelne, der für die Taten, die ihm abverlangt und befohlen würden, glaubt, nicht zur Verantwortung gezogen werden zu können.[35] Das Böse sei gleichsam das durch einen totalitären Mechanismus unterdrückte Gute gewesen. Das sah Jean Améry anders. Er erkannte die freiwillige und lustvolle Aktivität des sogenannten Rädchens im Getriebe des NS-Machtsystems, wie sie inzwischen auch Christopher Browning[36] und Daniel Goldhagen[37] belegt haben. Slavoj Žižek hat, ohne sich auf Amérys Ausführungen zu berufen, dessen These unterstützt. Auch Žižek geht nicht von einem Arendtschen Befehlsnotstand aus, sondern argumentiert, dass der Holocaust von der Hitler-Regierung vor der eigenen Bevölkerung versteckt worden sei, dass er nie einen offiziellen Status erhalten habe, sondern als „schmutziges Geheimnis"[38] behandelt wurde. Die Henker im Holocaust hätten einen spezifischen Mehrgenuss bezogen aus dem Exklusivwissen ihrer „Führungs"-Zirkel um dieses Geheimnis mit seinen radikalen Verstößen gegen die überlieferte Moral und gegen ihre juristische Kodifizierung im offiziell nach wie vor geltenden Bürgerlichen Gesetzbuch. Das Wissen um das „schmutzige Geheimnis" sei der „,Kitt' für die kollektive Kohärenz des Nationalsozialismus"[39] gewesen, habe eine verschwörerische Gruppenmentalität geschaffen, die das Genießen der bewussten Moralverstöße ermöglichte, also von Taten, die als Verbre-

---

35 Hannah Arendt, *Elemente und Ursprünge totaler Herrschaft* (München: Piper, 1986).
36 Christopher R. Browning, *Ordinary Men: Reserve Police Battalion 101 and the Final Solution in Poland* (New York: Harper Collins, 1992).
37 Daniel Goldhagen, *Hitler's Willing Executioners: Ordinary Germans and the Holocaust* (New York: Vintage Books, 1997).
38 Slavoj Žižek, „Inhärente Überschreitung. Warum Hannah Arendt und Daniel Goldhagen unrecht haben". In: *Lettre International* 38.III (1997): 32-39; hier S. 35 und S. 36. Žižek wendet sich hier auch gegen Goldhagens deterministische These, dass die Deutschen notwendigerweise im „Dritten Reich" judenfeindlich hätten agieren müssen, weil der Antisemitismus sich seit dem Mittelalter zur Hauptideologie der Deutschen entwickelt habe.
39 Slavoj Žižek, „Inhärente Überschreitung", S. 36.

chen erkannt wurden, die man aber gleichzeitig rational mit den „Forderungen des Vaterlands"[40] begründete. Žižek ist da einem wichtigen psychologischen Motiv auf der Spur, aber man muss die Sachlage noch etwas genauer bezeichnen. Hitlers, Himmlers und Heydrichs SS-Staat war nicht nur antisemitisch, sondern, damit zusammenhängend, auch ausgesprochen antichristlich eingestellt.[41] Der doppelte Verstoß gegen das mosaische Tötungsverbot und gegen das christliche Hassverbot dürfte von den Mitgliedern der SS als Beitrag zur Überwindung des Christentums verstanden worden sein. Das Christentum hat die Bücher des Alten Testaments zu seiner Grundlage erklärt, und der Mosaische Dekalog steht im Zentrum seiner Ethik. Der Holocaust kam dem Einreißen der Grundpfeiler der christlich-jüdischen Doppelreligion gleich, und daran mitzuwirken, dürfte zu jenem „exzessiven Genuß"[42] beigetragen haben, von dem Žižek im Hinblick auf die Taten der SS in den Todeslagern spricht.

Scarry beschreibt, wie bei der Vernehmung der Opfer die körperlichen und die verbalen Verletzungen einander abwechseln, um sich im Verlauf der Folter bis zum physischen und mentalen Zusammenbruch, der oft tödlich ist, zu steigern. Sie verweist darauf, dass jeder Schmerz, der dem Gefolterten zugefügt wird, ihn in die Nähe des Todes rückt. Auch Améry stellt die „Hypothese" auf, „daß die Tortur, in der wir vom anderen zum Körper gemacht werden, die Todeskontradiktion auslöscht und uns den eigenen Tod erleben läßt." Auch wenn der Gemarterte überlebe, bleibe dieses Stück Tod immer in ihm präsent, sei unvertilgbar und unvergänglich. „Die Folter", hält Améry fest, hat „den Charakter indelebilis", denn „wer gefoltert wurde" bleibe „gefoltert": „Unauslöschlich ist die Folter in ihn eingebrannt, auch dann, wenn keine klinisch objektiven Spuren nachzuweisen sind." (DT 75) Améry hält fest: „Die Tortur ist das fürchterlichste Ereignis, das ein Mensch in sich bewahren kann." (DT 57)

Im Grunde, schreibt Scarry, sei jede Folterhandlung eine vorgetäuschte Exekution, die sich oft in eine faktische verwandle. Wegen des Ineinanderübergehens von Schmerz und Tod stellt sie sich nicht die Frage, ob eines von beiden als größere ‚Strafe' anzusehen sei.[43] Beim Verhör gehe es nicht in erster Linie darum, bisher Unbekanntes von den Gequälten zu erfahren, vielmehr gehöre die Befragung zu den Mitteln, die Persönlichkeit des Verhafteten zu zerstören. Der Meinung ist auch Améry. Er meint, dass „beim Verhör kriminologisch" die „Schläge"

---

40 Slavoj Žižek, „Inhärente Überschreitung", S. 36.
41 Michael H. Kater, Das „Ahnenerbe" der SS 1935-1945 (München: Oldenbourg, 1997). Vgl. ferner: Peter Longerich, Heinrich Himmler: Biographie (München: Siedler, 2008); Günther Deschner, Reinhard Heydrich: Biographie eines Reichsprotektors (München: Universitas, 2008); Ernst Piper, Alfred Rosenberg: Hitlers Chefideologe (München: Blessing, 2005).
42 Slavoj Žižek, „Inhärente Überschreitung", S. 35.
43 Hermann Broch diskutierte diese Fragen 1949 mit Hannah Arendt. Broch hielt fest: „Es läßt sich nur schwer feststellen, was wirklich eine ‚Maximalstrafe' ist: doch welche Torturen man immer sich ausdenkt, sie enden mit dem Tod, und wenn der Körper sich gegen sie aufbäumt, so bäumt er sich gegen den Tod auf." Vgl. Hannah Arendt – Hermann Broch. Briefwechsel 1946 bis 1951, hg. v. Paul Michael Lützeler (Frankfurt am Main: Jüdischer Verlag im Suhrkamp Verlag, 1996), S. 98.

nur „geringe Bedeutung" hätten (DT 64). Was schon nach „dem ersten Schlag" beim Delinquenten jedoch verlorengehe, sei das „Weltvertrauen". Der Verhörte realisiere: „Draußen weiß niemand davon, und keiner steht für mich ein." (DT 65) „Weltvertrauen" sei die „Gewißheit, daß der andere auf Grund von geschriebenen oder ungeschriebenen Sozialkontrakten mich schont, genauer gesagt, daß er meinen physischen und damit auch metaphysischen Bestand respektiert." „Hilfserwartung, Hilfsgewißheit", die „zu den Fundamentalerfahrungen des Menschen" (DT 67) zählten, brächen jetzt in sich zusammen, und der „Mitmensch" wandle sich zum „Gegenmenschen" (DT 66).[44] Améry fasst zusammen: „Mit dem ersten Schlag der Polizeifaust aber, gegen den es keine Wehr geben kann und den keine helfende Hand parieren wird, endigt ein Teil unseres Lebens und ist niemals wieder zu erwecken." (DT 67). Scarry hält ergänzend fest: Schon die Art der Fragen mit ihrer zur Schau gestellten Dominanz, ihrem Befehlston und den sie begleitenden Invektiven verdeutliche die Absicht, den körperlichen Schmerz durch den psychischen zu steigern. Wenn aber tatsächlich geheime Informationen über die eigene Familie, Freunde oder eine politische Gruppe erpresst würden, so stehe das Interesse an diesen Kenntnissen hinter dem Wunsch zurück, die Inhaftierten durch ihre Aussage seelisch zu zerbrechen. Das erzwungene „Bekenntnis" bedeute die Widerrufung der eigentlichen Konfession, der die Persönlichkeit ausmachenden Identität. Die nämlich habe bisher darin bestanden, Familienangehörige, Mitglieder des Kreises der Freunde oder Gleichgesinnte zu schützen, weil sie mit ihnen gemeinsam ihre individuellen Identitäten als Teil einer kollektiven Identität entwickelt hätten. In der Folterkammer werden nach Scarry auf obszöne Weise die beiden Spähren des Persönlich-Intimen und des Öffentlichen zusammengezwungen: Die Einsamkeit des völligen Aufsichgestelltseins sei hier ohne die sonst selbstverständliche Respektierung des Privaten, und das Ausgesetztsein den Vertretern der Öffentlichkeit gegenüber entbehre des durch die Gemeinschaft üblicherweise garantierten Schutzes. Scarry verdeutlicht – ein Aspekt auf den auch Sybille Krämer[45] hinweist –, dass Menschen gleichsam zwei Körper haben: einen physischen und einen sozial konstituierten. Letzterer wird durch den Eigennamen, den jede Person besitzt, repräsentiert, und dessen Ruf, Integrität und Identität innerhalb der Gemeinschaft zu schützen, sowohl im Interesse des Individuums wie des Kollektivs liegt. Die Absicht der Folterer ist, beide Körper zu verletzen oder zu töten: Die Physis soll verletzt oder vernichtet werden, und der Name wird entweder in Verruf oder zum Verschwinden ge-

---

44 Karl Markus Gauss kommt in seinem essayistischen Buch *Zu früh, zu spät* (Wien: Zsolnay, 2007) auf die Folterpraxis in der Gegenwart zu sprechen, wenn er die Fotos von Abu Graibh kommentiert. Er zitiert dort Jean Améry und fasst dessen These vom Verlust des „Weltvertrauens" zusammen: „Wer die Folter erlitt, weiss, dass fortan alles möglich ist, dass nichts die soziale Welt im Innersten zusammenhalten muss, dass alles, was einer unbefragt als selbstverständlich für sich und die Welt angenommen hat, auch außer Kraft gesetzt werden und ein Mensch in die Verfügung anderer geraten kann, die Macht haben, ihn vollständig auf seine Fleischlichkeit, auf seine Existenz als malträtiertes Fleisch zu reduzieren." (S. 289)
45 Sybille Krämer, *Gewalt der Sprache – Sprache der Gewalt* (Berlin: Landeskommission Berlin gegen Gewalt, 2005) und *Sprache, Sprechakt, Kommunikation* (Frankfurt am Main: Suhrkamp, 2001).

bracht bzw. durch eine Nummer oder einen verspottenden Decknamen ersetzt. Scarry erinnert daran, daß die abendländische Kultur mit der Passion und dem Kreuzigungstod Christi das Opfer dieser doppelten Folter ins Zentrum gerückt habe. Das Leiden des Religionsgründers verdeutlicht die absolute Verwerflichkeit, das gleichsam kardinalsündhafte Verbrechen, das die Folter innerhalb der okzidentalen Zivilisation darstellt. Auch die Aufklärung hat mit der Formulierung der Menschenrechte an dem Schutz der Persönlichkeit als Individuum und als Mitglied der Gemeinschaft festgehalten. Insofern bedeutet die Folterpraxis innerhalb dieser Kultur den Angriff auf ihre Substanz, kommt ihrer Demontage, ja dem Kulturbruch gleich. Die Zerstörung des Gefangenen leitet den Zerfall der Kultur ein. Die Folter ist in den Worten von Scarry identisch mit dem „undoing of civilization, the uncreating of the created contents of consciousness".[46] Améry bezeichnete die „Folter" als die „Essenz des Nationalsozialismus" (DT 69), ja gar als ihre „Apotheose". Die „Austilgung der eigenen Barmherzigkeit" (DT 70) sei Programm des SS-Staates gewesen; die „Herrschaft des Gegenmenschen" sei in ihm „ausdrücklich als Prinzip statuiert" worden, die „Humanität" lächerlich gemacht und verdammt worden. Im „Folterknecht" habe der Nationalsozialismus seine Leitfigur gefunden (DT 75). Die Folter war aber auch das primäre Machtinstrument, dessen sich in den 1970er und frühen 1980er Jahren eine Reihe südamerikanischer Regierungen bediente.

Von der kulturzerstörenden Kraft der Folter handelt Hackls Erzählung. Noch bevor Sara und ihre Freunde verhaftet werden, ist ihnen klar, welchen Schikanen sie ausgesetzt sein werden, falls sie den Schergen des Militärs ins Netz gehen. Sie wissen um das Schicksal der „fünfzig Gymnasiasten des Liceo Zorrilla, die am Todestag des Che im Schulhof einen Kranz niedergelegt hatten und deshalb gefoltert und auf drei Jahre vom Unterricht suspendiert worden waren" (SuS 29). Aber Sara und die Mitglieder ihrer politischen Gruppe sind keine Kinder mehr, und es ist wahrscheinlicher, dass sie behandelt werden wie jene anderen „politischen Flüchtlinge aus Uruguay", deren „verstümmelte Leichen [...] Spuren von Folterungen" aufwiesen und an der Küste ihres Landes angeschwemmt worden sind, weil die „Strömung des Río de la Plata" sie „in ihre Heimat getrieben" (SuS 34) hatte, nachdem sie in Buenos Aires ins Meer geworfen worden waren. Der Kopf ihrer Anarchistengruppe, Gerardo Gatti, ist bereits – so berichtet der Freund Washington Pérez – gefangen und in einem Folterzentrum so stark geschlagen worden, dass seine „linke Körperhälfte gelähmt" ist. Ja, man habe „ihn gefoltert, bis er einen Schlaganfall erlitten hatte" (SuS 38). Gerardo Gatti starb bald darauf an den Folgen der Misshandlungen, seine Leiche wurde nie gefunden. All diese Informationen in Hackls Roman entsprechen den geschichtlichen Tatsachen und können an den Berichten der Historiker überprüft werden. Eines der Folterzentren war „Automotores Orletti", eine ehemalige Autowerkstatt. Von dieser Art von versteckten KZs gab es etwa dreihundert allein in Argentinien. Von Mai bis November 1976 wurden vor allem Mitglieder der PVP (Partido pa-

---

46 Elaine Scarry, *The Body in Pain*, S. 38.

ra Victoria de Pueblo) dort eingeliefert und getötet. Neben dem führenden Kopf dieser Partei, Gerardo Gatti, auch Sara Méndez, die sich ebenfalls der PVP angeschlossen hatte, und deren Lebensgefährte Mauricio Gatti war, der Bruder von Gerardo. Es handelte sich bei der PVP um eine uruguayische anarchistische Gruppe, die sich erst im argentinischen Exil als Partei etablierte. Was in Hackls Roman verschwiegen wird: Die PVP selbst scheute vor Verbrechen nicht zurück. So finanzierte sie sich mit jenen zehn Millionen Dollar, die sie bei der Entführung eines reichen Geschäftsmannes erpresst hatte.[47] Sara Méndez allerdings war in solche Aktionen nicht involviert. Man hatte sie in der PVP damit beauftragt, eine Biographie des aus der Ukraine stammenden argentinischen Anarchisten Simon Radowitzky zu verfassen. Allerdings überschlagen sich durch Flucht und Exil die Ereignisse derart, dass diese Arbeit „unvollendet" (SuS 13) bleibt, wie es im Buch lapidar heißt.

Mitte Juli 1976 wurde Sara durch das argentinisch-uruguayische Operation Condor-Team gefunden, obwohl sie inzwischen ihre Identität geändert und einen erneuten Wohnungswechsel innerhalb von Buenos Aires vorgenommen hatte. Geleitet wird die Aktion durch den uruguayischen Offizier José „Nino" Gavazzo, wie Hackl historisch korrekt berichtet.[48] Saras Baby Simón ist nur wenige Wochen alt. Die Folter fängt schon vor der Verhaftung und der Verschleppung ins Gefängnis an: die Militärs (alle in Zivil) melden sich mit „schweren Schlägen gegen das Garagentor", und noch bevor sie im Haus erscheinen, hört man das „Splittern von Glas" (SuS 45). Im Haus zerhauen sie „Tische und Schränke", schlitzen „Matratzen auf" und treten „die Türfüllungen" (SuS 46) ein. Mit „Maschinenpistolen, Eisenstangen, Knüppeln" bewaffnet „stürmen" sie auf Sara und ihre Freundin zu. Es wird „gebrüllt", man setzt „Sara den Lauf" einer Maschinenpistole „an die Brust" (SuS 45), werfen Sara „aufs Bett" und schlagen „mit Stöcken und Kolben auf sie ein" (SuS 46). Das Baby wird ihr weggenommen, und nun beginnt für sie die jahrzehntelange Trennung von Simón. Sie selbst wird ins Folterzentrum „Automotores Orletti" verbracht. Darüber liest man:

> Jemand warf ihr von hinten einen Plastiksack über den Kopf, bog ihr die Arme auf den Rücken, legte ihr Handschellen an und zerrte sie aus dem Haus. Sie stolperte, wurde hochgerissen, bekam keine Luft. Eine Autotür wurde geöffnet, man zog ihr den Sack vom Kopf, stülpte ihr eine Kapuze über. (SuS 47)

Elaine Scarry weist in ihrem Buch darauf hin, dass in allen Folterzentren der Welt sowohl die Namen der Instrumente wie die Verfahrensweisen euphemistisch mit harmlos klingenden Bezeichnungen versehen werden. Auch Jean Améry erinnert daran, dass die Folterkammer von der SS „Geschäftszimmer" genannt wurde (DT 56). Bei Hackl liest man über das Folterzentrum von Buenos Aires, der ehemaligen Autowerkstatt:

---

47 John Dinges, *The Condor Years*, S. 149, S. 211.
48 John Dinges, The Condor Years, S. 210. Vgl. ferner zahlreiche Internetartikel, die von den Versuchen berichten, Gavazzo wegen Menschenrechtsvergehen zu verurteilen.

Die erste Kammer hatte einen Tisch voller Waffen, das war die Waffenkammer. In der zweiten Kammer standen zwei Stühle, das war die Beichtkammer. In der dritten Kammer hing ein Laufrad von der Decke, samt Strick, das war die Wahrheitskammer. [...] In der Sprache derer, die hier Dienst taten, hieß das Verlies *El jardín*, der Garten. (SuS 51)

Von dem grausamsten Folterinstrument, einer elektrischen Quälmaschine mit „Reglerkasten" heißt es:

> Diese Maschine liebten die Wächter, scheint's über alle Maßen, denn sie sprachen mit großer Ehrfurcht von ihr, nannten sie zärtlich *El aparatito*, das Apparatchen, und rühmten ihre Fähigkeit, einzudringen in die geheimsten Gedanken derer, die sie empfingen. (SuS 53)

Ihrer Individualität beraubt, ist Sara nur noch Nummer zwölf. Sie durchläuft alle Leidensstationen, die das Folterzentrum vorsieht. Durch die Behandlung mit dem *aparatito* fällt sie „in Ohnmacht", und als sie daraus erwacht, machen „die Wächter große Augen" und gestehen ihr, dass sie nicht glaubten, sie „noch lebendig" wiederzusehen (SuS 54). Und ein andermal lautet der bezeichnende Kommentar des Offiziers Gavazzo zu einem der Folterknechte: „Unglaublich, was die aushält. Vor ein paar Tagen noch am Abkratzen, und jetzt das blühende Leben in Person" (SuS 65). Hackl verdeutlicht die ganzen Abarten der psychologischen und physischen Folter, wenn er die „Vergewaltigungen" (SuS 60) benennt oder wenn er Saras „Ohnmacht" (SuS 54) als Resultat der durchlittenen Qualen – etwa der sogenannten „U-Boot-Folter" (SuS 64) – erwähnt. Gavazzo erhöht die psychischen Leiden der Gefangenen auch dadurch, dass er ihnen vorhält, sie seien „Verschwundene": „Ihr existiert nicht. Keiner weiß, dass ihr noch am Leben seid." (SuS 67). Es gibt Historiker, die die Folterpraktiken und -taktiken noch schonungsloser dargestellt haben. John Dinges zum Beispiel schreibt über die Vorgänge in den geheimen Gefängnissen wie dem in „Automotores Orletti":

> Torture [...] converted most human beings into sobbing, broken, and submissive puppets under the control of the interrogator masters. Humiliation was total. Manacled on a metal bed frame, naked and spread-eagled, with electric current delivered to their most intimate and sensitive body parts, victims lost all physical control. Sphincters released, muscles cramped in spasms. The entire body quivered and shook in waves of violent seizures. Hangings, dunkings, asphyxiation, beatings, rapes, and mock executions were variations on the basic routine. Some prisoners were run over with trucks. This was real-life horror with sweat and smells and screams, cracking bones and gushing of every manner of human effluent. [...] Talking under torture was not necessarily a betrayal, but for the victims of torture the shame of having provided information was one of the most demoralizing scars. Not only did they suffer the guilt of survivors; they knew the information they provided may have led to the death of their revolutionary colleagues and friends.[49]

---

49 John Dinges, *The Condor Years*, S. 99-100.

Hackl konfrontiert die Grausamkeiten der Folterknechte mit ihrem kleinbürgerlichen „normalen Alltag" außerhalb des Gefängnisses:

> Im Morgengrauen verabschiedeten sich die Wächter, sie fuhren in eine Kaserne oder nach Hause zu Frau und Kindern, frühstückten ausgiebig, gähnten herzhaft, dann legten sie sich aufs Ohr, um wieder bei Kräften zu sein in der kommenden Nacht. Die Männer, die tagsüber in dem Verlies ihren Dienst verrichteten, neideten den Wächtern der Nacht die fetten Sonderzulagen, also zählten sie den Gefangenen eine Tracht Prügel auf oder weigerten sich, sie auf den Abort zu führen. (SuS 54)

Ein andermal lassen die Henker die noch lebenden Gefangenen ihre Freude über die Vernichtung führender Revolutionäre spüren. Als sie die Nachricht erreicht, dass Mario Roberto Santucho bei einem Überfall erschossen worden ist, und als ihnen dessen Bruder Carlos in die Hände fällt – den sie gleich „mit 300 Volt" (SuS 55) zu Tode quälen –, bricht Jubel in „Automotores Orletti" aus:

> Sie feierten ein großes Fest, mit köstlichen Speisen, geliefert von einem Partyservice, und sie tafelten, daß es eine Freude war. Als sie satt waren, ließen sie Frauen kommen [...]. Zwölf hörte ihr nervöses Kichern, als sie an der langen Reihe der Kapuzen vorbeistöckelten, wohl mit wippenden Röcken, silbernen Schuhen. Es wurde getanzt zur Musik aus dem Radio, doch als Sendeschluß war, entschieden die Wächter, das Fest mit den Damen andernorts zu beschließen. (SuS 55).

Dass Sara Méndez „Automotores Orletti" lebend entkam, grenzt an ein Wunder. In den USA hatten einige Mitglieder des Kongresses (wie Frank Church, Donald Fraser und Edward Koch, der wenig später Bürgermeister von New York wurde) von den haarsträubenden Menschenrechtsverletzungen in den lateinamerikanischen Staaten gehört und setzten sich für eine Streichung der amerikanischen Militärhilfe ein.[50] Als die Regierung in Uruguay davon erfuhr, wollte sie durch einen fingierten linken Revolutionsakt den Nachweis erbringen, dass diese Subventionen im Kampf gegen den sogenannten weltweiten linken Terrorismus unerlässlich seien. Dabei betätigte sich – auch das berichtet Hackl (SuS 57-60) zutreffend – der amerikanische Botschafter in Montevideo, Ernest Siracusa, der die Militärs unterstützte, als Ideenlieferant. (Als Jimmy Carter, der wie kein anderer Präsident vor ihm die Menschenrechtsverletzungen in Lateinamerika verurteilte, 1977 ins Weiße Haus einkehrte, wurde Siracusa mit Hinweis auf seine dubiosen Ratschläge an die Militärs in Uruguay entlassen.) Das Ganze sollte sich als Fehlschlag erweisen: Uruguay wurde die Militärhilfe gestrichen. Damals jedoch wurde Gavazzo damit beauftragt, den fingierten Aufstand vorzubereiten. „Man werde" die Gefangenen, so einigte man sich, „nach Uruguay überstellen, Spuren legen, die auf eine konspirative Tätigkeit hindeuteten, und dann in einer aufsehenerregenden Aktion ihre Verhaftung simulieren" (SuS 59). Dazu verbrachte Gavazzo eine Reihe von Gefangenen aus „Automotores Orletti" im Flugzeug von Buenos Aires nach Uruguay, wo sie in einer Villa (dem „konspirativen" Ort) untergebracht wurden. Die Gefangenen wurden unter dem Versprechen, dass sie überle-

---

50 John Dinges, *The Condor Years*, S. 100, 117, 166.

ben würden, Hafterleichterung bekämen und ihre Strafzeit verkürzt werden würde, zum Mitmachen überredet. Bald landeten sie wieder in Gefängnissen und Folterzentren, in denen sie nicht weniger gequält wurden als in Buenos Aires. Während aber dort beim Foltern der Tod der Häftlinge immer mit einkalkuliert bzw. beabsichtigt war, suchte man in Uruguay den letalen Ausgang der Misshandlungen zu vermeiden. Von größerer Humanität aber konnte dabei keine Rede sein. Für Sara ist die Folter hier wie dort ein „höllisches Ritual" (SuS 65). Ein einziger der Wächter im uruguayischen Gefängnis hat Mitleid mit Sara. Hackl schildert das ungewöhnliche „Weinen eines Uniformierten", der „die schwärenden Wunden auf Saras Rücken, auf den Brüsten, auf Bauch und Beinen" nicht sehen kann, ohne dass ihm „Tränen über die Wangen" laufen, und der seinen Vorgesetzten „mit sofortiger Wirkung" um „Versetzung in die Reserve" (SuS 64) bittet.

Zur psychischen Folter gehört auch, dass man Sara jede Auskunft über Simón verweigert. Sie wird in ein Frauengefängnis am Stadtrand von Montevideo gebracht, wo sie – bis zu ihrer Entlassung im Frühjahr 1981 – viereinhalb Jahre verbringt. Auch hier kreisen ihre Gedanken immer um den verlorenen Sohn. Hoffnung macht sie sich auf einen Besuch des englischen Botschafters und eines norwegischen Vertreters des Roten Kreuzes im Gefängnis. Aber das sind Visiten von Politikern, die an ihren Karrieren, nicht aber an der konkreten Hilfe für eine Gefangene, die ihr Kind sucht, interessiert sind (SuS 89f.). Die Seelenqualen hören auch nicht auf, als sie nach ihrer Entlassung aus dem Gefängnis der Folter entkommen ist. Es beginnt ihre intensive, nie unterbrochene Suche nach Simón. Ausgerechnet das „Verteidigungsministerium" hat inzwischen eine „Amtsstelle zur Ausforschung verschwundener Personen" (SuS 96) eingerichtet. Die Meldung dort hätte sie sich, wie Sara bald merkt, ersparen können. „Widerwillig", heißt es an der Stelle, „mit einem Gesichtsausdruck, der gleichermaßen Ekel wie Hohn verriet, nahm der zuständige Offizier die Vermißtenanzeige auf." (SuS 96) Eine psychische Stütze ist ihr dagegen der Kontakt mit den „Angehörigen der Verschwundenen", die sich „in einer Kirche Montevideos zum gemeinsamen Gottesdienst" treffen (SuS 98). Mauricio Gatti, dem Vater Simóns, war 1976 die Flucht aus Argentinien nach Europa gelungen. In einem Brief an Gatti erwähnt Sara, dass sie von den Nachwirkungen der Folter nicht loskommt und den Verlust ihres Sohnes – integraler Teil der psychischen Folter – nicht verwinden kann: „Ich habe gemerkt, daß ich im Schlaf wieder die Fäuste balle und die Zähne zusammenbeiße. Es ist wie drinnen, nur die Mauern sind abgerückt, nicht viel, nur ein Stück weit" (SuS 106). In Buenos Aires erlebt sie 1983 das Ende der Militärdiktatur und den Sieg Raúl Alfonsíns, des erstmals wieder demokratisch gewählten Präsidenten. Nun melden sich die Medien wieder kritisch zu Wort: „Die Zeitungen, die Radiostationen, die Fernsehanstalten berichteten über die Verbrechen während [...] der Militärherrschaft" (SuS 116). Erst jetzt kann Sara ihre eigentliche – wenn auch vergebliche – Suche nach Simón aufnehmen. Das Buch endet ohne Trost; was in ihm dominiert, ist das Thema der Folter, ihrer psychischen und physischen Folgen. Es gibt kaum ein anderes Werk über die Bürgerkriege der letzten Jahrzehnte, in dem dieser Aspekt der Reduktion, der Erniedrigung und Zerstörung des Menschen in Zeiten des Ausnahme- und Belagerungszustandes eine so zentrale Rolle spielt.

In diesem Zusammenhang ist noch ein Roman zu erwähnen, der 1999 ein internationaler Publikumserfolg war und Parallelen zu dem von Hackl geschilderten Schicksal der Sara Méndez aufweist. Es handelt sich um das Buch *A veinte años, Luz*[51] der argentinischen Autorin Elsa Osorio, um einen Roman, der in Deutschland unter dem Titel *Mein Name ist Luz* auf den Markt kam. Es war ein Bestseller, der in sechzehn Sprachen übersetzt wurde. Wie bei Hackl geht es um das Schicksal einer Frau, die als politische Revolutionärin in den 1970er Jahren Gefangene der argentinischen Militärdiktatur war, und der ebenfalls ihr Baby gestohlen wird. Allerdings verläuft die Suche in diesem Roman anders. Nicht die Mutter sucht ihren Sohn, sondern die Tochter ihren Vater. Hier fahnden nicht die Eltern nach ihren Kindern, sondern die Kinder nach ihren Eltern. Anders als bei Hackl stehen nicht die Traumata der verschwundenen Mutter, sondern der verlorenen Tochter im Mittelpunkt der Handlung. Das Kind ahnt zunächst nichts von seiner Herkunft, fängt erst als Erwachsene an, die persönlichen und politischen Verstrickungen seiner physischen und angeblichen Eltern zu ahnen, zu begreifen und aufzudecken. Hackl legt einen Tatsachenbericht vor, Osorio dagegen erfindet ihre Figuren. Nichtsdestoweniger war *A veinte años, Luz* bei Erscheinen in Argentinien von größerer Brisanz als *Sara und Simón* es hätte sein können. Das Buch Osorios wurde 1999 in dem Moment publiziert, als die Straffreiheit für die Entführung und illegale Adoption von Kindern während der Militärdiktatur aus den Amnestieregeln ausgeklammert wurde und Festnahmen bereits erfolgt waren. Es war ein Erzählwerk, das gerade die junge Generation ansprach, die sich zumindest partiell mit den Erlebnissen und Gefühlen der zwanzigjährigen Luz identifizieren konnte. Luz erleidet ein ähnliches Schicksal wie Simón: sie wird als Säugling entführt, von fremden Eltern als Kind angenommen und wächst in dem Irrtum auf, dass ihre Erzieher auch ihre leiblichen Eltern sind.[52] Die Romanhandlung setzt ein, als Luz eine junge Frau von zwanzig Jahren ist, die gerade mit dem Studium begonnen hat. Bisher wusste sie nicht, dass sie jenes Schicksal teilt, von dem ihr Freund, der Sohn einer Verschwundenen, ihr berichtet hat. Durch ihn beeinflusst, nimmt sie ihre Umgebung kritischer wahr, sie beginnt über Unerklärliches im Elternhaus nachzudenken. So wird sie zur Detektivin, ja Heldin in eigener Sache und kann Mosaikstein an Mosaikstein set-

---

51 Elsa Osorio, *A veinte años, Luz* (Buenos Aires: Mondadori, 1999); *Mein Name ist Luz* (Frankfurt am Main: Insel, 2000). Die Zeit der argentinischen Militärdiktatur spielt auch noch eine gewisse Rolle in Osioros Roman *Cielo de Tango* (Buenos Aires: Planeta, 2006); *Im Himmel Tango* (Frankfurt am Main: Insel, 2007).

52 Klaiber berichtet: „Later investigations revealed that at least 217 babies had been born in detention centers. These babies were turned over for adoption, and they were frequently adopted by families of the police or military." Vgl. Jeffrey Klaiber, „Argentina (1976-1983). The ‚Dirty War'". In: J. K., *The Church, Dictatorships, and Democracy in Latin America* (Maryknoll, New York: Orbis Books, 1998), S. 85. Von den „gestohlenen Babies" hat Luis Puenzo in seinem Film *The Official Story* (1985) berichtet.

zen, bis sich ein Bild des Schreckens ihrer Vergangenheit ergibt. Luz, deren Name nicht zufällig „Licht" bedeutet, klärt alles auf, findet sogar ihren Vater im europäischen Exil. Ihre Mutter wurde ermordet, sie selbst schob man der Tochter eines hohen Militärs unter, die eine Fehlgeburt hatte. Luz leistet gleichsam jene Aufklärungsarbeit, die aufgrund der Amnestiegesetze in der argentinischen Realität unterbunden worden war. In den besten Momenten des Romans wird deutlich, dass das Verdrängen nicht nur bei den Tätern, sondern – allzu oft – auch bei den Opfern (etwa bei Luz' biologischem Vater) die Regel war. Zudem handelt das Buch von den seelischen Leiden, die den Kindern unter den Verschwundenen angetan wurden, indem man sie ihrer Identität beraubte. Die etwas reißerische Handlung, die Geschwindigkeit, mit der die Rätsel gelöst werden und die zuweilen allzu klischeehafte Figurenzeichnung mit ihren schlichten Gut-Böse-Kontrasten ohne Zwischentöne tragen dazu bei, dass manche Kapitel gerade am Kitsch vorbeischrammen. Wie nicht selten bei Erfolgsromanen ist es weniger die ästhetische Leistung, die den Beifall sichert, als die Aktualität, die ein Buch dann hat, wenn es radikal mit einem Tabu bricht: hier dem Gebot des Beschweigens, des Vergessens[53] und der Rücksicht auf eine Amnestie, die ein Zeugnis fortdauernder Angst war und die Legalisierung von Unrecht bedeutete.[54]

Schließlich ist zu erwähnen, dass Erich Hackl selbst zwölf Jahre nach dem ersten Erscheinen seines Buches *Sara und Simón* eine weitere „Erzählung nach dem Leben" vorlegte, die ein vergleichbares Thema behandelt. Das Buch trägt den Titel *Als ob ein Engel*[55] und berichtet vom Leben der Gisela (Gisi) Tenenbaum, die 1977 mit zweiundzwanzig Jahren ein Opfer der argentinischen Militärdiktatur wurde und wie so viele andere Gegner der damaligen Junta „verschwand". Die Großeltern Gisi Tenenbaums mütterlicherseits entstammten der jüdischen Familie Markstein aus Wien. Nach dem „Anschluss" Österreichs an Hitler-Deutschland wurden sie verfolgt, konnten aber im Frühjahr 1939 nach Bolivien emigrieren. Damals war ihre Tochter Helga noch keine neun Jahre alt. Nach dem Krieg siedelte die Familie nach Argentinien über, und in Buenos Aires lernte Helga ihren künftigen Mann, Willi Tenenbaum, kennen, der ein ganz ähnliches Emigrantenschicksal hat wie sie. Sie siedeln bald nach Mendoza über, in die im Osten Argentiniens gelegene Großstadt, die nicht weit von der chilenischen Grenze entfernt liegt. Dort schließen sie ihr Medizinstudium ab, und dort wachsen ihre drei Töchter auf, wovon Gisi die mittlere ist: sie wird 1955 geboren. Hackl hat den Tatsachenbericht gut strukturiert: Es wechseln Rückblicke auf das Leben der Großeltern und Eltern mit Berichten über die verschiedenen Le-

---

53 In katholischen Kreisen Argentiniens wurde gar ein „Gebot des Vergessens", was die Verbrechen während der Militärdiktatur betrifft, diskutiert. Vgl. Jeffrey Klaiber, *The Church, Dictatorship, and Democracy in Latin America*, S. 89.
54 Zur juristischen Aufarbeitung der Verbrechen vgl. Juan E. Méndez, „The Human Right to Truth: Lessons learned from Latin American Experiences with Truth Telling". In: *Telling the Truth: Truth Telling and Peace Building in Post-conflict Societies*, hg. v. Tristan Anne Borer (Notre Dame: Indiana University Press, 2006), S. 115-150.
55 Erich Hackl, *Als ob ein Engel. Erzählung nach dem Leben* (Zürich: Diogenes, 2007).

bensphasen der Protagonistin ab, wobei die historischen Entwicklungen und politischen Umbrüche geschildert und analysiert werden. Der Autor hat die Eltern, die beiden Schwestern, Verwandte, SchulfreundInnen, KommilitonInnen und politische WeggefährtInnen interviewt, und die Ergebnisse dieser Gespräche gehen in die Reportage ein. Gisi wird als ein junges Mädchen mit Gerechtigkeitsgefühl und Verantwortungsbewusstsein geschildert, aber auch mit sportlichem und schulischem Ehrgeiz. Mehrfach wird ihr Eintreten für die Verteidigung der Menschenrechte betont. In Argentinien schließt sie sich, beeinflusst durch ihren Freund Alfredo Escámez, zunächst der Perónistischen Jugendbewegung an, wechselt dann aber zu den radikaleren Montoneros über, die, wegen der von ihnen praktizierten Gewaltmaßnahmen, nach dem Staatsstreich der Militärs im März 1976 in den Untergrund gedrängt werden. Von Terroraktionen, an denen Gisi beteiligt gewesen wäre, weiß niemand zu berichten. Erwähnt wird öfters, dass sie oppositionelle Flugblätter verteilt habe. Im Februar 1976 muss sie wegen der Polizei-Razzien untertauchen und sich einen Decknamen zulegen. Seit Ende Oktober wird ihr Freund Alfredo vermisst: er ist von den Fahndern verhaftet und gefoltert worden. Ein weiteres halbes Jahr später, Anfang April 1977, wird Gisi das letzte Mal gesehen: seitdem ist sie verschwunden. Hackl hat die Erwartungen und Enttäuschungen der Verwandten, Freunde und Bekannten auf ihrer Suche nach der Verschwundenen erfasst und lässt die Leser nachvollziehen, was die zwischen Resignation und Hoffnung schwankende Unsicherheit bedeutet, mit der man lebt, wenn man nicht sicher sein kann, ob ein Mensch, der einem nahesteht, tot ist oder noch lebt. Mehrfach wird Gisi, wie sie aus der Erinnerung geschildert wird, mit einem Engel verglichen, und das scheint keine nachträgliche Glorifizierung zu sein. Auf die Rückkehr dieses Engels sind die Träume gerichtet. Ein solcher Traum erfüllt sich im Alltag nicht, wohl aber im Märchen. Hackl hat seinem Buch als Motto einige Zeilen aus dem Märchen „Die Gänsehirtin am Brunnen" der Brüder Grimm vorangestellt, weil hier eine Sehnsucht in Worte gefasst wird, die allem Suchen nach verschollenen, vermissten und verschwundenen Verwandten zugrunde liegt: „Da ging die Tür auf, und die Tochter trat ein mit ihren goldenen Haaren und ihren leuchtenden Augen, und es war, als ob ein Engel vom Himmel käme. Sie ging auf ihren Vater und ihre Mutter zu, fiel ihnen um den Hals und küßte sie: Es war nicht anders, sie mußten alle vor Freude weinen."[56]

---

56 Der erste Teil des Grimm-Zitats wurde von Hackl geändert. Es lautet im Original: „Da ging die Tür auf, und die Königstochter trat heraus in ihrem seidenen Gewand mit ihren goldenen Haaren […]".

5. EXKURS

NS-Emigranten in Lateinamerika bei Timm, Schneider und Hofmann

Kriminalgeschichte(n) des Holocaust

I

Argentinien war eines jener Länder, das nach dem Zweiten Weltkrieg besonders viele Nationalsozialisten aufnahm.[1] Der Diktator Juan Perón, dessen Regierungszeit von 1946 bis 1955 dauerte, versuchte, Deutsche für Arbeiten beim Militär, in der Wissenschaft und der Wirtschaft anzuwerben, und dabei waren ihm Mitglieder der ehemaligen Nazi-Führungsriege durchaus willkommen. Der von Hitler hoch dekorierte Kampfpilot Hans-Ulrich Rudel war maßgeblich am Aufbau der argentinischen Luftwaffe beteiligt und half vielen Nationalsozialisten, in lateinamerikanische Länder zu emigrieren.[2] Sogar führende SS-Chargen wie Adolf Eichmann, Josef Mengele und Erich Priebke, der 1998 in Italien zu lebenslanger Haft verurteilt wurde, konnten während Péróns Regierungszeit neue Karrieren in Argentinien beginnen. Einem Bericht[3] über deutsche Kriegsverbrecher in Argen-

---

1 Holger M. Meding (Hg.), *Nationalsozialismus und Argentinien* (Frankfurt am Main: Peter Lang, 1995). Es ist erstaunlich, wie selten die Figur des exilierten Alt-Nazis in der lateinamerikanischen Dichtung auftaucht. Roberto Bolaño hat das Thema gleichsam vom anderen Ende her angepackt und ein fiktionales literarisches Lexikon (mit erfundenen AutorInnen) geschrieben, die er als lateinamerikanische Nazi-AutorInnen bezeichnet. Vgl. Roberto Bolaño, *La literatura nazi en América* (Barcelona: Seix Barral, 1996). Luis Sepúlveda hat mit *Nombre de torero* (Barcelona: Tusquets Editores, 1994) ein Buch geschrieben, das sich dem Genre des Kriminalromans annähert. Es geht darin um einen Nazischatz (gestohlene mittelalterliche Münzen), die während des Zweiten Weltkriegs in Chile versteckt wurden und nun, nach fast vier Jahrzehnten, aufgetrieben werden sollen. Eine politische Dimension hat das Buch nur an der Oberfläche. In den Umkreis der Thematik gehören noch: Luis Gusman, *Hotel Edén* (Buenos Aires: Grupo Editorial Norma, 1999); José Emilio Pacheco, *Morirás lejos* (Barcelona: Montesinos, 1980) und Carlos Fuentes, *Cambio de piel* (Mexico: J. Mortiz, 1967). Erwähnt werden soll auch noch die Kurzgeschichte „Macabeo" aus dem Erzählungsband *Las otras puertas* von Abelardo Castillo (Buenos Aires: Editorial Goyanarte, 1961), S. 87-99 und das Drama *El Campo* von Griselda Gambaro (Buenos Aires: Ediciones Insurrexit, 1967). Für diese Hinweise danke ich Randolph D. Pope.
2 Hans-Ulrich Rudel, *Zwischen Deutschland und Argentinien. Fünf Jahre in Übersee* (Göttingen: Plesse, 1959).
3 Ignacio Klich, „CEANA: Comisión par la esclaración de las actividades del Nazismo en Argentina": www.ceana.organ.ar; Alan S. Rosenbaum, *Prosecuting Nazi War Criminals* (Boulder etc.: Westview Press, 1993), wo es auf den Seiten 70 bis 81 um Argentinien geht; Jorge Camarasa, *Los Nazis en la Argentina* (Buenos Aires: Editorial Legasa, o.J. ca. 1991), wo mehrfach auf den Fall Mengele eingegangen wird; Holger M. Meding, „Nationalsozialismus im Exil. Die deutschspra-

tinien zufolge sind mindestens hundertachtzig hohe Nazi-Chargen, gegen die in verschiedenen Ländern Verfahren eröffnet worden waren, nach Argentinien entkommen. Hundertachtzig ist eine verhältnismäßig kleine Zahl, aber sie enthält nicht die Namen jener Nationalsozialisten, die in das Land emigrierten, ohne dass Prozesse gegen sie angestrengt wurden. Zudem muss berücksichtigt werden, dass ein Großteil der Akten über die geflohenen Nationalsozialisten von der argentinischen Regierung vernichtet wurde, so dass die Ergebnisse dieses Berichts in Zweifel gezogen worden sind.[4]

Als Uwe Timms Roman *Der Schlangenbaum* 1986 erschien, war die argentinische Militärregierung bereits drei Jahre zuvor gestürzt worden. Die Mentalität und Aktivität der Militärjunta verkörpert im Roman der Intendente, der Oberst Kramer. Über ihn heißt es, dass er ein „Sohn deutscher Einwanderer", dass er „nach dem Putsch als Militärbevollmächtigter für die Stadt", also für Barranqueras, eingesetzt worden sei. Er habe den „Bürgermeister", der „verschwand", abgelöst. Er hat in der Stadt absolute Machtvollkommenheit, d.h. „ohne ihn" gehe „nichts", mit ihm dagegen „wirklich alles" (DS 95). Studiert hat er an der Bundeswehrhochschule in Hamburg, aber dem Leitbild dieser Ausbildungsstätte, dem Bürger in Uniform, entspricht er keineswegs. Dass sich aus Deutschland geflohene Alt-Nazis in einer Situation der politischen Repression und der Abschaffung der bürgerlichen Rechte wohlfühlen, liegt auf der Hand. Die „deutsche Kolonie" in Barranqueras wird vom Leiter der Baustelle als „Kuriositätenkabinett" (DS 25) bezeichnet, d.h. dass sich hier Leute treffen, deren Vorstellungen vom heutigen Deutschland nicht sonderlich realitätsnah sind. Bei einem der Gesellschaftsabende, an dem der Ingenieur Wagner teilnimmt, treffen zwei Vergangenheiten aufeinander, die unvereinbar bleiben. Da ist zum einen der jüdische Emigrant Bley aus Österreich, der 1938 beim „Anschluss" nach Argentinien geflohen war. Er lehrte an der Musikhochschule in Graz, und seine Frau hatte ein Engagement als Sängerin. Da „von der Musik" im Exil „nicht zu leben war" (DS 96), eröffnete das Ehepaar eine Konditorei. Während des Abends fällt auf, dass das Ehepaar Bley einem anderen Besucher aus dem Weg geht, einem „großen hageren Mann", der aussieht wie „ein alter Tennis- oder Skilehrer" (DS 97). Das ist Herr von Klages, über den Wagner erfährt:

> Das ist sicherlich das größte Schwein im Raum [...]. Er war SS-Standartenführer, in irgendeiner Einsatzgruppe in Rußland. 1945 kam er über den Vatikan ins Land. Er hatte nichts bei sich außer einem kleinen Koffer. Ein Koffer wie aus Tausendundeiner Nacht, denn er kann ihm, erzählt man sich, unbegrenzt Geld entnehmen. Er hat sich auf dem Hügel ein Haus gebaut mit einer hohen Betonmauer [...] Hinter

---

chige Rechtspresse in Buenos Aires 1945-1977". In: *Nationalsozialismus und Argentinien. Beziehungen, Einflüsse und Nachwirkungen*, hg. v. H.M.M. (Frankfurt am Main: Peter Lang, 1995), S. 185-202.

4 Uki Goni, *The Real Odessa. How Perón Brought the Nazi War Criminals to Argentina* (London: Granta, 2002). Der Artikel über Mengele findet sich dort auf den Seiten 279-291.

der Mauer ist ein Laufgraben für Hunde. Klages hält sich 23 Schäferhunde. Wer über die Mauer steigt, macht sich selbst zum Hundefutter. Ein deutsches Ehepaar, Mitglieder irgendeiner sonderbaren Sekte, führt ihm den Haushalt. Sonst hat noch niemand das Haus von innen gesehen. [...] Was sich da unter seinem Smoking ausbeult, ist keine Brieftasche, sondern eine Magnum. Er hat Angst, daß ihn die Israelis entführen. Sein Name stimmt wahrscheinlich nicht. (DS 99)

Hier haben wir in wenigen Sätzen zusammengefasst, was für viele flüchtige Nationalsozialisten bezeichnend war: Ihnen wurde durch das „Österreichische Büro" des aus Graz stammenden Bischofs Alois Hudal, der am Vatikan Mitglied des „Heiligen Offiziums" war, eine falsche Identität verschafft und damit auf der „Klosterroute" die Emigration ins Ausland ermöglicht.[5] Hudal hatte sich schon 1937 in seinem Buch *Die Grundlagen des Nationalsozialismus*[6] für eine Kooperation zwischen der Hitlerregierung und dem Vatikan ausgesprochen. Seine Wunschvorstellung war, dass – auch im Geiste des Konkardats – die Erziehung der Jugend Angelegenheit der christlichen Kirchen bleiben sollte, dass aber in Belangen der sozialen und politischen Gestaltung man den Nationalsozialisten freie Hand lassen möge. Weder der Vatikan noch die nationalsozialistische Regierung konnte sich mit diesem Kompromiss anfreunden. Der Vatikan sah die Sozialpolitik aus der Warte christlicher Ethik, und der SS-Staat dachte nicht daran, auf die – quasi ersatzreligiöse – weltanschauliche Schulung der Jugend zu verzichten. Führende Nationalsozialisten wollten das Erscheinen des Buches verhindern, doch wurde es dann mit ausdrücklicher Genehmigung Hitlers gedruckt. Ihm kam das Buch 1937 wohl aus taktischen Gründen gelegen. Dagegen erhielt es nicht die Imprimatur des Vatikans.

Das zweite Thema, das in Timms Roman als charakteristisch für die NS-Flüchtlinge betrachtet wird, sind die finanziellen Mittel. Das ist ein grauer, schwer zu überprüfender Bereich, und die Unterschiede im Startkapital der nationalsozialistischen Emigranten dürften beträchtlich gewesen sein. Timms von Klages hat wie die meisten ehemaligen SS-Angehörigen seine Identität geändert. Man erzählt, er sei SS-Standartenführer gewesen. Das war einer der höchsten Ränge innerhalb der SS-Hierarchie[7], und so dürfte der märchenhafte Reichtum, über den von Klages verfügen soll, mit Beutegut aus den während des Krieges besetzten Gebieten zu tun haben.[8] Als Einsatzgruppenleiter der SS in Russland muss

---

5 Ernst Klee, *Persilscheine und falsche Pässe. Wie die Kirchen den Nazis halfen* (Frankfurt am Main: Fischer Taschenbuch, 1991). Vgl. ferner: Maximilian Liebmann, „Bischof Hudal und der Nationalsozialismus – Rom und die Steiermark". In: *Geschichte und Gegenwart* 7 (1988): 263-280.
6 Alois Hudal, *Die Grundlagen des Nationalsozialismus. Eine ideengeschichtliche Untersuchung* (Leipzig: Johannes Günther, 1937).
7 Heinz Höhne, *Der Orden unter dem Totenkopf. Die Geschichte der SS* (Gütersloh: S. Mohn, 1967).
8 Thomas M. Johnson, *World War II German War Booty* (Atglen, PA: Schiffer Military History, 2003).

er an der Ermordung zahlloser Menschen, besonders von Juden, beteiligt gewesen sein.[9] Als Wagner mit von Klages kurz ins Gespräch kommt, fragt ihn der ehemalige SS-Mann, ob „Wagners Vater identisch sei mit einem Oberst im Generalstab Wagner", und als Wagner verneint, „schien diese Auskunft Herrn Klages zu beruhigen" (DS 98). Die Rede ist hier offenbar von Oberst Gustav Wagner[10], der 1941/42 ein Infanterieregiment im Feldzug gegen die Sowjetunion führte, Ende 1941 das Ritterkreuz verliehen bekam und im Herbst 1943 zum Generalmajor befördert wurde. Da die Aktionen der SS-Einsatzgruppen gegen die Zivilbevölkerung im Rücken der Front geschahen und mit den jeweiligen Befehlshabern des Heeres abgestimmt wurden, müsste von Klages 1941/42 mit Oberst Wagner zu tun gehabt haben. Von Klages ist erleichtert, keinen Verwandten des Obersten vor sich zu haben, denn der würde wahrscheinlich Kenntnisse über seine Aktionen im Russlandkrieg besitzen, die eventuell zur Aufdeckung seiner wahren Identität führen könnten. Von Klages verlässt den Gesellschaftsabend der „deutschen Kolonie" vor den anderen (DS 25). Als er in seiner Festung ankommt, hört man bei der Party „das Bellen vieler Hunde" herüber. „Die Gespräche", heißt es an der Stelle im Roman, „das Gelächter, das Getuschel verstummten, alle standen für einen Augenblick wie erstarrt, dann, zögernd, mit dem langsamen Nachlassen des Bellens, setzten auch die Gespräche wieder ein" (DS 104). Der Schrecken, den von Klages einmal im Krieg verbreitete, wirkt immer noch nach, aber er verbreitet eine Terrorstimmung, die in das politische Klima der Militärdiktatur Argentiniens passt. Der junge Intendente Kramer wirkt – wenn in den Umgangsformen auch glatter als der teutonische von Klages – in manchem wie eine Nachahmung des ehemaligen Standartenführers. So nahe sich von Klages und Kramer mentalitätsmäßig stehen, so wenig scheinen sie doch miteinander zu tun zu haben. Kramer ist an einer Kooperation mit von Klages, der sich isoliert und eingemauert hat, nicht interessiert. Der Oberst arbeitet mit den bundesrepublikanischen Vertretern der deutschen Industrie und Diplomatie zusammen. Argentinien möchte Mittel aus dem deutschen Entwicklungshilfefond bekommen, und die deutschen Geschäftsleute wollen maximal verdienen, was sich nur in Abstimmung mit den lokalen Vertretern der Militärdiktatur machen lässt. So ist auch in diesem Fall der Alt-Nazi (wie bei Koeppen und Born) eher ein Teil des „Kuriositätenkabinetts" (DS 25), ein aus ideogischen Gründen geduldetes Relikt der Vergangenheit, als ein Machtfaktor wie in *The Odessa File* von Fortsyth.

1972 und 1976 erschienen zwei Kriminalromane, oder besser gesagt *thrillers*, in denen es diesmal um identifizierbare Nazikriminelle ging. Diese beiden Romane waren Weltbestseller, und auch ihre Verfilmungen wurden zu Kassenschlagern: *The Odessa File*[11] von Frederick Forsyth und *The Boys from Brazil*[12] von Ira

---

9 Raul Hilberg, *The Destruction of the European Jews* (Chicago: Quadrangle Books, 1961).
10 www.ritterkreuzträger-1939-45.de
11 Frederick Forsyth, *The ODESSA File* (London: Hutchinson, 1972). Der Film gleichen Namens kam 1974 auf den Markt mit Jon Voight (als recherchierendem Journalisten) und Maximilian Schell (als Eduard Roschmann).

Levin. Beide Autoren gehören zu den erfolgreichsten Unterhaltungsschriftstellern des 20. Jahrhunderts. Sie schrieben über ehemalige hohe SS-Offiziere, die nach dem Krieg nach Lateinamerika geflohen waren: Forsyth über Eduard Roschmann, den „Schlächter von Riga", und Levin über Josef Mengele, den Auschwitz-Arzt, dessen Name wie kein anderer mit den medizinischen Verbrechen des Nationalsozialismus in Verbindung gebracht wird. Beide ehemalige SS-Offiziere waren zu der Zeit, als die Romane erschienen, noch am Leben und hielten sich in Argentinien bzw. Brasilien versteckt. Forsyths Roman trug sogar zum Aufrollen des Falles Roschmann und zu neuer Fahndung bei. Das war bei Mengele nicht anders, wenn dort die Spurensicherung auch schwieriger war. Beide starben in Lateinamerika, bevor sie von Interpol gefasst werden konnten: Roschmann 1977 und Mengele 1979. Wenn auch die Namen der beiden Altnazis der realen Geschichte entnommen wurden, war die Handlung in beiden Romanen erfunden. Forsyth lässt Roschmann als einflussreiches Mitglied einer ODESSA genannten Naziorganisation agieren, deren Ziel es ist, Nassers Ägypten mit Raketen aufzurüsten, um den Staat Israel zu zerstören. In dieser Hinsicht spielte der offenbar gut informierte Autor allerdings auf ein Programm an, das der ägyptische Staatschef tatsächlich initiiert hatte, bei dem Roschmann aber nicht beteiligt war. Die Baupläne der unter Wernher von Braun seit 1942 entwickelten Fernraketen wurden zu einer begehrten Kriegsbeute, und die Siegermächte unternahmen viel, um sicherzustellen, die Peenemünder V2-Konstrukteure für ihre eigenen Versuchsanstalten zu gewinnen. Aber nicht nur die USA und die Sowjetunion, auch Staaten wie Australien und Ägypten machten mit beim Wettlauf um NS-Raketentechnologie. Dazu schreibt Martin Baer:

> 1959 begann eine Gruppe um den Triebwerksspezialisten Wolfgang Pilz mit dem Aufbau einer Raketenstreitmacht in Ägypten. Bereits im Juli 1962 konnte Staatschef Gamal Abdel Nasser auf einer Militärparade die Rakete Al Kahir präsentieren. Mit einer Reichweite von 600 Kilometern stellte sie für Israel eine ernste Bedrohung dar. Der israelische Geheimdienst setzte den „Eichmann-Jäger" Isser Harel auf die deutschen Raketenbauer an. Eine Briefbombe tötete in Pilz' Büro fünf Ägypter und verletzte seine Sekretärin schwer. Auf israelischen Druck sorgte die Bundesregierung schließlich für den Abzug der meisten Deutschen. Es war das vorläufige Ende des ägyptischen Raketenprogramms – und der diplomatischen Beziehungen zwischen Kairo und Bonn.[13]

Bei Levin ist Mengele als Mediziner ein böses Genie. Während des Krieges sind von Hitlers Körper – so die reichlich phantastische Geschichte – Hautproben entnommen worden, in deren Besitz Mengele ist. Die Zeit der Handlung ist das Jahr 1974, und Mengele ist allen Medizinern international weit voraus, denn

---

12 Ira Levin, *The Boys from Brazil* (London: Bloomsbury, 1976). Die Verfilmung hatte den gleichen Titel und kam 1978 in die Kinos (mit Gregory Peck als Josef Mengele, Laurence Olivier als Ezra Lieberman und mit James Mason als Chef einer Nazi-Organisation).
13 Martin Baer, „Raketen für Afrika". In: *Die Zeit* 32 (31.7.2008): 78.

er beherrscht die Technik des Klonens von Menschen. Er hat mit Hilfe von Hitlerzellen 94 Hitlerjungs (wörtlich zu nehmen) geklont. Einer davon soll als neuer Führer des „Vierten Reiches" aufgebaut werden. Bei beiden Autoren hilft Simon Wiesenthal (der bei Forstyh tatsächlich so heißt und bei Levin den Namen Ezra Lieberman trägt), die Pläne der SS-Leute zu verhindern.

II

Über Josef Mengele schrieb auch Peter Schneider ein Buch. Er gab ihm den Titel *Vati*[14], weil es hier nicht nur um den SS-Arzt, sondern auch um das Schicksal von dessen Sohn geht.[15] Das Buch erschien 1987, also acht Jahre nach Levins Bestseller, mit dem es nichts gemein hat. Schneiders Mengele ist ein verarmter, einsamer alter Mann. Mengele war es nach dem Krieg gelungen, sich unter falschem Namen der Verfolgung durch die Justizbehörden zu entziehen, indem er sich in Bayern auf dem Land versteckte. Danach erfolgte 1949 über Italien die Flucht nach Argentinien. Obwohl der Name des „Vatis" in Peter Schneiders Erzählung nicht erwähnt wird, weiß der Leser bald, dass es sich hier um den SS-Arzt Josef Mengele handelt, der 1943/44 unmenschliche „medizinische" Versuche an Zwillingen im Konzentrationslager Auschwitz vorgenommen hatte und dort Teil der Tötungsmaschinerie beim Völkermord an den Juden gewesen war. Im Sommer 1985 war der Bericht von Rolf Mengele über seinen Vater in der Illustrierten *Bunte* in fünf Folgen erschienen.[16] Rolf Mengele, der Sohn des SS-Offiziers, hatte dem Blatt mitgeteilt, dass sein Vater 1979 verstorben sei, und dass er ihn zwei Jahre vor dessen Tod in Brasilien besucht habe. Journalisten der Wochenzeitschrift montierten die Erinnerungen des Sohnes an den Vater ein in eigene Recherchen, die sie mit Bilddokumenten aus Archiven und aus der Privatsammlung von Rolf Mengele versahen. Sie interviewten auch Zeitzeugen, KZ-Überlebende und ließen Historiker zu Wort kommen, die sich mit dem Holocaust und mit

---

14 Peter Schneider, *Vati. Erzählung* (Darmstadt und Neuwied: Luchterhand, 1987), in der Folge mit „V" und Seitenzahlen zitiert. Zum zeitkritischen Erzählwerk Peter Schneiders allgemein vgl. Paul Michael Lützeler (Hg.), *Phantasie und Kritik. Peter Schneider zum 65. Geburtstag* (Berlin: Rowohlt, 2005).
15 Erin McGlothlin, „,Under a False Name': Peter Schneider's *Vati* and the Misnomer of Genre". In: E.M., *Second-Generation Holocaust Literature. Legacies of Survival and Perpetration* (Rochester, N.Y.: Camden House, 2006), S. 143-173. Hier wird die Erzählung im Kontext der Väterliteratur der 1980er Jahre diskutiert. Die Autorin geht auch im Detail auf die Forschungsliteratur zu *Vati* ein.
16 Im Sommer 1985 war in fünf Folgen (Nummern 26 bis 30, vom 20. Juni bis zum 18. Juli) ein Bericht über Mengele in der Illustrierten *Bunte* erschienen. Schneider wertete den Bericht der Illustrierten aus. Zum Verhalten der Familie Mengele gegenüber Josef Mengele vgl. Sven Keller, *Günzburg und der Fall Josef Mengele: Die Heimatstadt und die Jagd nach dem NS-Verbrecher* (München: R. Oldenbourg, 2003).

der Biographie Mengeles beschäftigt hatten (wie Uwe-Dietrich Adam, Günther Deschner, Andreas Hillgruber, Gerald Posner). Posner hat zusammen mit John Ware ein eigenes Buch über Mengele geschrieben, das als zuverlässig gilt.[17] Ohne den Illustriertenbericht ist Schneiders Erzählung nicht denkbar, denn er übernimmt viele Details. Das wurde ihm im März 1987 von einer Rezensentin des *Spiegel* angekreidet, die den Vorwurf des Plagiats erhob.[18] Dagegen wehrte sich der Autor auf zweifache Weise: Er initiierte eine Podiumsdiskussion über den Vorwurf im Berliner Literaturhaus[19] und schrieb aus dem Anlass einen Essay.[20] Zwar hätte Schneider die Quelle seiner Kenntnisse über den Besuch Rolf Mengeles bei seinem Vater angeben sollen, aber von einem Plagiat kann man nicht sprechen. Schneider konstruiert einen Ich-Erzähler, der einen Bericht, vielleicht einen Brief, an einen Bekannten, einen ehemaligen Schulkameraden, über die Begegnung mit seinem alten Nazi-Vater schreibt. Dieser Schulfreund war studentisch bewegter Achtundsechziger, der sich ideologisch lautstark vom väterlichen Mitläufer-Nazi distanzierte, ohne jedoch auf die finanzielle Unterstützung der Familie im Studium verzichten zu wollen. In der Sekundärliteratur zur Erzählung ist Schneider „Verharmlosung", „Verkürzung", „Familiarisierung" und „Normalisierung" vorgeworfen worden.[21] Peter Schneider ist aber kein Autor, der es sich leicht macht. Er nahm sich Rolf Mengele zum Modell, nicht Niklas Frank. Frank hatte – ebenfalls 1987 – die denkbar entschiedenste Abrechnung mit seinem Vater veröffentlicht, zuerst in der Illustrierten *Stern*, dann aber – im gleichen Jahr – bei einem Buchverlag.[22] Nur als Kind hatte Niklas Frank seinen Vater Hans Frank erlebt, denn der Generalgouverneur im besetzten Polen wurde während des Nürnberger Prozesses 1946 als einer der Hauptkriegsverbrecher hingerichtet. Auch Rolf Mengele hätte vergleichbar dezidiert mit dem Vater abrechnen können. Aber von einer solchen Entschiedenheit der Ablehnung ist in den Erinnerungen an seinen Vater, wie sie in der *Bunten* veröffentlicht wurden, nicht die Rede.

---

17 Gerald L. Posner, John Ware, *Mengele. The Complete Story* (New York: McGraw-Hill, 1986). Vgl. ferner zur Biographie Mengeles: Alan Levy, *Nazi Hunter. The Wiesenthal File* (New York: Carroll & Graf, 2002), wo es auf den Seiten 233-295 um Josef Mengele geht.
18 Gerda-Marie Schönfeld, „So eine Nachbarschaft". In: *Der Spiegel* 10 (1987): 216-219. Gegen diesen Vorwurf sprach sich Volker Hage aus. Vgl. V.H., „Plagiat?". In: *Die Zeit* 13 (20.3.1987).
19 Norbert Sakowski, „Geld mit *Vati*". In: *Bunte* 19 (1987). Die Diskussion wurde von Herbert Wiesner geleitet; Schönfeld bekam von Hellmuth Karasek, Schneider von Jurek Becker Schützenhilfe.
20 Peter Schneider, „Vom richtigen Umgang mit dem Bösen". In: *Deutsche Ängste* (Darmstadt: Luchterhand, 1988), S. 82-121.
21 Adolf Höfer, „Vater-Sohn-Konflikte in moderner Dichtung. Symptome einer Verharmlosung des Faschismus am Beispiel von Peter Schneiders Erzählung *Vati*. In: *Literatur für Leser* 1 (1994): 11-22.
22 Niklas Frank, *Der Vater. Eine Abrechnung* (München: Bertelsmann, 1987). Vgl. ferner: *Verschwiegen, vergessen, verdrängt: Über die Nazi-Zeit reden*, hg. v. Hermann Zabel (Hagen: Padligur, 1990).

Rolf Mengele steht für jenen Typus des Nazisohnes, der einerseits die Hitlerbewegung ablehnt und den der Holocaust mit Grauen erfüllt, der aber andererseits die letzten gefühlsmäßigen Bande, die ihn mit dem Vater verbinden, nicht zu kappen vermag. Stärker als der Rolf Mengele im Illustriertenbericht, macht sich der Ich-Erzähler Schneiders, der bekennende, zuweilen beichtende Berichterstatter, gerade diese Unentschiedenheit zum Vorwurf. Er will den Vater im Gespräch „Punkt für Punkt zu den Anklagen der Zeugen vernehmen, ihm jede Ausflucht verstellen" (V 33). Aber er merkt, dass er der Rhetorik seines Vaters nicht gewachsen ist, und wenn der am Ende beschwört, „daß er niemals in seinem Leben einen Menschen getötet, niemals jemandem persönlich etwas zuleide getan habe" (V 35), dann gibt es beim wankenden Sohn einen „Augenblick", in dem er dem Vater „glaubt" (V 36). Nach diesem Moment aber kehren die Zweifel zurück. Die Beziehung zwischen dem bundesrepublikanisch-demokratisch erzogenen Sohn und dem geflohenen Naziverbrecher ist kompliziert. Das berichtende Sohn-Ich Schneiders „haßt" die „Verfolger" seines „Vaters" (V 42) – aber nicht etwa, weil er selbst ein Leugner des Holocaust und von der Unschuld des SS-Offiziers überzeugt wäre. Im Gegenteil, er betont, dass er „das Verbrechen", den Mord an den Juden, „niemals leugnen" werde (V 22). Er hasst sie vielmehr, weil sie jetzt nicht zur Stelle sind, weil sie ihm die Arbeit überlassen, den eigenen Vater der Polizei auszuliefern. Damit fühlt er sich emotional überfordert. „Hätten sie ihn doch endlich gefaßt und vor Gericht gestellt", vertraut er dem Erzählgegenüber an. Wenn der Vater dann „unter der Last der Beweise verstummt" wäre, hätte er sich wohl „endgültig von ihm abwenden können", hätte er sich „befreit" gefühlt (V 41). Obwohl der Sohn die rassistischen Phrasen des Vaters als hohl und inhuman durchschaut, obwohl er meistens nicht an dessen Schuld zweifelt, findet er nie die Kraft zu Gegenthesen, zum radikalen Schnitt, zur Verurteilung, zur Auslieferung. Schneider hat der fanatisch-unverbesserlichen, emotional betonharten Figur des Nazivaters einen weichlich-ungefestigten, unentschlossenen Sohn gegenübergestellt. Welcher Hamlet würde sich einer Rache verschreiben, wenn sie am Vater selbst verübt werden müsste? Zudem an einem Vater, der einem im Armenviertel der Dritten Welt begegnet, der kaum genug zum Überleben hat, der als „hinfällig" (V 52) und von Alpträumen heimgesucht beschrieben wird, der bereits „das Fallbeil des Henkers" über seinem Kopf „sausen" (V56) hört.

Innerhalb der Väterliteratur[23] der späten 1970er und frühen 1980er Jahre – man denke an Bernward Vespers *Die Reise* (1977), Elisabeth Plessens *Mitteilung*

---

23 Colin Riordan, „The sins of the children: Peter Schneider, Allan Massie and the legacy of Auschwitz". In: *European Studies* 27 (1997): 161-180; Susan G. Figge, „Fathers, Daughters, and the Nazi Past: Father Literature and its (Resisting) Readers". In: *Gender, Patriarchy, and Fascism in the Third Reich. The Response of Women Writers,* hg. v. Elaine Martin (Detroit: Wayne State University Press, 1993), S. 274-302; Ernestine Schlant, *Die Sprache des Schweigens. Die deutsche Literatur und der Holocaust* (München: C.H. Beck, 2001).

an den Adel (1976), Ruth Rehmanns *Der Mann auf der Kanzel* (1979), Christoph Meckels *Suchbild. Über meinen Vater* und Brigitte Schwaigers *Lange Abwesenheit* (1980) – steht dieses Sohn-Ich Peter Schneiders isoliert da. Sieht man von Peter Härtlings Buch *Nachgetragene Liebe* (1980) ab, geht es durchweg um eine kritische Auseinandersetzung mit den Vätern der Nazizeit. Hier jedoch liegt der Fall anders: Der Sohn, der es in der Hand hätte, den vielgesuchten Naziverbrecher an die Justiz auszuliefern, tut es wider besseres Wissen nicht. Eigentlich handelt es sich um einen tragischen Stoff insofern, als zwei kulturell wirkungsmächtige Prinzipien gegeneinander stehen: die Pflicht, den Schuldigen der Justiz auszuliefern einerseits und andererseits das den Vatermord verbietende Gesetz. Aber dieser potentiell tragische Konflikt, wie er sich hier eröffnet, wird bei Schneider nicht gestaltet. Das liegt nicht am Autor, sondern am Sujet. Der Stoff bleibt nur potentiell tragisch, weil der Konflikt sich nicht zuspitzen kann. Der Ich-Erzähler steht weder eindeutig zu seinen Pflichten als Sohn – er kennt den Vater ja kaum –, noch ist er von der definitiven Kriminalität der Handlungen seines Vaters in Auschwitz überzeugt: Zumindest ist da ein Schwanken in seiner Einstellung zu vermerken. Zudem gibt es eine unausgesprochene und in sich widersprüchliche Komplizenschaft zwischen Vater und Sohn im Hinblick auf die Nazi-Schuld. Während der Vater alle Schuldzuweisungen zurückweist, erlebt das Erzähl-Ich schon in Kindheit und früher Jugend, dass es „schuldig geboren" (V 15) ist. Seine Umgebung lässt ihn spüren, dass ihm ein „nicht sichtbarer Makel" anhaftet (V 12). So existiert beim Sohn ein unterschwelliges Empfinden von Schuldsolidarität und eine gleichzeitige Auflehnung dagegen: Wie ihm selbst wird dem Vater von außen Schuld zugesprochen, und gleichzeitig erkennt das Erzähl-Ich, dass ihm selbst diese Schuld nur anhaftet, weil sie sein väterliches Erbe ist. Die Spannung zwischen der Solidarität und der Empörung gegen diese Solidarität wird aber nicht durchdacht, nicht bewusst ausgehalten und kommt daher zu keinem Resultat. Das ist bezeichnend für den Ich-Erzähler. Das Erzähl-Ich ist kein tragischer Charakter. Das Uneindeutige, Unentschlossene, Zerrissene, das Vage und Unentschiedene des Erzähl-Ichs machen tragische Konfrontationen unmöglich. Was Schneider sich mit der Erzählung vorgenommen hat, ist gewagt und, was die Rezeption betrifft, offen für Missverständnisse. Mit diesem so wenig rigorosen, leicht beeinflussbaren, Entscheidungen ausweichenden und nichtsdestoweniger selbstkritischen Erzähl-Ich hat Schneider eine mit sich selbst im Widerstreit liegende Sohn-Figur geschaffen.

Über den Vater, den alten Nazi, also über Mengele, erfährt man bei Peter Schneider nicht viel. Im Mittelpunkt des Buches steht der Ich-Erzähler, der Sohn des SS-Arztes. Wie im Illustriertenbericht Rolf Mengele, so besucht auch der Ich-Erzähler seinen inzwischen alt gewordenen Nazivater in Brasilien, in einem Armenviertel von Sao Paulo. Der Ich-Erzähler macht sich lustig über die Legenden, die über seinen Vater verbreitet werden. Da sei von ihn umgebenden „Leibwächtern und Schäferhunden" die Rede, von „mächtigen Helfern" der „Organisation Odessa" – all das sei „Zeitungsquatsch" (V 10). Die letzte Lebensphase Mengeles wird in Schneiders Erzählung angemessen wiedergegeben. Heruntergespielt wird vom Ich-Erzähler allerdings der relative Reichtum, mit dem Mengele sich während der ersten Phase seines Exils in Argentinien umgeben konnte. Mit dem Ende der Perónistischen Herrschaft 1955 hörte die quasi staatliche Protektion der Nazis in Argentinien auf. 1960 floh Mengele nach Paraguay. Dort herrschte der rechtsradikale Diktator Alfredo Stroessner, und da konnte Mengele sich – sogar ohne Namensänderung – eine Weile sicher fühlen. Als auch dort der Boden zu heiß wurde, tauchte er (wieder mit gefälschter Identität) in Brasilien unter. Die Lebensverhältnisse waren für ihn dort nicht günstig, und er verarmte. Ohne die Zuwendungen seiner Familie in Deutschland hätte er nicht überleben können. In Schneiders Erzählung wird retrospektiv über die Biographie Mengeles in groben Zügen berichtet: dass er 1941 am Krieg gegen die Sowjetunion teilnahm, dass der kleine Sohn in den ersten Nachkriegsjahren glaubte, sein Vater sei in Russland gefallen. Er erinnert sich an einen Besuch des „Onkels" in Europa (erst später erfährt er, dass es sein Vater ist). Von einem Urlaub in den Bergen, von der Heirat einer „Tante", von Briefen aus Argentinien ist die Rede. Berichtet wird auch vom Tod Mengeles: zwei Jahre nach dem Besuch des Sohnes – also 1979 – sei er in Brasilien „bei einem Badeausflug im Meer ertrunken" (V 81). So steht es auch im Artikel der Illustrierten und in den biographischen Berichten über Mengele.

Eingehender als in der historischen Literatur wird in Schneiders Erzählung die „Weltanschauung" des alten Nazis rekonstruiert: eine eigenartige Mischung aller nur denkbaren Nazi-Ideologie-Versatzstücke (Darwinismus, Erbbiologie, Züchtungsphantasien) mit naturwissenschaftlichen Daten und naturphilosophischen Deutungen. Hinzu kommt eine befremdliche Identifizierung mit Giordano Bruno: wie jener fühlt der „Vater" bei Peter Schneider sich als „Märtyrer" der „Wissenschaft" (V 64). Nicht nur vom Erkenntnisgehalt seiner so dilettantischen wie mörderischen Versuche ist der alte Nazi bei Schneider überzeugt, sondern er überhöht den inhumanen Wahnsinn, den er im Konzentrationslager praktizierte, auch noch zur menschheitsgeschichtlichen Tat. Dass bei der Mengele-Figur von dem „zersetzenden Einfluß der jüdisch-christlichen Kultur" (V 65) gesprochen wird, versteht sich. Da wird die „Selbstaufgabe" der „weißen Rasse im Namen falscher Kulturideale" (V 66) beklagt. Das ideologische Profil Mengeles wird in Schneiders Erzählung konturiert. Von den Stationen seiner Flucht, von den Fluchthelfern, von Aktivitäten in den südamerikanischen Exil-Ländern, in denen er sich dreißig Jahre lang aufgehalten hat, wird dagegen wenig berichtet.

Auch *Vati* wurde verfilmt. Die Uraufführung fand 2003 unter dem Titel *My Father. Rua Alguem 5555* während der Berliner Filmfestspiele statt. Die Regie hatte Egidio Eronico geführt, und das Drehbuch hatte er gemeinsam mit Antonella Grassi und Fabrio Capri verfasst, wobei Peter Schneider als Berater fungierte. Die Besetzung war hochkarätig: Charlton Heston – knapp ein halbes Jahrhundert zuvor agierte er heroisch als Ben Hur und prophetenhaft als Moses auf der Hollywood-Breitleinwand – spielt den bramarbasierenden Sozialdarwinisten Josef Mengele, wie man ihn aus der Erzählvorlage kennt, und auch der Sohn (er heißt im Film Hermann und wurde von Thomas Kretschmann verkörpert) war so unentschlossen und zerrissen, wie er von Schneider geschildert wird.

Es kann sein, dass Peter Schneiders *Vati* auch noch einen anderen Film anregte, dessen Handlung dort anfängt, wo die in Schneiders Erzählung endet. Schneider stellte durch seinen Erzähler fest, dass der KZ-Arzt 1979 in Brasilien während eines Badeurlaubs einen Schlaganfall erlitten und anschließend im Meer ertrunken sei. Viele zogen diese Auskunft des Sohnes in Zweifel, doch wurde 1985 Mengeles Grab von deutschen, amerikanischen und israelischen Ermittlern entdeckt, die bestätigten, dass es sich bei der Leiche um den ehemaligen SS-Mann handle. Zudem wurde 1992 ein DNA-Test durchgeführt, der das Untersuchungsresultat von 1985 bestätigte. Trotzdem erschien 1999 ein Film mit dem provokanten Titel *Nichts als die Wahrheit*, in dem angenommen wird, dass Mengele noch lebe, und in dem der SS-Arzt die Legitimität seiner Handlungen im Vernichtungslager Auschwitz unter Beweis stellen will.[24] Regisseur war Roland Suso Richter, und das Drehbuch stammte von Johannes W. Betz, der es in Zusammenarbeit mit Christopher und Kathleen Riley geschrieben hatte. Der Film war eine deutsch-amerikanische Koproduktion und erschien auf Deutsch. Auch hier eine Starbesetzung: der alte Mengele wurde von Götz George gespielt, der eine eigens für diese Rolle angefertigte Latexmaske trug, damit das Gesicht greisenhaft genug aussah. Die Handlung ist abenteuerlich: Der junge deutsche Anwalt Peter Rohm – seine Rolle übernahm Kai Wiesinger – arbeitet an einem Buch über Joseph Mengele. Eines Tages wird er von einem Verleger nach Argentinien entführt, wo er mit Mengele zusammengebracht wird. Nicht der ehemalige KZ-Arzt, sondern ein naher Verwandter sei 1979 in Brasilien ums Leben gekommen. Mengele, inzwischen weit über achtzig Jahre alt, will nach Deutschland zurückkehren, sich den Gerichten stellen und dort seine Taten rechtfertigen. Rohm soll dabei die Rolle des Verteidigers übernehmen. Es kommt zu dieser Gerichtsverhandlung, bei der auch Auschwitz-Überlebende vernommen werden. Mengele streitet seine Taten nicht ab, besteht aber darauf, im Sinne des medizinischen Fortschritts gehandelt zu haben. Zudem hätte sein damaliges Verhalten den beruflichen ethischen Standards der Zeit entsprochen. Rohm erklärt in seinem abschließenden Plädoyer als Verteidiger, dass man den unmenschlichen Kontext des Nationalsozialismus nicht als Entschuldigung für das Vergehen des Arztes in Anspruch nehmen könne, und so empfiehlt er – seinem Gewissen gehorchend und sich nicht den Zwängen seiner Rolle als Anwalt beugend – eine lebenslängliche Haftstrafe für Mengele. Der Film erhielt einige Auszeichnungen, u.a. die „Silberne Iris" des Internationalen Brüsseler Filmfestivals. Zwei Jahre, nachdem *Nichts als die Wahrheit* in die Kinos gekommen war, erschien das Buch zum Film. Der Drehbuchautor Johannes W. Betz verfasste es zusammen mit Beate Veldtrup.[25]

---

24 http://de.wikipedia.org/Nichts_als_die_Wahrheit_(Film).
25 Johannes W. Betz, Beate Veldtrup, *Nichts als die Wahrheit* (Frankfurt am Main: Fischer Taschenbuch, 2001).

III

In Gert Hofmanns *Vor der Regenzeit*[26] ist Heinrich von Hartung (bzw. Enrico von Ung) jener Nazitypus, der so oft in deutschen Romanen der 1980er Jahre auftaucht. Ung fürchtet sich vor einem „Gerücht" (VR 295), das ihn als Naziverbrecher schildert. Indem er häufig auf dieses Gerücht zu sprechen kommt, und indem er ständig bestreitet, dass es einen wahren Kern habe, wird dem zuhörenden Erzähler – und damit auch den Lesern – klar, was Hartung auf dem Kerbholz hat. Er stammt aus Stadtoldenstedt (VR 11) in der Nähe von Holzminden (VR 251). Stadtoldenstedt steht offenkundig für Stadtoldendorf, einer Kleinstadt im niedersächsischen Kreis Holzminden. Hartung war nach Hitlers Machtantritt gleich zum Militär gegangen, hatte außer dem Kriegshandwerk nichts gelernt. Am Russlandfeldzug, dem „Unternehmen Barbarossa", nimmt er bereits als „Oberst" (VR 61) teil. Wenn es um den Bericht über seine eigene Vergangenheit geht, redet der Nazi-Onkel nie im Klartext, immer nur im Potentialis oder Irrealis: er soll oder sollte dies und jenes – so wollten es die Gerüchte – gesagt oder getan haben. Man ahnt aber bald, daß das eine alt eingeschliffene Vorsichtsmaßnahme ist, um von Zeugen nie festgelegt werden zu können. Im Verlauf der verhüllenden Selbstenthüllung und anklagenden Verteidigung wird deutlich, dass Hartung, ohne Mitglied der SS gewesen zu sein, in die Verbrechen der Wehrmacht gegen die Zivilbevölkerung in Osteuropa involviert war. Hartung gehörte – und hier bezieht sich der Roman direkt auf eine Person der Realgeschichte – zum „Stab" des „Feldmarschalls von Reichenau" (VR 294), als der im Sommer 1941 mit seiner sechsten Armee in der Ukraine bis nach Kiew und Charkow vordrang. Der Generalfeldmarschall Walther von Reichenau hatte sich schon früh zum Nationalsozialisten gewandelt und bereits 1935 eine schnelle Einbindung des Militärs in das NS-Regime gefordert. Bei aller Distanz zum „Führer" als oberstem Feldherrn[27], begriff er wie Hitler den Russlandfeldzug als Weltanschauungskrieg. In die Militärgeschichte ist er nicht nur mit Siegen in Polen, Belgien und der Ukraine eingegangen, sondern auch mit dem fatalen Reichenau-Befehl vom 12. Oktober 1941. Hier wurde dem rassistischen Vernichtungskrieg gegen die Zivilbevölkerung das Wort geredet. Von Reichenau sprach davon, dass im Kampf gegen die Sowjetunion „Aufgaben" für die Truppe entstehen, „die über das hergebrachte einseitige Soldatentum hinausgehen." „Der Soldat", heißt es, „ist im Ostraum nicht nur ein Kämpfer nach den Regeln der Kriegskunst, sondern auch Träger einer unerbittlichen völkischen Idee und der Rächer für alle Bestialitäten, die deutschem und artverwandtem Volkstum zugefügt wurden." „Deshalb", so fährt er fort, müsse „der Soldat für die Notwendigkeit der harten, aber gerechten

---

26 Gert Hofmann, *Vor der Regenzeit. Roman* (München: Hanser, 1988); in der Folge abgekürzt mit „VR" und Seitenzahlen zitiert.
27 Walter Görlitz, „Reichenau". In: *Hitler's Generals*, hg. v. Correlli Barnett (New York: Grove Weidenfeld, 1989), S. 209-219.

Sühne am jüdischen Untermenschentum volles Verständnis haben". Die seitenlange Tirade, die so auch von Hitler selbst hätte stammen können, endet mit der Aufforderung an die Soldaten, der „geschichtlichen Aufgabe gerecht" zu werden, „das deutsche Volk von der *asiatisch-jüdischen Gefahr ein für allemal zu befreien*".[28] Reichenau starb Mitte Januar 1942 nach einem Herzanfall. Kurz zuvor hatte er den Oberbefehl über die sechste Armee an Friedrich Paulus übergeben, der ein Jahr später vor Stalingrad scheitern sollte. Mit dem Hinweis auf den Stab Reichenau sind Zeit und Gegend (Ukraine in der zweiten Jahreshälfte von 1941) im Roman bezeichnet. In seinen obsessiven Selbstentlastungsversuchen wird der „Onkel" noch genauer. Im Sinne des Reichenau-Befehls hat er in ukrainischen Dörfern „zur Vergeltung [...] Holzhütten anzünden" lassen. Einer jener „alten Kameraden"[29], die ebenfalls nach dem Krieg nach Bolivien entkommen sind, ist der Leutnant Gubitz. Ihm sei er in dessen „Glanzzeit", berichtet der Onkel, an „der Front und in der Reichshauptstadt" (VR 29) oft begegnet, und er erinnere sich daran, dass er einmal in Goebbels Zeitschrift *Das Reich* „abgebildet" wurde (VR 35). Er sei im Krieg „Leiter eines Verladekommandos im Osten" gewesen und dem Stab Reichenau zugewiesen worden, in dem er „die Lagebesprechungen" vorbereitet habe. „Für die Säuberungen", so erfährt der Erzähler vom mitteilungswilligen Onkel, habe Gubitz „sich Decknamen ausgedacht, wie ‚Heckenröslein', ‚Halli-Hallo', ‚Hackfleisch' oder ‚Wurstsuppe'". Dabei habe der Freund „die größten Schwierigkeiten" gehabt, „die Außenfront von den Innenfronten zu unterscheiden", doch, so fährt Hartung fort, „die hatten wir bald alle" (VR 294). Halb gesteht der Onkel ein, halb leugnet er, dass auch er an diesen „Säuberungen" beteiligt gewesen ist. Das „Gerücht" über ihn besage, dass er beim „Einzug in jedes Dorf" mit dem Ruf „Euch werde ich es zeigen" die „Hütten teilweise eigenhändig angezündet" habe. In einem Dorf soll „nicht ein Stein auf dem andern geblieben" sein, und er nennt sogar den Namen dieser Ortschaft: „Dub Macharenzi" (VR 279). Dub Macharenzi ist kein von Hofmann erfundener Name. Es ist ein Ort – heute heißt er Kazatin – in der Ukraine, etwa zweihundert Kilometer südwestlich von Kiew gelegen.

Dub Macharenzi ist kein Dorf wie Lidice oder Oradour, das mit Racheaktionen der SS gegen die tschechische bzw. französische Zivilbevölkerung verbunden wird. Nichtsdestoweniger steht der Ort mit der Geschichte des Russlandfeldzuges und des Holocaust in einem – allerdings vermittelten – Zusammenhang. Im September 1986 hatte der Staat Israel einen Prozess gegen Ivan Demjanjuk eröffnet, der unter dem Schimpfnamen „Iwan der Schreckliche" den Überlebenden des Konzentrationslagers Treblinka in schlimmer Erinnerung war.[30] Ivan Dem-

---

28 http://www.dhm.de/lemo/html/biografien/ReichenauWalter. Vgl. ferner: Samuel W. Mitcham, *Hitler's Field Marshals and Their Battles* (Chelsea: Scarborough House, 1990), S. 120.
29 Die offizielle Bezeichnung der Vereinigung nach Lateinamerika geflohener Nationalsozialisten war in den 1950er und 1960er Jahren „Kameradenwerk". Vgl. dazu Magnus Linklater, Isabel Hilton, Neal Ascherson, *The Nazi Legacy. Klaus Barbie and the International Fascist Connection* (New York: Holt, Rinehart and Winston, 1984), S. 272.
30 http://www.ukar.org/indict01.shtml

janjuk war beim Russlandfeldzug als sowjetischer Soldat gefangengenommen und von der SS für Wacharbeiten in Konzentrationslagern rekrutiert worden. Er war Ukrainer, geboren in der kleinen Ortschaft Dub Macharenzi. Kurz bevor Hofmann mit der Niederschrift des Romans begann, war Demjanjuk – und mit ihm sein Geburtsort – der Welt durch Berichte in den internationalen Medien bekannt geworden. Ivan „John" Demjanjuk lebte als Arbeiter in Cleveland/Ohio. Israel bestand auf seiner Auslieferung. Nun erwartete man einen Prozess wie im Fall Eichmann, nur dass diesmal kein Schreibtischmörder, sondern einer der unmittelbaren Täter vor Gericht stand. Im lange dauernden Verfahren konnte dem Mann aus Cleveland aber nicht nachgewiesen werden, dass er mit „Iwan dem Schrecklichen", der ebenfalls aus Dub Macharenzi stammte, identisch war.[31] Offensichtlich wegen der Assoziation mit einem Holocaust-Täter hat Hofmann in seinem Roman Dub Macharenzi als Ort einer Untat des Nazionkels gewählt.

Weil er 1945 mit einem Gerichtsverfahren rechnet, ist Heinrich von Hartung bald nach Kriegsende nach Südamerika geflohen. Da hat er sich zunächst als Holländer ausgegeben (VR 253). Als er merkt, dass man in Bolivien gefahrlos als deutscher Nazi leben kann, gibt er die Tarnung wieder auf. Ein subjektives Schuldempfinden hat Hartung nicht. Im Gegenteil, die Schuld liege, so betont er, bei seinem Vaterland. Er bezichtigt Deutschland des „Verrats" an ihm: „Im Krieg", argumentiert er, „zwingt es mich, nach Russland zu gehen, dann will es mich dafür zur Rechenschaft ziehen" (VR 138).

Als der Ich-Erzähler den „Onkel" zur Rückkehr nach Deutschland ermuntert, wird Hartung misstrauisch. Es sei doch deutlich, dass die beiden Besucher ihn für „einen Verbrecher" (VR 100) hielten. Er bezeichnet die Frage geradezu als „Unverschämtheit", betont auch, dass er kein Deutscher mehr sei, sondern „ein Bolivianer mit einem richtiggehenden bolivianischen Paß" (VR 47). Hier wird die Paranoia des „Onkels" offenbar, und sie steigert sich im Verlauf der Romanhandlung. Der Vater, der alte General, sucht ihn vergebens zu beruhigen: dass doch das „*Vorkommnis*" aus dem Krieg hier auf der anderen Seite des Globus keine Rolle spiele, dass man ohne Sorgen zur „bolivianischen Tagesordnung" übergehen könne (VR 64). Aber „die schrecklichen Dinge", die er „tun mußte" (VR 250), verfolgen ihn. Erneut wendet sich seine misstrauische Aggressivität gegen die beiden jungen Besucher. Er vermutet, dass „jemand" sie „geschickt" habe, um ihn „umzubringen" (VR 265). Er meint, dass es sich bei Franz und Nika um radikale Marxisten handelt, die der „gleichen Bande" wie sein „Bruder" angehören (VR 269). Aber er fürchte sich nicht, fühle sich geschützt durch den Kontakt zu einem anderen seiner „alten Kameraden", zum mächtigen „Wilhelm Schwand" in „Lima" (VR 271). Hofmann spielt hier auf Friedrich Schwend an, einen ehemaligen SS-Offizier im Rang eines Obersten, der in Peru ein neues Betätigungsfeld gefunden hatte und mit Klaus Barbie in La Paz zusammenarbeitete. Während des

---

31 Eric Slater, „Nazi Saga Takes a New Turn". In: Los Angeles Times (July 14, 2001). Gegen John Demjanjuk wurde 2009 der Prozess in Deutschland eröffnet.

Krieges war Schwend in die „Operation Bernhard"[32] involviert. Benannt worden war sie nach Bernhard Krüger, einem SS-Offizier, der die Operation vom Reichssicherheitshauptamt der SS in Berlin aus leitete. Die kriminelle Aktion wurde gestartet, um englische Banknoten massenhaft zu imitieren. Die Idee war, die britische Wirtschaft mit gefälschten Noten zu überfluten, um das Pfund als internationales Zahlungsmittel zu diskreditieren. Ins Konzentrationslager Sachsenhausen bei Berlin hatte die SS nahezu 150 jüdische Gefangene verbracht, die – als ehemalige Drucker oder Kupferstecher – den Auftrag erhielten, in eigens für sie reservierten Baracken die Banknoten zu fälschen. Die Aktion dauerte von 1942 bis zum Ende des Krieges. Dort wurden schätzungsweise hundert Millionen Pfundnoten mit unterschiedlichen Nennwerten (vor allem fünf, aber auch zehn, zwanzig und fünfzig Pfund) im Gesamtwert von über vier Milliarden gedruckt. Gegen Kriegsende fing man auch mit der Fälschung von Dollarnoten an, doch kam es nicht mehr zum Druck im großen Stil. Über das Geldfälscher-Team im Konzentrationslager Sachsenhausen ist der Spielfilm *Die Fälscher* gedreht worden, eine österreichisch-deutsche Koproduktion, die 2007 in die Kinos kam. Stefan Ruzowitzky, der das Drehbuch erstellte und Regie führte, erhielt im Februar 2008 bei der achtzigsten Oscar-Verleihung die Auszeichnung in der Kategorie bester fremdsprachiger Film. Allerdings handelt es sich nicht um einen Dokumentarfilm, und auf die Korrektheit historischer Einzelheiten legte man keinen Wert. Immerhin zog man bei der Erstellung des Drehbuches einen der Überlebenden zu Rate, Adolf Burger (im Film von August Diehl dargestellt), der selbst einen Bericht über die Zeit im Geldfälscher-Team des KZ Sachsenhausen veröffentlicht hat.[33] *Die Fälscher* rückt die Arbeit des Salomon Sorowitsch ins Zentrum der Handlung, und die Zuschauer bekommen den Eindruck, dass er der Kopf des Fälschungsteams gewesen sei, was nicht der Fall war. Sorowitsch (im Film spielt seine Rolle Karl Markovics), der eigentlich Salomon Smolianoff hieß, war vor dem Krieg ein Geldfälscher gewesen und 1936 in Deutschland zu vier Jahren Haft verurteilt worden. Nach Abbüßung der Gefängnisstrafe verschleppten ihn die Nationalsozialisten, weil er Jude war, ins Konzentrationslager Mauthausen. Bernhard Krüger, der in den 1930er Jahren bei der Geldfälscherbekämpfung der Polizei gearbeitet hatte, entsann sich der Spezialtalente des nunmehrigen KZ-Häftlings und holte ihn ins KZ Sachsenhausen. Dort verbesserte Smolianoff den Druck der Pfundnoten, sollte aber vor allem Dollar-Blüten produzieren. Friedrich Schwend (Deckname: Fritz Wendig) war zuständig fürs Geldwaschen innerhalb dieser bisher größten Geldfälschungsaktion. Da seine Organisation europaweit agierte, konnte die SS mit Schwends Hilfe ein riesiges Vermögen anhäufen.

---

32 Burke, Bryan, *Nazi Counterfeiting of British Currency during World War II: Operation Andrew and Operation Bernhard* (San Bernardino: Book Shop, 1987); Lawrence Malkin, *Hitlers Geldfälscher – Wie die Nazis planten, das internationale Währungssystem auszuhebeln* (Bergisch Gladbach: Gustav Lübbe, 2006).
33 Adolf Burger, *Des Teufels Werkstatt* (Berlin: Verlag Neues Leben, 1997).

Gegen Kriegsende versuchte sie, große Teile des zusammengestohlenen Besitzes in Sicherheit zu bringen, so dass es den Alliierten nicht in die Hände fiel. Die meisten Geldnoten-Blüten wurden im österreichischen Toplitzsee versenkt[34], doch wurde mit einem weiteren Teil ein schwunghafter Handel getrieben.

Wie Barbie wurde Schwend nach dem Krieg vom amerikanischen Counter Intelligence Corps (CIC), also dem Nachrichtendienst der US-Armee, angeworben und als antikommunistischer Agent in den Gebieten jenseits des Eisernen Vorhangs eingesetzt. Wie Barbie entkam er mit Hilfe des CIC nach Lateinamerika und ließ sich in Lima nieder. Dorthin hatte er Teile des sog. „SS-Schatzes" retten können.[35] Ähnlich wie Barbie in Bolivien war Schwend in Peru als Militärberater tätig. In Lateinamerika gehörte er mit Hans-Ulrich Rudel und Klaus Barbie zu den einflussreichsten Figuren des Netzwerks der alten Nazis.[36] Sogar so ein Detail wie die Hühnerfarm, die Schwend in Lima – mehr der Tarnung als des Geschäfts wegen – betrieb, kommt bei Hofmann vor.[37] Im Roman bemerkt Heinrich von Hartung dem Erzähler gegenüber, dass „Schwands Reichtum" angeblich „aus einer Hühnerfarm" stamme, was aber niemand glaube (VR 271).

Schwand mag den „Onkel" vor dem Zugriff der Revolutionäre bewahren, aber er kann ihn nicht von seinem selbstzerstörerischen Verfolgungswahn heilen. Nach dem Krieg, so erzählt von Hartung, sei er versucht gewesen, seinem Leben ein Ende zu setzen, „Gift" zu „nehmen" (VR 292). Der Gedanke an den Freitod habe ihn eigentlich nie verlassen. Der „Selbstmord unter den Kameraden", weiß er zu berichten, komme „oft vor". Als „Hauptursachen" gelten dabei „Impotenz [...], Schlaflosigkeit, Armut und Träume" (VR 299). Heinrich von Hartung erhängt sich in der Nacht nach der Begegnung mit den Verlobten aus Deutschland. Vor dem Selbstmord hat er seine alte Offiziersuniform angelegt, samt den „längst vergessenen Orden" und der „längst vergessenen Mütze" sowie den „längst vergessenen weißen Handschuhen" (VR 312). Die Gedanken und Empfindungen des Ich-Erzählers beim Anblick der Leiche drehen sich weniger um „das furchtbare, das verfehlte Leben" des alten Nazis als um das „eigene verfehlte, furchtbare Leben" (VR 320). Den Ich-Erzähler quälen zwar keine Ängste, die mit früheren Mordtaten verbunden sind, aber die Lieblosigkeit, die zwischen ihm und seiner „Verlobten" herrscht, zeugt von einer Gefühlskälte, die in einem Zusammenhang mit dem emotionalen Habitus des Toten zu stehen scheint. Gert Hofmann erinnert daran, wie Zerstörung und Mord nicht nur bei den führenden Nazis wie

---

34 Werner Kopacka, *Enthülltes Geheimnis Toplitzsee* (Graz: Steirische Verlagsgesellschaft, 2001).
35 Shraga Elam, *Hitlers Fälscher* (Wien: Ueberreuther, 2000).
36 Hingewiesen sei hier auf den Roman von Walter Klier, *Hotel Bayer. Eine Geschichte aus dem 20. Jahrhundert* (Innsbruck: Haymon, 2003), in dem das Nazi-Dreigestirn Schwend, Barbie alias Altmann und Ertl in Bolivien auftauchen, und in dem viel von Che Guevara und Fidel Castro die Rede ist.
37 Magnus Linklater, Isabel Hilton, Neal Ascherson, *The Nazi Legacy*, S. 279. Im Kapitel 11 des Buches, das „Klaus and Fritz" überschrieben ist, wird auf den Seiten 235 bis 248 die Beziehung zwischen Klaus Barbie und Fritz Schwend geschildert.

Hitler, Himmler, Goebbels und Göring in Selbstzerstörung und Selbstmord endeten, sondern wie sich deren Biographien auch bei ihren Willensvollstreckern wiederholten. Aber er schildert mit den „Verlobten" Franz und Nika auch Vertreter einer nachgeborenen Generation, die sich emotional nur schwer von den Verhaltensmustern zwischenmenschlicher Beziehungen der Vätergeneration lösen können.

V.

Ausblick

ETHIK UND ÄSTHETIK

I

Im Juni 2005 veröffentlichten drei deutsche Autoren gemeinsam mit einem Schweizer Schriftsteller[1] ein „Positionspapier"[2] mit dem Titel „Was soll der Roman?" in der Wochenzeitschrift *Die Zeit*. Die vier Romanciers Martin R. Dean, Thomas Hettche, Matthias Politycki und Michael Schindhelm waren damals zwischen Mitte Vierzig und Mitte Fünfzig und verstanden sich in jeder Hinsicht als Vertreter einer neuen Mitte: altersmäßig (die 78er zwischen den 68ern und den 89ern), vom Selbstverständnis als romanhafte Erzähler her, aber auch als Kritiker mit öffentlichen Interventionsabsichten. Sie wollten die „leere Mitte der Gesellschaft zurückgewinnen" und „eine neue Mitte konstituieren". Sie suchten ihren Ort zwischen den anderen Schriftstellergenerationen zu markieren: weit weg von der Gruppe 47, gleichermaßen entfernt von den 68ern, und nicht minder auf Distanz gehend zu den jüngeren KollegInnen, denen damals das Etikett „Popliteraten" angeheftet worden war. Gegen Vergangenheitsverhaftete und Zukunftsverfallene, gegen Melancholiker wie gegen die Vertreter der Spaßgesellschaft bestimmte man „die zwar unbequeme, aber aufregende Gegenwart zum zentralen Ort des Erzählens". Der Weg dorthin werde verstellt durch „Lebensmitschriften", durch „solipsistische Selbsterkundungen", durch die Beiträge bloßer „Sprachartisten" und durch die „Popliteratur" als Medium der „Infantilisierung der Gesellschaft". Das Positionspapier argumentierte nicht sonderlich subtil und wies die Autoren auch nicht als Kenner der literarischen Gegenwartsszene aus. Als Aussage über des Befinden einer bestimmten Generation ist es aber symptomatisch und daher ernstzunehmen. Die zentrale Aussage lautete:

> Unser Ziel [ist] eine relevante Narration, denn wir glauben, dass dem Roman heute eine gesellschaftliche Aufgabe zukommt: Er muss die vergessenen oder tabuisierten Fragen der Gegenwart zu seiner Sache machen, er muss die Problemfelder, ob in lokalem oder globalem Kontext, in eine verbindliche Darstellung bringen. Die Forderung nach mehr Relevanz leiten wir [...] aus dem Zustand einer „unheimlich" gewordenen Welt [ab]. Ihre Bewohnbarkeit beizubehalten und weiter zu erschließen ist die Aufgabe des Romans. Dies setzt voraus, dass der Schreibende eine erkennbare Position bezieht, die moralische Valeurs mit ästhetischen Mitteln beglaubigt.

---

1 Martin R. Dean, Thomas Hettche, Matthias Politycki und Michael Schindhelm, „Was soll der Roman?". In: *Die Zeit* 26 (23.6.2005).
2 Schon einen Tag nach Erscheinen des Artikels führte Katrin Heise mit Matthias Politycki ein Gespräch unter dem Titel „Relevanter Realismus" in *Deutschlandradio Kultur* (24.6.2005). Vgl. http://www.dradio.de/dkultur/sendungen/fazit/389515. Hier betont Politycki, dass es sich bei „Was soll der Roman?" nicht um ein Manifest, sondern um ein „Positionspapier" handle.

Die postulierte transnationale Dimension[3], die Verflechtung von Lokalem und Globalem ist in der deutschsprachigen Gegenwartsliteratur keineswegs neu, aber es ist erfreulich, dass auch die 78er Generation sich zu ihr bekannte. Eine mehrfache Zielrichtung wird deutlich: Realität und Fiktion, Subjekt und Gesellschaft, Lokales und Globales, Moral und Ästhetik sollen wieder miteinander verbunden werden. Was die zu erzählenden Wirklichkeiten betrifft, wird man konkret. Da heißt es:

> Und da sehen wir [...] Menschen, die von einem Ort zum anderen unterwegs sind. Reisende, Nomaden, Migranten mit unterschiedlich schwerem Gepäck. Sie kommen aus unterschiedlichen Nationen, Ethnien, Milieus und Mentalitäten. Sie durchqueren Wüsten (auch solche der Zivilisation) [...].

Die Position des „Moralisten" wird neu bestimmt. Zu bekämpfen sei die „grassierende Irrelevanz, die unser kulturelles Leben lähmt". Zum Zusammenhang von Ethik und Ästhetik liest man:

> Erzählen ist die verkappte Äußerungsform des Moralisten, ausgeübt mit dem Pathos dessen, der darin nicht etwa nur der Lust zu fabulieren frönt, sondern sich der Pflicht entledigt, Zeitgenossenschaft aus der Mitte seiner Generation heraus zu betreiben, von einem ästhetischen Standpunkt aus, der immer auch ein moralischer ist.

Aus der Kombination von „Zeitgenossenschaft" und „ästhetisch-moralischer Verantwortung" ergibt sich, so sehen es die Autoren, ein „Relevanter Realismus", der sich „im Brennpunkt des gesellschaftlichen Diskurses" befinde. Bezeichnend für ihn sei, „stilistisch gesprochen", ein „Erzählen aus der Mitte erlebten Lebens heraus"; „moralisch gesprochen" die „Sichtung unsrer untergehenden Welt und das Ringen um neue Utopien".

Poetologische Standortbestimmungen von Romanschriftstellern sind keine literaturgeschichtlichen Abhandlungen. Die vier Autoren beziehen aber die Geschichte des Romans in ihre Überlegungen ein. Sie halten fest, dass sie eine Relevanz für diese Erzählgattung zurückgewinnen wollen, die früher einmal wie selbstverständlich vorhanden gewesen sei. „Wir fragen uns", liest man, „warum der deutschen Gegenwartsliteratur ein emphatischer Begriff des Romans abhanden gekommen ist", warum „der Roman die Mitte des Diskurses" meide. Dabei sei „gerade der Roman als durchlässigste, aufnahmefähigste Literaturgattung in dieser Mitte des gesellschaftlichen Diskurses entstanden" und habe „aus ihr heraus immer seine auch ästhetisch größten Entwicklungen vollzogen."

Das ist richtig, und man braucht nur an die Entwicklung des Romans von Cervantes bis Wieland, von Dostojewski bis Kafka, von Tolstoi bis Thomas Mann, von Joyce bis Broch, von Virginia Woolf bis Ingeborg Bachmann, von Musil bis Thomas Bernhard, von Grass bis Salman Rushdie zu denken, um den

---

3 Zum Thema Transnationalismus vgl. Ludger Pries, *Die Transnationalisierung der sozialen Welt. Sozialräume jenseits von Nationalgesellschaften* (Frankfurt am Main: Suhrkamp, 2008). Vgl. ferner: Patricia Clavin, „Defining Transnationalism". In: *Contemporary European History* 14.4 (2005): 421-439.

Autoren in der Charakterisierung des Romans als „aufnahmefähigster Gattung" und als relevant für die Zeitgenossen – und nicht nur für sie – zuzustimmen. Trotzdem zeugt ausgerechnet dieses Positionspapier, das so entschieden den unverstellten Blick auf die Gegenwart fordert, von einer partiellen Blindheit gegenüber dem zeitgenössischen deutschsprachigen Roman selbst. Die weitaus meisten Bürgerkriegsromane, die hier interpretiert werden, waren schon erschienen, als die Autoren ihr Positionspapier veröffentlichten. Was die Vertreter der 78er Generation, die Verfechter des „Relevanten Realismus", fordern, ist in diesen Romanen bereits erfüllt. Um „gesellschaftliche Aufgaben" in einer „unheimlich' gewordenen Welt", um das Erkunden von „Problemfeldern" im „globalen Kontext", um „Nomaden" und „Migranten" und das Durchqueren von „Wüsten" – geologischer wie kultureller Art – geht es hier allemal, und auch das Postulat der „Zeitgenossenschaft" samt ästhetisch/moralischem Standpunkt wurde hier bereits erfüllt. Die Bürgerkriegsromane wurden von Autoren verfasst, die in fünf verschiedenen Jahrzehnten geboren worden sind: in den 1930ern (Nicolas Born, Gert Hofmann, Dieter Kühn, Jeannette Lander), in den 1940ern (Hans Christoph Buch, Friedrich Christian Delius und Uwe Timm), in den 1950ern (Erich Hackl), in den 1960ern (Norbert Gstrein, Christian Kracht und Michael Roes) und in den 1970ern (Lukas Bärfuss). Diese Autoren zählen nicht zu den Geheimtipps, zu den Unbekannten oder Verkannten. Und wenn man bedenkt, dass sich zum Zeitpunkt der Veröffentlichung des Positionspapiers gerade die Bücher des Postkolonialismus[4], der Migration und der Multikultur[5] (nicht zuletzt die Beiträge dazu von türkisch-deutschen AutorInnen)[6] besonderer Beliebtheit erfreuten und international diskutiert wurden, wird deutlich, dass die Programmatiker offene Türen einrannten. Ungewollt war das Positionspapier weniger eine Abgrenzung gegenüber dem aktuellen Roman als eine Sympathieerklärung für Autoren, die jene alte Kombination von Wirklichkeitsdarstellung und moralischer Verve beibehalten hatten, ohne sich formal auf eine besondere Variante des Realismus festlegen zu lassen. Was – stilistisch, erzähltechnisch und strukturell gesehen – „Relevanter Realismus" ist, bleibt im Positionspapier offen, und das ist gut so. „Relevant" wollte jede Richtung des Realismus sein, ob in ihrer „bürgerlichen", „poetischen", „sozialistischen" oder „magischen" Variante.[7] Im Realismus gibt es viele Spielarten und Kombinationsmöglichkeiten mit anderen Erzählarten – im Fall der Bürgerkriegsromane etwa mit jenen des Märchens, der Mythen und Sagen, des Dramas, der Reportage etc.

---

4 Paul Michael Lützeler (Hg.), *Der postkoloniale Blick* (Frankfurt am Main: Suhrkamp, 1997).
5 Paul Michael Lützeler (Hg.), *Schreiben zwischen den Kulturen* (Frankfurt am Main: Fischer Taschenbuch, 1996).
6 Azade Seyhan, *Writing Outside the Nation* (Princeton: Princeton University Press, 2001); Leslie A. Adelson, *The Turkish Turn in Contemporary German Literature: Toward a New Critical Grammar of Migration* (New York: Palgrave Mcmillan, 2005).
7 Reinhard Lauer (Hg.), *Europäischer Realismus* (Wiesbaden: Akademische Verlagsanstalt Athenaion, 1980).

II

Besondere Aufmerksamkeit verdient der Hinweis im Positionspapier auf die geforderte Nähe von Ethik und Ästhetik. Je individualistischer eine Gesellschaft geprägt ist, d.h. je geringer ein sozialer *common sense* sich auswirkt, je lockerer die Bindung an religiöse Überzeugungen oder politische Idologien geworden ist, desto drängender stellen sich Fragen der Ethik. Wenn bei der Formation individueller oder kollektiver Identitätsbildung multiple Imaginationen sich im Streit mit dominanten Ideologien befinden, kommt man ohne moralphilosophische Diskussionen bei Entscheidungsprozessen nicht aus. Was falsches und richtiges Verhalten ist, was als Gut und Böse, als Anzustrebendes und Verwerfliches verstanden werden soll, ist in der Moderne in eigentlich jeder Generation neu zu verhandeln. In Deutschland mussten bei der Auseinandersetzung mit der Herrschaft des Nationalsozialismus, mit Krieg und Holocaust, Grundfragen der Ethik und deren Relevanz für Politik und Recht neu gestellt werden. Aber auch in der Gegenwart selbst wird man permanent mit ethischen Problemen konfrontiert. Man denke an die militärischen Zerstörungspotentiale (Atombomben und Raketen), an die Entwicklungen in Biologie und Medizin (Klonen und Sterbehilfe), an die globalisierte Wirtschaft (die Vermögenszerstörung durch Spekulation und Betrug) und in der Politik an die Einschränkungen ziviler Freiheiten durch die Deklarierung von Ausnahmezuständen. Immerhin kann man als Hoffnungsschimmer werten, dass Ethik-Kommissionen zur Beratung in Politik und Wissenschaft gebildet wurden. In der Bundesrepublik gibt es sogar einen Deutschen Ethikrat[8], dessen 25 Mitglieder vom Bundespräsidenten berufen werden. Er versteht sich als biopolitisches Beratungsgremium und erstattet einmal jährlich der Bundesregierung und dem Bundestag Bericht.

Seit ihren Anfängen in der griechischen Tragödie, ist die Literatur das Medium, in dem Fragen der Ethik verhandelt werden. Bevor bei Sokrates, Platon und Aristoteles ethische Themen philosophisch angegangen wurden und sich Ethik als Moralphilosophie, d.h. als philosophische Teildisziplin, etablierte, waren in den Tragödien der griechischen Klassiker wie Aischylos, Sophokles und Euripides jene moralischen Fragen behandelt worden, in denen es um die Stellung des Individuums in der Gemeinschaft ging, um die Pflichten des Herrschers, das Verhältnis der Geschlechter und der Generationen zueinander, um Treue und Verrat, um das Akzeptieren des Schicksals und um die Auflehnung gegen den Beschluss der Götter.[9] Anders als die Philosophen haben die Dichter nicht mit Ergebnissen und Regeln, mit Gesetzen und Imperativen aufgewartet. Was sie umtrieb, war Ethik als Provokation, war das Gegeneinanderstellen von ethischen Positionen, war die Darstellung moralischer Antagonismen, nicht die Auflösung eines philosophischen Problems samt Schlussfolgerung. Dieses antike Erbe hat immer erneut

---

8 http://www.deutscher-ethikrat.de/
9 Charles H. Kahn, „Presocratic Greek Ethics". In: *A History of Western Ethics*, hg. v. Lawrence C. Becker und Charlotte B. Becker (New York: Garland, 1992), S. 3-10.

nachgewirkt, hat sich in wiederholten Renaissanceschüben durchgesetzt und jene Phasen zu überwinden geholfen, in denen sich Dichtung einer Religion, einem Herrscherwillen, einer dominierenden Weltanschauung oder einer politischen Richtung unterordnete. Man kann hier von einem „ethischen Impetus" und einem „ethischen Kontinuum"[10] in der Literatur sprechen.[11]

Das 18. Jahrhundert als Epoche des sich etablierenden und ausbreitenden Individualismus mit dem resoluten, gegen kirchliche wie politische Autoritäten gerichteten Emanzipationswillen war die große Zeit der Moralphilosophie. Jean-Jacques Rousseau ist mit seinem philosophischen und literarischen Werk hier an erster Stelle zu nennen, und ohne seine Vorarbeiten ist Immanuel Kants *Kritik der praktischen Vernunft* von 1788 schwer vorstellbar.[12] Mit seinem transzendentalen Ansatz, mit seiner auf Prinzpien abgestellten Reflexion über die Bedingungen der Möglichkeit von Moral, d.h. mit der Formulierung des Kategorischen Imperativs hatte Kant die philosophische Ethik-Diskussion auf eine neue Meta-Ebene gehoben, dabei jedoch das Gebiet der Empirie anderen wissenschaftlichen Fächern überlassen: der historischen und vergleichenden Anthropologie, der Psychologie und der sich bald etablierenden Soziologie. Vor allem aber blieben die ungelösten und oft unlösbaren Fragen der Ethik das Gebiet der Literatur. Der junge Schiller bezeichnete das Theater als „moralische Anstalt"[13] und sprach damit die Verhandlung jener privaten und öffentlichen Probleme an, die sich in seiner Zeit als ethische stellten: Die Schaubühne sei nicht nur eine ästhetische Institution zur Beförderung des Sinns für das Schöne, sondern auch ein Instrument der Aufklärung und eine Schule der praktischen Weisheit. Wenn sich in den folgenden Literaturepochen auch immer wieder Absetzbewegungen und Oppositionen zur Privilegierung ethischer Themen bemerkbar machten, blieb das „ethische Kontinuum" doch bestehen. Auch das Positionspapier der vier Gegenwartsautoren zeugt von der Nachwirkung des deutschen Klassikers, wenngleich es, was seinen intellektuellen Anspruch betrifft, nicht das Niveau der Schillerschen Schriften zum Zusammenhang von Ethik und Ästhetik erreicht – man denke an die Abhandlung *Über die ästhetische Erziehung des Menschen*[14]. Wie sich die ethische Verve neue ästhetische Formen schafft, wie das Zusammenspiel von Ethik und

---

10 Michael Eskin, „On Literature and Ethics". In: *Poetics Today* 25.4 (Winter 2004): 573-594, hier S. 575. Das Exemplarische an der Rolle der Literatur im Hinblick auf die Auseinandersetzung mit ethischen Fragen wird hier im im Hinblick auf Überlegungen von Aristoteles, Roman Jacobson und Jacques Derrida nachgezeichnet. Eskin umreißt eine Theorie des Zusammenspiels von Ethik und Literatur durch Hinzuziehung von Thesen Mikhail Bakhtins und Alasdair MacIntyres.
11 Einzelstudien zur englischen Literatur unter dem Aspekt von Ethik und Literatur bietet: Gary Wihl, David Williams (Hg.), *Literature and Ethics. Essays Presented to A.E. Malloch* (Kingston: McGill-Queen's University Press, 1988).
12 Jörg Bockow, *Erziehung zur Sittlichkeit: Das Verhältnis von praktischer Philosophie und Pädagogik bei Jean-Jacques Rousseau und Immanuel Kant* (Frankfurt am Main: P. Lang, 1984).
13 Friedrich Schiller, „Die Schaubühne als eine moralische Anstalt betrachtet" (1784).
14 Friedrich Schiller, *Über die ästhetische Erziehung des Menschen* (1795). Vgl. dazu: Norbert Oellers, „Philosophische Schriften". In. N.O., *Schiller. Elend der Geschichte. Glanz der Kunst* (Stuttgart: Reclam, 2005), S. 436-490.

Ästhetik im kreativen Prozess verläuft, auf dass sich poetisch Innovatives ergibt, kann nur in Einzeluntersuchungen zu klären versucht werden. Eine allgemeine Regel lässt sich nicht aufstellen. Bei den Bürgerkriegsromanen hatten die Entscheidungen für bestimmte Erzähl- und Schilderungsformen (Ich- und Du-Erzählungen, auktoriales Erzählen, Collagetechniken) immer auch mit ethischen Fragestellungen zu tun.

Der Problembereich Ethik und Ästhetik hat viele Facetten.[15] Die literarischen Strömungen, die außerhalb des „ethischen Kontinuums" stehen oder sich mit ihm nur partiell überschneiden, sind nichtsdestoweniger oft zum Gegenstand ethischer Diskussion geworden. Homer, Vergil, Dante, Shakespeare, Goethe und Kafka sind sich offenbar eines künstlerischen und kulturellen Kontinuums, seiner Risse und Brüche bewusst, doch sind ihre Werke Solitäre und lassen sich schwer in ethisch-ästhetische Traditionsreihen einordnen. Dass aber ihre Werke als solche zu ethischen Kontroversen geführt haben und dadurch Spuren in der moralischen Identitätsbildung von Individuen und Kollektiven hinterlassen haben, darf als gesichert angenommen werden. Ob im Werk selbst verhandelt oder ob das Werk durch bewusste Radikalität und Einseitigkeit den Anstoß zu öffentlichen Debatten gab: Ohne gestaltetes moralisches Dilemma ist ein großer Roman nicht denkbar; er wird beherrscht von Konfrontationen zwischen Eigeninteresse und Altruismus, Glücksstreben und Entsagung, Tugend und Laster, Pflicht und Neigung, Machtverlockung und Gerechtigkeit, Normensprengung und Anpassung, Zweckrationalität und Sentiment. Kants Grundfrage der Ethik „Was soll ich tun?" könnte als Untertitel unter fast jedem Roman der Weltliteratur stehen.[16]

Ferner stellt sich die Frage, ob es nicht eine spezifische Ethik der Literatur selbst gibt. Hermann Broch hat wiederholt die ethische Valenz der Literatur, besonders des Romans, bedacht. Schon in seiner Studie „Zur Erkenntnis dieser Zeit", die zwischen 1917 und 1919 entstanden war, hatte der Autor sich auf Kants „guten Willen" berufen und gefordert, dass „ein Werk um des Werkes"[17] willen, d.h. aus autonomen und nicht aus heteronomen Beweggründen heraus geschaffen werden müsse. Wer sich in der Kunst den Forderungen anderer Wertsysteme beuge, oder wer sich der „dogmatischen Akzeptanz" schon vorgegebener

---

15 Hingewiesen sei hier auf zwei amerikanische Anthologien, in denen auf vielfältige Weise die Beziehung von Ethik und Ästhetik angegangen wird: Stephen K. George (Hg.), *Ethics, Literature, and Theory: An Introductory Reader* (Lanham: Rowman & Littlefield, 2005). Zu den Beiträgern gehören Literaturtheoretiker wie Marshall Gregory, James Phelan und Wayne C. Booth, Philosophen wie Martha Nussbaum, Richard Hart und Nina Rosenfeld sowie Autoren wie John Updike, Charles Johnson und Flannery O'Connor. Vgl. ferner: Louis P. Pojman, Lewis Vaughn (Hg.), *The Moral Life: An Introductory Reader in Ethics and Literature* (New York: Oxford University Press, 2007). Der Band enthält viele literaturkritische Studien zum Thema, wobei bekannte Werke der Weltliteratur u.a. von Victor Hugo, Nathaniel Hawthorne, Henrik Ibsen, Herman Melville, Albert Camus und George Orwell interpretiert werden.
16 Dagmar Fenner, *Ethik. Wie soll ich handeln?* (Tübingen: Francke, 2008).
17 Hermann Broch, „Zur Erkenntnis dieser Zeit". In: H.B., *Philosophische Schriften 2: Theorie*, hg. von Paul Michael Lützeler, Band 10/2 der Kommentierten Werkausgabe (Frankfurt am Main: Suhrkamp, 1977), S. 25.

Kunsttraditionen schuldig mache, begehe die „Sünde" des „Unschöpferischen"[18]. In Fortführung dieses Grundgedankens hat Broch 1933 in seinem Aufsatz „Das Böse im Wertsystem der Kunst"[19] eine Kitschtheorie entwickelt. In jedem Wertsystem, meint Broch, sei „ein völlig identisches festzustellen", das das echte Wertsystem imitiere. Es stimme „Zug um Zug mit dem originalen überein" und sei „doch dessen Gegenteil", weil „ihm der Blick auf das unendliche Wertziel" abgehe. Einem Wertsystem ohne „unendliches Wertziel" fehlt nach Broch „Ethik". In nicht-ethischen „Imitationssystemen" würden „alle wesentlichen Elemente zu ihrem Gegenteil verkehrt"[20]: das Religiöse wird zum Antireligiösen, das Unendliche zum Endlichen, das Gute zum Bösen verkehrt. Als „unendliches Wertziel" versteht Broch in der Kunst wie in der Wissenschaft „Erkenntnis", wobei die Wissenschaft mit rationalen, die Kunst mit nicht-rationalen Mitteln verfahre. Wo das Erkenntnis-Postulat nicht mehr eingelöst werde, setze Imitation ein, und mit ihr beginne das „Böse im Wertsystem der Kunst". Das „Gute" in der Kunst dagegen umschreibt Broch mit der „Aufdeckung neuer Erkenntnisse und neuer Seh- und Anschauungsformen"[21]. Charakteristisch für Brochs ethisch argumentierende Ästhetik ist der Doppelaspekt von Kunst als Medium der Entdeckung neuer Realitäten und als kreative Potenz, die bisher ungekannte Formen schafft, wobei Entdeckung und Form in einer dialektischen und untrennbaren Verbindung miteinander stehen. Der Kitsch dagegen sei mit seinem Verhaftetsein an immer schon vorgegebene Formen nicht an Erkenntnis, sondern am „Effekt"[22] interessiert. Während die Kunst mit ihrer Ausrichtung auf ein unendliches Wertziel an der „Erhellung des Irrationalen" und der „Aufhebung des Todes" arbeite, bedeute Kitsch „Flucht vor dem Irrationalen" und „Flucht vor dem Tode"[23]. Ethik ist hier also nicht als eine Kategorie zu verstehen, die dem dichterischen Text äußerlich wäre, sondern die ihm eigentümlich ist. In diese Richtung weist auch die Einsicht, die Claudia Öhlschläger in der „Vorbemerkung" des Bandes *Ethik und Ästhetik* festhält, dass nämlich Ethik der fiktiven Literatur insofern inhärent sei, als sie „fremde, neue und alternative Deutungs- und Wahrnehmungsoptionen sichtbar" mache.[24] Dass die Ethik der Kunst allgemein und des Romans im Besonderen in ihrer Erkenntnisleistung besteht, dass das Kriterium von Kunst die Aufdeckung neuer Sehweisen auf die Realität ausmacht, ist eine Einsicht, die schwer zu widerlegen ist, wenn sich darin die ethische Leistung von Kunst und Literatur auch nicht erschöpft.

---

18 Hermann Broch, „Zur Erkenntnis dieser Zeit", S. 47.
19 Hermann Broch, „Das Böse im Wertsystem der Kunst". In: H.B., *Schriften zur Literatur 2: Theorie*, hg. v. Paul Michael Lützeler (Frankfurt am Main: Suhrkamp, 1975), S. 119-156.
20 Hermann Broch, „Das Böse im Wertsystem der Kunst", S. 145.
21 Hermann Broch, „Das Böse im Wertsystem der Kunst", S. 133.
22 Hermann Broch, „Das Böse im Wertsystem der Kunst", S. 150.
23 Hermann Broch, „Das Böse im Wertsystem der Kunst", S. 152, 153.
24 Claudia Öhlschläger, „Vorbemerkung". In: C.Ö. (Hg.), *Narration und Ethik* (München: Fink, 2009), S. 11. Dieser Beitrag enthält auch zahlreiche bibliographische Hinweise auf neuere Beiträge zum Forschungsgebiet von Ethik und Ästhetik allgemein.

III

Um auf das Positionspapier der Autoren zurückzukommen: Die vier „Moralisten" beabsichtigten auch dadurch „eine neue Mitte [zu] konstituieren", indem sie nicht nur „globale", sondern auch „lokale Problemfelder" literarisch bestellen wollten. Dabei wurde „relevante Narration" abgegrenzt von jener Literatur, die sich an der „Infantilisierung der Gesellschaft" beteiligte. Deutlich wird hier, dass das – ihrer Meinung nach – vernachlässigte Gebiet von Alltag und Arbeitswelt gemeint war. Allerdings muss festgehalten werden, dass die ersten Romane von Martin R. Dean, Thomas Hettche und Matthias Politycki mit dem nun verkündigten Programm eines „Relevanten Realismus" nichts zu tun hatten. Die standen im Zeichen weltferner Selbstreflexion, Selbsterkundung, Dekonstruktion, Mythenseligkeit, Inter- und Metatextualität, Experiment und Popartistik, waren geistig irgendwo zwischen Friedrich Nietzsche und Gottfried Benn, Jacques Derrida und Julia Kristeva, den Rolling Stones und den Road Movies angesiedelt, d.h. denkbar weit entfernt von realistischen Erzähltraditionen und Alltagsinvolviertheit. Man denke an Martin R. Deans *Die verborgenen Gärten* (1982) oder *Der Mann ohne Licht* (1988); an Thomas Hettches *Ludwigs Tod* (1988) oder *Ludwig muß sterben* (1989); an Matthias Polityckis *Aus Fälle/Zerlegung des Regenbogens* (1987) oder *Taifun über Kyoto* (1993). Lediglich Michael Schindhelm, der aus der ehemaligen DDR stammte und dort die Wiedervereinigung miterlebte, waren französischer Strukturalismus und amerikanische Popkultur relativ fremd, und so ist es nicht verwunderlich, dass seine ersten Romane, die allerdings erst 2000 (*Roberts Reise*) und 2005 (*Die Herausforderung*) erschienen, jene Welthaltigkeit aufweisen, die im Positionspapier gefordert wird. Es ist, als hätten die drei anderen Schriftsteller die Stellungnahme als selbstexorzistisches Beschwörungsritual veranstaltet, als abrupte Abwendung von den etwas traumtänzerischen, selbstbezogenen und selbstreflexiven Anfängen der 78er Generation und als für die Öffentlichkeit bestimmtes Bekenntnis zu neuer sozialer Involviertheit. In dieser gesellschaftlichen Mitte waren aber die 47er, die 68er und auch die 89er längst angekommen, und so kann man die Stellungnahme der vier auch als „Let's join the club"-Erklärung lesen. Reine Theorie war es nicht, was die Autoren programmatisch verkündigten, denn liest man Deans *Meine Väter* (2003), Hettches *Der Fall Arbogast* (2001) und Polityckis *Weiberroman* (1997), erkennt man rasch, dass diese Bücher mit dem jeweiligen Frühwerk nicht mehr viel gemein haben. Gerade die jüngste Generation jedoch, die sogenannten 89er, die als infantile Popliteraten gebrandmarkt worden waren, hatten die beschworene „Mitte" des gesellschaftlichen Alltags schon erreicht. Man denke etwa an Christian Krachts *1979* von 2001, an Juli Zehs *Adler und Engel*, ebenfalls von 2001, an Kathrin Rögglas *wir schlafen nicht* von 2004 oder an Doron Rabinovicis[25] *Ohnehin*, eben-

---

25 Der Wiener Autor Doron Rabinovici ist zwar Jahrgang 1961, begann seine Schriftstellerlaufbahn aber erst Mitte der 1990er Jahre. Was seine Zeitkritik als *public intellectual* betrifft vgl. seinen Essay *Der ewige Widerstand. Über einen strittigen Begriff* (Wien: Styria, 2008).

falls von 2004. Vertreter der jungen Schriftstellergeneration, die in den späten 1960er und in den 1970er Jahren geboren wurden, haben zu dem Sammelband *Schicht! Arbeitsreportagen für die Endzeit* – herausgegeben von Johannes Ullmaier – entscheidend beigetragen, z.B. Dietmar Dath, Harriet Köhler, André Kubiczek, Thomas Raab, Kathrin Röggla und Juli Zeh. Ullmaier, selbst der jungen Generation angehörend, führt am Anfang des Bandes eine witzige Email-Korrespondenz mit einer vom höchsten Wesen der drei monotheistischen Religionen beauftragten Kommission zur Evaluation der Arbeitswelt. Die melden sich aus fernster Zukunft und von einem anderen Planeten, sind also weltfremd im wörtlichen Sinne. Man muss ihnen alles erklären, denn sie kennen sich bei den Veränderungen im real existierenden Kapitalismus der Gegenwart nicht aus. Ullmaier hält fest:

> Klassische Arbeitsverhältnisse und -schilderungen – das gibt es zwar nach wie vor auch, daneben aber soviel anderes, daß die Kategorie der Arbeit und damit auch die einer Literatur der Arbeit mindestens in einer tiefgreifenden Transformation, wenn nicht in Auflösung begriffen scheint: Man findet halbe und 3/8-Jobs, temporäre, unbezahlte, unsichtbare, Leute mit mehreren Jobs, ‚Freizeitarbeit', Geldanhäufung ohne Arbeit, Leute ohne Job, die trotzdem sehr viel tun müssen; in der Theorie wird die Arbeitsgesellschaft schon seit längerem verabschiedet und totgesagt – während von offizieller Seite unentwegt die überkommene Erwerbsarbeit und Vollbeschäftigung beschworen wird.[26]

Das Prekariat[27], die Generation Praktikum, kommt hier zu Wort und zeigt eine Welt, mit der viele Leser der älteren Generationen so wenig vertraut sind wie die von Ullmaier genannte Kommission aus einer anderen Zeit und von einem fremden Stern. Hier tut sich ein Gebiet „welthaltiger" Literatur auf: die Schilderung von neuer Ausbeutung lokal wie global, von neuer Armut und Versklavung der Arbeitenden, von der Verelendung der Arbeitslosen[28], vom Abdriften der „middle class" in die Majorität der Bedürftigen, von der immer weiter sich öffnenden Schere zwischen Arm und Reich. Das ist ein transnationales, ein globales Phänomen, und die Sozialwissenschaftler haben darüber ernüchternde bis erschütternde Dokumentationen vorgelegt.[29] Schon die Autoren der hier vorgestellten Bürger-

---

26 Johannes Ullmaier (Hg.), *Schicht! Arbeitsreportagen für die Endzeit* (Frankfurt am Main: Suhrkamp, 2007), S. 11.
27 Heinz Bude, Andreas Willich (Hg.), *Das Problem der Exklusion. Ausgegrenzte, Entbehrliche, Überflüssige* (Hamburg: HIS-Verlagsgesellschaft, 2006).
28 Paul Michael Lützeler, „Nomadentum und Arbeitslosigkeit. Identität in der Postmoderne". In: *Merkur* 52.9/10 (1998): 908-918.
29 Irene Becker, *Armut in Deutschland* (Frankfurt am Main: Johann Wolfgang Goethe Universität, Fachbereich Wirtschaftswissenschaften, 2006); A. B. Atkinson, *Poverty in Europe* (Oxford: Blackwell, 1998); Mark Robert Rank, *One Nation, Underprivileged: Why American Poverty Affects Us All* (Oxford: Oxford University Press, 2004); Guillermo M. Yeatts, *The Roots of Poverty in Latin America* (Jefferson: McFarland, 2005); Augustin Kwasi, Germano M. Mwabu, *Malaria & Poverty in Africa* (Nairobi: University of Nairobi Press, 2007); Kulwant Rai Gupta, *Poverty in India* (New Delhi: Atlantic Publishers, 2008); Guang Hua Wan, *Understanding Inequality and Poverty in China* (New York: Palgrave Macmillan, 2008); Jeffrey D. Sachs, *Das Ende der Armut. Ein ökonomisches Programm für eine gerechtere Welt* (München: Siedler, 2005).

kriegsromane weisen wiederholt auf den Zusammenhang von Verarmung und gesellschaftlicher Krise hin. Es gibt viele Gründe für das Reißen des sozialen Netzes, und Pauperisierung ist eine davon. Die Vertreter des „Relevanten Realismus", selbst Teil der gesellschaftlichen Mitte, tun gut daran, als wache Moralisten die Veränderungen in dieser Mitte seismographisch zu erfassen und im Roman auf neue Weise zu gestalten.

NAMENREGISTER

Abbé de Mably (siehe Gabriel Bonnot de Mably)
Abdallah, Mazen 185
Abrahamian, Ervand 197
Adam, Uwe-Dietrich 323
Adelson, Leslie A. 151, 156, 210, 339
Adler, Ghemela 186
Adler, H.G. 32
Adorf, Mario 84
Adorno, Theodor W. 7, 60, 61, 195
Adrian, Michael 60
Agamben, Giorgio 7, 30, 32, 33, 60, 84, 205, 296
Agossavi, Simplice 144
Aischylos 155, 239, 340
Akrich, Madeleine 162
al-Asad, Hafiz 190
al-Beedh, Ali Salem 213
Albrecht, Monika 18, 149, 286
Albrow, Martin 15
Alexander der Große 154
Alfieri, Vittorio 239
Alfonsín, Raúl 273, 312
Alit, Senol 92
Allen, Calvin H., Jr. 175
Allende, Isabel 298
Allende, Salvador 10, 186, 251, 252, 254, 256, 258, 259, 260-262, 266, 267
Allison, Graham 55
Almegard, Mats 186
Altmann, Adolf 234
Altmann, Klaus (siehe: Klaus Barbie)
Alwyn, Richard 113
Améry, Jean 11, 304-309
Amighi, Janet K. 202
Amjad, Mohammed 197
Anan, Kofi 55
Andel, Horst J. 235
Andersen, Lale 242
Anderson, Benedict 25

André, Catherine 105
Ansén, Reiner 60
Appadurai, Arjun 17, 18, 25, 266
Arafat, Jasir 185, 190, 191
Arden, Margaret 79
Arditti, Rita 284
Arendt, Hannah 7, 29, 30, 32, 33, 56, 59, 60, 95, 145, 304-306
Aristoteles 340, 341
Arkan (siehe: Željko Ražnatoviˇ)
Arminius (siehe: Hermann der Cherusker)
Armstrong, Karen 64
Arnold, Heinz Ludwig 175
Arrarás, Astrid 294
Artigas, José Gervasio 300
Arz, Abu 185, 190
Ascherson, Neal 233, 329, 332
Ashcroft, Bill 18
Assmann, Aleida 25, 29, 223
Assmann, Jan 25, 29
Astiz, Alfredo 287
Asturias, Miguel Ángel 298, 301
Atashin, Faegheh 9, 200
Atkinson, A. B. 345
Atze, Marcel 222
Augé, Marc 266
Augustus 48
Azurduy, Juana 300

Bachelard, Gaston 275
Bachmann, Ingeborg 338
Bachmann-Medick, Doris 18, 23
Baer, Martin 321
Bärfuss, Lukas 8, 18, 19, 101, 114-125, 207, 339
Baird, Jay W. 228
Bakhtiar, Schapur 198, 199, 204
Bakhtin, Mikhail 20, 341
Bakunin, Mikhail 245
Bald, Detlef 145
Baltes, Paul B. 23

Banderas, Antonio 287
Banzer, Hugo 235
Barbie, Klaus 10, 233-235, 238, 329, 330, 332
Barck, Karlheinz 275
Barker, Lex 83
Barner, Wilfried 17, 62
Barnet, Miguel 298
Barnett, Correlli 328
Barraclough, Solon Lovett 261
Barrientos, René 235, 238
Barthes, Roland 87-89
Baselitz, Georg 274
Batlle, José 293
Baudissin, Christian 234
Baumbach, Roger 253
Bauschinger, Sigrid 24
Bayer, Osvaldo 289
Bazargan, Mehdi 198
Bean, Barbara 229
Bechis, Marco 10, 288
Beck, Ulrich 15
Becker, Charlotte B. 340
Becker, Felicitas 145
Becker, Irene 345
Becker, Jurek 323
Becker, Lawrence C. 340
Beckett, Samuel 85
Beez, Jigal 145
Beganovi, Davor 70
Behrmann, Georg 268
Belhaddad, Souâd 135
Benda, Julien 21
Benjamin, Walter 32
Benn, Gottfried 344
Benthien, Claudia 221
Berghahn, Klaus 215
Berman, Nina 142
Bermeo, Nancy 295
Berner, Wolfgang 234
Bernet, Miguel 11
Bernhard, Thomas 338
Bertelmann, Fred 243
Betz, Johannes W. 327
Beyerle, Dieter 239
Beyfuss, Jörg 174
Bhabha, Homi K. 18, 29, 238
Biebuyck, Benjamin 19
Bierschenk, Thomas 123
Bindseil, Reinhart 144

Biraben, Gaston 289
Bismarck, Otto Fürst von 103
Bizimungu, Pasteur 138
Blixen, Samuel 298
Bloch, Ernst 25, 302
Blumler, Jay G. 175
Bochmann, Klaus 130
Bockow, Jörg 341
Böhme, Hartmut 23
Bogdal, Klaus-Michael 174
Bogoeva, Julija 72
Bohm, Arnd 186
Bolaño, Roberto 317
Bongard, Oscar 147
Booth, Wayne C. 86, 130, 342
Bordaberry, Juan Maria 294
Borer, Tristan Anne 314
Borges, Jorge Luis 74
Born, Nicolas 9, 10, 18, 19, 53, 74, 75, 91, 99, 185-196, 214, 221, 223-225, 339
Bosse, Heinrich 186, 187
Bower, Tom 235
Boyce, Marc 202
Braun, Peter 70, 74, 77
Braun, Wernher von 321
Breger, Claudia 198, 210
Brice, Pierre 83
Broch, Hermann 7, 8, 20, 33, 56, 58-61, 64, 65, 82, 83, 173, 215, 306, 338, 342, 343
Brode, Hanspeter 239
Bronfen, Elisabeth 120, 275
Broszat, Martin 94
Browning, Christopher 305
Brunner, Alois 224
Brunner, Otto 35
Bruno, Giordano 326
Buch, Hans Christoph 8, 18, 19, 71, 85, 127-145, 148, 164, 210, 237, 258, 263, 339
Buddha 157, 165
Bude, Heinz 345
Büchner, Georg 62
Büssgen, Antje 20
Büttner, Annette 105
Burger, Adolf 331
Burke, Bryan 331
Burke, Peter 221
Burke-Gaffney, Brian 117

Butler, Judith 7, 60, 304
Butler, Lisa 278, 297
Butor, Michel 128, 129

Calinescu, Matei 79
Calleros, Manuel 300
Callon, Michel 162
Calvino, Italo 128
Camarasa, Jorge 317
Camus, Albert 20, 109, 110, 113, 295, 296, 342
Canetti, Elias 159, 210
Capra, Fritjof 8, 161
Capri, Fabrio 326
Carpentier, Alejo 10, 257, 258, 298
Carrière, Jean-Claude 195
Carter, Chris 200
Carter, Jimmy 55, 198, 203, 255, 311
Cartmell, Deborah 24
Cassidy, Joanna 255
Castañeda, Jorge G. 236, 246-248
Castillo, Abelardo 317
Castoriadis, Cornelius 25
Castro, Fidel 43, 52, 234, 236, 237, 247, 252, 332
Castro, Oscar 258
Caton-Jones, Michael 8, 113, 114, 116
Celan, Paul 274
Cervantes, Miguel de 338
Chamisso, Adalbert von 195
Chamoun, Camille 185, 190, 191
Chaturvedi, Vinayak 131
Cheadle, Don 108
Cheah, Pheng 40
Choksy, Jamsheed K. 202
Christou, Thodora A. 57
Church, Frank 311
Churchill, Winston 57
Cicero 51
Ciment, Michel 235
Clarance, William 136, 137
Claudius, Matthias 268
Clausewitz, Carl von 50
Clavin, Patricia 338
Cleveland, William L. 198
Clinton, Bill 255
Cocalis, Susan 24
Cockcroft, James D. 251, 254, 259
Cohen, Robin 127
Collarte, Juan Carlos 261

Collins, Robert O. 102
Coltrane, John 176, 177, 179
Condorcanqui, José Gabriel 294
Conrad, Joseph 116, 123
Conrady, Karl Otto 167
Contreras, Manuel 273
Conze, Werner 35
Cortázar, Julio 299
Costa, Antonella 289
Costa-Gavras, Constantin 256, 257, 295, 296, 298
Coughlin, Con 180
Courtemanche, Gil 8, 110-112, 116, 117, 119-121
Cucinotta, Maria Grazia 259
Curtius, Ernst Robert 20
Cushman, Thomas 70

Dällenbach, Lucien 79
Dallaire, Roméo 106, 107
Dancy, Hugh 113
Dante 8, 134, 139, 140, 160, 342
Dath, Dietmar 345
Davis, Nathaniel 252, 257
Darwin, Charles 245, 326
Davis, Miles 176
Dean, Martin R. 337, 344
Debray, Régis 234
Deeb, Marius 185
Dehairs, Wouter 74
Deichmann, Thomas 71
Deleuze, Gilles 132
Delius, Friedrich Christian 10, 18, 19, 53, 186, 245, 251, 257-267, 271, 286, 339
Demandt, Alexander 24
Demjanjuk, Ivan (John) 329, 330
Derrida, Jacques 341, 344
Deschner, Günther 306, 323
Deschner, Karlheinz 84
Desmond, John M. 24
Dessaline, Jean-Jacques 50
Detering, Heinrich 88
Deuber-Mankowsky, Astrid 32
Dhalla, Manecki N. 202
Diallo, M. Mustapha 143
Diamond, Jared 105, 106
Díaz Gutierrez, Alberto 247
Diderot, Denis 62
Diehl, August 331

Dießenbacher, Hartmut 7, 36, 38
Dietrich von Bern 48
Dilger, Hansjörg 111
Dinges, John 252, 253, 255, 272, 273, 277, 278, 291, 294, 296, 309-311
Döblin, Alfred 215
Doering, Sabine 159
Domon, Alice 287
Donna, Robert J. 70
Dor, Milo 71
Dorfman, Ariel 10, 267
Dos Passos, John 20
Dostojewski, Fjodor 20, 245, 338
Dowden, Steve 85
Drakuli , Slavenka 71, 73
Dresch, Paul 209
Drynda, Joanna 92
Dschumblat, Kamal 185
Dubiel, Jochen 18
Dürrenmatt, Friedrich 159
Düwell, Susanne 77
Dunaway, Fay 181, 182
Dunker, Axel 18, 149
Dupuis, Roy 107
Duquet, Léonie 287
Durzak, Manfred 257, 285
Dutschke, Rudi 238

Easterly, William 124
Echevarría, Carlos 289
Eckart, Gabriele 301
Eckel, Winfried 147
Eckhardt, Holger 160
Eicher, Thomas 56
Eichmann, Adolf 224, 226, 304, 305, 317, 321, 330
Einstein, Albert 58
Eisenhower, Dwight D. 252
Elam, Shraga 332
Elder, Marjorie J. 151
Eliot, T.S. 21
Élouard, Paul 113
Elwert, Georg 123
Ensalaco, Mark 253
Enzensberger, Hans Magnus 7, 35-38, 40, 54, 299
Erdstein, Erich 229
Erikson, Erik 25
Eronico, Egidio 326
Erro, David G. 272

Ertl, Hans 234, 332
Ertl, Monika 10, 234
Escámez, Alfredo 315
Eskin, Michael 341
Estenssoro, Victor Paz 10, 234, 235, 241, 244, 245, 247
Ette, Ottmar 298
Euripides 155, 340

Fanon, Frantz 29
Farrow, Mia 152
Favreau, Robert 113
Feldbacher, Sandy 73
Felsenstein, Frank 116
Feniger, Siegmund (siehe: Nyanaponika)
Fenner, Dagmar 342
Fetcher, Caroline 71, 72
Fichte, Hubert 210
Figge, Susan G. 324
Figuier, Atilio 245
Fischer, Gerhard 257
Fletcher, M. D. 88
Flex, Walter 167
Flores, Venancio 300
Fluck, Winfried 25
Fludernik, Monika 130
Fontane, Theodor 25
Ford, Gerald 272
Ford, Simon 201
Forsyth, Frederick 11, 320-322
Foucault, Michel 32, 88, 132, 275
Fowler, Douglas 153
France, Anatole 245
Franco, Francisco 64
Franjiya, Antoine (Tony) 190
Franjiya, Suleiman 190
Frank, Hans 323
Frank, Niklas 323
Franzbach, Martin 298
Fraser, Donald 311
Frederiksen, Elke P. 259
Freedy, John R. 127
Frei, Eduardo 251, 260
Fremder, Lara 288
Freud, Sigmund 8, 25, 77-79
Freytag, Gustav 25
Friedman, Milton 255
Friedrichs, Hanns Joachim 290, 291
Friedrichsmeyer, Sara 151
Frisch, Max 285

NAMENREGISTER

Frischmuth, Barbara 162
Fuentes, Carlos 129, 317
Füssli, Johann Heinrich 241

Galtieri, Leopoldo 273
Gambaro, Griselda 317
Ganz, Bruno 9, 195
Garai, Jana 160
Garbe, Joachim 23
García Marquez, Gabriel 298
Garcia Meza, Luis 235
Gatti, Gerardo 308, 309
Gatti, Mauricio 309, 312
Gauss, Karl Markus 307
Gavazzo, José (Nino) 309, 310, 311
Gay, John 62
Geiß, Robin 105
Geldner, Karl-Friedrich 161
Gellner, Christoph 210
Gelman, Juan 289
Gemayel, Bashir 185, 186, 190, 191
Gemayel, Pierre 185
Genette, Gérard 75, 76, 87
George, Götz 11, 327
George, Stephen K. 342
George, Terry 108, 110
Gerigk, Horst-Jürgen 303
Gerstberger, Beatrix 74, 75
Giddens, Anthony 15, 25
Gide, André 20, 79
Gilcher-Holtey, Ingrid 17
Githens, Jason 278
Gitler, Ira 176
Glaser, Hermann 223
Glass, Frank 175
Glunz, Claudia 92
Gneisenau, Neidhardt von 50
Goebbels, Joseph 222, 329, 333
Göring, Hermann 333
Görlitz, Walter 328
Görmer, Gerald 277
Goethe, Johann Wolfgang von 9, 62, 79, 120, 151, 210, 342
Göttsche, Dirk 143
Götz, Curt 293
Götzen, Gustav Adolf Graf von 145
Goldhagen, Daniel 305
Goldmann, Lucien 89, 90
Goll, Bartholomäus 111
Gomes, Jayantha 147

Goni, Uki 277, 280, 287, 318
Googosh (siehe: Faegheh Atashin)
Gordon, Avery F. 29
Gotthelf, Jeremias 159
Gourevitch, Philip 101
Goya, Francisco José de 64
Grady, James 181
Gramsci, Antonio 8, 130, 131
Granich, Reuben 278, 297
Grass, Günter 274, 338
Grassi, Antonella 326
Gregory, Marshall 342
Grien, Hans Baldung 268
Griffiths, Gareth 18
Grillparzer, Franz 84
Grimm, Erk 210
Grimm, Jacob 44, 84, 181, 225, 300-302, 315
Grimm, Wilhelm 44, 84, 181, 225, 300-302, 315
Gritsch, Kurt 71
Groos, Arthur 117
Grossberg, Lawrence 18, 131, 163
Grothe, Franz 242
Grüner, Gabriel 75, 92
Grünewald, Mathias 64
Gruber, Sabine 74
Grzimek, Martin 71, 186
Gstrein, Norbert 8, 18, 19, 69-99, 187, 192, 339
Günther, Christiane C. 205
Guevara, Ernesto (Che) 10, 43, 44, 51, 54, 233-238, 244-249, 308, 332
Guha, Ranajit 8, 131
Gunn, Richard L. 227
Guntermann, Georg 19
Gupta, Kulwant Rai 345
Gusman, Luis 317
Gutjahr, Ortrud 129, 221

Habermas, Jürgen 40, 63, 93
Habyarimana, Juvenal 107, 123
Hackl, Erich 11, 18, 19, 53, 54, 293, 295, 297-303, 308-315, 339
Hackman, Gene 255
Haeckel, Ernst 245
Härtling, Peter 325
Haffner, Sebastian 43
Hafner, Georg M. 224
Hage, Rawi 196, 223

Hage, Volker 323
Halbwachs, Maurice 25
Hallward, Peter 132
Hamburger, Käte 155
Hampton, Christopher 287
Handke, Peter 71, 77, 85, 92
Harbers, Henk 19
Hardt, Michael 7, 15, 16, 39, 40
Harel, Isser 321
Harris, Lee 122
Hart, Richard 342
Harth, Dietrich 29
Hartmann, Matthias 198
Haslinger, Josef 148
Hassard, John 162
Hasse, O. E. 297
Haug, Wolfgang Fritz 130
Hauptmann, Gerhart 245
Hauser, Thomas 10, 255, 256
Havel, Vaclav 113
Hawkes, Peter 24
Hawthorne, Nathanael 8, 151, 152, 342
Hebel, Johann Peter 300, 302, 303
Heenan, Patrick 294
Heidegger, Martin 48
Heine, Heinrich 71
Heinsohn, Gunnar 267
Heise, Karin 337
Heisig, Daniela 160
Helmreich, Christian 89
Hens, Gregor 196
Henze, Hans Werner 299
Herder, Johann Gottfried 84
Herles, Wolfgang 186
Hermann der Cherusker 50
Hermann, Kai 75, 187, 195
Hesse, Hermann 147, 205
Heston, Charlton 11, 326
Hettche, Thomas 337, 344
Heyden, Ulrich van der 103
Heydrich, Reinhard 306
Hickman, John 251
Hielscher, Martin 276, 282, 283, 285
Hilberg, Raul 320
Hillebrand, Bruno 121
Hillgruber, Andreas 323
Hilmes, Carola 147
Hilsenrath, Edgar 10, 228
Hilton, Isabel 233, 329, 332
Himmler, Heinrich 225, 226, 306, 333

Hinck, Walter 24
Hippler, Stefan 111
Hitler, Adolf 10, 11, 17, 18, 23, 32, 48, 54, 59, 69, 94, 110, 149, 197, 222, 223, 225, 226, 228, 240, 242, 254, 263, 272, 291, 302, 305, 306, 317, 319, 321, 322, 324, 328, 329, 332, 333
Hobbes, Thomas 31, 34, 39
Hobfall, Steven E. 127
Hockenos, Paul 98
Hodenberg, Christina von 17
Höfer, Adolf 323
Hoeges, Dirk 20
Höhne, Heinz 319
Höpker, Thomas 103
Hörter, Werner 298
Hofmann, Gert 10, 11, 18, 19, 54, 99, 233-249, 317, 328-333, 339
Hofmannsthal, Hugo von 303
Holquist, Michael 20
Homburg, Cornelia 274
Homer 342
Honecker, Erich 263
Honneth, Axel 38
Honold, Alexander 144, 210, 286
Horman, Charles 255-257, 290
Horman, Ed 256, 290
Horman, Joyce 256
Horn, Peter 286
Horwitz, Dominique 114
Hory, Ladislaus 94
Huber-Thoma, Erich 186
Hudal, Alois 319
Hughes, Nick 115
Hugo, Victor 342
Huizinga, Johan 215
Hunt, Lynn 7, 61, 62
Huntington, Samuel P. 35, 39, 40
Hurt, John 113
Hutcheon, Linda 22
Hyndman, Jennifer 128

Ibsen, Henrik 245, 342
Impelluso, Lucia 153
Imbusch, Peter 251, 254
Immendorff, Jörg 274
Indra, Doreen 127
Irfani, Suroosh 197
Iser, Wolfgang 22

Jacobi, Carsten 293
Jacobs, Jürgen 285
Jacobsen, Karen 128
Jacobson, Roman 341
Jaeger, Stephan 77
Jameson, Fredric 15, 21
Jamin, Peter 71
Jannidis, Fotis 87, 88
Janssen, Wilhelm 35
Jaspers, Karl 223
Jean, François 142
Jeanneret, Charles 123, 207
Jefferson, Thomas 34, 62
Jelinek, Elfriede 85
Jesus Christus 46, 247, 272, 308
Johannes der Täufer 246, 247
Johnson, Charles 342
Johnson, Thomas M. 319
Johnson, Lyndon B. 252
Jones, Bruce D. 106
Jones, Lindsay 202
Jordan, Lothar 221
Joyce, James 82
Jover Zamora, José Maria 51
Joyce, James 20, 74, 338
Jünger, Ernst 7, 44-49, 51-54
Jürgens, Udo 290
Julian, Beatrice 252, 254
Juliana, Königin der Niederlande 149
Julius Caesar 154
Jung, C. G. 79, 161
Jureit, Ulrike 240

Käsemann, Elisabeth 289-291
Käsemann, Ernst 289-291
Kafka, Franz 338, 342
Kagame, Paul 104, 112, 124, 137, 138
Kaharasan, Dževad 70
Kahn, Charles H. 340
Kamya, Julienne 285
Kandt, Richard 103, 128, 129, 132, 144, 210
Kant, Immanuel 62, 63, 341, 342
Kapp, Volker 303
Karasek, Hellmuth 323
Kater, Michael H. 306
Kaufman, Edy 251
Kavanagh, Dennis 175
Keane, Fergal 101
Keitel, Wilhelm 94

Keller, Sven 322
Kennedy, Robert 251
Keshavarz, Fatemeh 197
Khomeini, Ruhollah Musavi 198, 203, 204
Kiefer, Anselm 274
Kiesel, Helmuth 303
Killy, Walther 83
Kimpel, Dieter 121
Kingsley, Ben 269
Kirchhoff, Bodo 8, 141, 142
Kiš, Danilo 73, 74
Kissinger, Henry 257, 272
Kittler, Wolf 49
Kittstein, Ulrich 25
Klaiber, Jeffrey 264, 272, 273, 313, 314
Klee, Ernst 319
Klein, Herbert S. 234, 244, 278
Kleiner, Norbert 187
Kleist, Heinrich von 49, 50, 116, 117, 263, 300
Klich, Ignacio 222, 317
Klier, Walter 332
Klopstock, Friedrich Gottlieb 84
Klüger, Ruth 32
Klüppelholz, Werner 177
Kober, Hainer 108
Koch, Edward 311
Koch, Lars 78
Köhler, Harriet 345
Köppen, Manuel 286
Koeppen, Wolfgang 10, 221, 225-228
Kohut, David 252, 254
Komar, Kathleen K. 155
Konrád, György 70, 71
Kopacka, Werner 332
Kopernikus, Nikolaus 34
Korda, Alberto (siehe: Alberto Díaz Gutierrez)
Kordtländer, Bernd 221
Koselleck, Reinhart 35
Kosler, Hans Christian 239
Kostiner, Joseph 209
Kracauer, Siegfried 275
Kracht, Christian 9, 18, 19, 197-207, 339, 344
Krämer, Sybille 307
Krämer, Volker 92
Kramer, Sven 304
Kraus, Karl 85

Krauss, Sibylle 144
Krech, Hans 141, 175, 209
Kremp, Jörg-Werner 186
Kretschmann, Thomas 326
Kristeva, Julia 344
Kropotkin, Pjotr 245
Krotz, Friedrich 175
Krsti , Radislav 72
Krüger, Bernhard 331
Krüger, Michael 149
Krusche, Dietrich 165
Kubiczek, André 345
Kühn, Dieter 9, 18, 19, 54, 173-183, 187, 214, 339
Küng, Hans 7, 58, 59
Kugler, Stefani 25
Kulessa, Hanne 159
Kunze, Konrad 150
Kußler, Rainer 276
Kwasi, Augustin 345

Lacan, Jacques 25
Lamarca, Emilio 300
Lämmert, Eberhard 77
Lafontaine, Lyse 113
Lammers, Karl Christian 17
Lamontagne, Monique 294
Lampen, Ulrich A. 186, 187
Lander, Jeannette 8, 18, 19, 147-169, 339
Lang, Jochen v. 225
Lange, Wolfgang 144
Langguth, A. J. 296
Langston, Richard 19, 198
Latour, Bruno 8, 162
Lauer, Gerhard 87, 88
Lauer, Reinhard 339
Laurentiis, Dino de 181
Law, John 162
Lawrence, T. E. 179
Lea, Henry A. 24
LeBon, Gustave 47
le Carré, John 138
Leclerc, Charles 50
Lee, Roy S. 57
Lefebvre, Henri 275
Leip, Hans 242
Lemmon, Jack 10, 256
Leñero, Vicente 298
Lenin 51, 52

Lennon, John 303
Lennox, Sara 151
Lepel, Bernd 195
Lessing, Gotthold Ephraim 84
Letsch, Felicia 227
Leuwerik, Ruth 293
Levi, Primo 32
Levin, Ira 8, 11, 152, 153, 159, 320, 321
Levy, Alan 323
Lewis, Oscar 299
Liebmann, Maximilian 319
Lindemann, Klaus 159
Link, Franz 160
Linklater, Magnus 233, 234, 329, 332
Liptay, Fabienne 76
Liscano, Carlos 295
Lituchy, Barry M. 95
Lochner, Stephan 153
Long, John Luther 117
Longerich, Peter 306
Lorenz, Günter W. 298
Loti, Pierre 117
Louverture, Toussaint 50
Lowe, Jim 243
Lubbers, Klaus 303
Ludwig XVI. 34
Lüpertz, Markus 274
Lütterfelds, Wilhelm 59
Lützelberger, Therese 254
Lützeler, Paul Michael 3, 16-18, 23, 24, 40, 48, 50, 56, 61, 64, 71, 83, 88, 116, 117, 129, 142, 162, 173, 210, 222, 276, 306, 322, 339, 342, 343, 345
Lukács, Georg 89
Lutzeler, Saaba MBB 4

Mably, Gabriel Bonnot de 34
MacIntyre, Alasdair 341
Maeda, Ryozo 22
Magaš, Branka 70
Malchow, Helge 271
Malik, Abdul 219
Malkin, Lawrence 331
Malloch, A. E. 341
Mamdani, Mahmood 101
Mandelbaum, Juan 289
Mann, Thomas 16, 20, 215, 338
Mannheim, Karl 20, 21, 25
Manogran, Chelvadurai 164

NAMENREGISTER

Manoschek, Walter 95
Mao Tse-tung 43, 44, 46, 51, 52, 203
Mappes-Niediek, Norbert 72
Marchak, Patricia 271
Marchak, William 271
Marischka, Ernst 242
Markovics, Karl 331
Markstein, Helga 314
Marti, Milan 97
Martin, Elaine 324
Martinez, Matias 76, 87, 88, 130
Marx, Karl 25, 29, 131
Mason, James 321
Massie, Allan 324
Matsuda, Mari J. 304
Matthäus (Evangelist) 247
Maupassant, Guy de 245
May, Karl 83, 84, 263
Mayerovitch, Harry 275
McClennen, Sophia A. 61
McGlothlin, Erin 322
Meadows, Patrick Alan 160
Meckel, Christoph 325
Meding, Holger M. 317, 318
Meinecke, Thomas 198, 210
Melvern, Linda 101, 138
Melville, Herman 342
Mendel, Gideon 206
Méndez, Juan E. 314
Méndez, Sara 297, 301, 309, 311-313
Méndez, Simón 297, 298, 303, 309, 312
Mengele, Josef 11, 317, 318, 321, 322-327
Mengele, Rolf 11, 322-327
Menjívar, Cecilia 295
Messner, Dirk 251, 254
Meštrovi, Stjepan G. 70
Metternich, Klemens Wenzel Fürst von 34
Meyer, Martin 48
Meyer-Ladewig, Jens 57
Meyer-Minnemann, Klaus 285
Michalczyk, John J. 257
Michel, Peter 161
Michels, Volker 147
Mieder, Wolfgang 159
Mignolo, Walter 131
Mikl-Horke, Gertraude 21
Milani, Mohsen M. 197
Milazzo, Matteo J. 97

Miloševi, Slobodan 71, 72
Minca, Claudio 266
Mitrione, Daniel M. 296
Mitterand, François 121
Miyoshi, Masao 15
Mobutu Sese Seko 140
Mohrs, Thomas 59
Mommsen, Theodor 245
Monnier, Pierre-Emmanuel 128
Montand, Yves 296
Montejo, Esteban 299
Morales, Waltraud Q. 238
Morgner, Irmtraud 159
Morin, Edgar 25
Morris, James 175
Morshäuser, Bodo 195
Mosca, Michael 113
Moser, Adrian 123, 125
Moses 63, 211, 306, 326
Motekat, Helmut 186
Moulin, Jean 233
Müller, Günter 77
Müller-Funk, Wolfgang 76, 79
Münkler, Herfried 7, 35, 38, 39, 43, 44, 49, 51, 53
Mujawayo, Esther 135
Munz, Peter 24
Musil, Robert 20, 82, 173, 215, 338
Mussolini, Benito 69, 226
Mwabu, Germano M. 345
Myers, Scott Louis 296

Nadolny, Sten 178
Nagelschmidt, Ilse 73
Nafisi, Azar 197
Napoleon 7, 34, 47, 49, 50-53, 154, 258
Nasser, Gamal Abdel 321
N'Diaye, Fatou 113
Negri, Antonio 7, 15, 16, 39, 40
Nell, Werner 147
Nelles, William 87
Nelson, Cary 18, 131, 163
Neruda, Pablo 258, 259
Neuhaus, Stefan 181
Newbury, Catherine 101
Newfield, Christopher 29
Nickel, Eckhart 205, 206
Niemöller, Martin 223
Nietzsche, Friedrich 48, 195, 245, 344

Nilsson, Mats 186
Nixon, Richard 251, 252, 255, 272
Nkrumah, Kwame 222
Noiret, Philippe 259
Nolen, Stephanie 111
Nolte, Detlef 251, 254
Nolte, Nick 108, 255
North, Douglass C. 105
Novalis 205
Nünning, Ansgar 22, 130
Nussbaum, Martha 342
Nyanaponika 147, 148
Nyanatiloka Thera 147

O'Connor, Flannery 342
Odell, Peter R. 174
Öhlschläger, Claudia 76, 343
Oehrlein, Joseph 273
Oellers, Norbert 19, 341
Okonedo, Sophie 108
Olivier, Laurence 321
Olma, Walter 177
Ong, Aihwa 40
Ophuls, Marcel 235
Oppenheim, Lois Hecht 251
Ortega y Gasset, José
Orwell, George 342
Osorio, Elsa 11, 313
Osterhammel, Jürgen 15
Ovid 160

Pacheco, José Emilio 317
Paech, Joachim 24
Pahlavi, Mohammad Reza Schah 9, 179, 197, 198, 200, 201, 203-206
Paracelsus 159
Parada, Roberto 258
Paronnaud, Vincent 197
Paulus, Friedrich 329
Pavese, Cesare 84
Pearson, Keir 108
Peck, Gregory 321
Peck, Raoul 115
Pekar, Thomas 82
Pełka, Artur 92
Penck, A. R. 274
Pérez, Washington 308
Perras, Arne 144
Peress, Gilles 96
Perón, Isabel 271, 277-279

Perón, Juan 271, 277, 282, 315, 317, 318, 326
Peters, Carl 144
Peters, Edward 304
Peters, Uwe Henrik 79
Peterson, Niels P. 15
Peterson, Scott 133
Petschull, Jürgen 103
Pfaffenberger, Bryan 164
Phelan, James 342
Picard, Luc 113
Picasso, Pablo 7, 64, 65
Pickard, Terry 137
Pilz, Wolfgang 321
Piñeyro, Marcelo 289
Pinochet, Augusto 253-256, 259, 262, 263, 267, 272, 273, 295
Piper, Ernst 306
Platen, Edgar 186
Platon 340
Platteau, Jean-Philippe 105
Plessen, Elisabeth 324
Pojman, Louis P. 342
Polanski, Roman 152, 153, 269
Politycki, Matthias 210, 337, 344
Polke, Sigmar 274
Pollack, Sydney 181
Pollmann, Leo 298
Polt, Gerhard 144
Pope, Randolph D. 317
Popitz, Heinrich, 7, 29, 30, 31, 33, 37, 254, 265
Porter, Lewis 176
Porzecanski, Arturo C. 294
Posner, Gerald 323
Powell, James N. 160
Power, Samantha 7, 55, 107
Pozas, Ricardo 299
Pratt, Mary Louise 17
Preschl, Johannes 22
Price, Lawrence 116
Priebke, Erich 317
Pries, Ludger 338
Prunier, Gérard 101, 110, 140
Puccini, Giacomo 117
Puenzo, Luis 289, 313

Qabus, Sultan von Oman 175, 177, 178
Quigley, John 107
Quintanilla Pereira, Roberto 234

NAMENREGISTER

Raab, Thomas 345
Raabe, Wilhelm 25
Rabinovich, Itamar 185
Rabinovici, Doron 344
Radford, Michael 258
Radisch, Iris 74
Radowitzky, Simon 309
Rall, Marlene 276
Ramponi, Patrick 24
Rancière, Jacques 282
Rank, Mark Robert 345
Ransmayr, Christoph 207
Ratliff, Ben 176
Ratzinger, Joseph 63
Rayfield, David 182
Raymont, Henry 252
Raymund, Pablo 57
Ražnatovi , Željko 72
Read, Alan 275
Read, Herbert Edward 21
Reagan, Ronald 257
Rechenberg, Georg Albrecht Freiherr von 145
Redford, Robert 9, 181, 182
Reemtsma, Jan Philipp 240, 304
Rehmann, Ruth 325
Reichel, Peter 229
Reichenau, Walther von 11, 328
Reimann, Elisabeth 235
Reinhardt, Stephan 175
Reitsch, Hanna 222
Ribbentrop, Joachim von 222
Richardson, Samuel 61, 62
Richter, Gerhard 274
Richter, Hans Werner 222
Richter, Roland Suso 11, 327
Ricoeur, Paul 25
Riefenstahl, Leni 234
Rieken, Bernd 159
Riesman, David 48
Rigsbee, W. Lynn, II 175
Riley, Christopher 327
Riley, Kathleen 327
Rimbaud, Arthur 258
Riordan, Colin 324
Riquelo, Simón (siehe: Simón Méndez)
Robbins, Bruce 40
Robin, Marie-Monique 289
Robinson, Mary 55, 58, 59
Rochambeau, Donatien de 50

Rodríguez, Néstor 295
Röggla, Kathrin 344, 345
Römer, Felix 95
Roes, Michael 9, 18, 19, 128, 209-219, 339
Rösel, Jakob 163
Rogel, Carole 70
Rohde, David 72
Rohrbacher, Peter 102
Roloff, Volker 299
Romero, Luis Alberto 277, 284
Roosevelt, Eleanor 55
Roschmann, Eduard 11, 320, 321
Rosenbaum, Alan S. 317
Rosenberg, Alfred 306
Rosenfeld, Nina 342
Roth, Gerhard 8, 72, 92
Rother, Larry 257
Rousseau, Jean-Jacques 61, 62, 341
Rudel, Hans-Ulrich 290, 317, 332
Rüb, Matthias 71
Rühmann, Heinz 293
Rufin, Jean-Christophe 142
Ruh, Kurt 150
Rusesabagina, Paul 108, 110, 111, 115
Rushdie, Salman 338
Ruzowitzky, Stefan 331
Ryan, Jeffrey J. 295, 296

Sabato, Ernesto 273
Sabratnam, Lakshmanan 163
Sachs, Jeffrey D. 345
Sadat, Leila Nadya 56
Saddam Hussein 9, 180, 288
Sändig, Brigitte 20
Safa, Haidar 186
Safrian, Hans 224
Said, Edward 17, 160, 183
Sakowski, Norbert 323
Salih, Ali Abdullah 213
Salvatore, Gaston 238
Sanchez, Gustavo 235
Sanders, Edith 102
Sanders, Peter 289
Sandkühler, Hans Jörg 7, 55
Santucho, Carlos 311
Santucho, Mario Roberto 273, 278, 311
Saqr, Etienne 185
Sartre, Jean-Paul 20, 25, 29, 155
Sassen, Saskia 16

Sasserath, J. S. 101, 102
Satrapi, Marjane 197
Scarry, Elaine 11, 303, 304, 306-309
Schäfer, Marianne 181
Schalek, Alice 85
Schapira, Esther 224
Scharnhorst, Gerhard von 50
Scheffel, Michael 76, 130
Scheichl, Sigurd Paul 85
Scheit, Gerhard 304
Schell, Maximilian 320
Scherpe, Klaus R. 23, 275, 286
Scheuer, Helmut 177
Schildt, Axel 17
Schiller, Friedrich von 48, 215, 239, 341
Schindhelm, Michael 337, 344
Schindler, Dietrich 36, 37
Schindler, Stephan 23
Schlant, Ernestine 19, 324
Schlich, Jutta 21
Schlöndorff, Volker 9, 195
Schmidt, Kathrin 210
Schmidt-Dengler, Wendelin 74
Schmiede, H. Achmed 181
Schmitt, Carl 7, 32, 44, 49-53
Schneider, Michael 271, 285
Schneider, Peter 11, 71, 238, 317, 322-327
Schneider, René 252
Schneider, Thomas F. 92
Schneider, Stanley 181
Schneider-Grube, Sigrid 259
Schnell, Ralph 17
Schön, Helmut 291
Schönfeld, Gerda-Marie 323
Schönherr-Mann, Hans-Martin 20
Scholl-Latour, Peter 187
Scholz, Leander 198
Schroers, Rolf 7, 49, 51-53
Schubert, Franz 268
Schütz, Cathrin 70
Schütz, Erhard 195
Schultze, Norbert 242
Schulze-Marmeling, Dietrich 293
Schumann, Horst 222
Schuricke, Rudi 242
Schwab, Gustav 150
Schwaiger, Brigitte 325
Schwarz, Egon 238, 285
Schweitzer, Albert 260

Schwend, Friedrich 330-332
Schygulla, Hanna 195
Sehene, Benjamin 101, 135
Selbmann, Rolf 285
Selm, Joanne van 127
Semple, Lorenzo 182
Şenocak, Zafer 197
Sepúlveda, Luis 317
Seyhan, Azade 339
Shafi, Monika 149, 162
Shakespeare, William 120, 288, 342
Shariati, Ali 203
Sibyll, Claus 225
Siegfried, Detlef 17
Siles Suazo, Hernán 235, 247
Simmel, Georg 25
Simo, David 286
Siracusa, Ernest 311
Skármeta, Antonio 10, 258, 259
Skeet, Ian 175
Sklodowska, Elzbieta 298
Slater, Eric 330
Slaughter, Joseph R. 61
Smelser, Neil J. 23
Smolianoff, Salomon 331
Soja, Edward W. 266, 276
Sokrates 340
Somoza, Anastasio 255
Sontag, Susan 85
Sophokles 155, 239, 340
Sorel, George 29
Sorowitsch, Salomon (siehe: Salomon Smolianoff)
So nicka, Dorota 72
Sowards, J. Kelly 154
Spacek, Sissy 256
Speke, John Hanning 101, 102
Spencer, Jonathan 163
Spengler, Oswald 160
Spielberg, Steven 108
Spivak, Gayatri Chakravorty 8, 18, 131, 132, 163
Spottiswoode, Roger 107, 255
Srbljanovi , Biljana 70
Stalin 59, 272
Staniši , Saša 8, 73
Stavig, Ward 294
Steele, Richard 116, 118, 120
Steinecke, Hartmut 23, 121, 257, 285

Steiner, George 20
Stern, Guy 259
Stern, Steve J. 253, 254, 256
Stockhammer, Robert 101, 102, 110, 113, 133, 139
Stöckmann, Ernst 147
Stover, Eric 96
Strausberg, Michael 202
Strindberg, August 245
Stroessner, Alfredo 283, 326
Sydow, Max von 181, 182
Szeman, Imre 25

Takahashi, Teruaki 22
Tanovi , Danis 72
Taylor, Charles 29, 37
Tenenbaum, Gisela (Gisi) 314, 315
Tenenbaum, Willi 314
Terán, Mario 246
Terry, Fiona 128
Thompson, Emma 287
Thornton, Lawrence 10, 287
Tiffin, Helen 18
Timm, Uwe 10, 11, 18, 19, 53, 99, 144, 148, 271, 276-287, 317-320, 339
Tito 69, 70, 94, 96, 303
Tobin, Robert 210
Töteberg, Michael 195, 196
Toledo, Francisco de 294
Tolstoi, Leo 120, 245, 338
Troisi, Massimo 259
Trotta, Margarethe von 195
Tudjman, Franjo 98
Túpac Amaru 294
Túpac Amaru II (siehe: José Gabriel Condorcanqui)
Turner, Thomas 138

Ugreši , Dubravka 73
Ullal, Jay 187
Ullmaier, Johannes 345
Unamuno, Miguel de 245
Updike, John 342
Urban, Nora 134

Valcourt, Bernard 111
Vansina, Jan 102
Varus 50
Vaughn, Lewis 342
Veldtrup, Beate 327

Velten, Hans Rudolf 221
Vergil 120, 134, 342
Vesper, Bernward 324
Victoria, engl. Königin 149
Videla, Jorge Rafael 10, 271, 272, 273, 277, 287, 291
Viertelhaus, Benedikt 82
Vildosa, Guido 235
Vilella, Olga 252, 254
Villaflor de Vicenti, Azucena 287
Vittorio Emanuele III, ital. König 226
Vogel, Marianne 78
Vogel, Sebastian 105
Vogt, Jochen 76
Voight, Jon 320
Voßkamp, Wilhelm 22

Wagner, Gustav 320
Wagner, Hans-Peter 22
Wallach, Martha Kaarsberg 259
Waller, Gregory A. 152
Wallis, John Joseph 105
Walter, Monika 299
Walther, Riek 110
Walzer, Michael 21
Wan, Guang Hua 345
Ware, John 323
Weaver, Sigourney 269
Weber, A. Paul 241
Weber, Alfred 21
Weber, Mathias 141
Wegmann, Thomas 194, 195
Weidermann, Volker 205
Weigel, Sigrid 80
Weingart, Brigitte 111
Weingast, Barry R. 105
Weinke, Annette 56
Weiss, Peter 134
Weitershausen, Gila von 195
Wells, H. G. 245
Wende, Waltraud ,Wara' 78
Wentz, Larry 98
Wentzlaff-Eggebert, Harald 299
Werner, Michael 221
Werner, Renate 89
Whelehan, Imelda 24
White, Hayden 24, 129
Wickler, Wolfgang 238
Widmer, Urs 144
Wiedemann, Conrad 121

Wieland, Christoph Martin 338
Wierlacher, Alois 29
Wiesenthal, Simon 222, 322
Wiesinger, Kai 327
Wiesner, Herbert 323
Wihl, Gary 341
Wilde, Oscar 303
Wilhelm von Preußen 147
Williams, David 341
Willich, Andreas 345
Wilson, Stuart 269
Winco, Simone 87, 88
Winkler, Gerhard 242
Winslow, Charles 185
Winslow, Deborah 163
Wolf, Yvonne 76
Wolff, Karl 10, 225, 226
Wolstoncroft, David 113
Woolf, Virginia 20, 338
Woost, Michael 163

Writer, Rashna 202
Wyss, Dieter 133

Yeatts, Guillermo M. 345
Young, James 221

Zabel, Hermann 323
Zantop, Susanne 116, 151
Zeh, Juli 8, 72, 73, 86, 344, 345
Zelik, Raul 278
Zeller, Joachim 103
Zielke, Anne 205
Žižek, Slavoj 305, 306
Zoellner, Tom 108
Zola, Emile 245
Zons, Raimar Stefan 159
Zuckmayer, Carl 159
Zürn, Michael 40
Zurbrüggen, Willi 258